501

PORTUGUESE VERBS

fully conjugated in all the tenses
in a new easy-to-learn format
alphabetically arranged

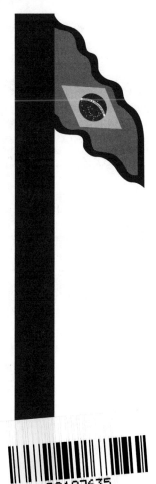

by

John J. Nitti, Ph.D.
Professor of Spanish and Portuguese
Department of Spanish and Portuguese
University of Wisconsin—Madison

Michael J. Ferreira, M.A.
Department of Spanish and Portuguese
University of Wisconsin—Madison

BARRON'S EDUCATIONAL SERIES, INC

D0187635

This book is affectionately dedicated to

Lloyd Kasten,

friend, mentor, and pioneer
in the teaching of the
Portuguese language in North America.

Address all inquiries to:
Barron's Educational Series, Inc.
250 Wireless Boulevard
Hauppauge, New York 11788

International Standard Book Number No. 0-8120-9034-9

Library of Congress Catalog Card No. 94-73167

Printed in the United States of America

19 18 17

CONTENTS

FOREWORD

Portuguese, sometimes mistaken to be merely a variety of Spanish, is the official tongue of over 180 million people in Europe, South America, Africa, Asia, India, the Azores, Madeira, the Cape Verde, and São Tomé e Príncipe Islands. Today, the formal study of Portuguese is an important part of both undergraduate and graduate curricula of a significant number of North American colleges and universities, largely as a result of the growing cultural, economic, and technological interests shared by the United States, Brazil, and Portugal.

In compiling this verb book, we have been guided by the wish to provide you with a concise yet comprehensive foundation of Portuguese verbal paradigms, as well as a handy reference source of a substantial number of verbs employed both in daily speech and in the literature of that language. Of course, while no guide to the verbal structure and semantics of a language can by itself claim completeness, we believe that the information contained herein, especially when used as an adjunct to a general-purpose grammar and an adequate conversational component, can greatly assist you in acquiring fluency in Portuguese.

Although *Sample Conjugations of Regular Verbs* includes the seldom-used, literary compound tenses formed with the auxiliary verb *haver*, in our desire to emphasize the more popular, spoken forms, we have excluded those literary compound constructions from the individual verb conjugations. Moreover, Portuguese possesses two varieties of the *pluperfect indicative,* both of which are to be found conjugated throughout this manual. The first, the *simple pluperfect indicative*, is essentially literary and has, in common usage, been replaced by its compound counterpart.

Unlike Spanish, the vowel phonology of which is comparatively simple, the Portuguese language makes a distinction between *open* and *close* varieties of the vowels *o* and *e*, a differentiation that is semantically significant. An example of this meaningful vocalic variation is the contrast between such words as *avó* "grandmother" and *avô* "grandfather," the sole differentiating articulation of which is that of their final *o* sound. In *avó* the *ó* sounds quite similar to the *o* in the English word *soft*; whereas the *ô* of *avô* has a sound not unlike that of the *o* in English *old.* Frequently, this difference in vowel quality is the sole element distinguishing a noun from a verb: *gosto* "taste" (with close *ô*) and *gosto* "I like" (with open *ó*), or even, as in the case of the verb *poder* "to be able to," between one tense and another: *ele pode* "he *is* able to" (with open *ó*) and *ele pôde* "he *was* able to" (with close *ô*).

The use of diacritical (accent) marks and verbal orthography varies somewhat among writers of Portuguese, both as a reflection of phonetic differences in those varieties of spoken Portuguese and as a consequence of the fact that spelling practices at the time of this writing in Continental and Brazilian Portuguese still remain officially mandated by two different orthographic accords. In Portugal, the operative agreement dates from 1945, while that of Brazil from 1943 (though with slight additional modification enacted by law in 1971). And, even though the governments of Portugal, Brazil, Angola, Mozambique, Cape Verde, Guinea-Bissau, and São Tomé e Príncipe signed a new orthographic accord on October 12, 1990 (which was to take effect on January 1, 1994), in an effort to foster a higher degree of spelling consistency among the Portuguese-speaking nations while endeavoring to respect differing practices in pronunciation, that new accord has not yet been fully ratified and so, at the time of this writing, remains in a suspended state. Therefore, as regards the use of verbal diacritical marks in this manual, we have opted to follow the prevailing practices of Continental Portuguese, largely because they follow more closely a number of the more reasonable principles set forth in the as yet unratified 1990 agreement.

The acute accent and the circumflex serve a twofold purpose, that of indicating stress as well as vowel quality. The acute accent may appear over *á, é, í, ó,* or *ú* as an indicator of stress; but, when it is placed over *é,* or *ó* (as well *á* in Continental Portuguese), it simultaneously acts as a marker of the *open* versions of those vowels, as already exemplified by *avó.* The circumflex is found only over *â, ê,* or *ô* and indicates the *close* variety of those vowels, as in the examples *avô* and *pôde.* The reader will also notice that *first conjugation* verbs, i.e., those whose infinitives end in *-AR,* show throughout the book an accented *á* in their first person plural *preterit* indicative forms, with no such accent on their corresponding first person plural *present* indicative forms. This is because the *á* and the *a,* though both are stressed in those forms, are pronounced differently in Continental Portuguese (the *á* sounding like *ah* and the *a* similar to *uh*). No such difference is heard in Brazilian Portuguese, however, with both forms being pronounced as *uh.* For that reason the use of the accent mark in the *preterit* form is mandatory in the Continental variety. The *til* (~), as the *tilde* is known in Portuguese, is a marker of nasality and is found in verbs only as part of the nasal suffixal diphthong *-ão.* When no other sign of stress is present, the *til* then assumes that function as well (*falarão* "they will speak").

The vocalic timbre variation described above is not simply an independent phonetic phenomenon of the language, but has important implications within the very system of Portuguese verbal inflection. Numerous radical-changing verbs do not manifest their changes orthographically, but rather orally by means of such timbre alternation of their stressed vowels. Verbs of this type, whose spelling does not indicate a radical-change in those persons of the verb which have a stressed *open* vowel, have been printed herein using italic type and are further flagged with an asterisk. Additionally, you should notice the spelling changes that occur in some verbs contained in this manual. Such modifications consist of the following alternations, resulting from Portuguese pronunciation rules: *ç/c caçar: caço/cacei, cace; c/ç tecer: tece/teço, teça; c/qu criticar: critico/critiquei, critique; g/gu conjugar: conjugo/conjuguei, conjugue; gu/g distinguir: distingue/distingo, distinga; g/j fugir: foge/fujo, fuja.*

Besides the 501 verbs conjugated in this manual, we have included a number of additional verbs in the Portuguese-English index, accompanied by their English meanings, which share the same lexical root as a number of those conjugated herein, and differing only by virtue of the presence or absence of a prefixed element. Moreover, such etymologically related verbs have also been cross-referenced in the English-Portuguese index in order to extend even further the range of verbal meaning as well as to illustrate the prefixation process of Portuguese verbal morphology.

You will also find beneath each of the paradigms of the 501 verbs conjugated in this manual various comments and/or sample Portuguese sentences (with their English translations), which provide useful contextual substance to illustrate the representative syntax and semantics of Portuguese verbal usage. Not surprisingly, there are very considerable differences between Continental and Brazilian usage at every level, including spelling practices, and we have attempted to indicate such variations wherever possible.

We wish to thank Manuela Moura Nitti for making available to us her native knowledge of educated Lisbon Portuguese usage. Our thanks also go to Rachel Knighten for her invaluable assistance in the preparation of the indices found at the end of the volume.

John J. Nitti
Michael J. Ferreira
University of Wisconsin—Madison

SUBJECT PRONOUNS

Português	**English**

SINGULAR

Português	**English**
eu	I
tu	you, thou (familiar in Portugal, limited use in Brazil)
ele	he
ela	she
você	you (semi-familiar in Portugal, but primary familiar form in Brazil. In Portugal, *você* may also be used as a formal or respectful form of address between professional peers, or when children address their parents or elders.)
o senhor	you (formal masculine)
a senhora	you (formal feminine for a Mrs.)
a senhorita	you (formal feminine for a Miss)

All these employ 3rd person singular verb forms.

PLURAL

Português	**English**
nós	we
vós	you, ye (now obsolete)
eles	they (masculine)
elas	they (feminine)
vocês	you (plural form of both *tu* and *você*)
os senhores	you (see *o senhor*)
as senhoras	you (see *a senhora*)
as senhoritas	you (see *a senhorita*)

All these employ 3rd person plural verb forms.

TEMPOS-TENSES

With examples of each

Português	English
Infinitivo Impessoal (*falar*)	Impersonal Infinitive (to speak)
Infinitivo Pessoal (*eu falar, nós falarmos*)	Personal Infinitive NOT PRESENT—A personalized infinitive in English is usually formed with the aid of the preposition *for*. (He wished *for me to come.*)
Particípios—presente, passivo (*falando, falado*)	Participles—present, past (speaking, spoken)
Presente do Indicativo (*eu falo*)	Present Indicative (I speak)
Imperfeito do Indicativo (*eu falava*)	Imperfect Indicative (I was speaking, used to speak)
Pretérito mais-que-perfeito simples do Indicativo (*eu falara*)	Simple Pluperfect Indicative Largely a literary form. (I had spoken)
Pretérito Perfeito do Indicativo (*eu falei*)	Preterit Indicative (I spoke)
Futuro do Indicativo (*eu falarei*)	Future Indicative (I will or shall speak)
Pretérito Indefinido ou Presente Composto do Indicativo (*eu tenho falado*)	Present Perfect Indicative (I have spoken, have been speaking)*
Pretérito mais-que-perfeito composto do Indicativo (*eu tinha falado*)	Past Perfect or Pluperfect Indicative (I had spoken)
Futuro Perfeito do Indicativo (*eu terei falado*)	Future Perfect Indicative (I will or shall have spoken)
Condicional Simples (*eu falaria*)	Conditional (I would or should speak)
Condicional Perfeito ou Composto (*eu teria falado*)	Conditional Perfect (I would or should have spoken)

Português	**English**
*Presente do Conjuntivo*** (*eu fale*)	Present Subjunctive (I may speak)
Imperfeito do Conjuntivo (*eu falasse*)	Imperfect Subjunctive (I might speak)

Futuro do Conjuntivo
 (*eu falar*)
	Future Subjunctive
	 NO DEFINITE FORM PRESENT—
	  Present and Past Subjunctive and
	  Conditional forms employed to express
	  Future Subjunctive.
	  (If I were to, if I should, if I may, if I
	  might)

Pretérito Indefinido ou Presente *Composto do Conjuntivo* (*eu tenha falado*)	Present Perfect Subjunctive (I may have spoken)
Pretérito mais-que-perfeito do *Conjuntivo* (*eu tivesse falado*)	Past Perfect or Pluperfect Subjunctive (I might have spoken)
Futuro Perfeito do Conjuntivo (*eu tiver falado*)	Future Perfect Subjunctive NO DEFINITE FORM PRESENT (see note on Future Subjunctive)
Imperativo (*fala tu, falai vós*)	Imperative (speak thou, speak ye)

*The Present Perfect Indicative is not used as often in Portuguese as in English and should only be employed when describing a repetitive or continuous past action which carries over into the present and may be likely to extend into the future. *Tenho dormido muito nestes últimos dias.* I have slept (been sleeping) a lot lately.

The Preterit Indicative should be used if the action described has been completed in the past, even though the English translation could be expressed by the Present Perfect. *Já vendi a casa.* I sold the house already. (I have sold the house already.)

**In Brazil the *conjuntivo* is called the *subjuntivo*.

SAMPLE CONJUGATIONS OF REGULAR VERBS

INFINITIVE MOOD

	1st *Conjugation* -AR	2nd *Conjugation* -ER	3rd *Conjugation* -IR
Impers.	FALAR (to speak)	BEBER (to drink)	PARTIR (to leave)
Pers.	falar (eu)	beber	partir
	falares (tu)	beberes	partires
	falar (ele, ela, você, o senhor, a senhora, a senhorita)	beber	partir
	falarmos (nós)	bebermos	partirmos
	falardes (vós)	beberdes	partirdes
	falarem (eles, elas, vocês, os senhores, as senhoras, as senhoritas)	beberem	partirem

PARTICIPLES

Pres.	falando	bebendo	partindo
Past	falado	bebido	partido

INDICATIVE MOOD

Simple

Pres.	falo	bebo	parto
	falas	*bebes**	partes
	fala	*bebe**	parte
	falamos	bebemos	partimos
	falais	bebeis	partis
	falam	*bebem**	partem
Imperf.	falava	bebia	partia
	falavas	bebias	partias
	falava	bebia	partia
	falávamos	bebíamos	partíamos
	faláveis	bebíeis	partíeis
	falavam	bebiam	partiam
Pret.	falei	bebi	parti
	falaste	bebeste	partiste
	falou	bebeu	partiu
	falámos	bebemos	partimos
	falastes	bebestes	partistes
	falaram	beberam	partiram

Pluperf.	falara	bebera	partira
	falaras	beberas	partiras
	falara	bebera	partira
	faláramos	bebêramos	partíramos
	faláreis	bebêreis	partíreis
	falaram	beberam	partiram
Fut.	falarei	beberei	partirei
	falarás	beberás	partirás
	falará	beberá	partirá
	falaremos	beberemos	partiremos
	falareis	bebereis	partireis
	falarão	beberão	partirão

COMPOUND OR PERFECT

spoken form

Pres.	tenho falado	tenho bebido	tenho partido
	tens falado	tens bebido	tens partido
	tem falado	tem bebido	tem partido
	temos falado	temos bebido	temos partido
	tendes falado	tendes bebido	tendes partido
	têm falado	têm bebido	têm partido

literary form

	hei falado	hei bebido	hei partido
	hás falado	hás bebido	hás partido
	há falado	há bebido	há partido
	havemos falado	havemos bebido	havemos partido
	haveis falado	haveis bebido	haveis partido
	hão falado	hão bebido	hão partido

spoken form

Pluperf.	tinha falado	tinha bebido	tinha partido
	tinhas falado	tinhas bebido	tinhas partido
	tinha falado	tinha bebido	tinha partido
	tínhamos falado	tínhamos bebido	tínhamos partido
	tínheis falado	tínheis bebido	tínheis partido
	tinham falado	tinham bebido	tinham partido

literary form

	havia falado	havia bebido	havia partido
	havias falado	havias bebido	havias partido
	havia falado	havia bebido	havia partido
	havíamos falado	havíamos bebido	havíamos partido
	havíeis falado	havíeis bebido	havíeis partido
	haviam falado	haviam bebido	haviam partido

spoken form

Fut.	terei falado	terei bebido	terei partido
	terás falado	terás bebido	terás partido
	terá falado	terá bebido	terá partido
	teremos falado	teremos bebido	teremos partido
	tereis falado	tereis bebido	tereis partido
	terão falado	terão bebido	terão partido

literary form

	haverei falado	haverei bebido	haverei partido
	haverás falado	haverás bebido	haverás partido
	haverá falado	haverá bebido	haverá partido
	haveremos falado	haveremos bebido	haveremos partido
	havereis falado	havereis bebido	havereis partido
	haverão falado	haverão bebido	haverão partido

SUBJUNCTIVE MOOD

Simple

Pres.	fale	beba	parta
	fales	bebas	partas
	fale	beba	parta
	falemos	bebamos	partamos
	faleis	bebais	partais
	falem	bebam	partam
Imperf.	falasse	bebesse	partisse
	falasses	bebesses	partisses
	falasse	bebesse	partisse
	falássemos	bebêssemos	partíssemos
	falásseis	bebêsseis	partísseis
	falassem	bebessem	partissem
Fut.	falar	beber	partir
	falares	beberes	partires
	falar	beber	partir
	falarmos	bebermos	partirmos
	falardes	beberdes	partirdes
	falarem	beberem	partirem

Compound

spoken form

Pres.	tenha falado	tenha bebido	tenha partido
	tenhas falado	tenhas bebido	tenhas partido
	tenha falado	tenha bebido	tenha partido
	tenhamos falado	tenhamos bebido	tenhamos partido
	tenhais falado	tenhais bebido	tenhais partido
	tenham falado	tenham bebido	tenham partido

literary form

haja falado	haja bebido	haja partido
hajas falado	hajas bebido	hajas partido
haja falado	haja bebido	haja partido
hajamos falado	hajamos bebido	hajamos partido
hajais falado	hajais bebido	hajais partido
hajam falado	hajam bebido	hajam partido

spoken form

Imperf.

tivesse falado	tivesse bebido	tivesse partido
tivesses falado	tivesses bebido	tivesses partido
tivesse falado	tivesse bebido	tivesse partido
tivéssemos falado	tivéssemos bebido	tivéssemos partido
tivésseis falado	tivésseis bebido	tivésseis partido
tivessem falado	tivessem bebido	tivessem partido

literary form

houvesse falado	houvesse bebido	houvesse partido
houvesses falado	houvesses bebido	houvesses partido
houvesse falado	houvesse bebido	houvesse partido
houvéssemos falado	houvéssemos bebido	houvéssemos partido
houvésseis falado	houvésseis bebido	houvésseis partido
houvessem falado	houvessem bebido	houvessem partido

spoken form

Fut.

tiver falado	tiver bebido	tiver partido
tiveres falado	tiveres bebido	tiveres partido
tiver falado	tiver bebido	tiver partido
tivermos falado	tivermos bebido	tivermos partido
tiverdes falado	tiverdes bebido	tiverdes partido
tiverem falado	tiverem bebido	tiverem partido

literary form

houver falado	houver bebido	houver partido
houveres falado	houveres bebido	houveres partido
houver falado	houver bebido	houver partido
houvermos falado	houvermos bebido	houvermos partido
houverdes falado	houverdes bebido	houverdes partido
houverem falado	houverem bebido	houverem partido

CONDITIONAL MOOD

Simple

falaria	beberia	partiria
falarias	beberias	partirias
falaria	beberia	partiria
falaríamos	beberíamos	partiríamos

| falaríeis | beberíeis | partiríeis |
| falariam | beberiam | partiriam |

Compound

spoken form

teria falado	teria bebido	teria partido
terias falado	terias bebido	terias partido
teria falado	teria bebido	teria partido
teríamos falado	teríamos bebido	teríamos partido
teríeis falado	teríeis bebido	teríeis partido
teriam falado	teriam bebido	teriam partido

literary form

haveria falado	haveria bebido	haveria partido
haverias falado	haverias bebido	haverias partido
haveria falado	haveria bebido	haveria partido
haveríamos falado	haveríamos bebido	haveríamos partido
haveríeis falado	haveríeis bebido	haveríeis partido
haveriam falado	haveriam bebido	haveriam partido

IMPERATIVE MOOD

| fala (tu) | *bebe** | parte |
| falai (vós) | bebei | parti |

---

* Only the radical-changing verb forms with *open* stressed vowels appear in italic type. For further explanation see Foreword.

REFLEXIVE VERBS

A verb is said to be *reflexive* when its subject acts upon *itself*. If the object of a verb refers to the same person as its subject, the verb is being used reflexively, for example: **Levanto-me** *I get (me) up.*

The reflexive construction is employed more extensively in Portuguese than in English, as the following summary of reflexive verb usage in Portuguese reveals:

1. Usage dictates that a number of Portuguese verbs be conjugated normally in the reflexive, while their English counterparts are not. A few of the more common such verbs are: **Lembrar-se** *to remember,* **levantar-se** *to get up,* **queixar-se** *to complain,* **sentar-se** *to sit down,* **zangar-se** *to get angry.*

2. Several Portuguese verbs even change their meaning when used reflexively. For example:

   | *ir* (to go) | *ir-se embora* (to go away) |
   | *pôr* (to put, place) | *pôr-se* (to begin, become) |

fazer (to do, make)	*fazer-se* (to become)
rir (to laugh)	*rir-se* (to make fun of)

3. The reflexive is used in Portuguese to express reciprocal action. Naturally, this may be accomplished only in the 1st, 2nd, and 3rd persons *plural* of a verb.

Nós nos compreendemos.	We understand each other.
Amai-vos.	Love one another.
Eles se odeiam.	They hate each other.

In some instances, confusion may arise between the usual meaning of the reflexive and that evoked by the reciprocal usage.

Os homens mataram-se.	The men killed themselves:
	or
	The men killed each other.

In such instances, where the situational logic is ambiguous, Portuguese speakers may add an extra phrase to the sentence intended to signify *reciprocal* action. The most common auxiliary expression of reciprocity is: *Um ao outro.*

Os homens mataram-se um ao outro.	The men killed each other.
As mulheres compreendem-se	Women understand each other.
(se compreendem) umas às outras.	
As duas mulheres compreendem-se	The two women understand each other.
(se compreendem) uma à outra.	

4. In Portuguese the reflexive construction is also used to express an *indeterminate subject* (the so-called *impersonal* construction), which corresponds to the English forms *You, one, people,* and *they:*

Deve-se estudar para aprender.	One must study in order to learn.
Diz-se que haverá guerra.	They say there will be war.
Sim, porque gosta-se de lutar.	Yes, because people like to fight.

5. Verbs in the reflexive are often used to convey the passive voice.

Fala-se inglês aqui.	English is spoken here.
Vendem-se livros nesta loja?	Are books sold in this store?
Bebe-se muito vinho em Portugal.	Much wine is drunk in Portugal.
Bebe-se muita cachaça no Brasil.	Much brandy is drunk in Brazil.

6. Finally, it must be pointed out that, although the following sample reflexive conjugation is presented in standard textbook fashion, in actual usage the positioning of the reflexive pronoun with respect to its verb is governed by complex syntactic as well as phonetic principles which vary considerably between Continental and Brazilian Portuguese. Not surprisingly, as with other personal object pronouns in Portuguese, reflexive pronouns may occur preposed (proclitic), postposed (enclitic), and even interposed (mesoclitic) to the verb forms with which they are construed. Generally speaking, in Continental Portuguese sentences never begin with a preposed reflexive pronoun unless a noun or pronoun subject is also present; whereas, in standard Brazilian usage such prepositioning has become the norm.

REFLEXIVE PRONOUNS

SINGULAR	PLURAL

me (myself, to or for myself)
te (yourself, to or for yourself)
se (herself, himself, itself, to or for herself, himself, itself)
se (yourself, to or for yourself)

nos (ourselves, to or for ourselves)
vos (yourselves, to or for yourselves)
se (themselves, to or for themselves)
se (yourselves, to or for yourselves)

A SAMPLE REFLEXIVE CONJUGATION

INFINITIVE MOOD

Simple

Impers.   LEMBRAR-SE *to remember*

Compound

ter-se lembrado

Simple

Pers.

lembrar-me	lembrarmo-nos
lembrares-te	lembrardes-vos
lembrar-se	lembrarem-se

Compound

ter-me lembrado	termo-nos lembrado
teres-te lembrado	terdes-vos lembrado
ter-se lembrado	terem-se lembrado

PARTICIPLES

Simple

Pres.   lembrando-se

Compound

Past   tendo-se lembrado
se lembrado

INDICATIVE MOOD

Simple

Pres.

lembro-me	lembramo-nos
lembras-te	lembrais-vos
lembra-se	lembram-se

Imperf.	lembrava-me	lembrávamo-nos
	lembravas-te	lembráveis-vos
	lembrava-se	lembravam-se
Pret.	lembrei-me	lembrámo-nos
	lembraste-te	lembrastes-vos
	lembrou-se	lembraram-se
Pluperf.	lembrara-me	lembráramo-nos
	lembraras-te	lembráreis-vos
	lembrara-se	lembraram-se
Fut.	lembrar-me-ei	lembrar-nos-emos
	lembrar-te-ás	lembrar-vos-eis
	lembrar-se-á	lembrar-se-ão

COMPOUND OR PERFECT

spoken form

Pres.	tenho-me lembrado	temo-nos lembrado
	tens-te lembrado	tendes-vos lembrado
	tem-se lembrado	têm-se lembrado

literary form

	hei-me lembrado	havemo-nos lembrado
	hás-te lembrado	haveis-vos lembrado
	há-se lembrado	hão-se lembrado

spoken form

Pluperf.	tinha-me lembrado	tínhamo-nos lembrado
	tinhas-te lembrado	tínheis-vos lembrado
	tinha-se lembrado	tinham-se lembrado

literary form

	havia-me lembrado	havíamo-nos lembrado
	havias-te lembrado	havíeis-vos lembrado
	havia-se lembrado	haviam-se lembrado

spoken form

Fut.	ter-me-ei lembrado	ter-nos-emos lembrado
	ter-te-ás lembrado	ter-vos-eis lembrado
	ter-se-á lembrado	ter-se-ão lembrado

literary form

	haver-me-ei lembrado	haver-nos-emos lembrado
	haver-te-ás lembrado	haver-vos-eis lembrado
	haver-se-á lembrado	haver-se-ão lembrado

SUBJUNCTIVE MOOD

Simple

Pres.	lembre-me	lembremo-nos
	lembres-te	lembreis-vos
	lembre-se	lembrem-se
Imperf.	lembrasse-me	lembrássemo-nos
	lembrasses-te	lembrásseis-vos
	lembrasse-se	lembrassem-se
Fut.	me lembrar	nos lembrarmos
	te lembrares	vos lembrardes
	se lembrar	se lembrarem

Compound

spoken form

Pres.	tenha-me lembrado	tenhamo-nos lembrado
	tenhas-te lembrado	tenhais-vos lembrado
	tenha-se lembrado	tenham-se lembrado

literary form

	haja-me lembrado	hajamo-nos lembrado
	hajas-te lembrado	hajais-vos lembrado
	haja-se lembrado	hajam-se lembrado

spoken form

Imperf.	tivesse-me lembrado	tivéssemo-nos lembrado
	tivesses-te lembrado	tivésseis-vos lembrado
	tivesse-se lembrado	tivessem-se lembrado

literary form

	houvesse-me lembrado	houvéssemo-nos lembrado
	houvesses-te lembrado	houvésseis-vos lembrado
	houvesse-se lembrado	houvessem-se lembrado

spoken form

Fut.	me tiver lembrado	nos tivermos lembrado
	te tiveres lembrado	vos tiverdes lembrado
	se tiver lembrado	se tiverem lembrado

literary form

	me houver lembrado	nos houvermos lembrado
	te houveres lembrado	vos houverdes lembrado
	se houver lembrado	se houverem lembrado

CONDITIONAL MOOD

Simple

lembrar-me-ia

lembrar-te-ias

lembrar-se-ia

lembrar-nos-íamos

lembrar-vos-íeis

lembrar-se-iam

Compound

spoken form

ter-me-ia lembrado

ter-te-ias lembrado

ter-se-ia lembrado

ter-nos-íamos lembrado

ter-vos-íeis lembrado

ter-se-iam lembrado

literary form

haver-me-ia lembrado

haver-te-ias lembrado

haver-se-ia lembrado

haver-nos-íamos lembrado

haver-vos-íeis lembrado

haver-se-iam lembrado

IMPERATIVE MOOD

lembra-te

lembrai-vos

OBJECT PRONOUNS

Direct

SINGULAR

me—me

te—you

o—him, it, you

a—her, it, you

PLURAL

nos—us

vos—you

os—them, you

as—them, you

Indirect

me—to me

te—to you

lhe—to him, to her, to you

nos—to us

vos—to you

lhes—to them, to you

CONTRACTED FORMS OF OBJECT PRONOUNS

NOTE: The indirect object pronouns always precede the direct. These contractions are seldom, if ever, heard in Brazilian Portuguese.

mo—it to me

ma—it to me

mos—them to me

mas—them to me

no-lo—it to us

no-la—it to us

no-los—them to us

no-las—them to us

to—it to you	*vo-lo*—it to you
ta—it to you	*vo-la*—it to you
tos—them to you	*vo-los*—them to you
tas—them to you	*vo-las*—them to you
lho—it to you, it to him, it to her	*lho*—it to them, it to you
lha—it to you, it to him, it to her	*lha*—it to them, it to you
lhos—them to you, them to him, them to her	*lhos*—them to them, them to you
lhas—them to you, them to him, them to her	*lhas*—them to them, them to you

PECULIARITIES OF CERTAIN
VERB-PLUS-DIRECT-OBJECT-PRONOUN COMBINATIONS

1. When the direct object pronouns *a*, *o*, *as*, or *os* follow and are attached (by a hyphen) to a verb form ending in *r*, *s*, or *z*, certain changes in spelling occur.

   A. The final *-r* of all infinitives is dropped and the object pronouns acquire an initial *l*.

Vou *comprá-lo*.	I'm going to buy it.
Ele não quer *fazê-la*.	He doesn't want to do it.
Eu não posso *ouvi-los*.	I can't hear them.

   (Note the respective diacritical marks added to the 1st and 2nd conjugation verbs.)

   B. When the direct object pronouns *a*, *o*, *as*, or *os* are attached to verb forms ending in *s* or *z*, the final *s* or *z* is dropped and an initial *l* is added to the direct compliment.

Fiz + o—*Fi-lo*.	I did it.
Compremos + as—*Compremo-las*.	Let's buy them.
Fêz + a—*Fê-la*.	He made it.
Pus + os—*Pu-los* (aí).	I put them (there).

2. When the direct objects *a*, *o*, *as*, or *os* are connected to the end of verb forms having nasal terminations (-ão, -õe, -m), those objects acquire an initial *n*.

Dão-nos ao professor.	They give them to the professor.
Têm-na escondida.	They have her hidden.
Lêem-no.	They read it.

FUTURE INDICATIVE AND CONDITIONAL
PRONOMINAL CONJUGATIONS

When verbs conjugated in the future indicative and the conditional are conjugated with object pronouns (also see sample reflexive conjugation), the pronouns are placed as infixes between the verb stem and the conjugation ending. This construction, which is referred to as a pronominal or mesoclitic conjugation, has become essentially a literary construction and is rarely, if ever, heard in conversational Portuguese on either side of the Atlantic. To avoid use of the mesoclitic pronominal construction, most speakers of Continental Portuguese will employ a subject pronoun, thereby permitting the placement of the unstressed (atonic) object pronouns before the verb form. In conversational Brazilian Portuguese it is normal for unstressed object pronouns to precede the verb anyway, a practice which no doubt has aided in the elimination of the mesoclitic pronominal construction from Brazilian usage.

Falar-te-ei.	I will speak to you.
Dir-lho-ão.	They will tell it to him.
Informar-nos-á.	He will inform us.
Escrever-lhe-ão.	They will write to him.
Mandar-nos-ia.	He would order us.
Far-mo-ias.	You would do it to me.

Note that when the direct object pronouns *o, os, a, as* are infixed, the verb stem is altered in the same manner as with the simple infinitive.

Comprá-los-emos.	We will buy them.
Fá-lo-ia.	I would do it.
Escrevê-las-ão.	They will write them.
Vê-la-ias.	You would see her.
Di-lo-á	He will say it.
Segui-los-íamos	We would follow them.

In seeking to avoid cumbersome mesoclitic constructions, Continental speakers may simply employ a subject pronoun, and then put the object pronoun(s) before the verb form.

Vocês no-lo dirão	You will tell it to us.
Elas mas darão.	They will give them to me.
Nós lho venderíamos.	We would sell it to him.

FORMATION OF COMMANDS

The true imperative mood is used only for the *affirmative* second person (singular and plural) command forms. For all other commands, the appropriate present subjunctive forms are used.

AFFIRMATIVE	**NEGATIVE**
fala (tu) speak (thou)	*não fales* don't speak
fale (você, etc.) speak	*não fale* don't speak

falemos (nós) let's speak	*não falemos* let's not speak
falai (vós) speak (ye)	*não faleis* don't speak
falem (vocês, etc.*) speak*	*não falem* don't speak

NOTES: 1. The *let's* equivalent may also be expressed by **vamos** + infinitive: *Vamos falar!* Let's talk!

        2. A somewhat softer alternative command expression is *faça (faz, façam) o favor de* + infinitive:

2nd pers. sing.—Faz (Faze) o favor de abrir (abrires) a janela.
            Do me the favor of opening the window.
3rd pers. sing.—Faça o favor de se sentar aqui.
            Please sit here.
3rd pers. plur.—Façam o favor de nos informar (informarem) da vossa chegada.
            Kindly inform us of your arrival.

THE TRUE PASSIVE VOICE

It has already been pointed out that the reflexive verb construction may be used to express passive meaning. However, if the agent or doer of the action is expressed, then the true passive voice construction should be used. The simple tenses of the true passive voice are formed by adding the past participle of the active verb, which must agree in number and gender with the subject, and to the conjugated forms of *ser* "to be." The compound tenses of the passive are constructed similarly: *Sido*, the past participle of *ser*, is placed between the conjugated forms of *ter* and the past participle of the main verb, which likewise must agree in number and gender with the subject.

A casa é construída pelos operários.
The house is built by the workers.

O Presidente foi eleito pelo povo.
The President was elected by the people.

O doente será curado pelo médico.
The patient will be cured by the doctor.

Espero que a conta seja paga pelo meu pai.
I hope that the bill will be paid by my father.

Receava que os cães fossem atropelados pelo camião.
I was afraid that the dogs were run over by the truck.

Ela disse que a festa seria dada pela escola.
She said that the party would be given by the school.

Eles têm sido louvados pela companhia.
They have been praised by the company.

Disseram-me que você tinha sido nomeado secretário pelo nosso clube.
They told me that you had been appointed secretary by our club.

Quando os aviões chegarem, já as nossas tropas terão sido vencidas pelo inimigo.
When the airplanes arrive, our troops will have already been beaten by the enemy.

Duvido que nós tenhamos sido convidados por ele.
I doubt that we have been invited by him.

Se os barcos tivessem sido capturados pelos piratas, ter-se-iam perdido todas as jóias.
If the ships had been captured by the pirates, all the jewels would have been lost.

Se tivesses deixado o teu carro ali, terias sido multado pelo polícia.
If you had left your car there, you would have been fined (ticketed) by the policeman.

THE PROGRESSIVE TENSE

The *progressive tense* (or aspect) indicates and emphasizes an action that is in progress. Although this construction is most often used in the present and imperfect indicative, it may also be employed in other tenses of the indicative, as well as the subjunctive and the conditional. Similar to the English construction, the Portuguese *progressive* is formed with the verb "to be" *estar,* conjugated in the appropriate tense and followed by the desired present participle.

Estou trabalhando.
I am working.

Ele estava sonhando.
He was dreaming.

Estaremos jogando.
We will be playing.

Espero que esteja nevando.
I hope it will be snowing.

O professor não acreditava que os alunos estivessem estudando.
The professor didn't believe that the students were studying.

Se os pés do João não estivessem doendo, estaria ganhando a corrida.
If John's feet weren't hurting, he would be winning the race.

However, Portuguese possesses an optional form of the *progressive*, which is in fact the normally-occurring form in Portugal, but which is never heard in Brazil. This second construction once again uses *estar*, but with the preposition *a* plus an infinitive instead of a present participle.

Estou a trabalhar.
Ele estava a sonhar.
Estaremos a jogar.
Espero que esteja a nevar.
O professor não acreditava que os alunos estivessem a estudar.
Se os pés do João não estivessem a doer, estaria a ganhar a corrida.

NOTE: The verb *ir* "to go" is used in its normal conjugations to indicate *progressive* action.

Vou.	I am going.
Eu ia.	I was going.

SOME VERBS WITH IRREGULAR PAST PARTICIPLES

abrir—aberto[1] (open, opened)
cobrir—coberto[2] (covered)
dizer—dito (said, told)
escrever—escrito (written)
fazer—feito (done, made)
pôr—posto[3] (put, placed)
ver—visto (seen)
vir—vindo (come)

[1] The *e* in *aberto* is *open* in all forms: *aberto, abertos, aberta, abertas.*
[2] Same as 1.
[3] The *o* in *posto* is *close,* but *open* in the other forms: *postos, posta, postas.*

NOTE: The compounds or derivatives of the above verbs also have irregular past participles, e.g., *compor–composto, descrever–descrito.*

SOME VERBS WITH DOUBLE FORMS OF THE PAST PARTICIPLE

aceitar–aceitado, aceite, aceito[1] (accepted)
acender–acendido, aceso[2] (lit, lighted)
afligir–afligido, aflito[3] (afflicted, distressed)
assentar–assentado, assente[4] (seated)
atender–atendido, atento[5] (answered, attentive)
encarregar–encarregado,[6] encarregue (entrusted)
encher–enchido, cheio[7] (filled, full)
entregar–entregado,[8] entregue (delivered)
fritar–fritado, frito[9] (fried)
ganhar–ganho, ganhado[10] (earned, won)
gastar–gasto, gastado[11] (spent)
juntar–juntado, junto[12] (joined, together)
limpar–limpado, limpo[13] (cleaned, clean)
matar–matado, morto[14] (killed, dead)
morrer–morrido, morto[15] (died, dead)
nascer–nascido, nato[16] (born)
pagar– pago, pagado[17] (paid)
prender–prendido, preso[18] (caught)
romper–rompido,[19] roto (torn, broken)
soltar–soltado,[20] solto (released, loose)
suspender–suspendido, suspenso[21] (suspended)

NOTE: The regular forms of the past participle are preferred in forming compound tenses with the auxiliary verbs *ter* and *haver*, while the shorter, irregular forms may be used as descriptive adjectives with *estar*, or for forming the passive voice with *ser*.

[1] Preferred form in Brazil.

[2] The *e* in *aceso* is *close* in all forms: *aceso, acesos, acesa, acesas*.

[3] *Aflito* is used only as adjective, and never for passive voice.

[4] Also *assento*, though *assentado* is more common in all cases.

[5] Same as 3.

[6] *Encarregado* preferred in all cases.

[7] Same as 3.

[8] *Entregado* also used for passive voice.

[9] Same as 3.

[10] Regular form seldom used.

[11] Same as 8.

[12] Same as 3.

[13] Same as 3.

[14] Stressed *o* in *morto* is *close,* but *open* in the other forms: *mortos, morta, mortas*.

[15] *Morrer* has no passive voice. Instead *matado* of *matar* is used.

[16] Same as 3.

[17] Same as 8.

[18] The *e* in *preso* is *close* in all forms.

[19] *Rompido* used for passive voice. Stressed *o* in *roto* is *close* in all forms but is now seldom heard in Brazil.

[20] *Soltado* also used for passive voice. Stressed *o* in *solto* is *close* in all forms.

[21] *Suspenso* used for passive voice.

DEFECTIVE AND IMPERSONAL VERBS

So-called *defective* and *impersonal* verbs are those which, usually as a consequence of the logic of normal usage, are used only in their 3rd persons singular and/or plural forms. Such verbs, moreover, have no imperative forms. Those defective and impersonal verbs conjugated herein are: *acontecer, anoitecer, chover, chuviscar, custar, doer, haver, nevar*. It must be pointed out, however, that when *haver* is used in its literary auxiliary function it is fully conjugated. Of course, any defective verb may be fully conjugated if used figuratively, though such usage is very rare.

Alphabetical Listing of 501 Portuguese Verbs Fully Conjugated in All the Tenses

to lower, go down; to turn down (as to lower); (**-se**) to bend over; to duck

Personal Infinitive		*Present Subjunctive*	
abaixar	abaixarmos	abaixe	abaixemos
abaixares	abaixardes	abaixes	abaixeis
abaixar	abaixarem	abaixe	abaixem

Present Indicative		*Imperfect Subjunctive*	
abaixo	abaixamos	abaixasse	abaixássemos
abaixas	abaixais	abaixasses	abaixásseis
abaixa	abaixam	abaixasse	abaixassem

Imperfect Indicative		*Future Subjunctive*	
abaixava	abaixávamos	abaixar	abaixarmos
abaixavas	abaixáveis	abaixares	abaixardes
abaixava	abaixavam	abaixar	abaixarem

Preterit Indicative		*Present Perfect Subjunctive*	
abaixei	abaixámos	tenha abaixado	tenhamos abaixado
abaixaste	abaixastes	tenhas abaixado	tenhais abaixado
abaixou	abaixaram	tenha abaixado	tenham abaixado

Simple Pluperfect Indicative		*Past Perfect or Pluperfect Subjunctive*	
abaixara	abaixáramos	tivesse abaixado	tivéssemos abaixado
abaixaras	abaixáreis	tivesses abaixado	tivésseis abaixado
abaixara	abaixaram	tivesse abaixado	tivessem abaixado

Future Indicative		*Future Perfect Subjunctive*	
abaixarei	abaixaremos	tiver abaixado	tivermos abaixado
abaixarás	abaixareis	tiveres abaixado	tiverdes abaixado
abaixará	abaixarão	tiver abaixado	tiverem abaixado

Present Perfect Indicative		*Conditional*	
tenho abaixado	temos abaixado	abaixaria	abaixaríamos
tens abaixado	tendes abaixado	abaixarias	abaixaríeis
tem abaixado	têm abaixado	abaixaria	abaixariam

Past Perfect or Pluperfect Indicative		*Conditional Perfect*	
tinha abaixado	tínhamos abaixado	teria abaixado	teríamos abaixado
tinhas abaixado	tínheis abaixado	terias abaixado	teríeis abaixado
tinha abaixado	tinham abaixado	teria abaixado	teriam abaixado

Future Perfect Indicative		*Imperative*	
terei abaixado	teremos abaixado	abaixa–abaixai	
terás abaixado	tereis abaixado		
terá abaixado	terão abaixado		

Samples of verb usage.

A menina **abaixava** o som do estéreo.   *The girl was turning down (lowering) the volume of the stereo.*

Abaixe-se!   *Duck!*

O preço do leite **tinha abaixado**.   *The price of milk had gone down.*

O aluno **abaixou-se** (**se abaixou** *in Brazil*) para pegar o lápis.
The student bent over to pick up the pencil.

to abandon, leave; to desert

Personal Infinitive		*Present Subjunctive*	
abandonar	abandonarmos	abandone	abandonemos
abandonares	abandonardes	abandones	abandoneis
abandonar	abandonarem	abandone	abandonem

Present Indicative		*Imperfect Subjunctive*	
abandono	abandonamos	abandonasse	abandonássemos
abandonas	abandonais	abandonasses	abandonásseis
abandona	abandonam	abandonasse	abandonassem

Imperfect Indicative		*Future Subjunctive*	
abandonava	abandonávamos	abandonar	abandonarmos
abandonavas	abandonáveis	abandonares	abandonardes
abandonava	abandonavam	abandonar	abandonarem

Preterit Indicative		*Present Perfect Subjunctive*	
abandonei	abandonámos	tenha abandonado	tenhamos abandonado
abandonaste	abandonastes	tenhas abandonado	tenhais abandonado
abandonou	abandonaram	tenha abandonado	tenham abandonado

Simple Pluperfect Indicative		*Past Perfect or Pluperfect Subjunctive*	
abandonara	abandonáramos	tivesse abandonado	tivéssemos abandonado
abandonaras	abandonáreis	tivesses abandonado	tivésseis abandonado
abandonara	abandonaram	tivesse abandonado	tivessem abandonado

Future Indicative		*Future Perfect Subjunctive*	
abandonarei	abandonaremos	tiver abandonado	tivermos abandonado
abandonarás	abandonareis	tiveres abandonado	tiverdes abandonado
abandonará	abandonarão	tiver abandonado	tiverem abandonado

Present Perfect Indicative		*Conditional*	
tenho abandonado	temos abandonado	abandonaria	abandonaríamos
tens abandonado	tendes abandonado	abandonarias	abandonaríeis
tem abandonado	têm abandonado	abandonaria	abandonariam

Past Perfect or Pluperfect Indicative		*Conditional Perfect*	
tinha abandonado	tínhamos abandonado	teria abandonado	teríamos abandonado
tinhas abandonado	tínheis abandonado	terias abandonado	teríeis abandonado
tinha abandonado	tinham abandonado	teria abandonado	teriam abandonado

Future Perfect Indicative		*Imperative*	
terei abandonado	teremos abandonado	abandona–abandonai	
terás abandonado	tereis abandonado		
terá abandonado	terão abandonado		

Samples of verb usage.

Eles **abandonarão** o carro no ferro velho.   *They will leave the car in the junkyard.*

Abandonaste a miúda ali?   *Did you desert the little girl over there?*

Eu **abandono** este emprego sem ressentimentos.   *I am leaving this job without any regrets.*

Ele **abandonaria** o seu melhor amigo sem hesitar.   *He would abandon his best friend without hesitating.*

to upset, displease, annoy, bother; to bore

Personal Infinitive

aborrecer	aborrecermos
aborreceres	aborrecerdes
aborrecer	aborrecerem

Present Indicative

aborreço	aborrecemos
aborreces	aborreceis
aborrece	*aborrecem**

Imperfect Indicative

aborrecia	aborrecíamos
aborrecias	aborrecíeis
aborrecia	aborreciam

Preterit Indicative

aborreci	aborrecemos
aborreceste	aborrecestes
aborreceu	aborreceram

Simple Pluperfect Indicative

aborrecera	aborrecêramos
aborreceras	aborrecêreis
aborrecera	aborreceram

Future Indicative

aborrecerei	aborreceremos
aborrecerás	aborrecereis
aborrecerá	aborrecerão

Present Perfect Indicative

tenho aborrecido	temos aborrecido
tens aborrecido	tendes aborrecido
tem aborrecido	têm aborrecido

Past Perfect or Pluperfect Indicative

tinha aborrecido	tínhamos aborrecido
tinhas aborrecido	tínheis aborrecido
tinha aborrecido	tinham aborrecido

Future Perfect Indicative

terei aborrecido	teremos aborrecido
terás aborrecido	tereis aborrecido
terá aborrecido	terão aborrecido

Present Subjunctive

aborreça	aborreçamos
aborreças	aborreçais
aborreça	aborreçam

Imperfect Subjunctive

aborrecesse	aborrecêssemos
aborrecesses	aborrecêsseis
aborrecesse	aborrecessem

Future Subjunctive

aborrecer	aborrecermos
aborreceres	aborrecerdes
aborrecer	aborrecerem

Present Perfect Subjunctive

tenha aborrecido	tenhamos aborrecido
tenhas aborrecido	tenhais aborrecido
tenha aborrecido	tenham aborrecido

Past Perfect or Pluperfect Subjunctive

tivesse aborrecido	tivéssemos aborrecido
tivesses aborrecido	tivésseis aborrecido
tivesse aborrecido	tivessem aborrecido

Future Perfect Subjunctive

tiver aborrecido	tivermos aborrecido
tiveres aborrecido	tiverdes aborrecido
tiver aborrecido	tiverem aborrecido

Conditional

aborreceria	aborreceríamos
aborrecerias	aborreceríeis
aborreceria	aborreceriam

Conditional Perfect

teria aborrecido	teríamos aborrecido
terias aborrecido	teríeis aborrecido
teria aborrecido	teriam aborrecido

Imperative

*aborrece**– aborrecei

Samples of verb usage.

Aquele vizinho não **aborrece** ninguém.   *That neighbor doesn't bother anyone.*

Este filme está-me **a aborrecer** (**me aborrecendo**).   *This movie is boring me.*

Eles **aborrecerão** os pais com esta notícia.   *They will displease their parents with the news.*

Eu **tenho aborrecido** muita gente no trabalho.   *I have been annoying a lot of people at work.*

*NOTE: Only the radical-changing verb forms with *open* stressed vowels appear in italic type. For further explanation see Foreword.

abotoar

to button, fasten

Personal Infinitive		**Present Subjunctive**	
abotoar	abotoarmos	abotoe	abotoemos
abotoares	abotoardes	abotoes	abotoeis
abotoar	abotoarem	abotoe	abotoem

Present Indicative		**Imperfect Subjunctive**	
abotoo	abotoamos	abotoasse	abotoássemos
abotoas	abotoais	abotoasses	abotoásseis
abotoa	abotoam	abotoasse	abotoassem

Imperfect Indicative		**Future Subjunctive**	
abotoava	abotoávamos	abotoar	abotoarmos
abotoavas	abotoáveis	abotoares	abotoardes
abotoava	abotoavam	abotoar	abotoarem

Preterit Indicative		**Present Perfect Subjunctive**	
abotoei	abotoámos	tenha abotoado	tenhamos abotoado
abotoaste	abotoastes	tenhas abotoado	tenhais abotoado
abotoou	abotoaram	tenha abotoado	tenham abotoado

Simple Pluperfect Indicative		**Past Perfect or Pluperfect Subjunctive**	
abotoara	abotoáramos	tivesse abotoado	tivéssemos abotoado
abotoaras	abotoáreis	tivesses abotoado	tivésseis abotoado
abotoara	abotoaram	tivesse abotoado	tivessem abotoado

Future Indicative		**Future Perfect Subjunctive**	
abotoarei	abotoaremos	tiver abotoado	tivermos abotoado
abotoarás	abotoareis	tiveres abotoado	tiverdes abotoado
abotoará	abotoarão	tiver abotoado	tiverem abotoado

Present Perfect Indicative		**Conditional**	
tenho abotoado	temos abotoado	abotoaria	abotoaríamos
tens abotoado	tendes abotoado	abotoarias	abotoaríeis
tem abotoado	têm abotoado	abotoaria	abotoariam

Past Perfect or Pluperfect Indicative		**Conditional Perfect**	
tinha abotoado	tínhamos abotoado	teria abotoado	teríamos abotoado
tinhas abotoado	tínheis abotoado	terias abotoado	teríeis abotoado
tinha abotoado	tinham abotoado	teria abotoado	teriam abotoado

Future Perfect Indicative		**Imperative**	
terei abotoado	teremos abotoado	abotoa–abotoai	
terás abotoado	tereis abotoado		
terá abotoado	terão abotoado		

Samples of verb usage.

A médica **abotoou** a sua blusa.   *The doctor (female) buttoned her blouse.*

Ela **abotoa** os botões da camisa.   *She's fastening the buttons on her shirt.*

Você está **a abotoar** (**abotoando**) os botões nas casas erradas.
You're buttoning (putting the buttons in) the wrong buttonholes.

Eu **abotoarei** as calças do meu filho.   *I will button my son's pants.*

to hug, embrace, seize

Personal Infinitive		**Present Subjunctive**	
abraçar	abraçarmos	abrace	abracemos
abraçares	abraçardes	abraces	abraceis
abraçar	abraçarem	abrace	abracem
Present Indicative		**Imperfect Subjunctive**	
abraço	abraçamos	abraçasse	abraçássemos
abraças	abraçais	abraçasses	abraçásseis
abraça	abraçam	abraçasse	abraçassem
Imperfect Indicative		**Future Subjunctive**	
abraçava	abraçávamos	abraçar	abraçarmos
abraçavas	abraçáveis	abraçares	abraçardes
abraçava	abraçavam	abraçar	abraçarem
Preterit Indicative		**Present Perfect Subjunctive**	
abracei	abraçámos	tenha abraçado	tenhamos abraçado
abraçaste	abraçastes	tenhas abraçado	tenhais abraçado
abraçou	abraçaram	tenha abraçado	tenham abraçado
Simple Pluperfect Indicative		**Past Perfect or Pluperfect Subjunctive**	
abraçara	abraçáramos	tivesse abraçado	tivéssemos abraçado
abraçaras	abraçáreis	tivesses abraçado	tivésseis abraçado
abraçara	abraçaram	tivesse abraçado	tivessem abraçado
Future Indicative		**Future Perfect Subjunctive**	
abraçarei	abraçaremos	tiver abraçado	tivermos abraçado
abraçarás	abraçareis	tiveres abraçado	tiverdes abraçado
abraçará	abraçarão	tiver abraçado	tiverem abraçado
Present Perfect Indicative		**Conditional**	
tenho abraçado	temos abraçado	abraçaria	abraçaríamos
tens abraçado	tendes abraçado	abraçarias	abraçaríeis
tem abraçado	têm abraçado	abraçaria	abraçariam
Past Perfect or Pluperfect Indicative		**Conditional Perfect**	
tinha abraçado	tínhamos abraçado	teria abraçado	teríamos abraçado
tinhas abraçado	tínheis abraçado	terias abraçado	teríeis abraçado
tinha abraçado	tinham abraçado	teria abraçado	teriam abraçado
Future Perfect Indicative		**Imperative**	
terei abraçado	teremos abraçado	abraça–abraçai	
terás abraçado	tereis abraçado		
terá abraçado	terão abraçado		

Samples of verb usage.

Depois do gol (golo *in Portugal*) todos os jogadores **se abraçaram**.
After the goal all the players hugged each other.

Ela **abraçará** o seu amigo quando desembarcar do avião.
She will hug her friend when he gets off the plane.

Ele **abraçou** a primeira oportunidade que teve.   *He seized the first opportunity that he had.*

Os namorados **tinham-se abraçado** na escuridão antes da mãe dela acender a luz.
The lovers had embraced in the darkness before her mother turned on the light.

to open

Personal Infinitive		*Present Subjunctive*	
abrir	abrirmos	abra	abramos
abrires	abrirdes	abras	abrais
abrir	abrirem	abra	abram

Present Indicative		*Imperfect Subjunctive*	
abro	abrimos	abrisse	abríssemos
abres	abris	abrisses	abrísseis
abre	abrem	abrisse	abrissem

Imperfect Indicative		*Future Subjunctive*	
abria	abríamos	abrir	abrirmos
abrias	abríeis	abrires	abrirdes
abria	abriam	abrir	abrirem

Preterit Indicative		*Present Perfect Subjunctive*	
abri	abrimos	tenha aberto	tenhamos aberto
abriste	abristes	tenhas aberto	tenhais aberto
abriu	abriram	tenha aberto	tenham aberto

Simple Pluperfect Indicative		*Past Perfect or Pluperfect Subjunctive*	
abrira	abríramos	tivesse aberto	tivéssemos aberto
abriras	abríreis	tivesses aberto	tivésseis aberto
abrira	abriram	tivesse aberto	tivessem aberto

Future Indicative		*Future Perfect Subjunctive*	
abrirei	abriremos	tiver aberto	tivermos aberto
abrirás	abrireis	tiveres aberto	tiverdes aberto
abrirá	abrirão	tiver aberto	tiverem aberto

Present Perfect Indicative		*Conditional*	
tenho aberto	temos aberto	abriria	abriríamos
tens aberto	tendes aberto	abririas	abriríeis
tem aberto	têm aberto	abriria	abririam

Past Perfect or Pluperfect Indicative		*Conditional Perfect*	
tinha aberto	tínhamos aberto	teria aberto	teríamos aberto
tinhas aberto	tínheis aberto	terias aberto	teríeis aberto
tinha aberto	tinham aberto	teria aberto	teriam aberto

Future Perfect Indicative		*Imperative*	
terei aberto	teremos aberto	abre–abri	
terás aberto	tereis aberto		
terá aberto	terão aberto		

Samples of verb usage.

Ela **abriu** a porta.   *She opened the door.*

Quando (nós) **abrirmos** a janela, ficará frio.   *When we open the window, it will become cold.*

Eles **abrirão** as cervejas.   *They will open the beers.*

Eu **me abriria** com a pessoa certa.   *I would open up to the right person.*

to absorb

Personal Infinitive	**Present Subjunctive**
absorver — absorvermos	absorva — absorvamos
absorveres — absorverdes	absorvas — absorvais
absorver — absorverem	absorva — absorvam

Personal Infinitive
absorver   absorvermos
absorveres   absorverdes
absorver   absorverem

Present Indicative
absorvo   absorvemos
absorves   absorveis
absorve   *absorvem**

Imperfect Indicative
absorvia   absorvíamos
absorvias   absorvíeis
absorvia   absorviam

Preterit Indicative
absorvi   absorvemos
absorveste   absorvestes
absorveu   absorveram

Simple Pluperfect Indicative
absorvera   absorvêramos
absorveras   absorvêreis
absorvera   absorveram

Future Indicative
absorverei   absorveremos
absorverás   absorvereis
absorverá   absorverão

Present Perfect Indicative
tenho absorvido   temos absorvido
tens absorvido   tendes absorvido
tem absorvido   têm absorvido

Past Perfect or Pluperfect Indicative
tinha absorvido   tínhamos absorvido
tinhas absorvido   tínheis absorvido
tinha absorvido   tinham absorvido

Future Perfect Indicative
terei absorvido   teremos absorvido
terás absorvido   tereis absorvido
terá absorvido   terão absorvido

Present Subjunctive
absorva   absorvamos
absorvas   absorvais
absorva   absorvam

Imperfect Subjunctive
absorvesse   absorvêssemos
absorvesses   absorvêsseis
absorvesse   absorvessem

Future Subjunctive
absorver   absorvermos
absorveres   absorverdes
absorver   absorverem

Present Perfect Subjunctive
tenha absorvido   tenhamos absorvido
tenhas absorvido   tenhais absorvido
tenha absorvido   tenham absorvido

Past Perfect or Pluperfect Subjunctive
tivesse absorvido   tivéssemos absorvido
tivesses absorvido   tivésseis absorvido
tivesse absorvido   tivessem absorvido

Future Perfect Subjunctive
tiver absorvido   tivermos absorvido
tiveres absorvido   tiverdes absorvido
tiver absorvido   tiverem absorvido

Conditional
absorveria   absorveríamos
absorverias   absorveríeis
absorveria   absorveriam

Conditional Perfect
teria absorvido   teríamos absorvido
terias absorvido   teríeis absorvido
teria absorvido   teriam absorvido

Imperative
*absorve**–absorvei

Samples of verb usage.

O algodão **absorverá** todo o sangue.   *The cotton will absorb all the blood.*

Absorveste a informação rápido.   *You absorbed the information quickly.*

Este (sapato de) tênis (ténis *in Portugal*) **absorve** o impacto muito bem.   *This (type of) sneaker absorbs the impact very well.*

Ela **absorve** as coisas facilmente.   *She absorbs things easily.*

*NOTE: Only the radical-changing verb forms with *open* stressed vowels appear in italic type. For further explanation see Foreword.

to abound; to have much *or* many, be loaded with

Personal Infinitive		*Present Subjunctive*	
abundar	abundarmos	abunde	abundemos
abundares	abundardes	abundes	abundeis
abundar	abundarem	abunde	abundem

Present Indicative		*Imperfect Subjunctive*	
abundo	abundamos	abundasse	abundássemos
abundas	abundais	abundasses	abundásseis
abunda	abundam	abundasse	abundassem

Imperfect Indicative		*Future Subjunctive*	
abundava	abundávamos	abundar	abundarmos
abundavas	abundáveis	abundares	abundardes
abundava	abundavam	abundar	abundarem

Preterit Indicative		*Present Perfect Subjunctive*	
abundei	abundámos	tenha abundado	tenhamos abundado
abundaste	abundastes	tenhas abundado	tenhais abundado
abundou	abundaram	tenha abundado	tenham abundado

Simple Pluperfect Indicative		*Past Perfect or Pluperfect Subjunctive*	
abundara	abundáramos	tivesse abundado	tivéssemos abundado
abundaras	abundáreis	tivesses abundado	tivésseis abundado
abundara	abundaram	tivesse abundado	tivessem abundado

Future Indicative		*Future Perfect Subjunctive*	
abundarei	abundaremos	tiver abundado	tivermos abundado
abundarás	abundareis	tiveres abundado	tiverdes abundado
abundará	abundarão	tiver abundado	tiverem abundado

Present Perfect Indicative		*Conditional*	
tenho abundado	temos abundado	abundaria	abundaríamos
tens abundado	tendes abundado	abundarias	abundaríeis
tem abundado	têm abundado	abundaria	abundariam

Past Perfect or Pluperfect Indicative		*Conditional Perfect*	
tinha abundado	tínhamos abundado	teria abundado	teríamos abundado
tinhas abundado	tínheis abundado	terias abundado	teríeis abundado
tinha abundado	tinham abundado	teria abundado	teriam abundado

Future Perfect Indicative		*Imperative*	
terei abundado	teremos abundado	abunda–abundai	
terás abundado	tereis abundado		
terá abundado	terão abundado		

Samples of verb usage.

Nesta fazenda **abundava** todo tipo de verdura, e agora não tem nenhuma.
On this ranch there used to abound all sorts of green vegetables, and now it has none.

O sul **tem abundado** chuva este ano.   *The south has had a great deal of rain this year.*

Este ano **abundam** os inse(c)tos nas plantações.   *The plantations have many insects this year.*

Ela **abunda** talento.   *She's loaded with talent.*

to finish, complete; to end; (**acabar de** + infinitive) to have just

Personal Infinitive		*Present Subjunctive*	
acabar	acabarmos	acabe	acabemos
acabares	acabardes	acabes	acabeis
acabar	acabarem	acabe	acabem

Present Indicative		*Imperfect Subjunctive*	
acabo	acabamos	acabasse	acabássemos
acabas	acabais	acabasses	acabásseis
acaba	acabam	acabasse	acabassem

Imperfect Indicative		*Future Subjunctive*	
acabava	acabávamos	acabar	acabarmos
acabavas	acabáveis	acabares	acabardes
acabava	acabavam	acabar	acabarem

Preterit Indicative		*Present Perfect Subjunctive*	
acabei	acabámos	tenha acabado	tenhamos acabado
acabaste	acabastes	tenhas acabado	tenhais acabado
acabou	acabaram	tenha acabado	tenham acabado

Simple Pluperfect Indicative		*Past Perfect or Pluperfect Subjunctive*	
acabara	acabáramos	tivesse acabado	tivéssemos acabado
acabaras	acabáreis	tivesses acabado	tivésseis acabado
acabara	acabaram	tivesse acabado	tivessem acabado

Future Indicative		*Future Perfect Subjunctive*	
acabarei	acabaremos	tiver acabado	tivermos acabado
acabarás	acabareis	tiveres acabado	tiverdes acabado
acabará	acabarão	tiver acabado	tiverem acabado

Present Perfect Indicative		*Conditional*	
tenho acabado	temos acabado	acabaria	acabaríamos
tens acabado	tendes acabado	acabarias	acabaríeis
tem acabado	têm acabado	acabaria	acabariam

Past Perfect or Pluperfect Indicative		*Conditional Perfect*	
tinha acabado	tínhamos acabado	teria acabado	teríamos acabado
tinhas acabado	tínheis acabado	terias acabado	teríeis acabado
tinha acabado	tinham acabado	teria acabado	teriam acabado

Future Perfect Indicative		*Imperative*	
terei acabado	teremos acabado	acaba–acabai	
terás acabado	tereis acabado		
terá acabado	terão acabado		

Samples of verb usage.

Eles estão **a acabar** (**acabando**) o trabalho agora.   *They are finishing the work now.*

(Nós) **acabamos** de chegar em (a *in Portugal*) casa.   *We have just arrived home.*

Ela **acabará** o artigo amanhã.   *She will finish the article tomorrow.*

O jogo **acabou** zero a zero.   *The game ended zero to zero (scoreless).*

to calm (down); (**-se**) to become calm, calm down

Personal Infinitive		*Present Subjunctive*	
acalmar	acalmarmos	acalme	acalmemos
acalmares	acalmardes	acalmes	acalmeis
acalmar	acalmarem	acalme	acalmem

Present Indicative		*Imperfect Subjunctive*	
acalmo	acalmamos	acalmasse	acalmássemos
acalmas	acalmais	acalmasses	acalmásseis
acalma	acalmam	acalmasse	acalmassem

Imperfect Indicative		*Future Subjunctive*	
acalmava	acalmávamos	acalmar	acalmarmos
acalmavas	acalmáveis	acalmares	acalmardes
acalmava	acalmavam	acalmar	acalmarem

Preterit Indicative		*Present Perfect Subjunctive*	
acalmei	acalmámos	tenha acalmado	tenhamos acalmado
acalmaste	acalmastes	tenhas acalmado	tenhais acalmado
acalmou	acalmaram	tenha acalmado	tenham acalmado

Simple Pluperfect Indicative		*Past Perfect or Pluperfect Subjunctive*	
acalmara	acalmáramos	tivesse acalmado	tivéssemos acalmado
acalmaras	acalmáreis	tivesses acalmado	tivésseis acalmado
acalmara	acalmaram	tivesse acalmado	tivessem acalmado

Future Indicative		*Future Perfect Subjunctive*	
acalmarei	acalmaremos	tiver acalmado	tivermos acalmado
acalmarás	acalmareis	tiveres acalmado	tiverdes acalmado
acalmará	acalmarão	tiver acalmado	tiverem acalmado

Present Perfect Indicative		*Conditional*	
tenho acalmado	temos acalmado	acalmaria	acalmaríamos
tens acalmado	tendes acalmado	acalmarias	acalmaríeis
tem acalmado	têm acalmado	acalmaria	acalmariam

Past Perfect or Pluperfect Indicative		*Conditional Perfect*	
tinha acalmado	tínhamos acalmado	teria acalmado	teríamos acalmado
tinhas acalmado	tínheis acalmado	terias acalmado	teríeis acalmado
tinha acalmado	tinham acalmado	teria acalmado	teriam acalmado

Future Perfect Indicative		*Imperative*	
terei acalmado	teremos acalmado	acalma–acalmai	
terás acalmado	tereis acalmado		
terá acalmado	terão acalmado		

Samples of verb usage.

Acalma-te!   *Calm down!*

O capitão **acalmou** a tripulação.   *The captain calmed down the crew.*

As notícias **teriam acalmado** a todos.   *The news would have calmed everyone down.*

Ela só **se acalmaria**, se visse o filho.   *She would only calm down if she saw her son.*

to caress, pet, stroke

Personal Infinitive
acariciar	acariciarmos
acariciares	acariciardes
acariciar	acariciarem

Present Indicative
acaricio	acariciamos
acaricias	acariciais
acaricia	acariciam

Imperfect Indicative
acariciava	acariciávamos
acariciavas	acariciáveis
acariciava	acariciavam

Preterit Indicative
acariciei	acariciámos
acariciaste	acariciastes
acariciou	acariciaram

Simple Pluperfect Indicative
acariciara	acariciáramos
acariciaras	acariciáreis
acariciara	acariciaram

Future Indicative
acariciarei	acariciaremos
acariciarás	acariciareis
acariciará	acariciarão

Present Perfect Indicative
tenho acariciado	temos acariciado
tens acariciado	tendes acariciado
tem acariciado	têm acariciado

Past Perfect or Pluperfect Indicative
tinha acariciado	tínhamos acariciado
tinhas acariciado	tínheis acariciado
tinha acariciado	tinham acariciado

Future Perfect Indicative
terei acariciado	teremos acariciado
terás acariciado	tereis acariciado
terá acariciado	terão acariciado

Present Subjunctive
acaricie	acariciemos
acaricies	acaricieis
acaricie	acariciem

Imperfect Subjunctive
acariciasse	acariciássemos
acariciasses	acariciásseis
acariciasse	acariciassem

Future Subjunctive
acariciar	acariciarmos
acariciares	acariciardes
acariciar	acariciarem

Present Perfect Subjunctive
tenha acariciado	tenhamos acariciado
tenhas acariciado	tenhais acariciado
tenha acariciado	tenham acariciado

Past Perfect or Pluperfect Subjunctive
tivesse acariciado	tivéssemos acariciado
tivesses acariciado	tivésseis acariciado
tivesse acariciado	tivessem acariciado

Future Perfect Subjunctive
tiver acariciado	tivermos acariciado
tiveres acariciado	tiverdes acariciado
tiver acariciado	tiverem acariciado

Conditional
acariciaria	acariciaríamos
acariciarias	acariciaríeis
acariciaria	acariciariam

Conditional Perfect
teria acariciado	teríamos acariciado
terias acariciado	teríeis acariciado
teria acariciado	teriam acariciado

Imperative
acaricia–acariciai

Samples of verb usage.

A neta **acariciava** o rosto da avó.   *The granddaughter caressed her grandmother's face.*

As meninas gostam de **acariciar** o cachorro (filhote *in Brazil*).   *The girls like to pet the puppy.*

O pai **acariciou** a cabeça do filho.   *The father stroked his son's head.*

O menino queria **acariciar** a barba do Pai Natal (Papai Noel *in Brazil*).
The little boy wanted to stroke Santa Claus' beard.

to accept

Personal Infinitive		Present Subjunctive	
aceitar	aceitarmos	aceite	aceitemos
aceitares	aceitardes	aceites	aceiteis
aceitar	aceitarem	aceite	aceitem

Present Indicative		Imperfect Subjunctive	
aceito	aceitamos	aceitasse	aceitássemos
aceitas	aceitais	aceitasses	aceitásseis
aceita	aceitam	aceitasse	aceitassem

Imperfect Indicative		Future Subjunctive	
aceitava	aceitávamos	aceitar	aceitarmos
aceitavas	aceitáveis	aceitares	aceitardes
aceitava	aceitavam	aceitar	aceitarem

Preterit Indicative		Present Perfect Subjunctive	
aceitei	aceitámos	tenha aceitado	tenhamos aceitado
aceitaste	aceitastes	tenhas aceitado	tenhais aceitado
aceitou	aceitaram	tenha aceitado	tenham aceitado

Simple Pluperfect Indicative		Past Perfect or Pluperfect Subjunctive	
aceitara	aceitáramos	tivesse aceitado	tivéssemos aceitado
aceitaras	aceitáreis	tivesses aceitado	tivésseis aceitado
aceitara	aceitaram	tivesse aceitado	tivessem aceitado

Future Indicative		Future Perfect Subjunctive	
aceitarei	aceitaremos	tiver aceitado	tivermos aceitado
aceitarás	aceitareis	tiveres aceitado	tiverdes aceitado
aceitará	aceitarão	tiver aceitado	tiverem aceitado

Present Perfect Indicative		Conditional	
tenho aceitado	temos aceitado	aceitaria	aceitaríamos
tens aceitado	tendes aceitado	aceitarias	aceitaríeis
tem aceitado	têm aceitado	aceitaria	aceitariam

Past Perfect or Pluperfect Indicative		Conditional Perfect	
tinha aceitado	tínhamos aceitado	teria aceitado	teríamos aceitado
tinhas aceitado	tínheis aceitado	terias aceitado	teríeis aceitado
tinha aceitado	tinham aceitado	teria aceitado	teriam aceitado

Future Perfect Indicative		Imperative	
terei aceitado	teremos aceitado	aceita–aceitai	
terás aceitado	tereis aceitado		
terá aceitado	terão aceitado		

Samples of verb usage.

Aceitaste a proposta? *Did you accept the offer (proposal)?*

Espero que elas **tenham aceitado** o convite. *I hope they have accepted the invitation.*

O artista **teria aceitado** mil dólares pelo quadro.
The artist would have accepted a thousand dollars for the painting.

A estudante **foi aceita** (**aceite** *in Portugal*) para o programa. *The student was accepted into the program.*

*In Brazil the preferred form of the irregular past participle is *aceito*.

to light; to turn on

Personal Infinitive		*Present Subjunctive*	
acender	acendermos	acenda	acendamos
acenderes	acenderdes	acendas	acendais
acender	acenderem	acenda	acendam

Present Indicative		*Imperfect Subjunctive*	
acendo	acendemos	acendesse	acendêssemos
acendes	acendeis	acendesses	acendêsseis
acende	acendem	acendesse	acendessem

Imperfect Indicative		*Future Subjunctive*	
acendia	acendíamos	acender	acendermos
acendias	acendíeis	acenderes	acenderdes
acendia	acendiam	acender	acenderem

Preterit Indicative		*Present Perfect Subjunctive*	
acendi	acendemos	tenha acendido	tenhamos acendido
acendeste	acendestes	tenhas acendido	tenhais acendido
acendeu	acenderam	tenha acendido	tenham acendido

Simple Pluperfect Indicative		*Past Perfect or Pluperfect Subjunctive*	
acendera	acendêramos	tivesse acendido	tivéssemos acendido
acenderas	acendêreis	tivesses acendido	tivésseis acendido
acendera	acenderam	tivesse acendido	tivessem acendido

Future Indicative		*Future Perfect Subjunctive*	
acenderei	acenderemos	tiver acendido	tivermos acendido
acenderás	acendereis	tiveres acendido	tiverdes acendido
acenderá	acenderão	tiver acendido	tiverem acendido

Present Perfect Indicative		*Conditional*	
tenho acendido	temos acendido	acenderia	acenderíamos
tens acendido	tendes acendido	acenderias	acenderíeis
tem acendido	têm acendido	acenderia	acenderiam

Past Perfect or Pluperfect Indicative		*Conditional Perfect*	
tinha acendido	tínhamos acendido	teria acendido	teríamos acendido
tinhas acendido	tínheis acendido	terias acendido	teríeis acendido
tinha acendido	tinham acendido	teria acendido	teriam acendido

Future Perfect Indicative		*Imperative*	
terei acendido	teremos acendido	acende–acendei	
terás acendido	tereis acendido		
terá acendido	terão acendido		

Samples of verb usage.

O namorado dela **acendeu** a vela.   *Her boyfriend lit the candle.*

A luz estava **acesa** quando cheguei.   *The light was turned on when I arrived.*

Se eu **acendesse** um fósforo, haveria uma explosão.
If I lit a match, there would be an explosion.

Se ele **tivesse acendido** a luz, a situação teria sido diferente.
If he had turned on the light, the situation would have been different.

13

to find; **achar que**: to believe, think (as to have an opinion)

Personal Infinitive		Present Subjunctive	
achar	acharmos	ache	achemos
achares	achardes	aches	acheis
achar	acharem	ache	achem

Present Indicative		Imperfect Subjunctive	
acho	achamos	achasse	achássemos
achas	achais	achasses	achásseis
acha	acham	achasse	achassem

Imperfect Indicative		Future Subjunctive	
achava	achávamos	achar	acharmos
achavas	acháveis	achares	achardes
achava	achavam	achar	acharem

Preterit Indicative		Present Perfect Subjunctive	
achei	achámos	tenha achado	tenhamos achado
achaste	achastes	tenhas achado	tenhais achado
achou	acharam	tenha achado	tenham achado

Simple Pluperfect Indicative		Past Perfect or Pluperfect Subjunctive	
achara	acháramos	tivesse achado	tivéssemos achado
acharas	acháreis	tivesses achado	tivésseis achado
achara	acharam	tivesse achado	tivessem achado

Future Indicative		Future Perfect Subjunctive	
acharei	acharemos	tiver achado	tivermos achado
acharás	achareis	tiveres achado	tiverdes achado
achará	acharão	tiver achado	tiverem achado

Present Perfect Indicative		Conditional	
tenho achado	temos achado	acharia	acharíamos
tens achado	tendes achado	acharias	acharíeis
tem achado	têm achado	acharia	achariam

Past Perfect or Pluperfect Indicative		Conditional Perfect	
tinha achado	tínhamos achado	teria achado	teríamos achado
tinhas achado	tínheis achado	terias achado	teríeis achado
tinha achado	tinham achado	teria achado	teriam achado

Future Perfect Indicative		Imperative	
terei achado	teremos achado	acha–achai	
terás achado	tereis achado		
terá achado	terão achado		

Samples of verb usage.

Este arqueólogo **achará** algo interessante. *This archaeologist will find something interesting.*

Ele **acha** que ele é o melhor. *He thinks he is the best.*

O acusado **achou** melhor não responder. *The accused thought it would be better not to answer.*

A professora **achava** que ela não sabia. *The teacher thought that she did not know.*

to accommodate; to soothe, comfort; to lodge, house, put up

Personal Infinitive		*Present Subjunctive*	
acomodar	acomodarmos	*acomode*	acomodemos
acomodares	acomodardes	*acomodes*	acomodeis
acomodar	acomodarem	*acomode*	*acomodem**

Present Indicative		*Imperfect Subjunctive*	
acomodo	acomodamos	acomodasse	acomodássemos
acomodas	acomodais	acomodasses	acomodásseis
acomoda	*acomodam**	acomodasse	acomodassem

Imperfect Indicative		*Future Subjunctive*	
acomodava	acomodávamos	acomodar	acomodarmos
acomodavas	acomodáveis	acomodares	acomodardes
acomodava	acomodavam	acomodar	acomodarem

Preterit Indicative		*Present Perfect Subjunctive*	
acomodei	acomodámos	tenha acomodado	tenhamos acomodado
acomodaste	acomodastes	tenhas acomodado	tenhais acomodado
acomodou	acomodaram	tenha acomodado	tenham acomodado

Simple Pluperfect Indicative		*Past Perfect or Pluperfect Subjunctive*	
acomodara	acomodáramos	tivesse acomodado	tivéssemos acomodado
acomodaras	acomodáreis	tivesses acomodado	tivésseis acomodado
acomodara	acomodaram	tivesse acomodado	tivessem acomodado

Future Indicative		*Future Perfect Subjunctive*	
acomodarei	acomodaremos	tiver acomodado	tivermos acomodado
acomodarás	acomodareis	tiveres acomodado	tiverdes acomodado
acomodará	acomodarão	tiver acomodado	tiverem acomodado

Present Perfect Indicative		*Conditional*	
tenho acomodado	temos acomodado	acomodaria	acomodaríamos
tens acomodado	tendes acomodado	acomodarias	acomodaríeis
tem acomodado	têm acomodado	acomodaria	acomodariam

Past Perfect or Pluperfect Indicative		*Conditional Perfect*	
tinha acomodado	tínhamos acomodado	teria acomodado	teríamos acomodado
tinhas acomodado	tínheis acomodado	terias acomodado	teríeis acomodado
tinha acomodado	tinham acomodado	teria acomodado	teriam acomodado

Future Perfect Indicative		*Imperative*	
terei acomodado	teremos acomodado	*acomoda**–acomodai	
terás acomodado	tereis acomodado		
terá acomodado	terão acomodado		

Samples of verb usage.

A nossa família nos **acomodou** muito bem.
Our family put us up very comfortably (provided us comfortable lodging).

Acomodaremos você na nossa casa *or, in Portugal,* Nós o acomodaremos (a você) na nossa casa.
We will put you up at our house.

A mãe **acomoda** o filho no colo.   *The mother comforts (soothes) her son in her lap.*

Eu tentarei **acomodar** os seus estranhos hábitos de trabalho.
I will attempt to accommodate your strange working habits.

*NOTE: Only the radical-changing verb forms with *open* stressed vowels appear in italic type. For further explanation see Foreword.

to accompany; to follow (along)

Personal Infinitive
acompanhar	acompanharmos
acompanhares	acompanhardes
acompanhar	acompanharem

Present Indicative
acompanho	acompanhamos
acompanhas	acompanhais
acompanha	acompanham

Imperfect Indicative
acompanhava	acompanhávamos
acompanhavas	acompanháveis
acompanhava	acompanhavam

Preterit Indicative
acompanhei	acompanhámos
acompanhaste	acompanhastes
acompanhou	acompanharam

Simple Pluperfect Indicative
acompanhara	acompanháramos
acompanharas	acompanháreis
acompanhara	acompanharam

Future Indicative
acompanharei	acompanharemos
acompanharás	acompanhareis
acompanhará	acompanharão

Present Perfect Indicative
tenho acompanhado	temos acompanhado
tens acompanhado	tendes acompanhado
tem acompanhado	têm acompanhado

Past Perfect or Pluperfect Indicative
tinha acompanhado	tínhamos acompanhado
tinhas acompanhado	tínheis acompanhado
tinha acompanhado	tinham acompanhado

Future Perfect Indicative
terei acompanhado	teremos acompanhado
terás acompanhado	tereis acompanhado
terá acompanhado	terão acompanhado

Present Subjunctive
acompanhe	acompanhemos
acompanhes	acompanheis
acompanhe	acompanhem

Imperfect Subjunctive
acompanhasse	acompanhássemos
acompanhasses	acompanhásseis
acompanhasse	acompanhassem

Future Subjunctive
acompanhar	acompanharmos
acompanhares	acompanhardes
acompanhar	acompanharem

Present Perfect Subjunctive
tenha acompanhado	tenhamos acompanhado
tenhas acompanhado	tenhais acompanhado
tenha acompanhado	tenham acompanhado

Past Perfect or Pluperfect Subjunctive
tivesse acompanhado	tivéssemos acompanhado
tivesses acompanhado	tivésseis acompanhado
tivesse acompanhado	tivessem acompanhado

Future Perfect Subjunctive
tiver acompanhado	tivermos acompanhado
tiveres acompanhado	tiverdes acompanhado
tiver acompanhado	tiverem acompanhado

Conditional
acompanharia	acompanharíamos
acompanharias	acompanharíeis
acompanharia	acompanhariam

Conditional Perfect
teria acompanhado	teríamos acompanhado
terias acompanhado	teríeis acompanhado
teria acompanhado	teriam acompanhado

Imperative
acompanha–acompanhai

Samples of verb usage.

Eu te **acompanharei** até à porta.   *I will accompany you to the door.*

Ela **acompanhou** o namorado até à casa dele.   *She accompanied her boyfriend to his home.*

Eu **tenho acompanhado** os seus sucessos pelo jornal.
I've been following your success (achievements) in the paper.

Nós o **acompanharíamos**, mas temos um compromisso.
We would go with you, but we have a commitment.

to advise

Personal Infinitive
aconselhar	aconselharmos
aconselhares	aconselhardes
aconselhar	aconselharem

Present Indicative
aconselho	aconselhamos
aconselhas	aconselhais
aconselha	aconselham

Imperfect Indicative
aconselhava	aconselhávamos
aconselhavas	aconselháveis
aconselhava	aconselhavam

Preterit Indicative
aconselhei	aconselhámos
aconselhaste	aconselhastes
aconselhou	aconselharam

Simple Pluperfect Indicative
aconselhara	aconselháramos
aconselharas	aconselháreis
aconselhara	aconselharam

Future Indicative
aconselharei	aconselharemos
aconselharás	aconselhareis
aconselhará	aconselharão

Present Perfect Indicative
tenho aconselhado	temos aconselhado
tens aconselhado	tendes aconselhado
tem aconselhado	têm aconselhado

Past Perfect or Pluperfect Indicative
tinha aconselhado	tínhamos aconselhado
tinhas aconselhado	tínheis aconselhado
tinha aconselhado	tinham aconselhado

Future Perfect Indicative
terei aconselhado	teremos aconselhado
terás aconselhado	tereis aconselhado
terá aconselhado	terão aconselhado

Present Subjunctive
aconselhe	aconselhemos
aconselhes	aconselheis
aconselhe	aconselhem

Imperfect Subjunctive
aconselhasse	aconselhássemos
aconselhasses	aconselhásseis
aconselhasse	aconselhassem

Future Subjunctive
aconselhar	aconselharmos
aconselhares	aconselhardes
aconselhar	aconselharem

Present Perfect Subjunctive
tenha aconselhado	tenhamos aconselhado
tenhas aconselhado	tenhais aconselhado
tenha aconselhado	tenham aconselhado

Past Perfect or Pluperfect Subjunctive
tivesse aconselhado	tivéssemos aconselhado
tivesses aconselhado	tivésseis aconselhado
tivesse aconselhado	tivessem aconselhado

Future Perfect Subjunctive
tiver aconselhado	tivermos aconselhado
tiveres aconselhado	tiverdes aconselhado
tiver aconselhado	tiverem aconselhado

Conditional
aconselharia	aconselharíamos
aconselharias	aconselharíeis
aconselharia	aconselhariam

Conditional Perfect
teria aconselhado	teríamos aconselhado
terias aconselhado	teríeis aconselhado
teria aconselhado	teriam aconselhado

Imperative
aconselha–aconselhai

Samples of verb usage.

O advogado **aconselhava** o cliente.   *The lawyer was advising his client.*

As amigas **tinham aconselhado** a ela fazer uma viagem.   *Her friends had advised her to take a trip.*

Ele me **aconselhou** a comprar este carro.   *He advised me to buy this car.*

Se pudesse, eu o **aconselharia**.   *If I could, I would advise him.*

to happen, take place, occur

Present Indicative		**Present Subjunctive**	
acontece	*acontecem**	aconteça	aconteçam
Imperfect Indicative		**Imperfect Subjunctive**	
acontecia	aconteciam	acontecesse	acontecessem
Preterit Indicative		**Future Subjunctive**	
aconteceu	aconteceram	acontecer	acontecerem
Simple Pluperfect Indicative		**Present Perfect Subjunctive**	
acontecera	aconteceram	tenha acontecido	tenham acontecido
Future Indicative		**Past Perfect or Pluperfect Subjunctive**	
acontecerá	acontecerão	tivesse acontecido	tivessem acontecido
Present Perfect Indicative		**Future Perfect Subjunctive**	
tem acontecido	têm acontecido	tiver acontecido	tiverem acontecido
Past Perfect or Pluperfect Indicative		**Conditional**	
tinha acontecido	tinham acontecido	aconteceria	aconteceriam
Future Perfect Indicative		**Conditional Perfect**	
terá acontecido	terão acontecido	teria acontecido	teriam acontecido

Samples of verb usage.

Tudo **aconteceu** tão rápido.   *Everything happened so quickly.*

Se a greve não **acontecer** hoje, **acontecerá** amanhã.
If the strike doesn't take place (occur) today, it will take place tomorrow.

Quando cheguei, tudo já **tinha acontecido**.   *When I arrived, everything had already happened.*

Aconteça o que **acontecer**, estou do seu lado.   *Whatever may happen, I'm on your side.*

*NOTE: Only the radical-changing verb forms with *open* stressed vowels appear in italic type. For further explanation see Foreword.

18

to wake up

Personal Infinitive
acordar	acordarmos
acordares	acordardes
acordar	acordarem

Present Indicative
acordo	acordamos
acordas	acordais
acorda	*acordam**

Imperfect Indicative
acordava	acordávamos
acordavas	acordáveis
acordava	acordavam

Preterit Indicative
acordei	acordámos
acordaste	acordastes
acordou	acordaram

Simple Pluperfect Indicative
acordara	acordáramos
acordaras	acordáreis
acordara	acordaram

Future Indicative
acordarei	acordaremos
acordarás	acordareis
acordará	acordarão

Present Perfect Indicative
tenho acordado	temos acordado
tens acordado	tendes acordado
tem acordado	têm acordado

Past Perfect or Pluperfect Indicative
tinha acordado	tínhamos acordado
tinhas acordado	tínheis acordado
tinha acordado	tinham acordado

Future Perfect Indicative
terei acordado	teremos acordado
terás acordado	tereis acordado
terá acordado	terão acordado

Present Subjunctive
acorde	acordemos
acordes	acordeis
acorde	*acordem**

Imperfect Subjunctive
acordasse	acordássemos
acordasses	acordásseis
acordasse	acordassem

Future Subjunctive
acordar	acordarmos
acordares	acordardes
acordar	acordarem

Present Perfect Subjunctive
tenha acordado	tenhamos acordado
tenhas acordado	tenhais acordado
tenha acordado	tenham acordado

Past Perfect or Pluperfect Subjunctive
tivesse acordado	tivéssemos acordado
tivesses acordado	tivésseis acordado
tivesse acordado	tivessem acordado

Future Perfect Subjunctive
tiver acordado	tivermos acordado
tiveres acordado	tiverdes acordado
tiver acordado	tiverem acordado

Conditional
acordaria	acordaríamos
acordarias	acordaríeis
acordaria	acordariam

Conditional Perfect
teria acordado	teríamos acordado
terias acordado	teríeis acordado
teria acordado	teriam acordado

Imperative
*acorda**–acordai

Samples of verb usage.

O barulho **acordou-me** (**me acordou** *in Brazil*) às cinco da manhã.
The noise woke me up at five in the morning.

Ela **acorda** todos os dias às sete (horas).   *She wakes up every day at seven (o'clock).*

Se eu **tivesse acordado**, eu teria ido.   *If I had woken up, I would have gone.*

Acordaste cedo hoje.   *You woke up early today.*

*NOTE: Only the radical-changing verb forms with *open* stressed vowels appear in italic type. For further explanation see Foreword.

Pres. Part. *acostumando-se*   **Past Part.** *se acostumado*

to get *or* be used *or* accustomed to

Personal Infinitive

acostumar-me	acostumarmo-nos
acostumares-te	acostumardes-vos
acostumar-se	acostumarem-se

Present Indicative

acostumo-me	acostumamo-nos
acostumas-te	acostumais-vos
acostuma-se	acostumam-se

Imperfect Indicative

acostumava-me	acostumávamo-nos
acostumavas-te	acostumáveis-vos
acostumava-se	acostumavam-se

Preterit Indicative

acostumei-me	acostumámo-nos
acostumaste-te	acostumastes-vos
acostumou-se	acostumaram-se

Simple Pluperfect Indicative

acostumara-me	acostumáramo-nos
acostumaras-te	acostumáreis-vos
acostumara-se	acostumaram-se

Future Indicative

acostumar-me-ei	acostumar-nos-emos
acostumar-te-ás	acostumar-vos-eis
acostumar-se-á	acostumar-se-ão

Present Perfect Indicative

tenho-me acostumado	temo-nos acostumado
tens-te acostumado	tendes-vos acostumado
tem-se acostumado	têm-se acostumado

Past Perfect or Pluperfect Indicative

tinha-me acostumado	tínhamo-nos acostumado
tinhas-te acostumado	tínheis-vos acostumado
tinha-se acostumado	tinham-se acostumado

Future Perfect Indicative

ter-me-ei acostumado	ter-nos-emos acostumado
ter-te-ás acostumado	ter-vos-eis acostumado
ter-se-á acostumado	ter-se-ão acostumado

Present Subjunctive

acostume-me	acostumemo-nos
acostumes-te	acostumeis-vos
acostume-se	acostumem-se

Imperfect Subjunctive

acostumasse-me	acostumássemo-nos
acostumasses-te	acostumásseis-vos
acostumasse-se	acostumassem-se

Future Subjunctive

me acostumar	nos acostumarmos
te acostumares	vos acostumardes
se acostumar	se acostumarem

Present Perfect Subjunctive

tenha-me acostumado	tenhamo-nos acostumado
tenhas-te acostumado	tenhais-vos acostumado
tenha-se acostumado	tenham-se acostumado

Past Perfect or Pluperfect Subjunctive

tivesse-me acostumado	tivéssemo-nos acostumado
tivesses-te acostumado	tivésseis-vos acostumado
tivesse-se acostumado	tivessem-se acostumado

Future Perfect Subjunctive

me tiver acostumado	nos tivermos acostumado
te tiveres acostumado	vos tiverdes acostumado
se tiver acostumado	se tiverem acostumado

Conditional

acostumar-me-ia	acostumar-nos-íamos
acostumar-te-ias	acostumar-vos-íeis
acostumar-se-ia	acostumar-se-iam

Conditional Perfect

ter-me-ia acostumado	ter-nos-íamos acostumado
ter-te-ias acostumado	ter-vos-íeis acostumado
ter-se-ia acostumado	ter-se-iam acostumado

Imperative

acostuma-te–acostumai-vos

Samples of verb usage.

Uma pessoa pode-se **acostumar** a tudo.   *A person can get used to anything.*

No princípio foi difícil, mas agora estou **acostumado** ao seu comportamento estranho.
In the beginning it was hard, but now I am accustomed to your strange behavior.

Eu **me acostumarei** à ideia com tempo.   *In time I will get used to the idea.*

Ela ainda está-**se a acostumar** (**acostumando**) ao clima.   *She is still getting used to the climate.*

to believe (in)

Personal Infinitive	
acreditar	acreditarmos
acreditares	acreditardes
acreditar	acreditarem

Present Indicative	
acredito	acreditamos
acreditas	acreditais
acredita	acreditam

Imperfect Indicative	
acreditava	acreditávamos
acreditavas	acreditáveis
acreditava	acreditavam

Preterit Indicative	
acreditei	acreditámos
acreditaste	acreditastes
acreditou	acreditaram

Simple Pluperfect Indicative	
acreditara	acreditáramos
acreditaras	acreditáreis
acreditara	acreditaram

Future Indicative	
acreditarei	acreditaremos
acreditarás	acreditareis
acreditará	acreditarão

Present Perfect Indicative	
tenho acreditado	temos acreditado
tens acreditado	tendes acreditado
tem acreditado	têm acreditado

Past Perfect or Pluperfect Indicative	
tinha acreditado	tínhamos acreditado
tinhas acreditado	tínheis acreditado
tinha acreditado	tinham acreditado

Future Perfect Indicative	
terei acreditado	teremos acreditado
terás acreditado	tereis acreditado
terá acreditado	terão acreditado

Present Subjunctive	
acredite	acreditemos
acredites	acrediteis
acredite	acreditem

Imperfect Subjunctive	
acreditasse	acreditássemos
acreditasses	acreditásseis
acreditasse	acreditassem

Future Subjunctive	
acreditar	acreditarmos
acreditares	acreditardes
acreditar	acreditarem

Present Perfect Subjunctive	
tenha acreditado	tenhamos acreditado
tenhas acreditado	tenhais acreditado
tenha acreditado	tenham acreditado

Past Perfect or Pluperfect Subjunctive	
tivesse acreditado	tivéssemos acreditado
tivesses acreditado	tivésseis acreditado
tivesse acreditado	tivessem acreditado

Future Perfect Subjunctive	
tiver acreditado	tivermos acreditado
tiveres acreditado	tiverdes acreditado
tiver acreditado	tiverem acreditado

Conditional	
acreditaria	acreditaríamos
acreditarias	acreditaríeis
acreditaria	acreditariam

Conditional Perfect	
teria acreditado	teríamos acreditado
terias acreditado	teríeis acreditado
teria acreditado	teriam acreditado

Imperative	
acredita–acreditai	

Samples of verb usage.

Acredite o que quiser, mas asseguro-lhe que digo a verdade.
Believe whatever you want, but I'm telling the truth.

Você **acredita** em mim?   *Do you believe me?*

Acreditamos que vamos ganhar.   *We believe we will win.*

Diga-me a verdade e eu o **acreditarei**.   *Tell me the truth and I'll believe you.*

acrescentar

to add to; to increase

Personal Infinitive

acrescentar	acrescentarmos
acrescentares	acrescentardes
acrescentar	acrescentarem

Present Indicative

acrescento	acrescentamos
acrescentas	acrescentais
acrescenta	acrescentam

Imperfect Indicative

acrescentava	acrescentávamos
acrescentavas	acrescentáveis
acrescentava	acrescentavam

Preterit Indicative

acrescentei	acrescentámos
acrescentaste	acrescentastes
acrescentou	acrescentaram

Simple Pluperfect Indicative

acrescentara	acrescentáramos
acrescentaras	acrescentáreis
acrescentara	acrescentaram

Future Indicative

acrescentarei	acrescentaremos
acrescentarás	acrescentareis
acrescentará	acrescentarão

Present Perfect Indicative

tenho acrescentado	temos acrescentado
tens acrescentado	tendes acrescentado
tem acrescentado	têm acrescentado

Past Perfect or Pluperfect Indicative

tinha acrescentado	tínhamos acrescentado
tinhas acrescentado	tínheis acrescentado
tinha acrescentado	tinham acrescentado

Future Perfect Indicative

terei acrescentado	teremos acrescentado
terás acrescentado	tereis acrescentado
terá acrescentado	terão acrescentado

Present Subjunctive

acrescente	acrescentemos
acrescentes	acrescenteis
acrescente	acrescentem

Imperfect Subjunctive

acrescentasse	acrescentássemos
acrescentasses	acrescentásseis
acrescentasse	acrescentassem

Future Subjunctive

acrescentar	acrescentarmos
acrescentares	acrescentardes
acrescentar	acrescentarem

Present Perfect Subjunctive

tenha acrescentado	tenhamos acrescentado
tenhas acrescentado	tenhais acrescentado
tenha acrescentado	tenham acrescentado

Past Perfect or Pluperfect Subjunctive

tivesse acrescentado	tivéssemos acrescentado
tivesses acrescentado	tivésseis acrescentado
tivesse acrescentado	tivessem acrescentado

Future Perfect Subjunctive

tiver acrescentado	tivermos acrescentado
tiveres acrescentado	tiverdes acrescentado
tiver acrescentado	tiverem acrescentado

Conditional

acrescentaria	acrescentaríamos
acrescentarias	acrescentaríeis
acrescentaria	acrescentariam

Conditional Perfect

teria acrescentado	teríamos acrescentado
terias acrescentado	teríeis acrescentado
teria acrescentado	teriam acrescentado

Imperative

acrescenta–acrescentai

Samples of verb usage.

O tamanho do país **acrescentou** ao problema.   *The size of the country added to the problem.*

O chefe **tinha acrescentado** mais dez por cento ao salário dele.
The boss had added ten percent more to his salary.

Eu gostaria que você **acrescentasse** mais alguma coisa ao negócio.
I would like you to add a little something more to the deal.

Esta mudança **acrescentará** ao valor da nossa casa.   *This change will increase the value of our house.*

to go *or* rush to the aid *or* help of

Personal Infinitive
acudir	acudirmos
acudires	acudirdes
acudir	acudirem

Present Indicative
acudo	acudimos
acodes	acudis
acode	*acodem**

Imperfect Indicative
acudia	acudíamos
acudias	acudíeis
acudia	acudiam

Preterit Indicative
acudi	acudimos
acudiste	acudistes
acudiu	acudiram

Simple Pluperfect Indicative
acudira	acudíramos
acudiras	acudíreis
acudira	acudiram

Future Indicative
acudirei	acudiremos
acudirás	acudireis
acudirá	acudirão

Present Perfect Indicative
tenho acudido	temos acudido
tens acudido	tendes acudido
tem acudido	têm acudido

Past Perfect or Pluperfect Indicative
tinha acudido	tínhamos acudido
tinhas acudido	tínheis acudido
tinha acudido	tinham acudido

Future Perfect Indicative
terei acudido	teremos acudido
terás acudido	tereis acudido
terá acudido	terão acudido

Present Subjunctive
acuda	acudamos
acudas	acudais
acuda	acudam

Imperfect Subjunctive
acudisse	acudíssemos
acudisses	acudísseis
acudisse	acudissem

Future Subjunctive
acudir	acudirmos
acudires	acudirdes
acudir	acudirem

Present Perfect Subjunctive
tenha acudido	tenhamos acudido
tenhas acudido	tenhais acudido
tenha acudido	tenham acudido

Past Perfect or Pluperfect Subjunctive
tivesse acudido	tivéssemos acudido
tivesses acudido	tivésseis acudido
tivesse acudido	tivessem acudido

Future Perfect Subjunctive
tiver acudido	tivermos acudido
tiveres acudido	tiverdes acudido
tiver acudido	tiverem acudido

Conditional
acudiria	acudiríamos
acudirias	acudiríeis
acudiria	acudiriam

Conditional Perfect
teria acudido	teríamos acudido
terias acudido	teríeis acudido
teria acudido	teriam acudido

Imperative
*acode** – acudi

Samples of verb usage.

Acuda-me mãe!   *Come help me, mommy!*

Ele **acudiu** a vizinha.   *He helped the neighbor lady.*

Quando ele ouve alguém gritar, **acode** imediatamente.
When he hears someone scream, he rushes to their aid immediately.

Os paramédicos **acudiram** ao paciente.   *The paramedics rushed to (help) the patient.*

*NOTE: Only the radical-changing verb forms with *open* stressed vowels appear in italic type. For further explanation see Foreword.

to accumulate; to accrue; to amass

Personal Infinitive
acumular	acumularmos
acumulares	acumulardes
acumular	acumularem

Present Indicative
acumulo	acumulamos
acumulas	acumulais
acumula	acumulam

Imperfect Indicative
acumulava	acumulávamos
acumulavas	acumuláveis
acumulava	acumulavam

Preterit Indicative
acumulei	acumulámos
acumulaste	acumulastes
acumulou	acumularam

Simple Pluperfect Indicative
acumulara	acumuláramos
acumularas	acumuláreis
acumulara	acumularam

Future Indicative
acumularei	acumularemos
acumularás	acumulareis
acumulará	acumularão

Present Perfect Indicative
tenho acumulado	temos acumulado
tens acumulado	tendes acumulado
tem acumulado	têm acumulado

Past Perfect or Pluperfect Indicative
tinha acumulado	tínhamos acumulado
tinhas acumulado	tínheis acumulado
tinha acumulado	tinham acumulado

Future Perfect Indicative
terei acumulado	teremos acumulado
terás acumulado	tereis acumulado
terá acumulado	terão acumulado

Present Subjunctive
acumule	acumulemos
acumules	acumuleis
acumule	acumulem

Imperfect Subjunctive
acumulasse	acumulássemos
acumulasses	acumulásseis
acumulasse	acumulassem

Future Subjunctive
acumular	acumularmos
acumulares	acumulardes
acumular	acumularem

Present Perfect Subjunctive
tenha acumulado	tenhamos acumulado
tenhas acumulado	tenhais acumulado
tenha acumulado	tenham acumulado

Past Perfect or Pluperfect Subjunctive
tivesse acumulado	tivéssemos acumulado
tivesses acumulado	tivésseis acumulado
tivesse acumulado	tivessem acumulado

Future Perfect Subjunctive
tiver acumulado	tivermos acumulado
tiveres acumulado	tiverdes acumulado
tiver acumulado	tiverem acumulado

Conditional
acumularia	acumularíamos
acumularias	acumularíeis
acumularia	acumulariam

Conditional Perfect
teria acumulado	teríamos acumulado
terias acumulado	teríeis acumulado
teria acumulado	teriam acumulado

Imperative
acumula–acumulai

Samples of verb usage.

Ao longo dos anos a poeira **acumulava** nos livros.   *Over the years the dust was accumulating on the books.*

Os proje(c)tos **teriam acumulado**, se eu não tivesse começado logo.
The projects would have accumulated, if I hadn't started right away.

O povo **acumulou-se** na praça da capital.   *The people amassed in the capital square.*

Os juros estavam **acumulando** na conta.   *The interest was accruing in the account.*

to postpone, defer, put off

Personal Infinitive		*Present Subjunctive*	
adiar	adiarmos	adie	adiemos
adiares	adiardes	adies	adieis
adiar	adiarem	adie	adiem

Present Indicative		*Imperfect Subjunctive*	
adio	adiamos	adiasse	adiássemos
adias	adiais	adiasses	adiásseis
adia	adiam	adiasse	adiassem

Imperfect Indicative		*Future Subjunctive*	
adiava	adiávamos	adiar	adiarmos
adiavas	adiáveis	adiares	adiardes
adiava	adiavam	adiar	adiarem

Preterit Indicative		*Present Perfect Subjunctive*	
adiei	adiámos	tenha adiado	tenhamos adiado
adiaste	adiastes	tenhas adiado	tenhais adiado
adiou	adiaram	tenha adiado	tenham adiado

Simple Pluperfect Indicative		*Past Perfect or Pluperfect Subjunctive*	
adiara	adiáramos	tivesse adiado	tivéssemos adiado
adiaras	adiáreis	tivesses adiado	tivésseis adiado
adiara	adiaram	tivesse adiado	tivessem adiado

Future Indicative		*Future Perfect Subjunctive*	
adiarei	adiaremos	tiver adiado	tivermos adiado
adiarás	adiareis	tiveres adiado	tiverdes adiado
adiará	adiarão	tiver adiado	tiverem adiado

Present Perfect Indicative		*Conditional*	
tenho adiado	temos adiado	adiaria	adiaríamos
tens adiado	tendes adiado	adiarias	adiaríeis
tem adiado	têm adiado	adiaria	adiariam

Past Perfect or Pluperfect Indicative		*Conditional Perfect*	
tinha adiado	tínhamos adiado	teria adiado	teríamos adiado
tinhas adiado	tínheis adiado	terias adiado	teríeis adiado
tinha adiado	tinham adiado	teria adiado	teriam adiado

Future Perfect Indicative		*Imperative*	
terei adiado	teremos adiado	adia–adiai	
terás adiado	tereis adiado		
terá adiado	terão adiado		

Samples of verb usage.

Adiei a minha viagem para o domingo.   *I postponed my trip 'til Sunday.*

Os dire(c)tores **adiaram** duas reuniões importantes.   *The directors postponed two important meetings.*

Ele **adiará** a sua decisão até amanhã.   *He will defer his decision until tomorrow.*

Tivemos que **adiar** a nossa viagem.   *We had to put off our trip.*

to guess; to predict

Personal Infinitive	
adivinhar	adivinharmos
adivinhares	adivinhardes
adivinhar	adivinharem

Present Indicative	
adivinho	adivinhamos
adivinhas	adivinhais
adivinha	adivinham

Imperfect Indicative	
adivinhava	adivinhávamos
adivinhavas	adivinháveis
adivinhava	adivinhavam

Preterit Indicative	
adivinhei	adivinhámos
adivinhaste	adivinhastes
adivinhou	adivinharam

Simple Pluperfect Indicative	
adivinhara	adivinháramos
adivinharas	adivinháreis
adivinhara	adivinharam

Future Indicative	
adivinharei	adivinharemos
adivinharás	adivinhareis
adivinhará	adivinharão

Present Perfect Indicative	
tenho adivinhado	temos adivinhado
tens adivinhado	tendes adivinhado
tem adivinhado	têm adivinhado

Past Perfect or Pluperfect Indicative	
tinha adivinhado	tínhamos adivinhado
tinhas adivinhado	tínheis adivinhado
tinha adivinhado	tinham adivinhado

Future Perfect Indicative	
terei adivinhado	teremos adivinhado
terás adivinhado	tereis adivinhado
terá adivinhado	terão adivinhado

Present Subjunctive	
adivinhe	adivinhemos
adivinhes	adivinheis
adivinhe	adivinhem

Imperfect Subjunctive	
adivinhasse	adivinhássemos
adivinhasses	adivinhásseis
adivinhasse	adivinhassem

Future Subjunctive	
adivinhar	adivinharmos
adivinhares	adivinhardes
adivinhar	adivinharem

Present Perfect Subjunctive	
tenha adivinhado	tenhamos adivinhado
tenhas adivinhado	tenhais adivinhado
tenha adivinhado	tenham adivinhado

Past Perfect or Pluperfect Subjunctive	
tivesse adivinhado	tivéssemos adivinhado
tivesses adivinhado	tivésseis adivinhado
tivesse adivinhado	tivessem adivinhado

Future Perfect Subjunctive	
tiver adivinhado	tivermos adivinhado
tiveres adivinhado	tiverdes adivinhado
tiver adivinhado	tiverem adivinhado

Conditional	
adivinharia	adivinharíamos
adivinharias	adivinharíeis
adivinharia	adivinhariam

Conditional Perfect	
teria adivinhado	teríamos adivinhado
terias adivinhado	teríeis adivinhado
teria adivinhado	teriam adivinhado

Imperative	
adivinha–adivinhai	

Samples of verb usage.

Adivinha o quê?   *Guess what?*

Adivinharemos o resultado.   *We will predict the outcome.*

A cartomante **adivinhará** o seu futuro por um dólar.
The fortune teller will predict your future (tell your fortune) for a dollar.

Como eu iria **adivinhar**?   *How could I guess that?*

to get *or* become sick *or* ill

Personal Infinitive
adoecer	adoecermos
adoeceres	adoecerdes
adoecer	adoecerem

Present Indicative
adoeço	adoecemos
adoeces	adoeceis
adoece	*adoecem**

Imperfect Indicative
adoecia	adoecíamos
adoecias	adoecíeis
adoecia	adoeciam

Preterit Indicative
adoeci	adoecemos
adoeceste	adoecestes
adoeceu	adoeceram

Simple Pluperfect Indicative
adoecera	adoecêramos
adoeceras	adoecêreis
adoecera	adoeceram

Future Indicative
adoecerei	adoeceremos
adoecerás	adoecereis
adoecerá	adoecerão

Present Perfect Indicative
tenho adoecido	temos adoecido
tens adoecido	tendes adoecido
tem adoecido	têm adoecido

Past Perfect or Pluperfect Indicative
tinha adoecido	tínhamos adoecido
tinhas adoecido	tínheis adoecido
tinha adoecido	tinham adoecido

Future Perfect Indicative
terei adoecido	teremos adoecido
terás adoecido	tereis adoecido
terá adoecido	terão adoecido

Present Subjunctive
adoeça	adoeçamos
adoeças	adoeçais
adoeça	adoeçam

Imperfect Subjunctive
adoecesse	adoecêssemos
adoecesses	adoecêsseis
adoecesse	adoecessem

Future Subjunctive
adoecer	adoecermos
adoeceres	adoecerdes
adoecer	adoecerem

Present Perfect Subjunctive
tenha adoecido	tenhamos adoecido
tenhas adoecido	tenhais adoecido
tenha adoecido	tenham adoecido

Past Perfect or Pluperfect Subjunctive
tivesse adoecido	tivéssemos adoecido
tivesses adoecido	tivésseis adoecido
tivesse adoecido	tivessem adoecido

Future Perfect Subjunctive
tiver adoecido	tivermos adoecido
tiveres adoecido	tiverdes adoecido
tiver adoecido	tiverem adoecido

Conditional
adoeceria	adoeceríamos
adoecerias	adoeceríeis
adoeceria	adoeceriam

Conditional Perfect
teria adoecido	teríamos adoecido
terias adoecido	teríeis adoecido
teria adoecido	teriam adoecido

Imperative
*adoece**– adoecei

Samples of verb usage.

O presidente **adoeceu** de repente.   *The president suddenly became ill.*

Você **adoeceria,** se comesse daquele prato.   *You would get ill if you ate from that plate.*

Ele **adoecia** cada dia mais.   *He was getting sicker every day.*

Adoeço sempre que como peixe.   *I get sick every time I eat fish.*

*NOTE: Only the radical-changing verb forms with *open* stressed vowels appear in italic type. For further explanation see Foreword.

to adore, love; to worship

Personal Infinitive		*Present Subjunctive*	
adorar	adorarmos	*adore*	adoremos
adorares	adorardes	*adores*	adoreis
adorar	adorarem	*adore*	*adorem**

Present Indicative		*Imperfect Subjunctive*	
adoro	adoramos	adorasse	adorássemos
adoras	adorais	adorasses	adorásseis
adora	*adoram**	adorasse	adorassem

Imperfect Indicative		*Future Subjunctive*	
adorava	adorávamos	adorar	adorarmos
adoravas	adoráveis	adorares	adorardes
adorava	adoravam	adorar	adorarem

Preterit Indicative		*Present Perfect Subjunctive*	
adorei	adorámos	tenha adorado	tenhamos adorado
adoraste	adorastes	tenhas adorado	tenhais adorado
adorou	adoraram	tenha adorado	tenham adorado

Simple Pluperfect Indicative		*Past Perfect or Pluperfect Subjunctive*	
adorara	adoráramos	tivesse adorado	tivéssemos adorado
adoraras	adoráreis	tivesses adorado	tivésseis adorado
adorara	adoraram	tivesse adorado	tivessem adorado

Future Indicative		*Future Perfect Subjunctive*	
adorarei	adoraremos	tiver adorado	tivermos adorado
adorarás	adorareis	tiveres adorado	tiverdes adorado
adorará	adorarão	tiver adorado	tiverem adorado

Present Perfect Indicative		*Conditional*	
tenho adorado	temos adorado	adoraria	adoraríamos
tens adorado	tendes adorado	adorarias	adoraríeis
tem adorado	têm adorado	adoraria	adorariam

Past Perfect or Pluperfect Indicative		*Conditional Perfect*	
tinha adorado	tínhamos adorado	teria adorado	teríamos adorado
tinhas adorado	tínheis adorado	terias adorado	teríeis adorado
tinha adorado	tinham adorado	teria adorado	teriam adorado

Future Perfect Indicative		*Imperative*	
terei adorado	teremos adorado	*adora**–adorai	
terás adorado	tereis adorado		
terá adorado	terão adorado		

Samples of verb usage.

Ela **adorará** aquele professor. *She will adore that teacher.*

Eu **adoro** comer bacalhau. *I just love eating codfish.*

(Nós) simplesmente **adorámos** o presente. *We simply adored the present.*

Eles **se adoram** muito. *They love each other a lot.*

Os pagãos **adoravam** ídolos de pedra. *The pagans used to worship stone idols.*

*NOTE: Only the radical-changing verb forms with *open* stressed vowels appear in italic type. For further explanation see Foreword.

to fall asleep

Personal Infinitive		**Present Subjunctive**	
adormecer	adormecermos	adormeça	adormeçamos
adormeceres	adormecerdes	adormeças	adormeçais
adormecer	adormecerem	adormeça	adormeçam

Present Indicative		**Imperfect Subjunctive**	
adormeço	adormecemos	adormecesse	adormecêssemos
adormeces	adormeceis	adormecesses	adormecêsseis
adormece	*adormecem**	adormecesse	adormecessem

Imperfect Indicative		**Future Subjunctive**	
adormecia	adormecíamos	adormecer	adormecermos
adormecias	adormecíeis	adormeceres	adormecerdes
adormecia	adormeciam	adormecer	adormecerem

Preterit Indicative		**Present Perfect Subjunctive**	
adormeci	adormecemos	tenha adormecido	tenhamos adormecido
adormeceste	adormecestes	tenhas adormecido	tenhais adormecido
adormeceu	adormeceram	tenha adormecido	tenham adormecido

Simple Pluperfect Indicative		**Past Perfect or Pluperfect Subjunctive**	
adormecera	adormecêramos	tivesse adormecido	tivéssemos adormecido
adormeceras	adormecêreis	tivesses adormecido	tivésseis adormecido
adormecera	adormeceram	tivesse adormecido	tivessem adormecido

Future Indicative		**Future Perfect Indicative**	
adormecerei	adormeceremos	tiver adormecido	tivermos adormecido
adormecerás	adormecereis	tiveres adormecido	tiverdes adormecido
adormecerá	adormecerão	tiver adormecido	tiverem adormecido

Present Perfect Indicative		**Conditional**	
tenho adormecido	temos adormecido	adormeceria	adormeceríamos
tens adormecido	tendes adormecido	adormecerias	adormeceríeis
tem adormecido	têm adormecido	adormeceria	adormeceriam

Past Perfect or Pluperfect Indicative		**Conditional Perfect**	
tinha adormecido	tínhamos adormecido	teria adormecido	teríamos adormecido
tinhas adormecido	tínheis adormecido	terias adormecido	teríeis adormecido
tinha adormecido	tinham adormecido	teria adormecido	teriam adormecido

Future Perfect Indicative		**Imperative**	
terei adormecido	teremos adormecido	*adormece**– adormecei	
terás adormecido	tereis adormecido		
terá adormecido	terão adormecido		

Samples of verb usage.

Sempre **adormeço** em frente da televisão.   *I always fall asleep in front of the television.*

As crianças **adormeceram** antes do jantar.   *The children fell asleep before dinner.*

Ele sempre **adormece** durante discursos.   *He always falls asleep during speeches.*

Ela **tinha adormecido** no autocarro (ônibus *in Brazil*).   *She had fallen asleep on the bus.*

*NOTE: Only the radical-changing verb forms with *open* stressed vowels appear in italic type. For further explanation see Foreword.

to acquire, obtain, procure

Personal Infinitive
adquirir	adquirirmos
adquirires	adquirirdes
adquirir	adquirirem

Present Indicative
adquiro	adquirimos
adquires	adquiris
adquire	adquirem

Imperfect Indicative
adquiria	adquiríamos
adquirias	adquiríeis
adquiria	adquiriam

Preterit Indicative
adquiri	adquirimos
adquiriste	adquiristes
adquiriu	adquiriram

Simple Pluperfect Indicative
adquirira	adquiríramos
adquiriras	adquiríreis
adquirira	adquiriram

Future Indicative
adquirirei	adquiriremos
adquirirás	adquirireis
adquirirá	adquirirão

Present Perfect Indicative
tenho adquirido	temos adquirido
tens adquirido	tendes adquirido
tem adquirido	têm adquirido

Past Perfect or Pluperfect Indicative
tinha adquirido	tínhamos adquirido
tinhas adquirido	tínheis adquirido
tinha adquirido	tinham adquirido

Future Perfect Subjunctive
terei adquirido	teremos adquirido
terás adquirido	tereis adquirido
terá adquirido	terão adquirido

Present Subjunctive
adquira	adquiramos
adquiras	adquirais
adquira	adquiram

Imperfect Subjunctive
adquirisse	adquiríssemos
adquirisses	adquirísseis
adquirisse	adquirissem

Future Subjunctive
adquirir	adquirirmos
adquirires	adquirirdes
adquirir	adquirirem

Present Perfect Subjunctive
tenha adquirido	tenhamos adquirido
tenhas adquirido	tenhais adquirido
tenha adquirido	tenham adquirido

Past Perfect or Pluperfect Subjunctive
tivesse adquirido	tivéssemos adquirido
tivesses adquirido	tivésseis adquirido
tivesse adquirido	tivessem adquirido

Future Perfect Subjunctive
tiver adquirido	tivermos adquirido
tiveres adquirido	tiverdes adquirido
tiver adquirido	tiverem adquirido

Conditional
adquiriria	adquiriríamos
adqupririas	adquiriríeis
adquiriria	adquiririam

Conditional Perfect
teria adquirido	teríamos adquirido
terias adquirido	teríeis adquirido
teria adquirido	teriam adquirido

Imperative
adquire–adquiri

Samples of verb usage.

Adquiriremos o que precisarmos para construir uma bomba.
We will obtain (procure) what we need to build a bomb.

Adquiri esta pedra rara dum amigo.   *I acquired this rare stone from a friend.*

Aquela família **adquiriu** tudo o que tinha através de trabalho duro.
That family acquired everything it had through hard work.

Terei adquirido a minha casa própria ao fim deste ano.
I will have acquired my own house by the end of this year.

to warn, caution

Personal Infinitive	
advertir	advertirmos
advertires	advertirdes
advertir	advertirem

Present Indicative	
advirto	advertimos
advertes	advertis
adverte	*advertem**

Imperfect Indicative	
advertia	advertíamos
advertias	advertíeis
advertia	advertiam

Preterit Indicative	
adverti	advertimos
advertiste	advertistes
advertiu	advertiram

Simple Pluperfect Indicative	
advertira	advertíramos
advertiras	advertíreis
advertira	advertiram

Future Indicative	
advertirei	advertiremos
advertirás	advertireis
advertirá	advertirão

Present Perfect Indicative	
tenho advertido	temos advertido
tens advertido	tendes advertido
tem advertido	têm advertido

Past Perfect or Pluperfect Indicative	
tinha advertido	tínhamos advertido
tinhas advertido	tínheis advertido
tinha advertido	tinham advertido

Future Perfect Indicative	
terei advertido	teremos advertido
terás advertido	tereis advertido
terá advertido	terão advertido

Present Subjunctive	
advirta	advirtamos
advirtas	advirtais
advirta	advirtam

Imperfect Subjunctive	
advertisse	advertíssemos
advertisses	advertísseis
advertisse	advertissem

Future Subjunctive	
advertir	advertirmos
advertires	advertirdes
advertir	advertirem

Present Perfect Subjunctive	
tenha advertido	tenhamos advertido
tenhas advertido	tenhais advertido
tenha advertido	tenham advertido

Past Perfect or Pluperfect Subjunctive	
tivesse advertido	tivéssemos advertido
tivesses advertido	tivésseis advertido
tivesse advertido	tivessem advertido

Future Perfect Subjunctive	
tiver advertido	tivermos advertido
tiveres advertido	tiverdes advertido
tiver advertido	tiverem advertido

Conditional	
advertiria	advertiríamos
advertirias	advertiríeis
advertiria	advertiriam

Conditional Perfect	
teria advertido	teríamos advertido
terias advertido	teríeis advertido
teria advertido	teriam advertido

Imperative	
adverte*– adverti	

Samples of verb usage.

Estou-te a **advertir** (advertindo).   *I am warning you.*

O polícia (policial *in Brazil*) **advertiu** o motorista.   *The policeman cautioned the motorist.*

O professor já **tinha advertido** o aluno três vezes.
The professor had already warned the student three times.

O árbitro vai **advertir** o jogador.   *The referee is going to caution the player.*

*NOTE: Only the radical-changing verb forms with *open* stressed vowels appear in italic type. For further explanation see Foreword.

to move *or* push away; (**-se**) to go away, depart

Personal Infinitive		*Present Subjunctive*	
afastar	afastarmos	afaste	afastemos
afastares	afastardes	afastes	afasteis
afastar	afastarem	afaste	afastem

Present Indicative		*Imperfect Subjunctive*	
afasto	afastamos	afastasse	afastássemos
afastas	afastais	afastasses	afastásseis
afasta	afastam	afastasse	afastassem

Imperfect Indicative		*Future Subjunctive*	
afastava	afastávamos	afastar	afastarmos
afastavas	afastáveis	afastares	afastardes
afastava	afastavam	afastar	afastarem

Preterit Indicative		*Present Perfect Subjunctive*	
afastei	afastámos	tenha afastado	tenhamos afastado
afastaste	afastastes	tenhas afastado	tenhais afastado
afastou	afastaram	tenha afastado	tenham afastado

Simple Pluperfect Indicative		*Past Perfect or Pluperfect Subjunctive*	
afastara	afastáramos	tivesse afastado	tivéssemos afastado
afastaras	afastáreis	tivesses afastado	tivésseis afastado
afastara	afastaram	tivesse afastado	tivessem afastado

Future Indicative		*Future Perfect Subjunctive*	
afastarei	afastaremos	tiver afastado	tivermos afastado
afastarás	afastareis	tiveres afastado	tiverdes afastado
afastará	afastarão	tiver afastado	tiverem afastado

Present Perfect Indicative		*Conditional*	
tenho afastado	temos afastado	afastaria	afastaríamos
tens afastado	tendes afastado	afastarias	afastaríeis
tem afastado	têm afastado	afastaria	afastariam

Past Perfect or Pluperfect Indicative		*Conditional Perfect*	
tinha afastado	tínhamos afastado	teria afastado	teríamos afastado
tinhas afastado	tínheis afastado	terias afastado	teríeis afastado
tinha afastado	tinham afastado	teria afastado	teriam afastado

Future Perfect Indicative		*Imperative*	
terei afastado	teremos afastado	afasta–afastai	
terás afastado	tereis afastado		
terá afastado	terão afastado		

Samples of verb usage.

Afasta-te de mim!   *Get away from me!*

Ele **se afastava** pouco a pouco.   *He moved away little by little.*

Ela **afastou** o dinheiro do alcance do seu marido.
She moved (pushed) the money away from her husband's reach.

Nós **nos afastámos** do perigo.   *We got away from the danger.*

to worry, distress; (**-se**) get *or* become worried *or* distressed

Personal Infinitive		*Present Subjunctive*	
afligir	afligirmos	aflija	aflijamos
afligires	afligirdes	aflijas	aflijais
afligir	afligirem	aflija	aflijam

Present Indicative		*Imperfect Subjunctive*	
aflijo	afligimos	afligisse	afligíssemos
afliges	afligis	afligisses	afligísseis
aflige	afligem	afligisse	afligissem

Imperfect Indicative		*Future Subjunctive*	
afligia	afligíamos	afligir	afligirmos
afligias	afligíeis	afligires	afligirdes
afligia	afligiam	afligir	afligirem

Preterit Indicative		*Present Perfect Subjunctive*	
afligi	afligimos	tenha afligido	tenhamos afligido
afligiste	afligistes	tenhas afligido	tenhais afligido
afligiu	afligiram	tenha afligido	tenham afligido

Simple Pluperfect Indicative		*Past Perfect or Pluperfect Subjunctive*	
afligira	afligíramos	tivesse afligido	tivéssemos afligido
afligiras	afligíreis	tivesses afligido	tivésseis afligido
afligira	afligiram	tivesse afligido	tivessem afligido

Future Indicative		*Future Perfect Subjunctive*	
afligirei	afligiremos	tiver afligido	tivermos afligido
afligirás	afligireis	tiveres afligido	tiverdes afligido
afligirá	afligirão	tiver afligido	tiverem afligido

Present Perfect Indicative		*Conditional*	
tenho afligido	temos afligido	afligiria	afligiríamos
tens afligido	tendes afligido	afligirias	afligiríeis
tem afligido	têm afligido	afligiria	afligiriam

Past Perfect or Pluperfect Indicative		*Conditional Perfect*	
tinha afligido	tínhamos afligido	teria afligido	teríamos afligido
inhas afligido	tínheis afligido	terias afligido	teríeis afligido
tinha afligido	tinham afligido	teria afligido	teriam afligido

Future Perfect Indicative		*Imperative*	
terei afligido	teremos afligido	aflige–afligi	
terás afligido	tereis afligido		
terá afligido	terão afligido		

Samples of verb usage.

Não **se aflija**.   *Don't worry.*

Ela estava **aflita** com a situação.   *She was worried about the situation.*

Você **se aflige** facilmente.   *You get worried easily.*

Todos **se afligiram** com o ladrar do cão.   *Everyone got distressed over the dog's barking.*

to drown

Personal Infinitive	
afogar	afogarmos
afogares	afogardes
afogar	afogarem

Present Indicative	
afogo	afogamos
afogas	afogais
afoga	*afogam**

Imperfect Indicative	
afogava	afogávamos
afogavas	afogáveis
afogava	afogavam

Preterit Indicative	
afoguei	afogámos
afogaste	afogastes
afogou	afogaram

Simple Pluperfect Indicative	
afogara	afogáramos
afogaras	afogáreis
afogara	afogaram

Future Indicative	
afogarei	afogaremos
afogarás	afogareis
afogará	afogarão

Present Perfect Indicative	
tenho afogado	temos afogado
tens afogado	tendes afogado
tem afogado	têm afogado

Past Perfect or Pluperfect Indicative	
tinha afogado	tínhamos afogado
tinhas afogado	tínheis afogado
tinha afogado	tinham afogado

Future Perfect Indicative	
terei afogado	teremos afogado
terás afogado	tereis afogado
terá afogado	terão afogado

Present Subjunctive	
afogue	afoguemos
afogues	afogueis
afogue	*afoguem**

Imperfect Subjunctive	
afogasse	afogássemos
afogasses	afogásseis
afogasse	afogassem

Future Subjunctive	
afogar	afogarmos
afogares	afogardes
afogar	afogarem

Present Perfect Subjunctive	
tenha afogado	tenhamos afogado
tenhas afogado	tenhais afogado
tenha afogado	tenham afogado

Past Perfect or Pluperfect Subjunctive	
tivesse afogado	tivéssemos afogado
tivesses afogado	tivésseis afogado
tivesse afogado	tivessem afogado

Future Perfect Subjunctive	
tiver afogado	tivermos afogado
tiveres afogado	tiverdes afogado
tiver afogado	tiverem afogado

Conditional	
afogaria	afogaríamos
afogarias	afogaríeis
afogaria	afogariam

Conditional Perfect	
teria afogado	teríamos afogado
terias afogado	teríeis afogado
teria afogado	teriam afogado

Imperative	
*afoga**–afogai	

Samples of verb usage.

Espero que eles não **se afoguem**.   *I hope they don't drown.*

O assassino tentou **afogar** mais uma vítima.   *The murderer tried to drown yet another victim.*

O salva-vidas disse que ela **tinha-se afogado**.   *The lifeguard said that she had drowned.*

Cuidado para não **te afogares**, o mar está perigoso.   *Be careful not to drown, the sea is dangerous.*

*NOTE: Only the radical-changing verb forms with *open* stressed vowels appear in italic type. For further explanation see Foreword.

to grab, grasp; (**-se a**) to hang *or* hold on to

Personal Infinitive		***Present Subjunctive***	
agarrar	agarrarmos	agarre	agarremos
agarrares	agarrardes	agarres	agarreis
agarrar	agarrarem	agarre	agarrem
Present Indicative		***Imperfect Subjunctive***	
agarro	agarramos	agarrasse	agarrássemos
agarras	agarrais	agarrasses	agarrásseis
agarra	agarram	agarrasse	agarrassem
Imperfect Indicative		***Future Subjunctive***	
agarrava	agarrávamos	agarrar	agarrarmos
agarravas	agarráveis	agarrares	agarrardes
agarrava	agarravam	agarrar	agarrarem
Preterit Indicative		***Present Perfect Subjunctive***	
agarrei	agarrámos	tenha agarrado	tenhamos agarrado
agarraste	agarrastes	tenhas agarrado	tenhais agarrado
agarrou	agarraram	tenha agarrado	tenham agarrado
Simple Pluperfect Indicative		***Past Perfect or Pluperfect Subjunctive***	
agarrara	agarráramos	tivesse agarrado	tivéssemos agarrado
agarraras	agarráreis	tivesses agarrado	tivésseis agarrado
agarrara	agarraram	tivesse agarrado	tivessem agarrado
Future Indicative		***Future Perfect Subjunctive***	
agarrarei	agarraremos	tiver agarrado	tivermos agarrado
agarrarás	agarrareis	tiveres agarrado	tiverdes agarrado
agarrará	agarrarão	tiver agarrado	tiverem agarrado
Present Perfect Indicative		***Conditional***	
tenho agarrado	temos agarrado	agarraria	agarraríamos
tens agarrado	tendes agarrado	agarrarias	agarraríeis
tem agarrado	têm agarrado	agarraria	agarrariam
Past Perfect or Pluperfect Indicative		***Conditional Perfect***	
tinha agarrado	tínhamos agarrado	teria agarrado	teríamos agarrado
tinhas agarrado	tínheis agarrado	terias agarrado	teríeis agarrado
tinha agarrado	tinham agarrado	teria agarrado	teriam agarrado
Future Perfect Indicative		***Imperative***	
terei agarrado	teremos agarrado	agarra–agarrai	
terás agarrado	tereis agarrado		
terá agarrado	terão agarrado		

Samples of verb usage.

Agarre esta corda com firmeza ou você cairá.   *Grasp this rope tightly or you will fall.*

Eles **se agarravam** com força.   *They were holding on to each other tightly.*

Ela **teria agarrado** o porco, se tivesse tido mais força.
She would have grabbed the pig if she had been stronger.

Eu **agarraria** aquela estrela de cinema.   *I would hold on to that movie star.*

to thank

Personal Infinitive	
agradecer	agradecermos
agradeceres	agradecerdes
agradecer	agradecerem

Present Indicative	
agradeço	agradecemos
agradeces	agradeceis
agradece	*agradecem**

Imperfect Indicative	
agradecia	agradecíamos
agradecias	agradecíeis
agradecia	agradeciam

Preterit Indicative	
agradeci	agradecemos
agradeceste	agradecestes
agradeceu	agradeceram

Simple Pluperfect Indicative	
agradecera	agradecêramos
agradeceras	agradecêreis
agradecera	agradeceram

Future Indicative	
agradecerei	agradeceremos
agradecerás	agradecereis
agradecerá	agradecerão

Present Perfect Indicative	
tenho agradecido	temos agradecido
tens agradecido	tendes agradecido
tem agradecido	têm agradecido

Past Perfect or Pluperfect Indicative	
tinha agradecido	tínhamos agradecido
tinhas agradecido	tínheis agradecido
tinha agradecido	tinham agradecido

Future Perfect Indicative	
terei agradecido	teremos agradecido
terás agradecido	tereis agradecido
terá agradecido	terão agradecido

Present Subjunctive	
agradeça	agradeçamos
agradeças	agradeçais
agradeça	agradeçam

Imperfect Subjunctive	
agradecesse	agradecêssemos
agradecesses	agradecêsseis
agradecesse	agradecessem

Future Subjunctive	
agradecer	agradecermos
agradeceres	agradecerdes
agradecer	agradecerem

Present Perfect Subjunctive	
tenha agradecido	tenhamos agradecido
tenhas agradecido	tenhais agradecido
tenha agradecido	tenham agradecido

Past Perfect or Pluperfect Subjunctive	
tivesse agradecido	tivéssemos agradecido
tivesses agradecido	tivésseis agradecido
tivesse agradecido	tivessem agradecido

Future Perfect Subjunctive	
tiver agradecido	tivermos agradecido
tiveres agradecido	tiverdes agradecido
tiver agradecido	tiverem agradecido

Conditional	
agradeceria	agradeceríamos
agradecerias	agradeceríeis
agradeceria	agradeceriam

Conditional Perfect	
teria agradecido	teríamos agradecido
terias agradecido	teríeis agradecido
teria agradecido	teriam agradecido

Imperative	
*agradece**– agradecei	

Samples of verb usage.

Agradeça ao seu tio pelo presente.   *Thank your uncle for the present.*

Eu **agradeço** a Deus poder comer todos os dias.   *I thank God for being able to eat every day.*

Você **agradeceu** àquele homem?   *Did you thank that man?*

Agradece-se sempre que for bem tratado.   *One should express thanks whenever one is treated well.*

*NOTE: Only the radical-changing verb forms with *open* stressed vowels appear in italic type. For further explanation see Foreword.

to kneel

Personal Infinitive	
ajoelhar-me	ajoelharmo-nos
ajoelhares-te	ajoelhardes-vos
ajoelhar-se	ajoelharem-se

Present Indicative

ajoelho-me	ajoelhamo-nos
ajoelhas-te	ajoelhais-vos
ajoelha-se	ajoelham-se

Imperfect Indicative

ajoelhava-me	ajoelhávamo-nos
ajoelhavas-te	ajoelháveis-vos
ajoelhava-se	ajoelhavam-se

Preterit Indicative

ajoelhei-me	ajoelhámo-nos
ajoelhaste-te	ajoelhastes-vos
ajoelhou-se	ajoelharam-se

Simple Pluperfect Indicative

ajoelhara-me	ajoelháramo-nos
ajoelharas-te	ajoelháreis-vos
ajoelhara-se	ajoelharam-se

Future Indicative

ajoelhar-me-ei	ajoelhar-nos-emos
ajoelhar-te-ás	ajoelhar-vos-eis
ajoelhar-se-á	ajoelhar-se-ão

Present Perfect Indicative

tenho-me ajoelhado	temo-nos ajoelhado
tens-te ajoelhado	tendes-vos ajoelhado
tem-se ajoelhado	têm-se ajoelhado

Past Perfect or Pluperfect Indicative

tinha-me ajoelhado	tínhamo-nos ajoelhado
tinhas-te ajoelhado	tínheis-vos ajoelhado
tinha-se ajoelhado	tinham-se ajoelhado

Future Perfect Indicative

ter-me-ei ajoelhado	ter-nos-emos ajoelhado
ter-te-ás ajoelhado	ter-vos-eis ajoelhado
ter-se-á ajoelhado	ter-se-ão ajoelhado

Present Subjunctive

ajoelhe-me	ajoelhemo-nos
ajoelhes-te	ajoelheis-vos
ajoelhe-se	ajoelhem-se

Imperfect Subjunctive

ajoelhasse-me	ajoelhássemo-nos
ajoelhasses-te	ajoelhásseis-vos
ajoelhasse-se	ajoelhassem-se

Future Subjunctive

me ajoelhar	nos ajoelharmos
te ajoelhares	vos ajoelhardes
se ajoelhar	se ajoelharem

Present Perfect Subjunctive

tenha-me ajoelhado	tenhamo-nos ajoelhado
tenhas-te ajoelhado	tenhais-vos ajoelhado
tenha-se ajoelhado	tenham-se ajoelhado

Past Perfect or Pluperfect Subjunctive

tivesse-me ajoelhado	tivéssemo-nos ajoelhado
tivesses-te ajoelhado	tivésseis-vos ajoelhado
tivesse-se ajoelhado	tivessem-se ajoelhado

Future Perfect Subjunctive

me tiver ajoelhado	nos tivermos ajoelhado
te tiveres ajoelhado	vos tiverdes ajoelhado
se tiver ajoelhado	se tiverem ajoelhado

Conditional

ajoelhar-me-ia	ajoelhar-nos-íamos
ajoelhar-te-ias	ajoelhar-vos-íeis
ajoelhar-se-ia	ajoelhar-se-iam

Conditional Perfect

ter-me-ia ajoelhado	ter-nos-íamos ajoelhado
ter-te-ias ajoelhado	ter-vos-íeis ajoelhado
ter-se-ia ajoelhado	ter-se-iam ajoelhado

Imperative

ajoelha-te–ajoelhai-vos

Samples of verb usage.

Ele **ajoelhou-se** antes de se confessar.   *He kneeled before he confessed.*

Ela sempre **se ajoelha** antes de entrar numa igreja.   *She always kneels before entering a church.*

O carrasco mandou-lhes **ajoelhar** antes de os matar.
The executioner ordered them to kneel before killing them.

Eles sempre **se ajoelhavam** para rezar.   *They would always kneel to pray.*

to help, aid; to assist

Personal Infinitive			*Present Subjunctive*	
ajudar	ajudarmos		ajude	ajudemos
ajudares	ajudardes		ajudes	ajudeis
ajudar	ajudarem		ajude	ajudem

Present Indicative			*Imperfect Subjunctive*	
ajudo	ajudamos		ajudasse	ajudássemos
ajudas	ajudais		ajudasses	ajudásseis
ajuda	ajudam		ajudasse	ajudassem

Imperfect Indicative			*Future Subjunctive*	
ajudava	ajudávamos		ajudar	ajudarmos
ajudavas	ajudáveis		ajudares	ajudardes
ajudava	ajudavam		ajudar	ajudarem

Preterit Indicative			*Present Perfect Subjunctive*	
ajudei	ajudámos		tenha ajudado	tenhamos ajudado
ajudaste	ajudastes		tenhas ajudado	tenhais ajudado
ajudou	ajudaram		tenha ajudado	tenham ajudado

Simple Pluperfect Indicative			*Past Perfect or Pluperfect Subjunctive*	
ajudara	ajudáramos		tivesse ajudado	tivéssemos ajudado
ajudaras	ajudáreis		tivesses ajudado	tivésseis ajudado
ajudara	ajudaram		tivesse ajudado	tivessem ajudado

Future Indicative			*Future Subjunctive*	
ajudarei	ajudaremos		tiver ajudado	tivermos ajudado
ajudarás	ajudareis		tiveres ajudado	tiverdes ajudado
ajudará	ajudarão		tiver ajudado	tiverem ajudado

Present Perfect Indicative			*Conditional*	
tenho ajudado	temos ajudado		ajudaria	ajudaríamos
tens ajudado	tendes ajudado		ajudarias	ajudaríeis
tem ajudado	têm ajudado		ajudaria	ajudariam

Past Perfect or Pluperfect Indicative			*Conditional Perfect*	
tinha ajudado	tínhamos ajudado		teria ajudado	teríamos ajudado
tinhas ajudado	tínheis ajudado		terias ajudado	teríeis ajudado
tinha ajudado	tinham ajudado		teria ajudado	teriam ajudado

Future Perfect Indicative			*Imperative*	
terei ajudado	teremos ajudado		ajuda–ajudai	
terás ajudado	tereis ajudado			
terá ajudado	terão ajudado			

Samples of verb usage.

Socorro! **Ajude**-me!   *Help! Help me!*

Quer que eu o **ajude** agora?   *Would you like me to assist you now?*

Eu a **ajudei** a estudar para o exame.   *I helped her study for the exam.*

Ajudaremos, se for preciso.   *We will help, if it is necessary.*

to be happy (about)

Personal Infinitive		***Present Subjunctive***	
alegrar-me	alegrarmo-nos	*alegre-me*	alegremo-nos
alegrares-te	alegrardes-vos	*alegres-te*	alegreis-vos
alegrar-se	alegrarem-se	*alegre-se*	*alegrem-se**
Present Indicative		***Imperfect Subjunctive***	
alegro-me	alegramo-nos	alegrasse-me	alegrássemo-nos
alegras-te	alegrais-vos	alegrasses-te	alegrásseis-vos
alegra-se	*alegram-se**	alegrasse-se	alegrassem-se
Imperfect Indicative		***Future Perfect Subjunctive***	
alegrava-me	alegrávamo-nos	me alegrar	nos alegrarmos
alegravas-te	alegráveis-vos	te alegrares	vos alegrardes
alegrava-se	alegravam-se	se alegrar	se alegrarem
Preterit Indicative		***Present Perfect Subjunctive***	
alegrei-me	alegrámo-nos	tenha-me alegrado	tenhamo-nos alegrado
alegraste-te	alegrastes-vos	tenhas-te alegrado	tenhais-vos alegrado
alegrou-se	alegraram-se	tenha-se alegrado	tenham-se alegrado
Simple Pluperfect Indicative		***Past Perfect or Pluperfect Subjunctive***	
alegrara-me	alegráramo-nos	tivesse-me alegrado	tivéssemo-nos alegrado
alegraras-te	alegráreis-vos	tivesses-te alegrado	tivésseis-vos alegrado
alegrara-se	alegraram-se	tivesse-se alegrado	tivessem-se alegrado
Future Indicative		***Future Subjunctive***	
alegrar-me-ei	alegrar-nos-emos	me tiver alegrado	nos tivermos alegrado
alegrar-te-ás	alegrar-vos-eis	te tiveres alegrado	vos tiverdes alegrado
alegrar-se-á	alegrar-se-ão	se tiver alegrado	se tiverem alegrado
Present Perfect Indicative		***Conditional***	
tenho-me alegrado	temo-nos alegrado	alegrar-me-ia	alegrar-nos-íamos
tens-te alegrado	tendes-vos alegrado	alegrar-te-ias	alegrar-vos-íeis
tem-se alegrado	têm-se alegrado	alegrar-se-ia	alegrar-se-iam
Past Perfect or Pluperfect Indicative		***Conditional Perfect***	
tinha-me alegrado	tínhamo-nos alegrado	ter-me-ia alegrado	ter-nos-íamos alegrado
tinhas-te alegrado	tínheis-vos alegrado	ter-te-ias alegrado	ter-vos-íeis alegrado
tinha-se alegrado	tinham-se alegrado	ter-se-ia alegrado	ter-se-iam alegrado
Future Perfect Indicative		***Imperative***	
ter-me-ei alegrado	ter-nos-emos alegrado	*alegra-te–alegrai-vos*	
ter-te-ás alegrado	ter-vos-eis alegrado		
ter-se-á alegrado	ter-se-ão alegrado		

Samples of verb usage.

Eu **me alegro** de ver que estás bem.   *I am happy to see that you are well.*

A surpresa **alegrou** o chefe.   *The surprise made the boss happy.*

O meu irmão **se alegra** de estar aqui.   *My brother is happy to be here.*

Os pacientes **se alegraram** com as boas notícias.   *The patients became happy with the good news.*

*NOTE: Only the radical-changing verb forms with *open* stressed vowels appear in italic type. For further explanation see Foreword.

alimentar

Pres. Part. *alimentando* Past Part. *alimentado*

to feed, nourish

Personal Infinitive		**Present Subjunctive**	
alimentar	alimentarmos	alimente	alimentemos
alimentares	alimentardes	alimentes	alimenteis
alimentar	alimentarem	alimente	alimentem

Present Indicative		**Imperfect Subjunctive**	
alimento	alimentamos	alimentasse	alimentássemos
alimentas	alimentais	alimentasses	alimentásseis
alimenta	alimentam	alimentasse	alimentassem

Imperfect Indicative		**Future Perfect Subjunctive**	
alimentava	alimentávamos	alimentar	alimentarmos
alimentavas	alimentáveis	alimentares	alimentardes
alimentava	alimentavam	alimentar	alimentarem

Preterit Indicative		**Present Perfect Subjunctive**	
alimentei	alimentámos	tenha alimentado	tenhamos alimentado
alimentaste	alimentastes	tenhas alimentado	tenhais alimentado
alimentou	alimentaram	tenha alimentado	tenham alimentado

Simple Pluperfect Indicative		**Past Perfect or Pluperfect Subjunctive**	
alimentara	alimentáramos	tivesse alimentado	tivéssemos alimentado
alimentaras	alimentáreis	tivesses alimentado	tivésseis alimentado
alimentara	alimentaram	tivesse alimentado	tivessem alimentado

Future Indicative		**Future Subjunctive**	
alimentarei	alimentaremos	tiver alimentado	tivermos alimentado
alimentarás	alimentareis	tiveres alimentado	tiverdes alimentado
alimentará	alimentarão	tiver alimentado	tiverem alimentado

Present Perfect Indicative		**Conditional**	
tenho alimentado	temos alimentado	alimentaria	alimentaríamos
tens alimentado	tendes alimentado	alimentarias	alimentaríeis
tem alimentado	têm alimentado	alimentaria	alimentariam

Past Perfect or Pluperfect Indicative		**Conditional Perfect**	
tinha alimentado	tínhamos alimentado	teria alimentado	teríamos alimentado
tinhas alimentado	tínheis alimentado	terias alimentado	teríeis alimentado
tinha alimentado	tinham alimentado	teria alimentado	teriam alimentado

Future Perfect Indicative		**Imperative**	
terei alimentado	teremos alimentado	alimenta–alimentai	
terás alimentado	tereis alimentado		
terá alimentado	terão alimentado		

Samples of verb usage.

As crianças devem ser bem **alimentadas**. *Children should be nourished well.*

Eu não **alimentarei** as tuas esperanças. *I will not feed your hopes.*

O meu primo **alimentava** os porcos na quinta (fazenda *in Brazil*).
My cousin used to feed the pigs at the ranch.

As mães gostam de **alimentar** os seus filhos. *Mothers love to feed their children.*

to have lunch

Personal Infinitive		**Present Subjunctive**	
almoçar	almoçarmos	*almoce*	almocemos
almoçares	almoçardes	*almoces*	almoceis
almoçar	almoçarem	*almoce*	*almocem**

Present Indicative		**Imperfect Subjunctive**	
almoço	almoçamos	almoçasse	almoçássemos
almoças	almoçais	almoçasses	almoçásseis
almoça	*almoçam**	almoçasse	almoçassem

Imperfect Indicative		**Future Subjunctive**	
almoçava	almoçávamos	almoçar	almoçarmos
almoçavas	almoçáveis	almoçares	almoçardes
almoçava	almoçavam	almoçar	almoçarem

Preterit Indicative		**Present Perfect Subjunctive**	
almocei	almoçámos	tenha almoçado	tenhamos almoçado
almoçaste	almoçastes	tenhas almoçado	tenhais almoçado
almoçou	almoçaram	tenha almoçado	tenham almoçado

Simple Pluperfect Indicative		**Past Perfect or Pluperfect Subjunctive**	
almoçara	almoçáramos	tivesse almoçado	tivéssemos almoçado
almoçaras	almoçáreis	tivesses almoçado	tivésseis almoçado
almoçara	almoçaram	tivesse almoçado	tivessem almoçado

Future Indicative		**Future Perfect Subjunctive**	
almoçarei	almoçaremos	tiver almoçado	tivermos almoçado
almoçarás	almoçareis	tiveres almoçado	tiverdes almoçado
almoçará	almoçarão	tiver almoçado	tiverem almoçado

Present Perfect Indicative		**Conditional**	
tenho almoçado	temos almoçado	almoçaria	almoçaríamos
tens almoçado	tendes almoçado	almoçarias	almoçaríeis
tem almoçado	têm almoçado	almoçaria	almoçariam

Past Perfect or Pluperfect Indicative		**Conditional Perfect**	
tinha almoçado	tínhamos almoçado	teria almoçado	teríamos almoçado
tinhas almoçado	tínheis almoçado	terias almoçado	teríeis almoçado
tinha almoçado	tinham almoçado	teria almoçado	teriam almoçado

Future Perfect Indicative		**Imperative**	
terei almoçado	teremos almoçado	*almoça**–almoçai	
terás almoçado	tereis almoçado		
terá almoçado	terão almoçado		

Samples of verb usage.

Ele sempre liga (telefona) quando estou **a almoçar** (**almoçando**).
He always calls when I am having lunch.

Obrigado, mas já **almocei**.   *Thanks, but I've already had lunch.*

O médico **almoçou** com o paciente.   *The doctor had lunch with the patient.*

(Nós) sempre **almoçamos** juntos.   *We always have lunch together.*

*NOTE: Only the radical-changing verb forms with *open* stressed vowels appear in italic type. For further explanation see Foreword.

to alter, modify; to falsify, counterfeit

Personal Infinitive	
alterar	alterarmos
alterares	alterardes
alterar	alterarem

Present Indicative

altero	alteramos
alteras	alterais
altera	*alteram**

Imperfect Indicative

alterava	alterávamos
alteravas	alteráveis
alterava	alteravam

Preterit Indicative

alterei	alterámos
alteraste	alterastes
alterou	alteraram

Simple Pluperfect Indicative

alterara	alteráramos
alteraras	alteráreis
alterara	alteraram

Future Indicative

alterarei	alteraremos
alterarás	alterareis
alterará	alterarão

Present Perfect Indicative

tenho alterado	temos alterado
tens alterado	tendes alterado
tem alterado	têm alterado

Past Perfect or Pluperfect Indicative

tinha alterado	tínhamos alterado
tinhas alterado	tínheis alterado
tinha alterado	tinham alterado

Future Perfect Indicative

terei alterado	teremos alterado
terás alterado	tereis alterado
terá alterado	terão alterado

Present Subjunctive

altere	alteremos
alteres	altereis
altere	*alterem**

Imperfect Subjunctive

alterasse	alterássemos
alterasses	alterásseis
alterasse	alterassem

Future Subjunctive

alterar	alterarmos
alterares	alterardes
alterar	alterarem

Present Perfect Subjunctive

tenha alterado	tenhamos alterado
tenhas alterado	tenhais alterado
tenha alterado	tenham alterado

Past Perfect or Pluperfect Subjunctive

tivesse alterado	tivéssemos alterado
tivesses alterado	tivésseis alterado
tivesse alterado	tivessem alterado

Future Perfect Subjunctive

tiver alterado	tivermos alterado
tiveres alterado	tiverdes alterado
tiver alterado	tiverem alterado

Conditional

alteraria	alteraríamos
alterarias	alteraríeis
alteraria	alterariam

Conditional Perfect

teria alterado	teríamos alterado
terias alterado	teríeis alterado
teria alterado	teriam alterado

Imperative

*altera**–alterai

Samples of verb usage.

O alfaiate **alterou** as roupas.   *The tailor altered (made alterations to) the clothes.*

Ele **alterava** documentos.   *He used to counterfeit documents.*

Eu **alterarei** os meus planos.   *I will alter my plans.*

O piloto **alterou** a rota.   *The pilot modified the route.*

*NOTE: Only the radical-changing verb forms with *open* stressed vowels appear in italic type. For further explanation see Foreword.

to rent

Personal Infinitive
alugar	alugarmos
alugares	alugardes
alugar	alugarem

Present Indicative
alugo	alugamos
alugas	alugais
aluga	alugam

Imperfect Indicative
alugava	alugávamos
alugavas	alugáveis
alugava	alugavam

Preterit Indicative
aluguei	alugámos
alugaste	alugastes
alugou	alugaram

Simple Pluperfect Indicative
alugara	alugáramos
alugaras	alugáreis
alugara	alugaram

Future Indicative
alugarei	alugaremos
alugarás	alugareis
alugará	alugarão

Present Perfect Indicative
tenho alugado	temos alugado
tens alugado	tendes alugado
tem alugado	têm alugado

Past Perfect or Pluperfect Indicative
tinha alugado	tínhamos alugado
tinhas alugado	tínheis alugado
tinha alugado	tinham alugado

Future Perfect Indicative
terei alugado	teremos alugado
terás alugado	tereis alugado
terá alugado	terão alugado

Present Subjunctive
alugue	aluguemos
alugues	alugueis
alugue	aluguem

Imperfect Subjunctive
alugasse	alugássemos
alugasses	alugásseis
alugasse	alugassem

Future Subjunctive
alugar	alugarmos
alugares	alugardes
alugar	alugarem

Present Perfect Subjunctive
tenha alugado	tenhamos alugado
tenhas alugado	tenhais alugado
tenha alugado	tenham alugado

Past Perfect or Pluperfect Subjunctive
tivesse alugado	tivéssemos alugado
tivesses alugado	tivésseis alugado
tivesse alugado	tivessem alugado

Future Perfect Subjunctive
tiver alugado	tivermos alugado
tiveres alugado	tiverdes alugado
tiver alugado	tiverem alugado

Conditional
alugaria	alugaríamos
alugarias	alugaríeis
alugaria	alugariam

Conditional Perfect
teria alugado	teríamos alugado
terias alugado	teríeis alugado
teria alugado	teriam alugado

Imperative
aluga–alugai

Samples of verb usage.

Eu **aluguei** um filme muito bom.   *I rented a really good movie.*

O dono **alugará** o apartamento a (para) outra pessoa.
The owner will rent the apartment to someone else.

Os inquilinos não **alugarão** esta casa para o ano.   *The tenants will not rent this house for next year.*

O casal já **tinha alugado** um carro para o fim de semana.
The couple had already rented a car for the weekend.

NOTE: In Portugal **arrendar** is normally used for expressing the renting of some form of lodging, such as a house or an apartment.

to love

Personal Infinitive		*Present Subjunctive*	
amar	amarmos	ame	amemos
amares	amardes	ames	ameis
amar	amarem	ame	amem

Present Indicative		*Imperfect Subjunctive*	
amo	amamos	amasse	amássemos
amas	amais	amasses	amásseis
ama	amam	amasse	amassem

Imperfect Indicative		*Future Subjunctive*	
amava	amávamos	amar	amarmos
amavas	amáveis	amares	amardes
amava	amavam	amar	amarem

Preterit Indicative		*Present Perfect Subjunctive*	
amei	amámos	tenha amado	tenhamos amado
amaste	amastes	tenhas amado	tenhais amado
amou	amaram	tenha amado	tenham amado

Simple Pluperfect Indicative		*Past Perfect or Pluperfect Subjunctive*	
amara	amáramos	tivesse amado	tivéssemos amado
amaras	amáreis	tivesses amado	tivésseis amado
amara	amaram	tivesse amado	tivessem amado

Future Indicative		*Future Perfect Subjunctive*	
amarei	amaremos	tiver amado	tivermos amado
amarás	amareis	tiveres amado	tiverdes amado
amará	amarão	tiver amado	tiverem amado

Present Perfect Indicative		*Conditional*	
tenho amado	temos amado	amaria	amaríamos
tens amado	tendes amado	amarias	amaríeis
tem amado	têm amado	amaria	amariam

Past Perfect or Pluperfect Indicative		*Conditional Perfect*	
tinha amado	tínhamos amado	teria amado	teríamos amado
tinhas amado	tínheis amado	terias amado	teríeis amado
tinha amado	tinham amado	teria amado	teriam amado

Future Perfect Indicative		*Imperative*	
terei amado	teremos amado	ama–amai	
terás amado	tereis amado		
terá amado	terão amado		

Samples of verb usage.

Ele **amava** o que fazia.   *He loved what he did.*

Os filhos **amam** os seus pais.   *The kids love their parents.*

Com o tempo, eles **se amarão** mais e mais.   *In time, they will love each other more and more.*

Amar é perdoar.   *To love is to forgive.*

to threaten

Personal Infinitive		**Present Subjunctive**	
ameaçar	ameaçarmos	ameace	ameacemos
ameaçares	ameaçardes	ameaces	ameaceis
ameaçar	ameaçarem	ameace	ameacem

Present Indicative		**Imperfect Subjunctive**	
ameaço	ameaçamos	ameaçasse	ameaçássemos
ameaças	ameaçais	ameaçasses	ameaçásseis
ameaça	ameaçam	ameaçasse	ameaçassem

Imperfect Indicative		**Future Subjunctive**	
ameaçava	ameaçávamos	ameaçar	ameaçarmos
ameaçavas	ameaçáveis	ameaçares	ameaçardes
ameaçava	ameaçavam	ameaçar	ameaçarem

Preterit Indicative		**Present Perfect Subjunctive**	
ameacei	ameaçámos	tenha ameaçado	tenhamos ameaçado
ameaçaste	ameaçastes	tenhas ameaçado	tenhais ameaçado
ameaçou	ameaçaram	tenha ameaçado	tenham ameaçado

Simple Pluperfect Indicative		**Past Perfect or Pluperfect Subjunctive**	
ameaçara	ameaçáramos	tivesse ameaçado	tivéssemos ameaçado
ameaçaras	ameaçáreis	tivesses ameaçado	tivésseis ameaçado
ameaçara	ameaçaram	tivesse ameaçado	tivessem ameaçado

Future Indicative		**Future Perfect Subjunctive**	
ameaçarei	ameaçaremos	tiver ameaçado	tivermos ameaçado
ameaçarás	ameaçareis	tiveres ameaçado	tiverdes ameaçado
ameaçará	ameaçarão	tiver ameaçado	tiverem ameaçado

Present Perfect Indicative		**Conditional**	
tenho ameaçado	temos ameaçado	ameaçaria	ameaçaríamos
tens ameaçado	tendes ameaçado	ameaçarias	ameaçaríeis
tem ameaçado	têm ameaçado	ameaçaria	ameaçariam

Past Perfect or Pluperfect Indicative		**Conditional Perfect**	
tinha ameaçado	tínhamos ameaçado	teria ameaçado	teríamos ameaçado
tinhas ameaçado	tínheis ameaçado	terias ameaçado	teríeis ameaçado
tinha ameaçado	tinham ameaçado	teria ameaçado	teriam ameaçado

Future Perfect Indicative		**Imperative**	
terei ameaçado	teremos ameaçado	ameaça–ameaçai	
terás ameaçado	tereis ameaçado		
terá ameaçado	terão ameaçado		

Samples of verb usage.

Ela **ameaçou** demitir-se.   *She threatened to quit.*

O sequestrador **ameaçava** matar a todos.   *The kidnapper was threatening to kill everyone.*

Eu **ameacei** ir-me embora.   *I threatened to leave.*

Eles já o **tinham ameaçado** três vezes.   *They had already threatened him three times.*

to soften; to relent

Personal Infinitive		*Present Subjunctive*	
amolecer	amolecermos	amoleça	amoleçamos
amoleceres	amolecerdes	amoleças	amoleçais
amolecer	amolecerem	amoleça	amoleçam

Present Indicative		*Imperfect Subjunctive*	
amoleço	amolecemos	amolecesse	amolecêssemos
amoleces	amoleceis	amolecesses	amolecêsseis
amolece	*amolecem**	amolecesse	amolecessem

Imperfect Indicative		*Future Subjunctive*	
amolecia	amolecíamos	amolecer	amolecermos
amolecias	amolecíeis	amoleceres	amolecerdes
amolecia	amoleciam	amolecer	amolecerem

Preterit Indicative		*Present Perfect Subjunctive*	
amoleci	amolecemos	tenha amolecido	tenhamos amolecido
amoleceste	amolecestes	tenhas amolecido	tenhais amolecido
amoleceu	amoleceram	tenha amolecido	tenham amolecido

Simple Pluperfect Indicative		*Past Perfect or Pluperfect Subjunctive*	
amolecera	amolecêramos	tivesse amolecido	tivéssemos amolecido
amoleceras	amolecêreis	tivesses amolecido	tivésseis amolecido
amolecera	amoleceram	tivesse amolecido	tivessem amolecido

Future Indicative		*Future Perfect Subjunctive*	
amolecerei	amoleceremos	tiver amolecido	tivermos amolecido
amolecerás	amolecereis	tiveres amolecido	tiverdes amolecido
amolecerá	amolecerão	tiver amolecido	tiverem amolecido

Present Perfect Indicative		*Conditional*	
tenho amolecido	temos amolecido	amoleceria	amoleceríamos
tens amolecido	tendes amolecido	amolecerias	amoleceríeis
tem amolecido	têm amolecido	amoleceria	amoleceriam

Past Perfect or Pluperfect Indicative		*Conditional Perfect*	
tinha amolecido	tínhamos amolecido	teria amolecido	teríamos amolecido
tinhas amolecido	tínheis amolecido	terias amolecido	teríeis amolecido
tinha amolecido	tinham amolecido	teria amolecido	teriam amolecido

Future Perfect Indicative		*Imperative*	
terei amolecido	teremos amolecido	*amolece**– amolecei	
terás amolecido	tereis amolecido		
terá amolecido	terão amolecido		

Samples of verb usage.

O calor do fogão **amoleceu** o copo de plástico. *The oven's heat softened the plastic cup.*

O macarrão **amolece** em água quente. *Spaghetti gets soft in hot water.*

A cera vai **amolecer** com este calor. *The wax is going to soften with this heat.*

Ela **tinha-se amolecido** toda com as flores que ele enviou. *She relented because of the flowers he sent.*

*NOTE: Only the radical-changing verb forms with *open* stressed vowels appear in italic type. For further explanation see Foreword.

to enlarge, expand

Personal Infinitive		**Present Subjunctive**	
ampliar	ampliarmos	amplie	ampliemos
ampliares	ampliardes	amplies	amplieis
ampliar	ampliarem	amplie	ampliem

Present Indicative		**Imperfect Subjunctive**	
amplio	ampliamos	ampliasse	ampliássemos
amplias	ampliais	ampliasses	ampliásseis
amplia	ampliam	ampliasse	ampliassem

Imperfect Indicative		**Future Subjunctive**	
ampliava	ampliávamos	ampliar	ampliarmos
ampliavas	ampliáveis	ampliares	ampliardes
ampliava	ampliavam	ampliar	ampliarem

Preterit Indicative		**Present Perfect Subjunctive**	
ampliei	ampliámos	tenha ampliado	tenhamos ampliado
ampliaste	ampliastes	tenhas ampliado	tenhais ampliado
ampliou	ampliaram	tenha ampliado	tenham ampliado

Simple Pluperfect Indicative		**Past Perfect or Pluperfect Subjunctive**	
ampliara	ampliáramos	tivesse ampliado	tivéssemos ampliado
ampliaras	ampliáreis	tivesses ampliado	tivésseis ampliado
ampliara	ampliaram	tivesse ampliado	tivessem ampliado

Future Indicative		**Future Perfect Subjunctive**	
ampliarei	ampliaremos	tiver ampliado	tivermos ampliado
ampliarás	ampliareis	tiveres ampliado	tiverdes ampliado
ampliará	ampliarão	tiver ampliado	tiverem ampliado

Present Perfect Indicative		**Conditional**	
tenho ampliado	temos ampliado	ampliaria	ampliaríamos
tens ampliado	tendes ampliado	ampliarias	ampliaríeis
tem ampliado	têm ampliado	ampliaria	ampliariam

Past Perfect or Pluperfect Indicative		**Conditional Perfect**	
tinha ampliado	tínhamos ampliado	teria ampliado	teríamos ampliado
tinhas ampliado	tínheis ampliado	terias ampliado	teríeis ampliado
tinha ampliado	tinham ampliado	teria ampliado	teriam ampliado

Future Perfect Indicative		**Imperative**	
terei ampliado	teremos ampliado	amplia–ampliai	
terás ampliado	tereis ampliado		
terá ampliado	terão ampliado		

Samples of verb usage.

O fotógrafo **ampliou** a foto.   *The photographer enlarged the photo.*

Ela **tem ampliado** a sua coleção de borboletas ano após ano.
She has enlarged her butterfly collection year after year.

Se prosperarmos, **ampliaremos** a loja.   *If we prosper, we will enlarge the store.*

A universidade **ampliará** a sua biblioteca no próximo ano.   *The university will expand its library next year.*

to analyze

Personal Infinitive	
analisar	analisarmos
analisares	analisardes
analisar	analisarem

Present Indicative	
analiso	analisamos
analisas	analisais
analisa	analisam

Imperfect Indicative	
analisava	analisávamos
analisavas	analisáveis
analisava	analisavam

Preterit Indicative	
analisei	analisámos
analisaste	analisastes
analisou	analisaram

Simple Pluperfect Indicative	
analisara	analisáramos
analisaras	analisáreis
analisara	analisaram

Future Indicative	
analisarei	analisaremos
analisarás	analisareis
analisará	analisarão

Present Perfect Indicative	
tenho analisado	temos analisado
tens analisado	tendes analisado
tem analisado	têm analisado

Past Perfect or Pluperfect Indicative	
tinha analisado	tínhamos analisado
tinhas analisado	tínheis analisado
tinha analisado	tinham analisado

Future Perfect Indicative	
terei analisado	teremos analisado
terás analisado	tereis analisado
terá analisado	terão analisado

Present Subjunctive	
analise	analisemos
analises	analiseis
analise	analisem

Imperfect Subjunctive	
analisasse	analisássemos
analisasses	analisásseis
analisasse	analisassem

Future Subjunctive	
analisar	analisarmos
analisares	analisardes
analisar	analisarem

Present Perfect Subjunctive	
tenha analisado	tenhamos analisado
tenhas analisado	tenhais analisado
tenha analisado	tenham analisado

Past Perfect or Pluperfect Subjunctive	
tivesse analisado	tivéssemos analisado
tivesses analisado	tivésseis analisado
tivesse analisado	tivessem analisado

Future Perfect Subjunctive	
tiver analisado	tivermos analisado
tiveres analisado	tiverdes analisado
tiver analisado	tiverem analisado

Conditional	
analisaria	analisaríamos
analisarias	analisaríeis
analisaria	analisariam

Conditional Perfect	
teria analisado	teríamos analisado
terias analisado	teríeis analisado
teria analisado	teriam analisado

Imperative	
analisa–analisai	

Samples of verb usage.

Analisei alguns casos semelhantes a este.   *I have analyzed several cases which were similar to this one.*

Um juiz tem o dever de **analisar** tudo.   *A judge has the duty to analyze everything.*

Tentaremos **analisar** todos os dados.   *We will try to analyze all the data.*

O cientista já **tinha analisado** o líquido.   *The scientist had already analyzed the liquid.*

to walk

Personal Infinitive
andar	andarmos
andares	andardes
andar	andarem

Present Indicative
ando	andamos
andas	andais
anda	andam

Imperfect Indicative
andava	andávamos
andavas	andáveis
andava	andavam

Preterit Indicative
andei	andámos
andaste	andastes
andou	andaram

Simple Pluperfect Indicative
andara	andáramos
andaras	andáreis
andara	andaram

Future Indicative
andarei	andaremos
andarás	andareis
andará	andarão

Present Perfect Indicative
tenho andado	temos andado
tens andado	tendes andado
tem andado	têm andado

Past Perfect or Pluperfect Indicative
tinha andado	tínhamos andado
tinhas andado	tínheis andado
tinha andado	tinham andado

Future Perfect Indicative
terei andado	teremos andado
terás andado	tereis andado
terá andado	terão andado

Present Subjunctive
ande	andemos
andes	andeis
ande	andem

Imperfect Subjunctive
andasse	andássemos
andasses	andásseis
andasse	andassem

Future Subjunctive
andar	andarmos
andares	andardes
andar	andarem

Present Perfect Subjunctive
tenha andado	tenhamos andado
tenhas andado	tenhais andado
tenha andado	tenham andado

Past Perfect or Pluperfect Subjunctive
tivesse andado	tivéssemos andado
tivesses andado	tivésseis andado
tivesse andado	tivessem andado

Future Perfect Subjunctive
tiver andado	tivermos andado
tiveres andado	tiverdes andado
tiver andado	tiverem andado

Conditional
andaria	andaríamos
andarias	andaríeis
andaria	andariam

Conditional Perfect
teria andado	teríamos andado
terias andado	teríeis andado
teria andado	teriam andado

Imperative
anda–andai

Samples of verb usage.

Eu **ando** para casa todos os dias.   *I walk home every day.*

O casal **andava** pela praia.   *The couple was walking on the beach.*

Os turistas já **tinham andado** pela cidade inteira.
The tourists had already walked around the whole city.

(Nós) **andaríamos** até aí, se fosse perto.   *We would walk over there, if it were close.*

animar

to cheer up; to encourage

Personal Infinitive		**Present Subjunctive**	
animar	animarmos	anime	animemos
animares	animardes	animes	animeis
animar	animarem	anime	animem

Present Indicative		**Imperfect Subjunctive**	
animo	animamos	animasse	animássemos
animas	animais	animasses	animásseis
anima	animam	animasse	animassem

Imperfect Indicative		**Future Subjunctive**	
animava	animávamos	animar	animarmos
animavas	animáveis	animares	animardes
animava	animavam	animar	animarem

Preterit Indicative		**Present Perfect Subjunctive**	
animei	animámos	tenha animado	tenhamos animado
animaste	animastes	tenhas animado	tenhais animado
animou	animaram	tenha animado	tenham animado

Simple Pluperfect Indicative		**Past Perfect or Pluperfect Subjunctive**	
animara	animáramos	tivesse animado	tivéssemos animado
animaras	animáreis	tivesses animado	tivésseis animado
animara	animaram	tivesse animado	tivessem animado

Future Indicative		**Future Perfect Subjunctive**	
animarei	animaremos	tiver animado	tivermos animado
animarás	animareis	tiveres animado	tiverdes animado
animará	animarão	tiver animado	tiverem animado

Present Perfect Indicative		**Conditional**	
tenho animado	temos animado	animaria	animaríamos
tens animado	tendes animado	animarias	animaríeis
tem animado	têm animado	animaria	animariam

Past Perfect or Pluperfect Indicative		**Conditional Perfect**	
tinha animado	tínhamos animado	teria animado	teríamos animado
tinhas animado	tínheis animado	terias animado	teríeis animado
tinha animado	tinham animado	teria animado	teriam animado

Future Perfect Indicative		**Imperative**	
terei animado	teremos animado	anima–animai	
terás animado	tereis animado		
terá animado	terão animado		

Samples of verb usage.

Anime-se!   *Cheer up!*

O treinador (técnico *in Brazil*) **animou** a equipe antes da partida.
The coach encouraged the team before the game.

Ela **se animaria**, se visse o marido dela.   *She would cheer up if she saw her husband.*

Os resultados dos jogos vão **animar** os espectadores.
The outcome of the games is going to cheer up the spectators.

to annihilate, exterminate

Personal Infinitive
aniquilar	aniquilarmos
aniquilares	aniquilardes
aniquilar	aniquilarem

Present Indicative
aniquilo	aniquilamos
aniquilas	aniquilais
aniquila	aniquilam

Imperfect Indicative
aniquilava	aniquilávamos
aniquilavas	aniquiláveis
aniquilava	aniquilavam

Preterit Indicative
aniquilei	aniquilámos
aniquilaste	aniquilastes
aniquilou	aniquilaram

Simple Pluperfect Indicative
aniquilara	aniquiláramos
aniquilaras	aniquiláreis
aniquilara	aniquilaram

Future Indicative
aniquilarei	aniquilaremos
aniquilarás	aniquilareis
aniquilará	aniquilarão

Present Perfect Indicative
tenho aniquilado	temos aniquilado
tens aniquilado	tendes aniquilado
tem aniquilado	têm aniquilado

Past Perfect or Pluperfect Indicative
tinha aniquilado	tínhamos aniquilado
tinhas aniquilado	tínheis aniquilado
tinha aniquilado	tinham aniquilado

Future Perfect Indicative
terei aniquilado	teremos aniquilado
terás aniquilado	tereis aniquilado
terá aniquilado	terão aniquilado

Present Subjunctive
aniquile	aniquilemos
aniquiles	aniquileis
aniquile	aniquilem

Imperfect Subjunctive
aniquilasse	aniquilássemos
aniquilasses	aniquilásseis
aniquilasse	aniquilassem

Future Subjunctive
aniquilar	aniquilarmos
aniquilares	aniquilardes
aniquilar	aniquilarem

Present Perfect Subjunctive
tenha aniquilado	tenhamos aniquilado
tenhas aniquilado	tenhais aniquilado
tenha aniquilado	tenham aniquilado

Past Perfect or Pluperfect Subjunctive
tivesse aniquilado	tivéssemos aniquilado
tivesses aniquilado	tivésseis aniquilado
tivesse aniquilado	tivessem aniquilado

Future Perfect Subjunctive
tiver aniquilado	tivermos aniquilado
tiveres aniquilado	tiverdes aniquilado
tiver aniquilado	tiverem aniquilado

Conditional
aniquilaria	aniquilaríamos
aniquilarias	aniquilaríeis
aniquilaria	aniquilariam

Conditional Perfect
teria aniquilado	teríamos aniquilado
terias aniquilado	teríeis aniquilado
teria aniquilado	teriam aniquilado

Imperative
aniquila–aniquilai

Samples of verb usage.

Os romanos **aniquilaram** todos os seus inimigos.   *The Romans annihilated all of their enemies.*

Aniquilaste o desafiante.   *You annihilated the contender.*

Se **aniquilarmos** os ratos, o apartamento será perfeito.
If we exterminate the mice, the apartment will be perfect.

Este veneno **aniquilará** por completo qualquer tipo de inseto.
This poison will completely exterminate any kind of insect.

to get, become *or* grow dark

Present Indicative anoitece*	***Present Subjunctive*** anoiteça
Imperfect Indicative anoitecia	***Imperfect Subjunctive*** anoitecesse
Preterit Indicative anoiteceu	***Future Subjunctive*** anoitecer
Simple Pluperfect Indicative anoitecera	***Present Perfect Subjunctive*** tenha anoitecido
Future Indicative anoitecerá	***Past Perfect or Pluperfect Subjunctive*** tivesse anoitecido
Present Perfect Indicative tem anoitecido	***Future Perfect Subjunctive*** tiver anoitecido
Past Perfect or Pluperfect Indicative tinha anoitecido	***Conditional*** anoiteceria
Future Perfect Indicative terá anoitecido	***Conditional Perfect*** teria anoitecido

Samples of verb usage.

Anoitece mais tarde no verão.   *It gets dark later in the summer.*

Anoiteceu às oito horas da noite ontem.   *It got dark at eight o'clock last night.*

Ao **anoitecer**, os vampiros saem.   *At nightfall, the vampires come out.*

Com o eclipse total do sol, **anoitecerá** de repente naquela região.
With the total eclipse of the sun, it will become dark suddenly in that region.

*NOTE: Only the radical-changing verb forms with *open* stressed vowels appear in italic type. For further explanation see Foreword.

to announce

Personal Infinitive		*Present Subjunctive*	
anunciar	anunciarmos	anuncie	anunciemos
anunciares	anunciardes	anuncies	anuncieis
anunciar	anunciarem	anuncie	anunciem

Present Indicative		*Imperfect Subjunctive*	
anuncio	anunciamos	anunciasse	anunciássemos
anuncias	anunciais	anunciasses	anunciásseis
anuncia	anunciam	anunciasse	anunciassem

Imperfect Indicative		*Future Subjunctive*	
anunciava	anunciávamos	anunciar	anunciarmos
anunciavas	anunciáveis	anunciares	anunciardes
anunciava	anunciavam	anunciar	anunciarem

Preterit Indicative		*Present Perfect Subjunctive*	
anunciei	anunciámos	tenha anunciado	tenhamos anunciado
anunciaste	anunciastes	tenhas anunciado	tenhais anunciado
anunciou	anunciaram	tenha anunciado	tenham anunciado

Simple Pluperfect Indicative		*Past Perfect or Pluperfect Subjunctive*	
anunciara	anunciáramos	tivesse anunciado	tivéssemos anunciado
anunciaras	anunciáreis	tivesses anunciado	tivésseis anunciado
anunciara	anunciaram	tivesse anunciado	tivessem anunciado

Future Indicative		*Future Perfect Subjunctive*	
anunciarei	anunciaremos	tiver anunciado	tivermos anunciado
anunciarás	anunciareis	tiveres anunciado	tiverdes anunciado
anunciará	anunciarão	tiver anunciado	tiverem anunciado

Present Perfect Indicative		*Conditional*	
tenho anunciado	temos anunciado	anunciaria	anunciaríamos
tens anunciado	tendes anunciado	anunciarias	anunciaríeis
tem anunciado	têm anunciado	anunciaria	anunciariam

Past Perfect or Pluperfect Indicative		*Conditional Perfect*	
tinha anunciado	tínhamos anunciado	teria anunciado	teríamos anunciado
tinhas anunciado	tínheis anunciado	terias anunciado	teríeis anunciado
tinha anunciado	tinham anunciado	teria anunciado	teriam anunciado

Future Perfect Indicative		*Imperative*	
terei anunciado	teremos anunciado	anuncia–anunciai	
terás anunciado	tereis anunciado		
terá anunciado	terão anunciado		

Samples of verb usage.

Eles **anunciaram** as boas novas.　*They announced the good news.*

Ontem **anunciámos** a data do casamento.　*Yesterday we announced the date of the wedding.*

Ela **anunciará** os detalhes do proje(c)to na reunião.
She will announce the details of the project at the meeting.

Eu vou **anunciar** o que aconteceu.　*I am going to announce what happened.*

apagar

to turn off; to put out (as fire); to erase

Personal Infinitive		***Present Subjunctive***	
apagar	apagarmos	apague	apaguemos
apagares	apagardes	apagues	apagueis
apagar	apagarem	apague	apaguem
Present Indicative		***Imperfect Subjunctive***	
apago	apagamos	apagasse	apagássemos
apagas	apagais	apagasses	apagásseis
apaga	apagam	apagasse	apagassem
Imperfect Indicative		***Future Subjunctive***	
apagava	apagávamos	apagar	apagarmos
apagavas	apagáveis	apagares	apagardes
apagava	apagavam	apagar	apagarem
Preterit Indicative		***Present Perfect Subjunctive***	
apaguei	apagámos	tenha apagado	tenhamos apagado
apagaste	apagastes	tenhas apagado	tenhais apagado
apagou	apagaram	tenha apagado	tenham apagado
Simple Pluperfect Indicative		***Past Perfect or Pluperfect Subjunctive***	
apagara	apagáramos	tivesse apagado	tivéssemos apagado
apagaras	apagáreis	tivesses apagado	tivésseis apagado
apagara	apagaram	tivesse apagado	tivessem apagado
Future Indicative		***Future Perfect Subjunctive***	
apagarei	apagaremos	tiver apagado	tivermos apagado
apagarás	apagareis	tiveres apagado	tiverdes apagado
apagará	apagarão	tiver apagado	tiverem apagado
Present Perfect Indicative		***Conditional***	
tenho apagado	temos apagado	apagaria	apagaríamos
tens apagado	tendes apagado	apagarias	apagaríeis
tem apagado	têm apagado	apagaria	apagariam
Past Perfect or Pluperfect Indicative		***Conditional Perfect***	
tinha apagado	tínhamos apagado	teria apagado	teríamos apagado
tinhas apagado	tínheis apagado	terias apagado	teríeis apagado
tinha apagado	tinham apagado	teria apagado	teriam apagado
Future Perfect Indicative		***Imperative***	
terei apagado	teremos apagado	apaga–apagai	
terás apagado	tereis apagado		
terá apagado	terão apagado		

Samples of verb usage.

Eu **apaguei** a vela.   *I put out the candle.*

O professor **apagou** o quadro.   *The teacher erased the blackboard.*

A sua esposa **tinha apagado** as luzes.   *His wife had turned off the lights.*

Os bombeiros **apagarão** o incêndio.   *The firemen will put out the fire.*

to turn on, impassion; (**-se por**) to fall in love with

Personal Infinitive		*Present Subjunctive*	
apaixonar	apaixonarmos	apaixone	apaixonemos
apaixonares	apaixonardes	apaixones	apaixoneis
apaixonar	apaixonarem	apaixone	apaixonem

Present Indicative		*Imperfect Subjunctive*	
apaixono	apaixonamos	apaixonasse	apaixonássemos
apaixonas	apaixonais	apaixonasses	apaixonásseis
apaixona	apaixonam	apaixonasse	apaixonassem

Imperfect Indicative		*Future Subjunctive*	
apaixonava	apaixonávamos	apaixonar	apaixonarmos
apaixonavas	apaixonáveis	apaixonares	apaixonardes
apaixonava	apaixonavam	apaixonar	apaixonarem

Preterit Indicative		*Present Perfect Subjunctive*	
apaixonei	apaixonámos	tenha apaixonado	tenhamos apaixonado
apaixonaste	apaixonastes	tenhas apaixonado	tenhais apaixonado
apaixonou	apaixonaram	tenha apaixonado	tenham apaixonado

Simple Pluperfect Indicative		*Past Perfect or Pluperfect Subjunctive*	
apaixonara	apaixonáramos	tivesse apaixonado	tivéssemos apaixonado
apaixonaras	apaixonáreis	tivesses apaixonado	tivésseis apaixonado
apaixonara	apaixonaram	tivesse apaixonado	tivessem apaixonado

Future Indicative		*Future Perfect Subjunctive*	
apaixonarei	apaixonaremos	tiver apaixonado	tivermos apaixonado
apaixonarás	apaixonareis	tiveres apaixonado	tiverdes apaixonado
apaixonará	apaixonarão	tiver apaixonado	tiverem apaixonado

Present Perfect Indicative		*Conditional*	
tenho apaixonado	temos apaixonado	apaixonaria	apaixonaríamos
tens apaixonado	tendes apaixonado	apaixonarias	apaixonaríeis
tem apaixonado	têm apaixonado	apaixonaria	apaixonariam

Past Perfect or Pluperfect Indicative		*Conditional Perfect*	
tinha apaixonado	tínhamos apaixonado	teria apaixonado	teríamos apaixonado
tinhas apaixonado	tínheis apaixonado	terias apaixonado	teríeis apaixonado
tinha apaixonado	tinham apaixonado	teria apaixonado	teriam apaixonado

Future Perfect Indicative		*Imperative*	
terei apaixonado	teremos apaixonado	apaixona–apaixonai	
terás apaixonado	tereis apaixonado		
terá apaixonado	terão apaixonado		

Samples of verb usage.

Ele **se apaixonou** por ela à primeira vista.   *He fell in love with her at first sight.*

Você **se apaixonaria** por qualquer rapariga.   *You would fall in love with any girl.*

Quando estás **apaixonado**, mais nada te importa.   *When you're in love, nothing else matters.*

Ela **apaixonará** todos os rapazes que a virem.   *She will turn on (impassion) all the boys who see her.*

to catch, take

Personal Infinitive	
apanhar	apanharmos
apanhares	apanhardes
apanhar	apanharem

Present Indicative	
apanho	apanhamos
apanhas	apanhais
apanha	apanham

Imperfect Indicative	
apanhava	apanhávamos
apanhavas	apanháveis
apanhava	apanhavam

Preterit Indicative	
apanhei	apanhámos
apanhaste	apanhastes
apanhou	apanharam

Simple Pluperfect Indicative	
apanhara	apanháramos
apanharas	apanháreis
apanhara	apanharam

Future Indicative	
apanharei	apanharemos
apanharás	apanhareis
apanhará	apanharão

Present Perfect Indicative	
tenho apanhado	temos apanhado
tens apanhado	tendes apanhado
tem apanhado	têm apanhado

Past Perfect or Pluperfect Indicative	
tinha apanhado	tínhamos apanhado
tinhas apanhado	tínheis apanhado
tinha apanhado	tinham apanhado

Future Perfect Indicative	
terei apanhado	teremos apanhado
terás apanhado	tereis apanhado
terá apanhado	terão apanhado

Present Subjunctive	
apanhe	apanhemos
apanhes	apanheis
apanhe	apanhem

Imperfect Subjunctive	
apanhasse	apanhássemos
apanhasses	apanhásseis
apanhasse	apanhassem

Future Subjunctive	
apanhar	apanharmos
apanhares	apanhardes
apanhar	apanharem

Present Perfect Subjunctive	
tenha apanhado	tenhamos apanhado
tenhas apanhado	tenhais apanhado
tenha apanhado	tenham apanhado

Past Perfect or Pluperfect Subjunctive	
tivesse apanhado	tivéssemos apanhado
tivesses apanhado	tivésseis apanhado
tivesse apanhado	tivessem apanhado

Future Perfect Subjunctive	
tiver apanhado	tivermos apanhado
tiveres apanhado	tiverdes apanhado
tiver apanhado	tiverem apanhado

Conditional	
apanharia	apanharíamos
apanharias	apanharíeis
apanharia	apanhariam

Conditional Perfect	
teria apanhado	teríamos apanhado
terias apanhado	teríeis apanhado
teria apanhado	teriam apanhado

Imperative	
apanha–apanhai	

Samples of verb usage.

A professora **apanhou** o autocarro (ônibus *in Brazil*) para o centro.   *The teacher took the bus downtown.*

O guarda **apanhará** os ladrões.   *The guard will catch the robbers.*

Esse miúdo vai **apanhar**, se não se comportar bem.
That kid is really going to catch hell if he doesn't behave.

Se **tivéssemos apanhado** um táxi, teria sido mais rápido.
If we had taken a cab, it would have been quicker.

to squeeze; to shake (a hand); to tighten; to press *or* push (a button)

Personal Infinitive		*Present Subjunctive*	
apertar	apertarmos	*aperte*	apertemos
apertares	apertardes	*apertes*	aperteis
apertar	apertarem	*aperte*	*apertem**

Present Indicative		*Imperfect Subjunctive*	
aperto	apertamos	apertasse	apertássemos
apertas	apertais	apertasses	apertásseis
aperta	*apertam**	apertasse	apertassem

Imperfect Indicative		*Future Subjunctive*	
apertava	apertávamos	apertar	apertarmos
apertavas	apertáveis	apertares	apertardes
apertava	apertavam	apertar	apertarem

Preterit Indicative		*Present Perfect Subjunctive*	
apertei	apertámos	tenha apertado	tenhamos apertado
apertaste	apertastes	tenhas apertado	tenhais apertado
apertou	apertaram	tenha apertado	tenham apertado

Simple Pluperfect Indicative		*Past Perfect or Pluperfect Subjunctive*	
apertara	apertáramos	tivesse apertado	tivéssemos apertado
apertaras	apertáreis	tivesses apertado	tivésseis apertado
apertara	apertaram	tivesse apertado	tivessem apertado

Future Indicative		*Future Perfect Subjunctive*	
apertarei	apertaremos	tiver apertado	tivermos apertado
apertarás	apertareis	tiveres apertado	tiverdes apertado
apertará	apertarão	tiver apertado	tiverem apertado

Present Perfect Indicative		*Conditional*	
tenho apertado	temos apertado	apertaria	apertaríamos
tens apertado	tendes apertado	apertarias	apertaríeis
tem apertado	têm apertado	apertaria	apertariam

Past Perfect or Pluperfect Indicative		*Conditional Perfect*	
tinha apertado	tínhamos apertado	teria apertado	teríamos apertado
tinhas apertado	tínheis apertado	terias apertado	teríeis apertado
tinha apertado	tinham apertado	teria apertado	teriam apertado

Future Perfect Indicative		*Imperative*	
terei apertado	teremos apertado	*aperta**–apertai	
terás apertado	tereis apertado		
terá apertado	terão apertado		

Samples of verb usage.

A tia **apertava** as bochechas das suas sobrinhas.   *The aunt was squeezing her nieces' cheeks.*

O cliente **apertou** a mão do gerente do banco.   *The client shook the bank manager's hand.*

Se **apertarmos** este parafuso, o barulho vai parar.   *If we tighten this bolt, the noise will stop.*

Aperte os cintos de segurança.   *Fasten (tighten) your seat belts.*

*NOTE: Only the radical-changing verb forms with *open* stressed vowels appear in italic type. For further explanation see Foreword.

apetecer Pres. Part. *apetecendo* Past Part. *apetecido*

to be appetizing *or* appeal to; to feel like (doing something); to crave

Personal Infinitive
apetecer	apetecermos
apeteceres	apetecerdes
apetecer	apetecerem

Present Indicative
apeteço	apetecemos
apeteces	apeteceis
apetece	*apetecem**

Imperfect Indicative
apetecia	apetecíamos
apetecias	apetecíeis
apetecia	apeteciam

Preterit Indicative
apeteci	apetecemos
apeteceste	apetecestes
apeteceu	apeteceram

Simple Pluperfect Indicative
apetecera	apetecêramos
apeteceras	apetecêreis
apetecera	apeteceram

Future Indicative
apetecerei	apeteceremos
apetecerás	apetecereis
apetecerá	apetecerão

Present Perfect Indicative
tenho apetecido	temos apetecido
tens apetecido	tendes apetecido
tem apetecido	têm apetecido

Past Perfect or Pluperfect Indicative
tinha apetecido	tínhamos apetecido
tinhas apetecido	tínheis apetecido
tinha apetecido	tinham apetecido

Future Perfect Indicative
terei apetecido	teremos apetecido
terás apetecido	tereis apetecido
terá apetecido	terão apetecido

Present Subjunctive
apeteça	apeteçamos
apeteças	apeteçais
apeteça	apeteçam

Imperfect Subjunctive
apetecesse	apetecêssemos
apetecesses	apetecêsseis
apetecesse	apetecessem

Future Subjunctive
apetecer	apetecermos
apeteceres	apetecerdes
apetecer	apetecerem

Present Perfect Subjunctive
tenha apetecido	tenhamos apetecido
tenhas apetecido	tenhais apetecido
tenha apetecido	tenham apetecido

Past Perfect or Pluperfect Subjunctive
tivesse apetecido	tivéssemos apetecido
tivesses apetecido	tivésseis apetecido
tivesse apetecido	tivessem apetecido

Future Perfect Subjunctive
tiver apetecido	tivermos apetecido
tiveres apetecido	tiverdes apetecido
tiver apetecido	tiverem apetecido

Conditional
apeteceria	apeteceríamos
apetecerias	apeteceríeis
apeteceria	apeteceriam

Conditional Perfect
teria apetecido	teríamos apetecido
terias apetecido	teríeis apetecido
teria apetecido	teriam apetecido

Imperative
*apetece**– apetecei

Samples of verb usage.

Não me **apetece** ir contigo. *I don't feel like going with you.*

Apetecia-lhe à mulher grávida comer bolo de chocolate. *The pregnant woman craved chocolate cake.*

Quero que comas mesmo que não te **apeteça**. *I want you to eat even if you don't feel like it.*

Asseguro que te **apetecerá** os bolos de bacalhau quando os vires.
I guarantee that the codfish cakes will appeal (be appetizing) to you when you see them.

NOTE: **Apetecer** is more common in Portugal. In Brazil **ter vontade de** or **estar com vontade de** are preferred.

*NOTE: Only the radical-changing verb forms with *open* stressed vowels appear in italic type. For further explanation see Foreword.

to apply, give; (**-se**) to be diligent

Personal Infinitive		*Present Subjunctive*	
aplicar	aplicarmos	aplique	apliquemos
aplicares	aplicardes	apliques	apliqueis
aplicar	aplicarem	aplique	apliquem

Present Indicative		*Imperfect Subjunctive*	
aplico	aplicamos	aplicasse	aplicássemos
aplicas	aplicais	aplicasses	aplicásseis
aplica	aplicam	aplicasse	aplicassem

Imperfect Indicative		*Future Subjunctive*	
aplicava	aplicávamos	aplicar	aplicarmos
aplicavas	aplicáveis	aplicares	aplicardes
aplicava	aplicavam	aplicar	aplicarem

Preterit Indicative		*Present Indicative*	
apliquei	aplicámos	tenha aplicado	tenhamos aplicado
aplicaste	aplicastes	tenhas aplicado	tenhais aplicado
aplicou	aplicaram	tenha aplicado	tenham aplicado

Simple Pluperfect Indicative		*Past Perfect or Pluperfect Subjunctive*	
aplicara	aplicáramos	tivesse aplicado	tivéssemos aplicado
aplicaras	aplicáreis	tivesses aplicado	tivésseis aplicado
aplicara	aplicaram	tivesse aplicado	tivessem aplicado

Future Indicative		*Future Perfect Subjunctive*	
aplicarei	aplicaremos	tiver aplicado	tivermos aplicado
aplicarás	aplicareis	tiveres aplicado	tiverdes aplicado
aplicará	aplicarão	tiver aplicado	tiverem aplicado

Present Perfect Indicative		*Conditional*	
tenho aplicado	temos aplicado	aplicaria	aplicaríamos
tens aplicado	tendes aplicado	aplicarias	aplicaríeis
tem aplicado	têm aplicado	aplicaria	aplicariam

Past Perfect or Pluperfect Indicative		*Conditional Perfect*	
tinha aplicado	tínhamos aplicado	teria aplicado	teríamos aplicado
tinhas aplicado	tínheis aplicado	terias aplicado	teríeis aplicado
tinha aplicado	tinham aplicado	teria aplicado	teriam aplicado

Future Perfect Indicative		*Imperative*	
terei aplicado	teremos aplicado	aplica–aplicai	
terás aplicado	tereis aplicado		
terá aplicado	terão aplicado		

Samples of verb usage.

A enfermeira **aplicará** a ligadura na ferida.   *The nurse will apply a bandage to the wound.*

Aplique duas gotas aos olhos.   *Apply two drops to your eyes.*

O médico **aplicou** o remédio nas costas do paciente.
The doctor applied the medicine on the patient's back.

O aluno **tem-se aplicado** muito nos seus estudos.   *The student has been diligent in his studies.*

apodrecer

Pres. Part. *apodrecendo*   Past Part. *apodrecido*

to rot, get rotten, decay, decompose

Personal Infinitive	
apodrecer	apodrecermos
apodreceres	apodrecerdes
apodrecer	apodrecerem

Present Perfect Subjunctive	
apodreço	apodrecemos
apodreces	apodreceis
apodrece	*apodrecem* *

Imperfect Indicative	
apodrecia	apodrecíamos
apodrecias	apodrecíeis
apodrecia	apodreciam

Preterit Indicative	
apodreci	apodrecemos
apodreceste	apodrecestes
apodreceu	apodreceram

Simple Pluperfect Indicative	
apodrecera	apodrecêramos
apodreceras	apodrecêreis
apodrecera	apodreceram

Future Indicative	
apodrecerei	apodreceremos
apodrecerás	apodrecereis
apodrecerá	apodrecerão

Present Perfect Indicative	
tenho apodrecido	temos apodrecido
tens apodrecido	tendes apodrecido
tem apodrecido	têm apodrecido

Past Perfect or Pluperfect Indicative	
tinha apodrecido	tínhamos apodrecido
tinhas apodrecido	tínheis apodrecido
tinha apodrecido	tinham apodrecido

Future Perfect Indicative	
terei apodrecido	teremos apodrecido
terás apodrecido	tereis apodrecido
terá apodrecido	terão apodrecido

Present Subjunctive	
apodreça	apodreçamos
apodreças	apodreçais
apodreça	apodreçam

Imperfect Subjunctive	
apodrecesse	apodrecêssemos
apodrecesses	apodrecêsseis
apodrecesse	apodrecessem

Future Subjunctive	
apodrecer	apodrecermos
apodreceres	apodrecerdes
apodrecer	apodrecerem

Present Indicative	
tenha apodrecido	tenhamos apodrecido
tenhas apodrecido	tenhais apodrecido
tenha apodrecido	tenham apodrecido

Past Perfect or Pluperfect Subjunctive	
tivesse apodrecido	tivéssemos apodrecido
tivesses apodrecido	tivésseis apodrecido
tivesse apodrecido	tivessem apodrecido

Future Perfect Subjunctive	
tiver apodrecido	tivermos apodrecido
tiveres apodrecido	tiverdes apodrecido
tiver apodrecido	tiverem apodrecido

Conditional	
apodreceria	apodreceríamos
apodrecerias	apodreceríeis
apodreceria	apodreceriam

Conditional Perfect	
teria apodrecido	teríamos apodrecido
terias apodrecido	teríeis apodrecido
teria apodrecido	teriam apodrecido

Imperative	
apodrece *– apodrecei	

Samples of verb usage.

Quando folhas **apodrecem** elas servem de nutriente para as outras plantas.
When leaves decay they provide nutrients to the other plants.

O lixo **apodreceu** na cozinha.   *The garbage got rotten in the kitchen.*

Esta comida **apodrecerá**, se não for guardada no frigorífico (na geladeira *in Brazil*).
This food will get rotten if it isn't stored in the refrigerator.

O corpo já **tinha apodrecido** quando o encontraram.
The body had already decomposed when they found it.

*NOTE: Only the radical-changing verb forms with *open* stressed vowels appear in italic type. For further explanation see Foreword.

to support, rest

Personal Infinitive
apoiar	apoiarmos
apoiares	apoiardes
apoiar	apoiarem

Present Perfect Subjunctive
apoio (apóio)	apoiamos
apoias (apóias)	apoiais
apoia (apóia)	apoiam (apóiam)

Imperfect Indicative
apoiava	apoiávamos
apoiavas	apoiáveis
apoiava	apoiavam

Preterit Indicative
apoiei	apoiámos
apoiaste	apoiastes
apoiou	apoiaram

Simple Pluperfect Indicative
apoiara	apoiáramos
apoiaras	apoiáreis
apoiara	apoiaram

Future Indicative
apoiarei	apoiaremos
apoiarás	apoiareis
apoiará	apoiarão

Present Perfect Indicative
tenho apoiado	temos apoiado
tens apoiado	tendes apoiado
tem apoiado	têm apoiado

Past Perfect or Pluperfect Indicative
tinha apoiado	tínhamos apoiado
tinhas apoiado	tínheis apoiado
tinha apoiado	tinham apoiado

Future Perfect Indicative
terei apoiado	teremos apoiado
terás apoiado	tereis apoiado
terá apoiado	terão apoiado

Present Subjunctive
apoie (apóie)	apoiemos
apoies (apóies)	apoieis
apoie (apóie)	apoiem (apóiem)

Imperfect Subjunctive
apoiasse	apoiássemos
apoiasses	apoiásseis
apoiasse	apoiassem

Future Subjunctive
apoiar	apoiarmos
apoiares	apoiardes
apoiar	apoiarem

Present Perfect Subjunctive
tenha apoiado	tenhamos apoiado
tenhas apoiado	tenhais apoiado
tenha apoiado	tenham apoiado

Past Perfect or Pluperfect Subjunctive
tivesse apoiado	tivéssemos apoiado
tivesses apoiado	tivésseis apoiado
tivesse apoiado	tivessem apoiado

Future Perfect Subjunctive
tiver apoiado	tivermos apoiado
tiveres apoiado	tiverdes apoiado
tiver apoiado	tiverem apoiado

Conditional
apoiaria	apoiaríamos
apoiarias	apoiaríeis
apoiaria	apoiariam

Conditional Perfect
teria apoiado	teríamos apoiado
terias apoiado	teríeis apoiado
teria apoiado	teriam apoiado

Imperative
apoia (apóia)–apoiai

Samples of verb usage.

O povo **apoiará** esse candidato nas eleições.   *The people will support that candidate in the elections.*

Ela **apoiou** a cabeça nas mãos.   *She rested (supported) her head on her hands.*

Esta professora **tem**-te **apoiado** desde que começaste.
This professor has been supporting you since you started.

Eu **apoio** a sua decisão.   *I support your decision.*

NOTE: The forms in parentheses are used in Brazil.

to aim *or* point at; to point out, indicate; to sharpen (to a point)

Personal Infinitive		*Present Subjunctive*	
apontar	apontarmos	aponte	apontemos
apontares	apontardes	apontes	aponteis
apontar	apontarem	aponte	apontem

Present Indicative		*Imperfect Subjunctive*	
aponto	apontamos	apontasse	apontássemos
apontas	apontais	apontasses	apontásseis
aponta	apontam	apontasse	apontassem

Imperfect Indicative		*Future Subjunctive*	
apontava	apontávamos	apontar	apontarmos
apontavas	apontáveis	apontares	apontardes
apontava	apontavam	apontar	apontarem

Preterit Indicative		*Present Perfect Subjunctive*	
apontei	apontámos	tenha apontado	tenhamos apontado
apontaste	apontastes	tenhas apontado	tenhais apontado
apontou	apontaram	tenha apontado	tenham apontado

Simple Pluperfect Indicative		*Past Perfect or Pluperfect Subjunctive*	
apontara	apontáramos	tivesse apontado	tivéssemos apontado
apontaras	apontáreis	tivesses apontado	tivésseis apontado
apontara	apontaram	tivesse apontado	tivessem apontado

Future Indicative		*Future Perfect Subjunctive*	
apontarei	apontaremos	tiver apontado	tivermos apontado
apontarás	apontareis	tiveres apontado	tiverdes apontado
apontará	apontarão	tiver apontado	tiverem apontado

Present Perfect Indicative		*Conditional*	
tenho apontado	temos apontado	apontaria	apontaríamos
tens apontado	tendes apontado	apontarias	apontaríeis
tem apontado	têm apontado	apontaria	apontariam

Past Perfect or Pluperfect Indicative		*Conditional Perfect*	
tinha apontado	tínhamos apontado	teria apontado	teríamos apontado
tinhas apontado	tínheis apontado	terias apontado	teríeis apontado
tinha apontado	tinham apontado	teria apontado	teriam apontado

Future Perfect Indicative		*Imperative*	
terei apontado	teremos apontado	aponta–apontai	
terás apontado	tereis apontado		
terá apontado	terão apontado		

Samples of verb usage.

Não **aponte** o dedo, é mal-educado.   *Don't point your finger, it is bad manners.*

A vítima **apontou** o culpado.   *The victim (female) pointed out the guilty party.*

A estudante já **tinha apontado** o seu lápis.   *The student (female) had already sharpened her pencil.*

Você **apontou** a arma para o seu pai?   *You aimed the gun at your father?*

to bet, wager

Personal Infinitive		**Present Subjunctive**	
apostar	apostarmos	*aposte*	apostemos
apostares	apostardes	*apostes*	aposteis
apostar	apostarem	*aposte*	*apostem**

Present Indicative		**Imperfect Subjunctive**	
aposto	apostamos	apostasse	apostássemos
apostas	apostais	apostasses	apostásseis
aposta	*apostam**	apostasse	apostassem

Imperfect Indicative		**Future Subjunctive**	
apostava	apostávamos	apostar	apostarmos
apostavas	apostáveis	apostares	apostardes
apostava	apostavam	apostar	apostarem

Preterit Indicative		**Present Perfect Subjunctive**	
apostei	apostámos	tenha apostado	tenhamos apostado
apostaste	apostastes	tenhas apostado	tenhais apostado
apostou	apostaram	tenha apostado	tenham apostado

Simple Pluperfect Indicative		**Past Perfect or Pluperfect Subjunctive**	
apostara	apostáramos	tivesse apostado	tivéssemos apostado
apostaras	apostáreis	tivesses apostado	tivésseis apostado
apostara	apostaram	tivesse apostado	tivessem apostado

Future Indicative		**Future Perfect Subjunctive**	
apostarei	apostaremos	tiver apostado	tivermos apostado
apostarás	apostareis	tiveres apostado	tiverdes apostado
apostará	apostarão	tiver apostado	tiverem apostado

Present Perfect Indicative		**Conditional**	
tenho apostado	temos apostado	apostaria	apostaríamos
tens apostado	tendes apostado	apostarias	apostaríeis
tem apostado	têm apostado	apostaria	apostariam

Past Perfect or Pluperfect Indicative		**Conditional Perfect**	
tinha apostado	tínhamos apostado	teria apostado	teríamos apostado
tinhas apostado	tínheis apostado	terias apostado	teríeis apostado
tinha apostado	tinham apostado	teria apostado	teriam apostado

Future Perfect Indicative		**Imperative**	
terei apostado	teremos apostado	*aposta**–apostai	
terás apostado	tereis apostado		
terá apostado	terão apostado		

Samples of verb usage.

Eu **aposto** em corridas de cavalo.   *I bet on horse races.*

Ela **apostava** que estava certa.   *She bet that she was right.*

Um jogador viciado **apostaria** em qualquer coisa.   *An addicted gambler would wager on anything.*

Se **apostares**, ganharás.   *If you bet, you'll win.*

*NOTE: Only the radical-changing verb forms with *open* stressed vowels appear in italic type. For further explanation see Foreword.

to appreciate, admire, value

Personal Infinitive	
apreciar	apreciarmos
apreciares	apreciardes
apreciar	apreciarem

Present Indicative	
aprecio	apreciamos
aprecias	apreciais
aprecia	apreciam

Imperfect Indicative	
apreciava	apreciávamos
apreciavas	apreciáveis
apreciava	apreciavam

Preterit Indicative	
apreciei	apreciámos
apreciaste	apreciastes
apreciou	apreciaram

Simple Pluperfect Indicative	
apreciara	apreciáramos
apreciaras	apreciáreis
apreciara	apreciaram

Future Indicative	
apreciarei	apreciaremos
apreciarás	apreciareis
apreciará	apreciarão

Present Perfect Indicative	
tenho apreciado	temos apreciado
tens apreciado	tendes apreciado
tem apreciado	têm apreciado

Past Perfect or Pluperfect Indicative	
tinha apreciado	tínhamos apreciado
tinhas apreciado	tínheis apreciado
tinha apreciado	tinham apreciado

Future Perfect Indicative	
terei apreciado	teremos apreciado
terás apreciado	tereis apreciado
terá apreciado	terão apreciado

Present Subjunctive	
aprecie	apreciemos
aprecies	aprecieis
aprecie	apreciem

Imperfect Subjunctive	
apreciasse	apreciássemos
apreciasses	apreciásseis
apreciasse	apreciassem

Future Subjunctive	
apreciar	apreciarmos
apreciares	apreciardes
apreciar	apreciarem

Present Perfect Subjunctive	
tenha apreciado	tenhamos apreciado
tenhas apreciado	tenhais apreciado
tenha apreciado	tenham apreciado

Past Perfect or Pluperfect Subjunctive	
tivesse apreciado	tivéssemos apreciado
tivesses apreciado	tivésseis apreciado
tivesse apreciado	tivessem apreciado

Future Perfect Subjunctive	
tiver apreciado	tivermos apreciado
tiveres apreciado	tiverdes apreciado
tiver apreciado	tiverem apreciado

Conditional	
apreciaria	apreciaríamos
apreciarias	apreciaríeis
apreciaria	apreciariam

Conditional Perfect	
teria apreciado	teríamos apreciado
terias apreciado	teríeis apreciado
teria apreciado	teriam apreciado

Imperative
aprecia–apreciai

Samples of verb usage.

Eu **aprecio** boa comida, boa bebida e bons amigos.   *I value good food, good drink and good friends.*

Esse fazendeiro **aprecia** os bons cavalos que o vizinho tem.
That ranch owner appreciates the good horses that his neighbor has.

Você não sabe **apreciar** o que tem.   *You don't know how to appreciate what you have.*

Eles **apreciaram** juntos o pôr do sol.   *They admired the sunset together.*

to learn

Personal Infinitive

aprender	aprendermos
aprenderes	aprenderdes
aprender	aprenderem

Present Indicative

aprendo	aprendemos
aprendes	aprendeis
aprende	aprendem

Imperfect Indicative

aprendia	aprendíamos
aprendias	aprendíeis
aprendia	aprendiam

Preterit Indicative

aprendi	aprendemos
aprendeste	aprendestes
aprendeu	aprenderam

Simple Pluperfect Indicative

aprendera	aprendêramos
aprenderas	aprendêreis
aprendera	aprenderam

Future Indicative

aprenderei	aprenderemos
aprenderás	aprendereis
aprenderá	aprenderão

Present Perfect Indicative

tenho aprendido	temos aprendido
tens aprendido	tendes aprendido
tem aprendido	têm aprendido

Past Perfect or Pluperfect Indicative

tinha aprendido	tínhamos aprendido
tinhas aprendido	tínheis aprendido
tinha aprendido	tinham aprendido

Future Perfect Indicative

terei aprendido	teremos aprendido
terás aprendido	tereis aprendido
terá aprendido	terão aprendido

Present Subjunctive

aprenda	aprendamos
aprendas	aprendais
aprenda	aprendam

Imperfect Subjunctive

aprendesse	aprendêssemos
aprendesses	aprendêsseis
aprendesse	aprendessem

Future Subjunctive

aprender	aprendermos
aprenderes	aprenderdes
aprender	aprenderem

Present Perfect Subjunctive

tenha aprendido	tenhamos aprendido
tenhas aprendido	tenhais aprendido
tenha aprendido	tenham aprendido

Past Perfect or Pluperfect Subjunctive

tivesse aprendido	tivéssemos aprendido
tivesses aprendido	tivésseis aprendido
tivesse aprendido	tivessem aprendido

Future Perfect Subjunctive

tiver aprendido	tivermos aprendido
tiveres aprendido	tiverdes aprendido
tiver aprendido	tiverem aprendido

Conditional

aprenderia	aprenderíamos
aprenderias	aprenderíeis
aprenderia	aprenderiam

Conditional Perfect

teria aprendido	teríamos aprendido
terias aprendido	teríeis aprendido
teria aprendido	teriam aprendido

Imperative

aprende–aprendei

Samples of verb usage.

Os estudantes **aprendiam** inglês.   *The students were learning English.*

Aprenda como portar-se.   *Learn how to behave.*

Eu já **aprendi** isso.   *I have already learned that.*

Ele está **a aprender** (**aprendendo**) a ler.   *He is learning how to read.*

apresentar

to introduce (to); to present, pose

Personal Infinitive		*Present Subjunctive*	
apresentar	apresentarmos	apresente	apresentemos
apresentares	apresentardes	apresentes	apresenteis
apresentar	apresentarem	apresente	apresentem

Present Indicative		*Imperfect Subjunctive*	
apresento	apresentamos	apresentasse	apresentássemos
apresentas	apresentais	apresentasses	apresentásseis
apresenta	apresentam	apresentasse	apresentassem

Imperfect Indicative		*Future Subjunctive*	
apresentava	apresentávamos	apresentar	apresentarmos
apresentavas	apresentáveis	apresentares	apresentardes
apresentava	apresentavam	apresentar	apresentarem

Preterit Indicative		*Present Perfect Subjunctive*	
apresentei	apresentámos	tenha apresentado	tenhamos apresentado
apresentaste	apresentastes	tenhas apresentado	tenhais apresentado
apresentou	apresentaram	tenha apresentado	tenham apresentado

Simple Pluperfect Indicative		*Past Perfect or Pluperfect Subjunctive*	
apresentara	apresentáramos	tivesse apresentado	tivéssemos apresentado
apresentaras	apresentáreis	tivesses apresentado	tivésseis apresentado
apresentara	apresentaram	tivesse apresentado	tivessem apresentado

Future Indicative		*Future Perfect Subjunctive*	
apresentarei	apresentaremos	tiver apresentado	tivermos apresentado
apresentarás	apresentareis	tiveres apresentado	tiverdes apresentado
apresentará	apresentarão	tiver apresentado	tiverem apresentado

Present Perfect Indicative		*Conditional*	
tenho apresentado	temos apresentado	apresentaria	apresentaríamos
tens apresentado	tendes apresentado	apresentarias	apresentaríeis
tem apresentado	têm apresentado	apresentaria	apresentariam

Past Perfect or Pluperfect Indicative		*Conditional Perfect*	
tinha apresentado	tínhamos apresentado	teria apresentado	teríamos apresentado
tinhas apresentado	tínheis apresentado	terias apresentado	teríeis apresentado
tinha apresentado	tinham apresentado	teria apresentado	teriam apresentado

Future Perfect Indicative		*Imperative*	
terei apresentado	teremos apresentado	apresenta–apresentai	
terás apresentado	tereis apresentado		
terá apresentado	terão apresentado		

Samples of verb usage.

Hoje **apresentarei** a minha irmã a vocês.　*Today I will introduce my sister to you.*

Eu **apresentei** o Mário à Lídia.　*I introduced Mario to Lidia.*

O governador **apresentou** o seu novo plano economico (económico *in Portugal*).
The governor introduced his new economic plan.

A ideia já **tinha apresentado** muitos problemas.
The idea had already posed (presented) many problems.

to hurry, rush

Personal Infinitive		*Present Subjunctive*	
apressar-me	apressarmo-nos	*apresse-me*	apressemo-nos
apressares-te	apressardes-vos	*apresses-te*	apresseis-vos
apressar-se	apressarem-se	*apresse-se*	*apressem-se**

Present Indicative		*Imperfect Subjunctive*	
apresso-me	apressamo-nos	apressasse-me	apressássemo-nos
apressas-te	apressais-vos	apressasses-te	apressásseis-vos
apressa-se	*apressam-se**	apressasse-se	apressassem-se

Imperfect Indicative		*Future Subjunctive*	
apressava-me	apressávamo-nos	me apressar	nos apressarmos
apressavas-te	apressáveis-vos	te apressares	vos apressardes
apressava-se	apressavam-se	se apressar	se apressarem

Preterit Indicative		*Present Perfect Subjunctive*	
apressei-me	apressámo-nos	tenha-me apressado	tenhamo-nos apressado
apressaste-te	apressastes-vos	tenhas-te apressado	tenhais-vos apressado
apressou-se	apressaram-se	tenha-se apressado	tenham-se apressado

Simple Pluperfect Indicative		*Past Perfect or Pluperfect Subjunctive*	
apressara-me	apressáramo-nos	tivesse-me apressado	tivéssemo-nos apressado
apressaras-te	apressáreis-vos	tivesses-te apressado	tivésseis-vos apressado
apressara-se	apressaram-se	tivesse-se apressado	tivessem-se apressado

Future Indicative		*Future Perfect Subjunctive*	
apressar-me-ei	apressar-nos-emos	me tiver apressado	nos tivermos apressado
apressar-te-ás	apressar-vos-eis	te tiveres apressado	vos tiverdes apressado
apressar-se-á	apressar-se-ão	se tiver apressado	se tiverem apressado

Present Perfect Indicative		*Conditional*	
tenho-me apressado	temo-nos apressado	apressar-me-ia	apressar-nos-íamos
tens-te apressado	tendes-vos apressado	apressar-te-ias	apressar-vos-íeis
tem-se apressado	têm-se apressado	apressar-se-ia	apressar-se-iam

Past Perfect or Pluperfect Indicative		*Conditional Perfect*	
tinha-me apressado	tínhamo-nos apressado	ter-me-ia apressado	ter-nos-íamos apressado
tinhas-te apressado	tínheis-vos apressado	ter-te-ias apressado	ter-vos-íeis apressado
tinha-se apressado	tinham-se apressado	ter-se-ia apressado	ter-se-iam apressado

Future Perfect Indicative		*Imperative*	
ter-me-ei apressado	ter-nos-emos apressado	*apressa-te–apressai-vos*	
ter-te-ás apressado	ter-vos-eis apressado		
ter-se-á apressado	ter-se-ão apressado		

Samples of verb usage.

Os pais **apressaram** o casamento.   *The parents hurried the wedding.*

Ela **se apressa** para chegar na hora.   *She rushes to arrive on time.*

Nós **nos apressámos** para a reunião.   *We hurried to the meeting.*

Eu me **teria apressado**, se eu tivesse sabido que me esperavas.
I would have hurried if I had known you were waiting for me.

*NOTE: Only the radical-changing verb forms with *open* stressed vowels appear in italic type. For further explanation see Foreword.

to take advantage of

Personal Infinitive	
aproveitar-me	aproveitarmo-nos
aproveitares-te	aproveitardes-vos
aproveitar-se	aproveitarem-se

Present Indicative	
aproveito-me	aproveitamo-nos
aproveitas-te	aproveitais-vos
aproveita-se	aproveitam-se

Imperfect Indicative	
aproveitava-me	aproveitávamo-nos
aproveitavas-te	aproveitáveis-vos
aproveitava-se	aproveitavam-se

Preterit Indicative	
aproveitei-me	aproveitámo-nos
aproveitaste-te	aproveitastes-vos
aproveitou-se	aproveitaram-se

Simple Pluperfect Indicative	
aproveitara-me	aproveitáramo-nos
aproveitaras-te	aproveitáreis-vos
aproveitara-se	aproveitaram-se

Future Indicative	
aproveitar-me-ei	aproveitar-nos-emos
aproveitar-te-ás	aproveitar-vos-eis
aproveitar-se-á	aproveitar-se-ão

Present Perfect Indicative	
tenho-me aproveitado	temo-nos aproveitado
tens-te aproveitado	tendes-vos aproveitado
tem-se aproveitado	têm-se aproveitado

Past Perfect or Pluperfect Indicative	
tinha-me aproveitado	tínhamo-nos aproveitado
tinhas-te aproveitado	tínheis-vos aproveitado
tinha-se aproveitado	tinham-se aproveitado

Future Perfect Indicative	
ter-me-ei aproveitado	ter-nos-emos aproveitado
ter-te-ás aproveitado	ter-vos-eis aproveitado
ter-se-á aproveitado	ter-se-ão aproveitado

Present Subjunctive	
aproveite-me	aproveitemo-nos
aproveites-te	aproveiteis-vos
aproveite-se	aproveitem-se

Imperfect Subjunctive	
aproveitasse-me	aproveitássemo-nos
aproveitasses-te	aproveitásseis-vos
aproveitasse-se	aproveitassem-se

Future Subjunctive	
me aproveitar	nos aproveitarmos
te aproveitares	vos aproveitardes
se aproveitar	se aproveitarem

Present Perfect Subjunctive	
tenha-me aproveitado	tenhamo-nos aproveitado
tenhas-te aproveitado	tenhais-vos aproveitado
tenha-se aproveitado	tenham-se aproveitado

Past Perfect or Pluperfect Subjunctive	
tivesse-me aproveitado	tivéssemo-nos aproveitado
tivesses-te aproveitado	tivésseis-vos aproveitado
tivesse-se aproveitado	tivessem-se aproveitado

Future Perfect Subjunctive	
me tiver aproveitado	nos tivermos aproveitado
te tiveres aproveitado	vos tiverdes aproveitado
se tiver aproveitado	se tiverem aproveitado

Conditional	
aproveitar-me-ia	aproveitar-nos-íamos
aproveitar-te-ias	aproveitar-vos-íeis
aproveitar-se-ia	aproveitar-se-iam

Conditional Perfect	
ter-me-ia aproveitado	ter-nos-íamos aproveitado
ter-te-ias aproveitado	ter-vos-íeis aproveitado
ter-se-ia aproveitado	ter-se-iam aproveitado

Imperative	
aproveita-te–aproveitai-vos	

Samples of verb usage.

Aproveite enquanto puder. *Take advantage of it while you can.*

Malandro é quem **se aproveita** de outra pessoa. *A rascal is one who takes advantage of someone else.*

Ele **aproveitou** a ocasião para a pedir em casamento.
He took advantage of the occasion to ask her to marry him.

Aproveitaste-te de mim! *You took advantage of me.*

to approach, come *or* get near *or* close to

Personal Infinitive	
aproximar-me	aproximarmo-nos
aproximares-te	aproximardes-vos
aproximar-se	aproximarem-se
Present Indicative	
aproximo-me	aproximamo-nos
aproximas-te	aproximais-vos
aproxima-se	aproximam-se
Imperfect Indicative	
aproximava-me	aproximávamo-nos
aproximavas-te	aproximáveis-vos
aproximava-se	aproximavam-se
Preterit Indicative	
aproximei-me	aproximámo-nos
aproximaste-te	aproximastes-vos
aproximou-se	aproximaram-se
Simple Pluperfect Indicative	
aproximara-me	aproximáramo-nos
aproximaras-te	aproximáreis-vos
aproximara-se	aproximaram-se
Future Indicative	
aproximar-me-ei	aproximar-nos-emos
aproximar-te-ás	aproximar-vos-eis
aproximar-se-á	aproximar-se-ão
Present Perfect Indicative	
tenho-me aproximado	temo-nos aproximado
tens-te aproximado	tendes-vos aproximado
tem-se aproximado	têm-se aproximado
Past Perfect or Pluperfect Indicative	
tinha-me aproximado	tínhamo-nos aproximado
tinhas-te aproximado	tínheis-vos aproximado
tinha-se aproximado	tinham-se aproximado
Future Perfect Indicative	
ter-me-ei aproximado	ter-nos-emos aproximado
ter-te-ás aproximado	ter-vos-eis aproximado
ter-se-á aproximado	ter-se-ão aproximado

Present Subjunctive	
aproxime-me	aproximemo-nos
aproximes-te	aproximeis-vos
aproxime-se	aproximem-se
Imperfect Subjunctive	
aproximasse-me	aproximássemo-nos
aproximasses-te	aproximásseis-vos
aproximasse-se	aproximassem-se
Future Subjunctive	
me aproximar	nos aproximarmos
te aproximares	vos aproximardes
se aproximar	se aproximarem
Present Perfect Subjunctive	
tenha-me aproximado	tenhamo-nos aproximado
tenhas-te aproximado	tenhais-vos aproximado
tenha-se aproximado	tenham-se aproximado
Past Perfect or Pluperfect Subjunctive	
tivesse-me aproximado	tivéssemo-nos aproximado
tivesses-te aproximado	tivésseis-vos aproximado
tivesse-se aproximado	tivessem-se aproximado
Future Perfect Subjunctive	
me tiver aproximado	nos tivermos aproximado
te tiveres aproximado	vos tiverdes aproximado
se tiver aproximado	se tiverem aproximado
Conditional	
aproximar-me-ia	aproximar-nos-íamos
aproximar-te-ias	aproximar-vos-íeis
aproximar-se-ia	aproximar-se-iam
Conditional Perfect	
ter-me-ia aproximado	ter-nos-íamos aproximado
ter-te-ias aproximado	ter-vos-íeis aproximado
ter-se-ia aproximado	ter-se-iam aproximado
Imperative	
aproxima-te–aproximai-vos	

Samples of verb usage.

Ele **se aproximava** de mim.   *He was coming near to me.*

Nós nos estamos **aproximando** da cidade.   *We are approaching the city.*

O meu irmão **tinha-se aproximado** demais.   *My brother had gotten too close.*

Aproximo-me cada vez mais da resposta.   *I am getting closer and closer to the answer.*

to heat *or* warm up

Personal Infinitive		*Present Subjunctive*	
aquecer	aquecermos	aqueça	aqueçamos
aqueceres	aquecerdes	aqueças	aqueçais
aquecer	aquecerem	aqueça	aqueçam

Present Indicative		*Imperfect Subjunctive*	
aqueço	aquecemos	aquecesse	aquecêssemos
aqueces	aqueceis	aquecesses	aquecêsseis
aquece	*aquecem* *	aquecesse	aquecessem

Imperfect Indicative		*Future Subjunctive*	
aquecia	aquecíamos	aquecer	aquecermos
aquecias	aquecíeis	aqueceres	aquecerdes
aquecia	aqueciam	aquecer	aquecerem

Preterit Indicative		*Present Perfect Subjunctive*	
aqueci	aquecemos	tenha aquecido	tenhamos aquecido
aqueceste	aquecestes	tenhas aquecido	tenhais aquecido
aqueceu	aqueceram	tenha aquecido	tenham aquecido

Simple Pluperfect Indicative		*Past Perfect or Pluperfect Subjunctive*	
aquecera	aquecêramos	tivesse aquecido	tivéssemos aquecido
aqueceras	aquecêreis	tivesses aquecido	tivésseis aquecido
aquecera	aqueceram	tivesse aquecido	tivessem aquecido

Future Indicative		*Future Perfect Subjunctive*	
aquecerei	aqueceremos	tiver aquecido	tivermos aquecido
aquecerás	aquecereis	tiveres aquecido	tiverdes aquecido
aquecerá	aquecerão	tiver aquecido	tiverem aquecido

Present Perfect Indicative		*Conditional*	
tenho aquecido	temos aquecido	aqueceria	aqueceríamos
tens aquecido	tendes aquecido	aquecerias	aqueceríeis
tem aquecido	têm aquecido	aqueceria	aqueceriam

Past Perfect or Pluperfect Indicative		*Conditional Perfect*	
tinha aquecido	tínhamos aquecido	teria aquecido	teríamos aquecido
tinhas aquecido	tínheis aquecido	terias aquecido	teríeis aquecido
tinha aquecido	tinham aquecido	teria aquecido	teriam aquecido

Future Perfect Indicative		*Imperative*	
terei aquecido	teremos aquecido	*aquece* *– aquecei	
terás aquecido	tereis aquecido		
terá aquecido	terão aquecido		

Samples of verb usage.

Eu vou **aquecer** a comida.   *I am going to heat up the food.*

O fogo da lareira **aqueceu** a casa.   *The fire from the fireplace warmed up the house.*

Calma! O carro está **a aquecer** (**aquecendo**).   *Relax! The car is warming up.*

Os jogadores **aquecerão** dentro de alguns minutos.   *The players will warm up in a few minutes.*

*NOTE: Only the radical-changing verb forms with *open* stressed vowels appear in italic type. For further explanation see Foreword.

to pull, jerk, yank, tear out, up *or* off

Personal Infinitive		*Present Subjunctive*	
arrancar	arrancarmos	arranque	arranquemos
arrancares	arrancardes	arranques	arranqueis
arrancar	arrancarem	arranque	arranquem

Present Indicative		*Imperfect Subjunctive*	
arranco	arrancamos	arrancasse	arrancássemos
arrancas	arrancais	arrancasses	arrancásseis
arranca	arrancam	arrancasse	arrancassem

Imperfect Indicative		*Future Subjunctive*	
arrancava	arrancávamos	arrancar	arrancarmos
arrancavas	arrancáveis	arrancares	arrancardes
arrancava	arrancavam	arrancar	arrancarem

Preterit Indicative		*Present Perfect Subjunctive*	
arranquei	arrancámos	tenha arrancado	tenhamos arrancado
arrancaste	arrancastes	tenhas arrancado	tenhais arrancado
arrancou	arrancaram	tenha arrancado	tenham arrancado

Simple Pluperfect Indicative		*Past Perfect or Pluperfect Subjunctive*	
arrancara	arrancáramos	tivesse arrancado	tivéssemos arrancado
arrancaras	arrancáreis	tivesses arrancado	tivésseis arrancado
arrancara	arrancaram	tivesse arrancado	tivessem arrancado

Future Indicative		*Future Perfect Subjunctive*	
arrancarei	arrancaremos	tiver arrancado	tivermos arrancado
arrancarás	arrancareis	tiveres arrancado	tiverdes arrancado
arrancará	arrancarão	tiver arrancado	tiverem arrancado

Present Perfect Indicative		*Conditional*	
tenho arrancado	temos arrancado	arrancaria	arrancaríamos
tens arrancado	tendes arrancado	arrancarias	arrancaríeis
tem arrancado	têm arrancado	arrancaria	arrancariam

Past Perfect or Pluperfect Indicative		*Conditional Perfect*	
tinha arrancado	tínhamos arrancado	teria arrancado	teríamos arrancado
tinhas arrancado	tínheis arrancado	terias arrancado	teríeis arrancado
tinha arrancado	tinham arrancado	teria arrancado	teriam arrancado

Future Perfect Indicative		*Imperative*	
terei arrancado	teremos arrancado	arranca–arrancai	
terás arrancado	tereis arrancado		
terá arrancado	terão arrancado		

Samples of verb usage.

Ele **arrancava** os cabelos de tanta raiva.   *He was tearing his hair out from so much anger.*

Os polícias (policiais *in Brazil*) **arrancaram** com os seus carros.   *The police tore off in their cars.*

Arrancámos a nossa cancela ontem.   *We tore out our gate yesterday.*

Ele lhe deu as flores que **tinha arrancado** do jardim.
He gave her the flowers he had pulled up from the garden.

to fix; to arrange

Personal Infinitive	
arranjar	arranjarmos
arranjares	arranjardes
arranjar	arranjarem

Present Indicative	
arranjo	arranjamos
arranjas	arranjais
arranja	arranjam

Imperfect Indicative	
arranjava	arranjávamos
arranjavas	arranjáveis
arranjava	arranjavam

Preterit Indicative	
arranjei	arranjámos
arranjaste	arranjastes
arranjou	arranjaram

Simple Pluperfect Indicative	
arranjara	arranjáramos
arranjaras	arranjáreis
arranjara	arranjaram

Future Indicative	
arranjarei	arranjaremos
arranjarás	arranjareis
arranjará	arranjarão

Present Perfect Indicative	
tenho arranjado	temos arranjado
tens arranjado	tendes arranjado
tem arranjado	têm arranjado

Past Perfect or Pluperfect Indicative	
tinha arranjado	tínhamos arranjado
tinhas arranjado	tínheis arranjado
tinha arranjado	tinham arranjado

Future Perfect Indicative	
terei arranjado	teremos arranjado
terás arranjado	tereis arranjado
terá arranjado	terão arranjado

Present Subjunctive	
arranje	arranjemos
arranjes	arranjeis
arranje	arranjem

Imperfect Subjunctive	
arranjasse	arranjássemos
arranjasses	arranjásseis
arranjasse	arranjassem

Future Subjunctive	
arranjar	arranjarmos
arranjares	arranjardes
arranjar	arranjarem

Present Perfect Subjunctive	
tenha arranjado	tenhamos arranjado
tenhas arranjado	tenhais arranjado
tenha arranjado	tenham arranjado

Past Perfect or Pluperfect Subjunctive	
tivesse arranjado	tivéssemos arranjado
tivesses arranjado	tivésseis arranjado
tivesse arranjado	tivessem arranjado

Future Perfect Subjunctive	
tiver arranjado	tivermos arranjado
tiveres arranjado	tiverdes arranjado
tiver arranjado	tiverem arranjado

Conditional	
arranjaria	arranjaríamos
arranjarias	arranjaríeis
arranjaria	arranjariam

Conditional Perfect	
teria arranjado	teríamos arranjado
terias arranjado	teríeis arranjado
teria arranjado	teriam arranjado

Imperative	
arranja–arranjai	

Samples of verb usage.

Eu **arranjei** uma maneira de ir à capital. *I have arranged a way to go to the capital.*

O mecânico **arranjará** o carro. *The mechanic will fix the car.*

Eles sempre **arranjavam** uma maneira de sair-se bem. *They always arranged a way to succeed.*

Ela **tinha arranjado** entrar em todos os concertos de graça (*also* de borla *in Portugal*).
She had arranged to get in all of the concerts for free.

to burst, break; to explode, pop

Personal Infinitive		*Present Subjunctive*	
arrebentar	arrebentarmos	arrebente	arrebentemos
arrebentares	arrebentardes	arrebentes	arrebenteis
arrebentar	arrebentarem	arrebente	arrebentem

Present Indicative		*Imperfect Subjunctive*	
arrebento	arrebentamos	arrebentasse	arrebentássemos
arrebentas	arrebentais	arrebentasses	arrebentásseis
arrebenta	arrebentam	arrebentasse	arrebentassem

Imperfect Indicative		*Future Subjunctive*	
arrebentava	arrebentávamos	arrebentar	arrebentarmos
arrebentavas	arrebentáveis	arrebentares	arrebentardes
arrebentava	arrebentavam	arrebentar	arrebentarem

Preterit Indicative		*Present Perfect Subjunctive*	
arrebentei	arrebentámos	tenha arrebentado	tenhamos arrebentado
arrebentaste	arrebentastes	tenhas arrebentado	tenhais arrebentado
arrebentou	arrebentaram	tenha arrebentado	tenham arrebentado

Simple Pluperfect Indicative		*Past Perfect or Pluperfect Subjunctive*	
arrebentara	arrebentáramos	tivesse arrebentado	tivéssemos arrebentado
arrebentaras	arrebentáreis	tivesses arrebentado	tivésseis arrebentado
arrebentara	arrebentaram	tivesse arrebentado	tivessem arrebentado

Future Indicative		*Future Perfect Subjunctive*	
arrebentarei	arrebentaremos	tiver arrebentado	tivermos arrebentado
arrebentarás	arrebentareis	tiveres arrebentado	tiverdes arrebentado
arrebentará	arrebentarão	tiver arrebentado	tiverem arrebentado

Present Perfect Indicative		*Conditional*	
tenho arrebentado	temos arrebentado	arrebentaria	arrebentaríamos
tens arrebentado	tendes arrebentado	arrebentarias	arrebentaríeis
tem arrebentado	têm arrebentado	arrebentaria	arrebentariam

Past Perfect or Pluperfect Indicative		*Conditional Perfect*	
tinha arrebentado	tínhamos arrebentado	teria arrebentado	teríamos arrebentado
tinhas arrebentado	tínheis arrebentado	terias arrebentado	teríeis arrebentado
tinha arrebentado	tinham arrebentado	teria arrebentado	teriam arrebentado

Future Perfect Indicative		*Imperative*	
terei arrebentado	teremos arrebentado	arrebenta–arrebentai	
terás arrebentado	tereis arrebentado		
terá arrebentado	terão arrebentado		

Samples of verb usage.

Esse homem **arrebentou** o banco do nosso casino ontem.
That man broke the bank at our casino yesterday.

Os balões **tinham-se arrebentado**.   *The balloons had popped.*

Esta corda **arrebenta** facilmente.   *This rope breaks easily.*

Parece que um dos pneus do teu carro vai **arrebentar**.
It looks like one of your car's tires is going to explode (blow).

to cool

Personal Infinitive
arrefecer	arrefecermos
arrefeceres	arrefecerdes
arrefecer	arrefecerem

Present Indicative
arrefeço	arrefecemos
arrefeces	arrefeceis
arrefece	*arrefecem**

Imperfect Indicative
arrefecia	arrefecíamos
arrefecias	arrefecíeis
arrefecia	arrefeciam

Preterit Indicative
arrefeci	arrefecemos
arrefeceste	arrefecestes
arrefeceu	arrefeceram

Simple Pluperfect Indicative
arrefecera	arrefecêramos
arrefeceras	arrefecêreis
arrefecera	arrefeceram

Future Indicative
arrefecerei	arrefeceremos
arrefecerás	arrefecereis
arrefecerá	arrefecerão

Present Perfect Indicative
tenho arrefecido	temos arrefecido
tens arrefecido	tendes arrefecido
tem arrefecido	têm arrefecido

Past Perfect or Pluperfect Indicative
tinha arrefecido	tínhamos arrefecido
tinhas arrefecido	tínheis arrefecido
tinha arrefecido	tinham arrefecido

Future Perfect Indicative
terei arrefecido	teremos arrefecido
terás arrefecido	tereis arrefecido
terá arrefecido	terão arrefecido

Present Subjunctive
arrefeça	arrefeçamos
arrefeças	arrefeçais
arrefeça	arrefeçam

Imperfect Subjunctive
arrefecesse	arrefecêssemos
arrefecesses	arrefecêsseis
arrefecesse	arrefecessem

Future Subjunctive
arrefecer	arrefecermos
arrefeceres	arrefecerdes
arrefecer	arrefecerem

Present Perfect Subjunctive
tenha arrefecido	tenhamos arrefecido
tenhas arrefecido	tenhais arrefecido
tenha arrefecido	tenham arrefecido

Past Perfect or Pluperfect Subjunctive
tivesse arrefecido	tivéssemos arrefecido
tivesses arrefecido	tivésseis arrefecido
tivesse arrefecido	tivessem arrefecido

Future Perfect Subjunctive
tiver arrefecido	tivermos arrefecido
tiveres arrefecido	tiverdes arrefecido
tiver arrefecido	tiverem arrefecido

Conditional
arrefeceria	arrefeceríamos
arrefecerias	arrefeceríeis
arrefeceria	arrefeceriam

Conditional Perfect
teria arrefecido	teríamos arrefecido
terias arrefecido	teríeis arrefecido
teria arrefecido	teriam arrefecido

Imperative
*arrefece** – arrefecei

Samples of verb usage.

A sopa já **arrefeceu** um pouco (bocado).   *The soup has already cooled down a bit.*

O tempo **arrefeceu**.   *The weather cooled off.*

Ele não comeria o bacalhau até que **tivesse arrefecido**.
He would not eat the codfish until it had cooled down.

Não me aquece nem me **arrefece**.   *It does nothing for me. (It doesn't make me hot or cold.)*

*NOTE: Only the radical-changing verb forms with *open* stressed vowels appear in italic type. For further explanation see Foreword.

to risk, venture; to endanger

Personal Infinitive		*Present Subjunctive*	
arriscar	arriscarmos	arrisque	arrisquemos
arriscares	arriscardes	arrisques	arrisqueis
arriscar	arriscarem	arrisque	arrisquem

Present Indicative		*Imperfect Subjunctive*	
arrisco	arriscamos	arriscasse	arriscássemos
arriscas	arriscais	arriscasses	arriscásseis
arrisca	arriscam	arriscasse	arriscassem

Imperfect Indicative		*Future Subjunctive*	
arriscava	arriscávamos	arriscar	arriscarmos
arriscavas	arriscáveis	arriscares	arriscardes
arriscava	arriscavam	arriscar	arriscarem

Preterit Indicative		*Present Perfect Subjunctive*	
arrisquei	arriscámos	tenha arriscado	tenhamos arriscado
arriscaste	arriscastes	tenhas arriscado	tenhais arriscado
arriscou	arriscaram	tenha arriscado	tenham arriscado

Simple Pluperfect Indicative		*Past Perfect or Pluperfect Subjunctive*	
arriscara	arriscáramos	tivesse arriscado	tivéssemos arriscado
arriscaras	arriscáreis	tivesses arriscado	tivésseis arriscado
arriscara	arriscaram	tivesse arriscado	tivessem arriscado

Future Indicative		*Future Perfect Subjunctive*	
arriscarei	arriscaremos	tiver arriscado	tivermos arriscado
arriscarás	arriscareis	tiveres arriscado	tiverdes arriscado
arriscará	arriscarão	tiver arriscado	tiverem arriscado

Present Perfect Indicative		*Conditional*	
tenho arriscado	temos arriscado	arriscaria	arriscaríamos
tens arriscado	tendes arriscado	arriscarias	arriscaríeis
tem arriscado	têm arriscado	arriscaria	arriscariam

Past Perfect or Pluperfect Indicative		*Conditional Perfect*	
tinha arriscado	tínhamos arriscado	teria arriscado	teríamos arriscado
tinhas arriscado	tínheis arriscado	terias arriscado	teríeis arriscado
tinha arriscado	tinham arriscado	teria arriscado	teriam arriscado

Future Perfect Indicative		*Imperative*	
terei arriscado	teremos arriscado	arrisca–arriscai	
terás arriscado	tereis arriscado		
terá arriscado	terão arriscado		

Samples of verb usage.

Ele **arriscaria** a própria vida por você.   *He would risk his own life for you.*

Eu **arrisquei** tudo o que eu tinha.   *I risked everything I had.*

Quem não **arrisca**, não petisca.   *Nothing ventured, nothing gained.*

Eles sabiam que **tinham arriscado** a vida dos meninos.
They knew that they had endangered the kids' lives.

to burp, belch

Personal Infinitive		**Present Subjunctive**	
arrotar	arrotarmos	*arrote*	arrotemos
arrotares	arrotardes	*arrotes*	arroteis
arrotar	arrotarem	*arrote*	*arrotem**

Present Indicative		**Imperfect Subjunctive**	
arroto	arrotamos	arrotasse	arrotássemos
arrotas	arrotais	arrotasses	arrotásseis
arrota	*arrotam**	arrotasse	arrotassem

Imperfect Indicative		**Future Subjunctive**	
arrotava	arrotávamos	arrotar	arrotarmos
arrotavas	arrotáveis	arrotares	arrotardes
arrotava	arrotavam	arrotar	arrotarem

Preterit Indicative		**Present Perfect Subjunctive**	
arrotei	arrotámos	tenha arrotado	tenhamos arrotado
arrotaste	arrotastes	tenhas arrotado	tenhais arrotado
arrotou	arrotaram	tenha arrotado	tenham arrotado

Simple Pluperfect Indicative		**Past Perfect or Pluperfect Subjunctive**	
arrotara	arrotáramos	tivesse arrotado	tivéssemos arrotado
arrotaras	arrotáreis	tivesses arrotado	tivésseis arrotado
arrotara	arrotaram	tivesse arrotado	tivessem arrotado

Future Indicative		**Future Perfect Subjunctive**	
arrotarei	arrotaremos	tiver arrotado	tivermos arrotado
arrotarás	arrotareis	tiveres arrotado	tiverdes arrotado
arrotará	arrotarão	tiver arrotado	tiverem arrotado

Present Perfect Indicative		**Conditional**	
tenho arrotado	temos arrotado	arrotaria	arrotaríamos
tens arrotado	tendes arrotado	arrotarias	arrotaríeis
tem arrotado	têm arrotado	arrotaria	arrotariam

Past Perfect or Pluperfect Indicative		**Conditional Perfect**	
tinha arrotado	tínhamos arrotado	teria arrotado	teríamos arrotado
tinhas arrotado	tínheis arrotado	terias arrotado	teríeis arrotado
tinha arrotado	tinham arrotado	teria arrotado	teriam arrotado

Future Perfect Indicative		**Imperative**	
terei arrotado	teremos arrotado	*arrota**–arrotai	
terás arrotado	tereis arrotado		
terá arrotado	terão arrotado		

Samples of verb usage.

Arrota-se depois de comer na Arábia Saudita.   *In Saudi Arabia one should belch after eating.*

Não **arrote**, é mal-educado.   *Don't burp, it's bad manners.*

Ela **arrotou** sem querer.   *She burped by accident.*

Todos se viraram para ver quem **tinha arrotado**.   *Everybody turned around to see who had burped.*

*NOTE: Only the radical-changing verb forms with *open* stressed vowels appear in italic type. For further explanation see Foreword.

to ruin; (**-se**) to go broke

Personal Infinitive		*Present Subjunctive*	
arruinar	arruinarmos	arruine	arruinemos
arruinares	arruinardes	arruines	arruineis
arruinar	arruinarem	arruine	arruinem

Present Indicative		*Imperfect Subjunctive*	
arruino	arruinamos	arruinasse	arruinássemos
arruinas	arruinais	arruinasses	arruinásseis
arruina	arruinam	arruinasse	arruinassem

Imperfect Indicative		*Future Subjunctive*	
arruinava	arruinávamos	arruinar	arruinarmos
arruinavas	arruináveis	arruinares	arruinardes
arruinava	arruinavam	arruinar	arruinarem

Preterit Indicative		*Present Perfect Subjunctive*	
arruinei	arruinámos	tenha arruinado	tenhamos arruinado
arruinaste	arruinastes	tenhas arruinado	tenhais arruinado
arruinou	arruinaram	tenha arruinado	tenham arruinado

Simple Pluperfect Indicative		*Past Perfect or Pluperfect Subjunctive*	
arruinara	arruináramos	tivesse arruinado	tivéssemos arruinado
arruinaras	arruináreis	tivesses arruinado	tivésseis arruinado
arruinara	arruinaram	tivesse arruinado	tivessem arruinado

Future Indicative		*Future Perfect Subjunctive*	
arruinarei	arruinaremos	tiver arruinado	tivermos arruinado
arruinarás	arruinareis	tiveres arruinado	tiverdes arruinado
arruinará	arruinarão	tiver arruinado	tiverem arruinado

Present Perfect Indicative		*Conditional*	
tenho arruinado	temos arruinado	arruinaria	arruinaríamos
tens arruinado	tendes arruinado	arruinarias	arruinaríeis
tem arruinado	têm arruinado	arruinaria	arruinariam

Past Perfect or Pluperfect Indicative		*Conditional Perfect*	
tinha arruinado	tínhamos arruinado	teria arruinado	teríamos arruinado
tinhas arruinado	tínheis arruinado	terias arruinado	teríeis arruinado
tinha arruinado	tinham arruinado	teria arruinado	teriam arruinado

Future Perfect Indicative		*Imperative*	
terei arruinado	teremos arruinado	arruina–arruinai	
terás arruinado	tereis arruinado		
terá arruinado	terão arruinado		

Samples of verb usage.

A seca **arruinou** a plantação.   *The drought ruined the plantation.*

Arruinei-me apostando nas corridas de cavalo.   *I went broke wagering on horse races.*

Essas enchentes **arruinarão** as estradas.   *Those floods are going to ruin the roads.*

Você **arruinaria** todo o trabalho que fizemos por isso?   *Would you ruin all the work we did for that?*

Uma criança mal-educada **arruinou** a pintura preciosa.
A misbehaved child ruined the precious painting.

arrumar

Pres. Part. *arrumando*   Past Part. *arrumado*

to arrange; to tidy *or* clean up

Personal Infinitive			Present Subjunctive	
arrumar	arrumarmos		arrume	arrumemos
arrumares	arrumardes		arrumes	arrumeis
arrumar	arrumarem		arrume	arrumem

Present Indicative			Imperfect Subjunctive	
arrumo	arrumamos		arrumasse	arrumássemos
arrumas	arrumais		arrumasses	arrumásseis
arruma	arrumam		arrumasse	arrumassem

Imperfect Indicative			Future Subjunctive	
arrumava	arrumávamos		arrumar	arrumarmos
arrumavas	arrumáveis		arrumares	arrumardes
arrumava	arrumavam		arrumar	arrumarem

Preterit Indicative			Present Perfect Subjunctive	
arrumei	arrumámos		tenha arrumado	tenhamos arrumado
arrumaste	arrumastes		tenhas arrumado	tenhais arrumado
arrumou	arrumaram		tenha arrumado	tenham arrumado

Simple Pluperfect Indicative			Past Perfect or Pluperfect Subjunctive	
arrumara	arrumáramos		tivesse arrumado	tivéssemos arrumado
arrumaras	arrumáreis		tivesses arrumado	tivésseis arrumado
arrumara	arrumaram		tivesse arrumado	tivessem arrumado

Future Indicative			Future Perfect Subjunctive	
arrumarei	arrumaremos		tiver arrumado	tivermos arrumado
arrumarás	arrumareis		tiveres arrumado	tiverdes arrumado
arrumará	arrumarão		tiver arrumado	tiverem arrumado

Present Perfect Indicative			Conditional	
tenho arrumado	temos arrumado		arrumaria	arrumaríamos
tens arrumado	tendes arrumado		arrumarias	arrumaríeis
tem arrumado	têm arrumado		arrumaria	arrumariam

Past Perfect or Pluperfect Indicative			Conditional Perfect	
tinha arrumado	tínhamos arrumado		teria arrumado	teríamos arrumado
tinhas arrumado	tínheis arrumado		terias arrumado	teríeis arrumado
tinha arrumado	tinham arrumado		teria arrumado	teriam arrumado

Future Perfect Indicative			Imperative	
terei arrumado	teremos arrumado		arruma–arrumai	
terás arrumado	tereis arrumado			
terá arrumado	terão arrumado			

Samples of verb usage.

Eu **arrumarei** a casa este fim de semana.   *I will tidy up the house this weekend.*

Eles sempre **arrumam** uma saída.   *They always arrange a way out.*

O funcionário vai **arrumar** (**arranjar** in Portugal) outro emprego.
The employee is going to arrange for a new job.

O quarto dele está uma porcaria (bagunça *in Brazil*), deixe que ele o **arrume**.
His room's a mess, let him clean it up.

to murder; to assassinate

Personal Infinitive
assassinar	assassinarmos
assassinares	assassinardes
assassinar	assassinarem

Present Indicative
assassino	assassinamos
assassinas	assassinais
assassina	assassinam

Imperfect Indicative
assassinava	assassinávamos
assassinavas	assassináveis
assassinava	assassinavam

Preterit Indicative
assassinei	assassinámos
assassinaste	assassinastes
assassinou	assassinaram

Simple Pluperfect Indicative
assassinara	assassináramos
assassinaras	assassináreis
assassinara	assassinaram

Future Indicative
assassinarei	assassinaremos
assassinarás	assassinareis
assassinará	assassinarão

Present Perfect Indicative
tenho assassinado	temos assassinado
tens assassinado	tendes assassinado
tem assassinado	têm assassinado

Past Perfect or Pluperfect Indicative
tinha assassinado	tínhamos assassinado
tinhas assassinado	tínheis assassinado
tinha assassinado	tinham assassinado

Future Perfect Indicative
terei assassinado	teremos assassinado
terás assassinado	tereis assassinado
terá assassinado	terão assassinado

Present Subjunctive
assassine	assassinemos
assassines	assassineis
assassine	assassinem

Imperfect Subjunctive
assassinasse	assassinássemos
assassinasses	assassinásseis
assassinasse	assassinassem

Future Subjunctive
assassinar	assassinarmos
assassinares	assassinardes
assassinar	assassinarem

Present Perfect Subjunctive
tenha assassinado	tenhamos assassinado
tenhas assassinado	tenhais assassinado
tenha assassinado	tenham assassinado

Past Perfect or Pluperfect Subjunctive
tivesse assassinado	tivéssemos assassinado
tivesses assassinado	tivésseis assassinado
tivesse assassinado	tivessem assassinado

Future Perfect Subjunctive
tiver assassinado	tivermos assassinado
tiveres assassinado	tiverdes assassinado
tiver assassinado	tiverem assassinado

Conditional
assassinaria	assassinaríamos
assassinarias	assassinaríeis
assassinaria	assassinariam

Conditional Perfect
teria assassinado	teríamos assassinado
terias assassinado	teríeis assassinado
teria assassinado	teriam assassinado

Imperative
assassina–assassinai

Samples of verb usage.

Ela **teria assassinado** o chefe, se tivesse tido a oportunidade.
She would have murdered the boss if she had had the opportunity.

O prisioneiro **assassinará** mais gente.   *The prisoner will murder more people.*

Eu poderia **assassiná**-lo, se fosse preciso.   *I could murder him if it were necessary.*

O agente secreto **assassinou** o presidente.   *The secret agent assassinated the president.*

to sign; to subscribe

Personal Infinitive		*Present Subjunctive*	
assinar	assinarmos	assine	assinemos
assinares	assinardes	assines	assineis
assinar	assinarem	assine	assinem

Present Indicative		*Imperfect Subjunctive*	
assino	assinamos	assinasse	assinássemos
assinas	assinais	assinasses	assinásseis
assina	assinam	assinasse	assinassem

Imperfect Indicative		*Future Subjunctive*	
assinava	assinávamos	assinar	assinarmos
assinavas	assináveis	assinares	assinardes
assinava	assinavam	assinar	assinarem

Preterit Indicative		*Present Perfect Subjunctive*	
assinei	assinámos	tenha assinado	tenhamos assinado
assinaste	assinastes	tenhas assinado	tenhais assinado
assinou	assinaram	tenha assinado	tenham assinado

Simple Pluperfect Indicative		*Past Perfect or Pluperfect Subjunctive*	
assinara	assináramos	tivesse assinado	tivéssemos assinado
assinaras	assináreis	tivesses assinado	tivésseis assinado
assinara	assinaram	tivesse assinado	tivessem assinado

Future Indicative		*Future Perfect Subjunctive*	
assinarei	assinaremos	tiver assinado	tivermos assinado
assinarás	assinareis	tiveres assinado	tiverdes assinado
assinará	assinarão	tiver assinado	tiverem assinado

Present Perfect Indicative		*Conditional*	
tenho assinado	temos assinado	assinaria	assinaríamos
tens assinado	tendes assinado	assinarias	assinaríeis
tem assinado	têm assinado	assinaria	assinariam

Past Perfect or Pluperfect Indicative		*Conditional Perfect*	
tinha assinado	tínhamos assinado	teria assinado	teríamos assinado
tinhas assinado	tínheis assinado	terias assinado	teríeis assinado
tinha assinado	tinham assinado	teria assinado	teriam assinado

Future Perfect Indicative		*Imperative*	
terei assinado	teremos assinado	assina–assinai	
terás assinado	tereis assinado		
terá assinado	terão assinado		

Samples of verb usage.

Você **assinou** o cheque?   *Did you sign the check?*

Assinaremos o contrato amanhã.   *We will sign the contract tomorrow.*

O jogador de futebol **tem assinado** muitos autógrafos.
The soccer player has been signing many autographs.

A acusada recusou **assinar** a confissão.   *The accused woman refused to sign the confession.*

to attend; to watch

Personal Infinitive		**Present Subjunctive**	
assistir	assistirmos	assista	assistamos
assistires	assistirdes	assistas	assistais
assistir	assistirem	assista	assistam

Present Indicative		**Imperfect Subjunctive**	
assisto	assistimos	assistisse	assistíssemos
assistes	assistis	assistisses	assistísseis
assiste	assistem	assistisse	assistissem

Imperfect Indicative		**Future Subjunctive**	
assistia	assistíamos	assistir	assistirmos
assistias	assistíeis	assistires	assistirdes
assistia	assistiam	assistir	assistirem

Preterit Indicative		**Present Perfect Subjunctive**	
assisti	assistimos	tenha assistido	tenhamos assistido
assististe	assististes	tenhas assistido	tenhais assistido
assistiu	assistiram	tenha assistido	tenham assistido

Simple Pluperfect Indicative		**Past Perfect or Pluperfect Subjunctive**	
assistira	assistíramos	tivesse assistido	tivéssemos assistido
assistiras	assistíreis	tivesses assistido	tivésseis assistido
assistira	assistiram	tivesse assistido	tivessem assistido

Future Indicative		**Future Perfect Subjunctive**	
assistirei	assistiremos	tiver assistido	tivermos assistido
assistirás	assistireis	tiveres assistido	tiverdes assistido
assistirá	assistirão	tiver assistido	tiverem assistido

Present Perfect Indicative		**Conditional**	
tenho assistido	temos assistido	assistiria	assistiríamos
tens assistido	tendes assistido	assistirias	assistiríeis
tem assistido	têm assistido	assistiria	assistiriam

Past Perfect or Pluperfect Indicative		**Conditional Perfect**	
tinha assistido	tínhamos assistido	teria assistido	teríamos assistido
tinhas assistido	tínheis assistido	terias assistido	teríeis assistido
tinha assistido	tinham assistido	teria assistido	teriam assistido

Future Perfect Indicative		**Imperative**	
terei assistido	teremos assistido	assiste–assisti	
terás assistido	tereis assistido		
terá assistido	terão assistido		

Samples of verb usage.

Assistimos à conferência do engenheiro ontem. *We attended the engineer's lecture yesterday.*

As crianças estão **a assistir** (**assistindo**) à televisão. *The children are watching television.*

Você vai **assistir** ao jogo? *Are you going to attend the game?*

O enterro **será assistido** pelo presidente. *The funeral will be attended by the president.*

to whistle

Personal Infinitive	***Present Subjunctive***
assobiar　　　　assobiarmos	assobie　　　　assobiemos
assobiares　　　assobiardes	assobies　　　　assobieis
assobiar　　　　assobiarem	assobie　　　　assobiem
Present Indicative	***Imperfect Subjunctive***
assobio　　　　assobiamos	assobiasse　　　assobiássemos
assobias　　　　assobiais	assobiasses　　assobiásseis
assobia　　　　assobiam	assobiasse　　　assobiassem
Imperfect Indicative	***Future Subjunctive***
assobiava　　　assobiávamos	assobiar　　　　assobiarmos
assobiavas　　assobiáveis	assobiares　　　assobiardes
assobiava　　　assobiavam	assobiar　　　　assobiarem
Preterit Indicative	***Present Perfect Subjunctive***
assobiei　　　　assobiámos	tenha assobiado　　　tenhamos assobiado
assobiaste　　assobiastes	tenhas assobiado　　tenhais assobiado
assobiou　　　assobiaram	tenha assobiado　　　tenham assobiado
Simple Pluperfect Indicative	***Past Perfect or Pluperfect Subjunctive***
assobiara　　　assobiáramos	tivesse assobiado　　tivéssemos assobiado
assobiaras　　assobiáreis	tivesses assobiado　tivésseis assobiado
assobiara　　　assobiaram	tivesse assobiado　　tivessem assobiado
Future Indicative	***Future Perfect Subjunctive***
assobiarei　　　assobiaremos	tiver assobiado　　　tivermos assobiado
assobiarás　　assobiareis	tiveres assobiado　　tiverdes assobiado
assobiará　　　assobiarão	tiver assobiado　　　tiverem assobiado
Present Perfect Indicative	***Conditional***
tenho assobiado　　temos assobiado	assobiaria　　　assobiaríamos
tens assobiado　　tendes assobiado	assobiarias　　assobiaríeis
tem assobiado　　têm assobiado	assobiaria　　　assobiariam
Past Perfect or Pluperfect Indicative	***Conditional Perfect***
tinha assobiado　　tínhamos assobiado	teria assobiado　　　teríamos assobiado
tinhas assobiado　tínheis assobiado	terias assobiado　　teríeis assobiado
tinha assobiado　　tinham assobiado	teria assobiado　　　teriam assobiado
Future Perfect Indicative	***Imperative***
terei assobiado　　teremos assobiado	assobia–assobiai
terás assobiado　tereis assobiado	
terá assobiado　　terão assobiado	

Samples of verb usage.

Eu **assobiava** muito quando era criança.　*I used to whistle a lot when I was a kid.*

Ela **assobiou** primeiro.　*She whistled first.*

Aqueles garotos **assobiam** muito bem.　*Those kids whistle very well.*

A cantora **assobiará** o hino nacional.　*The singer (female) will whistle the national anthem.*

to associate

Personal Infinitive
associar	associarmos
associares	associardes
associar	associarem

Present Indicative
associo	associamos
associas	associais
associa	associam

Imperfect Indicative
associava	associávamos
associavas	associáveis
associava	associavam

Preterit Indicative
associei	associámos
associaste	associastes
associou	associaram

Simple Pluperfect Indicative
associara	associáramos
associaras	associáreis
associara	associaram

Future Indicative
associarei	associaremos
associarás	associareis
associará	associarão

Present Perfect Indicative
tenho associado	temos associado
tens associado	tendes associado
tem associado	têm associado

Past Perfect or Pluperfect Indicative
tinha associado	tínhamos associado
tinhas associado	tínheis associado
tinha associado	tinham associado

Future Perfect Indicative
terei associado	teremos associado
terás associado	tereis associado
terá associado	terão associado

Present Subjunctive
associe	associemos
associes	associeis
associe	associem

Imperfect Subjunctive
associasse	associássemos
associasses	associásseis
associasse	associassem

Future Subjunctive
associar	associarmos
associares	associardes
associar	associarem

Present Indicative
tenha associado	tenhamos associado
tenhas associado	tenhais associado
tenha associado	tenham associado

Past Perfect or Pluperfect Subjunctive
tivesse associado	tivéssemos associado
tivesses associado	tivésseis associado
tivesse associado	tivessem associado

Future Perfect Subjunctive
tiver associado	tivermos associado
tiveres associado	tiverdes associado
tiver associado	tiverem associado

Conditional
associaria	associaríamos
associarias	associaríeis
associaria	associariam

Conditional Perfect
teria associado	teríamos associado
terias associado	teríeis associado
teria associado	teriam associado

Imperative
associa–associai

Samples of verb usage.

Com que **associaste** isto?   *What did you associate that with?*

Ele **se associava** exclusivamente com os executivos.
He used to associate exclusively with the executives.

Eu **associaria** esse desenho a uma girafa.   *I would associate that drawing with a giraffe.*

Ela **se associa** com quem quer.   *She associates with whomever she wants.*

to astonish, amaze; to shock, surprise; to haunt

Personal Infinitive		*Present Subjunctive*	
assombrar	assombrarmos	assombre	assombremos
assombrares	assombrardes	assombres	assombreis
assombrar	assombrarem	assombre	assombrem

Present Perfect Subjunctive		*Imperfect Subjunctive*	
assombro	assombramos	assombrasse	assombrássemos
assombras	assombrais	assombrasses	assombrásseis
assombra	assombram	assombrasse	assombrassem

Imperfect Indicative		*Future Subjunctive*	
assombrava	assombrávamos	assombrar	assombrarmos
assombravas	assombráveis	assombrares	assombrardes
assombrava	assombravam	assombrar	assombrarem

Preterit Indicative		*Present Perfect Subjunctive*	
assombrei	assombrámos	tenha assombrado	tenhamos assombrado
assombraste	assombrastes	tenhas assombrado	tenhais assombrado
assombrou	assombraram	tenha assombrado	tenham assombrado

Simple Pluperfect Indicative		*Past Perfect or Pluperfect Subjunctive*	
assombrara	assombráramos	tivesse assombrado	tivéssemos assombrado
assombraras	assombráreis	tivesses assombrado	tivésseis assombrado
assombrara	assombraram	tivesse assombrado	tivessem assombrado

Future Indicative		*Future Perfect Subjunctive*	
assombrarei	assombraremos	tiver assombrado	tivermos assombrado
assombrarás	assombrareis	tiveres assombrado	tiverdes assombrado
assombrará	assombrarão	tiver assombrado	tiverem assombrado

Present Perfect Indicative		*Conditional*	
tenho assombrado	temos assombrado	assombraria	assombraríamos
tens assombrado	tendes assombrado	assombrarias	assombraríeis
tem assombrado	têm assombrado	assombraria	assombrariam

Past Perfect or Pluperfect Indicative		*Conditional Perfect*	
tinha assombrado	tínhamos assombrado	teria assombrado	teríamos assombrado
tinhas assombrado	tínheis assombrado	terias assombrado	teríeis assombrado
tinha assombrado	tinham assombrado	teria assombrado	teriam assombrado

Future Perfect Indicative		*Imperative*	
terei assombrado	teremos assombrado	assombra–assombrai	
terás assombrado	tereis assombrado		
terá assombrado	terão assombrado		

Samples of verb usage.

O escândalo **assombrou** a cidade inteira.   *The scandal shocked the whole city.*

Eu **assombrarei** a todos com esta fantasia no Carnaval.
I'll surprise everybody at Carnaval with this costume.

A sua habilidade com o violão **assombraria** a todos.
Her ability to play the (acoustic) guitar would amaze everyone.

O fantasma foi condenado a **assombrar** o castelo durante trinta anos.   *The ghost was condemned to haunt the castle for thirty years.*

to frighten, scare; (**-se**) to get scared

Personal Infinitive		*Present Subjunctive*	
assustar	assustarmos	assuste	assustemos
assustares	assustardes	assustes	assusteis
assustar	assustarem	assuste	assustem

Present Indicative		*Imperfect Subjunctive*	
assusto	assustamos	assustasse	assustássemos
assustas	assustais	assustasses	assustásseis
assusta	assustam	assustasse	assustassem

Imperfect Indicative		*Future Subjunctive*	
assustava	assustávamos	assustar	assustarmos
assustavas	assustáveis	assustares	assustardes
assustava	assustavam	assustar	assustarem

Preterit Indicative		*Present Perfect Subjunctive*	
assustei	assustámos	tenha assustado	tenhamos assustado
assustaste	assustastes	tenhas assustado	tenhais assustado
assustou	assustaram	tenha assustado	tenham assustado

Simple Pluperfect Indicative		*Past Perfect or Pluperfect Subjunctive*	
assustara	assustáramos	tivesse assustado	tivéssemos assustado
assustaras	assustáreis	tivesses assustado	tivésseis assustado
assustara	assustaram	tivesse assustado	tivessem assustado

Future Indicative		*Future Perfect Subjunctive*	
assustarei	assustaremos	tiver assustado	tivermos assustado
assustarás	assustareis	tiveres assustado	tiverdes assustado
assustará	assustarão	tiver assustado	tiverem assustado

Present Perfect Indicative		*Conditional*	
tenho assustado	temos assustado	assustaria	assustaríamos
tens assustado	tendes assustado	assustarias	assustaríeis
tem assustado	têm assustado	assustaria	assustariam

Past Perfect or Pluperfect Indicative		*Conditional Perfect*	
tinha assustado	tínhamos assustado	teria assustado	teríamos assustado
tinhas assustado	tínheis assustado	terias assustado	teríeis assustado
tinha assustado	tinham assustado	teria assustado	teriam assustado

Future Perfect Indicative		*Imperative*	
terei assustado	teremos assustado	assusta–assustai	
terás assustado	tereis assustado		
terá assustado	terão assustado		

Samples of verb usage.

Tu me **assustaste**!   *You scared me!*

Eu **me assusto** com qualquer coisa.   *I get scared by anything.*

Um dia **assustarei** aquele velho.   *One day I will frighten that old man.*

Quando tu **te assustares**, eu serei o motivo do teu medo.
When you get scared, I will be the cause of your fear.

to attack

Personal Infinitive		Present Subjunctive	
atacar	atacarmos	ataque	ataquemos
atacares	atacardes	ataques	ataqueis
atacar	atacarem	ataque	ataquem

Present Indicative		Imperfect Subjunctive	
ataco	atacamos	atacasse	atacássemos
atacas	atacais	atacasses	atacásseis
ataca	atacam	atacasse	atacassem

Imperfect Indicative		Future Subjunctive	
atacava	atacávamos	atacar	atacarmos
atacavas	atacáveis	atacares	atacardes
atacava	atacavam	atacar	atacarem

Preterit Indicative		Present Perfect Subjunctive	
ataquei	atacámos	tenha atacado	tenhamos atacado
atacaste	atacastes	tenhas atacado	tenhais atacado
atacou	atacaram	tenha atacado	tenham atacado

Simple Pluperfect Indicative		Past Perfect or Pluperfect Subjunctive	
atacara	atacáramos	tivesse atacado	tivéssemos atacado
atacaras	atacáreis	tivesses atacado	tivésseis atacado
atacara	atacaram	tivesse atacado	tivessem atacado

Future Indicative		Future Perfect Subjunctive	
atacarei	atacaremos	tiver atacado	tivermos atacado
atacarás	atacareis	tiveres atacado	tiverdes atacado
atacará	atacarão	tiver atacado	tiverem atacado

Present Perfect Indicative		Conditional	
tenho atacado	temos atacado	atacaria	atacaríamos
tens atacado	tendes atacado	atacarias	atacaríeis
tem atacado	têm atacado	atacaria	atacariam

Past Perfect or Pluperfect Indicative		Conditional Perfect	
tinha atacado	tínhamos atacado	teria atacado	teríamos atacado
tinhas atacado	tínheis atacado	terias atacado	teríeis atacado
tinha atacado	tinham atacado	teria atacado	teriam atacado

Future Perfect Indicative		Imperative	
terei atacado	teremos atacado	ataca–atacai	
terás atacado	tereis atacado		
terá atacado	terão atacado		

Samples of verb usage.

Os gafanhotos **atacaram** a plantação.   *The grasshoppers attacked the plantation.*

Os rebeldes **atacarão** a capital amanhã.   *The rebels will attack the capital tomorrow.*

O cão **atacaria** a velhinha.   *The dog would attack the old lady.*

Ele me **ataca** pelas ideias que tenho.   *He attacks me for the ideas I have.*

to tie, bind

Personal Infinitive		*Present Subjunctive*	
atar	atarmos	ate	atemos
atares	atardes	ates	ateis
atar	atarem	ate	atem

Present Indicative		*Imperfect Subjunctive*	
ato	atamos	atasse	atássemos
atas	atais	atasses	atásseis
ata	atam	atasse	atassem

Imperfect Indicative		*Future Subjunctive*	
atava	atávamos	atar	atarmos
atavas	atáveis	atares	atardes
atava	atavam	atar	atarem

Preterit Indicative		*Present Perfect Subjunctive*	
atei	atámos	tenha atado	tenhamos atado
ataste	atastes	tenhas atado	tenhais atado
atou	ataram	tenha atado	tenham atado

Simple Pluperfect Indicative		*Past Perfect or Pluperfect Subjunctive*	
atara	atáramos	tivesse atado	tivéssemos atado
ataras	atáreis	tivesses atado	tivésseis atado
atara	ataram	tivesse atado	tivessem atado

Future Indicative		*Future Perfect Subjunctive*	
atarei	ataremos	tiver atado	tivermos atado
atarás	atareis	tiveres atado	tiverdes atado
atará	atarão	tiver atado	tiverem atado

Present Perfect Indicative		*Conditional*	
tenho atado	temos atado	ataria	ataríamos
tens atado	tendes atado	atarias	ataríeis
tem atado	têm atado	ataria	atariam

Past Perfect or Pluperfect Indicative		*Conditional Perfect*	
tinha atado	tínhamos atado	teria atado	teríamos atado
tinhas atado	tínheis atado	terias atado	teríeis atado
tinha atado	tinham atado	teria atado	teriam atado

Future Perfect Indicative		*Imperative*	
terei atado	teremos atado	ata–atai	
terás atado	tereis atado		
terá atado	terão atado		

Samples of verb usage.

O escoteiro **atou** o nó.   *The boy scout tied the knot.*

O ladrão **atava** os guardas quando o alarme disparou.
The robber was tying up the security guards when the alarm went off.

Os dois países esperam **atar** mais estreitamente as suas economias esta tarde.
The two countries hope to bind their economies more tightly (together) this afternoon.

Ele **ataria** os vínculos das duas gerações.   *He would tie the bonds between the two generations.*

to answer (a door or telephone); to assist; to wait on

Personal Infinitive		*Present Subjunctive*	
atender	atendermos	atenda	atendamos
atenderes	atenderdes	atendas	atendais
atender	atenderem	atenda	atendam

Present Indicative		*Imperfect Subjunctive*	
atendo	atendemos	atendesse	atendêssemos
atendes	atendeis	atendesses	atendêsseis
atende	atendem	atendesse	atendessem

Imperfect Indicative		*Future Subjunctive*	
atendia	atendíamos	atender	atendermos
atendias	atendíeis	atenderes	atenderdes
atendia	atendiam	atender	atenderem

Preterit Indicative		*Present Perfect Subjunctive*	
atendi	atendemos	tenha atendido	tenhamos atendido
atendeste	atendestes	tenhas atendido	tenhais atendido
atendeu	atenderam	tenha atendido	tenham atendido

Simple Pluperfect Indicative		*Past Perfect or Pluperfect Subjunctive*	
atendera	atendêramos	tivesse atendido	tivéssemos atendido
atenderas	atendêreis	tivesses atendido	tivésseis atendido
atendera	atenderam	tivesse atendido	tivessem atendido

Future Indicative		*Future Perfect Subjunctive*	
atenderei	atenderemos	tiver atendido	tivermos atendido
atenderás	atendereis	tiveres atendido	tiverdes atendido
atenderá	atenderão	tiver atendido	tiverem atendido

Present Perfect Indicative		*Conditional*	
tenho atendido	temos atendido	atenderia	atenderíamos
tens atendido	tendes atendido	atenderias	atenderíeis
tem atendido	têm atendido	atenderia	atenderiam

Past Perfect or Pluperfect Indicative		*Conditional Perfect*	
tinha atendido	tínhamos atendido	teria atendido	teríamos atendido
tinhas atendido	tínheis atendido	terias atendido	teríeis atendido
tinha atendido	tinham atendido	teria atendido	teriam atendido

Future Perfect Indicative		*Imperative*	
terei atendido	teremos atendido	atende–atendei	
terás atendido	tereis atendido		
terá atendido	terão atendido		

Samples of verb usage.

Atenda o telefone, por favor.   *Would you answer the phone, please.*

Se a campainha tocasse, eu **atenderia** a porta.   *If the bell were to ring, I would answer the door.*

Eu **teria atendido** o telefone, se ao tivesse ouvido tocar.
I would have answered the phone if I had heard it ring.

O agente de viagens **atendia** ao cliente.   *The travel agent was assisting (waiting on) the customer (client).*

to terrify, frighten

Personal Infinitive
aterrorizar	aterrorizarmos
aterrorizares	aterrorizardes
aterrorizar	aterrorizarem

Present Indicative
aterrorizo	aterrorizamos
aterrorizas	aterrorizais
aterroriza	aterrorizam

Imperfect Indicative
aterrorizava	aterrorizávamos
aterrorizavas	aterrorizáveis
aterrorizava	aterrorizavam

Preterit Indicative
aterrorizei	aterrorizámos
aterrorizaste	aterrorizastes
aterrorizou	aterrorizara

Simple Pluperfect Indicative
aterrorizara	aterrorizáramos
aterrorizaras	aterrorizáreis
aterrorizara	aterrorizaram

Future Indicative
aterrorizarei	aterrorizaremos
aterrorizarás	aterrorizareis
aterrorizará	aterrorizarão

Present Perfect Indicative
tenho aterrorizado	temos aterrorizado
tens aterrorizado	tendes aterrorizado
tem aterrorizado	têm aterrorizado

Past Perfect or Pluperfect Indicative
tinha aterrorizado	tínhamos aterrorizado
tinhas aterrorizado	tínheis aterrorizado
tinha aterrorizado	tinham aterrorizado

Future Perfect Indicative
terei aterrorizado	teremos aterrorizado
terás aterrorizado	tereis aterrorizado
terá aterrorizado	terão aterrorizado

Present Subjunctive
aterrorize	aterrorizemos
aterrorizes	aterrorizeis
aterrorize	aterrorizem

Imperfect Subjunctive
aterrorizasse	aterrorizássemos
aterrorizasses	aterrorizásseis
aterrorizasse	aterrorizassem

Future Subjunctive
aterrorizar	aterrorizarmos
aterrorizares	aterrorizardes
aterrorizar	aterrorizarem

Present Perfect Subjunctive
tenha aterrorizado	tenhamos aterrorizado
tenhas aterrorizado	tenhais aterrorizado
tenha aterrorizado	tenham aterrorizado

Past Perfect or Pluperfect Subjunctive
tivesse aterrorizado	tivéssemos aterrorizado
tivesses aterrorizado	tivésseis aterrorizado
tivesse aterrorizado	tivessem aterrorizado

Future Perfect Subjunctive
tiver aterrorizado	tivermos aterrorizado
tiveres aterrorizado	tiverdes aterrorizado
tiver aterrorizado	tiverem aterrorizado

Conditional
aterrorizaria	aterrorizaríamos
aterrorizarias	aterrorizaríeis
aterrorizaria	aterrorizariam

Conditional Perfect
teria aterrorizado	teríamos aterrorizado
terias aterrorizado	teríeis aterrorizado
teria aterrorizado	teriam aterrorizado

Imperative
aterroriza–aterrorizai

Samples of verb usage.

Nesse filme japonês um monstro **aterroriza** Tóquio. *In that Japanese movie a monster terrifies Tokyo.*

Se os sequestradores **aterrorizarem** os passageiros no avião, mate-os!
If the kidnappers terrify the passengers on the plane, kill them!

Se o leão escapar, vai **aterrorizar** a vizinhança.
If the lion escapes, it's going to frighten the neighborhood.

O assassino **tinha aterrorizado** várias pessoas. *The murderer had terrified several people.*

to hit, reach, arrive at; to attain, achieve

Personal Infinitive		*Present Subjunctive*	
atingir	atingirmos	atinja	atinjamos
atingires	atingirdes	atinjas	atinjais
atingir	atingirem	atinja	atinjam

Present Indicative		*Imperfect Subjunctive*	
atinjo	atingimos	atingisse	atingíssemos
atinges	atingis	atingisses	atingísseis
atinge	atingem	atingisse	atingissem

Imperfect Indicative		*Future Subjunctive*	
atingia	atingíamos	atingir	atingirmos
atingias	atingíeis	atingires	atingirdes
atingia	atingiam	atingir	atingirem

Preterit Indicative		*Present Perfect Subjunctive*	
atingi	atingimos	tenha atingido	tenhamos atingido
atingiste	atingistes	tenhas atingido	tenhais atingido
atingiu	atingiram	tenha atingido	tenham atingido

Simple Pluperfect Indicative		*Past Perfect or Pluperfect Subjunctive*	
atingira	atingíramos	tivesse atingido	tivéssemos atingido
atingiras	atingíreis	tivesses atingido	tivésseis atingido
atingira	atingiram	tivesse atingido	tivessem atingido

Future Indicative		*Future Perfect Subjunctive*	
atingirei	atingiremos	tiver atingido	tivermos atingido
atingirás	atingireis	tiveres atingido	tiverdes atingido
atingirá	atingirão	tiver atingido	tiverem atingido

Present Perfect Indicative		*Conditional*	
tenho atingido	temos atingido	atingiria	atingiríamos
tens atingido	tendes atingido	atingirias	atingiríeis
tem atingido	têm atingido	atingiria	atingiriam

Past Perfect or Pluperfect Indicative		*Conditional Perfect*	
tinha atingido	tínhamos atingido	teria atingido	teríamos atingido
tinhas atingido	tínheis atingido	terias atingido	teríeis atingido
tinha atingido	tinham atingido	teria atingido	teriam atingido

Future Perfect Indicative		*Imperative*	
terei atingido	teremos atingido	atinge–atingi	
terás atingido	tereis atingido		
terá atingido	terão atingido		

Samples of verb usage.

Você **atingirá** todos os seus objetivos.   *You will attain (achieve) all of your objectives.*

Ela **atingiu** a linha de chegada.   *She arrived at the finish line.*

Os meninos **atingiram** a velha com uma pedra.   *The kids hit the old lady with a rock.*

Nós **atingimos** os resultados desejados.   *We have achieved the desired results.*

to throw, hurl; to shoot (a weapon)

Personal Infinitive		**Present Subjunctive**	
atirar	atirarmos	atire	atiremos
atirares	atirardes	atires	atireis
atirar	atirarem	atire	atirem

Present Indicative		**Imperfect Subjunctive**	
atiro	atiramos	atirasse	atirássemos
atiras	atirais	atirasses	atirásseis
atira	atiram	atirasse	atirassem

Imperfect Indicative		**Future Subjunctive**	
atirava	atirávamos	atirar	atirarmos
atiravas	atiráveis	atirares	atirardes
atirava	atiravam	atirar	atirarem

Preterit Indicative		**Present Perfect Subjunctive**	
atirei	atirámos	tenha atirado	tenhamos atirado
atiraste	atirastes	tenhas atirado	tenhais atirado
atirou	atiraram	tenha atirado	tenham atirado

Simple Pluperfect Indicative		**Past Perfect or Pluperfect Subjunctive**	
atirara	atiráramos	tivesse atirado	tivéssemos atirado
atiraras	atiráreis	tivesses atirado	tivésseis atirado
atirara	atiraram	tivesse atirado	tivessem atirado

Future Indicative		**Future Perfect Subjunctive**	
atirarei	atiraremos	tiver atirado	tivermos atirado
atirarás	atirareis	tiveres atirado	tiverdes atirado
atirará	atirarão	tiver atirado	tiverem atirado

Present Perfect Indicative		**Conditional**	
tenho atirado	temos atirado	atiraria	atiraríamos
tens atirado	tendes atirado	atirarias	atiraríeis
tem atirado	têm atirado	atiraria	atirariam

Past Perfect or Pluperfect Indicative		**Conditional Perfect**	
tinha atirado	tínhamos atirado	teria atirado	teríamos atirado
tinhas atirado	tínheis atirado	terias atirado	teríeis atirado
tinha atirado	tinham atirado	teria atirado	teriam atirado

Future Perfect Indicative		**Imperative**	
terei atirado	teremos atirado	atira–atirai	
terás atirado	tereis atirado		
terá atirado	terão atirado		

Samples of verb usage.

(Nós) estamos **a atirar** (**atirando**) pedras no lago.   *We are hurling rocks into the lake.*

O doublê **foi atirado** pela janela.   *The stuntman was thrown out of the window.*

O Robin Hood **atirou** uma flecha no centro do alvo.
Robin Hood shot an arrow in the bull's-eye of the target.

NOTE: To shoot in the sense of *shoot at* is expressed by the idiom **dar (um) tiro:**

O caçador **daria um tiro** com a sua espingarda no primeiro coelho que visse.
The hunter would shoot his shotgun at the first rabbit he saw.

O dire(c)tor do presídio mandou os guardas **darem tiros** em qualquer prisioneiro que tentasse escapar.
The prison warden ordered the guards to shoot at any prisoner who tried to escape.

O treinamento dos cadetes do FBI inclui **dar tiros** com uma metralhadora num alvo a cem metros.
The training of FBI cadets includes shooting at a target with a machine gun at one hundred meters.

to attract, draw

Personal Infinitive		*Present Subjunctive*	
atrair	atraírmos	atraia	atraiamos
atraíres	atraírdes	atraias	atraiais
atrair	atraírem	atraia	atraiam

Present Indicative		*Imperfect Subjunctive*	
atraio	atraímos	atraísse	atraíssemos
atrais	atraís	atraísses	atraísseis
atrai	atraem	atraísse	atraíssem

Imperfect Indicative		*Future Subjunctive*	
atraía	atraíamos	atrair	atraírmos
atraías	atraíeis	atraíres	atraírdes
atraía	atraíam	atrair	atraírem

Preterit Indicative		*Present Perfect Subjunctive*	
atraí	atraímos	tenha atraído	tenhamos atraído
atraíste	atraístes	tenhas atraído	tenhais atraído
atraiu	atraíram	tenha atraído	tenham atraído

Simple Pluperfect Indicative		*Past Perfect or Pluperfect Subjunctive*	
atraíra	atraíramos	tivesse atraído	tivéssemos atraído
atraíras	atraíreis	tivesses atraído	tivésseis atraído
atraíra	atraíram	tivesse atraído	tivessem atraído

Future Indicative		*Future Perfect Subjunctive*	
atrairei	atrairemos	tiver atraído	tivermos atraído
atrairás	atraireis	tiveres atraído	tiverdes atraído
atrairá	atrairão	tiver atraído	tiverem atraído

Present Perfect Indicative		*Conditional*	
tenho atraído	temos atraído	atrairia	atrairíamos
tens atraído	tendes atraído	atrairias	atrairíeis
tem atraído	têm atraído	atrairia	atrairiam

Past Perfect or Pluperfect Indicative		*Conditional Perfect*	
tinha atraído	tínhamos atraído	teria atraído	teríamos atraído
tinhas atraído	tínheis atraído	terias atraído	teríeis atraído
tinha atraído	tinham atraído	teria atraído	teriam atraído

Future Perfect Indicative		*Imperative*	
terei atraído	teremos atraído	atrai–atraí	
terás atraído	tereis atraído		
terá atraído	terão atraído		

Samples of verb usage.

Um cantor famoso **atrairia** muita gente ao restaurante.
A famous singer would attract (draw) many people to the restaurant.

Eu **atraí** o meu marido com um olhar.   *I attracted my husband with just one look.*

Os jogadores **tinham atraído** um grande público.   *The players had drawn a huge audience.*

Poderás **atrair** muitos peixes com esta isca.   *You'll be able to attract many fish with this bait.*

to cross; to go *or* pass through

Personal Infinitive	
atravessar	atravessarmos
atravessares	atravessardes
atravessar	atravessarem

Present Indicative	
atravesso	atravessamos
atravessas	atravessais
atravessa	*atravessam**

Imperfect Indicative	
atravessava	atravessávamos
atravessavas	atravessáveis
atravessava	atravessavam

Preterit Indicative	
atravessei	atravessámos
atravessaste	atravessastes
atravessou	atravessaram

Simple Pluperfect Indicative	
atravessara	atravessáramos
atravessaras	atravessáreis
atravessara	atravessaram

Future Indicative	
atravessarei	atravessaremos
atravessarás	atravessareis
atravessará	atravessarão

Present Perfect Indicative	
tenho atravessado	temos atravessado
tens atravessado	tendes atravessado
tem atravessado	têm atravessado

Past Perfect or Pluperfect Indicative	
tinha atravessado	tínhamos atravessado
tinhas atravessado	tínheis atravessado
tinha atravessado	tinham atravessado

Future Perfect Indicative	
terei atravessado	teremos atravessado
terás atravessado	tereis atravessado
terá atravessado	terão atravessado

Present Subjunctive	
atravesse	atravessemos
atravesses	atravesseis
atravesse	*atravessem**

Imperfect Subjunctive	
atravessasse	atravessássemos
atravessasses	atravessásseis
atravessasse	atravessassem

Future Subjunctive	
atravessar	atravessarmos
atravessares	atravessardes
atravessar	atravessarem

Present Perfect Subjunctive	
tenha atravessado	tenhamos atravessado
tenhas atravessado	tenhais atravessado
tenha atravessado	tenham atravessado

Past Perfect or Pluperfect Subjunctive	
tivesse atravessado	tivéssemos atravessado
tivesses atravessado	tivésseis atravessado
tivesse atravessado	tivessem atravessado

Future Perfect Subjunctive	
tiver atravessado	tivermos atravessado
tiveres atravessado	tiverdes atravessado
tiver atravessado	tiverem atravessado

Conditional	
atravessaria	atravessaríamos
atravessarias	atravessaríeis
atravessaria	atravessariam

Conditional Perfect	
teria atravessado	teríamos atravessado
terias atravessado	teríeis atravessado
teria atravessado	teriam atravessado

Imperative	
*atravessa**–atravessai	

Samples of verb usage.

Estou **a atravessar** (**atravessando**) a rua agora. *I am crossing the street now.*

Os portugueses **atravessaram** o oceano atlântico para descobrir o Brasil.
The Portuguese crossed the Atlantic Ocean to discover Brazil.

O ciclista **tinha atravessado** o continente em um ano. *The cyclist had crossed the country in one year.*

Ele vai **atravessar** um período terrível. *He is going to go through a terrible time.*

*NOTE: Only the radical-changing verb forms with *open* stressed vowels appear in italic type. For further explanation see Foreword.

atropelar

Pres. Part. *atropelando* Past Part. *atropelado*

to run over; to trample; to trip up

Personal Infinitive			*Present Subjunctive*	
atropelar	atropelarmos		*atropele*	atropelemos
atropelares	atropelardes		*atropeles*	atropeleis
atropelar	atropelarem		*atropele*	*atropelem**

Present Indicative			*Imperfect Subjunctive*	
atropelo	atropelamos		atropelasse	atropelássemos
atropelas	atropelais		atropelasses	atropelásseis
atropela	*atropelam**		atropelasse	atropelassem

Imperfect Indicative			*Future Subjunctive*	
atropelava	atropelávamos		atropelar	atropelarmos
atropelavas	atropeláveis		atropelares	atropelardes
atropelava	atropelavam		atropelar	atropelarem

Preterit Indicative			*Present Perfect Subjunctive*	
atropelei	atropelámos		tenha atropelado	tenhamos atropelado
atropelaste	atropelastes		tenhas atropelado	tenhais atropelado
atropelou	atropelaram		tenha atropelado	tenham atropelado

Simple Pluperfect Indicative			*Past Perfect or Pluperfect Subjunctive*	
atropelara	atropeláramos		tivesse atropelado	tivéssemos atropelado
atropelaras	atropeláreis		tivesses atropelado	tivésseis atropelado
atropelara	atropelaram		tivesse atropelado	tivessem atropelado

Future Indicative			*Future Perfect Subjunctive*	
atropelarei	atropelaremos		tiver atropelado	tivermos atropelado
atropelarás	atropelareis		tiveres atropelado	tiverdes atropelado
atropelará	atropelarão		tiver atropelado	tiverem atropelado

Present Perfect Indicative			*Conditional*	
tenho atropelado	temos atropelado		atropelaria	atropelaríamos
tens atropelado	tendes atropelado		atropelarias	atropelaríeis
tem atropelado	têm atropelado		atropelaria	atropelariam

Past Perfect or Pluperfect Indicative			*Conditional Perfect*	
tinha atropelado	tínhamos atropelado		teria atropelado	teríamos atropelado
tinhas atropelado	tínheis atropelado		terias atropelado	teríeis atropelado
tinha atropelado	tinham atropelado		teria atropelado	teriam atropelado

Future Perfect Indicative			*Imperative*	
terei atropelado	teremos atropelado		*atropela**–atropelai	
terás atropelado	tereis atropelado			
terá atropelado	terão atropelado			

Samples of verb usage.

Posso dizer-te que até agora nunca **atropelei** ninguém.
I can tell you that so far I've never run over anyone.

O chofer do camião de lixo tentou **atropelar**-nos. *The garbage truck driver tried to run us over.*

Ele **atropelava** as palavras quando estava nervoso. *He used to trip on his words when he was nervous.*

Uma ditadura **atropela** sempre os direitos do povo. *A dictatorship always tramples on people's rights.*

*NOTE: Only the radical-changing verb forms with *open* stressed vowels appear in italic type. For further explanation see Foreword.

94

to sway, swing, wave; to balance

Personal Infinitive		*Present Subjunctive*	
balançar	balançarmos	balance	balancemos
balançares	balançardes	balances	balanceis
balançar	balançarem	balance	balancem

Present Indicative		*Imperfect Subjunctive*	
balanço	balançamos	balançasse	balançássemos
balanças	balançais	balançasses	balançásseis
balança	balançam	balançasse	balançassem

Imperfect Indicative		*Future Subjunctive*	
balançava	balançávamos	balançar	balançarmos
balançavas	balançáveis	balançares	balançardes
balançava	balançavam	balançar	balançarem

Preterit Indicative		*Present Perfect Subjunctive*	
balancei	balançámos	tenha balançado	tenhamos balançado
balançaste	balançastes	tenhas balançado	tenhais balançado
balançou	balançaram	tenha balançado	tenham balançado

Simple Pluperfect Indicative		*Past Perfect or Pluperfect Subjunctive*	
balançara	balançáramos	tivesse balançado	tivéssemos balançado
balançaras	balançáreis	tivesses balançado	tivésseis balançado
balançara	balançaram	tivesse balançado	tivessem balançado

Future Indicative		*Future Perfect Subjunctive*	
balançarei	balançaremos	tiver balançado	tivermos balançado
balançarás	balançareis	tiveres balançado	tiverdes balançado
balançará	balançarão	tiver balançado	tiverem balançado

Present Perfect Indicative		*Conditional*	
tenho balançado	temos balançado	balançaria	balançaríamos
tens balançado	tendes balançado	balançarias	balançaríeis
tem balançado	têm balançado	balançaria	balançariam

Past Perfect or Pluperfect Indicative		*Conditional Perfect*	
tinha balançado	tínhamos balançado	teria balançado	teríamos balançado
tinhas balançado	tínheis balançado	terias balançado	teríeis balançado
tinha balançado	tinham balançado	teria balançado	teriam balançado

Future Perfect Indicative		*Imperative*	
terei balançado	teremos balançado	balança–balançai	
terás balançado	tereis balançado		
terá balançado	terão balançado		

Samples of verb usage.

Ela **balança** ao caminhar para chamar a atenção de todos os rapazes.
She sways when she walks in order to attract all the guys' attention.

Ele consegue **balançar** a bola na ponta do dedo.   *He can balance the ball on the tip of his finger.*

A brisa **balançava** a bandeira.   *The breeze caused the flag to wave.*

Ele sabe **balançar** o talão (livro *in Portugal*) de cheques.   *He knows how to balance his checkbook.*

to bathe; (**-se**) to take a bath

Personal Infinitive		*Present Subjunctive*	
banhar	banharmos	banhe	banhemos
banhares	banhardes	banhes	banheis
banhar	banharem	banhe	banhem

Present Indicative		*Imperfect Subjunctive*	
banho	banhamos	banhasse	banhássemos
banhas	banhais	banhasses	banhásseis
banha	banham	banhasse	banhassem

Imperfect Indicative		*Future Subjunctive*	
banhava	banhávamos	banhar	banharmos
banhavas	banháveis	banhares	banhardes
banhava	banhavam	banhar	banharem

Preterit Indicative		*Present Perfect Subjunctive*	
banhei	banhámos	tenha banhado	tenhamos banhado
banhaste	banhastes	tenhas banhado	tenhais banhado
banhou	banharam	tenha banhado	tenham banhado

Simple Pluperfect Indicative		*Past Perfect or Pluperfect Subjunctive*	
banhara	banháramos	tivesse banhado	tivéssemos banhado
banharas	banháreis	tivesses banhado	tivésseis banhado
banhara	banharam	tivesse banhado	tivessem banhado

Future Indicative		*Future Perfect Subjunctive*	
banharei	banharemos	tiver banhado	tivermos banhado
banharás	banhareis	tiveres banhado	tiverdes banhado
banhará	banharão	tiver banhado	tiverem banhado

Present Perfect Indicative		*Conditional*	
tenho banhado	temos banhado	banharia	banharíamos
tens banhado	tendes banhado	banharias	banharíeis
tem banhado	têm banhado	banharia	banhariam

Past Perfect or Pluperfect Indicative		*Conditional Perfect*	
tinha banhado	tínhamos banhado	teria banhado	teríamos banhado
tinhas banhado	tínheis banhado	terias banhado	teríeis banhado
tinha banhado	tinham banhado	teria banhado	teriam banhado

Future Perfect Indicative		*Imperative*	
terei banhado	teremos banhado	banha–banhai	
terás banhado	tereis banhado		
terá banhado	terão banhado		

Samples of verb usage.

Ele **banha** o seu cão todas as semanas.　*He bathes his dog every week.*

Você **se banhou** hoje?　*Did you take a bath today?*

Depois do jogo ela estava **banhada** de suor.　*After the game she was bathed in sweat.*

Tu **te banharás** na chuva hoje?　*Are you going to bathe in the rain today?*

to shave

Personal Infinitive
barbear	barbearmos
barbeares	barbeardes
barbear	barbearem

Present Indicative
barbeio	barbeamos
barbeias	barbeais
barbeia	barbeiam

Imperfect Indicative
barbeava	barbeávamos
barbeavas	barbeáveis
barbeava	barbeavam

Preterit Indicative
barbeei	barbeámos
barbeaste	barbeastes
barbeou	barbearam

Simple Pluperfect Indicative
barbeara	barbeáramos
barbearas	barbeáreis
barbeara	barbearam

Future Indicative
barbearei	barbearemos
barbearás	barbeareis
barbeará	barbearão

Present Perfect Indicative
tenho barbeado	temos barbeado
tens barbeado	tendes barbeado
tem barbeado	têm barbeado

Past Perfect or Pluperfect Indicative
tinha barbeado	tínhamos barbeado
tinhas barbeado	tínheis barbeado
tinha barbeado	tinham barbeado

Future Perfect Indicative
terei barbeado	teremos barbeado
terás barbeado	tereis barbeado
terá barbeado	terão barbeado

Present Subjunctive
barbeie	barbeemos
barbeies	barbeeis
barbeie	barbeiem

Imperfect Subjunctive
barbeasse	barbeássemos
barbeasses	barbeásseis
barbeasse	barbeassem

Future Subjunctive
barbear	barbearmos
barbeares	barbeardes
barbear	barbearem

Present Perfect Subjunctive
tenha barbeado	tenhamos barbeado
tenhas barbeado	tenhais barbeado
tenha barbeado	tenham barbeado

Past Perfect or Pluperfect Subjunctive
tivesse barbeado	tivéssemos barbeado
tivesses barbeado	tivésseis barbeado
tivesse barbeado	tivessem barbeado

Future Perfect Subjunctive
tiver barbeado	tivermos barbeado
tiveres barbeado	tiverdes barbeado
tiver barbeado	tiverem barbeado

Conditional
barbearia	barbearíamos
barbearias	barbearíeis
barbearia	barbeariam

Conditional Perfect
teria barbeado	teríamos barbeado
terias barbeado	teríeis barbeado
teria barbeado	teriam barbeado

Imperative
barbeia–barbeai

Samples of verb usage.

A mulher **barbeia** o marido.   *The wife shaves her husband.*

De hoje em diante **me barbearei** todos os dias.   *From this day on I will shave every day.*

Ele **se barbeou** para a entrevista.   *He shaved for the interview.*

Eu **tinha-me barbeado** para a festa.   *I had shaved for the party.*

to be enough *or* sufficient, suffice

Personal Infinitive		*Present Subjunctive*	
bastar	bastarmos	baste	bastemos
bastares	bastardes	bastes	basteis
bastar	bastarem	baste	bastem

Present Indicative		*Imperfect Subjunctive*	
basto	bastamos	bastasse	bastássemos
bastas	bastais	bastasses	bastásseis
basta	bastam	bastasse	bastassem

Imperfect Indicative		*Future Subjunctive*	
bastava	bastávamos	bastar	bastarmos
bastavas	bastáveis	bastares	bastardes
bastava	bastavam	bastar	bastarem

Preterit Indicative		*Present Perfect Subjunctive*	
bastei	bastámos	tenha bastado	tenhamos bastado
bastaste	bastastes	tenhas bastado	tenhais bastado
bastou	bastaram	tenha bastado	tenham bastado

Simple Pluperfect Indicative		*Past Perfect or Pluperfect Subjunctive*	
bastara	bastáramos	tivesse bastado	tivéssemos bastado
bastaras	bastáreis	tivesses bastado	tivésseis bastado
bastara	bastaram	tivesse bastado	tivessem bastado

Future Indicative		*Future Perfect Subjunctive*	
bastarei	bastaremos	tiver bastado	tivermos bastado
bastarás	bastareis	tiveres bastado	tiverdes bastado
bastará	bastarão	tiver bastado	tiverem bastado

Present Perfect Indicative		*Conditional*	
tenho bastado	temos bastado	bastaria	bastaríamos
tens bastado	tendes bastado	bastarias	bastaríeis
tem bastado	têm bastado	bastaria	bastariam

Past Perfect or Pluperfect Indicative		*Conditional Perfect*	
tinha bastado	tínhamos bastado	teria bastado	teríamos bastado
tinhas bastado	tínheis bastado	terias bastado	teríeis bastado
tinha bastado	tinham bastado	teria bastado	teriam bastado

Future Perfect Indicative		*Imperative*	
terei bastado	teremos bastado	basta–bastai	
terás bastado	tereis bastado		
terá bastado	terão bastado		

Samples of verb usage.

Bastou ele começar a falar e todos ficaram calados.
It was enough for him to start talking to quiet everyone down.

Basta! Não aguento mais!　*Enough! I can't take any more!*

Ele disse que **bastava** comprar só um.　*He said it would be sufficient to buy just one.*

Bastará mandá-lo pelo correio.　*It will suffice to send it by mail.*

to knock; to hit, beat

Personal Infinitive		*Present Subjunctive*	
bater	batermos	bata	batamos
bateres	baterdes	batas	batais
bater	baterem	bata	batam

Present Indicative		*Imperfect Subjunctive*	
bato	batemos	batesse	batêssemos
bates	bateis	batesses	batêsseis
bate	batem	batesse	batessem

Imperfect Indicative		*Future Subjunctive*	
batia	batíamos	bater	batermos
batias	batíeis	bateres	baterdes
batia	batiam	bater	baterem

Preterit Indicative		*Present Perfect Subjunctive*	
bati	batemos	tenha batido	tenhamos batido
bateste	batestes	tenhas batido	tenhais batido
bateu	bateram	tenha batido	tenham batido

Simple Pluperfect Indicative		*Past Perfect or Pluperfect Subjunctive*	
batera	batêramos	tivesse batido	tivéssemos batido
bateras	batêreis	tivesses batido	tivésseis batido
batera	bateram	tivesse batido	tivessem batido

Future Indicative		*Future Perfect Subjunctive*	
baterei	bateremos	tiver batido	tivermos batido
baterás	batereis	tiveres batido	tiverdes batido
baterá	baterão	tiver batido	tiverem batido

Present Perfect Indicative		*Conditional*	
tenho batido	temos batido	bateria	bateríamos
tens batido	tendes batido	baterias	bateríeis
tem batido	têm batido	bateria	bateriam

Past Perfect or Pluperfect Indicative		*Conditional Perfect*	
tinha batido	tínhamos batido	teria batido	teríamos batido
tinhas batido	tínheis batido	terias batido	teríeis batido
tinha batido	tinham batido	teria batido	teriam batido

Future Perfect Indicative		*Imperative*	
terei batido	teremos batido	bate–batei	
terás batido	tereis batido		
terá batido	terão batido		

Samples of verb usage.

Alguém está **a bater** (**batendo**) à porta.   *Somebody is knocking at the door.*

O irmão mais velho **batia** no mais novo.   *The older brother was hitting the younger one.*

O estranho **bateu** à janela.   *The stranger knocked at the window.*

A mãe já **tinha batido** na filha quando a polícia chegou.
The mother had already beaten her daughter by the time the police arrived.

to kiss

Personal Infinitive		*Present Subjunctive*	
beijar	beijarmos	beije	beijemos
beijares	beijardes	beijes	beijeis
beijar	beijarem	beije	beijem

Present Indicative		*Imperfect Subjunctive*	
beijo	beijamos	beijasse	beijássemos
beijas	beijais	beijasses	beijásseis
beija	beijam	beijasse	beijassem

Imperfect Indicative		*Future Subjunctive*	
beijava	beijávamos	beijar	beijarmos
beijavas	beijáveis	beijares	beijardes
beijava	beijavam	beijar	beijarem

Preterit Indicative		*Present Perfect Subjunctive*	
beijei	beijámos	tenha beijado	tenhamos beijado
beijaste	beijastes	tenhas beijado	tenhais beijado
beijou	beijaram	tenha beijado	tenham beijado

Simple Pluperfect Indicative		*Past Perfect or Pluperfect Subjunctive*	
beijara	beijáramos	tivesse beijado	tivéssemos beijado
beijaras	beijáreis	tivesses beijado	tivésseis beijado
beijara	beijaram	tivesse beijado	tivessem beijado

Future Indicative		*Future Perfect Subjunctive*	
beijarei	beijaremos	tiver beijado	tivermos beijado
beijarás	beijareis	tiveres beijado	tiverdes beijado
beijará	beijarão	tiver beijado	tiverem beijado

Present Perfect Indicative		*Conditional*	
tenho beijado	temos beijado	beijaria	beijaríamos
tens beijado	tendes beijado	beijarias	beijaríeis
tem beijado	têm beijado	beijaria	beijariam

Past Perfect or Pluperfect Indicative		*Conditional Perfect*	
tinha beijado	tínhamos beijado	teria beijado	teríamos beijado
tinhas beijado	tínheis beijado	terias beijado	teríeis beijado
tinha beijado	tinham beijado	teria beijado	teriam beijado

Future Perfect Indicative		*Imperative*	
terei beijado	teremos beijado	beija–beijai	
terás beijado	tereis beijado		
terá beijado	terão beijado		

Samples of verb usage.

O casal **se beijava** no parque.   *The couple was kissing in the park.*

O pai **beijou** a filha na testa.   *The father kissed his daughter on the forehead.*

Eles já **tinham-se beijado** uma vez.   *They had already kissed each other once.*

O rei fez com que o escravo **beijasse** o chão.   *The king made the slave kiss the ground.*

to pinch

Personal Infinitive		**Present Subjunctive**	
beliscar	beliscarmos	belisque	belisquemos
beliscares	beliscardes	belisques	belisqueis
beliscar	beliscarem	belisque	belisquem

Present Indicative		**Imperfect Subjunctive**	
belisco	beliscamos	beliscasse	beliscássemos
beliscas	beliscais	beliscasses	beliscásseis
belisca	beliscam	beliscasse	beliscassem

Imperfect Indicative		**Future Subjunctive**	
beliscava	beliscávamos	beliscar	beliscarmos
beliscavas	beliscáveis	beliscares	beliscardes
beliscava	beliscavam	beliscar	beliscarem

Preterit Indicative		**Present Perfect Subjunctive**	
belisquei	beliscámos	tenha beliscado	tenhamos beliscado
beliscaste	beliscastes	tenhas beliscado	tenhais beliscado
beliscou	beliscaram	tenha beliscado	tenham beliscado

Simple Pluperfect Indicative		**Past Perfect or Pluperfect Subjunctive**	
beliscara	beliscáramos	tivesse beliscado	tivéssemos beliscado
beliscaras	beliscáreis	tivesses beliscado	tivésseis beliscado
beliscara	beliscaram	tivesse beliscado	tivessem beliscado

Future Indicative		**Future Perfect Subjunctive**	
beliscarei	beliscaremos	tiver beliscado	tivermos beliscado
beliscarás	beliscareis	tiveres beliscado	tiverdes beliscado
beliscará	beliscarão	tiver beliscado	tiverem beliscado

Present Perfect Indicative		**Conditional**	
tenho beliscado	temos beliscado	beliscaria	beliscaríamos
tens beliscado	tendes beliscado	beliscarias	beliscaríeis
tem beliscado	têm beliscado	beliscaria	beliscariam

Past Perfect or Pluperfect Indicative		**Conditional Perfect**	
tinha beliscado	tínhamos beliscado	teria beliscado	teríamos beliscado
tinhas beliscado	tínheis beliscado	terias beliscado	teríeis beliscado
tinha beliscado	tinham beliscado	teria beliscado	teriam beliscado

Future Perfect Indicative		**Imperative**	
terei beliscado	teremos beliscado	belisca–beliscai	
terás beliscado	tereis beliscado		
terá beliscado	terão beliscado		

Samples of verb usage.

A velhinha **beliscou** o menino.   *The old lady pinched the boy.*

Belisquei-me para ver se estava a sonhar (sonhando).   *I pinched myself to see if I was dreaming.*

Ela já **tinha-me beliscado** três vezes.   *She had already pinched me three times.*

Se me **beliscares** outra vez, vou dizer à mãezinha.   *If you pinch me again, I'll tell mommy.*

to yawn

Personal Infinitive	
bocejar	bocejarmos
bocejares	bocejardes
bocejar	bocejarem

Present Indicative	
bocejo	bocejamos
bocejas	bocejais
boceja	bocejam

Imperfect Indicative	
bocejava	bocejávamos
bocejavas	bocejáveis
bocejava	bocejavam

Preterit Indicative	
bocejei	bocejámos
bocejaste	bocejastes
bocejou	bocejaram

Simple Pluperfect Indicative	
bocejara	bocejáramos
bocejaras	bocejáreis
bocejara	bocejaram

Future Indicative	
bocejarei	bocejaremos
bocejarás	bocejareis
bocejará	bocejarão

Present Perfect Indicative	
tenho bocejado	temos bocejado
tens bocejado	tendes bocejado
tem bocejado	têm bocejado

Past Perfect or Pluperfect Indicative	
tinha bocejado	tínhamos bocejado
tinhas bocejado	tínheis bocejado
tinha bocejado	tinham bocejado

Future Perfect Indicative	
terei bocejado	teremos bocejado
terás bocejado	tereis bocejado
terá bocejado	terão bocejado

Present Subjunctive	
boceje	bocejemos
bocejes	bocejeis
boceje	bocejem

Imperfect Subjunctive	
bocejasse	bocejássemos
bocejasses	bocejásseis
bocejasse	bocejassem

Future Subjunctive	
bocejar	bocejarmos
bocejares	bocejardes
bocejar	bocejarem

Present Perfect Subjunctive	
tenha bocejado	tenhamos bocejado
tenhas bocejado	tenhais bocejado
tenha bocejado	tenham bocejado

Past Perfect or Pluperfect Subjunctive	
tivesse bocejado	tivéssemos bocejado
tivesses bocejado	tivésseis bocejado
tivesse bocejado	tivessem bocejado

Future Perfect Subjunctive	
tiver bocejado	tivermos bocejado
tiveres bocejado	tiverdes bocejado
tiver bocejado	tiverem bocejado

Conditional	
bocejaria	bocejaríamos
bocejarias	bocejaríeis
bocejaria	bocejariam

Conditional Perfect	
teria bocejado	teríamos bocejado
terias bocejado	teríeis bocejado
teria bocejado	teriam bocejado

Imperative	
boceja–bocejai	

Samples of verb usage.

O público **bocejou** durante o filme.   *The audience yawned during the movie.*

Terás bocejado antes dele contar a sua terceira história.
You will have yawned before he tells his third story.

O político não podia deixar de **bocejar** durante os seus próprios discursos.
The politician couldn't help but yawn during his own speeches.

Quando a menina fica com sono, ela **boceja**.   *When the girl is tired, she yawns.*

to put, place; to kick *or* boot (out)

Personal Infinitive		*Present Subjunctive*	
botar	botarmos	*bote*	botemos
botares	botardes	*botes*	boteis
botar	botarem	*bote*	*botem**

Present Indicative		*Imperfect Subjunctive*	
boto	botamos	botasse	botássemos
botas	botais	botasses	botásseis
bota	*botam**	botasse	botassem

Imperfect Indicative		*Future Subjunctive*	
botava	botávamos	botar	botarmos
botavas	botáveis	botares	botardes
botava	botavam	botar	botarem

Preterit Indicative		*Present Perfect Subjunctive*	
botei	botámos	tenha botado	tenhamos botado
botaste	botastes	tenhas botado	tenhais botado
botou	botaram	tenha botado	tenham botado

Simple Pluperfect Indicative		*Past Perfect or Pluperfect Subjunctive*	
botara	botáramos	tivesse botado	tivéssemos botado
botaras	botáreis	tivesses botado	tivésseis botado
botara	botaram	tivesse botado	tivessem botado

Future Indicative		*Future Perfect Subjunctive*	
botarei	botaremos	tiver botado	tivermos botado
botarás	botareis	tiveres botado	tiverdes botado
botará	botarão	tiver botado	tiverem botado

Present Perfect Indicative		*Conditional*	
tenho botado	temos botado	botaria	botaríamos
tens botado	tendes botado	botarias	botaríeis
tem botado	têm botado	botaria	botariam

Past Perfect or Pluperfect Indicative		*Conditional Perfect*	
tinha botado	tínhamos botado	teria botado	teríamos botado
tinhas botado	tínheis botado	terias botado	teríeis botado
tinha botado	tinham botado	teria botado	teriam botado

Future Perfect Indicative		*Imperative*	
terei botado	teremos botado	*bota**–botai	
terás botado	tereis botado		
terá botado	terão botado		

Samples of verb usage.

A empregada **botou** a comida na mesa de jantar.   *The maid placed the food on the dining room table.*

Bote as compras ali.   *Put the groceries over there.*

A mãe **tinha botado** as crianças para dormir cedo.   *The mother had put the children to sleep early.*

Bote-os daqui!   *Kick them out of here!*

NOTE: In Portugal the meanings *to put, place* are normally conveyed with the verb **pôr**.

*NOTE: Only the radical-changing verb forms with *open* stressed vowels appear in italic type. For further explanation see Foreword.

brigar

to fight, brawl; to argue, quarrel

Personal Infinitive		*Present Subjunctive*	
brigar	brigarmos	brigue	briguemos
brigares	brigardes	brigues	brigueis
brigar	brigarem	brigue	briguem

Present Indicative		*Imperfect Subjunctive*	
brigo	brigamos	brigasse	brigássemos
brigas	brigais	brigasses	brigásseis
briga	brigam	brigasse	brigassem

Imperfect Indicative		*Future Subjunctive*	
brigava	brigávamos	brigar	brigarmos
brigavas	brigáveis	brigares	brigardes
brigava	brigavam	brigar	brigarem

Preterit Indicative		*Present Perfect Subjunctive*	
briguei	brigámos	tenha brigado	tenhamos brigado
brigaste	brigastes	tenhas brigado	tenhais brigado
brigou	brigaram	tenha brigado	tenham brigado

Simple Pluperfect Indicative		*Past Perfect or Pluperfect Subjunctive*	
brigara	brigáramos	tivesse brigado	tivéssemos brigado
brigaras	brigáreis	tivesses brigado	tivésseis brigado
brigara	brigaram	tivesse brigado	tivessem brigado

Future Indicative		*Future Perfect Subjunctive*	
brigarei	brigaremos	tiver brigado	tivermos brigado
brigarás	brigareis	tiveres brigado	tiverdes brigado
brigará	brigarão	tiver brigado	tiverem brigado

Present Perfect Indicative		*Conditional*	
tenho brigado	temos brigado	brigaria	brigaríamos
tens brigado	tendes brigado	brigarias	brigaríeis
tem brigado	têm brigado	brigaria	brigariam

Past Perfect or Pluperfect Indicative		*Conditional Perfect*	
tinha brigado	tínhamos brigado	teria brigado	teríamos brigado
tinhas brigado	tínheis brigado	terias brigado	teríeis brigado
tinha brigado	tinham brigado	teria brigado	teriam brigado

Future Perfect Indicative		*Imperative*	
terei brigado	teremos brigado	briga–brigai	
terás brigado	tereis brigado		
terá brigado	terão brigado		

Samples of verb usage.

Eu **briguei** com ele.   *I argued with him.*

Eles **brigam** todos os dias.   *They fight (quarrel) every day.*

O holandês está **a brigar** (**brigando**) com o alemão.   *The Dutchman is quarreling with the German.*

O boxeador **briga** na rua para se treinar.   *The boxer has brawls in the street to practice.*

to play (as to frolic); to joke; to kid, tease

Personal Infinitive		*Present Subjunctive*	
brincar	brincarmos	brinque	brinquemos
brincares	brincardes	brinques	brinqueis
brincar	brincarem	brinque	brinquem

Present Indicative		*Imperfect Subjunctive*	
brinco	brincamos	brincasse	brincássemos
brincas	brincais	brincasses	brincásseis
brinca	brincam	brincasse	brincassem

Imperfect Indicative		*Future Subjunctive*	
brincava	brincávamos	brincar	brincarmos
brincavas	brincáveis	brincares	brincardes
brincava	brincavam	brincar	brincarem

Preterit Indicative		*Present Perfect Subjunctive*	
brinquei	brincámos	tenha brincado	tenhamos brincado
brincaste	brincastes	tenhas brincado	tenhais brincado
brincou	brincaram	tenha brincado	tenham brincado

Simple Pluperfect Indicative		*Past Perfect or Pluperfect Subjunctive*	
brincara	brincáramos	tivesse brincado	tivéssemos brincado
brincaras	brincáreis	tivesses brincado	tivésseis brincado
brincara	brincaram	tivesse brincado	tivessem brincado

Future Indicative		*Future Perfect Subjunctive*	
brincarei	brincaremos	tiver brincado	tivermos brincado
brincarás	brincareis	tiveres brincado	tiverdes brincado
brincará	brincarão	tiver brincado	tiverem brincado

Present Perfect Indicative		*Conditional*	
tenho brincado	temos brincado	brincaria	brincaríamos
tens brincado	tendes brincado	brincarias	brincaríeis
tem brincado	têm brincado	brincaria	brincariam

Past Perfect or Pluperfect Indicative		*Conditional Perfect*	
tinha brincado	tínhamos brincado	teria brincado	teríamos brincado
tinhas brincado	tínheis brincado	terias brincado	teríeis brincado
tinha brincado	tinham brincado	teria brincado	teriam brincado

Future Perfect Indicative		*Imperative*	
terei brincado	teremos brincado	brinca–brincai	
terás brincado	tereis brincado		
terá brincado	terão brincado		

Samples of verb usage.

Os meninos e as meninas **brincavam** juntos.　*The boys and girls played together.*

Depois da piada, ele disse que só estava **a brincar** (**brincando**).
After the wisecrack, he said that he was only kidding.

Eles sempre **brincavam** um com o outro.　*They always teased one another.*

Ela **brinca** muito com todo o mundo.　*She jokes a lot with everybody.*

to look for; (**ir buscar**) to go and get *or* pick up;

Personal Infinitive		*Present Subjunctive*	
buscar	buscarmos	busque	busquemos
buscares	buscardes	busques	busqueis
buscar	buscarem	busque	busquem

Present Indicative		*Imperfect Subjunctive*	
busco	buscamos	buscasse	buscássemos
buscas	buscais	buscasses	buscásseis
busca	buscam	buscasse	buscassem

Imperfect Indicative		*Future Subjunctive*	
buscava	buscávamos	buscar	buscarmos
buscavas	buscáveis	buscares	buscardes
buscava	buscavam	buscar	buscarem

Preterit Indicative		*Present Perfect Subjunctive*	
busquei	buscámos	tenha buscado	tenhamos buscado
buscaste	buscastes	tenhas buscado	tenhais buscado
buscou	buscaram	tenha buscado	tenham buscado

Simple Pluperfect Indicative		*Past Perfect or Pluperfect Subjunctive*	
buscara	buscáramos	tivesse buscado	tivéssemos buscado
buscaras	buscáreis	tivesses buscado	tivésseis buscado
buscara	buscaram	tivesse buscado	tivessem buscado

Future Indicative		*Future Perfect Subjunctive*	
buscarei	buscaremos	tiver buscado	tivermos buscado
buscarás	buscareis	tiveres buscado	tiverdes buscado
buscará	buscarão	tiver buscado	tiverem buscado

Present Perfect Indicative		*Conditional*	
tenho buscado	temos buscado	buscaria	buscaríamos
tens buscado	tendes buscado	buscarias	buscaríeis
tem buscado	têm buscado	buscaria	buscariam

Past Perfect or Pluperfect Indicative		*Conditional Perfect*	
tinha buscado	tínhamos buscado	teria buscado	teríamos buscado
tinhas buscado	tínheis buscado	terias buscado	teríeis buscado
tinha buscado	tinham buscado	teria buscado	teriam buscado

Future Perfect Indicative		*Imperative*	
terei buscado	teremos buscado	busca–buscai	
terás buscado	tereis buscado		
terá buscado	terão buscado		

Samples of verb usage.

Tenho que ir **buscá**-lo ao cinema.   *I've got to go and get him at the movies.*

Buscavam (Procuravam) melhores condições de vida.   *They were looking for better living conditions.*

Os pais foram **buscar** a filha à escola.   *The parents went to pick up their daughter at school.*

Buscamos (Procuramos) sempre a saída mais fácil.   *We always look for the easiest way out.*

NOTE: Both in Portugal and Brazil the meaning *to look for* is normally expressed with the verb **procurar**.

to fit (in)

Personal Infinitive		*Present Subjunctive*	
caber	cabermos	caiba	caibamos
caberes	caberdes	caibas	caibais
caber	caberem	caiba	caibam

Present Indicative		*Imperfect Subjunctive*	
caibo	cabemos	coubesse	coubéssemos
cabes	cabeis	coubesses	coubésseis
cabe	cabem	coubesse	coubessem

Imperfect Indicative		*Future Subjunctive*	
cabia	cabíamos	couber	coubermos
cabias	cabíeis	couberes	couberdes
cabia	cabiam	couber	couberem

Preterit Indicative		*Present Perfect Subjunctive*	
coube	coubemos	tenha cabido	tenhamos cabido
coubeste	coubestes	tenhas cabido	tenhais cabido
coube	couberam	tenha cabido	tenham cabido

Simple Pluperfect Indicative		*Past Perfect or Pluperfect Subjunctive*	
coubera	coubéramos	tivesse cabido	tivéssemos cabido
couberas	coubéreis	tivesses cabido	tivésseis cabido
coubera	couberam	tivesse cabido	tivessem cabido

Future Indicative		*Future Perfect Subjunctive*	
caberei	caberemos	tiver cabido	tivermos cabido
caberás	cabereis	tiveres cabido	tiverdes cabido
caberá	caberão	tiver cabido	tiverem cabido

Present Perfect Indicative		*Conditional*	
tenho cabido	temos cabido	caberia	caberíamos
tens cabido	tendes cabido	caberias	caberíeis
tem cabido	têm cabido	caberia	caberiam

Past Perfect or Pluperfect Indicative		*Conditional Perfect*	
tinha cabido	tínhamos cabido	teria cabido	teríamos cabido
tinhas cabido	tínheis cabido	terias cabido	teríeis cabido
tinha cabido	tinham cabido	teria cabido	teriam cabido

Future Perfect Indicative		*Imperative*	
terei cabido	teremos cabido	cabe–cabei	
terás cabido	tereis cabido		
terá cabido	terão cabido		

Samples of verb usage.

O presente não **coube** na caixa.   *The present didn't fit in the box.*

Ele descobriu que as calças não lhe **cabiam** mais.   *He discovered that the pants no longer fit him.*

Essa decisão não **cabe** nos meus planos.   *That decision doesn't fit in my plans.*

Será que isto tudo **caberá** no carro?   *Will all this fit in the car?*

to hunt

Personal Infinitive		*Present Subjunctive*	
caçar	caçarmos	cace	cacemos
caçares	caçardes	caces	caceis
caçar	caçarem	cace	cacem

Present Indicative		*Imperfect Subjunctive*	
caço	caçamos	caçasse	caçássemos
caças	caçais	caçasses	caçásseis
caça	caçam	caçasse	caçassem

Imperfect Indicative		*Future Subjunctive*	
caçava	caçávamos	caçar	caçarmos
caçavas	caçáveis	caçares	caçardes
caçava	caçavam	caçar	caçarem

Preterit Indicative		*Present Perfect Subjunctive*	
cacei	caçámos	tenha caçado	tenhamos caçado
caçaste	caçastes	tenhas caçado	tenhais caçado
caçou	caçaram	tenha caçado	tenham caçado

Simple Pluperfect Indicative		*Past Perfect or Pluperfect Subjunctive*	
caçara	caçáramos	tivesse caçado	tivéssemos caçado
caçaras	caçáreis	tivesses caçado	tivésseis caçado
caçara	caçaram	tivesse caçado	tivessem caçado

Future Indicative		*Future Perfect Subjunctive*	
caçarei	caçaremos	tiver caçado	tivermos caçado
caçarás	caçareis	tiveres caçado	tiverdes caçado
caçará	caçarão	tiver caçado	tiverem caçado

Present Perfect Indicative		*Conditional*	
tenho caçado	temos caçado	caçaria	caçaríamos
tens caçado	tendes caçado	caçarias	caçaríeis
tem caçado	têm caçado	caçaria	caçariam

Past Perfect or Pluperfect Indicative		*Conditional Perfect*	
tinha caçado	tínhamos caçado	teria caçado	teríamos caçado
tinhas caçado	tínheis caçado	terias caçado	teríeis caçado
tinha caçado	tinham caçado	teria caçado	teriam caçado

Future Perfect Indicative		*Imperative*	
terei caçado	teremos caçado	caça–caçai	
terás caçado	tereis caçado		
terá caçado	terão caçado		

Samples of verb usage.

Quero que **caces** um coelho para mim.   *I want you to hunt a rabbit for me.*

Hoje vamos **caçar** patos.   *Today we're going to hunt ducks.*

Você **caçaria** com ele?   *Would you hunt with him?*

A solteirona ainda não deixou de **caçar** um marido.
The old maid still hasn't stopped hunting for a husband.

to fall; (**deixar cair**) to drop, let fall

Personal Infinitive		*Present Subjunctive*	
cair	caírmos	caia	caiamos
caíres	caírdes	caias	caiais
cair	caírem	caia	caiam

Present Indicative		*Imperfect Subjunctive*	
caio	caímos	caísse	caíssemos
cais	caís	caísses	caísseis
cai	caem	caísse	caíssem

Imperfect Indicative		*Future Subjunctive*	
caía	caíamos	cair	caírmos
caías	caíeis	caíres	caírdes
caía	caíam	cair	caírem

Preterit Indicative		*Present Perfect Subjunctive*	
caí	caímos	tenha caído	tenhamos caído
caíste	caístes	tenhas caído	tenhais caído
caiu	caíram	tenha caído	tenham caído

Simple Pluperfect Indicative		*Past Perfect or Pluperfect Subjunctive*	
caíra	caíramos	tivesse caído	tivéssemos caído
caíras	caíreis	tivesses caído	tivésseis caído
caíra	caíram	tivesse caído	tivessem caído

Future Indicative		*Future Perfect Subjunctive*	
cairei	cairemos	tiver caído	tivermos caído
cairás	caireis	tiveres caído	tiverdes caído
cairá	cairão	tiver caído	tiverem caído

Present Perfect Indicative		*Conditional*	
tenho caído	temos caído	cairia	cairíamos
tens caído	tendes caído	cairias	cairíeis
tem caído	têm caído	cairia	cairiam

Past Perfect or Pluperfect Indicative		*Conditional Perfect*	
tinha caído	tínhamos caído	teria caído	teríamos caído
tinhas caído	tínheis caído	terias caído	teríeis caído
tinha caído	tinham caído	teria caído	teriam caído

Future Perfect Indicative		*Imperative*	
terei caído	teremos caído	cai–caí	
terás caído	tereis caído		
terá caído	terão caído		

Samples of verb usage.

A avó descobriu que o seu neto **tinha caído** da bicicleta.
The grandmother discovered that her grandson had fallen off the bike.

O presidente **caiu** da cadeira. *The president fell from the chair.*

Os passageiros quase **caíram** do comboio (trem *in Brazil*). *The passengers almost fell from the train.*

A minha irmã deixou a caixa **cair** no chão. *My sister dropped the box (let the box fall) on the floor.*

caminhar

Pres. Part. *caminhando*   Past Part. *caminhado*

to walk

Personal Infinitive	
caminhar	caminharmos
caminhares	caminhardes
caminhar	caminharem

Present Indicative	
caminho	caminhamos
caminhas	caminhais
caminha	caminham

Imperfect Indicative	
caminhava	caminhávamos
caminhavas	caminháveis
caminhava	caminhavam

Preterit Indicative	
caminhei	caminhámos
caminhaste	caminhastes
caminhou	caminharam

Simple Pluperfect Indicative	
caminhara	caminháramos
caminharas	caminháreis
caminhara	caminharam

Future Indicative	
caminharei	caminharemos
caminharás	caminhareis
caminhará	caminharão

Present Perfect Indicative	
tenho caminhado	temos caminhado
tens caminhado	tendes caminhado
tem caminhado	têm caminhado

Past Perfect or Pluperfect Indicative	
tinha caminhado	tínhamos caminhado
tinhas caminhado	tínheis caminhado
tinha caminhado	tinham caminhado

Future Perfect Indicative	
terei caminhado	teremos caminhado
terás caminhado	tereis caminhado
terá caminhado	terão caminhado

Present Subjunctive	
caminhe	caminhemos
caminhes	caminheis
caminhe	caminhem

Imperfect Subjunctive	
caminhasse	caminhássemos
caminhasses	caminhásseis
caminhasse	caminhassem

Future Subjunctive	
caminhar	caminharmos
caminhares	caminhardes
caminhar	caminharem

Present Perfect Subjunctive	
tenha caminhado	tenhamos caminhado
tenhas caminhado	tenhais caminhado
tenha caminhado	tenham caminhado

Past Perfect or Pluperfect Subjunctive	
tivesse caminhado	tivéssemos caminhado
tivesses caminhado	tivésseis caminhado
tivesse caminhado	tivessem caminhado

Future Perfect Subjunctive	
tiver caminhado	tivermos caminhado
tiveres caminhado	tiverdes caminhado
tiver caminhado	tiverem caminhado

Conditional	
caminharia	caminharíamos
caminharias	caminharíeis
caminharia	caminhariam

Conditional Perfect	
teria caminhado	teríamos caminhado
terias caminhado	teríeis caminhado
teria caminhado	teriam caminhado

Imperative	
caminha–caminhai	

Samples of verb usage.

Os estudantes **caminham** para a escola.   *The students walk to school.*

Estavam **a caminhar** e a cantar (**caminhando** e cantando) seguindo a canção.
They were walking and singing along with the song.

Quanto mais **caminharmos**, mais perto estaremos.   *The more we walk the closer we will be.*

A família **tinha caminhado** muito naquele dia.   *The family had walked a lot that day.*

to cancel; to cross out, delete

Personal Infinitive
cancelar	cancelarmos
cancelares	cancelardes
cancelar	cancelarem

Present Indicative
cancelo	cancelamos
cancelas	cancelais
cancela	cancelam

Imperfect Indicative
cancelava	cancelávamos
cancelavas	canceláveis
cancelava	cancelavam

Preterit Indicative
cancelei	cancelámos
cancelaste	cancelastes
cancelou	cancelaram

Simple Pluperfect Indicative
cancelara	canceláramos
cancelaras	canceláreis
cancelara	cancelaram

Future Indicative
cancelarei	cancelaremos
cancelarás	cancelareis
cancelará	cancelarão

Present Perfect Indicative
tenho cancelado	temos cancelado
tens cancelado	tendes cancelado
tem cancelado	têm cancelado

Past Perfect or Pluperfect Indicative
tinha cancelado	tínhamos cancelado
tinhas cancelado	tínheis cancelado
tinha cancelado	tinham cancelado

Future Perfect Indicative
terei cancelado	teremos cancelado
terás cancelado	tereis cancelado
terá cancelado	terão cancelado

Present Subjunctive
cancele	cancelemos
canceles	canceleis
cancele	cancelem

Imperfect Subjunctive
cancelasse	cancelássemos
cancelasses	cancelásseis
cancelasse	cancelassem

Future Subjunctive
cancelar	cancelarmos
cancelares	cancelardes
cancelar	cancelarem

Present Perfect Subjunctive
tenha cancelado	tenhamos cancelado
tenhas cancelado	tenhais cancelado
tenha cancelado	tenham cancelado

Past Perfect or Pluperfect Subjunctive
tivesse cancelado	tivéssemos cancelado
tivesses cancelado	tivésseis cancelado
tivesse cancelado	tivessem cancelado

Future Perfect Subjunctive
tiver cancelado	tivermos cancelado
tiveres cancelado	tiverdes cancelado
tiver cancelado	tiverem cancelado

Conditional
cancelaria	cancelaríamos
cancelarias	cancelaríeis
cancelaria	cancelariam

Conditional Perfect
teria cancelado	teríamos cancelado
terias cancelado	teríeis cancelado
teria cancelado	teriam cancelado

Imperative
cancela–cancelai

Samples of verb usage.

Cancelaram a minha assinatura da revista.   *They cancelled my magazine subscription.*

O espe(c)táculo de hoje **foi cancelado**.   *Today's show was cancelled.*

O censurador foi obrigado a **cancelar** as frases controversiais do livro.
The censor was compelled to cross out (delete) the controversial sentences in the book.

Eu **cancelei** a minha hora marcada com o médico.   *I cancelled my doctor's appointment.*

111

to tire; (**-se de**) to get tired (of)

Personal Infinitive		*Present Subjunctive*	
cansar	cansarmos	canse	cansemos
cansares	cansardes	canses	canseis
cansar	cansarem	canse	cansem

Present Indicative		*Imperfect Subjunctive*	
canso	cansamos	cansasse	cansássemos
cansas	cansais	cansasses	cansásseis
cansa	cansam	cansasse	cansassem

Imperfect Indicative		*Future Subjunctive*	
cansava	cansávamos	cansar	cansarmos
cansavas	cansáveis	cansares	cansardes
cansava	cansavam	cansar	cansarem

Preterit Indicative		*Present Perfect Subjunctive*	
cansei	cansámos	tenha cansado	tenhamos cansado
cansaste	cansastes	tenhas cansado	tenhais cansado
cansou	cansaram	tenha cansado	tenham cansado

Simple Pluperfect Indicative		*Past Perfect or Pluperfect Subjunctive*	
cansara	cansáramos	tivesse cansado	tivéssemos cansado
cansaras	cansáreis	tivesses cansado	tivésseis cansado
cansara	cansaram	tivesse cansado	tivessem cansado

Future Indicative		*Future Perfect Subjunctive*	
cansarei	cansaremos	tiver cansado	tivermos cansado
cansarás	cansareis	tiveres cansado	tiverdes cansado
cansará	cansarão	tiver cansado	tiverem cansado

Present Perfect Indicative		*Conditional*	
tenho cansado	temos cansado	cansaria	cansaríamos
tens cansado	tendes cansado	cansarias	cansaríeis
tem cansado	têm cansado	cansaria	cansariam

Past Perfect or Pluperfect Indicative		*Conditional Perfect*	
tinha cansado	tínhamos cansado	teria cansado	teríamos cansado
tinhas cansado	tínheis cansado	terias cansado	teríeis cansado
tinha cansado	tinham cansado	teria cansado	teriam cansado

Future Perfect Indicative		*Imperative*	
terei cansado	teremos cansado	cansa–cansai	
terás cansado	tereis cansado		
terá cansado	terão cansado		

Samples of verb usage.

Correr **cansa**. *Running is tiring.*

Se o jogo tivesse durado mais uma hora, ela **teria-se cansado**.
If the game had lasted one hour more, she would have become tired.

O jogador **se cansará** eventualmente. *The player will eventually get tired.*

Já estou **cansada** de esperar. *I am already tired of waiting.*

to sing

Personal Infinitive		*Present Subjunctive*	
cantar	cantarmos	cante	cantemos
cantares	cantardes	cantes	canteis
cantar	cantarem	cante	cantem

Present Indicative		*Imperfect Subjunctive*	
canto	cantamos	cantasse	cantássemos
cantas	cantais	cantasses	cantásseis
canta	cantam	cantasse	cantassem

Imperfect Indicative		*Future Subjunctive*	
cantava	cantávamos	cantar	cantarmos
cantavas	cantáveis	cantares	cantardes
cantava	cantavam	cantar	cantarem

Preterit Indicative		*Present Perfect Indicative*	
cantei	cantámos	tenha cantado	tenhamos cantado
cantaste	cantastes	tenhas cantado	tenhais cantado
cantou	cantaram	tenha cantado	tenham cantado

Simple Pluperfect Indicative		*Past Perfect or Pluperfect Subjunctive*	
cantara	cantáramos	tivesse cantado	tivéssemos cantado
cantaras	cantáreis	tivesses cantado	tivésseis cantado
cantara	cantaram	tivesse cantado	tivessem cantado

Future Indicative		*Future Perfect Subjunctive*	
cantarei	cantaremos	tiver cantado	tivermos cantado
cantarás	cantareis	tiveres cantado	tiverdes cantado
cantará	cantarão	tiver cantado	tiverem cantado

Present Perfect Indicative		*Conditional*	
tenho cantado	temos cantado	cantaria	cantaríamos
tens cantado	tendes cantado	cantarias	cantaríeis
tem cantado	têm cantado	cantaria	cantariam

Past Perfect or Pluperfect Indicative		*Conditional Perfect*	
tinha cantado	tínhamos cantado	teria cantado	teríamos cantado
tinhas cantado	tínheis cantado	terias cantado	teríeis cantado
tinha cantado	tinham cantado	teria cantado	teriam cantado

Future Perfect Indicative		*Imperative*	
terei cantado	teremos cantado	canta–cantai	
terás cantado	tereis cantado		
terá cantado	terão cantado		

Samples of verb usage.

Caetano **canta** muito bem.   *Caetano sings very well.*

O coro já **tinha cantado** três canções (músicas).   *The chorus had already sung three songs.*

Cantarei o que me der (na) vontade.   *I will sing whatever I feel like.*

A minha mãe **cantava** todos os dias.   *My mother used to sing every day.*

to capture, catch; to comprehend

Personal Infinitive		*Present Subjunctive*	
capturar	capturarmos	capture	capturemos
capturares	capturardes	captures	captureis
capturar	capturarem	capture	capturem

Present Perfect Subjunctive		*Imperfect Subjunctive*	
capturo	capturamos	capturasse	capturássemos
capturas	capturais	capturasses	capturásseis
captura	capturam	capturasse	capturassem

Imperfect Indicative		*Future Subjunctive*	
capturava	capturávamos	capturar	capturarmos
capturavas	capturáveis	capturares	capturardes
capturava	capturavam	capturar	capturarem

Preterit Indicative		*Present Indicative*	
capturei	capturámos	tenha capturado	tenhamos capturado
capturaste	capturastes	tenhas capturado	tenhais capturado
capturou	capturaram	tenha capturado	tenham capturado

Simple Pluperfect Indicative		*Past Perfect or Pluperfect Subjunctive*	
capturara	capturáramos	tivesse capturado	tivéssemos capturado
capturaras	capturáreis	tivesses capturado	tivésseis capturado
capturara	capturaram	tivesse capturado	tivessem capturado

Future Indicative		*Future Perfect Subjunctive*	
capturarei	capturaremos	tiver capturado	tivermos capturado
capturarás	capturareis	tiveres capturado	tiverdes capturado
capturará	capturarão	tiver capturado	tiverem capturado

Present Perfect Indicative		*Conditional*	
tenho capturado	temos capturado	capturaria	capturaríamos
tens capturado	tendes capturado	capturarias	capturaríeis
tem capturado	têm capturado	capturaria	capturariam

Past Perfect or Pluperfect Indicative		*Conditional Perfect*	
tinha capturado	tínhamos capturado	teria capturado	teríamos capturado
tinhas capturado	tínheis capturado	terias capturado	teríeis capturado
tinha capturado	tinham capturado	teria capturado	teriam capturado

Future Perfect Indicative		*Imperative*	
terei capturado	teremos capturado	captura–capturai	
terás capturado	tereis capturado		
terá capturado	terão capturado		

Samples of verb usage.

O navio **foi capturado** pelos piratas.   *The ship was captured by the pirates.*

Tiveram que usar uma armadilha muito forte para **capturar** o rinoceronte.
They had to use a very strong trap to capture the rhino.

O governo dos Estados Unidos tem tentado **capturar** o maior chefe dos traficantes de drogas na Colômbia.
The government of the United States has been trying to capture the main drug lord in Colombia.

Dado que a sua ideologia é tão diferente da minha, ele nunca **capturará** o que eu quero dizer-lhe.
Since his ideology is so different from mine, he'll never comprehend what I wish to say to him.

to carry; to load

Personal Infinitive	
carregar	carregarmos
carregares	carregardes
carregar	carregarem

Present Indicative	
carrego	carregamos
carregas	carregais
carrega	*carregam**

Imperfect Indicative	
carregava	carregávamos
carregavas	carregáveis
carregava	carregavam

Preterit Indicative	
carreguei	carregámos
carregaste	carregastes
carregou	carregaram

Simple Pluperfect Indicative	
carregara	carregáramos
carregaras	carregáreis
carregara	carregaram

Future Indicative	
carregarei	carregaremos
carregarás	carregareis
carregará	carregarão

Present Perfect Subjunctive	
tenho carregado	temos carregado
tens carregado	tendes carregado
tem carregado	têm carregado

Past Perfect or Pluperfect Indicative	
tinha carregado	tínhamos carregado
tinhas carregado	tínheis carregado
tinha carregado	tinham carregado

Future Perfect Indicative	
terei carregado	teremos carregado
terás carregado	tereis carregado
terá carregado	terão carregado

Present Subjunctive	
carregue	carreguemos
carregues	carregueis
carregue	*carreguem**

Imperfect Subjunctive	
carregasse	carregássemos
carregasses	carregásseis
carregasse	carregassem

Future Subjunctive	
carregar	carregarmos
carregares	carregardes
carregar	carregarem

Present Perfect Subjunctive	
tenha carregado	tenhamos carregado
tenhas carregado	tenhais carregado
tenha carregado	tenham carregado

Past Perfect or Pluperfect Subjunctive	
tivesse carregado	tivéssemos carregado
tivesses carregado	tivésseis carregado
tivesse carregado	tivessem carregado

Future Perfect Subjunctive	
tiver carregado	tivermos carregado
tiveres carregado	tiverdes carregado
tiver carregado	tiverem carregado

Conditional	
carregaria	carregaríamos
carregarias	carregaríeis
carregaria	carregariam

Conditional Perfect	
teria carregado	teríamos carregado
terias carregado	teríeis carregado
teria carregado	teriam carregado

Imperative	
*carrega**–carregai	

Samples of verb usage.

O paramédico **carregou** a criança até a ambulância.   *The paramedic carried the child to the ambulance.*

O avião **carregava** uma carga pesada.   *The airplane was carrying a heavy load.*

Eu **carregarei** a minha arma.   *I will load my firearm (weapon).*

O navio foi **carregado** de carros suecos pelos trabalhadores do cais.
The ship was loaded with Swedish cars by the dock workers.

*NOTE: Only the radical-changing verb forms with *open* stressed vowels appear in italic type. For further explanation see Foreword.

to marry (off or officiate at ceremony); (**-se com**) to get married (to)

Personal Infinitive		*Present Subjunctive*	
casar	casarmos	case	casemos
casares	casardes	cases	caseis
casar	casarem	case	casem

Present Indicative		*Imperfect Subjunctive*	
caso	casamos	casasse	casássemos
casas	casais	casasses	casásseis
casa	casam	casasse	casassem

Imperfect Indicative		*Future Subjunctive*	
casava	casávamos	casar	casarmos
casavas	casáveis	casares	casardes
casava	casavam	casar	casarem

Preterit Indicative		*Present Perfect Subjunctive*	
casei	casámos	tenha casado	tenhamos casado
casaste	casastes	tenhas casado	tenhais casado
casou	casaram	tenha casado	tenham casado

Simple Pluperfect Indicative		*Past Perfect or Pluperfect Subjunctive*	
casara	casáramos	tivesse casado	tivéssemos casado
casaras	casáreis	tivesses casado	tivésseis casado
casara	casaram	tivesse casado	tivessem casado

Future Indicative		*Future Perfect Subjunctive*	
casarei	casaremos	tiver casado	tivermos casado
casarás	casareis	tiveres casado	tiverdes casado
casará	casarão	tiver casado	tiverem casado

Present Perfect Indicative		*Conditional*	
tenho casado	temos casado	casaria	casaríamos
tens casado	tendes casado	casarias	casaríeis
tem casado	têm casado	casaria	casariam

Past Perfect or Pluperfect Indicative		*Conditional Perfect*	
tinha casado	tínhamos casado	teria casado	teríamos casado
tinhas casado	tínheis casado	terias casado	teríeis casado
tinha casado	tinham casado	teria casado	teriam casado

Future Perfect Indicative		*Imperative*	
terei casado	teremos casado	casa–casai	
terás casado	tereis casado		
terá casado	terão casado		

Samples of verb usage.

Os pais vão **casar** a filha mais nova em janeiro.
The parents are going to marry (off) their youngest daughter in January.

Eu vou-me **casar** com ela.   *I am going to marry her.*

O padre **casou**-os em menos duma hora.   *The priest married them in less than an hour.*

Os noivos **teriam-se casado** durante a guerra, se ele não tivesse sido recrutado pelo exército.
They would have gotten married during the war if he hadn't been drafted by the army.

to punish

Personal Infinitive		*Present Subjunctive*	
castigar	castigarmos	castigue	castiguemos
castigares	castigardes	castigues	castigueis
castigar	castigarem	castigue	castiguem

Present Indicative		*Imperfect Subjunctive*	
castigo	castigamos	castigasse	castigássemos
castigas	castigais	castigasses	castigásseis
castiga	castigam	castigasse	castigassem

Imperfect Indicative		*Future Subjunctive*	
castigava	castigávamos	castigar	castigarmos
castigavas	castigáveis	castigares	castigardes
castigava	castigavam	castigar	castigarem

Preterit Indicative		*Present Perfect Subjunctive*	
castiguei	castigámos	tenha castigado	tenhamos castigado
castigaste	castigastes	tenhas castigado	tenhais castigado
castigou	castigaram	tenha castigado	tenham castigado

Simple Pluperfect Indicative		*Past Perfect or Pluperfect Subjunctive*	
castigara	castigáramos	tivesse castigado	tivéssemos castigado
castigaras	castigáreis	tivesses castigado	tivésseis castigado
castigara	castigaram	tivesse castigado	tivessem castigado

Future Indicative		*Future Perfect Subjunctive*	
castigarei	castigaremos	tiver castigado	tivermos castigado
castigarás	castigareis	tiveres castigado	tiverdes castigado
castigará	castigarão	tiver castigado	tiverem castigado

Present Perfect Indicative		*Conditional*	
tenho castigado	temos castigado	castigaria	castigaríamos
tens castigado	tendes castigado	castigarias	castigaríeis
tem castigado	têm castigado	castigaria	castigariam

Past Perfect or Pluperfect Indicative		*Conditional Perfect*	
tinha castigado	tínhamos castigado	teria castigado	teríamos castigado
tinhas castigado	tínheis castigado	terias castigado	teríeis castigado
tinha castigado	tinham castigado	teria castigado	teriam castigado

Future Perfect Indicative		*Imperative*	
terei castigado	teremos castigado	castiga–castigai	
terás castigado	tereis castigado		
terá castigado	terão castigado		

Samples of verb usage.

Os pais **castigaram** os filhos por serem mal-educados.   *The parents punished the kids for misbehaving.*

A professora **castigaria** a aula (turma) inteira, se não deixassem de fazer barulho.
The teacher would punish the whole class if they didn't stop making noise.

Deus vai-te **castigar**!   *God will punish you!*

Se **tivéssemos castigado** aquela rapariga, não teríamos tido este problema.
If we had punished that girl, we wouldn't have had this problem.

117

to cause

Personal Infinitive		**Present Subjunctive**	
causar	causarmos	cause	causemos
causares	causardes	causes	causeis
causar	causarem	cause	causem

Present Indicative		**Imperfect Subjunctive**	
causo	causamos	causasse	causássemos
causas	causais	causasses	causásseis
causa	causam	causasse	causassem

Imperfect Indicative		**Future Subjunctive**	
causava	causávamos	causar	causarmos
causavas	causáveis	causares	causardes
causava	causavam	causar	causarem

Preterit Indicative		**Present Perfect Subjunctive**	
causei	causámos	tenha causado	tenhamos causado
causaste	causastes	tenhas causado	tenhais causado
causou	causaram	tenha causado	tenham causado

Simple Pluperfect Indicative		**Past Perfect or Pluperfect Subjunctive**	
causara	causáramos	tivesse causado	tivéssemos causado
causaras	causáreis	tivesses causado	tivésseis causado
causara	causaram	tivesse causado	tivessem causado

Future Indicative		**Future Perfect Subjunctive**	
causarei	causaremos	tiver causado	tivermos causado
causarás	causareis	tiveres causado	tiverdes causado
causará	causarão	tiver causado	tiverem causado

Present Perfect Indicative		**Conditional**	
tenho causado	temos causado	causaria	causaríamos
tens causado	tendes causado	causarias	causaríeis
tem causado	têm causado	causaria	causariam

Past Perfect or Pluperfect Indicative		**Conditional Perfect**	
tinha causado	tínhamos causado	teria causado	teríamos causado
tinhas causado	tínheis causado	terias causado	teríeis causado
tinha causado	tinham causado	teria causado	teriam causado

Future Perfect Indicative		**Imperative**	
terei causado	teremos causado	causa–causai	
terás causado	tereis causado		
terá causado	terão causado		

Samples of verb usage.

A construção desse prédio tem-nos **causado** dificuldades.
The construction of that building has been causing us difficulties.

O que (é que) **causaria** isto?   *What would cause this?*

O menino já **tinha causado** muitos problemas.   *The boy had already caused many problems.*

Ele quer **causar** a maior catástrofe de todos os tempos.
He wants to cause the greatest catastrophe of all times.

to dig

Personal Infinitive	
cavar	cavarmos
cavares	cavardes
cavar	cavarem

Present Indicative	
cavo	cavamos
cavas	cavais
cava	cavam

Imperfect Indicative	
cavava	cavávamos
cavavas	caváveis
cavava	cavavam

Preterit Indicative	
cavei	cavámos
cavaste	cavastes
cavou	cavaram

Simple Pluperfect Indicative	
cavara	caváramos
cavaras	caváreis
cavara	cavaram

Future Indicative	
cavarei	cavaremos
cavarás	cavareis
cavará	cavarão

Present Perfect Indicative	
tenho cavado	temos cavado
tens cavado	tendes cavado
tem cavado	têm cavado

Past Perfect or Pluperfect Indicative	
tinha cavado	tínhamos cavado
tinhas cavado	tínheis cavado
tinha cavado	tinham cavado

Future Perfect Indicative	
terei cavado	teremos cavado
terás cavado	tereis cavado
terá cavado	terão cavado

Present Subjunctive	
cave	cavemos
caves	caveis
cave	cavem

Imperfect Subjunctive	
cavasse	cavássemos
cavasses	cavásseis
cavasse	cavassem

Future Subjunctive	
cavar	cavarmos
cavares	cavardes
cavar	cavarem

Present Perfect Subjunctive	
tenha cavado	tenhamos cavado
tenhas cavado	tenhais cavado
tenha cavado	tenham cavado

Past Perfect or Pluperfect Subjunctive	
tivesse cavado	tivéssemos cavado
tivesses cavado	tivésseis cavado
tivesse cavado	tivessem cavado

Future Perfect Subjunctive	
tiver cavado	tivermos cavado
tiveres cavado	tiverdes cavado
tiver cavado	tiverem cavado

Conditional	
cavaria	cavaríamos
cavarias	cavaríeis
cavaria	cavariam

Conditional Perfect	
teria cavado	teríamos cavado
terias cavado	teríeis cavado
teria cavado	teriam cavado

Imperative	
cava–cavai	

Samples of verb usage.

Ele **cavava** a sua própria sepultura.   *He was digging his own grave.*

Os soldados estão **a cavar** (**cavando**) trincheiras.   *The soldiers are digging trenches.*

Cavaremos aqui à procura do tesouro.   *We'll dig here in search of the treasure.*

Cavaste o buraco que te mandei **cavar**?   *Did you dig the hole that I ordered you to dig?*

to blind

Personal Infinitive		Present Subjunctive	
cegar	cegarmos	*cegue*	ceguemos
cegares	cegardes	*cegues*	cegueis
cegar	cegarem	*cegue*	*ceguem**

Present Indicative		Imperfect Subjunctive	
cego	cegamos	cegasse	cegássemos
cegas	cegais	cegasses	cegásseis
cega	*cegam**	cegasse	cegassem

Imperfect Indicative		Future Subjunctive	
cegava	cegávamos	cegar	cegarmos
cegavas	cegáveis	cegares	cegardes
cegava	cegavam	cegar	cegarem

Preterit Indicative		Present Perfect Subjunctive	
ceguei	cegámos	tenha cegado	tenhamos cegado
cegaste	cegastes	tenhas cegado	tenhais cegado
cegou	cegaram	tenha cegado	tenham cegado

Simple Pluperfect Indicative		Past Perfect or Pluperfect Subjunctive	
cegara	cegáramos	tivesse cegado	tivéssemos cegado
cegaras	cegáreis	tivesses cegado	tivésseis cegado
cegara	cegaram	tivesse cegado	tivessem cegado

Future Indicative		Future Perfect Subjunctive	
cegarei	cegaremos	tiver cegado	tivermos cegado
cegarás	cegareis	tiveres cegado	tiverdes cegado
cegará	cegarão	tiver cegado	tiverem cegado

Present Perfect Indicative		Conditional	
tenho cegado	temos cegado	cegaria	cegaríamos
tens cegado	tendes cegado	cegarias	cegaríeis
tem cegado	têm cegado	cegaria	cegariam

Past Perfect or Pluperfect Indicative		Conditional Perfect	
tinha cegado	tínhamos cegado	teria cegado	teríamos cegado
tinhas cegado	tínheis cegado	terias cegado	teríeis cegado
tinha cegado	tinham cegado	teria cegado	teriam cegado

Future Perfect Indicative		Imperative	
terei cegado	teremos cegado	*cega**–cegai	
terás cegado	tereis cegado		
terá cegado	terão cegado		

Samples of verb usage.

O brilho do sol era tão intenso que **cegava** a todos.
The sunshine was so bright that it blinded everybody.

A sua obsessão com a glória **cegou**-o por completo.   *His obsession with glory completely blinded him.*

A sua personalidade amável **cegava**-nos do seu verdadeiro cará(c)ter.
His likeable personality blinded us to his true character.

Na antiguidade, **cegavam** os criminosos como forma de castigo.
In antiquity, they used to blind criminals as a form of punishment.

*NOTE: Only the radical-changing verb forms with *open* stressed vowels appear in italic type. For further explanation see Foreword.

to celebrate; to rejoice

Personal Infinitive
celebrar	celebrarmos
celebrares	celebrardes
celebrar	celebrarem

Present Indicative
celebro	celebramos
celebras	celebrais
celebra	*celebram**

Imperfect Indicative
celebrava	celebrávamos
celebravas	celebráveis
celebrava	celebravam

Preterit Indicative
celebrei	celebrámos
celebraste	celebrastes
celebrou	celebraram

Simple Pluperfect Indicative
celebrara	celebráramos
celebraras	celebráreis
celebrara	celebraram

Future Indicative
celebrarei	celebraremos
celebrarás	celebrareis
celebrará	celebrarão

Present Perfect Indicative
tenho celebrado	temos celebrado
tens celebrado	tendes celebrado
tem celebrado	têm celebrado

Past Perfect or Pluperfect Indicative
tinha celebrado	tínhamos celebrado
tinhas celebrado	tínheis celebrado
tinha celebrado	tinham celebrado

Future Perfect Indicative
terei celebrado	teremos celebrado
terás celebrado	tereis celebrado
terá celebrado	terão celebrado

Present Subjunctive
celebre	celebremos
celebres	celebreis
celebre	*celebrem**

Imperfect Subjunctive
celebrasse	celebrássemos
celebrasses	celebrásseis
celebrasse	celebrassem

Future Subjunctive
celebrar	celebrarmos
celebrares	celebrardes
celebrar	celebrarem

Present Perfect Subjunctive
tenha celebrado	tenhamos celebrado
tenhas celebrado	tenhais celebrado
tenha celebrado	tenham celebrado

Past Perfect or Pluperfect Subjunctive
tivesse celebrado	tivéssemos celebrado
tivesses celebrado	tivésseis celebrado
tivesse celebrado	tivessem celebrado

Future Perfect Subjunctive
tiver celebrado	tivermos celebrado
tiveres celebrado	tiverdes celebrado
tiver celebrado	tiverem celebrado

Conditional
celebraria	celebraríamos
celebrarias	celebraríeis
celebraria	celebrariam

Conditional Perfect
teria celebrado	teríamos celebrado
terias celebrado	teríeis celebrado
teria celebrado	teriam celebrado

Imperative
celebra–celebrai

Samples of verb usage.

Hoje vamos **celebrar** o seu aniversário.   *Today we're going to celebrate your birthday.*

Depois dos brasileiros ganharem a Copa do Mundo, **celebraram** durante duas semanas.
After winning the (soccer) World Cup, the Brazilians celebrated for two weeks.

Celebrarias, se ganhasses apenas o segundo lugar?   *Would you celebrate if you only won second place?*

Com a morte do tirano, o povo todo **celebrou** nas ruas.
With the death of the tyrant, the people rejoiced in the streets.

*NOTE: Only the radical-changing verb forms with *open* stressed vowels appear in italic type. For further explanation see Foreword.

121

censurar

to censor; to reprimand, censure

Personal Infinitive		Present Subjunctive	
censurar	censurarmos	censure	censuremos
censurares	censurardes	censures	censureis
censurar	censurarem	censure	censurem

Present Indicative		Imperfect Subjunctive	
censuro	censuramos	censurasse	censurássemos
censuras	censurais	censurasses	censurásseis
censura	censuram	censurasse	censurassem

Imperfect Indicative		Future Subjunctive	
censurava	censurávamos	censurar	censurarmos
censuravas	censuráveis	censurares	censurardes
censurava	censuravam	censurar	censurarem

Preterit Indicative		Present Perfect Subjunctive	
censurei	censurámos	tenha censurado	tenhamos censurado
censuraste	censurastes	tenhas censurado	tenhais censurado
censurou	censuraram	tenha censurado	tenham censurado

Simple Pluperfect Indicative		Past Perfect or Pluperfect Subjunctive	
censurara	censuráramos	tivesse censurado	tivéssemos censurado
censuraras	censuráreis	tivesses censurado	tivésseis censurado
censurara	censuraram	tivesse censurado	tivessem censurado

Future Indicative		Future Perfect Subjunctive	
censurarei	censuraremos	tiver censurado	tivermos censurado
censurarás	censurareis	tiveres censurado	tiverdes censurado
censurará	censurarão	tiver censurado	tiverem censurado

Present Perfect Indicative		Conditional	
tenho censurado	temos censurado	censuraria	censuraríamos
tens censurado	tendes censurado	censurarias	censuraríeis
tem censurado	têm censurado	censuraria	censurariam

Past Perfect or Pluperfect Indicative		Conditional Perfect	
tinha censurado	tínhamos censurado	teria censurado	teríamos censurado
tinhas censurado	tínheis censurado	terias censurado	teríeis censurado
tinha censurado	tinham censurado	teria censurado	teriam censurado

Future Perfect Indicative		Imperative	
terei censurado	teremos censurado	censura–censurai	
terás censurado	tereis censurado		
terá censurado	terão censurado		

Samples of verb usage.

O governo **censurou** a publicação dos livros daquele autor.
The government censored the publication of that author's books.

Em vez de **censurar** o seu filho pelo que fez, o pai decidiu conversar com ele.
Instead of reprimanding (censoring) his son for what he did, the father decided to talk to him.

Aquela freira nos **censurava** por qualquer motivo.   *That nun used to reprimand us for any reason.*

As autoridades chinesas **tinham censurado** o filme pelas cenas eróticas que continha.
The Chinese authorities had censored the film for the erotic scenes it contained.

to call; to name; (**-se**) to be called *or* named

Personal Infinitive		*Present Subjunctive*	
chamar	chamarmos	chame	chamemos
chamares	chamardes	chames	chameis
chamar	chamarem	chame	chamem

Present Indicative		*Imperfect Subjunctive*	
chamo	chamamos	chamasse	chamássemos
chamas	chamais	chamasses	chamásseis
chama	chamam	chamasse	chamassem

Imperfect Indicative		*Future Subjunctive*	
chamava	chamávamos	chamar	chamarmos
chamavas	chamáveis	chamares	chamardes
chamava	chamavam	chamar	chamarem

Preterit Indicative		*Present Perfect Subjunctive*	
chamei	chamámos	tenha chamado	tenhamos chamado
chamaste	chamastes	tenhas chamado	tenhais chamado
chamou	chamaram	tenha chamado	tenham chamado

Simple Pluperfect Indicative		*Past Perfect or Pluperfect Subjunctive*	
chamara	chamáramos	tivesse chamado	tivéssemos chamado
chamaras	chamáreis	tivesses chamado	tivésseis chamado
chamara	chamaram	tivesse chamado	tivessem chamado

Future Indicative		*Future Perfect Subjunctive*	
chamarei	chamaremos	tiver chamado	tivermos chamado
chamarás	chamareis	tiveres chamado	tiverdes chamado
chamará	chamarão	tiver chamado	tiverem chamado

Present Perfect Indicative		*Conditional*	
tenho chamado	temos chamado	chamaria	chamaríamos
tens chamado	tendes chamado	chamarias	chamaríeis
tem chamado	têm chamado	chamaria	chamariam

Past Perfect or Pluperfect Indicative		*Conditional Perfect*	
tinha chamado	tínhamos chamado	teria chamado	teríamos chamado
tinhas chamado	tínheis chamado	terias chamado	teríeis chamado
tinha chamado	tinham chamado	teria chamado	teriam chamado

Future Perfect Indicative		*Imperative*	
terei chamado	teremos chamado	chama–chamai	
terás chamado	tereis chamado		
terá chamado	terão chamado		

Samples of verb usage.

Eu **chamei** o João da janela.   *I called to John from the window.*

O recém-nascido **se chamará** José.   *The newborn will be called Joseph.*

O pai está **a chamar-me** (**me chamando**).   *My dad is calling me.*

Chamo-me Luísa.   *My name is Luisa.*

to bother, annoy, pester

Personal Infinitive	
chatear	chatearmos
chateares	chateardes
chatear	chatearem

Present Indicative	
chateio	chateamos
chateias	chateais
chateia	chateiam

Imperfect Indicative	
chateava	chateávamos
chateavas	chateáveis
chateava	chateavam

Preterit Indicative	
chateei	chateámos
chateaste	chateastes
chateou	chatearam

Simple Pluperfect Indicative	
chateara	chateáramos
chatearas	chateáreis
chateara	chatearam

Future Indicative	
chatearei	chatearemos
chatearás	chateareis
chateará	chatearão

Present Perfect Indicative	
tenho chateado	temos chateado
tens chateado	tendes chateado
tem chateado	têm chateado

Past Perfect or Pluperfect Indicative	
tinha chateado	tínhamos chateado
tinhas chateado	tínheis chateado
tinha chateado	tinham chateado

Future Perfect Indicative	
terei chateado	teremos chateado
terás chateado	tereis chateado
terá chateado	terão chateado

Present Subjunctive	
chateie	chateemos
chateies	chateeis
chateie	chateiem

Imperfect Subjunctive	
chateasse	chateássemos
chateasses	chateásseis
chateasse	chateassem

Future Subjunctive	
chatear	chatearmos
chateares	chateardes
chatear	chatearem

Present Perfect Subjunctive	
tenha chateado	tenhamos chateado
tenhas chateado	tenhais chateado
tenha chateado	tenham chateado

Past Perfect or Pluperfect Subjunctive	
tivesse chateado	tivéssemos chateado
tivesses chateado	tivésseis chateado
tivesse chateado	tivessem chateado

Future Perfect Subjunctive	
tiver chateado	tivermos chateado
tiveres chateado	tiverdes chateado
tiver chateado	tiverem chateado

Conditional	
chatearia	chatearíamos
chatearias	chatearíeis
chatearia	chateariam

Conditional Perfect	
teria chateado	teríamos chateado
terias chateado	teríeis chateado
teria chateado	teriam chateado

Imperative	
chateia–chateai	

Samples of verb usage.

Deixa de nos **chatear**! *Stop annoying us!*

O mosquito estava **a chatear** (**chateando**) a todos. *The mosquito was pestering everyone.*

Se me **chateares** outra vez, vou-te dar um soco. *If you pester me one more time I'm going to hit you.*

Ela nunca **chateia** ninguém. *She never bothers anyone.*

to arrive, reach; to come near (to)

Personal Infinitive		**Present Subjunctive**	
chegar	chegarmos	chegue	cheguemos
chegares	chegardes	chegues	chegueis
chegar	chegarem	chegue	cheguem

Present Indicative

chego	chegamos
chegas	chegais
chega	chegam

Imperfect Subjunctive

chegasse	chegássemos
chegasses	chegásseis
chegasse	chegassem

Imperfect Indicative

chegava	chegávamos
chegavas	chegáveis
chegava	chegavam

Future Subjunctive

chegar	chegarmos
chegares	chegardes
chegar	chegarem

Preterit Indicative

cheguei	chegámos
chegaste	chegastes
chegou	chegaram

Present Perfect Subjunctive

tenha chegado	tenhamos chegado
tenhas chegado	tenhais chegado
tenha chegado	tenham chegado

Simple Pluperfect Indicative

chegara	chegáramos
chegaras	chegáreis
chegara	chegaram

Past Perfect or Pluperfect Subjunctive

tivesse chegado	tivéssemos chegado
tivesses chegado	tivésseis chegado
tivesse chegado	tivessem chegado

Future Indicative

chegarei	chegaremos
chegarás	chegareis
chegará	chegarão

Future Perfect Subjunctive

tiver chegado	tivermos chegado
tiveres chegado	tiverdes chegado
tiver chegado	tiverem chegado

Present Perfect Indicative

tenho chegado	temos chegado
tens chegado	tendes chegado
tem chegado	têm chegado

Conditional

chegaria	chegaríamos
chegarias	chegaríeis
chegaria	chegariam

Past Perfect or Pluperfect Indicative

tinha chegado	tínhamos chegado
tinhas chegado	tínheis chegado
tinha chegado	tinham chegado

Conditional Perfect

teria chegado	teríamos chegado
terias chegado	teríeis chegado
teria chegado	teriam chegado

Future Perfect Indicative

terei chegado	teremos chegado
terás chegado	tereis chegado
terá chegado	terão chegado

Imperative

chega–chegai

Samples of verb usage.

Eu **cheguei** ontem.   *I arrived yesterday.*

Os portugueses **chegaram** às Indias em 1498.   *The Portuguese reached the Indies in 1498.*

Poderemos ir juntos, se eles **chegarem** a tempo.   *We can all go together if they arrive on time.*

Ele **chegou-se** a ela.   *He came near her.*

to smell (of or like); to sniff

Personal Infinitive		*Present Subjunctive*	
cheirar	cheirarmos	cheire	cheiremos
cheirares	cheirardes	cheires	cheireis
cheirar	cheirarem	cheire	cheirem

Present Indicative		*Imperfect Subjunctive*	
cheiro	cheiramos	cheirasse	cheirássemos
cheiras	cheirais	cheirasses	cheirásseis
cheira	cheiram	cheirasse	cheirassem

Imperfect Indicative		*Future Subjunctive*	
cheirava	cheirávamos	cheirar	cheirarmos
cheiravas	cheiráveis	cheirares	cheirardes
cheirava	cheiravam	cheirar	cheirarem

Preterit Indicative		*Present Perfect Subjunctive*	
cheirei	cheirámos	tenha cheirado	tenhamos cheirado
cheiraste	cheirastes	tenhas cheirado	tenhais cheirado
cheirou	cheiraram	tenha cheirado	tenham cheirado

Simple Pluperfect Indicative		*Past Perfect or Pluperfect Subjunctive*	
cheirara	cheiráramos	tivesse cheirado	tivéssemos cheirado
cheiraras	cheiráreis	tivesses cheirado	tivésseis cheirado
cheirara	cheiraram	tivesse cheirado	tivessem cheirado

Future Indicative		*Future Perfect Subjunctive*	
cheirarei	cheiraremos	tiver cheirado	tivermos cheirado
cheirarás	cheirareis	tiveres cheirado	tiverdes cheirado
cheirará	cheirarão	tiver cheirado	tiverem cheirado

Present Perfect Indicative		*Conditional*	
tenho cheirado	temos cheirado	cheiraria	cheiraríamos
tens cheirado	tendes cheirado	cheirarias	cheiraríeis
tem cheirado	têm cheirado	cheiraria	cheirariam

Past Perfect or Pluperfect Indicative		*Conditional Perfect*	
tinha cheirado	tínhamos cheirado	teria cheirado	teríamos cheirado
tinhas cheirado	tínheis cheirado	terias cheirado	teríeis cheirado
tinha cheirado	tinham cheirado	teria cheirado	teriam cheirado

Future Perfect Indicative		*Imperative*	
terei cheirado	teremos cheirado	cheira–cheirai	
terás cheirado	tereis cheirado		
terá cheirado	terão cheirado		

Samples of verb usage.

Os sapatos dele **cheiram** mal.   *His shoes smell bad.*

O cozinheiro **cheirou** a comida para ver se **cheirava** bem.   *The cook sniffed the food to see if it smelled good.*

A mãe disse-me para **cheirar** o peixe antes de comprá-lo.   *Mom told me to smell the fish before buying it.*

O lago **cheirava** a gasolina.   *The lake smelled of gasoline.*

to shock; to hatch, brood; (-**se**) to crash, collide

Personal Infinitive		***Present Subjunctive***	
chocar	chocarmos	*choque*	choquemos
chocares	chocardes	*choques*	choqueis
chocar	chocarem	*choque*	*choquem**
Present Indicative		***Imperfect Subjunctive***	
choco	chocamos	chocasse	chocássemos
chocas	chocais	chocasses	chocásseis
choca	*chocam**	chocasse	chocassem
Imperfect Indicative		***Future Subjunctive***	
chocava	chocávamos	chocar	chocarmos
chocavas	chocáveis	chocares	chocardes
chocava	chocavam	chocar	chocarem
Preterit Indicative		***Present Perfect Subjunctive***	
choquei	chocámos	tenha chocado	tenhamos chocado
chocaste	chocastes	tenhas chocado	tenhais chocado
chocou	chocaram	tenha chocado	tenham chocado
Simple Pluperfect Indicative		***Past Perfect or Pluperfect Subjunctive***	
chocara	chocáramos	tivesse chocado	tivéssemos chocado
chocaras	chocáreis	tivesses chocado	tivésseis chocado
chocara	chocaram	tivesse chocado	tivessem chocado
Future Indicative		***Future Perfect Subjunctive***	
chocarei	chocaremos	tiver chocado	tivermos chocado
chocarás	chocareis	tiveres chocado	tiverdes chocado
chocará	chocarão	tiver chocado	tiverem chocado
Present Perfect Indicative		***Conditional***	
tenho chocado	temos chocado	chocaria	chocaríamos
tens chocado	tendes chocado	chocarias	chocaríeis
tem chocado	têm chocado	chocaria	chocariam
Past Perfect or Pluperfect Indicative		***Conditional Perfect***	
tinha chocado	tínhamos chocado	teria chocado	teríamos chocado
tinhas chocado	tínheis chocado	terias chocado	teríeis chocado
tinha chocado	tinham chocado	teria chocado	teriam chocado
Future Perfect Indicative		***Imperative***	
terei chocado	teremos chocado	*choca**–chocai	
terás chocado	tereis chocado		
terá chocado	terão chocado		

Samples of verb usage.

A revelação **chocou** a todos.   *The revelation shocked everyone.*

Esta galinha **tem chocado** muitos ovos.   *This hen has been brooding (hatching) many eggs.*

O trem (comboio *in Portugal*) **se chocará** contra a parede, se não fizermos nada.
The train will crash (collide) into the wall if we don't do anything.

NOTE: *To get an electrical shock* is usually expressed by the phrase **receber um choque:**

Se meteres o dedo na tomada elé(c)trica, receberás **um choque** terrível.
If you stick your finger in the electrical outlet, you'll get a terrible shock.

*NOTE: Only the radical-changing verb forms with *open* stressed vowels appear in italic type. For further explanation see Foreword.

chorar

Pres. Part. *chorando*   Past Part. *chorado*

to cry, weep

Personal Infinitive		**Present Subjunctive**	
chorar	chorarmos	*chore*	choremos
chorares	chorardes	*chores*	choreis
chorar	chorarem	*chore*	*chorem**

Present Indicative		**Imperfect Subjunctive**	
choro	choramos	chorasse	chorássemos
choras	chorais	chorasses	chorásseis
chora	*choram**	chorasse	chorassem

Imperfect Indicative		**Future Subjunctive**	
chorava	chorávamos	chorar	chorarmos
choravas	choráveis	chorares	chorardes
chorava	choravam	chorar	chorarem

Preterit Indicative		**Present Perfect Subjunctive**	
chorei	chorámos	tenha chorado	tenhamos chorado
choraste	chorastes	tenhas chorado	tenhais chorado
chorou	choraram	tenha chorado	tenham chorado

Simple Pluperfect Indicative		**Past Perfect or Pluperfect Subjunctive**	
chorara	choráramos	tivesse chorado	tivéssemos chorado
choraras	choráreis	tivesses chorado	tivésseis chorado
chorara	choraram	tivesse chorado	tivessem chorado

Future Indicative		**Future Perfect Subjunctive**	
chorarei	choraremos	tiver chorado	tivermos chorado
chorarás	chorareis	tiveres chorado	tiverdes chorado
chorará	chorarão	tiver chorado	tiverem chorado

Present Perfect Indicative		**Conditional**	
tenho chorado	temos chorado	choraria	choraríamos
tens chorado	tendes chorado	chorarias	choraríeis
tem chorado	têm chorado	choraria	chorariam

Past Perfect or Pluperfect Indicative		**Conditional Perfect**	
tinha chorado	tínhamos chorado	teria chorado	teríamos chorado
tinhas chorado	tínheis chorado	terias chorado	teríeis chorado
tinha chorado	tinham chorado	teria chorado	teriam chorado

Future Perfect Indicative		**Imperative**	
terei chorado	teremos chorado	*chora**–chorai	
terás chorado	tereis chorado		
terá chorado	terão chorado		

Samples of verb usage.

Todos **choravam** durante o enterro.   *Everybody was crying during the funeral.*

Se algo de mal acontecesse, as crianças **chorariam** muito.
If something bad happened, the kids would cry a lot.

Chorei sem parar quando morreu o meu avô.   *I wept incessantly when my grandfather died.*

Todos **chorámos** no final do filme.   *We all cried at the end of the movie.*

*NOTE: Only the radical-changing verb forms with *open* stressed vowels appear in italic type. For further explanation see Foreword.

to rain

Personal Infinitive chover	***Present Subjunctive*** chova
Present Indicative *chove**	***Imperfect Subjunctive*** chovesse
Imperfect Indicative chovia	***Future Subjunctive*** chover
Preterit Indicative choveu	***Present Perfect Subjunctive*** tenha chovido
Simple Pluperfect Indicative chovera	***Past Perfect or Pluperfect Subjunctive*** tivesse chovido
Future Indicative choverá	***Future Perfect Subjunctive*** tiver chovido
Present Perfect Indicative tem chovido	***Conditional*** choveria
Past Perfect or Pluperfect Indicative tinha chovido	***Conditional Perfect*** teria chovido
Future Perfect Indicative terá chovido	

Samples of verb usage.

Choveu muito ontem.   *It rained a lot yesterday.*

Chove todos os dias no Amazonas.   *It rains every day in the Amazon.*

Chovia lá fora e fazia tanto frio que não queríamos sair da casa.
It was raining outside and it was so cold that we didn't want to leave the house.

Tinha chovido durante meses.   *It had been raining for months.*

*NOTE: Only the radical-changing verb forms with *open* stressed vowels appear in italic type. For further explanation see Foreword.

chupar

chupar Pres. Part. *chupando* Past Part. *chupado*

to suck; to drain

Personal Infinitive		*Present Subjunctive*	
chupar	chuparmos	chupe	chupemos
chupares	chupardes	chupes	chupeis
chupar	chuparem	chupe	chupem

Present Indicative		*Imperfect Subjunctive*	
chupo	chupamos	chupasse	chupássemos
chupas	chupais	chupasses	chupásseis
chupa	chupam	chupasse	chupassem

Imperfect Indicative		*Future Subjunctive*	
chupava	chupávamos	chupar	chuparmos
chupavas	chupáveis	chupares	chupardes
chupava	chupavam	chupar	chuparem

Preterit Indicative		*Present Perfect Subjunctive*	
chupei	chupámos	tenha chupado	tenhamos chupado
chupaste	chupastes	tenhas chupado	tenhais chupado
chupou	chuparam	tenha chupado	tenham chupado

Simple Pluperfect Indicative		*Past Perfect or Pluperfect Subjunctive*	
chupara	chupáramos	tivesse chupado	tivéssemos chupado
chuparas	chupáreis	tivesses chupado	tivésseis chupado
chupara	chuparam	tivesse chupado	tivessem chupado

Future Indicative		*Future Perfect Subjunctive*	
chuparei	chuparemos	tiver chupado	tivermos chupado
chuparás	chupareis	tiveres chupado	tiverdes chupado
chupará	chuparão	tiver chupado	tiverem chupado

Present Perfect Indicative		*Conditional*	
tenho chupado	temos chupado	chuparia	chuparíamos
tens chupado	tendes chupado	chuparias	chuparíeis
tem chupado	têm chupado	chuparia	chupariam

Past Perfect or Pluperfect Indicative		*Conditional Perfect*	
tinha chupado	tínhamos chupado	teria chupado	teríamos chupado
tinhas chupado	tínheis chupado	terias chupado	teríeis chupado
tinha chupado	tinham chupado	teria chupado	teriam chupado

Future Perfect Indicative		*Imperative*	
terei chupado	teremos chupado	chupa–chupai	
terás chupado	tereis chupado		
terá chupado	terão chupado		

Samples of verb usage.

A máquina **chupava** a água suja do lago. *The machine was sucking the dirty water out of the lake.*

O jogo **chupou**-lhe todas as energias. *The game drained all the energy out of him.*

O bebé (bebê *in Brazil*) **tem chupado** o dedo muito ultimamente.
The baby has been sucking his/her thumb a lot lately.

As sanguessugas **chupam** o sangue das suas vítimas. *Leeches suck the blood out of their victims.*

to drizzle, sprinkle

Personal Infinitive chuviscar	***Present Subjunctive*** chuvisque
Present Indicative chuvisca	***Imperfect Subjunctive*** chuviscasse
Imperfect Indicative chuviscava	***Future Subjunctive*** chuviscar
Preterit Indicative chuviscou	***Present Perfect Subjunctive*** tenha chuviscado
Simple Pluperfect Indicative chuviscara	***Past Perfect or Pluperfect Subjunctive*** tivesse chuviscado
Future Indicative chuviscará	***Future Perfect Subjunctive*** tiver chuviscado
Present Perfect Indicative tem chuviscado	***Conditional*** chuviscaria
Past Perfect or Pluperfect Indicative tinha chuviscado	***Conditional Perfect*** teria chuviscado
Future Perfect Indicative terá chuviscado	

Samples of verb usage.

Começou a **chuviscar** uns minutos antes de sairmos de casa.
It started to sprinkle a few minutes before we left home.

Chuviscava dia sim dia não.   *It drizzled every other day.*

Gostaria muito se **chuviscasse** o dia inteiro hoje para não ter que sair de casa.
I would like it a lot if it drizzled all day today, so I wouldn't have to leave the house.

Começou a **chuviscar** há meia hora.   *It began to sprinkle a half-hour ago.*

cobrar

to charge; to collect

Personal Infinitive		**Present Subjunctive**	
cobrar	cobrarmos	*cobre*	cobremos
cobrares	cobrardes	*cobres*	cobreis
cobrar	cobrarem	*cobre*	*cobrem**

Present Indicative
cobro / cobramos
cobras / cobrais
cobra / *cobram**

Imperfect Subjunctive
cobrasse / cobrássemos
cobrasses / cobrásseis
cobrasse / cobrassem

Imperfect Indicative
cobrava / cobrávamos
cobravas / cobráveis
cobrava / cobravam

Future Subjunctive
cobrar / cobrarmos
cobrares / cobrardes
cobrar / cobrarem

Preterit Indicative
cobrei / cobrámos
cobraste / cobrastes
cobrou / cobraram

Present Perfect Subjunctive
tenha cobrado / tenhamos cobrado
tenhas cobrado / tenhais cobrado
tenha cobrado / tenham cobrado

Simple Pluperfect Indicative
cobrara / cobráramos
cobraras / cobráreis
cobrara / cobraram

Past Perfect or Pluperfect Subjunctive
tivesse cobrado / tivéssemos cobrado
tivesses cobrado / tivésseis cobrado
tivesse cobrado / tivessem cobrado

Future Indicative
cobrarei / cobraremos
cobrarás / cobrareis
cobrará / cobrarão

Future Perfect Subjunctive
tiver cobrado / tivermos cobrado
tiveres cobrado / tiverdes cobrado
tiver cobrado / tiverem cobrado

Present Perfect Indicative
tenho cobrado / temos cobrado
tens cobrado / tendes cobrado
tem cobrado / têm cobrado

Conditional
cobraria / cobraríamos
cobrarias / cobraríeis
cobraria / cobrariam

Past Perfect or Pluperfect Indicative
tinha cobrado / tínhamos cobrado
tinhas cobrado / tínheis cobrado
tinha cobrado / tinham cobrado

Conditional Perfect
teria cobrado / teríamos cobrado
terias cobrado / teríeis cobrado
teria cobrado / teriam cobrado

Future Perfect Indicative
terei cobrado / teremos cobrado
terás cobrado / tereis cobrado
terá cobrado / terão cobrado

Imperative
cobra*–cobrai

Samples of verb usage.

Quanto **cobra** para alugar um carro?   *How much do you charge to rent a car?*

Eu **teria cobrado** mais, se tivesse sabido que era rica.
I would have charged more, had I known she was rich.

Vá **cobrar** a conta!   *Go collect on the bill!*

Eu só **cobro** o que é justo.   *I only charge what is fair.*

*NOTE: Only the radical-changing verb forms with *open* stressed vowels appear in italic type. For further explanation see Foreword.

to cover

Personal Infinitive	
cobrir	cobrirmos
cobrires	cobrirdes
cobrir	cobrirem

Present Indicative	
cubro	cobrimos
cobres	cobris
cobre	*cobrem**

Imperfect Indicative	
cobria	cobríamos
cobrias	cobríeis
cobria	cobriam

Preterit Indicative	
cobri	cobrimos
cobriste	cobristes
cobriu	cobriram

Simple Pluperfect Indicative	
cobrira	cobríramos
cobriras	cobríreis
cobrira	cobriram

Future Indicative	
cobrirei	cobriremos
cobrirás	cobrireis
cobrirá	cobrirão

Present Perfect Indicative	
tenho coberto	temos coberto
tens coberto	tendes coberto
tem coberto	têm coberto

Past Perfect or Pluperfect Indicative	
tinha coberto	tínhamos coberto
tinhas coberto	tínheis coberto
tinha coberto	tinham coberto

Future Perfect Indicative	
terei coberto	teremos coberto
terás coberto	tereis coberto
terá coberto	terão coberto

Present Subjunctive	
cubra	cubramos
cubras	cubrais
cubra	cubram

Imperfect Subjunctive	
cobrisse	cobríssemos
cobrisses	cobrísseis
cobrisse	cobrissem

Future Subjunctive	
cobrir	cobrirmos
cobrires	cobrirdes
cobrir	cobrirem

Present Perfect Subjunctive	
tenha coberto	tenhamos coberto
tenhas coberto	tenhais coberto
tenha coberto	tenham coberto

Past Perfect or Pluperfect Subjunctive	
tivesse coberto	tivéssemos coberto
tivesses coberto	tivésseis coberto
tivesse coberto	tivessem coberto

Future Perfect Subjunctive	
tiver coberto	tivermos coberto
tiveres coberto	tiverdes coberto
tiver coberto	tiverem coberto

Conditional	
cobriria	cobriríamos
cobririas	cobriríeis
cobriria	cobririam

Conditional Perfect	
teria coberto	teríamos coberto
terias coberto	teríeis coberto
teria coberto	teriam coberto

Imperative	
*cobre** – cobri	

Samples of verb usage.

A mãe **cobriu** o filho com o lençol.   *The mother covered her son with the sheet.*

O professor **cobrirá** tudo antes do exame.   *The teacher will cover everything before the exam.*

Eu achava que **tinha coberto** o carro antes da tempestade.
I thought I had covered the car before the storm.

Terás dinheiro suficiente para **cobrir** os gastos?   *Will you have enough money to cover expenses?*

*NOTE: Only the radical-changing verb forms with *open* stressed vowels appear in italic type. For further explanation see Foreword.

to scratch

Personal Infinitive		**Present Subjunctive**	
coçar	coçarmos	*coce*	cocemos
coçares	coçardes	*coces*	coceis
coçar	coçarem	*coce*	*cocem**

Present Indicative		**Imperfect Subjunctive**	
coço	coçamos	coçasse	coçássemos
coças	coçais	coçasses	coçásseis
coça	*coçam**	coçasse	coçassem

Imperfect Indicative		**Future Subjunctive**	
coçava	coçávamos	coçar	coçarmos
coçavas	coçáveis	coçares	coçardes
coçava	coçavam	coçar	coçarem

Preterit Indicative		**Present Perfect Subjunctive**	
cocei	coçámos	tenha coçado	tenhamos coçado
coçaste	coçastes	tenhas coçado	tenhais coçado
coçou	coçaram	tenha coçado	tenham coçado

Simple Pluperfect Indicative		**Past Perfect or Pluperfect Subjunctive**	
coçara	coçáramos	tivesse coçado	tivéssemos coçado
coçaras	coçáreis	tivesses coçado	tivésseis coçado
coçara	coçaram	tivesse coçado	tivessem coçado

Future Indicative		**Future Perfect Subjunctive**	
coçarei	coçaremos	tiver coçado	tivermos coçado
coçarás	coçareis	tiveres coçado	tiverdes coçado
coçará	coçarão	tiver coçado	tiverem coçado

Present Perfect Indicative		**Conditional**	
tenho coçado	temos coçado	coçaria	coçaríamos
tens coçado	tendes coçado	coçarias	coçaríeis
tem coçado	têm coçado	coçaria	coçariam

Past Perfect or Pluperfect Indicative		**Conditional Perfect**	
tinha coçado	tínhamos coçado	teria coçado	teríamos coçado
tinhas coçado	tínheis coçado	terias coçado	teríeis coçado
tinha coçado	tinham coçado	teria coçado	teriam coçado

Future Perfect Indicative		**Imperative**	
terei coçado	teremos coçado	*coça**–coçai	
terás coçado	tereis coçado		
terá coçado	terão coçado		

Samples of verb usage.

Deixe de **coçar** a cabeça!   *Stop scratching your head!*

Coça aqui, por favor.   *Scratch here, please.*

Gostaria que ela me **coçasse** as costas.   *I would like her to scratch my back.*

Coçarias a cabeça de uma pessoa suja como ele?
Would you scratch the head of a dirty person like him?

*NOTE: Only the radical-changing verb forms with *open* stressed vowels appear in italic type. For further explanation see Foreword.

to collaborate; to cooperate

Personal Infinitive
colaborar	colaborarmos
colaborares	colaborardes
colaborar	colaborarem

Present Indicative
colaboro	colaboramos
colaboras	colaborais
colabora	*colaboram**

Imperfect Indicative
colaborava	colaborávamos
colaboravas	colaboráveis
colaborava	colaboravam

Preterit Indicative
colaborei	colaborámos
colaboraste	colaborastes
colaborou	colaboraram

Simple Pluperfect Indicative
colaborara	colaboráramos
colaboraras	colaboráreis
colaborara	colaboraram

Future Indicative
colaborarei	colaboraremos
colaborarás	colaborareis
colaborará	colaborarão

Present Perfect Indicative
tenho colaborado	temos colaborado
tens colaborado	tendes colaborado
tem colaborado	têm colaborado

Past Perfect or Pluperfect Indicative
tinha colaborado	tínhamos colaborado
tinhas colaborado	tínheis colaborado
tinha colaborado	tinham colaborado

Future Perfect Indicative
terei colaborado	teremos colaborado
terás colaborado	tereis colaborado
terá colaborado	terão colaborado

Present Subjunctive
colabore	colaboremos
colabores	colaboreis
colabore	*colaborem**

Imperfect Subjunctive
colaborasse	colaborássemos
colaborasses	colaborásseis
colaborasse	colaborassem

Future Subjunctive
colaborar	colaborarmos
colaborares	colaborardes
colaborar	colaborarem

Present Perfect Subjunctive
tenha colaborado	tenhamos colaborado
tenhas colaborado	tenhais colaborado
tenha colaborado	tenham colaborado

Past Perfect or Pluperfect Subjunctive
tivesse colaborado	tivéssemos colaborado
tivesses colaborado	tivésseis colaborado
tivesse colaborado	tivessem colaborado

Future Perfect Subjunctive
tiver colaborado	tivermos colaborado
tiveres colaborado	tiverdes colaborado
tiver colaborado	tiverem colaborado

Conditional
colaboraria	colaboraríamos
colaborarias	colaboraríeis
colaboraria	colaborariam

Conditional Perfect
teria colaborado	teríamos colaborado
terias colaborado	teríeis colaborado
teria colaborado	teriam colaborado

Imperative
*colabora**–colaborai

Samples of verb usage.

Durante a Segunda Guerra Mundial os italianos **colaboraram** com os alemães.
During the Second World War the Italians collaborated with the Germans.

Queremos que você **colabore** com a polícia.   *We want you to cooperate with the police.*

Colabore comigo neste proje(c)to.   *Collaborate with me on this project.*

Vocês já **tinham colaborado** con(n)osco antes?   *Had you collaborated with us before?*

*NOTE: Only the radical-changing verb forms with *open* stressed vowels appear in italic type. For further explanation see Foreword.

to combine; to agree (on), arrange

Personal Infinitive	
combinar	combinarmos
combinares	combinardes
combinar	combinarem

Present Indicative	
combino	combinamos
combinas	combinais
combina	combinam

Imperfect Indicative	
combinava	combinávamos
combinavas	combináveis
combinava	combinavam

Preterit Indicative	
combinei	combinámos
combinaste	combinastes
combinou	combinaram

Simple Pluperfect Indicative	
combinara	combináramos
combinaras	combináreis
combinara	combinaram

Future Indicative	
combinarei	combinaremos
combinarás	combinareis
combinará	combinarão

Present Perfect Indicative	
tenho combinado	temos combinado
tens combinado	tendes combinado
tem combinado	têm combinado

Past Perfect or Pluperfect Indicative	
tinha combinado	tínhamos combinado
tinhas combinado	tínheis combinado
tinha combinado	tinham combinado

Future Perfect Indicative	
terei combinado	teremos combinado
terás combinado	tereis combinado
terá combinado	terão combinado

Present Subjunctive	
combine	combinemos
combines	combineis
combine	combinem

Imperfect Subjunctive	
combinasse	combinássemos
combinasses	combinásseis
combinasse	combinassem

Future Subjunctive	
combinar	combinarmos
combinares	combinardes
combinar	combinarem

Present Perfect Subjunctive	
tenha combinado	tenhamos combinado
tenhas combinado	tenhais combinado
tenha combinado	tenham combinado

Past Perfect or Pluperfect Subjunctive	
tivesse combinado	tivéssemos combinado
tivesses combinado	tivésseis combinado
tivesse combinado	tivessem combinado

Future Perfect Subjunctive	
tiver combinado	tivermos combinado
tiveres combinado	tiverdes combinado
tiver combinado	tiverem combinado

Conditional	
combinaria	combinaríamos
combinarias	combinaríeis
combinaria	combinariam

Conditional Perfect	
teria combinado	teríamos combinado
terias combinado	teríeis combinado
teria combinado	teriam combinado

Imperative	
combina–combinai	

Samples of verb usage.

Se você **combinar** os ingredientes certos na medida certa, o resultado será satisfatório.
If you combine the proper ingredients in the proper proportions, the end result will be satisfactory.

Os países **tinham combinado** as suas forças contra o mal comum.
The countries had joined forces against the common evil.

Então, estamos **combinados**. *So, we agree (we're all set).*

Os advogados já **combinaram** tudo. *The lawyers have already arranged everything.*

to begin, start

Personal Infinitive		*Present Subjunctive*	
começar	começarmos	*comece*	comecemos
começares	começardes	*comeces*	comeceis
começar	começarem	*comece*	*comecem**

Present Indicative		*Imperfect Subjunctive*	
começo	começamos	começasse	começássemos
começas	começais	começasses	começásseis
começa	*começam**	começasse	começassem

Imperfect Indicative		*Future Subjunctive*	
começava	começávamos	começar	começarmos
começavas	começáveis	começares	começardes
começava	começavam	começar	começarem

Preterit Indicative		*Present Perfect Subjunctive*	
comecei	começámos	tenha começado	tenhamos começado
começaste	começastes	tenhas começado	tenhais começado
começou	começaram	tenha começado	tenham começado

Simple Pluperfect Indicative		*Past Perfect or Pluperfect Subjunctive*	
começara	começáramos	tivesse começado	tivéssemos começado
começaras	começáreis	tivesses começado	tivésseis começado
começara	começaram	tivesse começado	tivessem começado

Future Indicative		*Future Perfect Subjunctive*	
começarei	começaremos	tiver começado	tivermos começado
começarás	começareis	tiveres começado	tiverdes começado
começará	começarão	tiver começado	tiverem começado

Present Perfect Indicative		*Conditional*	
tenho começado	temos começado	começaria	começaríamos
tens começado	tendes começado	começarias	começaríeis
tem começado	têm começado	começaria	começariam

Past Perfect or Pluperfect Indicative		*Conditional Perfect*	
tinha começado	tínhamos começado	teria começado	teríamos começado
tinhas começado	tínheis começado	terias começado	teríeis começado
tinha começado	tinham começado	teria começado	teriam começado

Future Perfect Indicative		*Imperative*	
terei começado	teremos começado	*começa**–começai	
terás começado	tereis começado		
terá começado	terão começado		

Samples of verb usage.

Quando chegámos, o concerto já **tinha começado**.   *When we arrived the concert had already begun.*

As aulas **começam** hoje.   *Classes begin today.*

Comecei tarde hoje.   *I started late today.*

Não **comeces** a implicar comigo!   *Don't start with me!*

*NOTE: Only the radical-changing verb forms with *open* stressed vowels appear in italic type. For further explanation see Foreword.

to eat

Personal Infinitive

comer	comermos
comeres	comerdes
comer	comerem

Present Indicative

como	comemos
comes	comeis
come	*comem**

Imperfect Indicative

comia	comíamos
comias	comíeis
comia	comiam

Preterit Indicative

comi	comemos
comeste	comestes
comeu	comeram

Simple Pluperfect Indicative

comera	comêramos
comeras	comêreis
comera	comeram

Future Indicative

comerei	comeremos
comerás	comereis
comerá	comerão

Present Perfect Indicative

tenho comido	temos comido
tens comido	tendes comido
tem comido	têm comido

Past Perfect or Pluperfect Indicative

tinha comido	tínhamos comido
tinhas comido	tínheis comido
tinha comido	tinham comido

Future Perfect Indicative

terei comido	teremos comido
terás comido	tereis comido
terá comido	terão comido

Present Subjunctive

coma	comamos
comas	comais
coma	comam

Imperfect Subjunctive

comesse	comêssemos
comesses	comêsseis
comesse	comessem

Future Subjunctive

comer	comermos
comeres	comerdes
comer	comerem

Present Perfect Subjunctive

tenha comido	tenhamos comido
tenhas comido	tenhais comido
tenha comido	tenham comido

Past Perfect or Pluperfect Subjunctive

tivesse comido	tivéssemos comido
tivesses comido	tivésseis comido
tivesse comido	tivessem comido

Future Perfect Subjunctive

tiver comido	tivermos comido
tiveres comido	tiverdes comido
tiver comido	tiverem comido

Conditional

comeria	comeríamos
comerias	comeríeis
comeria	comeriam

Conditional Perfect

teria comido	teríamos comido
terias comido	teríeis comido
teria comido	teriam comido

Imperative

*come**–comei

Samples of verb usage.

Coma tudo o que quiser.   *Eat anything you wish.*

Sempre **comemos** o jantar às sete.   *We always eat dinner at seven.*

Comíamos juntos todos os fins de semana.   *We used to eat together every weekend.*

Quando o filho chegou, a família já tinha acabado de **comer**.
When the son arrived, the family had already finished eating.

*NOTE: Although this verb is radical-changing in Portugal, Brazilian speakers do not open the stressed vowels of the italicized forms.

to share; to take part in

Personal Infinitive

compartilhar	compartilharmos
compartilhares	compartilhardes
compartilhar	compartilharem

Present Indicative

compartilho	compartilhamos
compartilhas	compartilhais
compartilha	compartilham

Imperfect Indicative

compartilhava	compartilhávamos
compartilhavas	compartilháveis
compartilhava	compartilhavam

Preterit Indicative

compartilhei	compartilhámos
compartilhaste	compartilhastes
compartilhou	compartilharam

Simple Pluperfect Indicative

compartilhara	compartilháramos
compartilharas	compartilháreis
compartilhara	compartilharam

Future Indicative

compartilharei	compartilharemos
compartilharás	compartilhareis
compartilhará	compartilharão

Present Perfect Indicative

tenho compartilhado	temos compartilhado
tens compartilhado	tendes compartilhado
tem compartilhado	têm compartilhado

Past Perfect or Pluperfect Indicative

tinha compartilhado	tínhamos compartilhado
tinhas compartilhado	tínheis compartilhado
tinha compartilhado	tinham compartilhado

Future Perfect Indicative

terei compartilhado	teremos compartilhado
terás compartilhado	tereis compartilhado
terá compartilhado	terão compartilhado

Present Subjunctive

compartilhe	compartilhemos
compartilhes	compartilheis
compartilhe	compartilhem

Imperfect Subjunctive

compartilhasse	compartilhássemos
compartilhasses	compartilhásseis
compartilhasse	compartilhassem

Future Subjunctive

compartilhar	compartilharmos
compartilhares	compartilhardes
compartilhar	compartilharem

Present Perfect Subjunctive

tenha compartilhado	tenhamos compartilhado
tenhas compartilhado	tenhais compartilhado
tenha compartilhado	tenham compartilhado

Past Perfect or Pluperfect Subjunctive

tivesse compartilhado	tivéssemos compartilhado
tivesses compartilhado	tivésseis compartilhado
tivesse compartilhado	tivessem compartilhado

Future Perfect Subjunctive

tiver compartilhado	tivermos compartilhado
tiveres compartilhado	tiverdes compartilhado
tiver compartilhado	tiverem compartilhado

Conditional

compartilharia	compartilharíamos
compartilharias	compartilharíeis
compartilharia	compartilhariam

Conditional Perfect

teria compartilhado	teríamos compartilhado
terias compartilhado	teríeis compartilhado
teria compartilhado	teriam compartilhado

Imperative

compartilha–compartilhai

Samples of verb usage.

Compartilhe a comida com os seus irmãos.   *Share the food with your brothers (and sisters).*

Temos compartilhado o nosso carro com os nossos amigos.
We have been sharing our car with our friends.

O polícia (policial *in Brazil*) **compartilhou** da festa.   *The policeman took part in the party.*

Vais **compartilhar** os gastos comigo?   *Are you going to share the expenses with me?*

to complete, finish

Personal Infinitive		**Present Subjunctive**	
completar	completarmos	*complete*	completemos
completares	completardes	*completes*	completeis
completar	completarem	*complete*	*completem**

Present Indicative		**Imperfect Subjunctive**	
completo	completamos	completasse	completássemos
completas	completais	completasses	completásseis
completa	*completam**	completasse	completassem

Imperfect Indicative		**Future Subjunctive**	
completava	completávamos	completar	completarmos
completavas	completáveis	completares	completardes
completava	completavam	completar	completarem

Preterit Indicative		**Present Perfect Subjunctive**	
completei	completámos	tenha completado	tenhamos completado
completaste	completastes	tenhas completado	tenhais completado
completou	completaram	tenha completado	tenham completado

Simple Pluperfect Indicative		**Past Perfect or Pluperfect Subjunctive**	
completara	completáramos	tivesse completado	tivéssemos completado
completaras	completáreis	tivesses completado	tivésseis completado
completara	completaram	tivesse completado	tivessem completado

Future Indicative		**Future Perfect Subjunctive**	
completarei	completaremos	tiver completado	tivermos completado
completarás	completareis	tiveres completado	tiverdes completado
completará	completarão	tiver completado	tiverem completado

Present Perfect Indicative		**Conditional**	
tenho completado	temos completado	completaria	completaríamos
tens completado	tendes completado	completarias	completaríeis
tem completado	têm completado	completaria	completariam

Past Perfect or Pluperfect Indicative		**Conditional Perfect**	
tinha completado	tínhamos completado	teria completado	teríamos completado
tinhas completado	tínheis completado	terias completado	teríeis completado
tinha completado	tinham completado	teria completado	teriam completado

Future Perfect Indicative		**Imperative**	
terei completado	teremos completado	*completa**–completai	
terás completado	tereis completado		
terá completado	terão completado		

Samples of verb usage.

Já **completei** todas as minhas tarefas.   *I already completed all of my duties (tasks).*

Em março ela **completou** vinte e um anos com a companhia.
She completed twenty-one years with the company in March.

Quando ela chegou, já **tínhamos completado** o trabalho.
When she arrived, we had already finished the job.

Espero que **completes** o liceu (segundo grau).   *I hope you finish high school.*

*NOTE: Only the radical-changing verb forms with *open* stressed vowels appear in italic type. For further explanation see Foreword.

to complicate; (**-se**) to get *or* become complicated

Personal Infinitive		*Present Subjunctive*	
complicar	complicarmos	complique	compliquemos
complicares	complicardes	compliques	compliqueis
complicar	complicarem	complique	compliquem

Present Indicative		*Imperfect Subjunctive*	
complico	complicamos	complicasse	complicássemos
complicas	complicais	complicasses	complicásseis
complica	complicam	complicasse	complicassem

Imperfect Indicative		*Future Subjunctive*	
complicava	complicávamos	complicar	complicarmos
complicavas	complicáveis	complicares	complicardes
complicava	complicavam	complicar	complicarem

Preterit Indicative		*Present Perfect Subjunctive*	
compliquei	complicámos	tenha complicado	tenhamos complicado
complicaste	complicastes	tenhas complicado	tenhais complicado
complicou	complicaram	tenha complicado	tenham complicado

Simple Pluperfect Indicative		*Past Perfect or Pluperfect Subjunctive*	
complicara	complicáramos	tivesse complicado	tivéssemos complicado
complicaras	complicáreis	tivesses complicado	tivésseis complicado
complicara	complicaram	tivesse complicado	tivessem complicado

Future Indicative		*Future Perfect Subjunctive*	
complicarei	complicaremos	tiver complicado	tivermos complicado
complicarás	complicareis	tiveres complicado	tiverdes complicado
complicará	complicarão	tiver complicado	tiverem complicado

Present Perfect Indicative		*Conditional*	
tenho complicado	temos complicado	complicaria	complicaríamos
tens complicado	tendes complicado	complicarias	complicaríeis
tem complicado	têm complicado	complicaria	complicariam

Past Perfect or Pluperfect Indicative		*Conditional Perfect*	
tinha complicado	tínhamos complicado	teria complicado	teríamos complicado
tinhas complicado	tínheis complicado	terias complicado	teríeis complicado
tinha complicado	tinham complicado	teria complicado	teriam complicado

Future Perfect Indicative		*Imperative*	
terei complicado	teremos complicado	complica–complicai	
terás complicado	tereis complicado		
terá complicado	terão complicado		

Samples of verb usage.

A situação **complicava-se** mais a cada minuto.
The situation was becoming more complicated every minute.

Quanto mais simplificamos o processo, mais ela o **complica**.
The more we simplify the process, the more she complicates it.

Não quero que vocês **compliquem** mais os nossos planos.
I don't want you to complicate our plans any further.

Tudo **tinha-se complicado** de repente.   *Suddenly, everything became complicated.*

to buy

Personal Infinitive		*Present Subjunctive*	
comprar	comprarmos	compre	compremos
comprares	comprardes	compres	compreis
comprar	comprarem	compre	comprem

Present Indicative		*Imperfect Subjunctive*	
compro	compramos	comprasse	comprássemos
compras	comprais	comprasses	comprásseis
compra	compram	comprasse	comprassem

Imperfect Indicative		*Future Subjunctive*	
comprava	comprávamos	comprar	comprarmos
compravas	compráveis	comprares	comprardes
comprava	compravam	comprar	comprarem

Preterit Indicative		*Present Perfect Subjunctive*	
comprei	comprámos	tenha comprado	tenhamos comprado
compraste	comprastes	tenhas comprado	tenhais comprado
comprou	compraram	tenha comprado	tenham comprado

Simple Pluperfect Indicative		*Past Perfect or Pluperfect Subjunctive*	
comprara	compráramos	tivesse comprado	tivéssemos comprado
compraras	compráreis	tivesses comprado	tivésseis comprado
comprara	compraram	tivesse comprado	tivessem comprado

Future Indicative		*Future Perfect Subjunctive*	
comprarei	compraremos	tiver comprado	tivermos comprado
comprarás	comprareis	tiveres comprado	tiverdes comprado
comprará	comprarão	tiver comprado	tiverem comprado

Present Perfect Indicative		*Conditional*	
tenho comprado	temos comprado	compraria	compraríamos
tens comprado	tendes comprado	comprarias	compraríeis
tem comprado	têm comprado	compraria	comprariam

Past Perfect or Pluperfect Indicative		*Conditional Perfect*	
tinha comprado	tínhamos comprado	teria comprado	teríamos comprado
tinhas comprado	tínheis comprado	terias comprado	teríeis comprado
tinha comprado	tinham comprado	teria comprado	teriam comprado

Future Perfect Indicative		*Imperative*	
terei comprado	teremos comprado	compra–comprai	
terás comprado	tereis comprado		
terá comprado	terão comprado		

Samples of verb usage.

Comprámos uma casa no ano passado.   *We bought a house last year.*

Você **compraria** um carro usado deste homem?   *Would you buy a used car from this man?*

Comprarás um presente para ele?   *Are you going to buy him a present?*

Elas **têm comprado** muitas jóias.   *They (females) have been buying a lot of jewels.*

to understand, comprehend

Personal Infinitive	**Present Subjunctive**
compreender / compreendermos	compreenda / compreendamos
compreenderes / compreenderdes	compreendas / compreendais
compreender / compreenderem	compreenda / compreendam
Present Indicative	**Imperfect Subjunctive**
compreendo / compreendemos	compreendesse / compreendêssemos
compreendes / compreendeis	compreendesses / compreendêsseis
compreende / compreendem	compreendesse / compreendessem
Imperfect Indicative	**Future Subjunctive**
compreendia / compreendíamos	compreender / compreendermos
compreendias / compreendíeis	compreenderes / compreenderdes
compreendia / compreendiam	compreender / compreenderem
Preterit Indicative	**Present Perfect Subjunctive**
compreendi / compreendemos	tenha compreendido / tenhamos compreendido
compreendeste / compreendestes	tenhas compreendido / tenhais compreendido
compreendeu / compreenderam	tenha compreendido / tenham compreendido
Simple Pluperfect Indicative	**Past Perfect or Pluperfect Subjunctive**
compreendera / compreendêramos	tivesse compreendido / tivéssemos compreendido
compreenderas / compreendêreis	tivesses compreendido / tivésseis compreendido
compreendera / compreenderam	tivesse compreendido / tivessem compreendido
Future Indicative	**Future Perfect Subjunctive**
compreenderei / compreenderemos	tiver compreendido / tivermos compreendido
compreenderás / compreendereis	tiveres compreendido / tiverdes compreendido
compreenderá / compreenderão	tiver compreendido / tiverem compreendido
Present Perfect Indicative	**Conditional**
tenho compreendido / temos compreendido	compreenderia / compreenderíamos
tens compreendido / tendes compreendido	compreenderias / compreenderíeis
tem compreendido / têm compreendido	compreenderia / compreenderiam
Past Perfect or Pluperfect Indicative	**Conditional Perfect**
tinha compreendido / tínhamos compreendido	teria compreendido / teríamos compreendido
tinhas compreendido / tínheis compreendido	terias compreendido / teríeis compreendido
tinha compreendido / tinham compreendido	teria compreendido / teriam compreendido
Future Perfect Indicative	**Imperative**
terei compreendido / teremos compreendido	compreende–compreendei
terás compreendido / tereis compreendido	
terá compreendido / terão compreendido	

Samples of verb usage.

Não **compreendes** o que digo?   *Don't you understand what I'm saying?*

Ele é incapaz de **compreender** as dimensões deste proje(c)to.
He is incapable of comprehending the dimensions of this project.

Eu **compreenderia**, se ele o explicasse bem.   *I would understand if he explained it well.*

Se nós **tivéssemos compreendido** a situação, o resultado teria sido diferente.
If we had understood the situation, the results would have been different.

to compute, calculate

Personal Infinitive		*Present Subjunctive*	
computar	computarmos	compute	computemos
computares	computardes	computes	computeis
computar	computarem	compute	computem

Present Indicative		*Imperfect Subjunctive*	
computo	computamos	computasse	computássemos
computas	computais	computasses	computásseis
computa	computam	computasse	computassem

Imperfect Indicative		*Future Subjunctive*	
computava	computávamos	computar	computarmos
computavas	computáveis	computares	computardes
computava	computavam	computar	computarem

Preterit Indicative		*Present Perfect Subjunctive*	
computei	computámos	tenha computado	tenhamos computado
computaste	computastes	tenhas computado	tenhais computado
computou	computaram	tenha computado	tenham computado

Simple Pluperfect Indicative		*Past Perfect or Pluperfect Subjunctive*	
computara	computáramos	tivesse computado	tivéssemos computado
computaras	computáreis	tivesses computado	tivésseis computado
computara	computaram	tivesse computado	tivessem computado

Future Indicative		*Future Perfect Subjunctive*	
computarei	computaremos	tiver computado	tivermos computado
computarás	computareis	tiveres computado	tiverdes computado
computará	computarão	tiver computado	tiverem computado

Present Perfect Indicative		*Conditional*	
tenho computado	temos computado	computaria	computaríamos
tens computado	tendes computado	computarias	computaríeis
tem computado	têm computado	computaria	computariam

Past Perfect or Pluperfect Indicative		*Conditional Perfect*	
tinha computado	tínhamos computado	teria computado	teríamos computado
tinhas computado	tínheis computado	terias computado	teríeis computado
tinha computado	tinham computado	teria computado	teriam computado

Future Perfect Indicative		*Imperative*	
terei computado	teremos computado	computa–computai	
terás computado	tereis computado		
terá computado	terão computado		

Samples of verb usage.

O matemático **computou** o resultado no computador.
The mathematician computed the answer on the computer.

Computaste quanto isto nos vai custar?   *Have you calculated how much this is going to cost us?*

A nossa companhia **tem computado** o índice da inflação desde 1990.
Our company has been calculating the rate of inflation since 1990.

Para podermos **computar** bem estes cálculos precisamos modificar o programa do computador.
In order for us to better compute these calculations we need to modify the computer program.

to concentrate

Personal Infinitive
concentrar	concentrarmos
concentrares	concentrardes
concentrar	concentrarem

Present Indicative
concentro	concentramos
concentras	concentrais
concentra	concentram

Imperfect Indicative
concentrava	concentrávamos
concentravas	concentráveis
concentrava	concentravam

Preterit Indicative
concentrei	concentrámos
concentraste	concentrastes
concentrou	concentraram

Simple Pluperfect Indicative
concentrara	concentráramos
concentraras	concentráreis
concentrara	concentraram

Future Indicative
concentrarei	concentraremos
concentrarás	concentrareis
concentrará	concentrarão

Present Perfect Indicative
tenho concentrado	temos concentrado
tens concentrado	tendes concentrado
tem concentrado	têm concentrado

Past Perfect or Pluperfect Indicative
tinha concentrado	tínhamos concentrado
tinhas concentrado	tínheis concentrado
tinha concentrado	tinham concentrado

Future Perfect Indicative
terei concentrado	teremos concentrado
terás concentrado	tereis concentrado
terá concentrado	terão concentrado

Present Subjunctive
concentre	concentremos
concentres	concentreis
concentre	concentrem

Imperfect Subjunctive
concentrasse	concentrássemos
concentrasses	concentrásseis
concentrasse	concentrassem

Future Subjunctive
concentrar	concentrarmos
concentrares	concentrardes
concentrar	concentrarem

Present Perfect Subjunctive
tenha concentrado	tenhamos concentrado
tenhas concentrado	tenhais concentrado
tenha concentrado	tenham concentrado

Past Perfect or Pluperfect Subjunctive
tivesse concentrado	tivéssemos concentrado
tivesses concentrado	tivésseis concentrado
tivesse concentrado	tivessem concentrado

Future Perfect Subjunctive
tiver concentrado	tivermos concentrado
tiveres concentrado	tiverdes concentrado
tiver concentrado	tiverem concentrado

Conditional
concentraria	concentraríamos
concentrarias	concentraríeis
concentraria	concentrariam

Conditional Perfect
teria concentrado	teríamos concentrado
terias concentrado	teríeis concentrado
teria concentrado	teriam concentrado

Imperative
concentra–concentrai

Samples of verb usage.

Quero que você **se concentre** nisto agora.   *I want you to concentrate on this now.*

O treinador aconselhou ao boxeador **concentrar** os seus socos na barriga do seu adversário.
The trainer advised the boxer to concentrate his punches on his opponent's belly.

Se **te concentrares** no que quiseres, consegui-lo-ás.
If you concentrate on what you want, you'll attain it.

Sempre **me concentro** no fundamental.   *I always concentrate on the basics.*

condenar

to condemn; to convict; to sentence

Personal Infinitive
condenar	condenarmos
condenares	condenardes
condenar	condenarem

Present Indicative
condeno	condenamos
condenas	condenais
condena	condenam

Imperfect Indicative
condenava	condenávamos
condenavas	condenáveis
condenava	condenavam

Preterit Indicative
condenei	condenámos
condenaste	condenastes
condenou	condenaram

Simple Pluperfect Indicative
condenara	condenáramos
condenaras	condenáreis
condenara	condenaram

Future Indicative
condenarei	condenaremos
condenarás	condenareis
condenará	condenarão

Present Perfect Indicative
tenho condenado	temos condenado
tens condenado	tendes condenado
tem condenado	têm condenado

Past Perfect or Pluperfect Indicative
tinha condenado	tínhamos condenado
tinhas condenado	tínheis condenado
tinha condenado	tinham condenado

Future Perfect Indicative
terei condenado	teremos condenado
terás condenado	tereis condenado
terá condenado	terão condenado

Present Subjunctive
condene	condenemos
condenes	condeneis
condene	condenem

Imperfect Subjunctive
condenasse	condenássemos
condenasses	condenásseis
condenasse	condenassem

Future Subjunctive
condenar	condenarmos
condenares	condenardes
condenar	condenarem

Present Perfect Subjunctive
tenha condenado	tenhamos condenado
tenhas condenado	tenhais condenado
tenha condenado	tenham condenado

Past Perfect or Pluperfect Subjunctive
tivesse condenado	tivéssemos condenado
tivesses condenado	tivésseis condenado
tivesse condenado	tivessem condenado

Future Perfect Subjunctive
tiver condenado	tivermos condenado
tiveres condenado	tiverdes condenado
tiver condenado	tiverem condenado

Conditional
condenaria	condenaríamos
condenarias	condenaríeis
condenaria	condenariam

Conditional Perfect
teria condenado	teríamos condenado
terias condenado	teríeis condenado
teria condenado	teriam condenado

Imperative
condena–condenai

Samples of verb usage.

O fantasma **foi condenado** a assombrar o castelo durante trinta anos.
The ghost was condemned to haunt the castle for thirty years.

Espero que **condenem** esse violador (estuprador). *I hope they convict that rapist.*

Na segunda-feira o governador terá que **condenar** mais três pessoas à pena de morte.
On Monday the governor will have to sentence three more people to the death penalty.

O juiz **condenou** o prisioneiro a vinte anos. *The judge sentenced the prisoner to twenty years.*

to confess

Personal Infinitive
confessar	confessarmos
confessares	confessardes
confessar	confessarem

Present Indicative
confesso	confessamos
confessas	confessais
confessa	*confessam**

Imperfect Indicative
confessava	confessávamos
confessavas	confessáveis
confessava	confessavam

Preterit Indicative
confessei	confessámos
confessaste	confessastes
confessou	confessaram

Simple Pluperfect Indicative
confessara	confessáramos
confessaras	confessáreis
confessara	confessaram

Future Indicative
confessarei	confessaremos
confessarás	confessareis
confessará	confessarão

Present Perfect Indicative
tenho confessado	temos confessado
tens confessado	tendes confessado
tem confessado	têm confessado

Past Perfect or Pluperfect Indicative
tinha confessado	tínhamos confessado
tinhas confessado	tínheis confessado
tinha confessado	tinham confessado

Future Perfect Indicative
terei confessado	teremos confessado
terás confessado	tereis confessado
terá confessado	terão confessado

Present Subjunctive
confesse	confessemos
confesses	confesseis
confesse	*confessem**

Imperfect Subjunctive
confessasse	confessássemos
confessasses	confessásseis
confessasse	confessassem

Future Subjunctive
confessar	confessarmos
confessares	confessardes
confessar	confessarem

Present Perfect Subjunctive
tenha confessado	tenhamos confessado
tenhas confessado	tenhais confessado
tenha confessado	tenham confessado

Past Perfect or Pluperfect Subjunctive
tivesse confessado	tivéssemos confessado
tivesses confessado	tivésseis confessado
tivesse confessado	tivessem confessado

Future Perfect Subjunctive
tiver confessado	tivermos confessado
tiveres confessado	tiverdes confessado
tiver confessado	tiverem confessado

Conditional
confessaria	confessaríamos
confessarias	confessaríeis
confessaria	confessariam

Conditional Perfect
teria confessado	teríamos confessado
terias confessado	teríeis confessado
teria confessado	teriam confessado

Imperative
*confessa**–confessai

Samples of verb usage.

Está bem, eu **confesso**.   *Okay, I confess.*

Qual foi a última vez que você **confessou** os seus pecados?
When was the last time you confessed your sins?

Antes do teu advogado voltar, já **terás confessado** tudo.
Before your lawyer returns, you will have already confessed everything.

Ela nunca **se confessará** àquele padre.   *She will never confess to that priest.*

*NOTE: Only the radical-changing verb forms with *open* stressed vowels appear in italic type. For further explanation see Foreword.

to trust, have confidence in; to confide to *or* in

Personal Infinitive		*Present Subjunctive*	
confiar	confiarmos	confie	confiemos
confiares	confiardes	confies	confieis
confiar	confiarem	confie	confiem

Present Indicative		*Imperfect Subjunctive*	
confio	confiamos	confiasse	confiássemos
confias	confiais	confiasses	confiásseis
confia	confiam	confiasse	confiassem

Imperfect Indicative		*Future Subjunctive*	
confiava	confiávamos	confiar	confiarmos
confiavas	confiáveis	confiares	confiardes
confiava	confiavam	confiar	confiarem

Preterit Indicative		*Present Perfect Subjunctive*	
confiei	confiámos	tenha confiado	tenhamos confiado
confiaste	confiastes	tenhas confiado	tenhais confiado
confiou	confiaram	tenha confiado	tenham confiado

Simple Pluperfect Indicative		*Past Perfect or Pluperfect Subjunctive*	
confiara	confiáramos	tivesse confiado	tivéssemos confiado
confiaras	confiáreis	tivesses confiado	tivésseis confiado
confiara	confiaram	tivesse confiado	tivessem confiado

Future Indicative		*Future Perfect Subjunctive*	
confiarei	confiaremos	tiver confiado	tivermos confiado
confiarás	confiareis	tiveres confiado	tiverdes confiado
confiará	confiarão	tiver confiado	tiverem confiado

Present Perfect Indicative		*Conditional*	
tenho confiado	temos confiado	confiaria	confiaríamos
tens confiado	tendes confiado	confiarias	confiaríeis
tem confiado	têm confiado	confiaria	confiariam

Past Perfect or Pluperfect Indicative		*Conditional Perfect*	
tinha confiado	tínhamos confiado	teria confiado	teríamos confiado
tinhas confiado	tínheis confiado	terias confiado	teríeis confiado
tinha confiado	tinham confiado	teria confiado	teriam confiado

Future Perfect Indicative		*Imperative*	
terei confiado	teremos confiado	confia–confiai	
terás confiado	tereis confiado		
terá confiado	terão confiado		

Samples of verb usage.

Você ainda **confia** em mim?   *Do you still trust me?*

Ela quer **confiar** os seus segredos a você.   *She wants to confide her secrets to you.*

Eu **confio** nas tuas habilidades intelectuais.   *I have confidence in your intellectual abilities.*

Ele nunca **tinha confiado** em ninguém.   *He had never trusted anyone.*

to comfort, console

Personal Infinitive		*Present Subjunctive*	
confortar	confortarmos	*conforte*	confortemos
confortares	confortardes	*confortes*	conforteis
confortar	confortarem	*conforte*	*confortem**

Present Indicative		*Imperfect Subjunctive*	
conforto	confortamos	confortasse	confortássemos
confortas	confortais	confortasses	confortásseis
conforta	*confortam**	confortasse	confortassem

Imperfect Indicative		*Future Subjunctive*	
confortava	confortávamos	confortar	confortarmos
confortavas	confortáveis	confortares	confortardes
confortava	confortavam	confortar	confortarem

Preterit Indicative		*Present Perfect Subjunctive*	
confortei	confortámos	tenha confortado	tenhamos confortado
confortaste	confortastes	tenhas confortado	tenhais confortado
confortou	confortaram	tenha confortado	tenham confortado

Simple Pluperfect Indicative		*Past Perfect or Pluperfect Subjunctive*	
confortara	confortáramos	tivesse confortado	tivéssemos confortado
confortaras	confortáreis	tivesses confortado	tivésseis confortado
confortara	confortaram	tivesse confortado	tivessem confortado

Future Indicative		*Future Perfect Subjunctive*	
confortarei	confortaremos	tiver confortado	tivermos confortado
confortarás	confortareis	tiveres confortado	tiverdes confortado
confortará	confortarão	tiver confortado	tiverem confortado

Present Perfect Indicative		*Conditional*	
tenho confortado	temos confortado	confortaria	confortaríamos
tens confortado	tendes confortado	confortarias	confortaríeis
tem confortado	têm confortado	confortaria	confortariam

Past Perfect or Pluperfect Indicative		*Conditional Perfect*	
tinha confortado	tínhamos confortado	teria confortado	teríamos confortado
tinhas confortado	tínheis confortado	terias confortado	teríeis confortado
tinha confortado	tinham confortado	teria confortado	teriam confortado

Future Perfect Indicative		*Imperative*	
terei confortado	teremos confortado	*conforta**–confortai	
terás confortado	tereis confortado		
terá confortado	terão confortado		

Samples of verb usage.

O jovem **confortou** a esposa do morto.   *The young man consoled the dead man's wife.*

Ela sempre nos **confortava** durante crises.   *She would always comfort us in moments of crisis.*

A sua presença, em si, **confortar**-me-á.   *Your presence alone will comfort me.*

Confortem-se com o que têm.   *Console yourselves with what you have.*

*NOTE: Only the radical-changing verb forms with *open* stressed vowels appear in italic type. For further explanation see Foreword.

to freeze; to solidify

Personal Infinitive		*Present Subjunctive*	
congelar	congelarmos	*congele*	congelemos
congelares	congelardes	*congeles*	congeleis
congelar	congelarem	*congele*	*congelem**

Present Indicative		*Imperfect Subjunctive*	
congelo	congelamos	congelasse	congelássemos
congelas	congelais	congelasses	congelásseis
congela	*congelam**	congelasse	congelassem

Imperfect Indicative		*Future Subjunctive*	
congelava	congelávamos	congelar	congelarmos
congelavas	congeláveis	congelares	congelardes
congelava	congelavam	congelar	congelarem

Preterit Indicative		*Present Perfect Subjunctive*	
congelei	congelámos	tenha congelado	tenhamos congelado
congelaste	congelastes	tenhas congelado	tenhais congelado
congelou	congelaram	tenha congelado	tenham congelado

Simple Pluperfect Indicative		*Past Perfect or Pluperfect Subjunctive*	
congelara	congeláramos	tivesse congelado	tivéssemos congelado
congelaras	congeláreis	tivesses congelado	tivésseis congelado
congelara	congelaram	tivesse congelado	tivessem congelado

Future Indicative		*Future Perfect Subjunctive*	
congelarei	congelaremos	tiver congelado	tivermos congelado
congelarás	congelareis	tiveres congelado	tiverdes congelado
congelará	congelarão	tiver congelado	tiverem congelado

Present Perfect Indicative		*Conditional*	
tenho congelado	temos congelado	congelaria	congelaríamos
tens congelado	tendes congelado	congelarias	congelaríeis
tem congelado	têm congelado	congelaria	congelariam

Past Perfect or Pluperfect Indicative		*Conditional Perfect*	
tinha congelado	tínhamos congelado	teria congelado	teríamos congelado
tinhas congelado	tínheis congelado	terias congelado	teríeis congelado
tinha congelado	tinham congelado	teria congelado	teriam congelado

Future Perfect Indicative		*Imperative*	
terei congelado	teremos congelado	*congela**–congelai	
terás congelado	tereis congelado		
terá congelado	terão congelado		

Samples of verb usage.

Eu **teria congelado,** se tivesse ficado em Wisconsin durante o inverno.
I would have frozen if I had stayed in Wisconsin through the winter.

Será que a cerveja **congelará**, se a colocarmos no congelador?
Do you think the beer will freeze if we put it in the freezer?

Os pinguins nunca **se congelam**.   *Penguins never freeze.*

A água pura **congela-se** a trinta e dois graus *Fahrenheit.*
Pure water solidifies at thirty-two degrees Fahrenheit.

*NOTE: Only the radical-changing verb forms with *open* stressed vowels appear in italic type. For further explanation see Foreword.

to know (as to be acquainted or familiar with); to meet

Personal Infinitive
conhecer	conhecermos
conheceres	conhecerdes
conhecer	conhecerem

Present Indicative
conheço	conhecemos
conheces	conheceis
conhece	*conhecem**

Imperfect Indicative
conhecia	conhecíamos
conhecias	conhecíeis
conhecia	conheciam

Preterit Indicative
conheci	conhecemos
conheceste	conhecestes
conheceu	conheceram

Simple Pluperfect Indicative
conhecera	conhecêramos
conheceras	conhecêreis
conhecera	conheceram

Future Indicative
conhecerei	conheceremos
conhecerás	conhecereis
conhecerá	conhecerão

Present Perfect Indicative
tenho conhecido	temos conhecido
tens conhecido	tendes conhecido
tem conhecido	têm conhecido

Past Perfect or Pluperfect Indicative
tinha conhecido	tínhamos conhecido
tinhas conhecido	tínheis conhecido
tinha conhecido	tinham conhecido

Future Perfect Indicative
terei conhecido	teremos conhecido
terás conhecido	tereis conhecido
terá conhecido	terão conhecido

Present Subjunctive
conheça	conheçamos
conheças	conheçais
conheça	conheçam

Imperfect Subjunctive
conhecesse	conhecêssemos
conhecesses	conhecêsseis
conhecesse	conhecessem

Future Subjunctive
conhecer	conhecermos
conheceres	conhecerdes
conhecer	conhecerem

Present Perfect Subjunctive
tenha conhecido	tenhamos conhecido
tenhas conhecido	tenhais conhecido
tenha conhecido	tenham conhecido

Past Perfect or Pluperfect Subjunctive
tivesse conhecido	tivéssemos conhecido
tivesses conhecido	tivésseis conhecido
tivesse conhecido	tivessem conhecido

Future Perfect Subjunctive
tiver conhecido	tivermos conhecido
tiveres conhecido	tiverdes conhecido
tiver conhecido	tiverem conhecido

Conditional
conheceria	conheceríamos
conhecerias	conheceríeis
conheceria	conheceriam

Conditional Perfect
teria conhecido	teríamos conhecido
terias conhecido	teríeis conhecido
teria conhecido	teriam conhecido

Imperative
*conhece**– conhecei

Samples of verb usage.

Eu te **conheço** de algum lugar?   *Do I know you from somewhere?*

Eu a **conheci** ontem pela primeira vez.   *I met her yesterday for the first time.*

Conheces a Teoria da Relatividade do Einstein?   *Are you familiar with Einstein's Theory of Relativity?*

Ela **teria-me conhecido** na festa, mas o pneu do seu carro furou.
She would have met me at the party, but she had a flat tire.

*NOTE: Only the radical-changing verb forms with *open* stressed vowels appear in italic type. For further explanation see Foreword.

to conjugate; to combine, merge

Personal Infinitive	
conjugar	conjugarmos
conjugares	conjugardes
conjugar	conjugarem

Present Indicative	
conjugo	conjugamos
conjugas	conjugais
conjuga	conjugam

Imperfect Indicative	
conjugava	conjugávamos
conjugavas	conjugáveis
conjugava	conjugavam

Preterit Indicative	
conjuguei	conjugámos
conjugaste	conjugastes
conjugou	conjugaram

Simple Pluperfect Indicative	
conjugara	conjugáramos
conjugaras	conjugáreis
conjugara	conjugaram

Future Indicative	
conjugarei	conjugaremos
conjugarás	conjugareis
conjugará	conjugarão

Present Perfect Indicative	
tenho conjugado	temos conjugado
tens conjugado	tendes conjugado
tem conjugado	têm conjugado

Past Perfect or Pluperfect Indicative	
tinha conjugado	tínhamos conjugado
tinhas conjugado	tínheis conjugado
tinha conjugado	tinham conjugado

Future Perfect Indicative	
terei conjugado	teremos conjugado
terás conjugado	tereis conjugado
terá conjugado	terão conjugado

Present Subjunctive	
conjugue	conjuguemos
conjugues	conjugueis
conjugue	conjuguem

Imperfect Subjunctive	
conjugasse	conjugássemos
conjugasses	conjugásseis
conjugasse	conjugassem

Future Subjunctive	
conjugar	conjugarmos
conjugares	conjugardes
conjugar	conjugarem

Present Perfect Subjunctive	
tenha conjugado	tenhamos conjugado
tenhas conjugado	tenhais conjugado
tenha conjugado	tenham conjugado

Past Perfect or Pluperfect Subjunctive	
tivesse conjugado	tivéssemos conjugado
tivesses conjugado	tivésseis conjugado
tivesse conjugado	tivessem conjugado

Future Perfect Subjunctive	
tiver conjugado	tivermos conjugado
tiveres conjugado	tiverdes conjugado
tiver conjugado	tiverem conjugado

Conditional	
conjugaria	conjugaríamos
conjugarias	conjugaríeis
conjugaria	conjugariam

Conditional Perfect	
teria conjugado	teríamos conjugado
terias conjugado	teríeis conjugado
teria conjugado	teriam conjugado

Imperative	
conjuga–conjugai	

Samples of verb usage.

Você **conjuga** os verbos portugueses bem.   *You conjugate Portuguese verbs well.*

O aluno terá que aprender a **conjugar** todos os tempos verbais.
The student will have to learn to conjugate all the verb tenses.

O engenheiro **conjugava** talento e habilidade.   *The engineer combined talent and ability.*

Você tem que **conjugar** a sua sabedoria com a dele.   *You have to merge your knowledge with his.*

to conquer, defeat, win; to seduce

Personal Infinitive
conquistar	conquistarmos
conquistares	conquistardes
conquistar	conquistarem

Present Indicative
conquisto	conquistamos
conquistas	conquistais
conquista	conquistam

Imperfect Indicative
conquistava	conquistávamos
conquistavas	conquistáveis
conquistava	conquistavam

Preterit Indicative
conquistei	conquistámos
conquistaste	conquistastes
conquistou	conquistaram

Simple Pluperfect Indicative
conquistara	conquistáramos
conquistaras	conquistáreis
conquistara	conquistaram

Future Indicative
conquistarei	conquistaremos
conquistarás	conquistareis
conquistará	conquistarão

Present Perfect Indicative
tenho conquistado	temos conquistado
tens conquistado	tendes conquistado
tem conquistado	têm conquistado

Past Perfect or Pluperfect Indicative
tinha conquistado	tínhamos conquistado
tinhas conquistado	tínheis conquistado
tinha conquistado	tinham conquistado

Future Perfect Indicative
terei conquistado	teremos conquistado
terás conquistado	tereis conquistado
terá conquistado	terão conquistado

Present Subjunctive
conquiste	conquistemos
conquistes	conquisteis
conquiste	conquistem

Imperfect Subjunctive
conquistasse	conquistássemos
conquistasses	conquistásseis
conquistasse	conquistassem

Future Subjunctive
conquistar	conquistarmos
conquistares	conquistardes
conquistar	conquistarem

Present Perfect Subjunctive
tenha conquistado	tenhamos conquistado
tenhas conquistado	tenhais conquistado
tenha conquistado	tenham conquistado

Past Perfect or Pluperfect Subjunctive
tivesse conquistado	tivéssemos conquistado
tivesses conquistado	tivésseis conquistado
tivesse conquistado	tivessem conquistado

Future Perfect Subjunctive
tiver conquistado	tivermos conquistado
tiveres conquistado	tiverdes conquistado
tiver conquistado	tiverem conquistado

Conditional
conquistaria	conquistaríamos
conquistarias	conquistaríeis
conquistaria	conquistariam

Conditional Perfect
teria conquistado	teríamos conquistado
terias conquistado	teríeis conquistado
teria conquistado	teriam conquistado

Imperative
conquista–conquistai

Samples of verb usage.

Napoleão já **tinha conquistado** sete países.   *Napoleon had already conquered seven countries.*

O exército revolucionário tentou **conquistar** as forças armadas da ditadura, mas não pôde.
The revolutionary army tried to defeat the armed forces of the dictatorship, but couldn't.

Finalmente **conquistámos** a quarta Copa do Mundo.   *We have finally won the fourth World Cup.*

Ela disse que podia **conquistar** qualquer rapaz da escola.
She said she could seduce (charm) any guy in the school.

to conserve, preserve, keep

Personal Infinitive		*Present Subjunctive*	
conservar	conservarmos	*conserve*	conservemos
conservares	conservardes	*conserves*	conserveis
conservar	conservarem	*conserve*	*conservem**

Present Indicative		*Imperfect Subjunctive*	
conservo	conservamos	conservasse	conservássemos
conservas	conservais	conservasses	conservásseis
conserva	*conservam**	conservasse	conservassem

Imperfect Indicative		*Future Subjunctive*	
conservava	conservávamos	conservar	conservarmos
conservavas	conserváveis	conservares	conservardes
conservava	conservavam	conservar	conservarem

Preterit Indicative		*Present Perfect Subjunctive*	
conservei	conservámos	tenha conservado	tenhamos conservado
conservaste	conservastes	tenhas conservado	tenhais conservado
conservou	conservaram	tenha conservado	tenham conservado

Simple Pluperfect Indicative		*Past Perfect or Pluperfect Subjunctive*	
conservara	conserváramos	tivesse conservado	tivéssemos conservado
conservaras	conserváreis	tivesses conservado	tivésseis conservado
conservara	conservaram	tivesse conservado	tivessem conservado

Future Indicative		*Future Perfect Subjunctive*	
conservarei	conservaremos	tiver conservado	tivermos conservado
conservarás	conservareis	tiveres conservado	tiverdes conservado
conservará	conservarão	tiver conservado	tiverem conservado

Present Perfect Indicative		*Conditional*	
tenho conservado	temos conservado	conservaria	conservaríamos
tens conservado	tendes conservado	conservarias	conservaríeis
tem conservado	têm conservado	conservaria	conservariam

Past Perfect or Pluperfect Indicative		*Conditional Perfect*	
tinha conservado	tínhamos conservado	teria conservado	teríamos conservado
tinhas conservado	tínheis conservado	terias conservado	teríeis conservado
tinha conservado	tinham conservado	teria conservado	teriam conservado

Future Perfect Indicative		*Imperative*	
terei conservado	teremos conservado	*conserva**–conservai	
terás conservado	tereis conservado		
terá conservado	terão conservado		

Samples of verb usage.

É importante **conservar** energia. *It's important to conserve energy.*

Este frigorífico (Esta geladeira *in Brazil*) **conserva** a comida muito bem.
This refrigerator keeps food very well.

A menina **tem conservado** o seu quarto impecavelmente limpo.
The little girl has been keeping her room impeccably clean.

O fugitivo queria **conservar** a sua liberdade a todo custo.
The fugitive wanted to preserve his freedom at any cost.

*NOTE: Only the radical-changing verb forms with *open* stressed vowels appear in italic type. For further explanation see Foreword.

to consider

Personal Infinitive
considerar	considerarmos
considerares	considerardes
considerar	considerarem

Present Indicative
considero	consideramos
consideras	considerais
considera	*consideram**

Imperfect Indicative
considerava	considerávamos
consideravas	consideráveis
considerava	consideravam

Preterit Indicative
considerei	considerámos
consideraste	considerastes
considerou	consideraram

Simple Pluperfect Indicative
considerara	consideráramos
consideraras	consideráreis
considerara	consideraram

Future Indicative
considerarei	consideraremos
considerarás	considerareis
considerará	considerarão

Present Perfect Indicative
tenho considerado	temos considerado
tens considerado	tendes considerado
tem considerado	têm considerado

Past Perfect or Pluperfect Indicative
tinha considerado	tínhamos considerado
tinhas considerado	tínheis considerado
tinha considerado	tinham considerado

Future Perfect Indicative
terei considerado	teremos considerado
terás considerado	tereis considerado
terá considerado	terão considerado

Present Subjunctive
considere	consideremos
consideres	considereis
considere	*considerem**

Imperfect Subjunctive
considerasse	considerássemos
considerasses	considerásseis
considerasse	considerassem

Future Subjunctive
considerar	considerarmos
considerares	considerardes
considerar	considerarem

Present Perfect Subjunctive
tenha considerado	tenhamos considerado
tenhas considerado	tenhais considerado
tenha considerado	tenham considerado

Past Perfect or Pluperfect Subjunctive
tivesse considerado	tivéssemos considerado
tivesses considerado	tivésseis considerado
tivesse considerado	tivessem considerado

Future Perfect Subjunctive
tiver considerado	tivermos considerado
tiveres considerado	tiverdes considerado
tiver considerado	tiverem considerado

Conditional
consideraria	consideraríamos
considerarias	consideraríeis
consideraria	considerariam

Conditional Perfect
teria considerado	teríamos considerado
terias considerado	teríeis considerado
teria considerado	teriam considerado

Imperative
*considera**–considerai

Samples of verb usage.

Considerarias assinar esse contrato?   *Would you consider signing that contract?*

Consideraste a proposta?   *Did you consider the proposal?*

Consideraremos tudo com muito cuidado.   *We will consider everything very carefully.*

Ela já **tinha considerado** essa possibilidade.   *She had already considered that possibility.*

*NOTE: Only the radical-changing verb forms with *open* stressed vowels appear in italic type. For further explanation see Foreword.

construir

to build, construct

Personal Infinitive		**Present Subjunctive**	
construir	construirmos	construa	construamos
construíres	construirdes	construas	construais
construir	construírem	construa	construam

Present Indicative		**Imperfect Subjunctive**	
construo	construímos	construísse	construíssemos
construis (constróis)	construís	construísses	construísseis
construi (constrói)	construem *(constroem)**	construísse	construíssem

Imperfect Indicative		**Future Subjunctive**	
construia	construíamos	construir	construirmos
construias	construíeis	construíres	construirdes
construia	construiam	construir	construírem

Preterit Indicative		**Present Perfect Subjunctive**	
construí	construímos	tenha construído	tenhamos construído
construíste	construístes	tenhas construído	tenhais construído
construiu	construíram	tenha construído	tenham construído

Simple Pluperfect Indicative		**Past Perfect or Pluperfect Subjunctive**	
construíra	construíramos	tivesse construído	tivéssemos construído
construíras	construíreis	tivesses construído	tivésseis construído
construíra	construíram	tivesse construído	tivessem construído

Future Indicative		**Future Perfect Subjunctive**	
construirei	construiremos	tiver construído	tivermos construído
construirás	construireis	tiveres construído	tiverdes construído
construirá	construirão	tiver construído	tiverem construído

Present Perfect Indicative		**Conditional**	
tenho construído	temos construído	construiria	construiríamos
tens construído	tendes construído	construirias	construiríeis
tem construído	têm construído	construiria	construiriam

Past Perfect or Pluperfect Indicative		**Conditional Perfect**	
tinha construído	tínhamos construído	teria construído	teríamos construído
tinhas construído	tínheis construído	terias construído	teríeis construído
tinha construído	tinham construído	teria construído	teriam construído

Future Perfect Indicative		**Imperative**	
terei construído	teremos construído	construi (constrói)**–construí	
terás construído	tereis construído		
terá construído	terão construído		

Samples of verb usage.

O menino **construi** (**constrói**) um castelo de plástico.   *The boy is constructing a plastic castle.*

A cidade **construirá** mais escolas.   *The city will build more schools.*

Construir um império não é fácil.   *To build an empire is not easy.*

A empresa já **tinha construído** vários edifícios naquele local.
The company had already constructed several buildings on that site.

*NOTE: Only the radical-changing verb forms with *open* stressed vowels appear in italic type. For further explanation see Foreword. The forms in parentheses are used in Brazil.

to consult

Personal Infinitive		**Present Subjunctive**	
consultar	consultarmos	consulte	consultemos
consultares	consultardes	consultes	consulteis
consultar	consultarem	consulte	consultem

Present Indicative		**Imperfect Subjunctive**	
consulto	consultamos	consultasse	consultássemos
consultas	consultais	consultasses	consultásseis
consulta	consultam	consultasse	consultassem

Imperfect Indicative		**Future Subjunctive**	
consultava	consultávamos	consultar	consultarmos
consultavas	consultáveis	consultares	consultardes
consultava	consultavam	consultar	consultarem

Preterit Indicative		**Present Perfect Subjunctive**	
consultei	consultámos	tenha consultado	tenhamos consultado
consultaste	consultastes	tenhas consultado	tenhais consultado
consultou	consultaram	tenha consultado	tenham consultado

Simple Pluperfect Indicative		**Past Perfect or Pluperfect Subjunctive**	
consultara	consultáramos	tivesse consultado	tivéssemos consultado
consultaras	consultáreis	tivesses consultado	tivésseis consultado
consultara	consultaram	tivesse consultado	tivessem consultado

Future Indicative		**Future Perfect Subjunctive**	
consultarei	consultaremos	tiver consultado	tivermos consultado
consultarás	consultareis	tiveres consultado	tiverdes consultado
consultará	consultarão	tiver consultado	tiverem consultado

Present Perfect Indicative		**Conditional**	
tenho consultado	temos consultado	consultaria	consultaríamos
tens consultado	tendes consultado	consultarias	consultaríeis
tem consultado	têm consultado	consultaria	consultariam

Past Perfect or Pluperfect Indicative		**Conditional Perfect**	
tinha consultado	tínhamos consultado	teria consultado	teríamos consultado
tinhas consultado	tínheis consultado	terias consultado	teríeis consultado
tinha consultado	tinham consultado	teria consultado	teriam consultado

Future Perfect Indicative		**Imperative**	
terei consultado	teremos consultado	consulta–consultai	
terás consultado	tereis consultado		
terá consultado	terão consultado		

Samples of verb usage.

Você já **consultou** com o seu advogado?   *Have you already consulted with your lawyer?*

Você deve **consultar** o seu médico sobre essa verruga.   *You should consult your doctor about that wart.*

O engenheiro **consultará** a companhia amanhã sobre a maquinaria.
The engineer will consult the company tomorrow about the machinery.

Eu **tinha consultado** o dire(c)tor antes de comunicar a decisão.
I had consulted with the director before communicating the decision.

to count; to tell, report

Personal Infinitive		*Present Subjunctive*	
contar	contarmos	conte	contemos
contares	contardes	contes	conteis
contar	contarem	conte	contem

Present Indicative		*Imperfect Subjunctive*	
conto	contamos	contasse	contássemos
contas	contais	contasses	contásseis
conta	contam	contasse	contassem

Imperfect Indicative		*Future Subjunctive*	
contava	contávamos	contar	contarmos
contavas	contáveis	contares	contardes
contava	contavam	contar	contarem

Preterit Indicative		*Present Perfect Subjunctive*	
contei	contámos	tenha contado	tenhamos contado
contaste	contastes	tenhas contado	tenhais contado
contou	contaram	tenha contado	tenham contado

Simple Pluperfect Indicative		*Past Perfect or Pluperfect Subjunctive*	
contara	contáramos	tivesse contado	tivéssemos contado
contaras	contáreis	tivesses contado	tivésseis contado
contara	contaram	tivesse contado	tivessem contado

Future Indicative		*Future Perfect Subjunctive*	
contarei	contaremos	tiver contado	tivermos contado
contarás	contareis	tiveres contado	tiverdes contado
contará	contarão	tiver contado	tiverem contado

Present Perfect Indicative		*Conditional*	
tenho contado	temos contado	contaria	contaríamos
tens contado	tendes contado	contarias	contaríeis
tem contado	têm contado	contaria	contariam

Past Perfect or Pluperfect Indicative		*Conditional Perfect*	
tinha contado	tínhamos contado	teria contado	teríamos contado
tinhas contado	tínheis contado	terias contado	teríeis contado
tinha contado	tinham contado	teria contado	teriam contado

Future Perfect Indicative		*Imperative*	
terei contado	teremos contado	conta–contai	
terás contado	tereis contado		
terá contado	terão contado		

Samples of verb usage.

O menino aprendeu a **contar**.   *The boy learned how to count.*

Conte-me o que aconteceu.   *Tell me what happened.*

Ela nos **contará** uma história fantástica.   *She will tell us a wonderful story.*

O polícia (policial *in Brazil*) **contou** tudo ao chefe.   *The police officer reported everything to the chief.*

to contemplate, consider

Personal Infinitive		*Present Subjunctive*	
contemplar	contemplarmos	contemple	contemplemos
contemplares	contemplardes	contemples	contempleis
contemplar	contemplarem	contemple	contemplem

Present Indicative		*Imperfect Subjunctive*	
contemplo	contemplamos	contemplasse	contemplássemos
contemplas	contemplais	contemplasses	contemplásseis
contempla	contemplam	contemplasse	contemplassem

Imperfect Indicative		*Future Subjunctive*	
contemplava	contemplávamos	contemplar	contemplarmos
contemplavas	contempláveis	contemplares	contemplardes
contemplava	contemplavam	contemplar	contemplarem

Preterit Indicative		*Present Perfect Subjunctive*	
contemplei	contemplámos	tenha contemplado	tenhamos contemplado
contemplaste	contemplastes	tenhas contemplado	tenhais contemplado
contemplou	contemplaram	tenha contemplado	tenham contemplado

Simple Pluperfect Indicative		*Past Perfect or Pluperfect Subjunctive*	
contemplara	contempláramos	tivesse contemplado	tivéssemos contemplado
contemplaras	contempláreis	tivesses contemplado	tivésseis contemplado
contemplara	contemplaram	tivesse contemplado	tivessem contemplado

Future Indicative		*Future Perfect Subjunctive*	
contemplarei	contemplaremos	tiver contemplado	tivermos contemplado
contemplarás	contemplareis	tiveres contemplado	tiverdes contemplado
contemplará	contemplarão	tiver contemplado	tiverem contemplado

Present Perfect Indicative		*Conditional*	
tenho contemplado	temos contemplado	contemplaria	contemplaríamos
tens contemplado	tendes contemplado	contemplarias	contemplaríeis
tem contemplado	têm contemplado	contemplaria	contemplariam

Past Perfect or Pluperfect Indicative		*Conditional Perfect*	
tinha contemplado	tínhamos contemplado	teria contemplado	teríamos contemplado
tinhas contemplado	tínheis contemplado	terias contemplado	teríeis contemplado
tinha contemplado	tinham contemplado	teria contemplado	teriam contemplado

Future Perfect Indicative		*Imperative*	
terei contemplado	teremos contemplado	contempla–contemplai	
terás contemplado	tereis contemplado		
terá contemplado	terão contemplado		

Samples of verb usage.

Gosto de **contemplar** a beleza do Pão de Açúcar.
I like to contemplate the beauty of Sugar Loaf Mountain.

Ela estava **a contemplar** (**contemplando**) a paisagem da janela do comboio (trem *in Brazil*).
She was contemplating the landscape from the window of the train.

Você **contemplaria** ir ao cinema comigo?   *Would you consider going to the movies with me?*

Contemple a importância da sua liberdade enquanto puder.
Consider the importance of your freedom while you can.

to continue

Personal Infinitive		*Present Subjunctive*	
continuar	continuarmos	continue	continuemos
continuares	continuardes	continues	continueis
continuar	continuarem	continue	continuem

Present Indicative		*Imperfect Subjunctive*	
continuo	continuamos	continuasse	continuássemos
continuas	continuais	continuasses	continuásseis
continua	continuam	continuasse	continuassem

Imperfect Indicative		*Future Subjunctive*	
continuava	continuávamos	continuar	continuarmos
continuavas	continuáveis	continuares	continuardes
continuava	continuavam	continuar	continuarem

Preterit Indicative		*Present Perfect Subjunctive*	
continuei	continuámos	tenha continuado	tenhamos continuado
continuaste	continuastes	tenhas continuado	tenhais continuado
continuou	continuaram	tenha continuado	tenham continuado

Simple Pluperfect Indicative		*Past Perfect or Pluperfect Subjunctive*	
continuara	continuáramos	tivesse continuado	tivéssemos continuado
continuaras	continuáreis	tivesses continuado	tivésseis continuado
continuara	continuaram	tivesse continuado	tivessem continuado

Future Indicative		*Future Perfect Subjunctive*	
continuarei	continuaremos	tiver continuado	tivermos continuado
continuarás	continuareis	tiveres continuado	tiverdes continuado
continuará	continuarão	tiver continuado	tiverem continuado

Present Perfect Indicative		*Conditional*	
tenho continuado	temos continuado	continuaria	continuaríamos
tens continuado	tendes continuado	continuarias	continuaríeis
tem continuado	têm continuado	continuaria	continuariam

Past Perfect or Pluperfect Indicative		*Conditional Perfect*	
tinha continuado	tínhamos continuado	teria continuado	teríamos continuado
tinhas continuado	tínheis continuado	terias continuado	teríeis continuado
tinha continuado	tinham continuado	teria continuado	teriam continuado

Future Perfect Indicative		*Imperative*	
terei continuado	teremos continuado	continua–continuai	
terás continuado	tereis continuado		
terá continuado	terão continuado		

Samples of verb usage.

Se **continuares** assim, nunca terás sucesso.   *If you continue this way, you'll never succeed.*

Ele **tem continuado** o tratamento ao câncer.   *He's been continuing the cancer treatment.*

O assistente **continuava** o trabalho do mestre.   *The assistant continued the master's work.*

O rapaz **continuará** a chatear a menina, se você não falar com ele sobre o assunto.
The young man will continue to bother the girl if you don't speak to him about it.

to contribute

Personal Infinitive
contribuir	contribuirmos
contribuíres	contribuirdes
contribuir	contribuírem

Present Indicative
contribuo	contribuímos
contribuis	contribuís
contribui	contribuem

Imperfect Indicative
contribuía	contribuíamos
contribuías	contribuíeis
contribuía	contribuíam

Preterit Indicative
contribuí	contribuímos
contribuíste	contribuístes
contribuiu	contribuíram

Simple Pluperfect Indicative
contribuíra	contribuíramos
contribuíras	contribuíreis
contribuíra	contribuíram

Future Indicative
contribuirei	contribuiremos
contribuirás	contribuireis
contribuirá	contribuirão

Present Perfect Indicative
tenho contribuído	temos contribuído
tens contribuído	tendes contribuído
tem contribuído	têm contribuído

Past Perfect or Pluperfect Indicative
tinha contribuído	tínhamos contribuído
tinhas contribuído	tínheis contribuído
tinha contribuído	tinham contribuído

Future Perfect Indicative
terei contribuído	teremos contribuído
terás contribuído	tereis contribuído
terá contribuído	terão contribuído

Present Subjunctive
contribua	contribuamos
contribuas	contribuais
contribua	contribuam

Imperfect Subjunctive
contribuisse	contribuíssemos
contribuisses	contribuísseis
contribuisse	contribuissem

Future Subjunctive
contribuir	contribuirmos
contribuires	contribuirdes
contribuir	contribuirem

Present Perfect Subjunctive
tenha contribuído	tenhamos contribuído
tenhas contribuído	tenhais contribuído
tenha contribuído	tenham contribuído

Past Perfect or Pluperfect Subjunctive
tivesse contribuído	tivéssemos contribuído
tivesses contribuído	tivésseis contribuído
tivesse contribuído	tivessem contribuído

Future Perfect Subjunctive
tiver contribuído	tivermos contribuído
tiveres contribuído	tiverdes contribuído
tiver contribuído	tiverem contribuído

Conditional
contribuiria	contribuiríamos
contribuirias	contribuiríeis
contribuiria	contribuiriam

Conditional Perfect
teria contribuído	teríamos contribuído
terias contribuído	teríeis contribuído
teria contribuído	teriam contribuído

Imperative
contribui–contribuí

Samples of verb usage.

Eu gostava de **contribuir** para o banquete.   *I would like to contribute to the banquet.*

Ao fim do dia os convidados **terão contribuído** muito dinheiro à caridade.
By the end of the day the guests will have contributed a lot of money to the charity.

A falta de dinheiro **contribuiu** ao problema.   *The lack of money contributed to the problem.*

Vocês **contribuiriam** para ajudar os pobres?   *Would you contribute to help the poor?*

to control

Personal Infinitive		*Present Subjunctive*	
controlar	controlarmos	*controle*	controlemos
controlares	controlardes	*controles*	controleis
controlar	controlarem	*controle*	*controlem**

Present Indicative		*Imperfect Subjunctive*	
controlo	controlamos	controlasse	controlássemos
controlas	controlais	controlasses	controlásseis
controla	*controlam**	controlasse	controlassem

Imperfect Indicative		*Future Subjunctive*	
controlava	controlávamos	controlar	controlarmos
controlavas	controláveis	controlares	controlardes
controlava	controlavam	controlar	controlarem

Preterit Indicative		*Present Perfect Subjunctive*	
controlei	controlámos	tenha controlado	tenhamos controlado
controlaste	controlastes	tenhas controlado	tenhais controlado
controlou	controlaram	tenha controlado	tenham controlado

Simple Pluperfect Indicative		*Past Perfect or Pluperfect Subjunctive*	
controlara	controláramos	tivesse controlado	tivéssemos controlado
controlaras	controláreis	tivesses controlado	tivésseis controlado
controlara	controlaram	tivesse controlado	tivessem controlado

Future Indicative		*Future Perfect Subjunctive*	
controlarei	controlaremos	tiver controlado	tivermos controlado
controlarás	controlareis	tiveres controlado	tiverdes controlado
controlará	controlarão	tiver controlado	tiverem controlado

Present Perfect Indicative		*Conditional*	
tenho controlado	temos controlado	controlaria	controlaríamos
tens controlado	tendes controlado	controlarias	controlaríeis
tem controlado	têm controlado	controlaria	controlariam

Past Perfect or Pluperfect Indicative		*Conditional Perfect*	
tinha controlado	tínhamos controlado	teria controlado	teríamos controlado
tinhas controlado	tínheis controlado	terias controlado	teríeis controlado
tinha controlado	tinham controlado	teria controlado	teriam controlado

Future Perfect Indicative		*Imperative*	
terei controlado	teremos controlado	*controla**–controlai	
terás controlado	tereis controlado		
terá controlado	terão controlado		

Samples of verb usage.

Controle o seu instinto animal!   *Control your animal instincts!*

Você não **controla** as nossas vidas.   *You don't control our lives.*

Ela **tem controlado** o dinheiro no nosso casamento.   *She has been controlling the money in our marriage.*

A fábrica deve tentar **controlar** a qualidade dos seus produtos.
The factory should try to control the quality of its products.

*NOTE: Only the radical-changing verb forms with *open* stressed vowels appear in italic type. For further explanation see Foreword.

to talk *or* speak to *or* with, converse

Personal Infinitive	
conversar	conversarmos
conversares	conversardes
conversar	conversarem

Present Indicative	
converso	conversamos
conversas	conversais
conversa	*conversam**

Imperfect Indicative	
conversava	conversávamos
conversavas	conversáveis
conversava	conversavam

Preterit Indicative	
conversei	conversámos
conversaste	conversastes
conversou	conversaram

Simple Pluperfect Indicative	
conversara	conversáramos
conversaras	conversáreis
conversara	conversaram

Future Indicative	
conversarei	conversaremos
conversarás	conversareis
conversará	conversarão

Present Perfect Indicative	
tenho conversado	temos conversado
tens conversado	tendes conversado
tem conversado	têm conversado

Past Perfect or Pluperfect Indicative	
tinha conversado	tínhamos conversado
tinhas conversado	tínheis conversado
tinha conversado	tinham conversado

Future Perfect Indicative	
terei conversado	teremos conversado
terás conversado	tereis conversado
terá conversado	terão conversado

Present Subjunctive	
converse	conversemos
converses	converseis
converse	*conversem**

Imperfect Subjunctive	
conversasse	conversássemos
conversasses	conversásseis
conversasse	conversassem

Future Subjunctive	
conversar	conversarmos
conversares	conversardes
conversar	conversarem

Present Perfect Subjunctive	
tenha conversado	tenhamos conversado
tenhas conversado	tenhais conversado
tenha conversado	tenham conversado

Past Perfect or Pluperfect Subjunctive	
tivesse conversado	tivéssemos conversado
tivesses conversado	tivésseis conversado
tivesse conversado	tivessem conversado

Future Perfect Subjunctive	
tiver conversado	tivermos conversado
tiveres conversado	tiverdes conversado
tiver conversado	tiverem conversado

Conditional	
conversaria	conversaríamos
conversarias	conversaríeis
conversaria	conversariam

Conditional Perfect	
teria conversado	teríamos conversado
terias conversado	teríeis conversado
teria conversado	teriam conversado

Imperative	
conversa*–conversai	

Samples of verb usage.

Eu preciso **conversar** contigo!   *I need to talk to you!*

Nunca **conversaríamos** com ela.   *We would never talk to her.*

Elas podiam ter **conversado** durante horas.   *They could have spoken for hours.*

Eles estão **a conversar** (**conversando**) a respeito de um assunto muito sério.
They are conversing with respect to a very serious subject.

*NOTE: Only the radical-changing verb forms with *open* stressed vowels appear in italic type. For further explanation see Foreword.

to convert

Personal Infinitive	
converter	convertermos
converteres	converterdes
converter	converterem

Present Indicative

converto	convertemos
convertes	converteis
converte	*convertem**

Imperfect Indicative

convertia	convertíamos
convertias	convertíeis
convertia	convertiam

Preterit Indicative

converti	convertemos
converteste	convertestes
converteu	converteram

Simple Pluperfect Indicative

convertera	convertêramos
converteras	convertêreis
convertera	converteram

Future Indicative

converterei	converteremos
converterás	convertereis
converterá	converterão

Present Perfect Indicative

tenho convertido	temos convertido
tens convertido	tendes convertido
tem convertido	têm convertido

Past Perfect or Pluperfect Indicative

tinha convertido	tínhamos convertido
tinhas convertido	tínheis convertido
tinha convertido	tinham convertido

Future Perfect Indicative

terei convertido	teremos convertido
terás convertido	tereis convertido
terá convertido	terão convertido

Present Subjunctive

converta	convertamos
convertas	convertais
converta	convertam

Imperfect Subjunctive

convertesse	convertêssemos
convertesses	convertêsseis
convertesse	convertessem

Future Subjunctive

converter	convertermos
converteres	converterdes
converter	converterem

Present Perfect Subjunctive

tenha convertido	tenhamos convertido
tenhas convertido	tenhais convertido
tenha convertido	tenham convertido

Past Perfect or Pluperfect Subjunctive

tivesse convertido	tivéssemos convertido
tivesses convertido	tivésseis convertido
tivesse convertido	tivessem convertido

Future Perfect Subjunctive

tiver convertido	tivermos convertido
tiveres convertido	tiverdes convertido
tiver convertido	tiverem convertido

Conditional

converteria	converteríamos
converterias	converteríeis
converteria	converteriam

Conditional Perfect

teria convertido	teríamos convertido
terias convertido	teríeis convertido
teria convertido	teriam convertido

Imperative

*converte**– convertei

Samples of verb usage.

Converti o meu carro a álcool.   *I converted my car to alcohol.*

Eles **têm convertido** os sistemas todos da estação.   *They have been converting all the station's systems.*

Você **se converteria** a (para) outra religião?   *Would you convert to another religion?*

Mesmo que ela **tenha-se convertido**, não importa.   *Even if she has converted, it doesn't matter.*

*NOTE: Only the radical-changing verb forms with *open* stressed vowels appear in italic type. For further explanation see Foreword.

to invite

Personal Infinitive
convidar	convidarmos
convidares	convidardes
convidar	convidarem

Present Indicative
convido	convidamos
convidas	convidais
convida	convidam

Imperfect Indicative
convidava	convidávamos
convidavas	convidáveis
convidava	convidavam

Preterit Indicative
convidei	convidámos
convidaste	convidastes
convidou	convidaram

Simple Pluperfect Indicative
convidara	convidáramos
convidaras	convidáreis
convidara	convidaram

Future Indicative
convidarei	convidaremos
convidarás	convidareis
convidará	convidarão

Present Perfect Indicative
tenho convidado	temos convidado
tens convidado	tendes convidado
tem convidado	têm convidado

Past Perfect or Pluperfect Indicative
tinha convidado	tínhamos convidado
tinhas convidado	tínheis convidado
tinha convidado	tinham convidado

Future Perfect Indicative
terei convidado	teremos convidado
terás convidado	tereis convidado
terá convidado	terão convidado

Present Subjunctive
convide	convidemos
convides	convideis
convide	convidem

Imperfect Subjunctive
convidasse	convidássemos
convidasses	convidásseis
convidasse	convidassem

Future Subjunctive
convidar	convidarmos
convidares	convidardes
convidar	convidarem

Present Perfect Subjunctive
tenha convidado	tenhamos convidado
tenhas convidado	tenhais convidado
tenha convidado	tenham convidado

Past Perfect or Pluperfect Subjunctive
tivesse convidado	tivéssemos convidado
tivesses convidado	tivésseis convidado
tivesse convidado	tivessem convidado

Future Perfect Subjunctive
tiver convidado	tivermos convidado
tiveres convidado	tiverdes convidado
tiver convidado	tiverem convidado

Conditional
convidaria	convidaríamos
convidarias	convidaríeis
convidaria	convidariam

Conditional Perfect
teria convidado	teríamos convidado
terias convidado	teríeis convidado
teria convidado	teriam convidado

Imperative
convida–convidai

Samples of verb usage.

Já **convidaste** a família inteira?   *Did you already invite the whole family?*

Eu o **convidaria**, mas sou tímido.   *I would invite him, but I am shy.*

Convidaremos todos os nossos amigos.   *We will invite all of our friends.*

Eu já a **tinha convidado**.   *I had already invited her.*

to copy

Personal Infinitive		*Present Subjunctive*	
copiar	copiarmos	copie	copiemos
copiares	copiardes	copies	copieis
copiar	copiarem	copie	copiem

Present Indicative		*Imperfect Subjunctive*	
copio	copiamos	copiasse	copiássemos
copias	copiais	copiasses	copiásseis
copia	copiam	copiasse	copiassem

Imperfect Indicative		*Future Subjunctive*	
copiava	copiávamos	copiar	copiarmos
copiavas	copiáveis	copiares	copiardes
copiava	copiavam	copiar	copiarem

Preterit Indicative		*Present Perfect Subjunctive*	
copiei	copiámos	tenha copiado	tenhamos copiado
copiaste	copiastes	tenhas copiado	tenhais copiado
copiou	copiaram	tenha copiado	tenham copiado

Simple Pluperfect Indicative		*Past Perfect or Pluperfect Subjunctive*	
copiara	copiáramos	tivesse copiado	tivéssemos copiado
copiaras	copiáreis	tivesses copiado	tivésseis copiado
copiara	copiaram	tivesse copiado	tivessem copiado

Future Indicative		*Future Perfect Subjunctive*	
copiarei	copiaremos	tiver copiado	tivermos copiado
copiarás	copiareis	tiveres copiado	tiverdes copiado
copiará	copiarão	tiver copiado	tiverem copiado

Present Perfect Indicative		*Conditional*	
tenho copiado	temos copiado	copiaria	copiaríamos
tens copiado	tendes copiado	copiarias	copiaríeis
tem copiado	têm copiado	copiaria	copiariam

Past Perfect or Pluperfect Indicative		*Conditional Perfect*	
tinha copiado	tínhamos copiado	teria copiado	teríamos copiado
tinhas copiado	tínheis copiado	terias copiado	teríeis copiado
tinha copiado	tinham copiado	teria copiado	teriam copiado

Future Perfect Indicative		*Imperative*	
terei copiado	teremos copiado	copia–copiai	
terás copiado	tereis copiado		
terá copiado	terão copiado		

Samples of verb usage.

A pintora gostava tanto de Van Gogh que **copiava** os seus quadros no museu.
The painter (female) liked Van Gogh so much that she copied his paintings in the museum.

A secretária **tinha copiado** os documentos antes do Presidente mandar os originais serem destruídos.   *The secretary (female) had copied the documents before the president ordered the originals to be destroyed.*

Os monjes medievais habituavam **copiar** manuscritos à luz de vela.
Medieval monks used to copy manuscripts by candlelight.

O aluno que **copiou** as respostas do seu colega foi expulso.
The student who copied the answers from his classmate was expelled.

to run

Personal Infinitive		***Present Subjunctive***	
correr	corrermos	corra	corramos
correres	correrdes	corras	corrais
correr	correrem	corra	corram
Present Indicative		***Imperfect Subjunctive***	
corro	corremos	corresse	corrêssemos
corres	correis	corresses	corrêsseis
corre	*correm**	corresse	corressem
Imperfect Indicative		***Future Subjunctive***	
corria	corríamos	correr	corrermos
corrias	corríeis	correres	correrdes
corria	corriam	correr	correrem
Preterit Indicative		***Present Perfect Subjunctive***	
corri	corremos	tenha corrido	tenhamos corrido
correste	correstes	tenhas corrido	tenhais corrido
correu	correram	tenha corrido	tenham corrido
Simple Pluperfect Indicative		***Past Perfect or Pluperfect Subjunctive***	
correra	corrêramos	tivesse corrido	tivéssemos corrido
correras	corrêreis	tivesses corrido	tivésseis corrido
correra	correram	tivesse corrido	tivessem corrido
Future Indicative		***Future Perfect Subjunctive***	
correrei	correremos	tiver corrido	tivermos corrido
correrás	correreis	tiveres corrido	tiverdes corrido
correrá	correrão	tiver corrido	tiverem corrido
Present Perfect Indicative		***Conditional***	
tenho corrido	temos corrido	correria	correríamos
tens corrido	tendes corrido	correrias	correríeis
tem corrido	têm corrido	correria	correriam
Past Perfect or Pluperfect Indicative		***Conditional Perfect***	
tinha corrido	tínhamos corrido	teria corrido	teríamos corrido
tinhas corrido	tínheis corrido	terias corrido	teríeis corrido
tinha corrido	tinham corrido	teria corrido	teriam corrido
Future Perfect Indicative		***Imperative***	
terei corrido	teremos corrido	*corre**–correi	
terás corrido	tereis corrido		
terá corrido	terão corrido		

Samples of verb usage.

Eu **corro** todos os dias.   *I run every day.*

O ladrão **corria** da polícia.   *The thief was running from the police.*

Ela já **tinha corrido** quinze quilômetros (quilómetros *in Portugal*), quando teve o ataque de coração.
She had already run fifteen kilometers when she had the heart attack.

O corredor **teria corrido** na corrida, mas ele torceu o pé.
The runner would have run in the race, but he twisted his foot.

*NOTE: Only the radical-changing verb forms with *open* stressed vowels appear in italic type. For further explanation see Foreword.

167

to correct

Personal Infinitive		**Present Subjunctive**	
corrigir	corrigirmos	corrija	corrijamos
corrigires	corrigirdes	corrijas	corrijais
corrigir	corrigirem	corrija	corrijam

Present Indicative		**Imperfect Subjunctive**	
corrijo	corrigimos	corrigisse	corrigíssemos
corriges	corrigis	corrigisses	corrigísseis
corrige	corrigem	corrigisse	corrigissem

Imperfect Indicative		**Future Subjunctive**	
corrigia	corrigíamos	corrigir	corrigirmos
corrigias	corrigíeis	corrigires	corrigirdes
corrigia	corrigiam	corrigir	corrigirem

Preterit Indicative		**Present Perfect Subjunctive**	
corrigi	corrigimos	tenha corrigido	tenhamos corrigido
corrigiste	corrigistes	tenhas corrigido	tenhais corrigido
corrigiu	corrigiram	tenha corrigido	tenham corrigido

Simple Pluperfect Indicative		**Past Perfect or Pluperfect Subjunctive**	
corrigira	corrigíramos	tivesse corrigido	tivéssemos corrigido
corrigiras	corrigíreis	tivesses corrigido	tivésseis corrigido
corrigira	corrigiram	tivesse corrigido	tivessem corrigido

Future Indicative		**Future Perfect Subjunctive**	
corrigirei	corrigiremos	tiver corrigido	tivermos corrigido
corrigirás	corrigireis	tiveres corrigido	tiverdes corrigido
corrigirá	corrigirão	tiver corrigido	tiverem corrigido

Present Perfect Indicative		**Conditional**	
tenho corrigido	temos corrigido	corrigiria	corrigiríamos
tens corrigido	tendes corrigido	corrigirias	corrigiríeis
tem corrigido	têm corrigido	corrigiria	corrigiriam

Past Perfect or Pluperfect Indicative		**Conditional Perfect**	
tinha corrigido	tínhamos corrigido	teria corrigido	teríamos corrigido
tinhas corrigido	tínheis corrigido	terias corrigido	teríeis corrigido
tinha corrigido	tinham corrigido	teria corrigido	teriam corrigido

Future Perfect Indicative		**Imperative**	
terei corrigido	teremos corrigido	corrige–corrigi	
terás corrigido	tereis corrigido		
terá corrigido	terão corrigido		

Samples of verb usage.

A professora do liceu **corrigiu** os exames.   *The high school teacher (female) corrected the exams.*

Não me **corrija**!   *Don't correct me!*

O mecânico **corrigirá** o defeito dos travões (freios *in Brazil*).
The mechanic will correct the problem with the brakes.

Se você **tivesse corrigido** o erro, não estaríamos nesta situação.
If you had corrected the error, we wouldn't be in this situation.

to cut

Personal Infinitive		*Present Subjunctive*	
cortar	cortarmos	*corte*	cortemos
cortares	cortardes	*cortes*	corteis
cortar	cortarem	*corte*	*cortem**

Present Indicative		*Imperfect Subjunctive*	
corto	cortamos	cortasse	cortássemos
cortas	cortais	cortasses	cortásseis
corta	*cortam**	cortasse	cortassem

Imperfect Indicative		*Future Subjunctive*	
cortava	cortávamos	cortar	cortarmos
cortavas	cortáveis	cortares	cortardes
cortava	cortavam	cortar	cortarem

Preterit Indicative		*Present Perfect Subjunctive*	
cortei	cortámos	tenha cortado	tenhamos cortado
cortaste	cortastes	tenhas cortado	tenhais cortado
cortou	cortaram	tenha cortado	tenham cortado

Simple Pluperfect Indicative		*Past Perfect or Pluperfect Subjunctive*	
cortara	cortáramos	tivesse cortado	tivéssemos cortado
cortaras	cortáreis	tivesses cortado	tivésseis cortado
cortara	cortaram	tivesse cortado	tivessem cortado

Future Indicative		*Future Perfect Subjunctive*	
cortarei	cortaremos	tiver cortado	tivermos cortado
cortarás	cortareis	tiveres cortado	tiverdes cortado
cortará	cortarão	tiver cortado	tiverem cortado

Present Perfect Indicative		*Conditional*	
tenho cortado	temos cortado	cortaria	cortaríamos
tens cortado	tendes cortado	cortarias	cortaríeis
tem cortado	têm cortado	cortaria	cortariam

Past Perfect or Pluperfect Indicative		*Conditional Perfect*	
tinha cortado	tínhamos cortado	teria cortado	teríamos cortado
tinhas cortado	tínheis cortado	terias cortado	teríeis cortado
tinha cortado	tinham cortado	teria cortado	teriam cortado

Future Perfect Indicative		*Imperative*	
terei cortado	teremos cortado	*corta**–cortai	
terás cortado	tereis cortado		
terá cortado	terão cortado		

Samples of verb usage.

Tenho que **cortar** a relva (grama *in Brazil*) hoje.   *I've got to cut the grass today.*

Esta faca **corta** muito bem.   *This knife cuts very well.*

O cozinheiro está **a cortar** (**cortando**) a carne para o cozido.
The cook is cutting the meat for the stew.

A menina **cortou** a perna quando caiu.   *The girl cut her leg when she fell.*

*NOTE: Only the radical-changing verb forms with *open* stressed vowels appear in italic type. For further
explanation see Foreword.

169

to sew, stitch

Personal Infinitive		Present Subjunctive	
coser	cosermos	cosa	cosamos
coseres	coserdes	cosas	cosais
coser	coserem	cosa	cosam

Present Indicative		Imperfect Subjunctive	
coso	cosemos	cosesse	cosêssemos
coses	coseis	cosesses	cosêsseis
cose	*cosem**	cosesse	cosessem

Imperfect Indicative		Future Subjunctive	
cosia	cosíamos	coser	cosermos
cosias	cosíeis	coseres	coserdes
cosia	cosiam	coser	coserem

Preterit Indicative		Present Perfect Subjunctive	
cosi	cosemos	tenha cosido	tenhamos cosido
coseste	cosestes	tenhas cosido	tenhais cosido
coseu	coseram	tenha cosido	tenham cosido

Simple Pluperfect Indicative		Past Perfect or Pluperfect Subjunctive	
cosera	cosêramos	tivesse cosido	tivéssemos cosido
coseras	cosêreis	tivesses cosido	tivésseis cosido
cosera	coseram	tivesse cosido	tivessem cosido

Future Indicative		Future Perfect Subjunctive	
coserei	coseremos	tiver cosido	tivermos cosido
coserás	cosereis	tiveres cosido	tiverdes cosido
coserá	coserão	tiver cosido	tiverem cosido

Present Perfect Indicative		Conditional	
tenho cosido	temos cosido	coseria	coseríamos
tens cosido	tendes cosido	coserias	coseríeis
tem cosido	têm cosido	coseria	coseriam

Past Perfect or Pluperfect Indicative		Conditional Perfect	
tinha cosido	tínhamos cosido	teria cosido	teríamos cosido
tinhas cosido	tínheis cosido	terias cosido	teríeis cosido
tinha cosido	tinham cosido	teria cosido	teriam cosido

Future Perfect Indicative		Imperative	
terei cosido	teremos cosido	*cose**–cosei	
terás cosido	tereis cosido		
terá cosido	terão cosido		

Samples of verb usage.

Esse alfaiate **cose** os melhores fatos (ternos *in Brazil*) do país.
That tailor sews the best suits in the country.

Eu mesmo **cosi** as minhas calças ontem.   *I stitched my pants myself yesterday.*

A minha mãe **coser**-te-**á** uma camisa.   *My mother will sew a shirt for you.*

Ela **tem cosido** o dia inteiro.   *She's been sewing all day.*

*NOTE: Only the radical-changing verb forms with *open* stressed vowels appear in italic type. For further explanation see Foreword.

to cook

Personal Infinitive		*Present Subjunctive*	
cozinhar	cozinharmos	cozinhe	cozinhemos
cozinhares	cozinhardes	cozinhes	cozinheis
cozinhar	cozinharem	cozinhe	cozinhem

Present Indicative		*Imperfect Subjunctive*	
cozinho	cozinhamos	cozinhasse	cozinhássemos
cozinhas	cozinhais	cozinhasses	cozinhásseis
cozinha	cozinham	cozinhasse	cozinhassem

Imperfect Indicative		*Future Subjunctive*	
cozinhava	cozinhávamos	cozinhar	cozinharmos
cozinhavas	cozinháveis	cozinhares	cozinhardes
cozinhava	cozinhavam	cozinhar	cozinharem

Preterit Indicative		*Present Perfect Subjunctive*	
cozinhei	cozinhámos	tenha cozinhado	tenhamos cozinhado
cozinhaste	cozinhastes	tenhas cozinhado	tenhais cozinhado
cozinhou	cozinharam	tenha cozinhado	tenham cozinhado

Simple Pluperfect Indicative		*Past Perfect or Pluperfect Subjunctive*	
cozinhara	cozinháramos	tivesse cozinhado	tivéssemos cozinhado
cozinharas	cozinháreis	tivesses cozinhado	tivésseis cozinhado
cozinhara	cozinharam	tivesse cozinhado	tivessem cozinhado

Future Indicative		*Future Perfect Subjunctive*	
cozinharei	cozinharemos	tiver cozinhado	tivermos cozinhado
cozinharás	cozinhareis	tiveres cozinhado	tiverdes cozinhado
cozinhará	cozinharão	tiver cozinhado	tiverem cozinhado

Present Perfect Indicative		*Conditional*	
tenho cozinhado	temos cozinhado	cozinharia	cozinharíamos
tens cozinhado	tendes cozinhado	cozinharias	cozinharíeis
tem cozinhado	têm cozinhado	cozinharia	cozinhariam

Past Perfect or Pluperfect Indicative		*Conditional Perfect*	
tinha cozinhado	tínhamos cozinhado	teria cozinhado	teríamos cozinhado
tinhas cozinhado	tínheis cozinhado	terias cozinhado	teríeis cozinhado
tinha cozinhado	tinham cozinhado	teria cozinhado	teriam cozinhado

Future Perfect Indicative		*Imperative*	
terei cozinhado	teremos cozinhado	cozinha–cozinhai	
terás cozinhado	tereis cozinhado		
terá cozinhado	terão cozinhado		

Samples of verb usage.

O meu pai sempre **cozinhava** aos domingos.   *My dad always used to cook on Sundays.*

Eu **cozinho** todas as minhas refeições.   *I cook all of my meals.*

O peru esteve **a cozinhar** (**cozinhando**) durante horas.   *The turkey was cooking for hours.*

Eles pensavam que iam ter que **cozinhar** para cem pessoas.
They thought that they would have to cook for a hundred people.

to believe, think

Personal Infinitive		*Present Subjunctive*	
crer	crermos	creia	creiamos
creres	crerdes	creias	creiais
crer	crerem	creia	creiam

Present Indicative		*Imperfect Subjunctive*	
creio	cremos	cresse	crêssemos
crês	credes	cresses	crêsseis
crê	crêem	cresse	cressem

Imperfect Indicative		*Future Subjunctive*	
cria	críamos	crer	crermos
crias	críeis	creres	crerdes
cria	criam	crer	crerem

Preterit Indicative		*Present Perfect Subjunctive*	
cri	cremos	tenha crido	tenhamos crido
creste	crestes	tenhas crido	tenhais crido
creu	creram	tenha crido	tenham crido

Simple Pluperfect Indicative		*Past Perfect or Pluperfect Subjunctive*	
crera	crêramos	tivesse crido	tivéssemos crido
creras	crêreis	tivesses crido	tivésseis crido
crera	creram	tivesse crido	tivessem crido

Future Indicative		*Future Perfect Subjunctive*	
crerei	creremos	tiver crido	tivermos crido
crerás	crereis	tiveres crido	tiverdes crido
crerá	crerão	tiver crido	tiverem crido

Present Perfect Indicative		*Conditional*	
tenho crido	temos crido	creria	creríamos
tens crido	tendes crido	crerias	creríeis
tem crido	têm crido	creria	creriam

Past Perfect or Pluperfect Indicative		*Conditional Perfect*	
tinha crido	tínhamos crido	teria crido	teríamos crido
tinhas crido	tínheis crido	terias crido	teríeis crido
tinha crido	tinham crido	teria crido	teriam crido

Future Perfect Indicative		*Imperative*	
terei crido	teremos crido	crê–crede	
terás crido	tereis crido		
terá crido	terão crido		

Samples of verb usage.

Creio que não.   *I don't think so.*

Ele não **crê** em nada.   *He doesn't believe in anything.*

Um dia **crerão** em Deus.   *One day they'll believe in God.*

Creia no que digo, porque vai acontecer.   *Believe what I say, because it's going to happen.*

to grow

Personal Infinitive		**Present Subjunctive**	
crescer	crescermos	cresça	cresçamos
cresceres	crescerdes	cresças	cresçais
crescer	crescerem	cresça	cresçam

Present Indicative		**Imperfect Subjunctive**	
cresço	crescemos	crescesse	crescêssemos
cresces	cresceis	crescesses	crescêsseis
cresce	*crescem**	crescesse	crescessem

Imperfect Indicative		**Future Subjunctive**	
crescia	crescíamos	crescer	crescermos
crescias	crescíeis	cresceres	crescerdes
crescia	cresciam	crescer	crescerem

Preterit Indicative		**Present Perfect Subjunctive**	
cresci	crescemos	tenha crescido	tenhamos crescido
cresceste	crescestes	tenhas crescido	tenhais crescido
cresceu	cresceram	tenha crescido	tenham crescido

Simple Pluperfect Indicative		**Past Perfect or Pluperfect Subjunctive**	
crescera	crescêramos	tivesse crescido	tivéssemos crescido
cresceras	crescêreis	tivesses crescido	tivésseis crescido
crescera	cresceram	tivesse crescido	tivessem crescido

Future Indicative		**Future Perfect Subjunctive**	
crescerei	cresceremos	tiver crescido	tivermos crescido
crescerás	crescereis	tiveres crescido	tiverdes crescido
crescerá	crescerão	tiver crescido	tiverem crescido

Present Perfect Indicative		**Conditional**	
tenho crescido	temos crescido	cresceria	cresceríamos
tens crescido	tendes crescido	crescerias	cresceríeis
tem crescido	têm crescido	cresceria	cresceriam

Past Perfect or Pluperfect Indicative		**Conditional Perfect**	
tinha crescido	tínhamos crescido	teria crescido	teríamos crescido
tinhas crescido	tínheis crescido	terias crescido	teríeis crescido
tinha crescido	tinham crescido	teria crescido	teriam crescido

Future Perfect Indicative		**Imperative**	
terei crescido	teremos crescido	*cresce**– crescei	
terás crescido	tereis crescido		
terá crescido	terão crescido		

Samples of verb usage.

Esta árvore **cresce** rápido.   *This tree grows fast.*

O menino **cresceu** cinco centímetros em menos dum ano.
The boy grew five centimeters in less than a year.

A população já **tinha crescido** demais.   *The population had already grown too much.*

Tinham previsto que o cabelo dela **cresceria** o suficiente para fazer tranças.
They had anticipated (foreseen) that her hair would grow enough to make braids.

*NOTE: Only the radical-changing verb forms with *open* stressed vowels appear in italic type. For further explanation see Foreword.

to create; to raise, bring up (children *or* animals)

Personal Infinitive		Present Subjunctive	
criar	criarmos	crie	criemos
criares	criardes	cries	crieis
criar	criarem	crie	criem

Present Indicative		Imperfect Subjunctive	
crio	criamos	criasse	criássemos
crias	criais	criasses	criásseis
cria	criam	criasse	criassem

Imperfect Indicative		Future Subjunctive	
criava	criávamos	criar	criarmos
criavas	criáveis	criares	criardes
criava	criavam	criar	criarem

Preterit Indicative		Present Perfect Subjunctive	
criei	criámos	tenha criado	tenhamos criado
criaste	criastes	tenhas criado	tenhais criado
criou	criaram	tenha criado	tenham criado

Simple Pluperfect Indicative		Past Perfect or Pluperfect Subjunctive	
criara	criáramos	tivesse criado	tivéssemos criado
criaras	criáreis	tivesses criado	tivésseis criado
criara	criaram	tivesse criado	tivessem criado

Future Indicative		Future Perfect Subjunctive	
criarei	criaremos	tiver criado	tivermos criado
criarás	criareis	tiveres criado	tiverdes criado
criará	criarão	tiver criado	tiverem criado

Present Perfect Indicative		Conditional	
tenho criado	temos criado	criaria	criaríamos
tens criado	tendes criado	criarias	criaríeis
tem criado	têm criado	criaria	criariam

Past Perfect or Pluperfect Indicative		Conditional Perfect	
tinha criado	tínhamos criado	teria criado	teríamos criado
tinhas criado	tínheis criado	terias criado	teríeis criado
tinha criado	tinham criado	teria criado	teriam criado

Future Perfect Indicative		Imperative	
terei criado	teremos criado	cria–criai	
terás criado	tereis criado		
terá criado	terão criado		

Samples of verb usage.

O Walt Disney **criou** animais com personalidades humanas. *Walt Disney created animals with human personalities.*

A cientista **tinha criado** um escândalo com a falsificação dos resultados da sua pesquisa.
The scientist (female) had created a scandal by falsifying the results of her research.

O pai quis **criar** os seus filhos com muito amor.
The father sought to raise his children with a great deal of love.

Depois de **criarmos** o motor mais económico (econômico *in Brazil*) do mundo, seremos ricos e famosos.
Once we create the most economical motor in the world, we will become rich and famous.

to criticize

Personal Infinitive	
criticar	criticarmos
criticares	criticardes
criticar	criticarem

Present Subjunctive	
critique	critiquemos
critiques	critiqueis
critique	critiquem

Present Indicative	
critico	criticamos
criticas	criticais
critica	criticam

Imperfect Subjunctive	
criticasse	criticássemos
criticasses	criticásseis
criticasse	criticassem

Imperfect Indicative	
criticava	criticávamos
criticavas	criticáveis
criticava	criticavam

Future Subjunctive	
criticar	criticarmos
criticares	criticardes
criticar	criticarem

Preterit Indicative	
critiquei	criticámos
criticaste	criticastes
criticou	criticaram

Present Perfect Subjunctive	
tenha criticado	tenhamos criticado
tenhas criticado	tenhais criticado
tenha criticado	tenham criticado

Simple Pluperfect Indicative	
criticara	criticáramos
criticaras	criticáreis
criticara	criticaram

Past Perfect or Pluperfect Subjunctive	
tivesse criticado	tivéssemos criticado
tivesses criticado	tivésseis criticado
tivesse criticado	tivessem criticado

Future Indicative	
criticarei	criticaremos
criticarás	criticareis
criticará	criticarão

Future Perfect Subjunctive	
tiver criticado	tivermos criticado
tiveres criticado	tiverdes criticado
tiver criticado	tiverem criticado

Present Perfect Indicative	
tenho criticado	temos criticado
tens criticado	tendes criticado
tem criticado	têm criticado

Conditional	
criticaria	criticaríamos
criticarias	criticaríeis
criticaria	criticariam

Past Perfect or Pluperfect Indicative	
tinha criticado	tínhamos criticado
tinhas criticado	tínheis criticado
tinha criticado	tinham criticado

Conditional Perfect	
teria criticado	teríamos criticado
terias criticado	teríeis criticado
teria criticado	teriam criticado

Future Perfect Indicative	
terei criticado	teremos criticado
terás criticado	tereis criticado
terá criticado	terão criticado

Imperative	
critica–criticai	

Samples of verb usage.

Não **critique** tanto o seu irmão.   *Don't criticize your brother so much.*

A tua melhor amiga te **criticou** severamente.   *Your best friend criticized you severely.*

Se eu a **tivesse criticado** antes, teria melhorado a situação.
If I had criticized her before, the situation would have improved.

Critiquei a opinião dele diante de toda a família.   *I criticized his opinion in front of the whole family.*

to take care (of); to be careful

Personal Infinitive		*Present Subjunctive*	
cuidar	cuidarmos	cuide	cuidemos
cuidares	cuidardes	cuides	cuideis
cuidar	cuidarem	cuide	cuidem

Present Indicative		*Imperfect Subjunctive*	
cuido	cuidamos	cuidasse	cuidássemos
cuidas	cuidais	cuidasses	cuidásseis
cuida	cuidam	cuidasse	cuidassem

Imperfect Indicative		*Future Subjunctive*	
cuidava	cuidávamos	cuidar	cuidarmos
cuidavas	cuidáveis	cuidares	cuidardes
cuidava	cuidavam	cuidar	cuidarem

Preterit Indicative		*Present Perfect Subjunctive*	
cuidei	cuidámos	tenha cuidado	tenhamos cuidado
cuidaste	cuidastes	tenhas cuidado	tenhais cuidado
cuidou	cuidaram	tenha cuidado	tenham cuidado

Simple Pluperfect Indicative		*Past Perfect or Pluperfect Subjunctive*	
cuidara	cuidáramos	tivesse cuidado	tivéssemos cuidado
cuidaras	cuidáreis	tivesses cuidado	tivésseis cuidado
cuidara	cuidaram	tivesse cuidado	tivessem cuidado

Future Indicative		*Future Perfect Subjunctive*	
cuidarei	cuidaremos	tiver cuidado	tivermos cuidado
cuidarás	cuidareis	tiveres cuidado	tiverdes cuidado
cuidará	cuidarão	tiver cuidado	tiverem cuidado

Present Perfect Indicative		*Conditional*	
tenho cuidado	temos cuidado	cuidaria	cuidaríamos
tens cuidado	tendes cuidado	cuidarias	cuidaríeis
tem cuidado	têm cuidado	cuidaria	cuidariam

Past Perfect or Pluperfect Indicative		*Conditional Perfect*	
tinha cuidado	tínhamos cuidado	teria cuidado	teríamos cuidado
tinhas cuidado	tínheis cuidado	terias cuidado	teríeis cuidado
tinha cuidado	tinham cuidado	teria cuidado	teriam cuidado

Future Perfect Indicative		*Imperative*	
terei cuidado	teremos cuidado	cuida–cuidai	
terás cuidado	tereis cuidado		
terá cuidado	terão cuidado		

Samples of verb usage.

A filha **cuidava** sempre da mãe. *The daughter always took care of her mother.*

Ele **se cuida** muito. *He takes good care of himself.*

Cuide disto, por favor. *Take care of this, please.*

Cuidarei de não dizer (falar *in Brazil*) tolices. *I will be careful not to say anything foolish.*

to blame

Personal Infinitive		**Present Subjunctive**	
culpar	culparmos	culpe	culpemos
culpares	culpardes	culpes	culpeis
culpar	culparem	culpe	culpem

Present Indicative		**Imperfect Subjunctive**	
culpo	culpamos	culpasse	culpássemos
culpas	culpais	culpasses	culpásseis
culpa	culpam	culpasse	culpassem

Imperfect Indicative		**Future Subjunctive**	
culpava	culpávamos	culpar	culparmos
culpavas	culpáveis	culpares	culpardes
culpava	culpavam	culpar	culparem

Preterit Indicative		**Present Perfect Subjunctive**	
culpei	culpámos	tenha culpado	tenhamos culpado
culpaste	culpastes	tenhas culpado	tenhais culpado
culpou	culparam	tenha culpado	tenham culpado

Simple Pluperfect Indicative		**Past Perfect or Pluperfect Subjunctive**	
culpara	culpáramos	tivesse culpado	tivéssemos culpado
culparas	culpáreis	tivesses culpado	tivésseis culpado
culpara	culparam	tivesse culpado	tivessem culpado

Future Indicative		**Future Perfect Subjunctive**	
culparei	culparemos	tiver culpado	tivermos culpado
culparás	culpareis	tiveres culpado	tiverdes culpado
culpará	culparão	tiver culpado	tiverem culpado

Present Perfect Indicative		**Conditional**	
tenho culpado	temos culpado	culparia	culparíamos
tens culpado	tendes culpado	culparias	culparíeis
tem culpado	têm culpado	culparia	culpariam

Past Perfect or Pluperfect Indicative		**Conditional Perfect**	
tinha culpado	tínhamos culpado	teria culpado	teríamos culpado
tinhas culpado	tínheis culpado	terias culpado	teríeis culpado
tinha culpado	tinham culpado	teria culpado	teriam culpado

Future Perfect Indicative		**Imperative**	
terei culpado	teremos culpado	culpa–culpai	
terás culpado	tereis culpado		
terá culpado	terão culpado		

Samples of verb usage.

Culpemos a nossa própria avareza (ganância *in Brazil*).   *Let's blame our own greed.*

Não **culpe** ninguém a não ser você próprio.   *You don't have anyone to blame but yourself.*

Ele **se culpou** pelo desastre.   *He blamed himself for the disaster.*

Você **teria-se culpado** também, se tivesse estado no meu lugar.
You would have blamed yourself too, if you had been in my place.

to cultivate; to grow, raise (plants)

Personal Infinitive	
cultivar	cultivarmos
cultivares	cultivardes
cultivar	cultivarem

Present Indicative	
cultivo	cultivamos
cultivas	cultivais
cultiva	cultivam

Imperfect Indicative	
cultivava	cultivávamos
cultivavas	cultiváveis
cultivava	cultivavam

Preterit Indicative	
cultivei	cultivámos
cultivaste	cultivastes
cultivou	cultivaram

Simple Pluperfect Indicative	
cultivara	cultiváramos
cultivaras	cultiváreis
cultivara	cultivaram

Future Indicative	
cultivarei	cultivaremos
cultivarás	cultivareis
cultivará	cultivarão

Present Perfect Indicative	
tenho cultivado	temos cultivado
tens cultivado	tendes cultivado
tem cultivado	têm cultivado

Past Perfect or Pluperfect Indicative	
tinha cultivado	tínhamos cultivado
tinhas cultivado	tínheis cultivado
tinha cultivado	tinham cultivado

Future Perfect Indicative	
terei cultivado	teremos cultivado
terás cultivado	tereis cultivado
terá cultivado	terão cultivado

Present Subjunctive	
cultive	cultivemos
cultives	cultiveis
cultive	cultivem

Imperfect Subjunctive	
cultivasse	cultivássemos
cultivasses	cultivásseis
cultivasse	cultivassem

Future Subjunctive	
cultivar	cultivarmos
cultivares	cultivardes
cultivar	cultivarem

Present Perfect Subjunctive	
tenha cultivado	tenhamos cultivado
tenhas cultivado	tenhais cultivado
tenha cultivado	tenham cultivado

Past Perfect or Pluperfect Subjunctive	
tivesse cultivado	tivéssemos cultivado
tivesses cultivado	tivésseis cultivado
tivesse cultivado	tivessem cultivado

Future Perfect Subjunctive	
tiver cultivado	tivermos cultivado
tiveres cultivado	tiverdes cultivado
tiver cultivado	tiverem cultivado

Conditional	
cultivaria	cultivaríamos
cultivarias	cultivaríeis
cultivaria	cultivariam

Conditional Perfect	
teria cultivado	teríamos cultivado
terias cultivado	teríeis cultivado
teria cultivado	teriam cultivado

Imperative	
cultiva–cultivai	

Samples of verb usage.

Cultiva-se café naquela quinta (fazenda *in Brazil*).   *They grow coffee on that farm.*

Não se pode **cultivar** nada nesta terra!   *You can't raise anything on this land!*

Ela **cultivava** uma amizade íntima com o seu professor de português.
She cultivated an intimate friendship with her Portuguese professor.

Eles **cultivavam** batata-doce na sua fazenda (quinta *in Portugal*).
They used to grow sweet potatoes on their farm.

to greet, welcome

Personal Infinitive		*Present Subjunctive*	
cumprimentar	cumprimentarmos	cumprimente	cumprimentemos
cumprimentares	cumprimentardes	cumprimentes	cumprimenteis
cumprimentar	cumprimentarem	cumprimente	cumprimentem

Present Indicative		*Imperfect Subjunctive*	
cumprimento	cumprimentamos	cumprimentasse	cumprimentássemos
cumprimentas	cumprimentais	cumprimentasses	cumprimentásseis
cumprimenta	cumprimentam	cumprimentasse	cumprimentassem

Imperfect Indicative		*Future Subjunctive*	
cumprimentava	cumprimentávamos	cumprimentar	cumprimentarmos
cumprimentavas	cumprimentáveis	cumprimentares	cumprimentardes
cumprimentava	cumprimentavam	cumprimentar	cumprimentarem

Preterit Indicative		*Present Perfect Subjunctive*	
cumprimentei	cumprimentámos	tenha cumprimentado	tenhamos cumprimentado
cumprimentaste	cumprimentastes	tenhas cumprimentado	tenhais cumprimentado
cumprimentou	cumprimentaram	tenha cumprimentado	tenham cumprimentado

Simple Pluperfect Indicative		*Past Perfect or Pluperfect Subjunctive*	
cumprimentara	cumprimentáramos	tivesse cumprimentado	tivéssemos cumprimentado
cumprimentaras	cumprimentáreis	tivesses cumprimentado	tivésseis cumprimentado
cumprimentara	cumprimentaram	tivesse cumprimentado	tivessem cumprimentado

Future Indicative		*Future Perfect Subjunctive*	
cumprimentarei	cumprimentaremos	tiver cumprimentado	tivermos cumprimentado
cumprimentarás	cumprimentareis	tiveres cumprimentado	tiverdes cumprimentado
cumprimentará	cumprimentarão	tiver cumprimentado	tiverem cumprimentado

Present Perfect Indicative		*Conditional*	
tenho cumprimentado	temos cumprimentado	cumprimentaria	cumprimentaríamos
tens cumprimentado	tendes cumprimentado	cumprimentarias	cumprimentaríeis
tem cumprimentado	têm cumprimentado	cumprimentaria	cumprimentariam

Past Perfect or Pluperfect Indicative		*Conditional Perfect*	
tinha cumprimentado	tínhamos cumprimentado	teria cumprimentado	teríamos cumprimentado
tinhas cumprimentado	tínheis cumprimentado	terias cumprimentado	teríeis cumprimentado
tinha cumprimentado	tinham cumprimentado	teria cumprimentado	teriam cumprimentado

Future Perfect Indicative		*Imperative*	
terei cumprimentado	teremos cumprimentado	cumprimenta–cumprimentai	
terás cumprimentado	tereis cumprimentado		
terá cumprimentado	terão cumprimentado		

Samples of verb usage.

A a(c)triz **cumprimentou** o público quando saiu do seu carro.
The actress greeted the crowd when she got out of her car.

O presidente planeava (planejava *in Brazil*) **cumprimentar** o governador na Casa Branca.
The president planned to greet the governor at the White House.

O candidato **cumprimentava** todos que passavam.   *The candidate greeted everybody who passed by.*

Os empregados esperavam para **cumprimentar** o novo chefe.
The employees were waiting to greet the new boss.

cumprir

to fulfill, keep (as a promise)

Personal Infinitive

cumprir	cumprirmos
cumprires	cumprirdes
cumprir	cumprirem

Present Indicative

cumpro	cumprimos
cumpres	cumpris
cumpre	cumprem

Imperfect Indicative

cumpria	cumpríamos
cumprias	cumpríeis
cumpria	cumpriam

Preterit Indicative

cumpri	cumprimos
cumpriste	cumpristes
cumpriu	cumpriram

Simple Pluperfect Indicative

cumprira	cumpríramos
cumpriras	cumpríreis
cumprira	cumpriram

Future Indicative

cumprirei	cumpriremos
cumprirás	cumprireis
cumprirá	cumprirão

Present Perfect Indicative

tenho cumprido	temos cumprido
tens cumprido	tendes cumprido
tem cumprido	têm cumprido

Past Perfect or Pluperfect Indicative

tinha cumprido	tínhamos cumprido
tinhas cumprido	tínheis cumprido
tinha cumprido	tinham cumprido

Future Perfect Indicative

terei cumprido	teremos cumprido
terás cumprido	tereis cumprido
terá cumprido	terão cumprido

Present Subjunctive

cumpra	cumpramos
cumpras	cumprais
cumpra	cumpram

Imperfect Subjunctive

cumprisse	cumpríssemos
cumprisses	cumprísseis
cumprisse	cumprissem

Future Subjunctive

cumprir	cumprirmos
cumprires	cumprirdes
cumprir	cumprirem

Present Perfect Subjunctive

tenha cumprido	tenhamos cumprido
tenhas cumprido	tenhais cumprido
tenha cumprido	tenham cumprido

Past Perfect or Pluperfect Subjunctive

tivesse cumprido	tivéssemos cumprido
tivesses cumprido	tivésseis cumprido
tivesse cumprido	tivessem cumprido

Future Perfect Subjunctive

tiver cumprido	tivermos cumprido
tiveres cumprido	tiverdes cumprido
tiver cumprido	tiverem cumprido

Conditional

cumpriria	cumpriríamos
cumpririas	cumpriríeis
cumpriria	cumpririam

Conditional Perfect

teria cumprido	teríamos cumprido
terias cumprido	teríeis cumprido
teria cumprido	teriam cumprido

Imperative

cumpre–cumpri

Samples of verb usage.

A professora da escola primária **cumpriu** o seu dever.
The elementary school teacher (female) fulfilled her duty.

O presidente sempre **cumpria** as suas promessas.   *The president always kept his promises.*

Ele nunca **cumpre** com a sua palavra.   *He never keeps his word.*

A médica já **tinha cumprido** a sua obrigação.   *The doctor (female) had already fulfilled her obligation.*

to cure, heal

Personal Infinitive
curar	curarmos
curares	curardes
curar	curarem

Present Indicative
curo	curamos
curas	curais
cura	curam

Imperfect Indicative
curava	curávamos
curavas	curáveis
curava	curavam

Preterit Indicative
curei	curámos
curaste	curastes
curou	curaram

Simple Pluperfect Indicative
curara	curáramos
curaras	curáreis
curara	curaram

Future Indicative
curarei	curaremos
curarás	curareis
curará	curarão

Present Perfect Indicative
tenho curado	temos curado
tens curado	tendes curado
tem curado	têm curado

Past Perfect or Pluperfect Indicative
tinha curado	tínhamos curado
tinhas curado	tínheis curado
tinha curado	tinham curado

Future Perfect Indicative
terei curado	teremos curado
terás curado	tereis curado
terá curado	terão curado

Present Subjunctive
cure	curemos
cures	cureis
cure	curem

Imperfect Subjunctive
curasse	curássemos
curasses	curásseis
curasse	curassem

Future Subjunctive
curar	curarmos
curares	curardes
curar	curarem

Present Perfect Subjunctive
tenha curado	tenhamos curado
tenhas curado	tenhais curado
tenha curado	tenham curado

Past Perfect or Pluperfect Subjunctive
tivesse curado	tivéssemos curado
tivesses curado	tivésseis curado
tivesse curado	tivessem curado

Future Perfect Subjunctive
tiver curado	tivermos curado
tiveres curado	tiverdes curado
tiver curado	tiverem curado

Conditional
curaria	curaríamos
curarias	curaríeis
curaria	curariam

Conditional Perfect
teria curado	teríamos curado
terias curado	teríeis curado
teria curado	teriam curado

Imperative
cura–curai

Samples of verb usage.

A Maria José formou-se em medicina para **curar** doentes.
Maria José became a doctor in order to heal the sick.

Este remédio (Esta medicina) **tem curado** muitas vítimas desta doença.
This medicine has been healing many victims of this disease.

Alguns acreditam que a acupuntura pode **curar** tudo.   *Some believe that acupuncture can cure anything.*

A aspirina **tinha curado** a minha dor de cabeça.   *The aspirin had cured my headache.*

to spit (out)

Personal Infinitive			*Present Subjunctive*	
cuspir	cuspirmos		cuspa	cuspamos
cuspires	cuspirdes		cuspas	cuspais
cuspir	cuspirem		cuspa	cuspam

Present Indicative			*Imperfect Subjunctive*	
cuspo	cuspimos		cuspisse	cuspíssemos
cospes	cuspis		cuspisses	cuspísseis
cospe	*cospem**		cuspisse	cuspissem

Imperfect Indicative			*Future Subjunctive*	
cuspia	cuspíamos		cuspir	cuspirmos
cuspias	cuspíeis		cuspires	cuspirdes
cuspia	cuspiam		cuspir	cuspirem

Preterit Indicative			*Present Perfect Subjunctive*	
cuspi	cuspimos		tenha cuspido	tenhamos cuspido
cuspiste	cuspistes		tenhas cuspido	tenhais cuspido
cuspiu	cuspiram		tenha cuspido	tenham cuspido

Simple Pluperfect Indicative			*Past Perfect or Pluperfect Subjunctive*	
cuspira	cuspíramos		tivesse cuspido	tivéssemos cuspido
cuspiras	cuspíreis		tivesses cuspido	tivésseis cuspido
cuspira	cuspiram		tivesse cuspido	tivessem cuspido

Future Indicative			*Future Perfect Subjunctive*	
cuspirei	cuspiremos		tiver cuspido	tivermos cuspido
cuspirás	cuspireis		tiveres cuspido	tiverdes cuspido
cuspirá	cuspirão		tiver cuspido	tiverem cuspido

Present Perfect Indicative			*Conditional*	
tenho cuspido	temos cuspido		cuspiria	cuspiríamos
tens cuspido	tendes cuspido		cuspirias	cuspiríeis
tem cuspido	têm cuspido		cuspiria	cuspiriam

Past Perfect or Pluperfect Indicative			*Conditional Perfect*	
tinha cuspido	tínhamos cuspido		teria cuspido	teríamos cuspido
tinhas cuspido	tínheis cuspido		terias cuspido	teríeis cuspido
tinha cuspido	tinham cuspido		teria cuspido	teriam cuspido

Future Perfect Indicative			*Imperative*	
terei cuspido	teremos cuspido		*cospe**– cuspi	
terás cuspido	tereis cuspido			
terá cuspido	terão cuspido			

Samples of verb usage.

O motorista **cuspiu** pela janela. *The driver spit out the window.*

O menino sentia vontade de **cuspir** sempre que as tias o beijavam.
The child felt like spitting whenever his aunts kissed him.

Ela **cuspiu** na cara da sua adversária. *She spit in the face of her adversary.*

Quero que você **cuspa** essa goma de mascar (pastilha elástica *in Portugal*).
I want you to spit out that chewing gum.

*NOTE: Only the radical-changing verb forms with *open* stressed vowels appear in italic type. For further explanation see Foreword.

to cost

Personal Infinitive	***Present Subjunctive***
custar	custarem

Personal Infinitive
custar   custarem

Present Indicative
custa   custam

Imperfect Indicative
custava   custavam

Preterit Indicative
custou   custaram

Simple Pluperfect Indicative
custara   custaram

Future Indicative
custará   custarão

Present Perfect Indicative
tem custado   têm custado

Past Perfect or Pluperfect Indicative
tinha custado   tinham custado

Future Perfect Indicative
terá custado   terão custado

Present Subjunctive
custe   custem

Imperfect Subjunctive
custasse   custassem

Future Subjunctive
custar   custarem

Present Perfect Subjunctive
tenha custado   tenham custado

Past Perfect or Pluperfect Subjunctive
tivesse custado   tivessem custado

Future Perfect Subjunctive
tiver custado   tiverem custado

Conditional
custaria   custariam

Conditional Perfect
teria custado   teriam custado

Samples of verb usage.

Essa televisão **custa** demais.   *That television costs too much.*

A casa **custava** menos (do) que eles esperavam.   *The house cost less than they expected.*

Quanto **custa** matricular nessa universidade?   *How much does it cost to enroll in that university?*

Custe o que **custar**, iremos à Flórida.   *No matter what it costs, we will go to Florida.*

danar

to damage, injure, harm; to be harmful; to damn

Personal Infinitive		*Present Subjunctive*	
danar	danarmos	dane	danemos
danares	danardes	danes	daneis
danar	danarem	dane	danem

Present Indicative		*Imperfect Subjunctive*	
dano	danamos	danasse	danássemos
danas	danais	danasses	danásseis
dana	danam	danasse	danassem

Imperfect Indicative		*Future Subjunctive*	
danava	danávamos	danar	danarmos
danavas	danáveis	danares	danardes
danava	danavam	danar	danarem

Preterit Indicative		*Present Perfect Subjunctive*	
danei	danámos	tenha danado	tenhamos danado
danaste	danastes	tenhas danado	tenhais danado
danou	danaram	tenha danado	tenham danado

Simple Pluperfect Indicative		*Past Perfect or Pluperfect Subjunctive*	
danara	danáramos	tivesse danado	tivéssemos danado
danaras	danáreis	tivesses danado	tivésseis danado
danara	danaram	tivesse danado	tivessem danado

Future Indicative		*Future Perfect Subjunctive*	
danarei	danaremos	tiver danado	tivermos danado
danarás	danareis	tiveres danado	tiverdes danado
danará	danarão	tiver danado	tiverem danado

Present Perfect Indicative		*Conditional*	
tenho danado	temos danado	danaria	danaríamos
tens danado	tendes danado	danarias	danaríeis
tem danado	têm danado	danaria	danariam

Past Perfect or Pluperfect Indicative		*Conditional Perfect*	
tinha danado	tínhamos danado	teria danado	teríamos danado
tinhas danado	tínheis danado	terias danado	teríeis danado
tinha danado	tinham danado	teria danado	teriam danado

Future Perfect Indicative		*Imperative*	
terei danado	teremos danado	dana–danai	
terás danado	tereis danado		
terá danado	terão danado		

Samples of verb usage.

O acidente **danou** o carro.   *The accident damaged the car.*

O teu mau génio (gênio *in Brazil*) **danará** o teu relacionamento com ela.
Your bad temper will harm your relationship with her.

Dane-se!   *Damn you!*

O vício de fumar **dana** a saúde.   *The smoking habit is harmful to one's health.*

to dance

Personal Infinitive		*Present Subjunctive*	
dançar	dançarmos	dance	dancemos
dançares	dançardes	dances	danceis
dançar	dançarem	dance	dancem

Present Indicative		*Imperfect Subjunctive*	
danço	dançamos	dançasse	dançássemos
danças	dançais	dançasses	dançásseis
dança	dançam	dançasse	dançassem

Imperfect Indicative		*Future Subjunctive*	
dançava	dançávamos	dançar	dançarmos
dançavas	dançáveis	dançares	dançardes
dançava	dançavam	dançar	dançarem

Preterit Indicative		*Present Perfect Subjunctive*	
dancei	dançámos	tenha dançado	tenhamos dançado
dançaste	dançastes	tenhas dançado	tenhais dançado
dançou	dançaram	tenha dançado	tenham dançado

Simple Pluperfect Indicative		*Past Perfect or Pluperfect Subjunctive*	
dançara	dançáramos	tivesse dançado	tivéssemos dançado
dançaras	dançáreis	tivesses dançado	tivésseis dançado
dançara	dançaram	tivesse dançado	tivessem dançado

Future Indicative		*Future Perfect Subjunctive*	
dançarei	dançaremos	tiver dançado	tivermos dançado
dançarás	dançareis	tiveres dançado	tiverdes dançado
dançará	dançarão	tiver dançado	tiverem dançado

Present Perfect Indicative		*Conditional*	
tenho dançado	temos dançado	dançaria	dançaríamos
tens dançado	tendes dançado	dançarias	dançaríeis
tem dançado	têm dançado	dançaria	dançariam

Past Perfect or Pluperfect Indicative		*Conditional Perfect*	
tinha dançado	tínhamos dançado	teria dançado	teríamos dançado
tinhas dançado	tínheis dançado	terias dançado	teríeis dançado
tinha dançado	tinham dançado	teria dançado	teriam dançado

Future Perfect Indicative		*Imperative*	
terei dançado	teremos dançado	dança–dançai	
terás dançado	tereis dançado		
terá dançado	terão dançado		

Samples of verb usage.

Dançámos durante três horas na festa.   *We danced for three hours at the party.*

Dançarias com um homen tão velho?   *Would you dance with such an old man?*

Ela **tem dançado** balé (ballet) desde criança.   *She has been dancing ballet since she was a kid.*

Eles **dançavam** colados um ao outro.   *They were dancing pressed close to each other.*

to give

Personal Infinitive
dar	darmos
dares	dardes
dar	darem

Present Indicative
dou	damos
dás	dais
dá	dão

Imperfect Indicative
dava	dávamos
davas	dáveis
dava	davam

Preterit Indicative
dei	demos
deste	destes
deu	deram

Simple Pluperfect Indicative
dera	déramos
deras	déreis
dera	deram

Future Indicative
darei	daremos
darás	dareis
dará	darão

Present Perfect Indicative
tenho dado	temos dado
tens dado	tendes dado
tem dado	têm dado

Past Perfect or Pluperfect Indicative
tinha dado	tínhamos dado
tinhas dado	tínheis dado
tinha dado	tinham dado

Future Perfect Indicative
terei dado	teremos dado
terás dado	tereis dado
terá dado	terão dado

Present Subjunctive
dê	dêmos
dês	deis
dê	dêem

Imperfect Subjunctive
desse	déssemos
desses	désseis
desse	dessem

Future Subjunctive
der	dermos
deres	derdes
der	derem

Present Perfect Subjunctive
tenha dado	tenhamos dado
tenhas dado	tenhais dado
tenha dado	tenham dado

Past Perfect or Pluperfect Subjunctive
tivesse dado	tivéssemos dado
tivesses dado	tivésseis dado
tivesse dado	tivessem dado

Future Perfect Subjunctive
tiver dado	tivermos dado
tiveres dado	tiverdes dado
tiver dado	tiverem dado

Conditional
daria	daríamos
darias	daríeis
daria	dariam

Conditional Perfect
teria dado	teríamos dado
terias dado	teríeis dado
teria dado	teriam dado

Imperative
dá–dai

Samples of verb usage.

O Pai Natal (Papai Noel *in Brazil*) **dá** presentes todos os Natais.   *Santa Claus gives presents every Christmas.*

Os professores daquele liceu **davam** notas boas.   *The teachers at that high school gave good grades.*

Eu já **tinha dado** o meu bilhete para ir na montanha russa.   *I had already given my ticket to ride on the roller coaster.*

O dono do restaurante **dará** comida grátis a todos os empregados.   *The restaurant owner will give free food to all his employees.*

to decide

Personal Infinitive
decidir	decidirmos
decidires	decidirdes
decidir	decidirem

Present Indicative
decido	decidimos
decides	decidis
decide	decidem

Imperfect Indicative
decidia	decidíamos
decidias	decidíeis
decidia	decidiam

Preterit Indicative
decidi	decidimos
decidiste	decidistes
decidiu	decidiram

Simple Pluperfect Indicative
decidira	decidíramos
decidiras	decidíreis
decidira	decidiram

Future Indicative
decidirei	decidiremos
decidirás	decidireis
decidirá	decidirão

Present Perfect Indicative
tenho decidido	temos decidido
tens decidido	tendes decidido
tem decidido	têm decidido

Past Perfect or Pluperfect Indicative
tinha decidido	tínhamos decidido
tinhas decidido	tínheis decidido
tinha decidido	tinham decidido

Future Perfect Indicative
terei decidido	teremos decidido
terás decidido	tereis decidido
terá decidido	terão decidido

Present Subjunctive
decida	decidamos
decidas	decidais
decida	decidam

Imperfect Subjunctive
decidisse	decidíssemos
decidisses	decidísseis
decidisse	decidissem

Future Subjunctive
decidir	decidirmos
decidires	decidirdes
decidir	decidirem

Present Perfect Subjunctive
tenha decidido	tenhamos decidido
tenhas decidido	tenhais decidido
tenha decidido	tenham decidido

Past Perfect or Pluperfect Subjunctive
tivesse decidido	tivéssemos decidido
tivesses decidido	tivésseis decidido
tivesse decidido	tivessem decidido

Future Perfect Subjunctive
tiver decidido	tivermos decidido
tiveres decidido	tiverdes decidido
tiver decidido	tiverem decidido

Conditional
decidiria	decidiríamos
decidirias	decidiríeis
decidiria	decidiriam

Conditional Perfect
teria decidido	teríamos decidido
terias decidido	teríeis decidido
teria decidido	teriam decidido

Imperative
decide–decidi

Samples of verb usage.

Decida logo!   *Decide fast!*

O presidente **tinha decidido** o que fazer.   *The president had decided what to do.*

Eles **decidirão** se vão con(n)osco amanhã.   *They'll decide if they're going with us tomorrow.*

Ele **decidiu** ficar no Brasil.   *He decided to stay in Brazil.*

declarar

to declare

Personal Infinitive	
declarar	declararmos
declarares	declarardes
declarar	declararem

Present Indicative	
declaro	declaramos
declaras	declarais
declara	declaram

Imperfect Indicative	
declarava	declarávamos
declaravas	declaráveis
declarava	declaravam

Preterit Indicative	
declarei	declarámos
declaraste	declarastes
declarou	declararam

Simple Pluperfect Indicative	
declarara	declaráramos
declararas	declaráreis
declarara	declararam

Future Indicative	
declararei	declararemos
declararás	declarareis
declarará	declararão

Present Perfect Indicative	
tenho declarado	temos declarado
tens declarado	tendes declarado
tem declarado	têm declarado

Past Perfect or Pluperfect Indicative	
tinha declarado	tínhamos declarado
tinhas declarado	tínheis declarado
tinha declarado	tinham declarado

Future Perfect Indicative	
terei declarado	teremos declarado
terás declarado	tereis declarado
terá declarado	terão declarado

Present Subjunctive	
declare	declaremos
declares	declareis
declare	declarem

Imperfect Subjunctive	
declarasse	declarássemos
declarasses	declarásseis
declarasse	declarassem

Future Subjunctive	
declarar	declararmos
declarares	declarardes
declarar	declararem

Present Perfect Subjunctive	
tenha declarado	tenhamos declarado
tenhas declarado	tenhais declarado
tenha declarado	tenham declarado

Past Perfect or Pluperfect Subjunctive	
tivesse declarado	tivéssemos declarado
tivesses declarado	tivésseis declarado
tivesse declarado	tivessem declarado

Future Perfect Subjunctive	
tiver declarado	tivermos declarado
tiveres declarado	tiverdes declarado
tiver declarado	tiverem declarado

Conditional	
declararia	declararíamos
declararias	declararíeis
declararia	declarariam

Conditional Perfect	
teria declarado	teríamos declarado
terias declarado	teríeis declarado
teria declarado	teriam declarado

Imperative	
declara–declarai	

Samples of verb usage.

O rapaz **declarou** o seu amor pela rapariga.   *The young man declared his love for the girl.*

Eles **declararam** que tudo estava bem.   *They declared that everything was all right.*

O Ministro da Fazenda **tinha declarado** que o seu novo plano económico (econômico *in Brazil*) seria melhor para o país.
The Secretary of the Treasury had declared that his new economic plan would be better for the country.

O candidato **declarará** amanhã as suas intenções.   *The candidate will declare tomorrow his intentions.*

to defend

Personal Infinitive
defender	defendermos
defenderes	defenderdes
defender	defenderem

Present Indicative
defendo	defendemos
defendes	defendeis
defende	defendem

Imperfect Indicative
defendia	defendíamos
defendias	defendíeis
defendia	defendiam

Preterit Indicative
defendi	defendemos
defendeste	defendestes
defendeu	defenderam

Simple Pluperfect Indicative
defendera	defendêramos
defenderas	defendêreis
defendera	defenderam

Future Indicative
defenderei	defenderemos
defenderás	defendereis
defenderá	defenderão

Present Perfect Indicative
tenho defendido	temos defendido
tens defendido	tendes defendido
tem defendido	têm defendido

Past Perfect or Pluperfect Indicative
tinha defendido	tínhamos defendido
tinhas defendido	tínheis defendido
tinha defendido	tinham defendido

Future Perfect Indicative
terei defendido	teremos defendido
terás defendido	tereis defendido
terá defendido	terão defendido

Present Subjunctive
defenda	defendamos
defendas	defendais
defenda	defendam

Imperfect Subjunctive
defendesse	defendêssemos
defendesses	defendêsseis
defendesse	defendessem

Future Subjunctive
defender	defendermos
defenderes	defenderdes
defender	defenderem

Present Perfect Subjunctive
tenha defendido	tenhamos defendido
tenhas defendido	tenhais defendido
tenha defendido	tenham defendido

Past Perfect or Pluperfect Subjunctive
tivesse defendido	tivéssemos defendido
tivesses defendido	tivésseis defendido
tivesse defendido	tivessem defendido

Future Perfect Subjunctive
tiver defendido	tivermos defendido
tiveres defendido	tiverdes defendido
tiver defendido	tiverem defendido

Conditional
defenderia	defenderíamos
defenderias	defenderíeis
defenderia	defenderiam

Conditional Perfect
teria defendido	teríamos defendido
terias defendido	teríeis defendido
teria defendido	teriam defendido

Imperative
defende–defendei

Samples of verb usage.

Defenda-se!   *Defend yourself!*

Um patriota sempre quer **defender** o seu país.   *A patriot always wants to defend his country.*

Ela **tinha-se defendido** dos avanços sexuais dele durante anos.
She had defended herself from his sexual advances for years.

Eu nunca **defenderia** o seu ponto de visto.   *I would never defend your point of view.*

to define

Personal Infinitive		*Present Subjunctive*	
definir	definirmos	defina	definamos
definires	definirdes	definas	definais
definir	definirem	defina	definam

Present Indicative		*Imperfect Subjunctive*	
defino	definimos	definisse	definíssemos
defines	definis	definisses	definísseis
define	definem	definisse	definissem

Imperfect Indicative		*Future Subjunctive*	
definia	definíamos	definir	definirmos
definias	definíeis	definires	definirdes
definia	definiam	definir	definirem

Preterit Indicative		*Present Perfect Subjunctive*	
defini	definimos	tenha definido	tenhamos definido
definiste	definistes	tenhas definido	tenhais definido
definiu	definiram	tenha definido	tenham definido

Simple Pluperfect Indicative		*Past Perfect or Pluperfect Subjunctive*	
definira	definíramos	tivesse definido	tivéssemos definido
definiras	definíreis	tivesses definido	tivésseis definido
definira	definiram	tivesse definido	tivessem definido

Future Indicative		*Future Perfect Subjunctive*	
definirei	definiremos	tiver definido	tivermos definido
definirás	definireis	tiveres definido	tiverdes definido
definirá	definirão	tiver definido	tiverem definido

Present Perfect Indicative		*Conditional*	
tenho definido	temos definido	definiria	definiríamos
tens definido	tendes definido	definirias	definiríeis
tem definido	têm definido	definiria	definiriam

Past Perfect or Pluperfect Indicative		*Conditional Perfect*	
tinha definido	tínhamos definido	teria definido	teríamos definido
tinhas definido	tínheis definido	terias definido	teríeis definido
tinha definido	tinham definido	teria definido	teriam definido

Future Perfect Indicative		*Imperative*	
terei definido	teremos definido	define–defini	
terás definido	tereis definido		
terá definido	terão definido		

Samples of verb usage.

Sabes **definir** esta palavra?   *Can you define this word?*

Ainda não **definimos** bem os parâmetros do problema.   *We still haven't defined well the parameters of the problem.*

Aquele gol (golo *in Portugal*) podia ter **definido** a partida.   *That goal could have decided the game.*

O senado tentará **definir** novas leis este mês.   *The senate will try to define new laws this month.*

to lay *or* put (down); to put to bed; to throw; (**-se**) to go to bed, lie down

Personal Infinitive		*Present Subjunctive*	
deitar	deitarmos	deite	deitemos
deitares	deitardes	deites	deiteis
deitar	deitarem	deite	deitem

Present Indicative		*Imperfect Subjunctive*	
deito	deitamos	deitasse	deitássemos
deitas	deitais	deitasses	deitásseis
deita	deitam	deitasse	deitassem

Imperfect Indicative		*Future Subjunctive*	
deitava	deitávamos	deitar	deitarmos
deitavas	deitáveis	deitares	deitardes
deitava	deitavam	deitar	deitarem

Preterit Indicative		*Present Perfect Subjunctive*	
deitei	deitámos	tenha deitado	tenhamos deitado
deitaste	deitastes	tenhas deitado	tenhais deitado
deitou	deitaram	tenha deitado	tenham deitado

Simple Pluperfect Indicative		*Past Perfect or Pluperfect Subjunctive*	
deitara	deitáramos	tivesse deitado	tivéssemos deitado
deitaras	deitáreis	tivesses deitado	tivésseis deitado
deitara	deitaram	tivesse deitado	tivessem deitado

Future Indicative		*Future Perfect Subjunctive*	
deitarei	deitaremos	tiver deitado	tivermos deitado
deitarás	deitareis	tiveres deitado	tiverdes deitado
deitará	deitarão	tiver deitado	tiverem deitado

Present Perfect Indicative		*Conditional*	
tenho deitado	temos deitado	deitaria	deitaríamos
tens deitado	tendes deitado	deitarias	deitaríeis
tem deitado	têm deitado	deitaria	deitariam

Past Perfect or Pluperfect Indicative		*Conditional Perfect*	
tinha deitado	tínhamos deitado	teria deitado	teríamos deitado
tinhas deitado	tínheis deitado	terias deitado	teríeis deitado
tinha deitado	tinham deitado	teria deitado	teriam deitado

Future Perfect Indicative		*Imperative*	
terei deitado	teremos deitado	deita–deitai	
terás deitado	tereis deitado		
terá deitado	terão deitado		

Samples of verb usage.

Eu nunca **me deito** tarde.   *I never go to bed late.*

Ela **deitou** (jogou *in Brazil*) fora o lixo.   *She threw out the garbage.*

Ela recusou **deitar-se** na mesma cama que ele, apesar de serem marido e mulher.
She refused to lie down on the same bed with him, even though they were husband and wife.

A mãe **deitou** o filho cedo.   *The mother put her son to bed early.*

to let, allow; to leave (behind); (**deixar de** + infinitive) to quit, stop

Personal Infinitive		*Present Subjunctive*	
deixar	deixarmos	deixe	deixemos
deixares	deixardes	deixes	deixeis
deixar	deixarem	deixe	deixem

Present Indicative		*Imperfect Subjunctive*	
deixo	deixamos	deixasse	deixássemos
deixas	deixais	deixasses	deixásseis
deixa	deixam	deixasse	deixassem

Imperfect Indicative		*Future Subjunctive*	
deixava	deixávamos	deixar	deixarmos
deixavas	deixáveis	deixares	deixardes
deixava	deixavam	deixar	deixarem

Preterit Indicative		*Present Perfect Subjunctive*	
deixei	deixámos	tenha deixado	tenhamos deixado
deixaste	deixastes	tenhas deixado	tenhais deixado
deixou	deixaram	tenha deixado	tenham deixado

Simple Pluperfect Indicative		*Past Perfect or Pluperfect Subjunctive*	
deixara	deixáramos	tivesse deixado	tivéssemos deixado
deixaras	deixáreis	tivesses deixado	tivésseis deixado
deixara	deixaram	tivesse deixado	tivessem deixado

Future Indicative		*Future Perfect Subjunctive*	
deixarei	deixaremos	tiver deixado	tivermos deixado
deixarás	deixareis	tiveres deixado	tiverdes deixado
deixará	deixarão	tiver deixado	tiverem deixado

Present Perfect Indicative		*Conditional*	
tenho deixado	temos deixado	deixaria	deixaríamos
tens deixado	tendes deixado	deixarias	deixaríeis
tem deixado	têm deixado	deixaria	deixariam

Past Perfect or Pluperfect Indicative		*Conditional Perfect*	
tinha deixado	tínhamos deixado	teria deixado	teríamos deixado
tinhas deixado	tínheis deixado	terias deixado	teríeis deixado
tinha deixado	tinham deixado	teria deixado	teriam deixado

Future Perfect Indicative		*Imperative*	
terei deixado	teremos deixado	deixa–deixai	
terás deixado	tereis deixado		
terá deixado	terão deixado		

Samples of verb usage.

Posto que eram pais irresponsáveis, eles **deixavam** os seus filhos em casa sozinhos.
Since they were irresponsible parents, they used to leave their childern at home alone.

Ela pensava **deixar** o seu namorado.   *She was thinking about leaving her boyfriend.*

O pai **tinha deixado** a filha ir ao cinema.   *The father had let (allowed) his daughter go to the movies.*

Eu **deixei** de fumar há dois anos.   *I quit smoking two years ago.*

Deixa de falar, homem!   *Stop talking, man!*

to depend (on), be up to

Personal Infinitive	
depender	dependermos
dependeres	dependerdes
depender	dependerem

Present Indicative	
dependo	dependemos
dependes	dependeis
depende	dependem

Imperfect Indicative	
dependia	dependíamos
dependias	dependíeis
dependia	dependiam

Preterit Indicative	
dependi	dependemos
dependeste	dependestes
dependeu	dependeram

Simple Pluperfect Indicative	
dependera	dependêramos
dependeras	dependêreis
dependera	dependeram

Future Indicative	
dependerei	dependeremos
dependerás	dependereis
dependerá	dependerão

Present Perfect Indicative	
tenho dependido	temos dependido
tens dependido	tendes dependido
tem dependido	têm dependido

Past Perfect or Pluperfect Indicative	
tinha dependido	tínhamos dependido
tinhas dependido	tínheis dependido
tinha dependido	tinham dependido

Future Perfect Indicative	
terei dependido	teremos dependido
terás dependido	tereis dependido
terá dependido	terão dependido

Present Subjunctive	
dependa	dependamos
dependas	dependais
dependa	dependam

Imperfect Subjunctive	
dependesse	dependêssemos
dependesses	dependêsseis
dependesse	dependessem

Future Subjunctive	
depender	dependermos
dependeres	dependerdes
depender	dependerem

Present Perfect Subjunctive	
tenha dependido	tenhamos dependido
tenhas dependido	tenhais dependido
tenha dependido	tenham dependido

Past Perfect or Pluperfect Subjunctive	
tivesse dependido	tivéssemos dependido
tivesses dependido	tivésseis dependido
tivesse dependido	tivessem dependido

Future Perfect Subjunctive	
tiver dependido	tivermos dependido
tiveres dependido	tiverdes dependido
tiver dependido	tiverem dependido

Conditional	
dependeria	dependeríamos
dependerias	dependeríeis
dependeria	dependeriam

Conditional Perfect	
teria dependido	teríamos dependido
terias dependido	teríeis dependido
teria dependido	teriam dependido

Imperative	
depende–dependei	

Samples of verb usage.

A solução deste problema **depende** de você.   *The solution to this problem depends on you.*

Não quero que você **dependa** de mim para o resto da sua vida.
I don't want you to depend on me for the rest of your life.

O sucesso da firma **dependerá** do empenho dos empregados.
The firm's success will depend on the employees' performance.

Se **dependesse** de mim, você iria.   *If it were up to me, you would go.*

depositar

Pres. Part. *depositando*   Past Part. *depositado*

to deposit, put *or* place in

Personal Infinitive		*Present Subjunctive*	
depositar	depositarmos	deposite	depositemos
depositares	depositardes	deposites	depositeis
depositar	depositarem	deposite	depositem

Present Indicative		*Imperfect Subjunctive*	
deposito	depositamos	depositasse	depositássemos
depositas	depositais	depositasses	depositásseis
deposita	depositam	depositasse	depositassem

Imperfect Indicative		*Future Subjunctive*	
depositava	depositávamos	depositar	depositarmos
depositavas	depositáveis	depositares	depositardes
depositava	depositavam	depositar	depositarem

Preterit Indicative		*Present Perfect Subjunctive*	
depositei	depositámos	tenha depositado	tenhamos depositado
depositaste	depositastes	tenhas depositado	tenhais depositado
depositou	depositaram	tenha depositado	tenham depositado

Simple Pluperfect Indicative		*Past Perfect or Pluperfect Subjunctive*	
depositara	depositáramos	tivesse depositado	tivéssemos depositado
depositaras	depositáreis	tivesses depositado	tivésseis depositado
depositara	depositaram	tivesse depositado	tivessem depositado

Future Indicative		*Future Perfect Subjunctive*	
depositarei	depositaremos	tiver depositado	tivermos depositado
depositarás	depositareis	tiveres depositado	tiverdes depositado
depositará	depositarão	tiver depositado	tiverem depositado

Present Perfect Indicative		*Conditional*	
tenho depositado	temos depositado	depositaria	depositaríamos
tens depositado	tendes depositado	depositarias	depositaríeis
tem depositado	têm depositado	depositaria	depositariam

Past Perfect or Pluperfect Indicative		*Conditional Perfect*	
tinha depositado	tínhamos depositado	teria depositado	teríamos depositado
tinhas depositado	tínheis depositado	terias depositado	teríeis depositado
tinha depositado	tinham depositado	teria depositado	teriam depositado

Future Perfect Indicative		*Imperative*	
terei depositado	teremos depositado	deposita–depositai	
terás depositado	tereis depositado		
terá depositado	terão depositado		

Samples of verb usage.

Ela **depositou** muito dinheiro na sua poupança (nas suas economias *in Portugal*).
She deposited a lot of money in her savings.

O governador **tinha depositado** o primeiro voto na urna.
The governor had deposited the first vote in the ballot box.

Ele **tem depositado** dinheiro em nome de outra pessoa.
He's been depositing money in someone else's name.

Deposite as suas confianças em mim.   *Put your trust in me.*

to go, get *or* come down, descend

Personal Infinitive		*Present Subjunctive*	
descer	descermos	desça	desçamos
desceres	descerdes	desças	desçais
descer	descerem	desça	desçam

Present Indicative		*Imperfect Subjunctive*	
desço	descemos	descesse	descêssemos
desces	desceis	descesses	descêsseis
desce	*descem**	descesse	descessem

Imperfect Indicative		*Future Subjunctive*	
descia	descíamos	descer	descermos
descias	descíeis	desceres	descerdes
descia	desciam	descer	descerem

Preterit Indicative		*Present Perfect Subjunctive*	
desci	descemos	tenha descido	tenhamos descido
desceste	descestes	tenhas descido	tenhais descido
desceu	desceram	tenha descido	tenham descido

Simple Pluperfect Indicative		*Past Perfect or Pluperfect Subjunctive*	
descera	descêramos	tivesse descido	tivéssemos descido
desceras	descêreis	tivesses descido	tivésseis descido
descera	desceram	tivesse descido	tivessem descido

Future Indicative		*Future Perfect Subjunctive*	
descerei	desceremos	tiver descido	tivermos descido
descerás	descereis	tiveres descido	tiverdes descido
descerá	descerão	tiver descido	tiverem descido

Present Perfect Indicative		*Conditional*	
tenho descido	temos descido	desceria	desceríamos
tens descido	tendes descido	descerias	desceríeis
tem descido	têm descido	desceria	desceriam

Past Perfect or Pluperfect Indicative		*Conditional Perfect*	
tinha descido	tínhamos descido	teria descido	teríamos descido
tinhas descido	tínheis descido	terias descido	teríeis descido
tinha descido	tinham descido	teria descido	teriam descido

Future Perfect Indicative		*Imperative*	
terei descido	teremos descido	*desce**– descei	
terás descido	tereis descido		
terá descido	terão descido		

Samples of verb usage.

Eu **desço** a montanha a pé.   *I come (go, get) down the mountain on foot.*

O meteoro **descia** do céu.   *The meteor was falling (descending) from the sky.*

Os passageiros **desceram** do avião depressa.   *The passengers descended from the plane in a hurry.*

O chefe **teria descido** no elevador para cumprimentá-la, se tivesse sabido que ela estava lá.
The boss would have gone down in the elevator to greet her, if he had known that she was there.

*NOTE: Only the radical-changing verb forms with *open* stressed vowels appear in italic type. For further explanation see Foreword.

to wish, want; to desire

Personal Infinitive		*Present Subjunctive*	
desejar	desejarmos	deseje	desejemos
desejares	desejardes	desejes	desejeis
desejar	desejarem	deseje	desejem

Present Indicative		*Imperfect Subjunctive*	
desejo	desejamos	desejasse	desejássemos
desejas	desejais	desejasses	desejásseis
deseja	desejam	desejasse	desejassem

Imperfect Indicative		*Future Subjunctive*	
desejava	desejávamos	desejar	desejarmos
desejavas	desejáveis	desejares	desejardes
desejava	desejavam	desejar	desejarem

Preterit Indicative		*Present Perfect Subjunctive*	
desejei	desejámos	tenha desejado	tenhamos desejado
desejaste	desejastes	tenhas desejado	tenhais desejado
desejou	desejaram	tenha desejado	tenham desejado

Simple Pluperfect Indicative		*Past Perfect or Pluperfect Subjunctive*	
desejara	desejáramos	tivesse desejado	tivéssemos desejado
desejaras	desejáreis	tivesses desejado	tivésseis desejado
desejara	desejaram	tivesse desejado	tivessem desejado

Future Indicative		*Future Perfect Subjunctive*	
desejarei	desejaremos	tiver desejado	tivermos desejado
desejarás	desejareis	tiveres desejado	tiverdes desejado
desejará	desejarão	tiver desejado	tiverem desejado

Present Perfect Indicative		*Conditional*	
tenho desejado	temos desejado	desejaria	desejaríamos
tens desejado	tendes desejado	desejarias	desejaríeis
tem desejado	têm desejado	desejaria	desejariam

Past Perfect or Pluperfect Indicative		*Conditional Perfect*	
tinha desejado	tínhamos desejado	teria desejado	teríamos desejado
tinhas desejado	tínheis desejado	terias desejado	teríeis desejado
tinha desejado	tinham desejado	teria desejado	teriam desejado

Future Perfect Indicative		*Imperative*	
terei desejado	teremos desejado	deseja–desejai	
terás desejado	tereis desejado		
terá desejado	terão desejado		

Samples of verb usage.

Ela sempre **desejara** ir à Grécia.   *She had always wanted to go to Greece.*

O seu avô lhe **desejou** uma boa viagem.   *His grandfather wished him a good trip.*

Pela incrível beleza dela, ele não podia evitar de **desejá**-la.
Because of her incredible beauty, he couldn't help but desire her.

O filho **desejava** que a mãe estivesse bem.   *The son wished for his mother to be well.*

to design; to sketch, draw

Personal Infinitive

desenhar	desenharmos
desenhares	desenhardes
desenhar	desenharem

Present Indicative

desenho	desenhamos
desenhas	desenhais
desenha	desenham

Imperfect Indicative

desenhava	desenhávamos
desenhavas	desenháveis
desenhava	desenhavam

Preterit Indicative

desenhei	desenhámos
desenhaste	desenhastes
desenhou	desenharam

Simple Pluperfect Indicative

desenhara	desenháramos
desenharas	desenháreis
desenhara	desenharam

Future Indicative

desenharei	desenharemos
desenharás	desenhareis
desenhará	desenharão

Present Perfect Indicative

tenho desenhado	temos desenhado
tens desenhado	tendes desenhado
tem desenhado	têm desenhado

Past Perfect or Pluperfect Indicative

tinha desenhado	tínhamos desenhado
tinhas desenhado	tínheis desenhado
tinha desenhado	tinham desenhado

Future Perfect Indicative

terei desenhado	teremos desenhado
terás desenhado	tereis desenhado
terá desenhado	terão desenhado

Present Subjunctive

desenhe	desenhemos
desenhes	desenheis
desenhe	desenhem

Imperfect Subjunctive

desenhasse	desenhássemos
desenhasses	desenhásseis
desenhasse	desenhassem

Future Subjunctive

desenhar	desenharmos
desenhares	desenhardes
desenhar	desenharem

Present Perfect Subjunctive

tenha desenhado	tenhamos desenhado
tenhas desenhado	tenhais desenhado
tenha desenhado	tenham desenhado

Past Perfect or Pluperfect Subjunctive

tivesse desenhado	tivéssemos desenhado
tivesses desenhado	tivésseis desenhado
tivesse desenhado	tivessem desenhado

Future Perfect Subjunctive

tiver desenhado	tivermos desenhado
tiveres desenhado	tiverdes desenhado
tiver desenhado	tiverem desenhado

Conditional

desenharia	desenharíamos
desenharias	desenharíeis
desenharia	desenhariam

Conditional Perfect

teria desenhado	teríamos desenhado
terias desenhado	teríeis desenhado
teria desenhado	teriam desenhado

Imperative

desenha–desenhai

Samples of verb usage.

Esta artista **desenha** muito bem.   *This artist (female) draws (sketches) very well.*

Desenhe-me um quadro da paisagem.   *Sketch (Draw) me a picture of the landscape.*

Desenharei o plano da tua casa nova.   *I will design the plan of your new house.*

Essa criança **tem desenhado** muito ultimamente.   *That kid has been drawing a lot lately.*

to develop; to grow (into)

Personal Infinitive	
desenvolver	desenvolvermos
desenvolveres	desenvolverdes
desenvolver	desenvolverem

Present Indicative	
desenvolvo	desenvolvemos
desenvolves	desenvolveis
desenvolve	*desenvolvem**

Imperfect Indicative	
desenvolvia	desenvolvíamos
desenvolvias	desenvolvíeis
desenvolvia	desenvolviam

Preterit Indicative	
desenvolvi	desenvolvemos
desenvolveste	desenvolvestes
desenvolveu	desenvolveram

Simple Pluperfect Indicative	
desenvolvera	desenvolvêramos
desenvolveras	desenvolvêreis
desenvolvera	desenvolveram

Future Indicative	
desenvolverei	desenvolveremos
desenvolverás	desenvolvereis
desenvolverá	desenvolverão

Present Perfect Indicative	
tenho desenvolvido	temos desenvolvido
tens desenvolvido	tendes desenvolvido
tem desenvolvido	têm desenvolvido

Past Perfect or Pluperfect Indicative	
tinha desenvolvido	tínhamos desenvolvido
tinhas desenvolvido	tínheis desenvolvido
tinha desenvolvido	tinham desenvolvido

Future Perfect Indicative	
terei desenvolvido	teremos desenvolvido
terás desenvolvido	tereis desenvolvido
terá desenvolvido	terão desenvolvido

Present Subjunctive	
desenvolva	desenvolvamos
desenvolvas	desenvolvais
desenvolva	desenvolvam

Imperfect Subjunctive	
desenvolvesse	desenvolvêssemos
desenvolvesses	desenvolvêsseis
desenvolvesse	desenvolvessem

Future Subjunctive	
desenvolver	desenvolvermos
desenvolveres	desenvolverdes
desenvolver	desenvolverem

Present Perfect Subjunctive	
tenha desenvolvido	tenhamos desenvolvido
tenhas desenvolvido	tenhais desenvolvido
tenha desenvolvido	tenham desenvolvido

Past Perfect or Pluperfect Subjunctive	
tivesse desenvolvido	tivéssemos desenvolvido
tivesses desenvolvido	tivésseis desenvolvido
tivesse desenvolvido	tivessem desenvolvido

Future Perfect Subjunctive	
tiver desenvolvido	tivermos desenvolvido
tiveres desenvolvido	tiverdes desenvolvido
tiver desenvolvido	tiverem desenvolvido

Conditional	
desenvolveria	desenvolveríamos
desenvolverias	desenvolveríeis
desenvolveria	desenvolveriam

Conditional Perfect	
teria desenvolvido	teríamos desenvolvido
terias desenvolvido	teríeis desenvolvido
teria desenvolvido	teriam desenvolvido

Imperative	
*desenvolve**–desenvolvei	

Samples of verb usage.

O nosso país **tem-se desenvolvido** muito nos últimos anos.
Our country has been developing a lot in recent years.

O fogo **desenvolveu** numa força devastadora.   *The fire grew into a devastating force.*

O menino **se desenvolverá** num rapaz forte.   *The boy will grow into a strong young man.*

Desenvolva um proje(c)to novo, ou perderá o seu emprego con(n)osco!
Develop a new project, or you'll lose your position with us!

*NOTE: Only the radical-changing verb forms with *open* stressed vowels appear in italic type. For further explanation see Foreword.

to faint, pass out

Personal Infinitive
desmaiar	desmaiarmos
desmaiares	desmaiardes
desmaiar	desmaiarem

Present Indicative
desmaio	desmaiamos
desmaias	desmaiais
desmaia	desmaiam

Imperfect Indicative
desmaiava	desmaiávamos
desmaiavas	desmaiáveis
desmaiava	desmaiavam

Preterit Indicative
desmaiei	desmaiámos
desmaiaste	desmaiastes
desmaiou	desmaiaram

Simple Pluperfect Indicative
desmaiara	desmaiáramos
desmaiaras	desmaiáreis
desmaiara	desmaiaram

Future Indicative
desmaiarei	desmaiaremos
desmaiarás	desmaiareis
desmaiará	desmaiarão

Present Perfect Indicative
tenho desmaiado	temos desmaiado
tens desmaiado	tendes desmaiado
tem desmaiado	têm desmaiado

Past Perfect or Pluperfect Indicative
tinha desmaiado	tínhamos desmaiado
tinhas desmaiado	tínheis desmaiado
tinha desmaiado	tinham desmaiado

Future Perfect Indicative
terei desmaiado	teremos desmaiado
terás desmaiado	tereis desmaiado
terá desmaiado	terão desmaiado

Present Subjunctive
desmaie	desmaiemos
desmaies	desmaieis
desmaie	desmaiem

Imperfect Subjunctive
desmaiasse	desmaiássemos
desmaiasses	desmaiásseis
desmaiasse	desmaiassem

Future Subjunctive
desmaiar	desmaiarmos
desmaiares	desmaiardes
desmaiar	desmaiarem

Present Perfect Subjunctive
tenha desmaiado	tenhamos desmaiado
tenhas desmaiado	tenhais desmaiado
tenha desmaiado	tenham desmaiado

Past Perfect or Pluperfect Subjunctive
tivesse desmaiado	tivéssemos desmaiado
tivesses desmaiado	tivésseis desmaiado
tivesse desmaiado	tivessem desmaiado

Future Perfect Subjunctive
tiver desmaiado	tivermos desmaiado
tiveres desmaiado	tiverdes desmaiado
tiver desmaiado	tiverem desmaiado

Conditional
desmaiaria	desmaiaríamos
desmaiarias	desmaiaríeis
desmaiaria	desmaiariam

Conditional Perfect
teria desmaiado	teríamos desmaiado
terias desmaiado	teríeis desmaiado
teria desmaiado	teriam desmaiado

Imperative
desmaia–desmaiai

Samples of verb usage.

Ele sempre **desmaia** ao ver o seu próprio sangue.   *He always faints at the sight of his own blood.*

O bêbado (bêbedo *in Brazil*) ia **desmaiar** na porta da nossa casa.   *The drunk was going to pass out on the doorstep of our house.*

Se a sua febre aumentar, a doente **desmaiará**.   *If her fever goes up, the patient will faint.*

Desmaiei três vezes na semana passada subindo as escadas.   *I fainted three times last week climbing the stairs.*

to send (off); to fire, get rid of; (**-se**) to hurry (up), get going

Personal Infinitive		*Present Subjunctive*	
despachar	despacharmos	despache	despachemos
despachares	despachardes	despaches	despacheis
despachar	despacharem	despache	despachem

Present Indicative		*Imperfect Subjunctive*	
despacho	despachamos	despachasse	despachássemos
despachas	despachais	despachasses	despachásseis
despacha	despacham	despachasse	despachassem

Imperfect Indicative		*Future Subjunctive*	
despachava	despachávamos	despachar	despacharmos
despachavas	despacháveis	despachares	despachardes
despachava	despachavam	despachar	despacharem

Preterit Indicative		*Present Perfect Subjunctive*	
despachei	despachámos	tenha despachado	tenhamos despachado
despachaste	despachastes	tenhas despachado	tenhais despachado
despachou	despacharam	tenha despachado	tenham despachado

Simple Pluperfect Indicative		*Past Perfect or Pluperfect Subjunctive*	
despachara	despacháramos	tivesse despachado	tivéssemos despachado
despacharas	despacháreis	tivesses despachado	tivésseis despachado
despachara	despacharam	tivesse despachado	tivessem despachado

Future Indicative		*Future Perfect Subjunctive*	
despacharei	despacharemos	tiver despachado	tivermos despachado
despacharás	despachareis	tiveres despachado	tiverdes despachado
despachará	despacharão	tiver despachado	tiverem despachado

Present Perfect Indicative		*Conditional*	
tenho despachado	temos despachado	despacharia	despacharíamos
tens despachado	tendes despachado	despacharias	despacharíeis
tem despachado	têm despachado	despacharia	despachariam

Past Perfect or Pluperfect Indicative		*Conditional Perfect*	
tinha despachado	tínhamos despachado	teria despachado	teríamos despachado
tinhas despachado	tínheis despachado	terias despachado	teríeis despachado
tinha despachado	tinham despachado	teria despachado	teriam despachado

Future Perfect Indicative		*Imperative*	
terei despachado	teremos despachado	despacha–despachai	
terás despachado	tereis despachado		
terá despachado	terão despachado		

Samples of verb usage.

Despacha-te!   *Hurry up! (Get going!)*

Eu já **tinha despachado** a carta.   *I had already sent off the letter.*

O chefe **despachou** o empregado por ter roubado da caixa.
The boss fired the employee for having stolen from the till.

Despache-o daqui!   *Get rid of him!*

to fire, dismiss; **(-se de)** to say goodbye

Personal Infinitive		*Present Subjunctive*	
despedir	despedirmos	*despeça*	*despeçamos*
despedires	despedirdes	*despeças*	*despeçais*
despedir	despedirem	*despeça*	*despeçam**

Present Indicative		*Imperfect Subjunctive*	
despeço	despedimos	despedisse	despedíssemos
despedes	despedis	despedisses	despedísseis
despede	*despedem**	despedisse	despedissem

Imperfect Indicative		*Future Subjunctive*	
despedia	despedíamos	despedir	despedirmos
despedias	despedíeis	despedires	despedirdes
despedia	despediam	despedir	despedirem

Preterit Indicative		*Present Perfect Subjunctive*	
despedi	despedimos	tenha despedido	tenhamos despedido
despediste	despedistes	tenhas despedido	tenhais despedido
despediu	despediram	tenha despedido	tenham despedido

Simple Pluperfect Indicative		*Past Perfect or Pluperfect Subjunctive*	
despedira	despedíramos	tivesse despedido	tivéssemos despedido
despediras	despedíreis	tivesses despedido	tivésseis despedido
despedira	despediram	tivesse despedido	tivessem despedido

Future Indicative		*Future Perfect Subjunctive*	
despedirei	despediremos	tiver despedido	tivermos despedido
despedirás	despedireis	tiveres despedido	tiverdes despedido
despedirá	despedirão	tiver despedido	tiverem despedido

Present Perfect Indicative		*Conditional*	
tenho despedido	temos despedido	despediria	despediríamos
tens despedido	tendes despedido	despedirias	despediríeis
tem despedido	têm despedido	despediria	despediriam

Past Perfect or Pluperfect Indicative		*Conditional Perfect*	
tinha despedido	tínhamos despedido	teria despedido	teríamos despedido
tinhas despedido	tínheis despedido	terias despedido	teríeis despedido
tinha despedido	tinham despedido	teria despedido	teriam despedido

Future Perfect Indicative		*Imperative*	
terei despedido	teremos despedido	*despede**– despedi	
terás despedido	tereis despedido		
terá despedido	terão despedido		

Samples of verb usage.

O chefe **despediu** o operário.   *The boss dismissed the worker.*

Eles **se despedirão** no aeroporto.   *They will say goodbye at the airport.*

(Nós) daremos a nossa resposta quando **nos despedirmos**.
We will give our reply (answer) when we say goodbye.

A secretária foi **despedida** sem aviso prévio.   *The secretary was fired without prior notice.*

*NOTE: Only the radical-changing verb forms with *open* stressed vowels appear in italic type. For further explanation see Foreword.

to undress; (**-se**) to get undressed

Personal Infinitive		*Present Subjunctive*	
despir	despirmos	dispa	dispamos
despires	despirdes	dispas	dispais
despir	despirem	dispa	dispam

Present Indicative		*Imperfect Subjunctive*	
dispo	despimos	despisse	despíssemos
despes	despis	despisses	despísseis
despe	*despem**	despisse	despissem

Imperfect Indicative		*Future Subjunctive*	
despia	despíamos	despir	despirmos
despias	despíeis	despires	despirdes
despia	despiam	despir	despirem

Preterit Indicative		*Present Perfect Subjunctive*	
despi	despimos	tenha despido	tenhamos despido
despiste	despistes	tenhas despido	tenhais despido
despiu	despiram	tenha despido	tenham despido

Simple Pluperfect Indicative		*Past Perfect or Pluperfect Subjunctive*	
despira	despíramos	tivesse despido	tivéssemos despido
despiras	despíreis	tivesses despido	tivésseis despido
despira	despiram	tivesse despido	tivessem despido

Future Indicative		*Future Perfect Subjunctive*	
despirei	despiremos	tiver despido	tivermos despido
despirás	despireis	tiveres despido	tiverdes despido
despirá	despirão	tiver despido	tiverem despido

Present Perfect Indicative		*Conditional*	
tenho despido	temos despido	despiria	despiríamos
tens despido	tendes despido	despirias	despiríeis
tem despido	têm despido	despiria	despiriam

Past Perfect or Pluperfect Indicative		*Conditional Perfect*	
tinha despido	tínhamos despido	teria despido	teríamos despido
tinhas despido	tínheis despido	terias despido	teríeis despido
tinha despido	tinham despido	teria despido	teriam despido

Future Perfect Indicative		*Imperative*	
terei despido	teremos despido	*despe**– despi	
terás despido	tereis despido		
terá despido	terão despido		

Samples of verb usage.

A avó **despiu** o menino.   *The grandmother undressed the boy.*

Ele sempre **se despe** no quarto.   *He always undresses in the bedroom.*

O médico entrará assim que você **se despir**.   *The doctor will come in as soon as you undress.*

Se **te despisses**, seria muito mais fácil completar o exame.
If you got undressed, it would be much easier to finish the examination.

*NOTE: Only the radical-changing verb forms with *open* stressed vowels appear in italic type. For further explanation see Foreword.

to destroy

Personal Infinitive		**Present Subjunctive**	
destruir	destruirmos	destrua	destruamos
destruíres	destruirdes	destruas	destruais
destruir	destruírem	destrua	destruam

Present Indicative		**Imperfect Subjunctive**	
destruo	destruímos	destruísse	destruíssemos
destruis (destróis)	destruís	destruísses	destruísseis
destrui (destrói)	destruem *(destroem)**	destruísse	destruíssem

Imperfect Indicative		**Future Subjunctive**	
destruia	destruíamos	destruir	destruirmos
destruias	destruíeis	destruíres	destruirdes
destruia	destruiam	destruir	destruírem

Preterit Indicative		**Present Perfect Subjunctive**	
destruí	destruímos	tenha destruído	tenhamos destruído
destruíste	destruístes	tenhas destruído	tenhais destruído
destruiu	destruíram	tenha destruído	tenham destruído

Simple Pluperfect Indicative		**Past Perfect or Pluperfect Subjunctive**	
destruíra	destruíramos	tivesse destruído	tivéssemos destruído
destruíras	destruíreis	tiesses destruído	tivésseis destruído
destruíra	destruíram	tivesse destruído	tivessem destruído

Future Indicative		**Future Perfect Subjunctive**	
destruirei	destruiremos	tiver destruído	tivermos destruído
destruirás	destruireis	tiveres destruído	tiverdes destruído
destruirá	destruirão	tiver destruído	tiverem destruído

Present Perfect Indicative		**Conditional**	
tenho destruído	temos destruído	destruiria	destruiríamos
tens destruído	tendes destruído	destruirias	destruiríeis
tem destruído	têm destruído	destruiria	destruiriam

Past Perfect or Pluperfect Indicative		**Conditional Perfect**	
tinha destruído	tínhamos destruído	teria destruído	teríamos destruído
tinhas destruído	tínheis destruído	terias destruído	teríeis destruído
tinha destruído	tinham destruído	teria destruído	teriam destruído

Future Perfect Indicative		**Imperative**	
terei destruído	teremos destruído	destrui (destrói)**–destruí	
terás destruído	tereis destruído		
terá destruído	terão destruído		

Samples of verb usage.

Quero que vocês **destruam** tudo.   *I want you to destroy everything.*

O elefante **destruiu** a vila.   *The elephant destroyed the village.*

O Presidente mandou **destruir** todos os documentos secretos.
The President ordered all of the secret documents destroyed.

Este vírus é capaz de **destruir** o rebanho de gado inteiro.
This virus is capable of destroying the whole herd of cattle.

*NOTE: Only the radical-changing verb forms with *open* stressed vowels appear in italic type. For further explanation see Foreword. The forms in parentheses are used in Brazil.

to owe; ought, should, must

Personal Infinitive		*Present Subjunctive*	
dever	devermos	deva	devamos
deveres	deverdes	devas	devais
dever	deverem	deva	devam

Present Indicative		*Imperfect Subjunctive*	
devo	devemos	devesse	devêssemos
deves	deveis	devesses	devêsseis
deve	*devem**	devesse	devessem

Imperfect Indicative		*Future Subjunctive*	
devia	devíamos	dever	devermos
devias	devíeis	deveres	deverdes
devia	deviam	dever	deverem

Preterit Indicative		*Present Perfect Subjunctive*	
devi	devemos	tenha devido	tenhamos devido
deveste	devestes	tenhas devido	tenhais devido
deveu	deveram	tenha devido	tenham devido

Simple Pluperfect Indicative		*Past Perfect or Pluperfect Subjunctive*	
devera	devêramos	tivesse devido	tivéssemos devido
deveras	devêreis	tivesses devido	tivésseis devido
devera	deveram	tivesse devido	tivessem devido

Future Indicative		*Future Perfect Subjunctive*	
deverei	deveremos	tiver devido	tivermos devido
deverás	devereis	tiveres devido	tiverdes devido
deverá	deverão	tiver devido	tiverem devido

Present Perfect Indicative		*Conditional*	
tenho devido	temos devido	deveria	deveríamos
tens devido	tendes devido	deverias	deveríeis
tem devido	têm devido	deveria	deveriam

Past Perfect or Pluperfect Indicative		*Conditional Perfect*	
tinha devido	tínhamos devido	teria devido	teríamos devido
tinhas devido	tínheis devido	terias devido	teríeis devido
tinha devido	tinham devido	teria devido	teriam devido

Future Perfect Indicative		*Imperative*	
terei devido	teremos devido	*deve**– devei	
terás devido	tereis devido		
terá devido	terão devido		

Samples of verb usage.

(Nós) **devíamos** muito dinheiro ao banco.   *We used to owe a lot of money to the bank.*

Eu espero que ele repague os muitos favores que te **deve**.   *I hope he repays the many favors he owes you.*

Não **deves** nunca dizer isto.   *You must never say that.*

Eu **deveria** terminar o trabalho.   *I ought to finish my work.*

*NOTE: Only the radical-changing verb forms with *open* stressed vowels appear in italic type. For further explanation see Foreword.

to direct; to drive

Personal Infinitive		**Present Subjunctive**	
dirigir	dirigirmos	dirija	dirijamos
dirigires	dirigirdes	dirijas	dirijais
dirigir	dirigirem	dirija	dirijam

Present Indicative		**Imperfect Subjunctive**	
dirijo	dirigimos	dirigisse	dirigíssemos
diriges	dirigis	dirigisses	dirigísseis
dirige	dirigem	dirigisse	dirigissem

Imperfect Indicative		**Future Subjunctive**	
dirigia	dirigíamos	dirigir	dirigirmos
dirigias	dirigíeis	dirigires	dirigirdes
dirigia	dirigiam	dirigir	dirigirem

Preterit Indicative		**Present Indicative**	
dirigi	dirigimos	tenha dirigido	tenhamos dirigido
dirigiste	dirigistes	tenhas dirigido	tenhais dirigido
dirigiu	dirigiram	tenha dirigido	tenham dirigido

Simple Pluperfect Indicative		**Past Perfect or Pluperfect Subjunctive**	
dirigira	dirigíramos	tivesse dirigido	tivéssemos dirigido
dirigiras	dirigíreis	tivesses dirigido	tivésseis dirigido
dirigira	dirigiram	tivesse dirigido	tivessem dirigido

Future Indicative		**Future Perfect Subjunctive**	
dirigirei	dirigiremos	tiver dirigido	tivermos dirigido
dirigirás	dirigireis	tiveres dirigido	tiverdes dirigido
dirigirá	dirigirão	tiver dirigido	tiverem dirigido

Present Perfect Indicative		**Conditional**	
tenho dirigido	temos dirigido	dirigiria	dirigiríamos
tens dirigido	tendes dirigido	dirigirias	dirigiríeis
tem dirigido	têm dirigido	dirigiria	dirigiriam

Past Perfect or Pluperfect Indicative		**Conditional Perfect**	
tinha dirigido	tínhamos dirigido	teria dirigido	teríamos dirigido
tinhas dirigido	tínheis dirigido	terias dirigido	teríeis dirigido
tinha dirigido	tinham dirigido	teria dirigido	teriam dirigido

Future Perfect Indicative		**Imperative**	
terei dirigido	teremos dirigido	dirige–dirigi	
terás dirigido	tereis dirigido		
terá dirigido	terão dirigido		

Samples of verb usage.

Pode-me **dirigir** ao capitólio?   *Can you direct me to the capitol?*

A professora **dirigirá** a próxima pergunta ao estudante mais inteligente de todos.
The teacher (female) will direct the next question to the most intelligent student of all.

Você quer que eu **dirija** o carro?   *Would you like me to drive the car?*

Eu nunca **tinha dirigido** um camião antes.   *I had never driven a truck before.*

to discern, distinguish

Personal Infinitive
discernir	discernirmos
discernires	discernirdes
discernir	discernirem

Present Indicative
discirno	discernimos
discernes	discernis
discerne	*discernem**

Imperfect Indicative
discernia	discerníamos
discernias	discerníeis
discernia	discerniam

Preterit Indicative
discerni	discernimos
discerniste	discernistes
discerniu	discerniram

Simple Pluperfect Indicative
discernira	discerníramos
discerniras	discerníreis
discernira	discerniram

Future Indicative
discernirei	discerniremos
discernirás	discernireis
discernirá	discernirão

Present Perfect Subjunctive
tenho discernido	temos discernido
tens discernido	tendes discernido
tem discernido	têm discernido

Past Perfect or Pluperfect Indicative
tinha discernido	tínhamos discernido
tinhas discernido	tínheis discernido
tinha discernido	tinham discernido

Future Perfect Indicative
terei discernido	teremos discernido
terás discernido	tereis discernido
terá discernido	terão discernido

Present Indicative
discirna	discirnamos
discirnas	discirnais
discirna	discirnam

Imperfect Subjunctive
discernisse	discerníssemos
discernisses	discernísseis
discernisse	discernissem

Future Subjunctive
discernir	discernirmos
discernires	discernirdes
discernir	discernirem

Present Perfect Subjunctive
tenha discernido	tenhamos discernido
tenhas discernido	tenhais discernido
tenha discernido	tenham discernido

Past Perfect or Pluperfect Subjunctive
tivesse discernido	tivéssemos discernido
tivesses discernido	tivésseis discernido
tivesse discernido	tivessem discernido

Future Perfect Subjunctive
tiver discernido	tivermos discernido
tiveres discernido	tiverdes discernido
tiver discernido	tiverem discernido

Conditional
discerniria	discerniríamos
discernirias	discerniríeis
discerniria	discerniriam

Conditional Perfect
teria discernido	teríamos discernido
terias discernido	teríeis discernido
teria discernido	teriam discernido

Imperative
discerne*– discerni

Samples of verb usage.

Você deve aprender a **discernir** o bem do mal.   *You should learn to discern good from bad.*

Os homens são incapazes de **discernir** tantas cores quanto as mulheres.
Men are incapable of distinguishing as many colors as women.

Eles não **discernem** bem o que é real e o que não é.
They do not distinguish well between what is real and what isn't.

A vítima não conseguia **discernir** entre o criminoso e o inocente.
The victim couldn't distinguish between the criminal and the innocent man.

*NOTE: Only the radical-changing verb forms with *open* stressed vowels appear in italic type. For further explanation see Foreword.

to discriminate; to perceive (a difference)

Personal Infinitive		*Present Subjunctive*	
discriminar	discriminarmos	discrimine	discriminemos
discriminares	discriminardes	discrimines	discrimineis
discriminar	discriminarem	discrimine	discriminem

Present Indicative		*Imperfect Subjunctive*	
discrimino	discriminamos	discriminasse	discriminássemos
discriminas	discriminais	discriminasses	discriminásseis
discrimina	discriminam	discriminasse	discriminassem

Imperfect Indicative		*Future Subjunctive*	
discriminava	discriminávamos	discriminar	discriminarmos
discriminavas	discrimináveis	discriminares	discriminardes
discriminava	discriminavam	discriminar	discriminarem

Preterit Indicative		*Present Perfect Subjunctive*	
discriminei	discriminámos	tenha discriminado	tenhamos discriminado
discriminaste	discriminastes	tenhas discriminado	tenhais discriminado
discriminou	discriminaram	tenha discriminado	tenham discriminado

Simple Pluperfect Indicative		*Past Perfect or Pluperfect Subjunctive*	
discriminara	discrimináramos	tivesse discriminado	tivéssemos discriminado
discriminaras	discrimináreis	tivesses discriminado	tivésseis discriminado
discriminara	discriminaram	tivesse discriminado	tivessem discriminado

Future Indicative		*Future Perfect Subjunctive*	
discriminarei	discriminaremos	tiver discriminado	tivermos discriminado
discriminarás	discriminareis	tiveres discriminado	tiverdes discriminado
discriminará	discriminarão	tiver discriminado	tiverem discriminado

Present Indicative		*Conditional*	
tenho discriminado	temos discriminado	discriminaria	discriminaríamos
tens discriminado	tendes discriminado	discriminarias	discriminaríeis
tem discriminado	têm discriminado	discriminaria	discriminariam

Past Perfect or Pluperfect Indicative		*Conditional Perfect*	
tinha discriminado	tínhamos discriminado	teria discriminado	teríamos discriminado
tinhas discriminado	tínheis discriminado	terias discriminado	teríeis discriminado
tinha discriminado	tinham discriminado	teria discriminado	teriam discriminado

Future Perfect Indicative		*Imperative*	
terei discriminado	teremos discriminado	discrimina–discriminai	
terás discriminado	tereis discriminado		
terá discriminado	terão discriminado		

Samples of verb usage.

O dono do apartamento **discriminou** contra o inquilino pela sua cor.
The landlord discriminated against the tenant because of his color.

Você não sabe **discriminar** o certo do errado. *You can't discriminate between right and wrong.*

Quando você **tiver discriminado** a diferença, avise-me. *Tell me when you've perceived the difference.*

Não se pode **discriminar** por nenhum motivo. *There can be no discrimination for any reason.*

to argue; to discuss; to debate

Personal Infinitive			*Present Subjunctive*	
discutir	discutirmos		discuta	discutamos
discutires	discutirdes		discutas	discutais
discutir	discutirem		discuta	discutam

Present Indicative			*Imperfect Subjunctive*	
discuto	discutimos		discutisse	discutíssemos
discutes	discutis		discutisses	discutísseis
discute	discutem		discutisse	discutissem

Imperfect Indicative			*Future Subjunctive*	
discutia	discutíamos		discutir	discutirmos
discutias	discutíeis		discutires	discutirdes
discutia	discutiam		discutir	discutirem

Preterit Indicative			*Present Perfect Subjunctive*	
discuti	discutimos		tenha discutido	tenhamos discutido
discutiste	discutistes		tenhas discutido	tenhais discutido
discutiu	discutiram		tenha discutido	tenham discutido

Simple Pluperfect Indicative			*Past Perfect or Pluperfect Subjunctive*	
discutira	discutíramos		tivesse discutido	tivéssemos discutido
discutiras	discutíreis		tivesses discutido	tivésseis discutido
discutira	discutiram		tivesse discutido	tivessem discutido

Future Indicative			*Future Perfect Subjunctive*	
discutirei	discutiremos		tiver discutido	tivermos discutido
discutirás	discutireis		tiveres discutido	tiverdes discutido
discutirá	discutirão		tiver discutido	tiverem discutido

Present Perfect Indicative			*Conditional*	
tenho discutido	temos discutido		discutiria	discutiríamos
tens discutido	tendes discutido		discutirias	discutiríeis
tem discutido	têm discutido		discutiria	discutiriam

Past Perfect or Pluperfect Indicative			*Conditional Perfect*	
tinha discutido	tínhamos discutido		teria discutido	teríamos discutido
tinhas discutido	tínheis discutido		terias discutido	teríeis discutido
tinha discutido	tinham discutido		teria discutido	teriam discutido

Future Perfect Indicative			*Imperative*	
terei discutido	teremos discutido		discute–discuti	
terás discutido	tereis discutido			
terá discutido	terão discutido			

Samples of verb usage.

Os políticos **discutem** muito sobre novas leis.   *Politicians debate a lot about new laws.*

Eu não **discutirei** mais este assunto.   *I won't discuss this subject (matter) any further.*

Eu não gosto de **discutir** sobre a política nacional.   *I don't like to argue about national politics.*

Eles estavam tão zangados que **discutiram** por horas.   *They were so mad that they argued for hours.*

to disguise; to conceal

Personal Infinitive		*Present Subjunctive*	
disfarçar	disfarçarmos	disfarce	disfarcemos
disfarçares	disfarçardes	disfarces	disfarceis
disfarçar	disfarçarem	disfarce	disfarcem

Present Indicative		*Imperfect Subjunctive*	
disfarço	disfarçamos	disfarçasse	disfarçássemos
disfarças	disfarçais	disfarçasses	disfarçásseis
disfarça	disfarçam	disfarçasse	disfarçassem

Imperfect Indicative		*Future Subjunctive*	
disfarçava	disfarçávamos	disfarçar	disfarçarmos
disfarçavas	disfarçáveis	disfarçares	disfarçardes
disfarçava	disfarçavam	disfarçar	disfarçarem

Preterit Indicative		*Present Perfect Subjunctive*	
disfarcei	disfarçámos	tenha disfarçado	tenhamos disfarçado
disfarçaste	disfarçastes	tenhas disfarçado	tenhais disfarçado
disfarçou	disfarçaram	tenha disfarçado	tenham disfarçado

Simple Pluperfect Indicative		*Past Perfect or Pluperfect Subjunctive*	
disfarçara	disfarçáramos	tivesse disfarçado	tivéssemos disfarçado
disfarçaras	disfarçáreis	tivesses disfarçado	tivésseis disfarçado
disfarçara	disfarçaram	tivesse disfarçado	tivessem disfarçado

Future Indicative		*Future Perfect Subjunctive*	
disfarçarei	disfarçaremos	tiver disfarçado	tivermos disfarçado
disfarçarás	disfarçareis	tiveres disfarçado	tiverdes disfarçado
disfarçará	disfarçarão	tiver disfarçado	tiverem disfarçado

Present Perfect Indicative		*Conditional*	
tenho disfarçado	temos disfarçado	disfarçaria	disfarçaríamos
tens disfarçado	tendes disfarçado	disfarçarias	disfarçaríeis
tem disfarçado	têm disfarçado	disfarçaria	disfarçariam

Past Perfect or Pluperfect Indicative		*Conditional Perfect*	
tinha disfarçado	tínhamos disfarçado	teria disfarçado	teríamos disfarçado
tinhas disfarçado	tínheis disfarçado	terias disfarçado	teríeis disfarçado
tinha disfarçado	tinham disfarçado	teria disfarçado	teriam disfarçado

Future Perfect Indicative		*Imperative*	
terei disfarçado	teremos disfarçado	disfarça–disfarçai	
terás disfarçado	tereis disfarçado		
terá disfarçado	terão disfarçado		

Samples of verb usage.

Eu **me disfarcei** de palhaço no Carnaval.   *I disguised myself as a clown for* Carnaval.

A sua voz suave **disfarçava** as suas verdadeiras intenções.   *His soft voice concealed his real intentions.*

Se ela ficasse doente, **disfarçaria**.   *If she got sick, she would conceal it.*

Disfarce-se, se não quiser ser reconhecido.   *Disguise yourself, if you don't want to be recognized.*

to distinguish, differentiate, tell (the difference); (**-se de**) to be different from

Personal Infinitive	
distinguir	distinguirmos
distinguires	distinguirdes
distinguir	distinguirem

Present Indicative	
distingo	distinguimos
distingues	distinguis
distingue	distinguem

Imperfect Indicative	
distinguia	distinguíamos
distinguias	distinguíeis
distinguia	distinguiam

Preterit Indicative	
distingui	distinguimos
distinguiste	distinguistes
distinguiu	distinguiram

Simple Pluperfect Indicative	
distinguira	distinguíramos
distinguiras	distinguíreis
distinguira	distinguiram

Future Indicative	
distinguirei	distinguiremos
distinguirás	distinguireis
distinguirá	distinguirão

Present Perfect Indicative	
tenho distinguido	temos distinguido
tens distinguido	tendes distinguido
tem distinguido	têm distinguido

Past Perfect or Pluperfect Indicative	
tinha distinguido	tínhamos distinguido
tinhas distinguido	tínheis distinguido
tinha distinguido	tinham distinguido

Future Perfect Indicative	
terei distinguido	teremos distinguido
terás distinguido	tereis distinguido
terá distinguido	terão distinguido

Present Subjunctive	
distinga	distingamos
distingas	distingais
distinga	distingam

Imperfect Subjunctive	
distinguisse	distinguíssemos
distinguisses	distinguísseis
distinguisse	distinguissem

Future Subjunctive	
distinguir	distinguirmos
distinguires	distinguirdes
distinguir	distinguirem

Present Perfect Subjunctive	
tenha distinguido	tenhamos distinguido
tenhas distinguido	tenhais distinguido
tenha distinguido	tenham distinguido

Past Perfect or Pluperfect Subjunctive	
tivesse distinguido	tivéssemos distinguido
tivesses distinguido	tivésseis distinguido
tivesse distinguido	tivessem distinguido

Future Perfect Subjunctive	
tiver distinguido	tivermos distinguido
tiveres distinguido	tiverdes distinguido
tiver distinguido	tiverem distinguido

Conditional	
distinguiria	distinguiríamos
distinguirias	distinguiríeis
distinguiria	distinguiriam

Conditional Perfect	
teria distinguido	teríamos distinguido
terias distinguido	teríeis distinguido
teria distinguido	teriam distinguido

Imperative	
distingue–distingui	

Samples of verb usage.

Um daltónico (daltônico *in Brazil*) não **distingue** o azul do cinza (cinzento *in Portugal*).
A color blind person can't distinguish blue from gray.

Ele **tem-se distinguido** dos outros alunos.
He has distinguished himself from the other students.

Não quero que você **se distinga** dos outros.   *I don't want you to be different (stand out) from the others.*

Ela não pôde **distinguir** os alunos dos professores.
She couldn't tell the difference between the students and the professors.

to entertain, amuse; (**-se**) to have fun, enjoy oneself

Personal Infinitive		*Present Subjunctive*	
divertir	divertirmos	divirta	divirtamos
divertires	divertirdes	divirtas	divirtais
divertir	divertirem	divirta	divirtam

Present Indicative		*Imperfect Subjunctive*	
divirto	divertimos	divertisse	divertíssemos
divertes	divertis	divertisses	divertísseis
diverte	*divertem**	divertisse	divertissem

Imperfect Indicative		*Future Subjunctive*	
divertia	divertíamos	divertir	divertirmos
divertias	divertíeis	divertires	divertirdes
divertia	divertiam	divertir	divertirem

Preterit Indicative		*Present Perfect Subjunctive*	
diverti	divertimos	tenha divertido	tenhamos divertido
divertiste	divertistes	tenhas divertido	tenhais divertido
divertiu	divertiram	tenha divertido	tenham divertido

Simple Pluperfect Indicative		*Past Perfect or Pluperfect Subjunctive*	
divertira	divertíramos	tivesse divertido	tivéssemos divertido
divertiras	divertíreis	tivesses divertido	tivésseis divertido
divertira	divertiram	tivesse divertido	tivessem divertido

Future Indicative		*Future Perfect Subjunctive*	
divertirei	divertiremos	tiver divertido	tivermos divertido
divertirás	divertireis	tiveres divertido	tiverdes divertido
divertirá	divertirão	tiver divertido	tiverem divertido

Present Perfect Indicative		*Conditional*	
tenho divertido	temos divertido	divertiria	divertiríamos
tens divertido	tendes divertido	divertirias	divertiríeis
tem divertido	têm divertido	divertiria	divertiriam

Past Perfect or Pluperfect Indicative		*Conditional Perfect*	
tinha divertido	tínhamos divertido	teria divertido	teríamos divertido
tinhas divertido	tínheis divertido	terias divertido	teríeis divertido
tinha divertido	tinham divertido	teria divertido	teriam divertido

Future Perfect Indicative		*Imperative*	
terei divertido	teremos divertido	*diverte**– diverti	
terás divertido	tereis divertido		
terá divertido	terão divertido		

Samples of verb usage.

Os palhaços **divertiam** as crianças.   *Clowns were entertaining the kids.*

Eu **me diverti** muito ontem na festa.   *I had a lot of fun yesterday at the party.*

Você me **diverte** com as suas ideias.   *You amuse me with your ideas.*

Divirtam-se hoje, porque amanhã vão ter que trabalhar!
Enjoy yourselves today, because tomorrow you're going to have to work!

*NOTE: Only the radical-changing verb forms with *open* stressed vowels appear in italic type. For further explanation see Foreword.

211

to divide; to distribute, share

Personal Infinitive	
dividir	dividirmos
dividires	dividirdes
dividir	dividirem

Present Indicative	
divido	dividimos
divides	dividis
divide	dividem

Imperfect Indicative	
dividia	dividíamos
dividias	dividíeis
dividia	dividiam

Preterit Indicative	
dividi	dividimos
dividiste	dividistes
dividiu	dividiram

Simple Pluperfect Indicative	
dividira	dividíramos
dividiras	dividíreis
dividira	dividiram

Future Indicative	
dividirei	dividiremos
dividirás	dividireis
dividirá	dividirão

Present Perfect Indicative	
tenho dividido	temos dividido
tens dividido	tendes dividido
tem dividido	têm dividido

Past Perfect or Pluperfect Indicative	
tinha dividido	tínhamos dividido
tinhas dividido	tínheis dividido
tinha dividido	tinham dividido

Future Perfect Indicative	
terei dividido	teremos dividido
terás dividido	tereis dividido
terá dividido	terão dividido

Present Subjunctive	
divida	dividamos
dividas	dividais
divida	dividam

Imperfect Subjunctive	
dividisse	dividíssemos
dividisses	dividísseis
dividisse	dividissem

Future Subjunctive	
dividir	dividirmos
dividires	dividirdes
dividir	dividirem

Present Perfect Subjunctive	
tenha dividido	tenhamos dividido
tenhas dividido	tenhais dividido
tenha dividido	tenham dividido

Past Perfect or Pluperfect Subjunctive	
tivesse dividido	tivéssemos dividido
tivesses dividido	tivésseis dividido
tivesse dividido	tivessem dividido

Future Perfect Subjunctive	
tiver dividido	tivermos dividido
tiveres dividido	tiverdes dividido
tiver dividido	tiverem dividido

Conditional	
dividiria	dividiríamos
dividirias	dividiríeis
dividiria	dividiriam

Conditional Perfect	
teria dividido	teríamos dividido
terias dividido	teríeis dividido
teria dividido	teriam dividido

Imperative
divide–dividi

Samples of verb usage.

(Nós) **dividiremos** a nossa comida com os pobres.   *We'll share our food with the poor.*

Duzentos **dividido** por cinquenta são quatro.   *Two hundred divided by fifty is four.*

Ela **dividirá** a verba (os fundos) entre todos os departamentos.
She will distribute the funds among (between) all the departments.

Eu **divido** esse apartamento com mais três amigos.   *I share this apartment with three other friends.*

to divorce; (**-se**) to get divorced

Personal Infinitive
divorciar	divorciarmos
divorciares	divorciardes
divorciar	divorciarem

Present Indicative
divorcio	divorciamos
divorcias	divorciais
divorcia	divorciam

Imperfect Indicative
divorciava	divorciávamos
divorciavas	divorciáveis
divorciava	divorciavam

Preterit Indicative
divorciei	divorciámos
divorciaste	divorciastes
divorciou	divorciaram

Simple Pluperfect Indicative
divorciara	divorciáramos
divorciaras	divorciáreis
divorciara	divorciaram

Future Indicative
divorciarei	divorciaremos
divorciarás	divorciareis
divorciará	divorciarão

Present Perfect Indicative
tenho divorciado	temos divorciado
tens divorciado	tendes divorciado
tem divorciado	têm divorciado

Past Perfect or Pluperfect Indicative
tinha divorciado	tínhamos divorciado
tinhas divorciado	tínheis divorciado
tinha divorciado	tinham divorciado

Future Perfect Indicative
terei divorciado	teremos divorciado
terás divorciado	tereis divorciado
terá divorciado	terão divorciado

Present Subjunctive
divorcie	divorciemos
divorcies	divorcieis
divorcie	divorciem

Imperfect Subjunctive
divorciasse	divorciássemos
divorciasses	divorciásseis
divorciasse	divorciassem

Future Subjunctive
divorciar	divorciarmos
divorciares	divorciardes
divorciar	divorciarem

Present Perfect Subjunctive
tenha divorciado	tenhamos divorciado
tenhas divorciado	tenhais divorciado
tenha divorciado	tenham divorciado

Past Perfect or Pluperfect Subjunctive
tivesse divorciado	tivéssemos divorciado
tivesses divorciado	tivésseis divorciado
tivesse divorciado	tivessem divorciado

Future Perfect Subjunctive
tiver divorciado	tivermos divorciado
tiveres divorciado	tiverdes divorciado
tiver divorciado	tiverem divorciado

Conditional
divorciaria	divorciaríamos
divorciarias	divorciaríeis
divorciaria	divorciariam

Conditional Perfect
teria divorciado	teríamos divorciado
terias divorciado	teríeis divorciado
teria divorciado	teriam divorciado

Imperative
divorcia–divorciai

Samples of verb usage.

O juiz **divorciou**-os em cinco minutos.   *The judge divorced them in five minutes.*

Eles **se divorciaram** depois de trinta anos de casados.   *They got divorced after thirty years of marriage.*

Você **se divorciaria**, sendo católico?   *Would you get divorced, being a Catholic?*

Ele nunca **se tinha divorciado** antes.   *He had never been divorced before.*

to say, tell*

Personal Infinitive
dizer	dizermos
dizeres	dizerdes
dizer	dizerem

Present Indicative
digo	dizemos
dizes	dizeis
diz	dizem

Imperfect Indicative
dizia	dizíamos
dizias	dizíeis
dizia	diziam

Preterit Indicative
disse	dissemos
disseste	dissestes
disse	disseram

Simple Pluperfect Indicative
dissera	disséramos
disseras	disséreis
dissera	disseram

Future Indicative
direi	diremos
dirás	direis
dirá	dirão

Present Perfect Indicative
tenho dito	temos dito
tens dito	tendes dito
tem dito	têm dito

Past Perfect or Pluperfect Indicative
tinha dito	tínhamos dito
tinhas dito	tínheis dito
tinha dito	tinham dito

Future Perfect Indicative
terei dito	teremos dito
terás dito	tereis dito
terá dito	terão dito

Present Subjunctive
diga	digamos
digas	digais
diga	digam

Imperfect Subjunctive
dissesse	disséssemos
dissesses	dissésseis
dissesse	dissessem

Future Subjunctive
disser	dissermos
disseres	disserdes
disser	disserem

Present Perfect Subjunctive
tenha dito	tenhamos dito
tenhas dito	tenhais dito
tenha dito	tenham dito

Past Perfect or Pluperfect Subjunctive
tivesse dito	tivéssemos dito
tivesses dito	tivésseis dito
tivesse dito	tivessem dito

Future Perfect Subjunctive
tiver dito	tivermos dito
tiveres dito	tiverdes dito
tiver dito	tiverem dito

Conditional
diria	diríamos
dirias	diríeis
diria	diriam

Conditional Perfect
teria dito	teríamos dito
terias dito	teríeis dito
teria dito	teriam dito

Imperative
dize–dizei

Samples of verb usage.

Eu te **disse** (falei *in Brazil*) que tu estavas errado.   *I told you that you were wrong.*

Diga-me o que ele está a pensar (pensando).   *Tell me what he is thinking about.*

Quando nos **disseres** o teu nome, poderás entrar.   *When you tell us your name, you'll be able to enter.*

O que (é que) você achava que ela **diria**?   *What did you think she would say?*

*NOTE: The meanings of **dizer** in Brazil may also be conveyed by the verb **falar**.

to fold; to bend; to double; to turn (as a corner)

Personal Infinitive		**Present Subjunctive**	
dobrar	dobrarmos	*dobre*	dobremos
dobrares	dobrardes	*dobres*	dobreis
dobrar	dobrarem	*dobre*	*dobrem**
Present Indicative		**Imperfect Subjunctive**	
dobro	dobramos	dobrasse	dobrássemos
dobras	dobrais	dobrasses	dobrásseis
dobra	*dobram**	dobrasse	dobrassem
Imperfect Indicative		**Future Subjunctive**	
dobrava	dobrávamos	dobrar	dobrarmos
dobravas	dobráveis	dobrares	dobrardes
dobrava	dobravam	dobrar	dobrarem
Preterit Indicative		**Present Perfect Subjunctive**	
dobrei	dobrámos	tenha dobrado	tenhamos dobrado
dobraste	dobrastes	tenhas dobrado	tenhais dobrado
dobrou	dobraram	tenha dobrado	tenham dobrado
Simple Pluperfect Indicative		**Past Perfect or Pluperfect Subjunctive**	
dobrara	dobráramos	tivesse dobrado	tivéssemos dobrado
dobraras	dobráreis	tivesses dobrado	tivésseis dobrado
dobrara	dobraram	tivesse dobrado	tivessem dobrado
Future Indicative		**Future Perfect Subjunctive**	
dobrarei	dobraremos	tiver dobrado	tivermos dobrado
dobrarás	dobrareis	tiveres dobrado	tiverdes dobrado
dobrará	dobrarão	tiver dobrado	tiverem dobrado
Present Perfect Indicative		**Conditional**	
tenho dobrado	temos dobrado	dobraria	dobraríamos
tens dobrado	tendes dobrado	dobrarias	dobraríeis
tem dobrado	têm dobrado	dobraria	dobrariam
Past Perfect or Pluperfect Indicative		**Conditional Perfect**	
tinha dobrado	tínhamos dobrado	teria dobrado	teríamos dobrado
tinhas dobrado	tínheis dobrado	terias dobrado	teríeis dobrado
tinha dobrado	tinham dobrado	teria dobrado	teriam dobrado
Future Perfect Indicative		**Imperative**	
terei dobrado	teremos dobrado	*dobra**–dobrai	
terás dobrado	tereis dobrado		
terá dobrado	terão dobrado		

Samples of verb usage.

Dobraste toda a roupa lavada?   *Did you fold all the clean clothes.*

Nós **tínhamos dobrado** a esquina.   *We had turned the corner.*

Os donos **dobrarão** o salário do funcionário.   *The owners will double the employee's salary.*

O homem era tão forte que conseguiu **dobrar** a barra de aço com as mãos.
The man was so strong that he could bend the steel bar in his hands.

*NOTE: Only the radical-changing verb forms with *open* stressed vowels appear in italic type. For further explanation see Foreword.

to hurt, ache

Personal Infinitive
doer   doerem

Present Indicative
dói   doem*

Imperfect Indicative
doía   doíam

Preterit Indicative
doeu   doeram

Simple Pluperfect Indicative
doera   doeram

Future Indicative
doerá   doerão

Present Perfect Indicative
tem doído   têm doído

Past Perfect or Pluperfect Indicative
tinha doído   tinham doído

Future Perfect Indicative
terá doído   terão doído

Present Subjunctive
doa   doam

Imperfect Subjunctive
doesse   doessem

Future Subjunctive
doer   doerem

Present Perfect Subjunctive
tenha doído   tenham doído

Past Perfect or Pluperfect Subjunctive
tivesse doído   tivessem doído

Future Perfect Subjunctive
tiver doído   tiverem doído

Conditional
doeria   doeriam

Conditional Perfect
teria doído   teriam doído

Samples of verb usage.

Doem-me os pés. *My feet hurt.*

O meu dente está **a doer** (**doendo** *in Brazil*). *My tooth aches.*

Doíam-lhes as pernas depois do acidente. *Their legs hurt after the accident.*

A garganta começou a **doer**-lhe naquele momento. *At that moment his throat began to hurt.*

*NOTE: Only the radical-changing verb forms with *open* stressed vowels appear in italic type. For further explanation see Foreword.

to dominate, rule; to command (as a talent or skill)

Personal Infinitive		*Present Subjunctive*	
dominar	dominarmos	domine	dominemos
dominares	dominardes	domines	domineis
dominar	dominarem	domine	dominem

Present Indicative		*Imperfect Subjunctive*	
domino	dominamos	dominasse	dominássemos
dominas	dominais	dominasses	dominásseis
domina	dominam	dominasse	dominassem

Imperfect Indicative		*Future Subjunctive*	
dominava	dominávamos	dominar	dominarmos
dominavas	domináveis	dominares	dominardes
dominava	dominavam	dominar	dominarem

Preterit Indicative		*Present Perfect Subjunctive*	
dominei	dominámos	tenha dominado	tenhamos dominado
dominaste	dominastes	tenhas dominado	tenhais dominado
dominou	dominaram	tenha dominado	tenham dominado

Simple Pluperfect Indicative		*Past Perfect or Pluperfect Subjunctive*	
dominara	domináramos	tivesse dominado	tivéssemos dominado
dominaras	domináreis	tivesses dominado	tivésseis dominado
dominara	dominaram	tivesse dominado	tivessem dominado

Future Indicative		*Future Perfect Subjunctive*	
dominarei	dominaremos	tiver dominado	tivermos dominado
dominarás	dominareis	tiveres dominado	tiverdes dominado
dominará	dominarão	tiver dominado	tiverem dominado

Present Perfect Indicative		*Conditional*	
tenho dominado	temos dominado	dominaria	dominaríamos
tens dominado	tendes dominado	dominarias	dominaríeis
tem dominado	têm dominado	dominaria	dominariam

Past Perfect or Pluperfect Indicative		*Conditional Perfect*	
tinha dominado	tínhamos dominado	teria dominado	teríamos dominado
tinhas dominado	tínheis dominado	terias dominado	teríeis dominado
tinha dominado	tinham dominado	teria dominado	teriam dominado

Future Perfect Indicative		*Imperative*	
terei dominado	teremos dominado	domina–dominai	
terás dominado	tereis dominado		
terá dominado	terão dominado		

Samples of verb usage.

Com tempo, essa equipe **dominará** o desporto (esporte *in Brazil*).
In time that team will dominate the sport.

Os romanos **dominaram** uma grande parte do mundo.   *The Romans dominated a large part of the world.*

A rainha Isabel Primeira **dominou** a Inglaterra com mão de ferro durante muitos anos.
Queen Elizabeth I ruled England with an iron hand for many years.

Pedro **domina** quatro idiomas (línguas).   *Peter commands four languages.*

to sleep

Personal Infinitive		**Present Subjunctive**	
dormir	dormirmos	durma	durmamos
dormires	dormirdes	durmas	durmais
dormir	dormirem	durma	durmam

Present Indicative		**Imperfect Subjunctive**	
durmo	dormimos	dormisse	dormíssemos
dormes	dormis	dormisses	dormísseis
dorme	*dormem**	dormisse	dormissem

Imperfect Indicative		**Future Subjunctive**	
dormia	dormíamos	dormir	dormirmos
dormias	dormíeis	dormires	dormirdes
dormia	dormiam	dormir	dormirem

Preterit Indicative		**Present Perfect Subjunctive**	
dormi	dormimos	tenha dormido	tenhamos dormido
dormiste	dormistes	tenhas dormido	tenhais dormido
dormiu	dormiram	tenha dormido	tenham dormido

Simple Pluperfect Indicative		**Past Perfect or Pluperfect Subjunctive**	
dormira	dormíramos	tivesse dormido	tivéssemos dormido
dormiras	dormíreis	tivesses dormido	tivésseis dormido
dormira	dormiram	tivesse dormido	tivessem dormido

Future Indicative		**Future Perfect Subjunctive**	
dormirei	dormiremos	tiver dormido	tivermos dormido
dormirás	dormireis	tiveres dormido	tiverdes dormido
dormirá	dormirão	tiver dormido	tiverem dormido

Present Perfect Indicative		**Conditional**	
tenho dormido	temos dormido	dormiria	dormiríamos
tens dormido	tendes dormido	dormirias	dormiríeis
tem dormido	têm dormido	dormiria	dormiriam

Past Perfect or Pluperfect Indicative		**Conditional Perfect**	
tinha dormido	tínhamos dormido	teria dormido	teríamos dormido
tinhas dormido	tínheis dormido	terias dormido	teríeis dormido
tinha dormido	tinham dormido	teria dormido	teriam dormido

Future Perfect Indicative		**Imperative**	
terei dormido	teremos dormido	*dorme**– dormi	
terás dormido	tereis dormido		
terá dormido	terão dormido		

Samples of verb usage.

As crianças precisam **dormir** muito.   *Children need to sleep a lot.*

O cão **dormia**.   *The dog was sleeping.*

Quando ela chegou ele já **tinha dormido** por duas horas.
When she arrived he had already been sleeping for two hours.

Eu **durmo** muito pouco.   *I sleep very little.*

*NOTE: Only the radical-changing verb forms with *open* stressed vowels appear in italic type. For further explanation see Foreword.

to doubt

Personal Infinitive
duvidar	duvidarmos
duvidares	duvidardes
duvidar	duvidarem

Present Indicative
duvido	duvidamos
duvidas	duvidais
duvida	duvidam

Imperfect Indicative
duvidava	duvidávamos
duvidavas	duvidáveis
duvidava	duvidavam

Preterit Indicative
duvidei	duvidámos
duvidaste	duvidastes
duvidou	duvidaram

Simple Pluperfect Indicative
duvidara	duvidáramos
duvidaras	duvidáreis
duvidara	duvidaram

Future Indicative
duvidarei	duvidaremos
duvidarás	duvidareis
duvidará	duvidarão

Present Perfect Indicative
tenho duvidado	temos duvidado
tens duvidado	tendes duvidado
tem duvidado	têm duvidado

Past Perfect or Pluperfect Indicative
tinha duvidado	tínhamos duvidado
tinhas duvidado	tínheis duvidado
tinha duvidado	tinham duvidado

Future Perfect Indicative
terei duvidado	teremos duvidado
terás duvidado	tereis duvidado
terá duvidado	terão duvidado

Present Subjunctive
duvide	duvidemos
duvides	duvideis
duvide	duvidem

Imperfect Subjunctive
duvidasse	duvidássemos
duvidasses	duvidásseis
duvidasse	duvidassem

Future Subjunctive
duvidar	duvidarmos
duvidares	duvidardes
duvidar	duvidarem

Present Perfect Subjunctive
tenha duvidado	tenhamos duvidado
tenhas duvidado	tenhais duvidado
tenha duvidado	tenham duvidado

Past Perfect or Pluperfect Subjunctive
tivesse duvidado	tivéssemos duvidado
tivesses duvidado	tivésseis duvidado
tivesse duvidado	tivessem duvidado

Future Perfect Subjunctive
tiver duvidado	tivermos duvidado
tiveres duvidado	tiverdes duvidado
tiver duvidado	tiverem duvidado

Conditional
duvidaria	duvidaríamos
duvidarias	duvidaríeis
duvidaria	duvidariam

Conditional Perfect
teria duvidado	teríamos duvidado
terias duvidado	teríeis duvidado
teria duvidado	teriam duvidado

Imperative
duvida–duvidai

Samples of verb usage.

Você **duvida** de mim?   *Do you doubt me?*

A professora **duvidou** do aluno.   *The teacher (female) doubted the student.*

Eu nunca **duvidaria** de ti.   *I would never doubt you.*

Tinha duvidado que o amigo o teria traído.   *He had doubted that his friend would have betrayed him.*

to educate; to bring up; (**-se**) to learn

Personal Infinitive		*Present Subjunctive*	
educar	educarmos	eduque	eduquemos
educares	educardes	eduques	eduqueis
educar	educarem	eduque	eduquem

Present Indicative		*Imperfect Subjunctive*	
educo	educamos	educasse	educássemos
educas	educais	educasses	educásseis
educa	educam	educasse	educassem

Imperfect Indicative		*Future Subjunctive*	
educava	educávamos	educar	educarmos
educavas	educáveis	educares	educardes
educava	educavam	educar	educarem

Preterit Indicative		*Present Perfect Subjunctive*	
eduquei	educámos	tenha educado	tenhamos educado
educaste	educastes	tenhas educado	tenhais educado
educou	educaram	tenha educado	tenham educado

Simple Pluperfect Indicative		*Past Perfect or Pluperfect Subjunctive*	
educara	educáramos	tivesse educado	tivéssemos educado
educaras	educáreis	tivesses educado	tivésseis educado
educara	educaram	tivesse educado	tivessem educado

Future Indicative		*Future Perfect Subjunctive*	
educarei	educaremos	tiver educado	tivermos educado
educarás	educareis	tiveres educado	tiverdes educado
educará	educarão	tiver educado	tiverem educado

Present Perfect Indicative		*Conditional*	
tenho educado	temos educado	educaria	educaríamos
tens educado	tendes educado	educarias	educaríeis
tem educado	têm educado	educaria	educariam

Past Perfect or Pluperfect Indicative		*Conditional Perfect*	
tinha educado	tínhamos educado	teria educado	teríamos educado
tinhas educado	tínheis educado	terias educado	teríeis educado
tinha educado	tinham educado	teria educado	teriam educado

Future Perfect Indicative		*Imperative*	
terei educado	teremos educado	educa–educai	
terás educado	tereis educado		
terá educado	terão educado		

Samples of verb usage.

Muitos pais preferem **educar** os seus filhos nas escolas públicas.
Many parents prefer to educate their children in public schools.

Ele tem sido **educado** em casa.   *He has been educated at home.*

Nós **educamos** os nossos filhos com carinho.   *We raise our kids with affection.*

Ela **se educará** através dos seus erros.   *She will learn through her mistakes.*

to eliminate

Personal Infinitive		**Present Subjunctive**	
eliminar	eliminarmos	elimine	eliminemos
eliminares	eliminardes	elimines	elimineis
eliminar	eliminarem	elimine	eliminem

Present Indicative		**Imperfect Subjunctive**	
elimino	eliminamos	eliminasse	eliminássemos
eliminas	eliminais	eliminasses	eliminásseis
elimina	eliminam	eliminasse	eliminassem

Imperfect Indicative		**Future Subjunctive**	
eliminava	eliminávamos	eliminar	eliminarmos
eliminavas	elimináveis	eliminares	eliminardes
eliminava	eliminavam	eliminar	eliminarem

Preterit Indicative		**Present Perfect Subjunctive**	
eliminei	eliminámos	tenha eliminado	tenhamos eliminado
eliminaste	eliminastes	tenhas eliminado	tenhais eliminado
eliminou	eliminaram	tenha eliminado	tenham eliminado

Simple Pluperfect Indicative		**Past Perfect or Pluperfect Subjunctive**	
eliminara	elimináramos	tivesse eliminado	tivéssemos eliminado
eliminaras	elimináreis	tivesses eliminado	tivésseis eliminado
eliminara	eliminaram	tivesse eliminado	tivessem eliminado

Future Indicative		**Future Perfect Subjunctive**	
eliminarei	eliminaremos	tiver eliminado	tivermos eliminado
eliminarás	eliminareis	tiveres eliminado	tiverdes eliminado
eliminará	eliminarão	tiver eliminado	tiverem eliminado

Present Perfect Indicative		**Conditional**	
tenho eliminado	temos eliminado	eliminaria	eliminaríamos
tens eliminado	tendes eliminado	eliminarias	eliminaríeis
tem eliminado	têm eliminado	eliminaria	eliminariam

Past Perfect or Pluperfect Indicative		**Conditional Perfect**	
tinha eliminado	tínhamos eliminado	teria eliminado	teríamos eliminado
tinhas eliminado	tínheis eliminado	terias eliminado	teríeis eliminado
tinha eliminado	tinham eliminado	teria eliminado	teriam eliminado

Future Perfect Indicative		**Imperative**	
terei eliminado	teremos eliminado	elimina–eliminai	
terás eliminado	tereis eliminado		
terá eliminado	terão eliminado		

Samples of verb usage.

O professor **eliminou** todas as perguntas orais do exame.
The professor eliminated all the oral questions from the test.

Eles **eliminarão** os concorrentes facilmente.   *They'll eliminate the competition easily.*

Ela poderia **eliminá**-lo (a você) (**eliminar** você *in Brazil*) da lista dos convidados, se ela quisesse.
She could eliminate you from the guest list, if she wanted to.

Tu **eliminaste** o teu último adversário.   *You eliminated your last opponent.*

to get *or* become thin *or* skinny; to lose weight

Personal Infinitive		**Present Subjunctive**	
emagrecer	emagrecermos	emagreça	emagreçamos
emagreceres	emagrecerdes	emagreças	emagreçais
emagrecer	emagrecerem	emagreça	emagreçam

Present Indicative		**Imperfect Subjunctive**	
emagreço	emagrecemos	emagrecesse	emagrecêssemos
emagreces	emagreceis	emagrecesses	emagrecêsseis
emagrece	*emagrecem**	emagrecesse	emagrecessem

Imperfect Indicative		**Future Subjunctive**	
emagrecia	emagrecíamos	emagrecer	emagrecermos
emagrecias	emagrecíeis	emagreceres	emagrecerdes
emagrecia	emagreciam	emagrecer	emagrecerem

Preterit Indicative		**Present Perfect Subjunctive**	
emagreci	emagrecemos	tenha emagrecido	tenhamos emagrecido
emagreceste	emagrecestes	tenhas emagrecido	tenhais emagrecido
emagreceu	emagreceram	tenha emagrecido	tenham emagrecido

Simple Pluperfect Indicative		**Past Perfect or Pluperfect Subjunctive**	
emagrecera	emagrecêramos	tivesse emagrecido	tivéssemos emagrecido
emagreceras	emagrecêreis	tivesses emagrecido	tivésseis emagrecido
emagrecera	emagreceram	tivesse emagrecido	tivessem emagrecido

Future Indicative		**Future Perfect Subjunctive**	
emagrecerei	emagreceremos	tiver emagrecido	tivermos emagrecido
emagrecerás	emagrecereis	tiveres emagrecido	tiverdes emagrecido
emagrecerá	emagrecerão	tiver emagrecido	tiverem emagrecido

Present Perfect Indicative		**Conditional**	
tenho emagrecido	temos emagrecido	emagreceria	emagreceríamos
tens emagrecido	tendes emagrecido	emagrecerias	emagreceríeis
tem emagrecido	têm emagrecido	emagreceria	emagreceriam

Past Perfect or Pluperfect Indicative		**Conditional Perfect**	
tinha emagrecido	tínhamos emagrecido	teria emagrecido	teríamos emagrecido
tinhas emagrecido	tínheis emagrecido	terias emagrecido	teríeis emagrecido
tinha emagrecido	tinham emagrecido	teria emagrecido	teriam emagrecido

Future Perfect Indicative		**Imperative**	
terei emagrecido	teremos emagrecido	*emagrece**– emagrecei	
terás emagrecido	tereis emagrecido		
terá emagrecido	terão emagrecido		

Samples of verb usage.

Aquele homem **emagreceu** demais nos últimos meses.   *That man got too skinny in the last few months.*

Você **emagrecerá**, se mudar os seus hábitos alimentares.
You will lose weight, if you change your eating habits.

Eu **emagreço** com facilidade.   *I lose weight easily.*

Ela **emagrece** quando se apaixona.   *She get's thin whenever she's falls in love.*

*NOTE: Only the radical-changing verb forms with *open* stressed vowels appear in italic type. For further explanation see Foreword.

to wrap (up); (**-se**) to get involved, embroiled in

Personal Infinitive	
embrulhar	embrulharmos
embrulhares	embrulhardes
embrulhar	embrulharem

Present Indicative	
embrulho	embrulhamos
embrulhas	embrulhais
embrulha	embrulham

Imperfect Indicative	
embrulhava	embrulhávamos
embrulhavas	embrulháveis
embrulhava	embrulhavam

Preterit Indicative	
embrulhei	embrulhámos
embrulhaste	embrulhastes
embrulhou	embrulharam

Simple Pluperfect Indicative	
embrulhara	embrulháramos
embrulharas	embrulháreis
embrulhara	embrulharam

Future Indicative	
embrulharei	embrulharemos
embrulharás	embrulhareis
embrulhará	embrulharão

Present Perfect Indicative	
tenho embrulhado	temos embrulhado
tens embrulhado	tendes embrulhado
tem embrulhado	têm embrulhado

Past Perfect or Pluperfect Indicative	
tinha embrulhado	tínhamos embrulhado
tinhas embrulhado	tínheis embrulhado
tinha embrulhado	tinham embrulhado

Future Perfect Indicative	
terei embrulhado	teremos embrulhado
terás embrulhado	tereis embrulhado
terá embrulhado	terão embrulhado

Present Subjunctive	
embrulhe	embrulhemos
embrulhes	embrulheis
embrulhe	embrulhem

Imperfect Subjunctive	
embrulhasse	embrulhássemos
embrulhasses	embrulhásseis
embrulhasse	embrulhassem

Future Subjunctive	
embrulhar	embrulharmos
embrulhares	embrulhardes
embrulhar	embrulharem

Present Perfect Subjunctive	
tenha embrulhado	tenhamos embrulhado
tenhas embrulhado	tenhais embrulhado
tenha embrulhado	tenham embrulhado

Past Perfect or Pluperfect Subjunctive	
tivesse embrulhado	tivéssemos embrulhado
tivesses embrulhado	tivésseis embrulhado
tivesse embrulhado	tivessem embrulhado

Future Perfect Subjunctive	
tiver embrulhado	tivermos embrulhado
tiveres embrulhado	tiverdes embrulhado
tiver embrulhado	tiverem embrulhado

Conditional	
embrulharia	embrulharíamos
embrulharias	embrulharíeis
embrulharia	embrulhariam

Conditional Perfect	
teria embrulhado	teríamos embrulhado
terias embrulhado	teríeis embrulhado
teria embrulhado	teriam embrulhado

Imperative	
embrulha–embrulhai	

Samples of verb usage.

Embrulha este presente antes deles chegarem.   *Wrap up this present before they get here.*

A avozinha (Vovó) **embrulhou** alguns rebuçados (algumas balas *in Brazil*) para você.
Granny wrapped some hard-candy for you.

(Nós) já **tínhamos embrulhado** as sanduíches (os sanduíches *in Brazil*).
We had already wrapped the sandwiches.

Ele sempre nos **embrulha** nos seus problemas.   *He always gets us involved (embroiled) in his problems.*

to employ, hire; to make use of

Personal Infinitive		Present Subjunctive	
empregar	empregarmos	*empregue*	empreguemos
empregares	empregardes	*empregues*	empregueis
empregar	empregarem	*empregue*	*empreguem**

Present Indicative		Imperfect Subjunctive	
emprego	empregamos	empregasse	empregássemos
empregas	empregais	empregasses	empregásseis
emprega	*empregam**	empregasse	empregassem

Imperfect Indicative		Future Subjunctive	
empregava	empregávamos	empregar	empregarmos
empregavas	empregáveis	empregares	empregardes
empregava	empregavam	empregar	empregarem

Preterit Indicative		Present Perfect Subjunctive	
empreguei	empregámos	tenha empregado	tenhamos empregado
empregaste	empregastes	tenhas empregado	tenhais empregado
empregou	empregaram	tenha empregado	tenham empregado

Simple Pluperfect Indicative		Past Perfect or Pluperfect Subjunctive	
empregara	empregáramos	tivesse empregado	tivéssemos empregado
empregaras	empregáreis	tivesses empregado	tivésseis empregado
empregara	empregaram	tivesse empregado	tivessem empregado

Future Indicative		Future Perfect Subjunctive	
empregarei	empregaremos	tiver empregado	tivermos empregado
empregarás	empregareis	tiveres empregado	tiverdes empregado
empregará	empregarão	tiver empregado	tiverem empregado

Present Perfect Indicative		Conditional	
tenho empregado	temos empregado	empregaria	empregaríamos
tens empregado	tendes empregado	empregarias	empregaríeis
tem empregado	têm empregado	empregaria	empregariam

Past Perfect or Pluperfect Indicative		Conditional Perfect	
tinha empregado	tínhamos empregado	teria empregado	teríamos empregado
tinhas empregado	tínheis empregado	terias empregado	teríeis empregado
tinha empregado	tinham empregado	teria empregado	teriam empregado

Future Perfect Indicative		Imperative	
terei empregado	teremos empregado	*emprega**–empregai	
terás empregado	tereis empregado		
terá empregado	terão empregado		

Samples of verb usage.

Eles **empregarão** muitos ajudantes no próximo semestre.   *They will hire many assistants next semester.*

Vamos **empregar** a vizinha para cuidar dos nossos filhos.
We're going to hire the neighbor lady to take care of our kids.

Ele **empregou** métodos violentos para prender os criminosos.
He employed violent methods to arrest the criminals.

Para resolvermos os problemas difíceis, **empregamos** a inteligência.
To solve difficult problems, we employ (make use of) intelligence.

*NOTE: Only the radical-changing verb forms with *open* stressed vowels appear in italic type. For further explanation see Foreword.

to lend, loan

Personal Infinitive		**Present Subjunctive**	
emprestar	emprestarmos	*empreste*	emprestemos
emprestares	emprestardes	*emprestes*	empresteis
emprestar	emprestarem	*empreste*	*emprestem**

Present Indicative		**Imperfect Subjunctive**	
empresto	emprestamos	emprestasse	emprestássemos
emprestas	emprestais	emprestasses	emprestásseis
empresta	*emprestam**	emprestasse	emprestassem

Imperfect Indicative		**Future Subjunctive**	
emprestava	emprestávamos	emprestar	emprestarmos
emprestavas	emprestáveis	emprestares	emprestardes
emprestava	emprestavam	emprestar	emprestarem

Preterit Indicative		**Present Perfect Subjunctive**	
emprestei	emprestámos	tenha emprestado	tenhamos emprestado
emprestaste	emprestastes	tenhas emprestado	tenhais emprestado
emprestou	emprestaram	tenha emprestado	tenham emprestado

Simple Pluperfect Indicative		**Past Perfect or Pluperfect Subjunctive**	
emprestara	emprestáramos	tivesse emprestado	tivéssemos emprestado
emprestaras	emprestáreis	tivesses emprestado	tivésseis emprestado
emprestara	emprestaram	tivesse emprestado	tivessem emprestado

Future Indicative		**Future Perfect Subjunctive**	
emprestarei	emprestaremos	tiver emprestado	tivermos emprestado
emprestarás	emprestareis	tiveres emprestado	tiverdes emprestado
emprestará	emprestarão	tiver emprestado	tiverem emprestado

Present Perfect Indicative		**Conditional**	
tenho emprestado	temos emprestado	emprestaria	emprestaríamos
tens emprestado	tendes emprestado	emprestarias	emprestaríeis
tem emprestado	têm emprestado	emprestaria	emprestariam

Past Perfect or Pluperfect Indicative		**Conditional Perfect**	
tinha emprestado	tínhamos emprestado	teria emprestado	teríamos emprestado
tinhas emprestado	tínheis emprestado	terias emprestado	teríeis emprestado
tinha emprestado	tinham emprestado	teria emprestado	teriam emprestado

Future Perfect Indicative		**Imperative**	
terei emprestado	teremos emprestado	*empresta**–emprestai	
terás emprestado	tereis emprestado		
terá emprestado	terão emprestado		

Samples of verb usage.

Emprestámos-lhe muitos livros (a você).   Nós **emprestámos** muitos livros para você. (*In Brazil*)
We lent you a lot of books.

Emprestei tudo o que tinha a (para *in Brazil*) uma amiga.   *I lent everything I had to a friend (female).*

Ele nos **emprestará** o carro.   *He will lend us the car.*

Eu não quero **emprestar** o meu toca-fitas ao teu irmão.
I don't want to loan my tape player to your brother.

*NOTE: Only the radical-changing verb forms with *open* stressed vowels appear in italic type. For further explanation see Foreword.

to push; to shove

Personal Infinitive		*Present Subjunctive*	
empurrar	empurrarmos	empurre	empurremos
empurrares	empurrardes	empurres	empurreis
empurrar	empurrarem	empurre	empurrem

Present Indicative		*Imperfect Subjunctive*	
empurro	empurramos	empurrasse	empurrássemos
empurras	empurrais	empurrasses	empurrásseis
empurra	empurram	empurrasse	empurrassem

Imperfect Indicative		*Future Subjunctive*	
empurrava	empurrávamos	empurrar	empurrarmos
empurravas	empurráveis	empurrares	empurrardes
empurrava	empurravam	empurrar	empurrarem

Preterit Indicative		*Present Perfect Subjunctive*	
empurrei	empurrámos	tenha empurrado	tenhamos empurrado
empurraste	empurrastes	tenhas empurrado	tenhais empurrado
empurrou	empurraram	tenha empurrado	tenham empurrado

Simple Pluperfect Indicative		*Past Perfect or Pluperfect Subjunctive*	
empurrara	empurráramos	tivesse empurrado	tivéssemos empurrado
empurraras	empurráreis	tivesses empurrado	tivésseis empurrado
empurrara	empurraram	tivesse empurrado	tivessem empurrado

Future Indicative		*Future Perfect Subjunctive*	
empurrarei	empurraremos	tiver empurrado	tivermos empurrado
empurrarás	empurrareis	tiveres empurrado	tiverdes empurrado
empurrará	empurrarão	tiver empurrado	tiverem empurrado

Present Perfect Indicative		*Conditional*	
tenho empurrado	temos empurrado	empurraria	empurraríamos
tens empurrado	tendes empurrado	empurrarias	empurraríeis
tem empurrado	têm empurrado	empurraria	empurrariam

Past Perfect or Pluperfect Indicative		*Conditional Perfect*	
tinha empurrado	tínhamos empurrado	teria empurrado	teríamos empurrado
tinhas empurrado	tínheis empurrado	terias empurrado	teríeis empurrado
tinha empurrado	tinham empurrado	teria empurrado	teriam empurrado

Future Perfect Indicative		*Imperative*	
terei empurrado	teremos empurrado	empurra–empurrai	
terás empurrado	tereis empurrado		
terá empurrado	terão empurrado		

Samples of verb usage.

Empurre essa caixa para cá.   *Push that box over here.*

Ela me **empurrou** depois de descobrir que eu tinha saído com o seu namorado.
She shoved me after discovering that I had gone out with her boyfriend.

O tio **empurrava** o sobrinho no carrinho.   *The uncle was pushing his nephew in the toy car.*

O homem **tinha empurrado** o rapaz tão forte que caiu no chão.
The man had shoved the boy so hard that he fell to the ground.

to fill

Personal Infinitive
encher	enchermos
encheres	encherdes
encher	encherem

Present Indicative
encho	enchemos
enches	encheis
enche	enchem

Imperfect Indicative
enchia	enchíamos
enchias	enchíeis
enchia	enchiam

Preterit Indicative
enchi	enchemos
encheste	enchestes
encheu	encheram

Simple Pluperfect Indicative
enchera	enchêramos
encheras	enchêreis
enchera	encheram

Future Indicative
encherei	encheremos
encherás	enchereis
encherá	encherão

Present Perfect Indicative
tenho enchido	temos enchido
tens enchido	tendes enchido
tem enchido	têm enchido

Past Perfect or Pluperfect Indicative
tinha enchido	tínhamos enchido
tinhas enchido	tínheis enchido
tinha enchido	tinham enchido

Future Perfect Indicative
terei enchido	teremos enchido
terás enchido	tereis enchido
terá enchido	terão enchido

Present Subjunctive
encha	enchamos
enchas	enchais
encha	encham

Imperfect Subjunctive
enchesse	enchêssemos
enchesses	enchêsseis
enchesse	enchessem

Future Subjunctive
encher	enchermos
encheres	encherdes
encher	encherem

Present Perfect Subjunctive
tenha enchido	tenhamos enchido
tenhas enchido	tenhais enchido
tenha enchido	tenham enchido

Past Perfect or Pluperfect Subjunctive
tivesse enchido	tivéssemos enchido
tivesses enchido	tivésseis enchido
tivesse enchido	tivessem enchido

Future Perfect Subjunctive
tiver enchido	tivermos enchido
tiveres enchido	tiverdes enchido
tiver enchido	tiverem enchido

Conditional
encheria	encheríamos
encherias	encheríeis
encheria	encheriam

Conditional Perfect
teria enchido	teríamos enchido
terias enchido	teríeis enchido
teria enchido	teriam enchido

Imperative
enche–enchei

Samples of verb usage.

Ela **encheu** o saco de brinquedos.   *She filled the bag with toys.*

O motorista já **tinha enchido** o carro de gasolina.   *The driver had already filled the car with gas.*

Sónia (Sônia *in Brazil*) sempre **enche** a sua barriga demais.   *Sonia always fills her belly too much.*

O copo está **cheio** de cerveja.   *The glass is full of beer.*

to meet; to find

Personal Infinitive		*Present Subjunctive*	
encontrar	encontrarmos	encontre	encontremos
encontrares	encontrardes	encontres	encontreis
encontrar	encontrarem	encontre	encontrem

Present Indicative		*Imperfect Subjunctive*	
encontro	encontramos	encontrasse	encontrássemos
encontras	encontrais	encontrasses	encontrásseis
encontra	encontram	encontrasse	encontrassem

Imperfect Indicative		*Future Subjunctive*	
encontrava	encontrávamos	encontrar	encontrarmos
encontravas	encontráveis	encontrares	encontrardes
encontrava	encontravam	encontrar	encontrarem

Preterit Indicative		*Present Perfect Subjunctive*	
encontrei	encontrámos	tenha encontrado	tenhamos encontrado
encontraste	encontrastes	tenhas encontrado	tenhais encontrado
encontrou	encontraram	tenha encontrado	tenham encontrado

Simple Pluperfect Indicative		*Past Perfect or Pluperfect Subjunctive*	
encontrara	encontráramos	tivesse encontrado	tivéssemos encontrado
encontraras	encontráreis	tivesses encontrado	tivésseis encontrado
encontrara	encontraram	tivesse encontrado	tivessem encontrado

Future Indicative		*Future Perfect Subjunctive*	
encontrarei	encontraremos	tiver encontrado	tivermos encontrado
encontrarás	encontrareis	tiveres encontrado	tiverdes encontrado
encontrará	encontrarão	tiver encontrado	tiverem encontrado

Present Perfect Indicative		*Conditional*	
tenho encontrado	temos encontrado	encontraria	encontraríamos
tens encontrado	tendes encontrado	encontrarias	encontraríeis
tem encontrado	têm encontrado	encontraria	encontrariam

Past Perfect or Pluperfect Indicative		*Conditional Perfect*	
tinha encontrado	tínhamos encontrado	teria encontrado	teríamos encontrado
tinhas encontrado	tínheis encontrado	terias encontrado	teríeis encontrado
tinha encontrado	tinham encontrado	teria encontrado	teriam encontrado

Future Perfect Indicative		*Imperative*	
terei encontrado	teremos encontrado	encontra–encontrai	
terás encontrado	tereis encontrado		
terá encontrado	terão encontrado		

Samples of verb usage.

Ela sempre me **encontrava** no parque.   *She always met me at the park.*

Eles **teriam encontrado** o tesouro, se tivessem tido o mapa.
They would have found the treasure, if they had had the map.

Você já **encontrou** dinheiro na rua alguma vez?   *Did you ever find money on the street?*

O arquite(c)to **encontrou-se** com o engenheiro ontem.   *The architect met with the engineer yesterday.*

to adorn, decorate, embellish; (**-se**) to dress up

Personal Infinitive		*Present Subjunctive*	
enfeitar	enfeitarmos	enfeite	enfeitemos
enfeitares	enfeitardes	enfeites	enfeiteis
enfeitar	enfeitarem	enfeite	enfeitem

Present Indicative		*Imperfect Subjunctive*	
enfeito	enfeitamos	enfeitasse	enfeitássemos
enfeitas	enfeitais	enfeitasses	enfeitásseis
enfeita	enfeitam	enfeitasse	enfeitassem

Imperfect Indicative		*Future Subjunctive*	
enfeitava	enfeitávamos	enfeitar	enfeitarmos
enfeitavas	enfeitáveis	enfeitares	enfeitardes
enfeitava	enfeitavam	enfeitar	enfeitarem

Preterit Indicative		*Present Perfect Subjunctive*	
enfeitei	enfeitámos	tenha enfeitado	tenhamos enfeitado
enfeitaste	enfeitastes	tenhas enfeitado	tenhais enfeitado
enfeitou	enfeitaram	tenha enfeitado	tenham enfeitado

Simple Pluperfect Indicative		*Past Perfect or Pluperfect Subjunctive*	
enfeitara	enfeitáramos	tivesse enfeitado	tivéssemos enfeitado
enfeitaras	enfeitáreis	tivesses enfeitado	tivésseis enfeitado
enfeitara	enfeitaram	tivesse enfeitado	tivessem enfeitado

Future Indicative		*Future Perfect Subjunctive*	
enfeitarei	enfeitaremos	tiver enfeitado	tivermos enfeitado
enfeitarás	enfeitareis	tiveres enfeitado	tiverdes enfeitado
enfeitará	enfeitarão	tiver enfeitado	tiverem enfeitado

Present Perfect Indicative		*Conditional*	
tenho enfeitado	temos enfeitado	enfeitaria	enfeitaríamos
tens enfeitado	tendes enfeitado	enfeitarias	enfeitaríeis
tem enfeitado	têm enfeitado	enfeitaria	enfeitariam

Past Perfect or Pluperfect Indicative		*Conditional Perfect*	
tinha enfeitado	tínhamos enfeitado	teria enfeitado	teríamos enfeitado
tinhas enfeitado	tínheis enfeitado	terias enfeitado	teríeis enfeitado
tinha enfeitado	tinham enfeitado	teria enfeitado	teriam enfeitado

Future Perfect Indicative		*Imperative*	
terei enfeitado	teremos enfeitado	enfeita–enfeitai	
terás enfeitado	tereis enfeitado		
terá enfeitado	terão enfeitado		

Samples of verb usage.

Enfeitei os meus cabelos com flores para a festa.   *I adorned my hair with flowers for the party.*

A Marina sempre **enfeita-se** antes de sair de casa.   *Marina always dresses up before leaving the house.*

Eles gostam de **enfeitar** as histórias que nos contam.   *They like to embellish the stories they tell us.*

Enfeitaremos a nossa árvore de natal amanhã.   *We'll decorate our Christmas tree tomorrow.*

to weaken, (**-se**) to become weak

Personal Infinitive		*Present Subjunctive*	
enfraquecer	enfraquecermos	enfraqueça	enfraqueçamos
enfraqueceres	enfraquecerdes	enfraqueças	enfraqueçais
enfraquecer	enfraquecerem	enfraqueça	enfraqueçam

Present Indicative		*Imperfect Subjunctive*	
enfraqueço	enfraquecemos	enfraquecesse	enfraquecêssemos
enfraqueces	enfraqueceis	enfraquecesses	enfraquecêsseis
enfraquece	*enfraquecem**	enfraquecesse	enfraquecessem

Imperfect Indicative		*Future Subjunctive*	
enfraquecia	enfraquecíamos	enfraquecer	enfraquecermos
enfraquecias	enfraquecíeis	enfraqueceres	enfraquecerdes
enfraquecia	enfraqueciam	enfraquecer	enfraquecerem

Preterit Indicative		*Present Perfect Subjunctive*	
enfraqueci	enfraquecemos	tenha enfraquecido	tenhamos enfraquecido
enfraqueceste	enfraquecestes	tenhas enfraquecido	tenhais enfraquecido
enfraqueceu	enfraqueceram	tenha enfraquecido	tenham enfraquecido

Simple Pluperfect Indicative		*Past Perfect or Pluperfect Subjunctive*	
enfraquecera	enfraquecêramos	tivesse enfraquecido	tivéssemos enfraquecido
enfraqueceras	enfraquecêreis	tivesses enfraquecido	tivésseis enfraquecido
enfraquecera	enfraqueceram	tivesse enfraquecido	tivessem enfraquecido

Future Indicative		*Future Perfect Subjunctive*	
enfraquecerei	enfraqueceremos	tiver enfraquecido	tivermos enfraquecido
enfraquecerás	enfraquecereis	tiveres enfraquecido	tiverdes enfraquecido
enfraquecerá	enfraquecerão	tiver enfraquecido	tiverem enfraquecido

Present Perfect Indicative		*Conditional*	
tenho enfraquecido	temos enfraquecido	enfraqueceria	enfraqueceríamos
tens enfraquecido	tendes enfraquecido	enfraquecerias	enfraqueceríeis
tem enfraquecido	têm enfraquecido	enfraqueceria	enfraqueceriam

Past Perfect or Pluperfect Indicative		*Conditional Perfect*	
tinha enfraquecido	tínhamos enfraquecido	teria enfraquecido	teríamos enfraquecido
tinhas enfraquecido	tínheis enfraquecido	terias enfraquecido	teríeis enfraquecido
tinha enfraquecido	tinham enfraquecido	teria enfraquecido	teriam enfraquecido

Future Perfect Indicative		*Imperative*	
terei enfraquecido	teremos enfraquecido	*enfraquece**– enfraquecei	
terás enfraquecido	tereis enfraquecido		
terá enfraquecido	terão enfraquecido		

Samples of verb usage.

Dalila **enfraqueceu** Sansão cortando os seus cabelos. *Dalila weakened Samson by cutting his hair.*

Ela **enfraquece** mais e mais (a) cada dia. *She becomes weaker and weaker every day.*

O calor **enfraquecerá** com o pôr do sol. *The heat will lessen (become weaker) when the sun goes down.*

O exército **tinha enfraquecido** muito depois do ataque.
The army had become much weaker after the attack.

*NOTE: Only the radical-changing verb forms with *open* stressed vowels appear in italic type. For further explanation see Foreword.

to deceive, fool, mislead; (**-se**) to be mistaken or wrong

Personal Infinitive		*Present Subjunctive*	
enganar	enganarmos	engane	enganemos
enganares	enganardes	enganes	enganeis
enganar	enganarem	engane	enganem

Present Indicative		*Imperfect Subjunctive*	
engano	enganamos	enganasse	enganássemos
enganas	enganais	enganasses	enganásseis
engana	enganam	enganasse	enganassem

Imperfect Indicative		*Future Subjunctive*	
enganava	enganávamos	enganar	enganarmos
enganavas	enganáveis	enganares	enganardes
enganava	enganavam	enganar	enganarem

Preterit Indicative		*Present Perfect Subjunctive*	
enganei	enganámos	tenha enganado	tenhamos enganado
enganaste	enganastes	tenhas enganado	tenhais enganado
enganou	enganaram	tenha enganado	tenham enganado

Simple Pluperfect Indicative		*Past Perfect or Pluperfect Subjunctive*	
enganara	enganáramos	tivesse enganado	tivéssemos enganado
enganaras	enganáreis	tivesses enganado	tivésseis enganado
enganara	enganaram	tivesse enganado	tivessem enganado

Future Indicative		*Future Perfect Subjunctive*	
enganarei	enganaremos	tiver enganado	tivermos enganado
enganarás	enganareis	tiveres enganado	tiverdes enganado
enganará	enganarão	tiver enganado	tiverem enganado

Present Perfect Indicative		*Conditional*	
tenho enganado	temos enganado	enganaria	enganaríamos
tens enganado	tendes enganado	enganarias	enganaríeis
tem enganado	têm enganado	enganaria	enganariam

Past Perfect or Pluperfect Indicative		*Conditional Perfect*	
tinha enganado	tínhamos enganado	teria enganado	teríamos enganado
tinhas enganado	tínheis enganado	terias enganado	teríeis enganado
tinha enganado	tinham enganado	teria enganado	teriam enganado

Future Perfect Indicative		*Imperative*	
terei enganado	teremos enganado	engana–enganai	
terás enganado	tereis enganado		
terá enganado	terão enganado		

Samples of verb usage.

Enganámo-los (a vocês). **Enganamos** vocês (*in Brazil*).   *We fooled (deceived) you.*

As aparências **enganam.**   *Looks are deceiving.*

Se não **me engano**, ela foi à biblioteca.   *If I'm not mistaken, she went to the library.*

Eles estão **enganados**!   *They're wrong!*

to swallow; to gulp down

Personal Infinitive		*Present Subjunctive*	
engolir	engolirmos	engula	engulamos
engolires	engolirdes	engulas	engulais
engolir	engolirem	engula	engulam

Present Indicative		*Imperfect Subjunctive*	
engulo	engolimos	engolisse	engolíssemos
engoles	engolis	engolisses	engolísseis
engole	*engolem**	engolisse	engolissem

Imperfect Indicative		*Future Subjunctive*	
engolia	engolíamos	engolir	engolirmos
engolias	engolíeis	engolires	engolirdes
engolia	engoliam	engolir	engolirem

Preterit Indicative		*Present Perfect Subjunctive*	
engoli	engolimos	tenha engolido	tenhamos engolido
engoliste	engolistes	tenhas engolido	tenhais engolido
engoliu	engoliram	tenha engolido	tenham engolido

Simple Pluperfect Indicative		*Past Perfect or Pluperfect Subjunctive*	
engolira	engolíramos	tivesse engolido	tivéssemos engolido
engoliras	engolíreis	tivesses engolido	tivésseis engolido
engolira	engoliram	tivesse engolido	tivessem engolido

Future Indicative		*Future Perfect Subjunctive*	
engolirei	engoliremos	tiver engolido	tivermos engolido
engolirás	engolireis	tiveres engolido	tiverdes engolido
engolirá	engolirão	tiver engolido	tiverem engolido

Present Perfect Indicative		*Conditional*	
tenho engolido	temos engolido	engoliria	engoliríamos
tens engolido	tendes engolido	engolirias	engoliríeis
tem engolido	têm engolido	engoliria	engoliriam

Past Perfect or Pluperfect Indicative		*Conditional Perfect*	
tinha engolido	tínhamos engolido	teria engolido	teríamos engolido
tinhas engolido	tínheis engolido	terias engolido	teríeis engolido
tinha engolido	tinham engolido	teria engolido	teriam engolido

Future Perfect Indicative		*Imperative*	
terei engolido	teremos engolido	*engole**– engoli	
terás engolido	tereis engolido		
terá engolido	terão engolido		

Samples of verb usage.

Ela engasgou-se porque **tinha engolido** uma espinha de peixe.
She choked because she had swallowed a fishbone.

No circo há gente que **engole** fogo.   *In the circus there are people who swallow fire.*

Ela não poderá **engolir** a caneca toda de cerveja.   *She won't be able to gulp down the whole mug of beer.*

Depois da asneira que ele tinha dito, teve que **engolir** as suas próprias palavras.
After the foolishness (nonsense) he uttered, he had to swallow his own words.

*NOTE: Only the radical-changing verb forms with *open* stressed vowels appear in italic type. For further explanation see Foreword.

to starch and/or iron (clothes)

Personal Infinitive		*Present Subjunctive*	
engomar	engomarmos	*engome*	engomemos
engomares	engomardes	*engomes*	engomeis
engomar	engomarem	*engome*	*engomem**

Present Indicative		*Imperfect Subjunctive*	
engomo	engomamos	engomasse	engomássemos
engomas	engomais	engomasses	engomásseis
engoma	*engomam**	engomasse	engomassem

Imperfect Indicative		*Future Subjunctive*	
engomava	engomávamos	engomar	engomarmos
engomavas	engomáveis	engomares	engomardes
engomava	engomavam	engomar	engomarem

Preterit Indicative		*Present Perfect Subjunctive*	
engomei	engomámos	tenha engomado	tenhamos engomado
engomaste	engomastes	tenhas engomado	tenhais engomado
engomou	engomaram	tenha engomado	tenham engomado

Simple Pluperfect Indicative		*Past Perfect or Pluperfect Subjunctive*	
engomara	engomáramos	tivesse engomado	tivéssemos engomado
engomaras	engomáreis	tivesses engomado	tivésseis engomado
engomara	engomaram	tivesse engomado	tivessem engomado

Future Indicative		*Future Perfect Subjunctive*	
engomarei	engomaremos	tiver engomado	tivermos engomado
engomarás	engomareis	tiveres engomado	tiverdes engomado
engomará	engomarão	tiver engomado	tiverem engomado

Present Perfect Indicative		*Conditional*	
tenho engomado	temos engomado	engomaria	engomaríamos
tens engomado	tendes engomado	engomarias	engomaríeis
tem engomado	têm engomado	engomaria	engomariam

Past Perfect or Pluperfect Indicative		*Conditional Perfect*	
tinha engomado	tínhamos engomado	teria engomado	teríamos engomado
tinhas engomado	tínheis engomado	terias engomado	teríeis engomado
tinha engomado	tinham engomado	teria engomado	teriam engomado

Future Perfect Indicative		*Imperative*	
terei engomado	teremos engomado	*engoma**–engomai	
terás engomado	tereis engomado		
terá engomado	terão engomado		

Samples of verb usage.

A mulher **engoma** as camisas do seu marido.   *The wife irons/starches her husband's shirts.*

Eles **engomaram** apenas os colarinhos das suas camisas.
They starched/ironed only the collars of their shirts.

Eu mesmo **engomo** as minhas roupas.   *I iron my own clothes.*

A empregada **engomou** a roupa toda.   *The maid ironed/starched all the clothes.*

NOTE: In Lisbon Portuguese **engomar** normally means *to iron* not *to starch*.

*NOTE: Although this verb is radical-changing in Portugal, most Brazilian speakers do not open the stressed vowels of the italicized forms.

engordar

to fatten, get fat; to put on weight

Personal Infinitive		**Present Subjunctive**	
engordar	engordarmos	*engorde*	engordemos
engordares	engordardes	*engordes*	engordeis
engordar	engordarem	*engorde*	*engordem**

Present Indicative		**Imperfect Subjunctive**	
engordo	engordamos	engordasse	engordássemos
engordas	engordais	engordasses	engordásseis
engorda	*engordam**	engordasse	engordassem

Imperfect Indicative		**Future Subjunctive**	
engordava	engordávamos	engordar	engordarmos
engordavas	engordáveis	engordares	engordardes
engordava	engordavam	engordar	engordarem

Preterit Indicative		**Present Perfect Subjunctive**	
engordei	engordámos	tenha engordado	tenhamos engordado
engordaste	engordastes	tenhas engordado	tenhais engordado
engordou	engordaram	tenha engordado	tenham engordado

Simple Pluperfect Indicative		**Past Perfect or Pluperfect Subjunctive**	
engordara	engordáramos	tivesse engordado	tivéssemos engordado
engordaras	engordáreis	tivesses engordado	tivésseis engordado
engordara	engordaram	tivesse engordado	tivessem engordado

Future Indicative		**Future Perfect Subjunctive**	
engordarei	engordaremos	tiver engordado	tivermos engordado
engordarás	engordareis	tiveres engordado	tiverdes engordado
engordará	engordarão	tiver engordado	tiverem engordado

Present Perfect Indicative		**Conditional**	
tenho engordado	temos engordado	engordaria	engordaríamos
tens engordado	tendes engordado	engordarias	engordaríeis
tem engordado	têm engordado	engordaria	engordariam

Past Perfect or Pluperfect Indicative		**Conditional Perfect**	
tinha engordado	tínhamos engordado	teria engordado	teríamos engordado
tinhas engordado	tínheis engordado	terias engordado	teríeis engordado
tinha engordado	tinham engordado	teria engordado	teriam engordado

Future Perfect Indicative		**Imperative**	
terei engordado	teremos engordado	*engorda**–engordai	
terás engordado	tereis engordado		
terá engordado	terão engordado		

Samples of verb usage.

Os fazendeiros **engordaram** os porcos antes de abatê-los.
The farmers fattened the pigs before slaughtering them.

Algumas mulheres não **engordam** durante a gravidez.
Some women don't put on weight (get fat) during pregnancy.

Espero que eu não **engorde** tanto este ano.   *I hope I don't put on as much weight this year.*

Ele **engorda** só de pensar em comer.   *He gets fat from just thinking about eating.*

*NOTE: Only the radical-changing verb forms with *open* stressed vowels appear in italic type. For further explanation see Foreword.

to nauseate *or* make sick to one's stomach; (**-se**) to get *or* become nauseated *or* sick to one's stomach

Personal Infinitive		*Present Subjunctive*	
enjoar	enjoarmos	enjoe	enjoemos
enjoares	enjoardes	enjoes	enjoeis
enjoar	enjoarem	enjoe	enjoem

Present Indicative		*Imperfect Subjunctive*	
enjoo	enjoamos	enjoasse	enjoássemos
enjoas	enjoais	enjoasses	enjoásseis
enjoa	enjoam	enjoasse	enjoassem

Imperfect Indicative		*Future Subjunctive*	
enjoava	enjoávamos	enjoar	enjoarmos
enjoavas	enjoáveis	enjoares	enjoardes
enjoava	enjoavam	enjoar	enjoarem

Preterit Indicative		*Present Perfect Subjunctive*	
enjoei	enjoámos	tenha enjoado	tenhamos enjoado
enjoaste	enjoastes	tenhas enjoado	tenhais enjoado
enjoou	enjoaram	tenha enjoado	tenham enjoado

Simple Pluperfect Indicative		*Past Perfect or Pluperfect Subjunctive*	
enjoara	enjoáramos	tivesse enjoado	tivéssemos enjoado
enjoaras	enjoáreis	tivesses enjoado	tivésseis enjoado
enjoara	enjoaram	tivesse enjoado	tivessem enjoado

Future Indicative		*Future Perfect Subjunctive*	
enjoarei	enjoaremos	tiver enjoado	tivermos enjoado
enjoarás	enjoareis	tiveres enjoado	tiverdes enjoado
enjoará	enjoarão	tiver enjoado	tiverem enjoado

Present Perfect Indicative		*Conditional*	
tenho enjoado	temos enjoado	enjoaria	enjoaríamos
tens enjoado	tendes enjoado	enjoarias	enjoaríeis
tem enjoado	têm enjoado	enjoaria	enjoariam

Past Perfect or Pluperfect Indicative		*Conditional Perfect*	
tinha enjoado	tínhamos enjoado	teria enjoado	teríamos enjoado
tinhas enjoado	tínheis enjoado	terias enjoado	teríeis enjoado
tinha enjoado	tinham enjoado	teria enjoado	teriam enjoado

Future Perfect Indicative		*Imperative*	
terei enjoado	teremos enjoado	enjoa–enjoai	
terás enjoado	tereis enjoado		
terá enjoado	terão enjoado		

Samples of verb usage.

Ao ver o sangue do paciente, a enfermeira **enjoou-se**.
The nurse got nauseated upon seeing the patient's blood.

A minha filha nunca **se enjoava** durante a gravidez.
My daughter never became nauseated during pregnancy.

O comediante **enjoará** o seu público com algumas piadas de mau gosto.
The comedian will make his audience sick to their stomachs with some sick jokes.

Andar de barco sempre **me enjoa**.   *I always get (sea-) sick when I travel by boat.*

to enrich; (**-se**) to get *or* become rich

Personal Infinitive		*Present Subjunctive*	
enriquecer	enriquecermos	enriqueça	enriqueçamos
enriqueceres	enriquecerdes	enriqueças	enriqueçais
enriquecer	enriquecerem	enriqueça	enriqueçam

Present Indicative		*Imperfect Subjunctive*	
enriqueço	enriquecemos	enriquecesse	enriquecêssemos
enriqueces	enriqueceis	enriquecesses	enriquecêsseis
enriquece	*enriquecem**	enriquecesse	enriquecessem

Imperfect Indicative		*Future Subjunctive*	
enriquecia	enriquecíamos	enriquecer	enriquecermos
enriquecias	enriquecíeis	enriqueceres	enriquecerdes
enriquecia	enriqueciam	enriquecer	enriquecerem

Preterit Indicative		*Present Perfect Subjunctive*	
enriqueci	enriquecemos	tenha enriquecido	tenhamos enriquecido
enriqueceste	enriquecestes	tenhas enriquecido	tenhais enriquecido
enriqueceu	enriqueceram	tenha enriquecido	tenham enriquecido

Simple Pluperfect Indicative		*Past Perfect or Pluperfect Subjunctive*	
enriquecera	enriquecêramos	tivesse enriquecido	tivéssemos enriquecido
enriqueceras	enriquecêreis	tivesses enriquecido	tivésseis enriquecido
enriquecera	enriqueceram	tivesse enriquecido	tivessem enriquecido

Future Indicative		*Future Perfect Subjunctive*	
enriquecerei	enriqueceremos	tiver enriquecido	tivermos enriquecido
enriquecerás	enriquecereis	tiveres enriquecido	tiverdes enriquecido
enriquecerá	enriquecerão	tiver enriquecido	tiverem enriquecido

Present Perfect Indicative		*Conditional*	
tenho enriquecido	temos enriquecido	enriqueceria	enriqueceríamos
tens enriquecido	tendes enriquecido	enriquecerias	enriqueceríeis
tem enriquecido	têm enriquecido	enriqueceria	enriqueceriam

Past Perfect or Pluperfect Indicative		*Conditional Perfect*	
tinha enriquecido	tínhamos enriquecido	teria enriquecido	teríamos enriquecido
tinhas enriquecido	tínheis enriquecido	terias enriquecido	teríeis enriquecido
tinha enriquecido	tinham enriquecido	teria enriquecido	teriam enriquecido

Future Perfect Indicative		*Imperative*	
terei enriquecido	teremos enriquecido	*enriquece**– enriquecei	
terás enriquecido	tereis enriquecido		
terá enriquecido	terão enriquecido		

Samples of verb usage.

A cozinheira **enriqueceu** o caldo com mais legumes.
The cook enriched the broth with some more vegetables.

Eles **enriquecem** os seus bolsos com o dinheiro alheio.
They enrich their pockets with other people's money.

Aquele artista sabe **enriquecer** os seus trabalhos com criatividade.
That artist knows how to enrich his work with creativity.

Eu **me enriquecerei** com esta invenção.   *I'll get rich with this invention.*

*NOTE: Only the radical-changing verb forms with *open* stressed vowels appear in italic type. For further explanation see Foreword.

to rehearse, practice; to try out

Personal Infinitive
ensaiar	ensaiarmos
ensaiares	ensaiardes
ensaiar	ensaiarem

Present Indicative
ensaio	ensaiamos
ensaias	ensaiais
ensaia	ensaiam

Imperfect Indicative
ensaiava	ensaiávamos
ensaiavas	ensaiáveis
ensaiava	ensaiavam

Preterit Indicative
ensaiei	ensaiámos
ensaiaste	ensaiastes
ensaiou	ensaiaram

Simple Pluperfect Indicative
ensaiara	ensaiáramos
ensaiaras	ensaiáreis
ensaiara	ensaiaram

Future Indicative
ensaiarei	ensaiaremos
ensaiarás	ensaiareis
ensaiará	ensaiarão

Present Perfect Indicative
tenho ensaiado	temos ensaiado
tens ensaiado	tendes ensaiado
tem ensaiado	têm ensaiado

Past Perfect or Pluperfect Indicative
tinha ensaiado	tínhamos ensaiado
tinhas ensaiado	tínheis ensaiado
tinha ensaiado	tinham ensaiado

Future Perfect Indicative
terei ensaiado	teremos ensaiado
terás ensaiado	tereis ensaiado
terá ensaiado	terão ensaiado

Present Subjunctive
ensaie	ensaiemos
ensaies	ensaieis
ensaie	ensaiem

Imperfect Subjunctive
ensaiasse	ensaiássemos
ensaiasses	ensaiásseis
ensaiasse	ensaiassem

Future Subjunctive
ensaiar	ensaiarmos
ensaiares	ensaiardes
ensaiar	ensaiarem

Present Perfect Subjunctive
tenha ensaiado	tenhamos ensaiado
tenhas ensaiado	tenhais ensaiado
tenha ensaiado	tenham ensaiado

Past Perfect or Pluperfect Subjunctive
tivesse ensaiado	tivéssemos ensaiado
tivesses ensaiado	tivésseis ensaiado
tivesse ensaiado	tivessem ensaiado

Future Perfect Subjunctive
tiver ensaiado	tivermos ensaiado
tiveres ensaiado	tiverdes ensaiado
tiver ensaiado	tiverem ensaiado

Conditional
ensaiaria	ensaiaríamos
ensaiarias	ensaiaríeis
ensaiaria	ensaiariam

Conditional Perfect
teria ensaiado	teríamos ensaiado
terias ensaiado	teríeis ensaiado
teria ensaiado	teriam ensaiado

Imperative
ensaia–ensaiai

Samples of verb usage.

Os a(c)tores **ensaiaram** até a exaustão (exaustação *in Portugal*).
The actors rehearsed (practiced) until they were exhausted.

A estudante **ensaiou** o seu discurso com os seus amigos.
The student (female) tried out her speech on her friends.

Os poetas não terão tempo para **ensaiar** antes da apresentação.
The poets won't have time to rehearse before the presentation.

A bailarina **ensaiará** uma forma nova de dançar.   *The ballerina will try out a new dance form.*

to teach

Personal Infinitive
ensinar	ensinarmos
ensinares	ensinardes
ensinar	ensinarem

Present Indicative
ensino	ensinamos
ensinas	ensinais
ensina	ensinam

Imperfect Indicative
ensinava	ensinávamos
ensinavas	ensináveis
ensinava	ensinavam

Preterit Indicative
ensinei	ensinámos
ensinaste	ensinastes
ensinou	ensinaram

Simple Pluperfect Indicative
ensinara	ensináramos
ensinaras	ensináreis
ensinara	ensinaram

Future Indicative
ensinarei	ensinaremos
ensinarás	ensinareis
ensinará	ensinarão

Present Perfect Indicative
tenho ensinado	temos ensinado
tens ensinado	tendes ensinado
tem ensinado	têm ensinado

Past Perfect or Pluperfect Indicative
tinha ensinado	tínhamos ensinado
tinhas ensinado	tínheis ensinado
tinha ensinado	tinham ensinado

Future Perfect Indicative
terei ensinado	teremos ensinado
terás ensinado	tereis ensinado
terá ensinado	terão ensinado

Present Subjunctive
ensine	ensinemos
ensines	ensineis
ensine	ensinem

Imperfect Subjunctive
ensinasse	ensinássemos
ensinasses	ensinásseis
ensinasse	ensinassem

Future Subjunctive
ensinar	ensinarmos
ensinares	ensinardes
ensinar	ensinarem

Present Perfect Subjunctive
tenha ensinado	tenhamos ensinado
tenhas ensinado	tenhais ensinado
tenha ensinado	tenham ensinado

Past Perfect or Pluperfect Subjunctive
tivesse ensinado	tivéssemos ensinado
tivesses ensinado	tivésseis ensinado
tivesse ensinado	tivessem ensinado

Future Perfect Subjunctive
tiver ensinado	tivermos ensinado
tiveres ensinado	tiverdes ensinado
tiver ensinado	tiverem ensinado

Conditional
ensinaria	ensinaríamos
ensinarias	ensinaríeis
ensinaria	ensinariam

Conditional Perfect
teria ensinado	teríamos ensinado
terias ensinado	teríeis ensinado
teria ensinado	teriam ensinado

Imperative
ensina–ensinai

Samples of verb usage.

Esse professor **ensina** português. *That professor teaches Portuguese.*

Ensine-me algo novo. *Teach me something new.*

Ela já **tinha ensinado** esta matéria na outra escola.
She had already taught that subject at the other school.

Eu **ensinava** história. *I used to teach history.*

to bury

Personal Infinitive		**Present Subjunctive**	
enterrar	enterrarmos	*enterre*	enterremos
enterrares	enterrardes	*enterres*	enterreis
enterrar	enterrarem	*enterre*	*enterrem**

Present Indicative		**Imperfect Subjunctive**	
enterro	enterramos	enterrasse	enterrássemos
enterras	enterrais	enterrasses	enterrásseis
enterra	*enterram**	enterrasse	enterrassem

Imperfect Indicative		**Future Subjunctive**	
enterrava	enterrávamos	enterrar	enterrarmos
enterravas	enterráveis	enterrares	enterrardes
enterrava	enterravam	enterrar	enterrarem

Preterit Indicative		**Present Perfect Subjunctive**	
enterrei	enterrámos	tenha enterrado	tenhamos enterrado
enterraste	enterrastes	tenhas enterrado	tenhais enterrado
enterrou	enterraram	tenha enterrado	tenham enterrado

Simple Pluperfect Indicative		**Past Perfect or Pluperfect Subjunctive**	
enterrara	enterráramos	tivesse enterrado	tivéssemos enterrado
enterraras	enterráreis	tivesses enterrado	tivésseis enterrado
enterrara	enterraram	tivesse enterrado	tivessem enterrado

Future Indicative		**Future Perfect Subjunctive**	
enterrarei	enterraremos	tiver enterrado	tivermos enterrado
enterrarás	enterrareis	tiveres enterrado	tiverdes enterrado
enterrará	enterrarão	tiver enterrado	tiverem enterrado

Present Perfect Indicative		**Conditional**	
tenho enterrado	temos enterrado	enterraria	enterraríamos
tens enterrado	tendes enterrado	enterrarias	enterraríeis
tem enterrado	têm enterrado	enterraria	enterrariam

Past Perfect or Pluperfect Indicative		**Conditional Perfect**	
tinha enterrado	tínhamos enterrado	teria enterrado	teríamos enterrado
tinhas enterrado	tínheis enterrado	terias enterrado	teríeis enterrado
tinha enterrado	tinham enterrado	teria enterrado	teriam enterrado

Future Perfect Indicative		**Imperative**	
terei enterrado	teremos enterrado	*enterra**–enterrai	
terás enterrado	tereis enterrado		
terá enterrado	terão enterrado		

Samples of verb usage.

O presidente **será enterrado** no cemitério de Arlington.
The president will be buried in Arlington cemetery.

O coveiro teve que **enterrar** cinco pessoas ontem.   *The grave digger had to bury five people yesterday.*

Quando o nosso cão morreu, o **enterrámos (enterrá-mo-lo** *in Portugal)* atrás da casa.
When our dog died, we buried it behind the house.

Enterremos o assunto.   *Let's bury the subject (matter).*

*NOTE: Only the radical-changing verb forms with *open* stressed vowels appear in italic type. For further explanation see Foreword.

to enter (into)

Personal Infinitive

entrar	entrarmos
entrares	entrardes
entrar	entrarem

Present Indicative

entro	entramos
entras	entrais
entra	entram

Imperfect Indicative

entrava	entrávamos
entravas	entráveis
entrava	entravam

Preterit Indicative

entrei	entrámos
entraste	entrastes
entrou	entraram

Simple Pluperfect Indicative

entrara	entráramos
entraras	entráreis
entrara	entraram

Future Indicative

entrarei	entraremos
entrarás	entrareis
entrará	entrarão

Present Perfect Indicative

tenho entrado	temos entrado
tens entrado	tendes entrado
tem entrado	têm entrado

Past Perfect or Pluperfect Indicative

tinha entrado	tínhamos entrado
tinhas entrado	tínheis entrado
tinha entrado	tinham entrado

Future Perfect Indicative

terei entrado	teremos entrado
terás entrado	tereis entrado
terá entrado	terão entrado

Present Subjunctive

entre	entremos
entres	entreis
entre	entrem

Imperfect Subjunctive

entrasse	entrássemos
entrasses	entrásseis
entrasse	entrassem

Future Subjunctive

entrar	entrarmos
entrares	entrardes
entrar	entrarem

Present Perfect Subjunctive

tenha entrado	tenhamos entrado
tenhas entrado	tenhais entrado
tenha entrado	tenham entrado

Past Perfect or Pluperfect Subjunctive

tivesse entrado	tivéssemos entrado
tivesses entrado	tivésseis entrado
tivesse entrado	tivessem entrado

Future Perfect Subjunctive

tiver entrado	tivermos entrado
tiveres entrado	tiverdes entrado
tiver entrado	tiverem entrado

Conditional

entraria	entraríamos
entrarias	entraríeis
entraria	entrariam

Conditional Perfect

teria entrado	teríamos entrado
terias entrado	teríeis entrado
teria entrado	teriam entrado

Imperative

entra–entrai

Samples of verb usage.

Entre! *Enter!*

Eles **entraram** no banco depois de ter fechado. *They entered the bank after it had closed.*

Ela **teria entrado**, se não fosse pelo cão. *She would have come in, if it weren't for the dog.*

(Nós) sempre **entramos** pela porta traseira (de trás *in Brazil*). *We always enter through the back door.*

to deliver; to turn *or* hand in *or* over

Personal Infinitive	
entregar	entregarmos
entregares	entregardes
entregar	entregarem

Present Indicative	
entrego	entregamos
entregas	entregais
entrega	*entregam**

Imperfect Indicative	
entregava	entregávamos
entregavas	entregáveis
entregava	entregavam

Preterit Indicative	
entreguei	entregámos
entregaste	entregastes
entregou	entregaram

Simple Pluperfect Indicative	
entregara	entregáramos
entregaras	entregáreis
entregara	entregaram

Future Indicative	
entregarei	entregaremos
entregarás	entregareis
entregará	entregarão

Present Perfect Indicative	
tenho entregado	temos entregado
tens entregado	tendes entregado
tem entregado	têm entregado

Past Perfect or Pluperfect Indicative	
tinha entregado	tínhamos entregado
tinhas entregado	tínheis entregado
tinha entregado	tinham entregado

Future Perfect Indicative	
terei entregado	teremos entregado
terás entregado	tereis entregado
terá entregado	terão entregado

Present Subjunctive	
entregue	entreguemos
entregues	entregueis
entregue	*entreguem**

Imperfect Subjunctive	
entregasse	entregássemos
entregasses	entregásseis
entregasse	entregassem

Future Subjunctive	
entregar	entregarmos
entregares	entregardes
entregar	entregarem

Present Perfect Subjunctive	
tenha entregado	tenhamos entregado
tenhas entregado	tenhais entregado
tenha entregado	tenham entregado

Past Perfect or Pluperfect Subjunctive	
tivesse entregado	tivéssemos entregado
tivesses entregado	tivésseis entregado
tivesse entregado	tivessem entregado

Future Perfect Subjunctive	
tiver entregado	tivermos entregado
tiveres entregado	tiverdes entregado
tiver entregado	tiverem entregado

Conditional	
entregaria	entregaríamos
entregarias	entregaríeis
entregaria	entregariam

Conditional Perfect	
teria entregado	teríamos entregado
terias entregado	teríeis entregado
teria entregado	teriam entregado

Imperative	
*entrega**–entregai	

Samples of verb usage.

Você **entregava** pizzas?   *You used to deliver pizzas?*

O assassino **se entregou** à polícia.   *The murderer turned himself in to the police.*

Eu lhe **entreguei** a arma.   *I handed over the weapon to him.*

A professora mandou-nos **entregar** os exames antes de acabar a hora.
The teacher made us turn in the exams before the hour was up.

*NOTE: Only the radical-changing verb forms with *open* stressed vowels appear in italic type. For further explanation see Foreword.

241

to sadden; (**-se**) to get *or* become sad

Personal Infinitive
entristecer	entristecermos
entristeceres	entristecerdes
entristecer	entristecerem

Present Indicative
entristeço	entristecemos
entristeces	entristeceis
entristece	*entristecem**

Imperfect Indicative
entristecia	entristecíamos
entristecias	entristecíeis
entristecia	entristeciam

Preterit Indicative
entristeci	entristecemos
entristeceste	entristecestes
entristeceu	entristeceram

Simple Pluperfect Indicative
entristecera	entristecêramos
entristeceras	entristecêreis
entristecera	entristeceram

Future Indicative
entristecerei	entristeceremos
entristecerás	entristecereis
entristecerá	entristecerão

Present Perfect Indicative
tenho entristecido	temos entristecido
tens entristecido	tendes entristecido
tem entristecido	têm entristecido

Past Perfect or Pluperfect Indicative
tinha entristecido	tínhamos entristecido
tinhas entristecido	tínheis entristecido
tinha entristecido	tinham entristecido

Future Perfect Indicative
terei entristecido	teremos entristecido
terás entristecido	tereis entristecido
terá entristecido	terão entristecido

Present Subjunctive
entristeça	entristeçamos
entristeças	entristeçais
entristeça	entristeçam

Imperfect Subjunctive
entristecesse	entristecêssemos
entristecesses	entristecêsseis
entristecesse	entristecessem

Future Subjunctive
entristecer	entristecermos
entristeceres	entristecerdes
entristecer	entristecerem

Present Perfect Subjunctive
tenha entristecido	tenhamos entristecido
tenhas entristecido	tenhais entristecido
tenha entristecido	tenham entristecido

Past Perfect or Pluperfect Subjunctive
tivesse entristecido	tivéssemos entristecido
tivesses entristecido	tivésseis entristecido
tivesse entristecido	tivessem entristecido

Future Perfect Subjunctive
tiver entristecido	tivermos entristecido
tiveres entristecido	tiverdes entristecido
tiver entristecido	tiverem entristecido

Conditional
entristeceria	entristeceríamos
entristecerias	entristeceríeis
entristeceria	entristeceriam

Conditional Perfect
teria entristecido	teríamos entristecido
terias entristecido	teríeis entristecido
teria entristecido	teriam entristecido

Imperative
entristece*– entristecei

Samples of verb usage.

Ela **entristeceu-se**.   *She became sad.*

Você **entristece-me** mais e mais com cada palavra.
You make me sadder (sadden me more) with each word.

A esposa **tinha-se entristecido** com a morte do sogro.
The wife had become sad with the death of her father-in-law.

Entristeci a aula (turma) com as más notícias.   *I saddened the class with the bad news.*

*NOTE: Only the radical-changing verb forms with *open* stressed vowels appear in italic type. For further explanation see Foreword.

to make old, age; (**-se**) to get *or* become old

Personal Infinitive		*Present Subjunctive*	
envelhecer	envelhecermos	envelheça	envelheçamos
envelheceres	envelhecerdes	envelheças	envelheçais
envelhecer	envelhecerem	envelheça	envelheçam

Present Indicative		*Imperfect Subjunctive*	
envelheço	envelhecemos	envelhecesse	envelhecêssemos
envelheces	envelheceis	envelhecesses	envelhecêsseis
envelhece	*envelhecem**	envelhecesse	envelhecessem

Imperfect Indicative		*Future Subjunctive*	
envelhecia	envelhecíamos	envelhecer	envelhecermos
envelhecias	envelhecíeis	envelheceres	envelhecerdes
envelhecia	envelheciam	envelhecer	envelhecerem

Preterit Indicative		*Present Perfect Subjunctive*	
envelheci	envelhecemos	tenha envelhecido	tenhamos envelhecido
envelheceste	envelhecestes	tenhas envelhecido	tenhais envelhecido
envelheceu	envelheceram	tenha envelhecido	tenham envelhecido

Simple Pluperfect Indicative		*Past Perfect or Pluperfect Subjunctive*	
envelhecera	envelhecêramos	tivesse envelhecido	tivéssemos envelhecido
envelheceras	envelhecêreis	tivesses envelhecido	tivésseis envelhecido
envelhecera	envelheceram	tivesse envelhecido	tivessem envelhecido

Future Indicative		*Future Perfect Subjunctive*	
envelhecerei	envelheceremos	tiver envelhecido	tivermos envelhecido
envelhecerás	envelhecereis	tiveres envelhecido	tiverdes envelhecido
envelhecerá	envelhecerão	tiver envelhecido	tiverem envelhecido

Present Perfect Indicative		*Conditional*	
tenho envelhecido	temos envelhecido	envelheceria	envelheceríamos
tens envelhecido	tendes envelhecido	envelhecerias	envelheceríeis
tem envelhecido	têm envelhecido	envelheceria	envelheceriam

Past Perfect or Pluperfect Indicative		*Conditional Perfect*	
tinha envelhecido	tínhamos envelhecido	teria envelhecido	teríamos envelhecido
tinhas envelhecido	tínheis envelhecido	terias envelhecido	teríeis envelhecido
tinha envelhecido	tinham envelhecido	teria envelhecido	teriam envelhecido

Future Perfect Indicative		*Imperative*	
terei envelhecido	teremos envelhecido	*envelhece**-- envelhecei	
terás envelhecido	tereis envelhecido		
terá envelhecido	terão envelhecido		

Samples of verb usage.

Envelhecemo-nos um pouco mais (a) cada ano que passa.   *We grow a little older each year that goes by.*

Os fotógrafos podem **envelhecer** as fotos com um processo especial.
Photographers can age photos by a special process.

A maquil(h)adora **envelheceu** o rosto da a(c)triz.   *The make-up artist aged the actress' face.*

O arquite(c)to **envelhecerá** o ambiente desta sala.
The arquitect will make the atmosphere of this room seem older.

*NOTE: Only the radical-changing verb forms with *open* stressed vowels appear in italic type. For further explanation see Foreword.

envergonhar

to embarrass, shame; (**-se**) to be embarrassed *or* ashamed

Personal Infinitive

envergonhar	envergonharmos
envergonhares	envergonhardes
envergonhar	envergonharem

Present Indicative

envergonho	envergonhamos
envergonhas	envergonhais
envergonha	envergonham

Imperfect Indicative

envergonhava	envergonhávamos
envergonhavas	envergonháveis
envergonhava	envergonhavam

Preterit Indicative

envergonhei	envergonhámos
envergonhaste	envergonhastes
envergonhou	envergonharam

Simple Pluperfect Indicative

envergonhara	envergonháramos
envergonharas	envergonháreis
envergonhara	envergonharam

Future Indicative

envergonharei	envergonharemos
envergonharás	envergonhareis
envergonhará	envergonharão

Present Perfect Indicative

tenho envergonhado	temos envergonhado
tens envergonhado	tendes envergonhado
tem envergonhado	têm envergonhado

Past Perfect or Pluperfect Indicative

tinha envergonhado	tínhamos envergonhado
tinhas envergonhado	tínheis envergonhado
tinha envergonhado	tinham envergonhado

Future Perfect Indicative

terei envergonhado	teremos envergonhado
terás envergonhado	tereis envergonhado
terá envergonhado	terão envergonhado

Present Subjunctive

envergonhe	envergonhemos
envergonhes	envergonheis
envergonhe	envergonhem

Imperfect Subjunctive

envergonhasse	envergonhássemos
envergonhasses	envergonhásseis
envergonhasse	envergonhassem

Future Subjunctive

envergonhar	envergonharmos
envergonhares	envergonhardes
envergonhar	envergonharem

Present Perfect Subjunctive

tenha envergonhado	tenhamos envergonhado
tenhas envergonhado	tenhais envergonhado
tenha envergonhado	tenham envergonhado

Past Perfect or Pluperfect Subjunctive

tivesse envergonhado	tivéssemos envergonhado
tivesses envergonhado	tivésseis envergonhado
tivesse envergonhado	tivessem envergonhado

Future Perfect Subjunctive

tiver envergonhado	tivermos envergonhado
tiveres envergonhado	tiverdes envergonhado
tiver envergonhado	tiverem envergonhado

Conditional

envergonharia	envergonharíamos
envergonharias	envergonharíeis
envergonharia	envergonhariam

Conditional Perfect

teria envergonhado	teríamos envergonhado
terias envergonhado	teríeis envergonhado
teria envergonhado	teriam envergonhado

Imperative

envergonha–envergonhai

Samples of verb usage.

O pai dele **envergonha** os seus amigos quando bebe demais.
His father embarrasses his friends when he drinks too much.

O presidente desonesto **envergonhou** a nação inteira.   *The dishonest president shamed the whole nation.*

Eles **se envergonharam** diante de todos.   *They embarrassed themselves in front of everyone.*

Ela nunca **se envergonha**, porque é uma verdadeira sem-vergonha.
She never gets ashamed, because she's truly shameless.

to send

Personal Infinitive
enviar   enviarmos
enviares   enviardes
enviar   enviarem

Present Indicative
envio   enviamos
envias   enviais
envia   enviam

Imperfect Indicative
enviava   enviávamos
enviavas   enviáveis
enviava   enviavam

Preterit Indicative
enviei   enviámos
enviaste   enviastes
enviou   enviaram

Simple Pluperfect Indicative
enviara   enviáramos
enviaras   enviáreis
enviara   enviaram

Future Indicative
enviarei   enviaremos
enviarás   enviareis
enviará   enviarão

Present Perfect Indicative
tenho enviado   temos enviado
tens enviado   tendes enviado
tem enviado   têm enviado

Past Perfect or Pluperfect Indicative
tinha enviado   tínhamos enviado
tinhas enviado   tínheis enviado
tinha enviado   tinham enviado

Future Perfect Indicative
terei enviado   teremos enviado
terás enviado   tereis enviado
terá enviado   terão enviado

Present Subjunctive
envie   enviemos
envies   envieis
envie   enviem

Imperfect Subjunctive
enviasse   enviássemos
enviasses   enviásseis
enviasse   enviassem

Future Subjunctive
enviar   enviarmos
enviares   enviardes
enviar   enviarem

Present Perfect Subjunctive
tenha enviado   tenhamos enviado
tenhas enviado   tenhais enviado
tenha enviado   tenham enviado

Past Perfect or Pluperfect Subjunctive
tivesse enviado   tivéssemos enviado
tivesses enviado tivésseis enviado
tivesse enviado   tivessem enviado

Future Perfect Subjunctive
tiver enviado   tivermos enviado
tiveres enviado   tiverdes enviado
tiver enviado   tiverem enviado

Conditional
enviaria   enviaríamos
enviarias   enviaríeis
enviaria   enviariam

Conditional Perfect
teria enviado   teríamos enviado
terias enviado   teríeis enviado
teria enviado   teriam enviado

Imperative
envia–enviai

Samples of verb usage.

Hoje **enviarei** uma carta a (para *in Brazil*) Maria.   *I'll send a letter to Mary today.*

Alguém **enviou** uma bomba para (ao *in Portugal*) Ministério.   *Somebody sent a bomb to the Ministry.*

Enviaram-te um telegrama?   **Enviaram** um telegrama para você? (*In Brazil*)
Did they send you a telegram?

Carlos quer **enviar** uma mensagem de amor à (para a *in Brazil*) sua mulher.
Charles wants to send a love note to his wife.

to be wrong *or* mistaken, err; to wander

Personal Infinitive	
errar	errarmos
errares	errardes
errar	errarem

Present Indicative	
erro	erramos
erras	errais
erra	*erram**

Imperfect Indicative	
errava	errávamos
erravas	erráveis
errava	erravam

Preterit Indicative	
errei	errámos
erraste	errastes
errou	erraram

Simple Pluperfect Indicative	
errara	erráramos
erraras	erráreis
errara	erraram

Future Indicative	
errarei	erraremos
errarás	errareis
errará	errarão

Present Perfect Indicative	
tenho errado	temos errado
tens errado	tendes errado
tem errado	têm errado

Past Perfect or Pluperfect Indicative	
tinha errado	tínhamos errado
tinhas errado	tínheis errado
tinha errado	tinham errado

Future Perfect Indicative	
terei errado	teremos errado
terás errado	tereis errado
terá errado	terão errado

Present Subjunctive	
erre	erremos
erres	erreis
erre	*errem**

Imperfect Subjunctive	
errasse	errássemos
errasses	errásseis
errasse	errassem

Future Subjunctive	
errar	errarmos
errares	errardes
errar	errarem

Present Perfect Subjunctive	
tenha errado	tenhamos errado
tenhas errado	tenhais errado
tenha errado	tenham errado

Past Perfect or Pluperfect Subjunctive	
tivesse errado	tivéssemos errado
tivesses errado	tivésseis errado
tivesse errado	tivessem errado

Future Perfect Subjunctive	
tiver errado	tivermos errado
tiveres errado	tiverdes errado
tiver errado	tiverem errado

Conditional	
erraria	erraríamos
errarias	erraríeis
erraria	errariam

Conditional Perfect	
teria errado	teríamos errado
terias errado	teríeis errado
teria errado	teriam errado

Imperative	
*erra**–errai	

Samples of verb usage.

Não responda, você está **errado**.   *Don't answer, you're wrong (mistaken).*

Errar é humano.   *To err is human.*

Ela **teria errado**, se não tivesse sido por você.   *She would have erred, if it hadn't been for you.*

Errámos pelo deserto durante horas.   *We wandered around the desert for hours.*

*NOTE: Only the radical-changing verb forms with *open* stressed vowels appear in italic type. For further explanation see Foreword.

to choose, select, pick

Personal Infinitive

escolher	escolhermos
escolheres	escolherdes
escolher	escolherem

Present Indicative

escolho	escolhemos
escolhes	escolheis
escolhe	*escolhem**

Imperfect Indicative

escolhia	escolhíamos
escolhias	escolhíeis
escolhia	escolhiam

Preterit Indicative

escolhi	escolhemos
escolheste	escolhestes
escolheu	escolheram

Simple Pluperfect Indicative

escolhera	escolhêramos
escolheras	escolhêreis
escolhera	escolheram

Future Indicative

escolherei	escolheremos
escolherás	escolhereis
escolherá	escolherão

Present Perfect Indicative

tenho escolhido	temos escolhido
tens escolhido	tendes escolhido
tem escolhido	têm escolhido

Past Perfect or Pluperfect Indicative

tinha escolhido	tínhamos escolhido
tinhas escolhido	tínheis escolhido
tinha escolhido	tinham escolhido

Future Perfect Indicative

terei escolhido	teremos escolhido
terás escolhido	tereis escolhido
terá escolhido	terão escolhido

Present Subjunctive

escolha	escolhamos
escolhas	escolhais
escolha	escolham

Imperfect Subjunctive

escolhesse	escolhêssemos
escolhesses	escolhêsseis
escolhesse	escolhessem

Future Subjunctive

escolher	escolhermos
escolheres	escolherdes
escolher	escolherem

Present Perfect Subjunctive

tenha escolhido	tenhamos escolhido
tenhas escolhido	tenhais escolhido
tenha escolhido	tenham escolhido

Past Perfect or Pluperfect Subjunctive

tivesse escolhido	tivéssemos escolhido
tivesses escolhido	tivésseis escolhido
tivesse escolhido	tivessem escolhido

Future Perfect Subjunctive

tiver escolhido	tivermos escolhido
tiveres escolhido	tiverdes escolhido
tiver escolhido	tiverem escolhido

Conditional

escolheria	escolheríamos
escolherias	escolheríeis
escolheria	escolheriam

Conditional Perfect

teria escolhido	teríamos escolhido
terias escolhido	teríeis escolhido
teria escolhido	teriam escolhido

Imperative

*escolhe**–escolhei

Samples of verb usage.

Escolha o que quiser destes prémios (prêmios *in Brazil*).   *Choose whichever of these prizes you want.*

O advogado **escolhia** as suas testemunhas cuidadosamente.
The lawyer was selecting his witnesses carefully.

Se você **tivesse escolhido** este carro, estaria mais satisfeito.
If you had chosen this car, you would be more satisfied.

O escritor **escolheu** o melhor livro.   *The writer picked the best book.*

*NOTE: Only the radical-changing verb forms with *open* stressed vowels appear in italic type. For further explanation see Foreword.

esconder

to hide, conceal

Personal Infinitive		**Present Subjunctive**	
esconder	escondermos	esconda	escondamos
esconderes	esconderdes	escondas	escondais
esconder	esconderem	esconda	escondam

Present Indicative		**Imperfect Subjunctive**	
escondo	escondemos	escondesse	escondêssemos
escondes	escondeis	escondesses	escondêsseis
esconde	escondem	escondesse	escondessem

Imperfect Indicative		**Future Subjunctive**	
escondia	escondíamos	esconder	escondermos
escondias	escondíeis	esconderes	esconderdes
escondia	escondiam	esconder	esconderem

Preterit Indicative		**Present Perfect Subjunctive**	
escondi	escondemos	tenha escondido	tenhamos escondido
escondeste	escondestes	tenhas escondido	tenhais escondido
escondeu	esconderam	tenha escondido	tenham escondido

Simple Pluperfect Indicative		**Past Perfect or Pluperfect Subjunctive**	
escondera	escondêramos	tivesse escondido	tivéssemos escondido
esconderas	escondêreis	tivesses escondido	tivésseis escondido
escondera	esconderam	tivesse escondido	tivessem escondido

Future Indicative		**Future Perfect Subjunctive**	
esconderei	esconderemos	tiver escondido	tivermos escondido
esconderás	escondereis	tiveres escondido	tiverdes escondido
esconderá	esconderão	tiver escondido	tiverem escondido

Present Perfect Indicative		**Conditional**	
tenho escondido	temos escondido	esconderia	esconderíamos
tens escondido	tendes escondido	esconderias	esconderíeis
tem escondido	têm escondido	esconderia	esconderiam

Past Perfect or Pluperfect Indicative		**Conditional Perfect**	
tinha escondido	tínhamos escondido	teria escondido	teríamos escondido
tinhas escondido	tínheis escondido	terias escondido	teríeis escondido
tinha escondido	tinham escondido	teria escondido	teriam escondido

Future Perfect Indicative		**Imperative**	
terei escondido	teremos escondido	esconde–escondei	
terás escondido	tereis escondido		
terá escondido	terão escondido		

Samples of verb usage.

Esconde-te depressa.   *Hide quickly.*

Onde é que você **escondeu** os chocolates?   *Where did you hide the chocolates?*

Por que (é que) você estava **a esconder-se** (**se escondendo** in Brazil) de mim?
Why were you hiding from me?

Ele **tinha escondido** as provas do seu crime.   *He had concealed the proof of his crime.*

to slip, slide, glide

Personal Infinitive	
escorregar	escorregarmos
escorregares	escorregardes
escorregar	escorregarem

Present Indicative	
escorrego	escorregamos
escorregas	escorregais
escorrega	*escorregam**

Imperfect Indicative	
escorregava	escorregávamos
escorregavas	escorregáveis
escorregava	escorregavam

Preterit Indicative	
escorreguei	escorregámos
escorregaste	escorregastes
escorregou	escorregaram

Simple Pluperfect Indicative	
escorregara	escorregáramos
escorregaras	escorregáreis
escorregara	escorregaram

Future Indicative	
escorregarei	escorregaremos
escorregarás	escorregareis
escorregará	escorregarão

Present Perfect Indicative	
tenho escorregado	temos escorregado
tens escorregado	tendes escorregado
tem escorregado	têm escorregado

Past Perfect or Pluperfect Indicative	
tinha escorregado	tínhamos escorregado
tinhas escorregado	tínheis escorregado
tinha escorregado	tinham escorregado

Future Perfect Indicative	
terei escorregado	teremos escorregado
terás escorregado	tereis escorregado
terá escorregado	terão escorregado

Present Subjunctive	
escorregue	escorreguemos
escorregues	escorregueis
escorregue	*escorreguem**

Imperfect Subjunctive	
escorregasse	escorregássemos
escorregasses	escorregásseis
escorregasse	escorregassem

Future Subjunctive	
escorregar	escorregarmos
escorregares	escorregardes
escorregar	escorregarem

Present Perfect Subjunctive	
tenha escorregado	tenhamos escorregado
tenhas escorregado	tenhais escorregado
tenha escorregado	tenham escorregado

Past Perfect or Pluperfect Subjunctive	
tivesse escorregado	tivéssemos escorregado
tivesses escorregado	tivésseis escorregado
tivesse escorregado	tivessem escorregado

Future Perfect Subjunctive	
tiver escorregado	tivermos escorregado
tiveres escorregado	tiverdes escorregado
tiver escorregado	tiverem escorregado

Conditional	
escorregaria	escorregaríamos
escorregarias	escorregaríeis
escorregaria	escorregariam

Conditional Perfect	
teria escorregado	teríamos escorregado
terias escorregado	teríeis escorregado
teria escorregado	teriam escorregado

Imperative	
*escorrega**–escorregai	

Samples of verb usage.

Eu **escorreguei** na banheira.   *I slipped in the bath tub.*

Ele **escorregou** pelo gelo.   *He slid (glided) across the ice.*

Eles **escorregarão** nos próprios erros.   *They will slip up on their own mistakes.*

Eles **escorregaram** na casca de banana que o filho tinha deixado no chão.
They slipped on the banana peel that their son had left on the floor.

*NOTE: Only the radical-changing verb forms with *open* stressed vowels appear in italic type. For further explanation see Foreword.

to write

Personal Infinitive		*Present Subjunctive*	
escrever	escrevermos	escreva	escrevamos
escreveres	escreverdes	escrevas	escrevais
escrever	escreverem	escreva	escrevam

Present Indicative		*Imperfect Subjunctive*	
escrevo	escrevemos	escrevesse	escrevêssemos
escreves	escreveis	escrevesses	escrevêsseis
escreve	*escrevem**	escrevesse	escrevessem

Imperfect Indicative		*Future Subjunctive*	
escrevia	escrevíamos	escrever	escrevermos
escrevias	escrevíeis	escreveres	escreverdes
escrevia	escreviam	escrever	escreverem

Preterit Indicative		*Present Perfect Subjunctive*	
escrevi	escrevemos	tenha escrito	tenhamos escrito
escreveste	escrevestes	tenhas escrito	tenhais escrito
escreveu	escreveram	tenha escrito	tenham escrito

Simple Pluperfect Indicative		*Past Perfect or Pluperfect Subjunctive*	
escrevera	escrevêramos	tivesse escrito	tivéssemos escrito
escreveras	escrevêreis	tivesses escrito	tivésseis escrito
escrevera	escreveram	tivesse escrito	tivessem escrito

Future Indicative		*Future Perfect Subjunctive*	
escreverei	escreveremos	tiver escrito	tivermos escrito
escreverás	escrevereis	tiveres escrito	tiverdes escrito
escreverá	escreverão	tiver escrito	tiverem escrito

Present Perfect Indicative		*Conditional*	
tenho escrito	temos escrito	escreveria	escreveríamos
tens escrito	tendes escrito	escreverias	escreveríeis
tem escrito	têm escrito	escreveria	escreveriam

Past Perfect or Pluperfect Indicative		*Conditional Perfect*	
tinha escrito	tínhamos escrito	teria escrito	teríamos escrito
tinhas escrito	tínheis escrito	terias escrito	teríeis escrito
tinha escrito	tinham escrito	teria escrito	teriam escrito

Future Perfect Indicative		*Imperative*	
terei escrito	teremos escrito	*escreve**–escrevei	
terás escrito	tereis escrito		
terá escrito	terão escrito		

Samples of verb usage.

Esse escritor gosta de **escrever** livros de ficção científica.
That writer likes to write science fiction books.

Ela ainda não **escreveu**-me este mês.   *She still hasn't written to me this month.*

Tu me **escreverás** quando chegares a Espanha?   *Will you write me when you get to Spain?*

Espero que pelo menos **me escrevas** um cartão postal.   *I hope you'll at least write me a postcard.*

*NOTE: Only the radical-changing verb forms with *open* stressed vowels appear in italic type. For further explanation see Foreword.

to listen

Personal Infinitive
escutar	escutarmos
escutares	escutardes
escutar	escutarem

Present Indicative
escuto	escutamos
escutas	escutais
escuta	escutam

Imperfect Indicative
escutava	escutávamos
escutavas	escutáveis
escutava	escutavam

Preterit Indicative
escutei	escutámos
escutaste	escutastes
escutou	escutaram

Simple Pluperfect Indicative
escutara	escutáramos
escutaras	escutáreis
escutara	escutaram

Future Indicative
escutarei	escutaremos
escutarás	escutareis
escutará	escutarão

Present Perfect Indicative
tenho escutado	temos escutado
tens escutado	tendes escutado
tem escutado	têm escutado

Past Perfect or Pluperfect Indicative
tinha escutado	tínhamos escutado
tinhas escutado	tínheis escutado
tinha escutado	tinham escutado

Future Perfect Indicative
terei escutado	teremos escutado
terás escutado	tereis escutado
terá escutado	terão escutado

Present Subjunctive
escute	escutemos
escutes	escuteis
escute	escutem

Imperfect Subjunctive
escutasse	escutássemos
escutasses	escutásseis
escutasse	escutassem

Future Subjunctive
escutar	escutarmos
escutares	escutardes
escutar	escutarem

Present Perfect Subjunctive
tenha escutado	tenhamos escutado
tenhas escutado	tenhais escutado
tenha escutado	tenham escutado

Past Perfect or Pluperfect Subjunctive
tivesse escutado	tivéssemos escutado
tivesses escutado	tivésseis escutado
tivesse escutado	tivessem escutado

Future Perfect Subjunctive
tiver escutado	tivermos escutado
tiveres escutado	tiverdes escutado
tiver escutado	tiverem escutado

Conditional
escutaria	escutaríamos
escutarias	escutaríeis
escutaria	escutariam

Conditional Perfect
teria escutado	teríamos escutado
terias escutado	teríeis escutado
teria escutado	teriam escutado

Imperative
escuta–escutai

Samples of verb usage.

Escuta o que te digo. *Listen to what I'm saying to you.*

Ela **escutará** quando estiver pronta. *She'll listen when she's ready.*

Você gosta de **escutar** esta música clássica? *Do you like to listen to this classical music?*

Ele já **tinha escutado** tudo aquilo mil vezes. *He had already listened to all that a thousand times.*

to cool (down *or* off); (**-se**) to get *or* become cold *or* cool

Personal Infinitive		*Present Subjunctive*	
esfriar	esfriarmos	esfrie	esfriemos
esfriares	esfriardes	esfries	esfrieis
esfriar	esfriarem	esfrie	esfriem

Present Indicative		*Imperfect Subjunctive*	
esfrio	esfriamos	esfriasse	esfriássemos
esfrias	esfriais	esfriasses	esfriásseis
esfria	esfriam	esfriasse	esfriassem

Imperfect Indicative		*Future Subjunctive*	
esfriava	esfriávamos	esfriar	esfriarmos
esfriavas	esfriáveis	esfriares	esfriardes
esfriava	esfriavam	esfriar	esfriarem

Preterit Indicative		*Present Perfect Subjunctive*	
esfriei	esfriámos	tenha esfriado	tenhamos esfriado
esfriaste	esfriastes	tenhas esfriado	tenhais esfriado
esfriou	esfriaram	tenha esfriado	tenham esfriado

Simple Pluperfect Indicative		*Past Perfect or Pluperfect Subjunctive*	
esfriara	esfriáramos	tivesse esfriado	tivéssemos esfriado
esfriaras	esfriáreis	tivesses esfriado	tivésseis esfriado
esfriara	esfriaram	tivesse esfriado	tivessem esfriado

Future Indicative		*Future Perfect Subjunctive*	
esfriarei	esfriaremos	tiver esfriado	tivermos esfriado
esfriarás	esfriareis	tiveres esfriado	tiverdes esfriado
esfriará	esfriarão	tiver esfriado	tiverem esfriado

Present Perfect Indicative		*Conditional*	
tenho esfriado	temos esfriado	esfriaria	esfriaríamos
tens esfriado	tendes esfriado	esfriarias	esfriaríeis
tem esfriado	têm esfriado	esfriaria	esfriariam

Past Perfect or Pluperfect Indicative		*Conditional Perfect*	
tinha esfriado	tínhamos esfriado	teria esfriado	teríamos esfriado
tinhas esfriado	tínheis esfriado	terias esfriado	teríeis esfriado
tinha esfriado	tinham esfriado	teria esfriado	teriam esfriado

Future Perfect Indicative		*Imperative*	
terei esfriado	teremos esfriado	esfria–esfriai	
terás esfriado	tereis esfriado		
terá esfriado	terão esfriado		

Samples of verb usage.

O jantar **se esfriará**, se não comermos logo.   *The dinner will get cold, if we don't eat right away.*

O tempo **esfriou-se** de repente.   *The weather suddenly became colder.*

O café **se teria esfriado**, se ele não o tivesse bebido.
The coffee would have gotten cold, if he hadn't drunk it.

A mãe sempre **esfria** o biberón (biberão, a mamadeira *in Brazil*) do bebé (bebê *in Brazil*) antes de dá-lo a ele.
The mother always cools off (down) the baby's bottle before giving it to him.

to exhaust *or* be exhausted; to be out of print *or* sold out

Personal Infinitive		**Present Subjunctive**	
esgotar	esgotarmos	*esgote*	esgotemos
esgotares	esgotardes	*esgotes*	esgoteis
esgotar	esgotarem	*esgote*	*esgotem**

Present Indicative		**Imperfect Subjunctive**	
esgoto	esgotamos	esgotasse	esgotássemos
esgotas	esgotais	esgotasses	esgotásseis
esgota	*esgotam**	esgotasse	esgotassem

Imperfect Indicative		**Future Subjunctive**	
esgotava	esgotávamos	esgotar	esgotarmos
esgotavas	esgotáveis	esgotares	esgotardes
esgotava	esgotavam	esgotar	esgotarem

Preterit Indicative		**Present Perfect Subjunctive**	
esgotei	esgotámos	tenha esgotado	tenhamos esgotado
esgotaste	esgotastes	tenhas esgotado	tenhais esgotado
esgotou	esgotaram	tenha esgotado	tenham esgotado

Simple Pluperfect Indicative		**Past Perfect or Pluperfect Subjunctive**	
esgotara	esgotáramos	tivesse esgotado	tivéssemos esgotado
esgotaras	esgotáreis	tivesses esgotado	tivésseis esgotado
esgotara	esgotaram	tivesse esgotado	tivessem esgotado

Future Indicative		**Future Perfect Subjunctive**	
esgotarei	esgotaremos	tiver esgotado	tivermos esgotado
esgotarás	esgotareis	tiveres esgotado	tiverdes esgotado
esgotará	esgotarão	tiver esgotado	tiverem esgotado

Present Perfect Indicative		**Conditional**	
tenho esgotado	temos esgotado	esgotaria	esgotaríamos
tens esgotado	tendes esgotado	esgotarias	esgotaríeis
tem esgotado	têm esgotado	esgotaria	esgotariam

Past Perfect or Pluperfect Indicative		**Conditional Perfect**	
tinha esgotado	tínhamos esgotado	teria esgotado	teríamos esgotado
tinhas esgotado	tínheis esgotado	terias esgotado	teríeis esgotado
tinha esgotado	tinham esgotado	teria esgotado	teriam esgotado

Future Perfect Indicative		**Imperative**	
terei esgotado	teremos esgotado	*esgota**–esgotai	
terás esgotado	tereis esgotado		
terá esgotado	terão esgotado		

Samples of verb usage.

As crianças **esgotaram** (com) a paciência do pai.   *The kids exhausted their father's patience.*

Esgotei todas as opções que me deram.   *I exhausted all the options that they gave me.*

Todos os bilhetes (ingressos) **esgotaram-se** (estavam **esgotados**).   *The tickets were all sold out.*

Esta novela já está **esgotada**.   *This novel is already out of print.*

*NOTE: Only the radical-changing verb forms with *open* stressed vowels appear in italic type. For further explanation see Foreword.

to frighten, scare (off *or* away), shoo

Personal Infinitive		*Present Subjunctive*	
espantar	espantarmos	espante	espantemos
espantares	espantardes	espantes	espanteis
espantar	espantarem	espante	espantem

Present Indicative		*Imperfect Subjunctive*	
espanto	espantamos	espantasse	espantássemos
espantas	espantais	espantasses	espantásseis
espanta	espantam	espantasse	espantassem

Imperfect Indicative		*Future Subjunctive*	
espantava	espantávamos	espantar	espantarmos
espantavas	espantáveis	espantares	espantardes
espantava	espantavam	espantar	espantarem

Preterit Indicative		*Present Perfect Subjunctive*	
espantei	espantámos	tenha espantado	tenhamos espantado
espantaste	espantastes	tenhas espantado	tenhais espantado
espantou	espantaram	tenha espantado	tenham espantado

Simple Pluperfect Indicative		*Past Perfect or Pluperfect Subjunctive*	
espantara	espantáramos	tivesse espantado	tivéssemos espantado
espantaras	espantáreis	tivesses espantado	tivésseis espantado
espantara	espantaram	tivesse espantado	tivessem espantado

Future Indicative		*Future Perfect Subjunctive*	
espantarei	espantaremos	tiver espantado	tivermos espantado
espantarás	espantareis	tiveres espantado	tiverdes espantado
espantará	espantarão	tiver espantado	tiverem espantado

Present Perfect Indicative		*Conditional*	
tenho espantado	temos espantado	espantaria	espantaríamos
tens espantado	tendes espantado	espantarias	espantaríeis
tem espantado	têm espantado	espantaria	espantariam

Past Perfect or Pluperfect Indicative		*Conditional Perfect*	
tinha espantado	tínhamos espantado	teria espantado	teríamos espantado
tinhas espantado	tínheis espantado	terias espantado	teríeis espantado
tinha espantado	tinham espantado	teria espantado	teriam espantado

Future Perfect Indicative		*Imperative*	
terei espantado	teremos espantado	espanta–espantai	
terás espantado	tereis espantado		
terá espantado	terão espantado		

Samples of verb usage.

Ela **espantou-se** com o vento.   *She was frightened by the wind.*

Este espantalho funciona bem para **espantar** os corvos da plantação.
This scarecrow works well to scare away the crows from the plantation.

Espantámos os mosquitos usando repelentes.   *We shooed away the mosquitos by using repellent.*

Eu **espantei** o vizinho quando gritei.   *I frightened the neighbor when I screamed.*

to expect; to wait for; to hope

Personal Infinitive		*Present Subjunctive*	
esperar	esperarmos	*espere*	esperemos
esperares	esperardes	*esperes*	espereis
esperar	esperarem	*espere*	*esperem**

Present Indicative		*Imperfect Subjunctive*	
espero	esperamos	esperasse	esperássemos
esperas	esperais	esperasses	esperásseis
espera	*esperam**	esperasse	esperassem

Imperfect Indicative		*Future Subjunctive*	
esperava	esperávamos	esperar	esperarmos
esperavas	esperáveis	esperares	esperardes
esperava	esperavam	esperar	esperarem

Preterit Indicative		*Present Perfect Subjunctive*	
esperei	esperámos	tenha esperado	tenhamos esperado
esperaste	esperastes	tenhas esperado	tenhais esperado
esperou	esperaram	tenha esperado	tenham esperado

Simple Pluperfect Indicative		*Past Perfect or Pluperfect Subjunctive*	
esperara	esperáramos	tivesse esperado	tivéssemos esperado
esperaras	esperáreis	tivesses esperado	tivésseis esperado
esperara	esperaram	tivesse esperado	tivessem esperado

Future Indicative		*Future Perfect Subjunctive*	
esperarei	esperaremos	tiver esperado	tivermos esperado
esperarás	esperareis	tiveres esperado	tiverdes esperado
esperará	esperarão	tiver esperado	tiverem esperado

Present Perfect Indicative		*Conditional*	
tenho esperado	temos esperado	esperaria	esperaríamos
tens esperado	tendes esperado	esperarias	esperaríeis
tem esperado	têm esperado	esperaria	esperariam

Past Perfect or Pluperfect Indicative		*Conditional Perfect*	
tinha esperado	tínhamos esperado	teria esperado	teríamos esperado
tinhas esperado	tínheis esperado	terias esperado	teríeis esperado
tinha esperado	tinham esperado	teria esperado	teriam esperado

Future Perfect Indicative		*Imperative*	
terei esperado	teremos esperado	*espera**–esperai	
terás esperado	tereis esperado		
terá esperado	terão esperado		

Samples of verb usage.

Espera aí, que eu já vou.   *Wait, I'll be right there.*

Queres que eu **espere** por ti?   *Do you want me to wait for you?*

Espero que você possa ajudar.   *I hope that you can help.*

Os teus pais te **esperarão** na estação por volta das oito.
Your parents will be waiting for you at the station around eight.

*NOTE: Only the radical-changing verb forms with *open* stressed vowels appear in italic type. For further explanation see Foreword.

to sneeze; to squirt

Personal Infinitive		*Present Subjunctive*	
espirrar	espirrarmos	espirre	espirremos
espirrares	espirrardes	espirres	espirreis
espirrar	espirrarem	espirre	espirrem

Present Indicative		*Imperfect Subjunctive*	
espirro	espirramos	espirrasse	espirrássemos
espirras	espirrais	espirrasses	espirrásseis
espirra	espirram	espirrasse	espirrassem

Imperfect Indicative		*Future Subjunctive*	
espirrava	espirrávamos	espirrar	espirrarmos
espirravas	espirráveis	espirrares	espirrardes
espirrava	espirravam	espirrar	espirrarem

Preterit Indicative		*Present Perfect Subjunctive*	
espirrei	espirrámos	tenha espirrado	tenhamos espirrado
espirraste	espirrastes	tenhas espirrado	tenhais espirrado
espirrou	espirraram	tenha espirrado	tenham espirrado

Simple Pluperfect Indicative		*Past Perfect or Pluperfect Subjunctive*	
espirrara	espirráramos	tivesse espirrado	tivéssemos espirrado
espirraras	espirráreis	tivesses espirrado	tivésseis espirrado
espirrara	espirraram	tivesse espirrado	tivessem espirrado

Future Indicative		*Future Perfect Subjunctive*	
espirrarei	espirraremos	tiver espirrado	tivermos espirrado
espirrarás	espirrareis	tiveres espirrado	tiverdes espirrado
espirrará	espirrarão	tiver espirrado	tiverem espirrado

Present Perfect Indicative		*Conditional*	
tenho espirrado	temos espirrado	espirraria	espirraríamos
tens espirrado	tendes espirrado	espirrarias	espirraríeis
tem espirrado	têm espirrado	espirraria	espirrariam

Past Perfect or Pluperfect Indicative		*Conditional Perfect*	
tinha espirrado	tínhamos espirrado	teria espirrado	teríamos espirrado
tinhas espirrado	tínheis espirrado	terias espirrado	teríeis espirrado
tinha espirrado	tinham espirrado	teria espirrado	teriam espirrado

Future Perfect Indicative		*Imperative*	
terei espirrado	teremos espirrado	espirra–espirrai	
terás espirrado	tereis espirrado		
terá espirrado	terão espirrado		

Samples of verb usage.

O noivo **espirrou** por causa do pó do apartamento.
The groom sneezed on account of the dust in the apartment.

Ela **espirra** sem parar.   *She sneezes non-stop.*

Espirraremos mustarda no seu cachorro quente.   *We will squirt mustard on your hotdog.*

O sangue da vítima **espirrou** do seu pescoço.   *The victim's blood squirted out of his/her neck.*

to forget; (**-se de**) to forget (about)

Personal Infinitive		*Present Subjunctive*	
esquecer	esquecermos	esqueça	esqueçamos
esqueceres	esquecerdes	esqueças	esqueçais
esquecer	esquecerem	esqueça	esqueçam

Present Indicative		*Imperfect Subjunctive*	
esqueço	esquecemos	esquecesse	esquecêssemos
esqueces	esqueceis	esquecesses	esquecêsseis
esquece	*esquecem**	esquecesse	esquecessem

Imperfect Indicative		*Future Subjunctive*	
esquecia	esquecíamos	esquecer	esquecermos
esquecias	esquecíeis	esqueceres	esquecerdes
esquecia	esqueciam	esquecer	esquecerem

Preterit Indicative		*Present Perfect Subjunctive*	
esqueci	esquecemos	tenha esquecido	tenhamos esquecido
esqueceste	esquecestes	tenhas esquecido	tenhais esquecido
esqueceu	esqueceram	tenha esquecido	tenham esquecido

Simple Pluperfect Indicative		*Past Perfect or Pluperfect Subjunctive*	
esquecera	esquecêramos	tivesse esquecido	tivéssemos esquecido
esqueceras	esquecêreis	tivesses esquecido	tivésseis esquecido
esquecera	esqueceram	tivesse esquecido	tivessem esquecido

Future Indicative		*Future Perfect Subjunctive*	
esquecerei	esqueceremos	tiver esquecido	tivermos esquecido
esquecerás	esquecereis	tiveres esquecido	tiverdes esquecido
esquecerá	esquecerão	tiver esquecido	tiverem esquecido

Present Perfect Indicative		*Conditional*	
tenho esquecido	temos esquecido	esqueceria	esqueceríamos
tens esquecido	tendes esquecido	esquecerias	esqueceríeis
tem esquecido	têm esquecido	esqueceria	esqueceriam

Past Perfect or Pluperfect Indicative		*Conditional Perfect*	
tinha esquecido	tínhamos esquecido	teria esquecido	teríamos esquecido
tinhas esquecido	tínheis esquecido	terias esquecido	teríeis esquecido
tinha esquecido	tinham esquecido	teria esquecido	teriam esquecido

Future Perfect Indicative		*Imperative*	
terei esquecido	teremos esquecido	*esquece**– esquecei	
terás esquecido	tereis esquecido		
terá esquecido	terão esquecido		

Samples of verb usage.

Eu **esqueci** as chaves em casa.   *I forgot the keys at home.*

Um dia **te esquecerás** de mim.   *One day you'll forget about me.*

Ele **teria esquecido**, se ela não o tivesse lembrado.
He would have forgotten, if she hadn't reminded him.

Quero que ela **se esqueça** dos seus problemas.   *I want her to forget about her problems.*

*NOTE: Only the radical-changing verb forms with *open* stressed vowels appear in italic type. For further explanation see Foreword.

estabelecer

to establish; to set up

Personal Infinitive
estabelecer	estabelecermos
estabeleceres	estabelecerdes
estabelecer	estabelecerem

Present Indicative
estabeleço	estabelecemos
estabeleces	estabeleceis
estabelece	*estabelecem**

Imperfect Indicative
estabelecia	estabelecíamos
estabelecias	estabelecíeis
estabelecia	estabeleciam

Preterit Indicative
estabeleci	estabelecemos
estabeleceste	estabelecestes
estabeleceu	estabeleceram

Simple Pluperfect Indicative
estabelecera	estabelecêramos
estabeleceras	estabelecêreis
estabelecera	estabeleceram

Future Indicative
estabelecerei	estabeleceremos
estabelecerás	estabelecereis
estabelecerá	estabelecerão

Present Perfect Indicative
tenho estabelecido	temos estabelecido
tens estabelecido	tendes estabelecido
tem estabelecido	têm estabelecido

Past Perfect or Pluperfect Indicative
tinha estabelecido	tínhamos estabelecido
tinhas estabelecido	tínheis estabelecido
tinha estabelecido	tinham estabelecido

Future Perfect Indicative
terei estabelecido	teremos estabelecido
terás estabelecido	tereis estabelecido
terá estabelecido	terão estabelecido

Present Subjunctive
estabeleça	estabeleçamos
estabeleças	estabeleçais
estabeleça	estabeleçam

Imperfect Subjunctive
estabelecesse	estabelecêssemos
estabelecesses	estabelecêsseis
estabelecesse	estabelecessem

Future Subjunctive
estabelecer	estabelecermos
estabeleceres	estabelecerdes
estabelecer	estabelecerem

Present Perfect Subjunctive
tenha estabelecido	tenhamos estabelecido
tenhas estabelecido	tenhais estabelecido
tenha estabelecido	tenham estabelecido

Past Perfect or Pluperfect Subjunctive
tivesse estabelecido	tivéssemos estabelecido
tivesses estabelecido	tivésseis estabelecido
tivesse estabelecido	tivessem estabelecido

Future Perfect Subjunctive
tiver estabelecido	tivermos estabelecido
tiveres estabelecido	tiverdes estabelecido
tiver estabelecido	tiverem estabelecido

Conditional
estabeleceria	estabeleceríamos
estabelecerias	estabeleceríeis
estabeleceria	estabeleceriam

Conditional Perfect
teria estabelecido	teríamos estabelecido
terias estabelecido	teríeis estabelecido
teria estabelecido	teriam estabelecido

Imperative
*estabelece**– estabelecei

Samples of verb usage.

O gerente **vai estabelecer** novas regras hoje.   *The manager is going to establish new rules today.*

Ela **estabelecerá** um contra(c)to razoável entre as empresas.
She'll set up a reasonable contract between the companies.

Este restaurante **estabeleceu-se** em 1904.   *This restaurant was established in 1904.*

Estabelecemos paz entre os nossos países.   *We established peace between our countries.*

*NOTE: Only the radical-changing verb forms with *open* stressed vowels appear in italic type. For further explanation see Foreword.

258

to park

Personal Infinitive

estacionar	estacionarmos
estacionares	estacionardes
estacionar	estacionarem

Present Indicative

estaciono	estacionamos
estacionas	estacionais
estaciona	estacionam

Imperfect Indicative

estacionava	estacionávamos
estacionavas	estacionáveis
estacionava	estacionavam

Preterit Indicative

estacionei	estacionámos
estacionaste	estacionastes
estacionou	estacionaram

Simple Pluperfect Indicative

estacionara	estacionáramos
estacionaras	estacionáreis
estacionara	estacionaram

Future Indicative

estacionarei	estacionaremos
estacionarás	estacionareis
estacionará	estacionarão

Present Perfect Indicative

tenho estacionado	temos estacionado
tens estacionado	tendes estacionado
tem estacionado	têm estacionado

Past Perfect or Pluperfect Indicative

tinha estacionado	tínhamos estacionado
tinhas estacionado	tínheis estacionado
tinha estacionado	tinham estacionado

Future Perfect Indicative

terei estacionado	teremos estacionado
terás estacionado	tereis estacionado
terá estacionado	terão estacionado

Present Subjunctive

estacione	estacionemos
estaciones	estacioneis
estacione	estacionem

Imperfect Subjunctive

estacionasse	estacionássemos
estacionasses	estacionásseis
estacionasse	estacionassem

Future Subjunctive

estacionar	estacionarmos
estacionares	estacionardes
estacionar	estacionarem

Present Perfect Subjunctive

tenha estacionado	tenhamos estacionado
tenhas estacionado	tenhais estacionado
tenha estacionado	tenham estacionado

Past Perfect or Pluperfect Subjunctive

tivesse estacionado	tivéssemos estacionado
tivesses estacionado	tivésseis estacionado
tivesse estacionado	tivessem estacionado

Future Perfect Subjunctive

tiver estacionado	tivermos estacionado
tiveres estacionado	tiverdes estacionado
tiver estacionado	tiverem estacionado

Conditional

estacionaria	estacionaríamos
estacionarias	estacionaríeis
estacionaria	estacionariam

Conditional Perfect

teria estacionado	teríamos estacionado
terias estacionado	teríeis estacionado
teria estacionado	teriam estacionado

Imperative

estaciona–estacionai

Samples of verb usage.

Eu **estacionarei** a limosine na próxima vaga disponível.   *I will park the limo in the next available spot.*

O motociclista **estacionou** em lugar proibido.   *The motorcyclist parked illegally.*

Não **estacione** o autocarro (ônibus *in Brazil*) ali.   *Don't park the bus over there.*

Ela ainda não aprendeu a **estacionar** muito bem.   *She still hasn't learned how to park very well.*

to be

Personal Infinitive		**Present Subjunctive**	
estar	estarmos	esteja	estejamos
estares	estardes	estejas	estejais
estar	estarem	esteja	estejam

Present Indicative		**Imperfect Subjunctive**	
estou	estamos	estivesse	estivéssemos
estás	estais	estivesses	estivésseis
está	estão	estivesse	estivessem

Imperfect Indicative		**Future Subjunctive**	
estava	estávamos	estiver	estivermos
estavas	estáveis	estiveres	estiverdes
estava	estavam	estiver	estiverem

Preterit Indicative		**Present Perfect Subjunctive**	
estive	estivemos	tenha estado	tenhamos estado
estiveste	estivestes	tenhas estado	tenhais estado
esteve	estiveram	tenha estado	tenham estado

Simple Pluperfect Indicative		**Past Perfect or Pluperfect Subjunctive**	
estivera	estivéramos	tivesse estado	tivéssemos estado
estiveras	estivéreis	tivesses estado	tivésseis estado
estivera	estiveram	tivesse estado	tivessem estado

Future Indicative		**Future Perfect Subjunctive**	
estarei	estaremos	tiver estado	tivermos estado
estarás	estareis	tiveres estado	tiverdes estado
estará	estarão	tiver estado	tiverem estado

Present Perfect Indicative		**Conditional**	
tenho estado	temos estado	estaria	estaríamos
tens estado	tendes estado	estarias	estaríeis
tem estado	têm estado	estaria	estariam

Past Perfect or Pluperfect Indicative		**Conditional Perfect**	
tinha estado	tínhamos estado	teria estado	teríamos estado
tinhas estado	tínheis estado	terias estado	teríeis estado
tinha estado	tinham estado	teria estado	teriam estado

Future Perfect Indicative		**Imperative**	
terei estado	teremos estado	está–estai	
terás estado	tereis estado		
terá estado	terão estado		

Samples of verb usage.

Já **estiveste** em Portugal?   *Have you ever been in Portugal?*

Estás aí?   *Are you there?*

Onde é que **estavas**?   *Where were you?*

Eu **estava** a nadar (nadando) perto daqui quando vi o tubarão.
I was swimming near here when I saw the shark.

(Nós) **estamos** com raiva.   *We are angry.*

A paciente **estava** muito doente.   *The patient (female) is very sick.*

Você **está** com fome?   *Are you hungry?.*

to estimate, appraise; to esteem, value

Personal Infinitive		*Present Subjunctive*	
estimar	estimarmos	estime	estimemos
estimares	estimardes	estimes	estimeis
estimar	estimarem	estime	estimem

Present Indicative		*Imperfect Subjunctive*	
estimo	estimamos	estimasse	estimássemos
estimas	estimais	estimasses	estimásseis
estima	estimam	estimasse	estimassem

Imperfect Indicative		*Future Subjunctive*	
estimava	estimávamos	estimar	estimarmos
estimavas	estimáveis	estimares	estimardes
estimava	estimavam	estimar	estimarem

Preterit Indicative		*Present Perfect Subjunctive*	
estimei	estimámos	tenha estimado	tenhamos estimado
estimaste	estimastes	tenhas estimado	tenhais estimado
estimou	estimaram	tenha estimado	tenham estimado

Simple Pluperfect Indicative		*Past Perfect or Pluperfect Subjunctive*	
estimara	estimáramos	tivesse estimado	tivéssemos estimado
estimaras	estimáreis	tivesses estimado	tivésseis estimado
estimara	estimaram	tivesse estimado	tivessem estimado

Future Indicative		*Future Perfect Subjunctive*	
estimarei	estimaremos	tiver estimado	tivermos estimado
estimarás	estimareis	tiveres estimado	tiverdes estimado
estimará	estimarão	tiver estimado	tiverem estimado

Present Perfect Indicative		*Conditional*	
tenho estimado	temos estimado	estimaria	estimaríamos
tens estimado	tendes estimado	estimarias	estimaríeis
tem estimado	têm estimado	estimaria	estimariam

Past Perfect or Pluperfect Indicative		*Conditional Perfect*	
tinha estimado	tínhamos estimado	teria estimado	teríamos estimado
tinhas estimado	tínheis estimado	terias estimado	teríeis estimado
tinha estimado	tinham estimado	teria estimado	teriam estimado

Future Perfect Indicative		*Imperative*	
terei estimado	teremos estimado	estima–estimai	
terás estimado	tereis estimado		
terá estimado	terão estimado		

Samples of verb usage.

Estimo que custará muito dinheiro.   *I estimate that it will cost a lot of money.*

O valor dos terrenos foi **estimado** com muito cuidado.
The value of the lands was appraised very carefully.

Ela **estimava** muito a sua neta.   *She esteemed her granddaughter very much.*

Tu sabes muito bem que eu sempre **estimei** a tua opinião.
You know very well that I've always valued your opinion.

to stretch, extend; (**-se**) to stretch out, to spread out

Personal Infinitive		*Present Subjunctive*	
estirar	estirarmos	estire	estiremos
estirares	estirardes	estires	estireis
estirar	estirarem	estire	estirem

Present Indicative		*Imperfect Subjunctive*	
estiro	estiramos	estirasse	estirássemos
estiras	estirais	estirasses	estirásseis
estira	estiram	estirasse	estirassem

Imperfect Indicative		*Future Subjunctive*	
estirava	estirávamos	estirar	estirarmos
estiravas	estiráveis	estirares	estirardes
estirava	estiravam	estirar	estirarem

Preterit Indicative		*Present Perfect Subjunctive*	
estirei	estirámos	tenha estirado	tenhamos estirado
estiraste	estirastes	tenhas estirado	tenhais estirado
estirou	estiraram	tenha estirado	tenham estirado

Simple Pluperfect Indicative		*Past Perfect or Pluperfect Subjunctive*	
estirara	estiráramos	tivesse estirado	tivéssemos estirado
estiraras	estiráreis	tivesses estirado	tivésseis estirado
estirara	estiraram	tivesse estirado	tivessem estirado

Future Indicative		*Future Perfect Subjunctive*	
estirarei	estiraremos	tiver estirado	tivermos estirado
estirarás	estirareis	tiveres estirado	tiverdes estirado
estirará	estirarão	tiver estirado	tiverem estirado

Present Perfect Indicative		*Conditional*	
tenho estirado	temos estirado	estiraria	estiraríamos
tens estirado	tendes estirado	estirarias	estiraríeis
tem estirado	têm estirado	estiraria	estirariam

Past Perfect or Pluperfect Indicative		*Conditional Perfect*	
tinha estirado	tínhamos estirado	teria estirado	teríamos estirado
tinhas estirado	tínheis estirado	terias estirado	teríeis estirado
tinha estirado	tinham estirado	teria estirado	teriam estirado

Future Perfect Indicative		*Imperative*	
terei estirado	teremos estirado	estira–estirai	
terás estirado	tereis estirado		
terá estirado	terão estirado		

Samples of verb usage.

O comerciante **estirou** o pano de seda para os compradores.
The vendor spread out the silk cloth for the buyers.

A minha avó **estirava-se** no sofá e dormia.
My grandmother would stretch out on the sofa and fall asleep.

Com o tiro, o ladrão **tinha-se estirado** no chão.   *With the shot, the thief had stretched out on the ground.*

Podemos **estirar-nos** ali.   *We can stretch out over there.*

Vais **estirar** a corda até romper.   *You're going to stretch the rope until it breaks.*

to spoil, ruin, damage

Personal Infinitive		*Present Subjunctive*	
estragar	estragarmos	estrague	estraguemos
estragares	estragardes	estragues	estragueis
estragar	estragarem	estrague	estraguem

Present Indicative		*Imperfect Subjunctive*	
estrago	estragamos	estragasse	estragássemos
estragas	estragais	estragasses	estragásseis
estraga	estragam	estragasse	estragassem

Imperfect Indicative		*Future Subjunctive*	
estragava	estragávamos	estragar	estragarmos
estragavas	estragáveis	estragares	estragardes
estragava	estragavam	estragar	estragarem

Preterit Indicative		*Present Perfect Subjunctive*	
estraguei	estragámos	tenha estragado	tenhamos estragado
estragaste	estragastes	tenhas estragado	tenhais estragado
estragou	estragaram	tenha estragado	tenham estragado

Simple Pluperfect Indicative		*Past Perfect or Pluperfect Subjunctive*	
estragara	estragáramos	tivesse estragado	tivéssemos estragado
estragaras	estragáreis	tivesses estragado	tivésseis estragado
estragara	estragaram	tivesse estragado	tivessem estragado

Future Indicative		*Future Perfect Subjunctive*	
estragarei	estragaremos	tiver estragado	tivermos estragado
estragarás	estragareis	tiveres estragado	tiverdes estragado
estragará	estragarão	tiver estragado	tiverem estragado

Present Perfect Indicative		*Conditional*	
tenho estragado	temos estragado	estragaria	estragaríamos
tens estragado	tendes estragado	estragarias	estragaríeis
tem estragado	têm estragado	estragaria	estragariam

Past Perfect or Pluperfect Indicative		*Conditional Perfect*	
tinha estragado	tínhamos estragado	teria estragado	teríamos estragado
tinhas estragado	tínheis estragado	terias estragado	teríeis estragado
tinha estragado	tinham estragado	teria estragado	teriam estragado

Future Perfect Indicative		*Imperative*	
terei estragado	teremos estragado	estraga–estragai	
terás estragado	tereis estragado		
terá estragado	terão estragado		

Samples of verb usage.

Se deixares a comida fora do frigorífico (da geladeira *in Brazil*), vai-**se estragar**.
If you leave the food out of the refrigerator, it will spoil.

Estraguei a surpresa.   *I ruined the surprise.*

Você podia **ter estragado** tudo.   *You could have ruined everything.*

Com certeza eles **estragarão** o teu carro.   *They're sure to damage (ruin) your car.*

estudar

Pres. Part. *estudando*   Past Part. *estudado*

to study

Personal Infinitive	
estudar	estudarmos
estudares	estudardes
estudar	estudarem

Present Indicative	
estudo	estudamos
estudas	estudais
estuda	estudam

Imperfect Indicative	
estudava	estudávamos
estudavas	estudáveis
estudava	estudavam

Preterit Indicative	
estudei	estudámos
estudaste	estudastes
estudou	estudaram

Simple Pluperfect Indicative	
estudara	estudáramos
estudaras	estudáreis
estudara	estudaram

Future Indicative	
estudarei	estudaremos
estudarás	estudareis
estudará	estudarão

Present Perfect Indicative	
tenho estudado	temos estudado
tens estudado	tendes estudado
tem estudado	têm estudado

Past Perfect or Pluperfect Indicative	
tinha estudado	tínhamos estudado
tinhas estudado	tínheis estudado
tinha estudado	tinham estudado

Future Perfect Indicative	
terei estudado	teremos estudado
terás estudado	tereis estudado
terá estudado	terão estudado

Present Subjunctive	
estude	estudemos
estudes	estudeis
estude	estudem

Imperfect Subjunctive	
estudasse	estudássemos
estudasses	estudásseis
estudasse	estudassem

Future Subjunctive	
estudar	estudarmos
estudares	estudardes
estudar	estudarem

Present Perfect Subjunctive	
tenha estudado	tenhamos estudado
tenhas estudado	tenhais estudado
tenha estudado	tenham estudado

Past Perfect or Pluperfect Subjunctive	
tivesse estudado	tivéssemos estudado
tivesses estudado	tivésseis estudado
tivesse estudado	tivessem estudado

Future Perfect Subjunctive	
tiver estudado	tivermos estudado
tiveres estudado	tiverdes estudado
tiver estudado	tiverem estudado

Conditional	
estudaria	estudaríamos
estudarias	estudaríeis
estudaria	estudariam

Conditional Perfect	
teria estudado	teríamos estudado
terias estudado	teríeis estudado
teria estudado	teriam estudado

Imperative	
estuda–estudai	

Samples of verb usage.

Estude mais. *Study more.*

A estudante já **tinha estudado** o livro inteiro. *The student (female) had already studied the whole book.*

No semestre passado eu **estudava** na biblioteca. *Last semester I used to study in the library.*

O aluno **estudou** mais uma hora antes de ir ao exame.
The student studied one more hour before going to the exam.

to avoid; to evade

Personal Infinitive		*Present Subjunctive*	
evitar	evitarmos	evite	evitemos
evitares	evitardes	evites	eviteis
evitar	evitarem	evite	evitem

Present Indicative		*Imperfect Subjunctive*	
evito	evitamos	evitasse	evitássemos
evitas	evitais	evitasses	evitásseis
evita	evitam	evitasse	evitassem

Imperfect Indicative		*Future Subjunctive*	
evitava	evitávamos	evitar	evitarmos
evitavas	evitáveis	evitares	evitardes
evitava	evitavam	evitar	evitarem

Preterit Indicative		*Present Perfect Subjunctive*	
evitei	evitámos	tenha evitado	tenhamos evitado
evitaste	evitastes	tenhas evitado	tenhais evitado
evitou	evitaram	tenha evitado	tenham evitado

Simple Pluperfect Indicative		*Past Perfect or Pluperfect Subjunctive*	
evitara	evitáramos	tivesse evitado	tivéssemos evitado
evitaras	evitáreis	tivesses evitado	tivésseis evitado
evitara	evitaram	tivesse evitado	tivessem evitado

Future Indicative		*Future Perfect Subjunctive*	
evitarei	evitaremos	tiver evitado	tivermos evitado
evitarás	evitareis	tiveres evitado	tiverdes evitado
evitará	evitarão	tiver evitado	tiverem evitado

Present Perfect Indicative		*Conditional*	
tenho evitado	temos evitado	evitaria	evitaríamos
tens evitado	tendes evitado	evitarias	evitaríeis
tem evitado	têm evitado	evitaria	evitariam

Past Perfect or Pluperfect Indicative		*Conditional Perfect*	
tinha evitado	tínhamos evitado	teria evitado	teríamos evitado
tinhas evitado	tínheis evitado	terias evitado	teríeis evitado
tinha evitado	tinham evitado	teria evitado	teriam evitado

Future Perfect Indicative		*Imperative*	
terei evitado	teremos evitado	evita–evitai	
terás evitado	tereis evitado		
terá evitado	terão evitado		

Samples of verb usage.

Evite fumar.   *Avoid smoking.*

Os ladrões **evitaram** o guarda.   *The thieves evaded the guard.*

O motorista conseguiu **evitar** uma colisão.   *The driver managed to avoid a collision.*

Elas queriam **evitar** de falar com ele.   *They (female) wanted to avoid speaking with him.*

to exaggerate; to overstate; to overdo

Personal Infinitive		*Present Subjunctive*	
exagerar	exagerarmos	*exagere*	exageremos
exagerares	exagerardes	*exageres*	exagereis
exagerar	exagerarem	*exagere*	*exagerem**

Present Indicative		*Imperfect Subjunctive*	
exagero	exageramos	exagerasse	exagerássemos
exageras	exagerais	exagerasses	exagerásseis
exagera	*exageram**	exagerasse	exagerassem

Imperfect Indicative		*Future Subjunctive*	
exagerava	exagerávamos	exagerar	exagerarmos
exageravas	exageráveis	exagerares	exagerardes
exagerava	exageravam	exagerar	exagerarem

Preterit Indicative		*Present Perfect Subjunctive*	
exagerei	exagerámos	tenha exagerado	tenhamos exagerado
exageraste	exagerastes	tenhas exagerado	tenhais exagerado
exagerou	exageraram	tenha exagerado	tenham exagerado

Simple Pluperfect Indicative		*Past Perfect or Pluperfect Subjunctive*	
exagerara	exageráramos	tivesse exagerado	tivéssemos exagerado
exageraras	exageráreis	tivesses exagerado	tivésseis exagerado
exagerara	exageraram	tivesse exagerado	tivessem exagerado

Future Indicative		*Future Perfect Subjunctive*	
exagerarei	exageraremos	tiver exagerado	tivermos exagerado
exagerarás	exagerareis	tiveres exagerado	tiverdes exagerado
exagerará	exagerarão	tiver exagerado	tiverem exagerado

Present Perfect Indicative		*Conditional*	
tenho exagerado	temos exagerado	exageraria	exageraríamos
tens exagerado	tendes exagerado	exagerarias	exageraríeis
tem exagerado	têm exagerado	exageraria	exagerariam

Past Perfect or Pluperfect Indicative		*Conditional Perfect*	
tinha exagerado	tínhamos exagerado	teria exagerado	teríamos exagerado
tinhas exagerado	tínheis exagerado	terias exagerado	teríeis exagerado
tinha exagerado	tinham exagerado	teria exagerado	teriam exagerado

Future Perfect Indicative		*Imperative*	
terei exagerado	teremos exagerado	*exagera**–exagerai	
terás exagerado	tereis exagerado		
terá exagerado	terão exagerado		

Samples of verb usage.

Não **exagere** tanto!   *Don't exaggerate so much!*

Ela sempre **exagerava** a situação.   *She always overstated the situation.*

O escritor **exagerou** a descrição dessa cena.   *The writer overdid the description of that scene.*

Eles estão **a exagerar** (**exagerando**).   *They are exaggerating.*

*NOTE: Only the radical-changing verb forms with *open* stressed vowels appear in italic type. For further explanation see Foreword.

to examine

Personal Infinitive
examinar	examinarmos
examinares	examinardes
examinar	examinarem

Present Indicative
examino	examinamos
examinas	examinais
examina	examinam

Imperfect Indicative
examinava	examinávamos
examinavas	examináveis
examinava	examinavam

Preterit Indicative
examinei	examinámos
examinaste	examinastes
examinou	examinaram

Simple Pluperfect Indicative
examinara	examináramos
examinaras	examináreis
examinara	examinaram

Future Indicative
examinarei	examinaremos
examinarás	examinareis
examinará	examinarão

Present Perfect Indicative
tenho examinado	temos examinado
tens examinado	tendes examinado
tem examinado	têm examinado

Past Perfect or Pluperfect Indicative
tinha examinado	tínhamos examinado
tinhas examinado	tínheis examinado
tinha examinado	tinham examinado

Future Perfect Indicative
terei examinado	teremos examinado
terás examinado	tereis examinado
terá examinado	terão examinado

Present Subjunctive
examine	examinemos
examines	examineis
examine	examinem

Imperfect Subjunctive
examinasse	examinássemos
examinasses	examinásseis
examinasse	examinassem

Future Subjunctive
examinar	examinarmos
examinares	examinardes
examinar	examinarem

Present Perfect Subjunctive
tenha examinado	tenhamos examinado
tenhas examinado	tenhais examinado
tenha examinado	tenham examinado

Past Perfect or Pluperfect Subjunctive
tivesse examinado	tivéssemos examinado
tivesses examinado	tivésseis examinado
tivesse examinado	tivessem examinado

Future Perfect Subjunctive
tiver examinado	tivermos examinado
tiveres examinado	tiverdes examinado
tiver examinado	tiverem examinado

Conditional
examinaria	examinaríamos
examinarias	examinaríeis
examinaria	examinariam

Conditional Perfect
teria examinado	teríamos examinado
terias examinado	teríeis examinado
teria examinado	teriam examinado

Imperative
examina–examinai

Samples of verb usage.

O médico **examinava** todos os pacientes com calma.   *The doctor examined all of the patients calmly.*

O dete(c)tive **tinha examinado** a cena do crime.   *The detective had examined the crime scene.*

Tenho examinado todas as minhas opções.   *I have been examining all my options.*

Examinaste os documentos?   *Did you examine the documents?*

to excite; to arouse; (**-se**) to get *or* become excited *or* aroused

Personal Infinitive		*Present Subjunctive*	
excitar	excitarmos	excite	excitemos
excitares	excitardes	excites	exciteis
excitar	excitarem	excite	excitem

Present Indicative		*Imperfect Subjunctive*	
excito	excitamos	excitasse	excitássemos
excitas	excitais	excitasses	excitásseis
excita	excitam	excitasse	excitassem

Imperfect Indicative		*Future Subjunctive*	
excitava	excitávamos	excitar	excitarmos
excitavas	excitáveis	excitares	excitardes
excitava	excitavam	excitar	excitarem

Preterit Indicative		*Present Perfect Subjunctive*	
excitei	excitámos	tenha excitado	tenhamos excitado
excitaste	excitastes	tenhas excitado	tenhais excitado
excitou	excitaram	tenha excitado	tenham excitado

Simple Pluperfect Indicative		*Past Perfect or Pluperfect Subjunctive*	
excitara	excitáramos	tivesse excitado	tivéssemos excitado
excitaras	excitáreis	tivesses excitado	tivésseis excitado
excitara	excitaram	tivesse excitado	tivessem excitado

Future Indicative		*Future Perfect Subjunctive*	
excitarei	excitaremos	tiver excitado	tivermos excitado
excitarás	excitareis	tiveres excitado	tiverdes excitado
excitará	excitarão	tiver excitado	tiverem excitado

Present Perfect Indicative		*Conditional*	
tenho excitado	temos excitado	excitaria	excitaríamos
tens excitado	tendes excitado	excitarias	excitaríeis
tem excitado	têm excitado	excitaria	excitariam

Past Perfect or Pluperfect Indicative		*Conditional Perfect*	
tinha excitado	tínhamos excitado	teria excitado	teríamos excitado
tinhas excitado	tínheis excitado	terias excitado	teríeis excitado
tinha excitado	tinham excitado	teria excitado	teriam excitado

Future Perfect Indicative		*Imperative*	
terei excitado	teremos excitado	excita–excitai	
terás excitado	tereis excitado		
terá excitado	terão excitado		

Samples of verb usage.

A multidão estava **excitada** com a liquidação. *The crowd was excited with the sale.*

Ele **excitou** o estômago com um gole de aguardente (cachaça *in Brazil*).
He aroused his stomach with a swallow of brandy.

Eles **tinham-se excitado** com o espe(c)táculo erótico. *They had become aroused with the erotic show.*

Não **se excite**, meu amigo; ela nem sabe que você existe.
Don't get excited, my friend; she doesn't even know you exist.

to exclaim; to shout (out)

Personal Infinitive
exclamar	exclamarmos
exclamares	exclamardes
exclamar	exclamarem

Present Indicative
exclamo	exclamamos
exclamas	exclamais
exclama	exclamam

Imperfect Indicative
exclamava	exclamávamos
exclamavas	exclamáveis
exclamava	exclamavam

Preterit Indicative
exclamei	exclamámos
exclamaste	exclamastes
exclamou	exclamaram

Simple Pluperfect Indicative
exclamara	exclamáramos
exclamaras	exclamáreis
exclamara	exclamaram

Future Indicative
exclamarei	exclamaremos
exclamarás	exclamareis
exclamará	exclamarão

Present Perfect Indicative
tenho exclamado	temos exclamado
tens exclamado	tendes exclamado
tem exclamado	têm exclamado

Past Perfect or Pluperfect Indicative
tinha exclamado	tínhamos exclamado
tinhas exclamado	tínheis exclamado
tinha exclamado	tinham exclamado

Future Perfect Indicative
terei exclamado	teremos exclamado
terás exclamado	tereis exclamado
terá exclamado	terão exclamado

Present Subjunctive
exclame	exclamemos
exclames	exclameis
exclame	exclamem

Imperfect Subjunctive
exclamasse	exclamássemos
exclamasses	exclamásseis
exclamasse	exclamassem

Future Subjunctive
exclamar	exclamarmos
exclamares	exclamardes
exclamar	exclamarem

Present Perfect Subjunctive
tenha exclamado	tenhamos exclamado
tenhas exclamado	tenhais exclamado
tenha exclamado	tenham exclamado

Past Perfect or Pluperfect Subjunctive
tivesse exclamado	tivéssemos exclamado
tivesses exclamado	tivésseis exclamado
tivesse exclamado	tivessem exclamado

Future Perfect Subjunctive
tiver exclamado	tivermos exclamado
tiveres exclamado	tiverdes exclamado
tiver exclamado	tiverem exclamado

Conditional
exclamaria	exclamaríamos
exclamarias	exclamaríeis
exclamaria	exclamariam

Conditional Perfect
teria exclamado	teríamos exclamado
terias exclamado	teríeis exclamado
teria exclamado	teriam exclamado

Imperative
exclama–exclamai

Samples of verb usage.

A multidão **exclamava** numa só voz: "Queremos empregos!"
The crowd was shouting in one voice: "We want jobs!"

Os prisioneiros estavam **a exclamar** (**exclamando**) contra os maus tratos.
The prisoners were shouting out against the poor treatment.

"Dai-nos liberdade!" **Exclamou** um dos escravos.   *"Give us freedom!" Exclaimed one of the slaves.*

Os operários **têm exclamado** dia e noite contra a exploração.
The workers have been shouting night and day against the exploitation.

to exist, be

Personal Infinitive		Present Subjunctive	
existir	existirmos	exista	existamos
existires	existirdes	existas	existais
existir	existirem	exista	existam

Present Indicative		Imperfect Subjunctive	
existo	existimos	existisse	existíssemos
existes	existis	existisses	existísseis
existe	existem	existisse	existissem

Imperfect Indicative		Future Subjunctive	
existia	existíamos	existir	existirmos
existias	existíeis	existires	existirdes
existia	existiam	existir	existirem

Preterit Indicative		Present Perfect Subjunctive	
existi	existimos	tenha existido	tenhamos existido
exististe	exististes	tenhas existido	tenhais existido
existiu	existiram	tenha existido	tenham existido

Simple Pluperfect Indicative		Past Perfect or Pluperfect Subjunctive	
existira	existíramos	tivesse existido	tivéssemos existido
existiras	existíreis	tivesses existido	tivésseis existido
existira	existiram	tivesse existido	tivessem existido

Future Indicative		Future Perfect Subjunctive	
existirei	existiremos	tiver existido	tivermos existido
existirás	existireis	tiveres existido	tiverdes existido
existirá	existirão	tiver existido	tiverem existido

Present Perfect Indicative		Conditional	
tenho existido	temos existido	existiria	existiríamos
tens existido	tendes existido	existirias	existiríeis
tem existido	têm existido	existiria	existiriam

Past Perfect or Pluperfect Indicative		Conditional Perfect	
tinha existido	tínhamos existido	teria existido	teríamos existido
tinhas existido	tínheis existido	terias existido	teríeis existido
tinha existido	tinham existido	teria existido	teriam existido

Future Perfect Indicative		Imperative	
terei existido	teremos existido	existe–existi	
terás existido	tereis existido		
terá existido	terão existido		

Samples of verb usage.

Penso, portanto **existo**.   *I think, therefore I am.*

Existe outra solução?   *Is there another solution?*

Há boatos de que **existiu** há mil anos uma civilização antiga por aqui.
There are rumors that a thousand years ago an ancient civilization existed around here.

Existirá uma saída desta miséria?   *I wonder if there is a way out of this misery?*

NOTE: In Brazil **existir** is commonly used with the impersonal meaning of **haver**: **Existe** um problema aqui? *Is there a problem here?*

to experiment; to experience; to try (out)

Personal Infinitive	**Present Subjunctive**
experimentar experimentarmos	experimente experimentemos
experimentares experimentardes	experimentes experimenteis
experimentar experimentarem	experimente experimentem
Present Indicative	**Imperfect Subjunctive**
experimento experimentamos	experimentasse experimentássemos
experimentas experimentais	experimentasses experimentásseis
experimenta experimentam	experimentasse experimentassem
Imperfect Indicative	**Future Subjunctive**
experimentava experimentávamos	experimentar experimentarmos
experimentavas experimentáveis	experimentares experimentardes
experimentava experimentavam	experimentar experimentarem
Preterit Indicative	**Present Perfect Subjunctive**
experimentei experimentámos	tenha experimentado tenhamos experimentado
experimentaste experimentastes	tenhas experimentado tenhais experimentado
experimentou experimentaram	tenha experimentado tenham experimentado
Simple Pluperfect Indicative	**Past Perfect or Pluperfect Subjunctive**
experimentara experimentáramos	tivesse experimentado tivéssemos experimentado
experimentaras experimentáreis	tivesses experimentado tivésseis experimentado
experimentara experimentaram	tivesse experimentado tivessem experimentado
Future Indicative	**Future Perfect Subjunctive**
experimentarei experimentaremos	tiver experimentado tivermos experimentado
experimentarás experimentareis	tiveres experimentado tiverdes experimentado
experimentará experimentarão	tiver experimentado tiverem experimentado
Present Perfect Indicative	**Conditional**
tenho experimentado temos experimentado	experimentaria experimentaríamos
tens experimentado tendes experimentado	experimentarias experimentaríeis
tem experimentado têm experimentado	experimentaria experimentariam
Past Perfect or Pluperfect Indicative	**Conditional Perfect**
tinha experimentado tínhamos experimentado	teria experimentado teríamos experimentado
tinhas experimentado tínheis experimentado	terias experimentado teríeis experimentado
tinha experimentado tinham experimentado	teria experimentado teriam experimentado
Future Perfect Indicative	**Imperative**
terei experimentado teremos experimentado	experimenta–experimentai
terás experimentado tereis experimentado	
terá experimentado terão experimentado	

Samples of verb usage.

Experimente o peixe, está bom.   *Try the fish, it's good.*

Ele **experimentou** com vários químicos.   *He experimented with several chemicals.*

Se **experimentasses** a sensação de ser independente, jamais querias depender de outra pessoa.
If you experienced the feeling of being independent, you would never want to depend on another person.

Eu nunca **experimentaria** dirigir aquele carro.   *I would never try out that car.*

to explain

Personal Infinitive		**Present Subjunctive**	
explicar	explicarmos	explique	expliquemos
explicares	explicardes	expliques	expliqueis
explicar	explicarem	explique	expliquem

Present Indicative		**Imperfect Subjunctive**	
explico	explicamos	explicasse	explicássemos
explicas	explicais	explicasses	explicásseis
explica	explicam	explicasse	explicassem

Imperfect Indicative		**Future Subjunctive**	
explicava	explicávamos	explicar	explicarmos
explicavas	explicáveis	explicares	explicardes
explicava	explicavam	explicar	explicarem

Preterit Indicative		**Present Perfect Subjunctive**	
expliquei	explicámos	tenha explicado	tenhamos explicado
explicaste	explicastes	tenhas explicado	tenhais explicado
explicou	explicaram	tenha explicado	tenham explicado

Simple Pluperfect Indicative		**Past Perfect or Pluperfect Subjunctive**	
explicara	explicáramos	tivesse explicado	tivéssemos explicado
explicaras	explicáreis	tivesses explicado	tivésseis explicado
explicara	explicaram	tivesse explicado	tivessem explicado

Future Indicative		**Future Perfect Subjunctive**	
explicarei	explicaremos	tiver explicado	tivermos explicado
explicarás	explicareis	tiveres explicado	tiverdes explicado
explicará	explicarão	tiver explicado	tiverem explicado

Present Perfect Indicative		**Conditional**	
tenho explicado	temos explicado	explicaria	explicaríamos
tens explicado	tendes explicado	explicarias	explicaríeis
tem explicado	têm explicado	explicaria	explicariam

Past Perfect or Pluperfect Indicative		**Conditional Perfect**	
tinha explicado	tínhamos explicado	teria explicado	teríamos explicado
tinhas explicado	tínheis explicado	terias explicado	teríeis explicado
tinha explicado	tinham explicado	teria explicado	teriam explicado

Future Perfect Indicative		**Imperative**	
terei explicado	teremos explicado	explica–explicai	
terás explicado	tereis explicado		
terá explicado	terão explicado		

Samples of verb usage.

Explique-se já!   *Explain yourself this minute!*

O professor **explicará** tudo aos seus alunos.   *The professor will explain everything to his students.*

Vais-me **explicar** os teus motivos?   *Are you going to explain to me your motives?*

Deixe-me **explicar**!   *Let me explain!*

to manufacture, produce, make, build

Personal Infinitive
fabricar	fabricarmos
fabricares	fabricardes
fabricar	fabricarem

Present Indicative
fabrico	fabricamos
fabricas	fabricais
fabrica	fabricam

Imperfect Indicative
fabricava	fabricávamos
fabricavas	fabricáveis
fabricava	fabricavam

Preterit Indicative
fabriquei	fabricámos
fabricaste	fabricastes
fabricou	fabricaram

Simple Pluperfect Indicative
fabricara	fabricáramos
fabricaras	fabricáreis
fabricara	fabricaram

Future Indicative
fabricarei	fabricaremos
fabricarás	fabricareis
fabricará	fabricarão

Present Perfect Indicative
tenho fabricado	temos fabricado
tens fabricado	tendes fabricado
tem fabricado	têm fabricado

Past Perfect or Pluperfect Indicative
tinha fabricado	tínhamos fabricado
tinhas fabricado	tínheis fabricado
tinha fabricado	tinham fabricado

Future Perfect Indicative
terei fabricado	teremos fabricado
terás fabricado	tereis fabricado
terá fabricado	terão fabricado

Present Subjunctive
fabrique	fabriquemos
fabriques	fabriqueis
fabrique	fabriquem

Imperfect Subjunctive
fabricasse	fabricássemos
fabricasses	fabricásseis
fabricasse	fabricassem

Future Subjunctive
fabricar	fabricarmos
fabricares	fabricardes
fabricar	fabricarem

Present Perfect Subjunctive
tenha fabricado	tenhamos fabricado
tenhas fabricado	tenhais fabricado
tenha fabricado	tenham fabricado

Past Perfect or Pluperfect Subjunctive
tivesse fabricado	tivéssemos fabricado
tivesses fabricado	tivésseis fabricado
tivesse fabricado	tivessem fabricado

Future Perfect Subjunctive
tiver fabricado	tivermos fabricado
tiveres fabricado	tiverdes fabricado
tiver fabricado	tiverem fabricado

Conditional
fabricaria	fabricaríamos
fabricarias	fabricaríeis
fabricaria	fabricariam

Conditional Perfect
teria fabricado	teríamos fabricado
terias fabricado	teríeis fabricado
teria fabricado	teriam fabricado

Imperative
fabrica–fabricai

Samples of verb usage.

Esta companhia **fabrica** tecidos.   *This company manufactures fabrics.*

Fabriquei uma máquina para viajar no tempo.   *I made (built) a machine to travel in time.*

Se **tivéssemos fabricado** produtos mais variados, não teríamos ido a falência.
If we had produced more diverse products, we wouldn't have gone bankrupt.

A companhia encontra-se obrigada a **fabricar** mais plantas (usinas *in Brazil*) nucleares este ano.
The company is obliged to build more nuclear plants this year.

to lack; to be missing *or* absent

Personal Infinitive		**Present Subjunctive**	
faltar	faltarmos	falte	faltemos
faltares	faltardes	faltes	falteis
faltar	faltarem	falte	faltem

Present Indicative		**Imperfect Subjunctive**	
falto	faltamos	faltasse	faltássemos
faltas	faltais	faltasses	faltásseis
falta	faltam	faltasse	faltassem

Imperfect Indicative		**Future Subjunctive**	
faltava	faltávamos	faltar	faltarmos
faltavas	faltáveis	faltares	faltardes
faltava	faltavam	faltar	faltarem

Preterit Indicative		**Present Perfect Subjunctive**	
faltei	faltámos	tenha faltado	tenhamos faltado
faltaste	faltastes	tenhas faltado	tenhais faltado
faltou	faltaram	tenha faltado	tenham faltado

Simple Pluperfect Indicative		**Past Perfect or Pluperfect Subjunctive**	
faltara	faltáramos	tivesse faltado	tivéssemos faltado
faltaras	faltáreis	tivesses faltado	tivésseis faltado
faltara	faltaram	tivesse faltado	tivessem faltado

Future Indicative		**Future Perfect Subjunctive**	
faltarei	faltaremos	tiver faltado	tivermos faltado
faltarás	faltareis	tiveres faltado	tiverdes faltado
faltará	faltarão	tiver faltado	tiverem faltado

Present Perfect Indicative		**Conditional**	
tenho faltado	temos faltado	faltaria	faltaríamos
tens faltado	tendes faltado	faltarias	faltaríeis
tem faltado	têm faltado	faltaria	faltariam

Past Perfect or Pluperfect Indicative		**Conditional Perfect**	
tinha faltado	tínhamos faltado	teria faltado	teríamos faltado
tinhas faltado	tínheis faltado	terias faltado	teríeis faltado
tinha faltado	tinham faltado	teria faltado	teriam faltado

Future Perfect Indicative		**Imperative**	
terei faltado	teremos faltado	falta–faltai	
terás faltado	tereis faltado		
terá faltado	terão faltado		

Samples of verb usage.

O que me **falta** é coragem.   *What I'm lacking is courage.*

O professor **faltou** à aula ontem.   *The teacher missed (was absent from) class yesterday.*

O que (é que) **falta** para o jantar?   *What is missing for dinner?*

Eu nunca **faltaria** a uma festa.   *I would never miss a party.*

to do, make; (**-se**) to become

Personal Infinitive		**Present Subjunctive**	
fazer	fazermos	faça	façamos
fazeres	fazerdes	faças	façais
fazer	fazerem	faça	façam

Present Indicative		**Imperfect Subjunctive**	
faço	fazemos	fizesse	fizéssemos
fazes	fazeis	fizesses	fizésseis
faz	fazem	fizesse	fizessem

Imperfect Indicative		**Future Subjunctive**	
fazia	fazíamos	fizer	fizermos
fazias	fazíeis	fizeres	fizerdes
fazia	faziam	fizer	fizerem

Preterit Indicative		**Present Perfect Subjunctive**	
fiz	fizemos	tenha feito	tenhamos feito
fizeste	fizestes	tenhas feito	tenhais feito
fez	fizeram	tenha feito	tenham feito

Simple Pluperfect Indicative		**Past Perfect or Pluperfect Subjunctive**	
fizera	fizéramos	tivesse feito	tivéssemos feito
fizeras	fizéreis	tivesses feito	tivésseis feito
fizera	fizeram	tivesse feito	tivessem feito

Future Indicative		**Future Perfect Subjunctive**	
farei	faremos	tiver feito	tivermos feito
farás	fareis	tiveres feito	tiverdes feito
fará	farão	tiver feito	tiverem feito

Present Perfect Indicative		**Conditional**	
tenho feito	temos feito	faria	faríamos
tens feito	tendes feito	farias	faríeis
tem feito	têm feito	faria	fariam

Past Perfect or Pluperfect Indicative		**Conditional Perfect**	
tinha feito	tínhamos feito	teria feito	teríamos feito
tinhas feito	tínheis feito	terias feito	teríeis feito
tinha feito	tinham feito	teria feito	teriam feito

Future Perfect Indicative		**Imperative**	
terei feito	teremos feito	faz (faze)–fazei	
terás feito	tereis feito		
terá feito	terão feito		

Samples of verb usage.

Faremos um bolo para a festa. *We will make a cake for the party.*

Eu já **tinha feito** o trabalho quando o chefe pediu-me os resultados.
I had already done the work when the boss asked me for the results.

O rapazinho **fez-se** adulto. *The little boy became an adult.*

O alcatrão **fez-se** duro com o frio. *The tar became hard with the cold.*

NOTE: The following sentences illustrate several common idiomatic uses of the verb **fazer**:

Faz calor (frio) hoje. *It is hot (cold) today.*

Fazia muitos anos que eu não te via. *It had been many years since I had seen you.*

Faça as malas. *Pack your bags.*

Ele **fará** anos no mês que vem. *He's having a birthday next month.*

Não **faz** mal. *That's okay (all right).*

to close

Personal Infinitive
fechar	fecharmos
fechares	fechardes
fechar	fecharem

Present Indicative
fecho	fechamos
fechas	fechais
fecha	fecham

Imperfect Indicative
fechava	fechávamos
fechavas	fecháveis
fechava	fechavam

Preterit Indicative
fechei	fechámos
fechaste	fechastes
fechou	fecharam

Simple Pluperfect Indicative
fechara	fecháramos
fecharas	fecháreis
fechara	fecharam

Future Indicative
fecharei	fecharemos
fecharás	fechareis
fechará	fecharão

Present Perfect Indicative
tenho fechado	temos fechado
tens fechado	tendes fechado
tem fechado	têm fechado

Past Perfect or Pluperfect Indicative
tinha fechado	tínhamos fechado
tinhas fechado	tínheis fechado
tinha fechado	tinham fechado

Future Perfect Indicative
terei fechado	teremos fechado
terás fechado	tereis fechado
terá fechado	terão fechado

Present Subjunctive
feche	fechemos
feches	fecheis
feche	fechem

Imperfect Subjunctive
fechasse	fechássemos
fechasses	fechásseis
fechasse	fechassem

Future Subjunctive
fechar	fecharmos
fechares	fechardes
fechar	fecharem

Present Perfect Subjunctive
tenha fechado	tenhamos fechado
tenhas fechado	tenhais fechado
tenha fechado	tenham fechado

Past Perfect or Pluperfect Subjunctive
tivesse fechado	tivéssemos fechado
tivesses fechado	tivésseis fechado
tivesse fechado	tivessem fechado

Future Perfect Subjunctive
tiver fechado	tivermos fechado
tiveres fechado	tiverdes fechado
tiver fechado	tiverem fechado

Conditional
fecharia	fecharíamos
fecharias	fecharíeis
fecharia	fechariam

Conditional Perfect
teria fechado	teríamos fechado
terias fechado	teríeis fechado
teria fechado	teriam fechado

Imperative
fecha–fechai

Samples of verb usage.

Feche a porta!   *Close the door!*

Você **fechou** a janela?   *Did you close the window?*

Se **fechasses** o frigorífico (a geladeira *in Brazil*), eu não estaria zangado.
If you had closed the refrigerator, I wouldn't be angry.

Ela **teria fechado** o cofre, se tivesse tido tempo.   *She would have closed the safe, if she had had time.*

to congratulate

Personal Infinitive

felicitar	felicitarmos
felicitares	felicitardes
felicitar	felicitarem

Present Indicative

felicito	felicitamos
felicitas	felicitais
felicita	felicitam

Imperfect Indicative

felicitava	felicitávamos
felicitavas	felicitáveis
felicitava	felicitavam

Preterit Indicative

felicitei	felicitámos
felicitaste	felicitastes
felicitou	felicitaram

Simple Pluperfect Indicative

felicitara	felicitáramos
felicitaras	felicitáreis
felicitara	felicitaram

Future Indicative

felicitarei	felicitaremos
felicitarás	felicitareis
felicitará	felicitarão

Present Perfect Indicative

tenho felicitado	temos felicitado
tens felicitado	tendes felicitado
tem felicitado	têm felicitado

Past Perfect or Pluperfect Indicative

tinha felicitado	tínhamos felicitado
tinhas felicitado	tínheis felicitado
tinha felicitado	tinham felicitado

Future Perfect Indicative

terei felicitado	teremos felicitado
terás felicitado	tereis felicitado
terá felicitado	terão felicitado

Present Subjunctive

felicite	felicitemos
felicites	feliciteis
felicite	felicitem

Imperfect Subjunctive

felicitasse	felicitássemos
felicitasses	felicitásseis
felicitasse	felicitassem

Future Subjunctive

felicitar	felicitarmos
felicitares	felicitardes
felicitar	felicitarem

Present Perfect Subjunctive

tenha felicitado	tenhamos felicitado
tenhas felicitado	tenhais felicitado
tenha felicitado	tenham felicitado

Past Perfect or Pluperfect Subjunctive

tivesse felicitado	tivéssemos felicitado
tivesses felicitado	tivésseis felicitado
tivesse felicitado	tivessem felicitado

Future Perfect Subjunctive

tiver felicitado	tivermos felicitado
tiveres felicitado	tiverdes felicitado
tiver felicitado	tiverem felicitado

Conditional

felicitaria	felicitaríamos
felicitarias	felicitaríeis
felicitaria	felicitariam

Conditional Perfect

teria felicitado	teríamos felicitado
terias felicitado	teríeis felicitado
teria felicitado	teriam felicitado

Imperative

felicita–felicitai

Samples of verb usage.

Felicitei os recém-casados depois do casamento.   *I congratulated the newly-weds after the wedding.*

O dire(c)tor já **tinha felicitado** todos os formados.
The director had already congratulated all of the graduates.

O presidente do clube **felicitava** os jogadores pela vitória quando morreu de repente.
The club's president was congratulating the players for the victory when he suddenly died.

Tu me **felicitarás** um dia.   *One day you'll congratulate me.*

ferir

to wound

Personal Infinitive
ferir	ferirmos
ferires	ferirdes
ferir	ferirem

Present Indicative
firo	ferimos
feres	feris
fere	*ferem**

Imperfect Indicative
feria	feríamos
ferias	feríeis
feria	feriam

Preterit Indicative
feri	ferimos
feriste	feristes
feriu	feriram

Simple Pluperfect Indicative
ferira	feríramos
feriras	feríreis
ferira	feriram

Future Indicative
ferirei	feriremos
ferirás	ferireis
ferirá	ferirão

Present Perfect Indicative
tenho ferido	temos ferido
tens ferido	tendes ferido
tem ferido	têm ferido

Past Perfect or Pluperfect Indicative
tinha ferido	tínhamos ferido
tinhas ferido	tínheis ferido
tinha ferido	tinham ferido

Future Perfect Indicative
terei ferido	teremos ferido
terás ferido	tereis ferido
terá ferido	terão ferido

Present Subjunctive
fira	firamos
firas	firais
fira	firam

Imperfect Subjunctive
ferisse	feríssemos
ferisses	ferísseis
ferisse	ferissem

Future Subjunctive
ferir	ferirmos
ferires	ferirdes
ferir	ferirem

Present Perfect Subjunctive
tenha ferido	tenhamos ferido
tenhas ferido	tenhais ferido
tenha ferido	tenham ferido

Past Perfect or Pluperfect Subjunctive
tivesse ferido	tivéssemos ferido
tivesses ferido	tivésseis ferido
tivesse ferido	tivessem ferido

Future Perfect Subjunctive
tiver ferido	tivermos ferido
tiveres ferido	tiverdes ferido
tiver ferido	tiverem ferido

Conditional
feriria	feriríamos
feririas	feriríeis
feriria	feririam

Conditional Perfect
teria ferido	teríamos ferido
terias ferido	teríeis ferido
teria ferido	teriam ferido

Imperative
*fere**– feri

Samples of verb usage.

O soldado foi **ferido** na perna por uma bala.   *The soldier was wounded in the leg by a bullet.*

O cupido **feriu**-me com a sua flecha de amor!   *Cupid has wounded me with his arrow of love!*

O menino **tinha ferido** o gato sem querer.   *The boy had accidentally wounded the cat.*

Os cavaleiros medievais **feriam-se** com espadas e lanças durante batalhas ferozes.
Medieval knights wounded each other with swords and lances during ferocious battles.

*NOTE: Only the radical-changing verb forms with *open* stressed vowels appear in italic type. For further explanation see Foreword.

to boil

Personal Infinitive
ferver	fervermos
ferveres	ferverdes
ferver	ferverem

Present Indicative
fervo	fervemos
ferves	ferveis
ferve	*fervem**

Imperfect Indicative
fervia	fervíamos
fervias	fervíeis
fervia	ferviam

Preterit Indicative
fervi	fervemos
ferveste	fervestes
ferveu	ferveram

Simple Pluperfect Indicative
fervera	fervêramos
ferveras	fervêreis
fervera	ferveram

Future Indicative
ferverei	ferveremos
ferverás	fervereis
ferverá	ferverão

Present Perfect Indicative
tenho fervido	temos fervido
tens fervido	tendes fervido
tem fervido	têm fervido

Past Perfect or Pluperfect Indicative
tinha fervido	tínhamos fervido
tinhas fervido	tínheis fervido
tinha fervido	tinham fervido

Future Perfect Indicative
terei fervido	teremos fervido
terás fervido	tereis fervido
terá fervido	terão fervido

Present Subjunctive
ferva	fervamos
fervas	fervais
ferva	fervam

Imperfect Subjunctive
fervesse	fervêssemos
fervesses	fervêsseis
fervesse	fervessem

Future Subjunctive
ferver	fervermos
ferveres	ferverdes
ferver	ferverem

Present Perfect Subjunctive
tenha fervido	tenhamos fervido
tenhas fervido	tenhais fervido
tenha fervido	tenham fervido

Past Perfect or Pluperfect Subjunctive
tivesse fervido	tivéssemos fervido
tivesses fervido	tivésseis fervido
tivesse fervido	tivessem fervido

Future Perfect Subjunctive
tiver fervido	tivermos fervido
tiveres fervido	tiverdes fervido
tiver fervido	tiverem fervido

Conditional
ferveria	ferveríamos
ferverias	ferveríeis
ferveria	ferveriam

Conditional Perfect
teria fervido	teríamos fervido
terias fervido	teríeis fervido
teria fervido	teriam fervido

Imperative
*ferve**– fervei

Samples of verb usage.

A água está **a ferver** (**fervendo**).   *The water is boiling.*

A minha ira **fervia** ao ouvir a voz do ditador.   *My anger boiled upon hearing the dictator's voice.*

A paixão deles começava a **ferver** com a sua conversa erótica.
Their passions began to boil from their erotic conversation.

Quando você tiver chegado, terei **fervido** a água para o café.
By the time you arrive, I will have boiled the water for coffee.

*NOTE: Only the radical-changing verb forms with *open* stressed vowels appear in italic type. For further explanation see Foreword.

festejar

to give a party (for); to celebrate

Personal Infinitive		**Present Subjunctive**	
festejar	festejarmos	festeje	festejemos
festejares	festejardes	festejes	festejeis
festejar	festejarem	festeje	festejem

Present Indicative		**Imperfect Subjunctive**	
festejo	festejamos	festejasse	festejássemos
festejas	festejais	festejasses	festejásseis
festeja	festejam	festejasse	festejassem

Imperfect Indicative		**Future Subjunctive**	
festejava	festejávamos	festejar	festejarmos
festejavas	festejáveis	festejares	festejardes
festejava	festejavam	festejar	festejarem

Preterit Indicative		**Present Perfect Subjunctive**	
festejei	festejámos	tenha festejado	tenhamos festejado
festejaste	festejastes	tenhas festejado	tenhais festejado
festejou	festejaram	tenha festejado	tenham festejado

Simple Pluperfect Indicative		**Past Perfect or Pluperfect Subjunctive**	
festejara	festejáramos	tivesse festejado	tivéssemos festejado
festejaras	festejáreis	tivesses festejado	tivésseis festejado
festejara	festejaram	tivesse festejado	tivessem festejado

Future Indicative		**Future Perfect Subjunctive**	
festejarei	festejaremos	tiver festejado	tivermos festejado
festejarás	festejareis	tiveres festejado	tiverdes festejado
festejará	festejarão	tiver festejado	tiverem festejado

Present Perfect Indicative		**Conditional**	
tenho festejado	temos festejado	festejaria	festejaríamos
tens festejado	tendes festejado	festejarias	festejaríeis
tem festejado	têm festejado	festejaria	festejariam

Past Perfect or Pluperfect Indicative		**Conditional Perfect**	
tinha festejado	tínhamos festejado	teria festejado	teríamos festejado
tinhas festejado	tínheis festejado	terias festejado	teríeis festejado
tinha festejado	tinham festejado	teria festejado	teriam festejado

Future Perfect Indicative		**Imperative**	
terei festejado	teremos festejado	festeja–festejai	
terás festejado	tereis festejado		
terá festejado	terão festejado		

Samples of verb usage.

Vai à festa! **Festeje** por mim!   *Go to the party! Celebrate for me!*

Festejaremos os anos (o aniversário) dela amanhã na minha casa.
We'll give her a birthday party tomorrow at my house.

Todos **festejaram** a vitória nas ruas da cidade.   *Everybody celebrated the victory in the streets of the city.*

Ninguém **teria festejado,** se tivessem ganho apenas segundo lugar.
Nobody would have celebrated, if they had taken only second place.

to remain, stay; to be *or* become

Personal Infinitive		*Present Subjunctive*	
ficar	ficarmos	fique	fiquemos
ficares	ficardes	fiques	fiqueis
ficar	ficarem	fique	fiquem

Present Indicative		*Imperfect Subjunctive*	
fico	ficamos	ficasse	ficássemos
ficas	ficais	ficasses	ficásseis
fica	ficam	ficasse	ficassem

Imperfect Indicative		*Future Subjunctive*	
ficava	ficávamos	ficar	ficarmos
ficavas	ficáveis	ficares	ficardes
ficava	ficavam	ficar	ficarem

Preterit Indicative		*Present Perfect Subjunctive*	
fiquei	ficámos	tenha ficado	tenhamos ficado
ficaste	ficastes	tenhas ficado	tenhais ficado
ficou	ficaram	tenha ficado	tenham ficado

Simple Pluperfect Indicative		*Past Perfect or Pluperfect Subjunctive*	
ficara	ficáramos	tivesse ficado	tivéssemos ficado
ficaras	ficáreis	tivesses ficado	tivésseis ficado
ficara	ficaram	tivesse ficado	tivessem ficado

Future Indicative		*Future Perfect Subjunctive*	
ficarei	ficaremos	tiver ficado	tivermos ficado
ficarás	ficareis	tiveres ficado	tiverdes ficado
ficará	ficarão	tiver ficado	tiverem ficado

Present Perfect Indicative		*Conditional*	
tenho ficado	temos ficado	ficaria	ficaríamos
tens ficado	tendes ficado	ficarias	ficaríeis
tem ficado	têm ficado	ficaria	ficariam

Past Perfect or Pluperfect Indicative		*Conditional Perfect*	
tinha ficado	tínhamos ficado	teria ficado	teríamos ficado
tinhas ficado	tínheis ficado	terias ficado	teríeis ficado
tinha ficado	tinham ficado	teria ficado	teriam ficado

Future Perfect Indicative		*Imperative*	
terei ficado	teremos ficado	fica–ficai	
terás ficado	tereis ficado		
terá ficado	terão ficado		

Samples of verb usage.

Fique aqui.   *Stay here.*

O aniversariante **ficou** muito feliz.   *The birthday boy was (became) very happy.*

O café **ficará** frio.   *The coffee will become cold.*

Nós **ficávamos** no carro enquanto eles comiam no restaurante.
We remained in the car while they were eating in the restaurant.

fingir

Pres. Part. *fingindo*   Past Part. *fingido*

to pretend, make believe

Personal Infinitive
fingir	fingirmos
fingires	fingirdes
fingir	fingirem

Present Indicative
finjo	fingimos
finges	fingis
finge	fingem

Imperfect Indicative
fingia	fingíamos
fingias	fingíeis
fingia	fingiam

Preterit Indicative
fingi	fingimos
fingiste	fingistes
fingiu	fingiram

Simple Pluperfect Indicative
fingira	fingíramos
fingiras	fingíreis
fingira	fingiram

Future Indicative
fingirei	fingiremos
fingirás	fingireis
fingirá	fingirão

Present Perfect Indicative
tenho fingido	temos fingido
tens fingido	tendes fingido
tem fingido	têm fingido

Past Perfect or Pluperfect Indicative
tinha fingido	tínhamos fingido
tinhas fingido	tínheis fingido
tinha fingido	tinham fingido

Future Perfect Indicative
terei fingido	teremos fingido
terás fingido	tereis fingido
terá fingido	terão fingido

Present Subjunctive
finja	finjamos
finjas	finjais
finja	finjam

Imperfect Subjunctive
fingisse	fingíssemos
fingisses	fingísseis
fingisse	fingissem

Future Subjunctive
fingir	fingirmos
fingires	fingirdes
fingir	fingirem

Present Perfect Subjunctive
tenha fingido	tenhamos fingido
tenhas fingido	tenhais fingido
tenha fingido	tenham fingido

Past Perfect or Pluperfect Subjunctive
tivesse fingido	tivéssemos fingido
tivesses fingido	tivésseis fingido
tivesse fingido	tivessem fingido

Future Perfect Subjunctive
tiver fingido	tivermos fingido
tiveres fingido	tiverdes fingido
tiver fingido	tiverem fingido

Conditional
fingiria	fingiríamos
fingirias	fingiríeis
fingiria	fingiriam

Conditional Perfect
teria fingido	teríamos fingido
terias fingido	teríeis fingido
teria fingido	teriam fingido

Imperative
finge–fingi

Samples of verb usage.

Não **finja** que tudo está bem.   *Don't pretend that everything is okay.*

Ela **fingiu** que era uma a(c)triz.   *She made believe she was an actress.*

Se **fingirmos** que somos adultos, não nos incomodarão.   *If we pretend to be adults, they won't bother us.*

Eu **finjo** ser o que não sou.   *I pretend to be what I'm not.*

to force, compel

Personal Infinitive	
forçar	forçarmos
forçares	forçardes
forçar	forçarem

Present Indicative	
forço	forçamos
forças	forçais
força	*forçam**

Imperfect Indicative	
forçava	forçávamos
forçavas	forçáveis
forçava	forçavam

Preterit Indicative	
forcei	forçámos
forçaste	forçastes
forçou	forçaram

Simple Pluperfect Indicative	
forçara	forçáramos
forçaras	forçáreis
forçara	forçaram

Future Indicative	
forçarei	forçaremos
forçarás	forçareis
forçará	forçarão

Present Perfect Indicative	
tenho forçado	temos forçado
tens forçado	tendes forçado
tem forçado	têm forçado

Past Perfect or Pluperfect Indicative	
tinha forçado	tínhamos forçado
tinhas forçado	tínheis forçado
tinha forçado	tinham forçado

Future Perfect Indicative	
terei forçado	teremos forçado
terás forçado	tereis forçado
terá forçado	terão forçado

Present Subjunctive	
force	forcemos
forces	forceis
force	*forcem**

Imperfect Subjunctive	
forçasse	forçássemos
forçasses	forçásseis
forçasse	forçassem

Future Subjunctive	
forçar	forçarmos
forçares	forçardes
forçar	forçarem

Present Perfect Subjunctive	
tenha forçado	tenhamos forçado
tenhas forçado	tenhais forçado
tenha forçado	tenham forçado

Past Perfect or Pluperfect Subjunctive	
tivesse forçado	tivéssemos forçado
tivesses forçado	tivésseis forçado
tivesse forçado	tivessem forçado

Future Perfect Subjunctive	
tiver forçado	tivermos forçado
tiveres forçado	tiverdes forçado
tiver forçado	tiverem forçado

Conditional	
forçaria	forçaríamos
forçarias	forçaríeis
forçaria	forçariam

Conditional Perfect	
teria forçado	teríamos forçado
terias forçado	teríeis forçado
teria forçado	teriam forçado

Imperative	
*força**–forçai	

Samples of verb usage.

O bombeiro **forçou** a porta.   *The fireman forced open the door.*

Ela o **forçava** a fazer o que ele não queria.   *She used to compel him to do what he didn't want to.*

Tive que **forçar-me** a trabalhar hoje porque estava tão cansado.
I had to force myself to work today because I was so tired.

Esse chefe **forçaria** qualquer pessoa a demitir-se.   *That boss would compel anyone to quit.*

*NOTE: Only the radical-changing verb forms with *open* stressed vowels appear in italic type. For further explanation see Foreword.

to form, shape; (**-se**) to graduate (from school)

Personal Infinitive		*Present Subjunctive*	
formar	formarmos	*forme*	formemos
formares	formardes	*formes*	formeis
formar	formarem	*forme*	*formem**

Present Indicative		*Imperfect Subjunctive*	
formo	formamos	formasse	formássemos
formas	formais	formasses	formásseis
forma	*formam**	formasse	formassem

Imperfect Indicative		*Future Subjunctive*	
formava	formávamos	formar	formarmos
formavas	formáveis	formares	formardes
formava	formavam	formar	formarem

Preterit Indicative		*Present Perfect Subjunctive*	
formei	formámos	tenha formado	tenhamos formado
formaste	formastes	tenhas formado	tenhais formado
formou	formaram	tenha formado	tenham formado

Simple Pluperfect Indicative		*Past Perfect or Pluperfect Subjunctive*	
formara	formáramos	tivesse formado	tivéssemos formado
formaras	formáreis	tivesses formado	tivésseis formado
formara	formaram	tivesse formado	tivessem formado

Future Indicative		*Future Perfect Subjunctive*	
formarei	formaremos	tiver formado	tivermos formado
formarás	formareis	tiveres formado	tiverdes formado
formará	formarão	tiver formado	tiverem formado

Present Perfect Indicative		*Conditional*	
tenho formado	temos formado	formaria	formaríamos
tens formado	tendes formado	formarias	formaríeis
tem formado	têm formado	formaria	formariam

Past Perfect or Pluperfect Indicative		*Conditional Perfect*	
tinha formado	tínhamos formado	teria formado	teríamos formado
tinhas formado	tínheis formado	terias formado	teríeis formado
tinha formado	tinham formado	teria formado	teriam formado

Future Perfect Indicative		*Imperative*	
terei formado	teremos formado	*forma**–formai	
terás formado	tereis formado		
terá formado	terão formado		

Samples of verb usage.

Juntaram as peças para **formarem** o quebra-cabeças. *They put the pieces together to form the puzzle.*

Juntos **formariam** uma equipe (um time *in Brazil*). *Together they would form a team.*

O escultor **formou** uma obra de arte do bloco de granito.
The sculptor shaped the block of granite into a work of art.

Eles **formaram-se** da universidade no ano passado. *They graduated from college last year.*

*NOTE: Only the radical-changing verb forms with *open* stressed vowels appear in italic type. For further explanation see Foreword.

to furnish, supply, provide

Personal Infinitive		**Present Subjunctive**	
fornecer	fornecermos	forneça	forneçamos
forneceres	fornecerdes	forneças	forneçais
fornecer	fornecerem	forneça	forneçam

Present Indicative		**Imperfect Subjunctive**	
forneço	fornecemos	fornecesse	fornecêssemos
forneces	forneceis	fornecesses	fornecêsseis
fornece	*fornecem**	fornecesse	fornecessem

Imperfect Indicative		**Future Subjunctive**	
fornecia	fornecíamos	fornecer	fornecermos
fornecias	fornecíeis	forneceres	fornecerdes
fornecia	forneciam	fornecer	fornecerem

Preterit Indicative		**Present Perfect Subjunctive**	
forneci	fornecemos	tenha fornecido	tenhamos fornecido
forneceste	fornecestes	tenhas fornecido	tenhais fornecido
forneceu	forneceram	tenha fornecido	tenham fornecido

Simple Pluperfect Indicative		**Past Perfect or Pluperfect Subjunctive**	
fornecera	fornecêramos	tivesse fornecido	tivéssemos fornecido
forneceras	fornecêreis	tivesses fornecido	tivésseis fornecido
fornecera	forneceram	tivesse fornecido	tivessem fornecido

Future Indicative		**Future Perfect Subjunctive**	
fornecerei	forneceremos	tiver fornecido	tivermos fornecido
fornecerás	fornecereis	tiveres fornecido	tiverdes fornecido
fornecerá	fornecerão	tiver fornecido	tiverem fornecido

Present Perfect Indicative		**Conditional**	
tenho fornecido	temos fornecido	forneceria	forneceríamos
tens fornecido	tendes fornecido	fornecerias	forneceríeis
tem fornecido	têm fornecido	forneceria	forneceriam

Past Perfect or Pluperfect Indicative		**Conditional Perfect**	
tinha fornecido	tínhamos fornecido	teria fornecido	teríamos fornecido
tinhas fornecido	tínheis fornecido	terias fornecido	teríeis fornecido
tinha fornecido	tinham fornecido	teria fornecido	teriam fornecido

Future Perfect Indicative		**Imperative**	
terei fornecido	teremos fornecido	*fornece**– fornecei	
terás fornecido	tereis fornecido		
terá fornecido	terão fornecido		

Samples of verb usage.

Quero que me **forneça** um endereço.   *I want you to provide (furnish) me with an address.*

Aquela companhia nos **fornece** alumínio.   *That company supplies us with aluminum.*

Se me **fornecesses** alguns dados, seria mais fácil encontrar a solução.
If you furnished me with some information (data), it would be easier to find the solution.

Quando é que você nos **fornecerá** o que queremos?   *When will you provide us with what we want?*

*NOTE: Only the radical-changing verb forms with *open* stressed vowels appear in italic type. For further explanation see Foreword.

fritar

to fry

Personal Infinitive
fritar	fritarmos
fritares	fritardes
fritar	fritarem

Present Indicative
frito	fritamos
fritas	fritais
frita	fritam

Imperfect Indicative
fritava	fritávamos
fritavas	fritáveis
fritava	fritavam

Preterit Indicative
fritei	fritámos
fritaste	fritastes
fritou	fritaram

Simple Pluperfect Indicative
fritara	fritáramos
fritaras	fritáreis
fritara	fritaram

Future Indicative
fritarei	fritaremos
fritarás	fritareis
fritará	fritarão

Present Perfect Indicative
tenho fritado	temos fritado
tens fritado	tendes fritado
tem fritado	têm fritado

Past Perfect or Pluperfect Indicative
tinha fritado	tínhamos fritado
tinhas fritado	tínheis fritado
tinha fritado	tinham fritado

Future Perfect Indicative
terei fritado	teremos fritado
terás fritado	tereis fritado
terá fritado	terão fritado

Present Subjunctive
frite	fritemos
frites	friteis
frite	fritem

Imperfect Subjunctive
fritasse	fritássemos
fritasses	fritásseis
fritasse	fritassem

Future Subjunctive
fritar	fritarmos
fritares	fritardes
fritar	fritarem

Present Perfect Subjunctive
tenha fritado	tenhamos fritado
tenhas fritado	tenhais fritado
tenha fritado	tenham fritado

Past Perfect or Pluperfect Subjunctive
tivesse fritado	tivéssemos fritado
tivesses fritado	tivésseis fritado
tivesse fritado	tivessem fritado

Future Perfect Subjunctive
tiver fritado	tivermos fritado
tiveres fritado	tiverdes fritado
tiver fritado	tiverem fritado

Conditional
fritaria	fritaríamos
fritarias	fritaríeis
fritaria	fritariam

Conditional Perfect
teria fritado	teríamos fritado
terias fritado	teríeis fritado
teria fritado	teriam fritado

Imperative
frita–fritai

Samples of verb usage.

Frite estes ovos para mim.   *Fry these eggs for me.*

Se eu **fritasse** um bife, tu o comerias?   *If I fried a steak, would you eat it?*

Eu adoro as batatas **fritas**, mas nunca as como porque têm gordura demais.
I adore French-fries, but never eat them because they're too fatty.

Eles vão **fritar** uns peitos de frango para o almoço hoje.
They are going to fry some chicken breasts for lunch today.

to frustrate; (**-se**) to get *or* become frustrated

Personal Infinitive	
frustrar	frustrarmos
frustrares	frustrardes
frustrar	frustrarem

Present Indicative	
frustro	frustramos
frustras	frustrais
frustra	frustram

Imperfect Indicative	
frustrava	frustrávamos
frustravas	frustráveis
frustrava	frustravam

Preterit Indicative	
frustrei	frustrámos
frustraste	frustrastes
frustrou	frustraram

Simple Pluperfect Indicative	
frustrara	frustráramos
frustraras	frustráreis
frustrara	frustraram

Future Indicative	
frustrarei	frustraremos
frustrarás	frustrareis
frustrará	frustrarão

Present Perfect Indicative	
tenho frustrado	temos frustrado
tens frustrado	tendes frustrado
tem frustrado	têm frustrado

Past Perfect or Pluperfect Indicative	
tinha frustrado	tínhamos frustrado
tinhas frustrado	tínheis frustrado
tinha frustrado	tinham frustrado

Future Perfect Indicative	
terei frustrado	teremos frustrado
terás frustrado	tereis frustrado
terá frustrado	terão frustrado

Present Subjunctive	
frustre	frustremos
frustres	frustreis
frustre	frustrem

Imperfect Subjunctive	
frustrasse	frustrássemos
frustrasses	frustrásseis
frustrasse	frustrassem

Future Subjunctive	
frustrar	frustrarmos
frustrares	frustrardes
frustrar	frustrarem

Present Perfect Subjunctive	
tenha frustrado	tenhamos frustrado
tenhas frustrado	tenhais frustrado
tenha frustrado	tenham frustrado

Past Perfect or Pluperfect Subjunctive	
tivesse frustrado	tivéssemos frustrado
tivesses frustrado	tivésseis frustrado
tivesse frustrado	tivessem frustrado

Future Perfect Subjunctive	
tiver frustrado	tivermos frustrado
tiveres frustrado	tiverdes frustrado
tiver frustrado	tiverem frustrado

Conditional	
frustraria	frustraríamos
frustrarias	frustraríeis
frustraria	frustrariam

Conditional Perfect	
teria frustrado	teríamos frustrado
terias frustrado	teríeis frustrado
teria frustrado	teriam frustrado

Imperative	
frustra–frustrai	

Samples of verb usage.

O empregado **frustrava** o chefe com as suas perguntas incessantes.
The employee was frustrating the boss with her endless questions.

Você **frustra-se** facilmente.   *You get frustrated easily.*

Ela não **se frustra** com situações difíceis.   *She doesn't get frustrated in difficult situations.*

Eles me **frustrarão**, se fizerem isso.   *They'll frustrate me, if they do that.*

to run away, escape

Personal Infinitive		Present Subjunctive	
fugir	fugirmos	fuja	fujamos
fugires	fugirdes	fujas	fujais
fugir	fugirem	fuja	fujam

Present Indicative		Imperfect Subjunctive	
fujo	fugimos	fugisse	fugíssemos
foges	fugis	fugisses	fugísseis
foge	*fogem**	fugisse	fugissem

Imperfect Indicative		Future Subjunctive	
fugia	fugíamos	fugir	fugirmos
fugias	fugíeis	fugires	fugirdes
fugia	fugiam	fugir	fugirem

Preterit Indicative		Present Perfect Subjunctive	
fugi	fugimos	tenha fugido	tenhamos fugido
fugiste	fugistes	tenhas fugido	tenhais fugido
fugiu	fugiram	tenha fugido	tenham fugido

Simple Pluperfect Indicative		Past Perfect or Pluperfect Subjunctive	
fugira	fugíramos	tivesse fugido	tivéssemos fugido
fugiras	fugíreis	tivesses fugido	tivésseis fugido
fugira	fugiram	tivesse fugido	tivessem fugido

Future Indicative		Future Perfect Subjunctive	
fugirei	fugiremos	tiver fugido	tivermos fugido
fugirás	fugireis	tiveres fugido	tiverdes fugido
fugirá	fugirão	tiver fugido	tiverem fugido

Present Perfect Indicative		Conditional	
tenho fugido	temos fugido	fugiria	fugiríamos
tens fugido	tendes fugido	fugirias	fugiríeis
tem fugido	têm fugido	fugiria	fugiriam

Past Perfect or Pluperfect Indicative		Conditional Perfect	
tinha fugido	tínhamos fugido	teria fugido	teríamos fugido
tinhas fugido	tínheis fugido	terias fugido	teríeis fugido
tinha fugido	tinham fugido	teria fugido	teriam fugido

Future Perfect Indicative		Imperative	
terei fugido	teremos fugido	*foge**– fugi	
terás fugido	tereis fugido		
terá fugido	terão fugido		

Samples of verb usage.

Não **fuja** dos seus problemas.   *Don't run away from your problems.*

O preso **fugirá**, se vocês lhe derem a oportunidade.   *The prisoner will escape, if you give him the chance.*

Os náufragos finalmente **fugiram** da ilha.   *The shipwrecked people finally escaped the island.*

O ladrão **fugiu** com o dinheiro que tinha roubado.   *The robber ran away with the money he had stolen.*

*NOTE: Only the radical-changing verb forms with *open* stressed vowels appear in italic type. For further explanation see Foreword.

to smoke (tobacco)

Personal Infinitive			*Present Subjunctive*	
fumar	fumarmos		fume	fumemos
fumares	fumardes		fumes	fumeis
fumar	fumarem		fume	fumem

Present Indicative			*Imperfect Subjunctive*	
fumo	fumamos		fumasse	fumássemos
fumas	fumais		fumasses	fumásseis
fuma	fumam		fumasse	fumassem

Imperfect Indicative			*Future Subjunctive*	
fumava	fumávamos		fumar	fumarmos
fumavas	fumáveis		fumares	fumardes
fumava	fumavam		fumar	fumarem

Preterit Indicative			*Present Perfect Subjunctive*	
fumei	fumámos		tenha fumado	tenhamos fumado
fumaste	fumastes		tenhas fumado	tenhais fumado
fumou	fumaram		tenha fumado	tenham fumado

Simple Pluperfect Indicative			*Past Perfect or Pluperfect Subjunctive*	
fumara	fumáramos		tivesse fumado	tivéssemos fumado
fumaras	fumáreis		tivesses fumado	tivésseis fumado
fumara	fumaram		tivesse fumado	tivessem fumado

Future Indicative			*Future Perfect Subjunctive*	
fumarei	fumaremos		tiver fumado	tivermos fumado
fumarás	fumareis		tiveres fumado	tiverdes fumado
fumará	fumarão		tiver fumado	tiverem fumado

Present Perfect Indicative			*Conditional*	
tenho fumado	temos fumado		fumaria	fumaríamos
tens fumado	tendes fumado		fumarias	fumaríeis
tem fumado	têm fumado		fumaria	fumariam

Past Perfect or Pluperfect Indicative			*Conditional Perfect*	
tinha fumado	tínhamos fumado		teria fumado	teríamos fumado
tinhas fumado	tínheis fumado		terias fumado	teríeis fumado
tinha fumado	tinham fumado		teria fumado	teriam fumado

Future Perfect Indicative			*Imperative*	
terei fumado	teremos fumado		fuma–fumai	
terás fumado	tereis fumado			
terá fumado	terão fumado			

Samples of verb usage.

É favor não **fumar**.   *No smoking please.*

Fumámos numa área proibida.   *We smoked in a prohibited area.*

Não **fumo** um cigarro desde 1980.   *I haven't smoked a cigarette since 1980.*

Você pode **fumar** aqui, se quiser.   *You can smoke here, if you wish.*

ganhar

Pres. Part. *ganhando*   Past Part.   *ganho, ganhado**

to earn; to win; to beat

Personal Infinitive		*Present Subjunctive*	
ganhar	ganharmos	ganhe	ganhemos
ganhares	ganhardes	ganhes	ganheis
ganhar	ganharem	ganhe	ganhem

Present Indicative		*Imperfect Subjunctive*	
ganho	ganhamos	ganhasse	ganhássemos
ganhas	ganhais	ganhasses	ganhásseis
ganha	ganham	ganhasse	ganhassem

Imperfect Indicative		*Future Subjunctive*	
ganhava	ganhávamos	ganhar	ganharmos
ganhavas	ganháveis	ganhares	ganhardes
ganhava	ganhavam	ganhar	ganharem

Preterit Indicative		*Present Perfect Subjunctive*	
ganhei	ganhámos	tenha ganho	tenhamos ganho
ganhaste	ganhastes	tenhas ganho	tenhais ganho
ganhou	ganharam	tenha ganho	tenham ganho

Simple Pluperfect Indicative		*Past Perfect or Pluperfect Subjunctive*	
ganhara	ganháramos	tivesse ganho	tivéssemos ganho
ganharas	ganháreis	tivesses ganho	tivésseis ganho
ganhara	ganharam	tivesse ganho	tivessem ganho

Future Indicative		*Future Perfect Subjunctive*	
ganharei	ganharemos	tiver ganho	tivermos ganho
ganharás	ganhareis	tiveres ganho	tiverdes ganho
ganhará	ganharão	tiver ganho	tiverem ganho

Present Perfect Indicative		*Conditional*	
tenho ganho	temos ganho	ganharia	ganharíamos
tens ganho	tendes ganho	ganharias	ganharíeis
tem ganho	têm ganho	ganharia	ganhariam

Past Perfect or Pluperfect Indicative		*Conditional Perfect*	
tinha ganho	tínhamos ganho	teria ganho	teríamos ganho
tinhas ganho	tínheis ganho	terias ganho	teríeis ganho
tinha ganho	tinham ganho	teria ganho	teriam ganho

Future Perfect Indicative		*Imperative*	
terei ganho	teremos ganho	ganha–ganhai	
terás ganho	tereis ganho		
terá ganho	terão ganho		

Samples of verb usage.

Eu **ganho** muito pouco no meu trabalho.   *I earn very little at my job.*

Elas já **tinham ganho** o campeonato.   *They had already won the championship.*

Para ser campeã, a nossa equipe teve que **ganhar** de todas as outras.
In order to be the champion, our team had to beat all others.

Vocês **ganharão** mais respeito, se se formarem duma universidade.
You'll earn more respect, if you graduate from a university.

*NOTE: The regular form of the past participle is now considered archaic in both Continental and Brazilian Portuguese.

to guarantee

Personal Infinitive		***Present Subjunctive***	
garantir	garantirmos	garanta	garantamos
garantires	garantirdes	garantas	garantais
garantir	garantirem	garanta	garantam
Present Indicative		***Imperfect Subjunctive***	
garanto	garantimos	garantisse	garantíssemos
garantes	garantis	garantisses	garantísseis
garante	garantem	garantisse	garantissem
Imperfect Indicative		***Future Subjunctive***	
garantia	garantíamos	garantir	garantirmos
garantias	garantíeis	garantires	garantirdes
garantia	garantiam	garantir	garantirem
Preterit Indicative		***Present Perfect Subjunctive***	
garanti	garantimos	tenha garantido	tenhamos garantido
garantiste	garantistes	tenhas garantido	tenhais garantido
garantiu	garantiram	tenha garantido	tenham garantido
Simple Pluperfect Indicative		***Past Perfect or Pluperfect Subjunctive***	
garantira	garantíramos	tivesse garantido	tivéssemos garantido
garantiras	garantíreis	tivesses garantido	tivésseis garantido
garantira	garantiram	tivesse garantido	tivessem garantido
Future Indicative		***Future Perfect Subjunctive***	
garantirei	garantiremos	tiver garantido	tivermos garantido
garantirás	garantireis	tiveres garantido	tiverdes garantido
garantirá	garantirão	tiver garantido	tiverem garantido
Present Perfect Indicative		***Conditional***	
tenho garantido	temos garantido	garantiria	garantiríamos
tens garantido	tendes garantido	garantirias	garantiríeis
tem garantido	têm garantido	garantiria	garantiriam
Past Perfect or Pluperfect Indicative		***Conditional Perfect***	
tinha garantido	tínhamos garantido	teria garantido	teríamos garantido
tinhas garantido	tínheis garantido	terias garantido	teríeis garantido
tinha garantido	tinham garantido	teria garantido	teriam garantido
Future Perfect Indicative		***Imperative***	
terei garantido	teremos garantido	garante–garanti	
terás garantido	tereis garantido		
terá garantido	terão garantido		

Samples of verb usage.

Pode comprá-lo, eu **garanto**-o.   *You can buy it, I guarantee it.*

O cantor **tinha garantido** bilhetes (ingressos) para o espe(c)táculo.
The singer had garanteed tickets to the show.

Espero que você possa **garantir** a nossa segurança.   *I hope you can guarantee our safety.*

Ele **garantia** o carro contra defeitos.   *He guaranteed the car against defects.*

to spend; to wear (out)

Personal Infinitive		*Present Subjunctive*	
gastar	gastarmos	gaste	gastemos
gastares	gastardes	gastes	gasteis
gastar	gastarem	gaste	gastem

Present Indicative		*Imperfect Subjunctive*	
gasto	gastamos	gastasse	gastássemos
gastas	gastais	gastasses	gastásseis
gasta	gastam	gastasse	gastassem

Imperfect Indicative		*Future Subjunctive*	
gastava	gastávamos	gastar	gastarmos
gastavas	gastáveis	gastares	gastardes
gastava	gastavam	gastar	gastarem

Preterit Indicative		*Present Perfect Subjunctive*	
gastei	gastámos	tenha gasto	tenhamos gasto
gastaste	gastastes	tenhas gasto	tenhais gasto
gastou	gastaram	tenha gasto	tenham gasto

Simple Pluperfect Indicative		*Past Perfect or Pluperfect Subjunctive*	
gastara	gastáramos	tivesse gasto	tivéssemos gasto
gastaras	gastáreis	tivesses gasto	tivésseis gasto
gastara	gastaram	tivesse gasto	tivessem gasto

Future Indicative		*Future Perfect Subjunctive*	
gastarei	gastaremos	tiver gasto	tivermos gasto
gastarás	gastareis	tiveres gasto	tiverdes gasto
gastará	gastarão	tiver gasto	tiverem gasto

Present Perfect Indicative		*Conditional*	
tenho gasto	temos gasto	gastaria	gastaríamos
tens gasto	tendes gasto	gastarias	gastaríeis
tem gasto	têm gasto	gastaria	gastariam

Past Perfect or Pluperfect Indicative		*Conditional Perfect*	
tinha gasto	tínhamos gasto	teria gasto	teríamos gasto
tinhas gasto	tínheis gasto	terias gasto	teríeis gasto
tinha gasto	tinham gasto	teria gasto	teriam gasto

Future Perfect Indicative		*Imperative*	
terei gasto	teremos gasto	gasta–gastai	
terás gasto	tereis gasto		
terá gasto	terão gasto		

Samples of verb usage.

Ele **gastava** muito dinheiro antes de casar.   *He used to spend a lot of money before he got married.*

A sola do sapato **gastou-se** rapidamente.   *The sole of the shoe wore out quickly.*

Você **gastaria** tanto para ver um filme francês?   *Would you spend that much to see a French film?*

O que ela **tinha gasto** era quase nada.   *What she had spent was almost nothing.*

*NOTE: The regular form of the past participle is now considered archaic in both Continental and Brazilian Portuguese.

to generate

Personal Infinitive

gerar	gerarmos
gerares	gerardes
gerar	gerarem

Present Indicative

gero	geramos
geras	gerais
gera	*geram**

Imperfect Indicative

gerava	gerávamos
geravas	geráveis
gerava	geravam

Preterit Indicative

gerei	gerámos
geraste	gerastes
gerou	geraram

Simple Pluperfect Indicative

gerara	geráramos
geraras	geráreis
gerara	geraram

Future Indicative

gerarei	geraremos
gerarás	gerareis
gerará	gerarão

Present Perfect Indicative

tenho gerado	temos gerado
tens gerado	tendes gerado
tem gerado	têm gerado

Past Perfect or Pluperfect Indicative

tinha gerado	tínhamos gerado
tinhas gerado	tínheis gerado
tinha gerado	tinham gerado

Future Perfect Indicative

terei gerado	teremos gerado
terás gerado	tereis gerado
terá gerado	terão gerado

Present Subjunctive

gere	geremos
geres	gereis
gere	*gerem**

Imperfect Subjunctive

gerasse	gerássemos
gerasses	gerásseis
gerasse	gerassem

Future Subjunctive

gerar	gerarmos
gerares	gerardes
gerar	gerarem

Present Perfect Subjunctive

tenha gerado	tenhamos gerado
tenhas gerado	tenhais gerado
tenha gerado	tenham gerado

Past Perfect or Pluperfect Subjunctive

tivesse gerado	tivéssemos gerado
tivesses gerado	tivésseis gerado
tivesse gerado	tivessem gerado

Future Perfect Subjunctive

tiver gerado	tivermos gerado
tiveres gerado	tiverdes gerado
tiver gerado	tiverem gerado

Conditional

geraria	geraríamos
gerarias	geraríeis
geraria	gerariam

Conditional Perfect

teria gerado	teríamos gerado
terias gerado	teríeis gerado
teria gerado	teriam gerado

Imperative

*gera**–gerai

Samples of verb usage.

A fábrica podia **gerar** a sua própria ele(c)tricidade para a sua maquinária (maquinaria *in Portugal*) funcionar.
The factory could generate its own electricity to run its machinery.

Precisamos **gerar** ideias novas. *We need to generate new ideas.*

Ela **gerava** soluções para qualquer problema. *She generated solutions to any problem.*

É importante **gerarmos** produtos adicionais para continuarmos sendo (a ser) competitivos.
It is important that we generate additional products in order to remain competitive.

*NOTE: Only the radical-changing verb forms with *open* stressed vowels appear in italic type. For further explanation see Foreword.

to like

Personal Infinitive		*Present Subjunctive*	
gostar	gostarmos	*goste*	gostemos
gostares	gostardes	*gostes*	gosteis
gostar	gostarem	*goste*	*gostem**

Present Indicative		*Imperfect Subjunctive*	
gosto	gostamos	gostasse	gostássemos
gostas	gostais	gostasses	gostásseis
gosta	*gostam**	gostasse	gostassem

Imperfect Indicative		*Future Subjunctive*	
gostava	gostávamos	gostar	gostarmos
gostavas	gostáveis	gostares	gostardes
gostava	gostavam	gostar	gostarem

Preterit Indicative		*Present Perfect Subjunctive*	
gostei	gostámos	tenha gostado	tenhamos gostado
gostaste	gostastes	tenhas gostado	tenhais gostado
gostou	gostaram	tenha gostado	tenham gostado

Simple Pluperfect Indicative		*Past Perfect or Pluperfect Subjunctive*	
gostara	gostáramos	tivesse gostado	tivéssemos gostado
gostaras	gostáreis	tivesses gostado	tivésseis gostado
gostara	gostaram	tivesse gostado	tivessem gostado

Future Indicative		*Future Perfect Subjunctive*	
gostarei	gostaremos	tiver gostado	tivermos gostado
gostarás	gostareis	tiveres gostado	tiverdes gostado
gostará	gostarão	tiver gostado	tiverem gostado

Present Perfect Indicative		*Conditional*	
tenho gostado	temos gostado	gostaria	gostaríamos
tens gostado	tendes gostado	gostarias	gostaríeis
tem gostado	têm gostado	gostaria	gostariam

Past Perfect or Pluperfect Indicative		*Conditional Perfect*	
tinha gostado	tínhamos gostado	teria gostado	teríamos gostado
tinhas gostado	tínheis gostado	terias gostado	teríeis gostado
tinha gostado	tinham gostado	teria gostado	teriam gostado

Future Perfect Indicative		*Imperative*	
terei gostado	teremos gostado	*gosta**–gostai	
terás gostado	tereis gostado		
terá gostado	terão gostado		

Samples of verb usage.

Você **gosta** de pescar?   *Do you like to fish?*

(Nós) **gostaríamos** de ir ao parque.   *We would like to go to the park.*

Eu **gosto** muito desta comida.   *I like this food very much.*

Ela **gosta** de mim?   *Does she like me?*

*NOTE: Only the radical-changing verb forms with *open* stressed vowels appear in italic type. For further explanation see Foreword.

to govern

Personal Infinitive		**Present Subjunctive**	
governar	governarmos	*governe*	governemos
governares	governardes	*governes*	governeis
governar	governarem	*governe*	*governem**

Present Indicative		**Imperfect Subjunctive**	
governo	governamos	governasse	governássemos
governas	governais	governasses	governásseis
governa	*governam**	governasse	governassem

Imperfect Indicative		**Future Subjunctive**	
governava	governávamos	governar	governarmos
governavas	governáveis	governares	governardes
governava	governavam	governar	governarem

Preterit Indicative		**Present Perfect Subjunctive**	
governei	governámos	tenha governado	tenhamos governado
governaste	governastes	tenhas governado	tenhais governado
governou	governaram	tenha governado	tenham governado

Simple Pluperfect Indicative		**Past Perfect or Pluperfect Subjunctive**	
governara	governáramos	tivesse governado	tivéssemos governado
governaras	governáreis	tivesses governado	tivésseis governado
governara	governaram	tivesse governado	tivessem governado

Future Indicative		**Future Perfect Subjunctive**	
governarei	governaremos	tiver governado	tivermos governado
governarás	governareis	tiveres governado	tiverdes governado
governará	governarão	tiver governado	tiverem governado

Present Perfect Indicative		**Conditional**	
tenho governado	temos governado	governaria	governaríamos
tens governado	tendes governado	governarias	governaríeis
tem governado	têm governado	governaria	governariam

Past Perfect or Pluperfect Indicative		**Conditional Perfect**	
tinha governado	tínhamos governado	teria governado	teríamos governado
tinhas governado	tínheis governado	terias governado	teríeis governado
tinha governado	tinham governado	teria governado	teriam governado

Future Perfect Indicative		**Imperative**	
terei governado	teremos governado	*governa**–governai	
terás governado	tereis governado		
terá governado	terão governado		

Samples of verb usage.

O rei **governou** durante vinte anos.   *The king governed for twenty years.*

Ninguém julgava que o terremoto **governaria** o futuro da cidade.
No one thought that the earthquake would govern the future of the city.

Você seria capaz de **governar** uma cidade tão grande como esta?
Would you be capable of governing a city as big as this one?

Meu filho, tenho a certeza (de) que você **governará** sabiamente quando for rei.
My son, I am sure that you will govern wisely when you are king.

*NOTE: Only the radical-changing verb forms with *open* stressed vowels appear in italic type. For further explanation see Foreword.

to enjoy; to make fun of

Personal Infinitive		*Present Subjunctive*	
gozar	gozarmos	*goze*	gozemos
gozares	gozardes	*gozes*	gozeis
gozar	gozarem	*goze*	*gozem**

Present Indicative		*Imperfect Subjunctive*	
gozo	gozamos	gozasse	gozássemos
gozas	gozais	gozasses	gozásseis
goza	*gozam**	gozasse	gozassem

Imperfect Indicative		*Future Subjunctive*	
gozava	gozávamos	gozar	gozarmos
gozavas	gozáveis	gozares	gozardes
gozava	gozavam	gozar	gozarem

Preterit Indicative		*Present Perfect Subjunctive*	
gozei	gozámos	tenha gozado	tenhamos gozado
gozaste	gozastes	tenhas gozado	tenhais gozado
gozou	gozaram	tenha gozado	tenham gozado

Simple Pluperfect Indicative		*Past Perfect or Pluperfect Subjunctive*	
gozara	gozáramos	tivesse gozado	tivéssemos gozado
gozaras	gozáreis	tivesses gozado	tivésseis gozado
gozara	gozaram	tivesse gozado	tivessem gozado

Future Indicative		*Future Perfect Subjunctive*	
gozarei	gozaremos	tiver gozado	tivermos gozado
gozarás	gozareis	tiveres gozado	tiverdes gozado
gozará	gozarão	tiver gozado	tiverem gozado

Present Perfect Indicative		*Conditional*	
tenho gozado	temos gozado	gozaria	gozaríamos
tens gozado	tendes gozado	gozarias	gozaríeis
tem gozado	têm gozado	gozaria	gozariam

Past Perfect or Pluperfect Indicative		*Conditional Perfect*	
tinha gozado	tínhamos gozado	teria gozado	teríamos gozado
tinhas gozado	tínheis gozado	terias gozado	teríeis gozado
tinha gozado	tinham gozado	teria gozado	teriam gozado

Future Perfect Indicative		*Imperative*	
terei gozado	teremos gozado	*goza**–gozai	
terás gozado	tereis gozado		
terá gozado	terão gozado		

Samples of verb usage.

Ele **gozou** de uma boa vida.   *He enjoyed a good life.*

(Nós) **gozávamos** de um bom almoço, quando ele chegou.
We were enjoying a good lunch, when he arrived.

Elas **tinham gozado** juntas de muitas aventuras.   *They had enjoyed many adventures together.*

Depois da operação o paciente **gozaria** de boa saúde.
After the operation the patient would enjoy good health.

Estás a **gozar** de mim?   *Are you making fun of me (having fun at my expense)?*

*NOTE: Only the radical-changing verb forms with *open* stressed vowels appear in italic type. For further explanation see Foreword.

to shout, yell

Personal Infinitive
gritar	gritarmos
gritares	gritardes
gritar	gritarem

Present Indicative
grito	gritamos
gritas	gritais
grita	gritam

Imperfect Indicative
gritava	gritávamos
gritavas	gritáveis
gritava	gritavam

Preterit Indicative
gritei	gritámos
gritaste	gritastes
gritou	gritaram

Simple Pluperfect Indicative
gritara	gritáramos
gritaras	gritáreis
gritara	gritaram

Future Indicative
gritarei	gritaremos
gritarás	gritareis
gritará	gritarão

Present Perfect Indicative
tenho gritado	temos gritado
tens gritado	tendes gritado
tem gritado	têm gritado

Past Perfect or Pluperfect Indicative
tinha gritado	tínhamos gritado
tinhas gritado	tínheis gritado
tinha gritado	tinham gritado

Future Perfect Indicative
terei gritado	teremos gritado
terás gritado	tereis gritado
terá gritado	terão gritado

Present Subjunctive
grite	gritemos
grites	griteis
grite	gritem

Imperfect Subjunctive
gritasse	gritássemos
gritasses	gritásseis
gritasse	gritassem

Future Subjunctive
gritar	gritarmos
gritares	gritardes
gritar	gritarem

Present Perfect Subjunctive
tenha gritado	tenhamos gritado
tenhas gritado	tenhais gritado
tenha gritado	tenham gritado

Past Perfect or Pluperfect Subjunctive
tivesse gritado	tivéssemos gritado
tivesses gritado	tivésseis gritado
tivesse gritado	tivessem gritado

Future Perfect Subjunctive
tiver gritado	tivermos gritado
tiveres gritado	tiverdes gritado
tiver gritado	tiverem gritado

Conditional
gritaria	gritaríamos
gritarias	gritaríeis
gritaria	gritariam

Conditional Perfect
teria gritado	teríamos gritado
terias gritado	teríeis gritado
teria gritado	teriam gritado

Imperative
grita–gritai

Samples of verb usage.

Não **grite** no meu ouvido!   *Don't yell in my ear!*

Ele **gritava** de tanta dor.   *He was yelling from so much pain.*

O pai **gritou** o nome do filho antes de falecer.   *The father shouted his son's name before passing away.*

Eles nos **gritavam** palavrões.   *They shouted dirty words at us.*

to keep, put away; to guard

Personal Infinitive		*Present Subjunctive*	
guardar	guardarmos	guarde	guardemos
guardares	guardardes	guardes	guardeis
guardar	guardarem	guarde	guardem

Present Indicative		*Imperfect Subjunctive*	
guardo	guardamos	guardasse	guardássemos
guardas	guardais	guardasses	guardásseis
guarda	guardam	guardasse	guardassem

Imperfect Indicative		*Future Subjunctive*	
guardava	guardávamos	guardar	guardarmos
guardavas	guardáveis	guardares	guardardes
guardava	guardavam	guardar	guardarem

Preterit Indicative		*Present Perfect Subjunctive*	
guardei	guardámos	tenha guardado	tenhamos guardado
guardaste	guardastes	tenhas guardado	tenhais guardado
guardou	guardaram	tenha guardado	tenham guardado

Simple Pluperfect Indicative		*Past Perfect or Pluperfect Subjunctive*	
guardara	guardáramos	tivesse guardado	tivéssemos guardado
guardaras	guardáreis	tivesses guardado	tivésseis guardado
guardara	guardaram	tivesse guardado	tivessem guardado

Future Indicative		*Future Perfect Subjunctive*	
guardarei	guardaremos	tiver guardado	tivermos guardado
guardarás	guardareis	tiveres guardado	tiverdes guardado
guardará	guardarão	tiver guardado	tiverem guardado

Present Perfect Indicative		*Conditional*	
tenho guardado	temos guardado	guardaria	guardaríamos
tens guardado	tendes guardado	guardarias	guardaríeis
tem guardado	têm guardado	guardaria	guardariam

Past Perfect or Pluperfect Indicative		*Conditional Perfect*	
tinha guardado	tínhamos guardado	teria guardado	teríamos guardado
tinhas guardado	tínheis guardado	terias guardado	teríeis guardado
tinha guardado	tinham guardado	teria guardado	teriam guardado

Future Perfect Indicative		*Imperative*	
terei guardado	teremos guardado	guarda–guardai	
terás guardado	tereis guardado		
terá guardado	terão guardado		

Samples of verb usage.

Se você **tivesse guardado** o dinheiro, ninguém o teria roubado.
If you had put the money away, no one would have stolen it.

Você **guardaria** a minha mala no seu armário?   *Would you keep my suitcase in your closet?*

Guarde essa faca.   *Put that knife away.*

Os soldados **guardavam** os prisioneiros.   *The soldiers guarded the prisoners*

to guide, lead

Personal Infinitive		*Present Subjunctive*	
guiar	guiarmos	guie	guiemos
guiares	guiardes	guies	guieis
guiar	guiarem	guie	guiem

Present Indicative		*Imperfect Subjunctive*	
guio	guiamos	guiasse	guiássemos
guias	guiais	guiasses	guiásseis
guia	guiam	guiasse	guiassem

Imperfect Indicative		*Future Subjunctive*	
guiava	guiávamos	guiar	guiarmos
guiavas	guiáveis	guiares	guiardes
guiava	guiavam	guiar	guiarem

Preterit Indicative		*Present Perfect Subjunctive*	
guiei	guiámos	tenha guiado	tenhamos guiado
guiaste	guiastes	tenhas guiado	tenhais guiado
guiou	guiaram	tenha guiado	tenham guiado

Simple Pluperfect Indicative		*Past Perfect or Pluperfect Subjunctive*	
guiara	guiáramos	tivesse guiado	tivéssemos guiado
guiaras	guiáreis	tivesses guiado	tivésseis guiado
guiara	guiaram	tivesse guiado	tivessem guiado

Future Indicative		*Future Perfect Subjunctive*	
guiarei	guiaremos	tiver guiado	tivermos guiado
guiarás	guiareis	tiveres guiado	tiverdes guiado
guiará	guiarão	tiver guiado	tiverem guiado

Present Perfect Indicative		*Conditional*	
tenho guiado	temos guiado	guiaria	guiaríamos
tens guiado	tendes guiado	guiarias	guiaríeis
tem guiado	têm guiado	guiaria	guiariam

Past Perfect or Pluperfect Indicative		*Conditional Perfect*	
tinha guiado	tínhamos guiado	teria guiado	teríamos guiado
tinhas guiado	tínheis guiado	terias guiado	teríeis guiado
tinha guiado	tinham guiado	teria guiado	teriam guiado

Future Perfect Indicative		*Imperative*	
terei guiado	teremos guiado	guia–guiai	
terás guiado	tereis guiado		
terá guiado	terão guiado		

Samples of verb usage.

Quem **guiou**-o (**guiou você** in Brazil) até aqui? *Who led you here?*

Você **guiará** os turistas espanhóis dentro do museu. *You will guide the Spanish tourists inside the museum.*

Ela já **tinha guiado** várias pessoas para aquele local. *She had already lead several people to that place.*

Temos guiado muitas pessoas para fora do deserto. *We have been guiding many people out of the desert.*

habituar

to accustom; to get used to

Personal Infinitive		**Present Subjunctive**	
habituar	habituarmos	habitue	habituemos
habituares	habituardes	habitues	habitueis
habituar	habituarem	habitue	habituem
Present Indicative		**Imperfect Subjunctive**	
habituo	habituamos	habituasse	habituássemos
habituas	habituais	habituasses	habituásseis
habitua	habituam	habituasse	habituassem
Imperfect Indicative		**Future Subjunctive**	
habituava	habituávamos	habituar	habituarmos
habituavas	habituáveis	habituares	habituardes
habituava	habituavam	habituar	habituarem
Preterit Indicative		**Present Perfect Subjunctive**	
habituei	habituámos	tenha habituado	tenhamos habituado
habituaste	habituastes	tenhas habituado	tenhais habituado
habituou	habituaram	tenha habituado	tenham habituado
Simple Pluperfect Indicative		**Past Perfect or Pluperfect Subjunctive**	
habituara	habituáramos	tivesse habituado	tivéssemos habituado
habituaras	habituáreis	tivesses habituado	tivésseis habituado
habituara	habituaram	tivesse habituado	tivessem habituado
Future Indicative		**Future Perfect Subjunctive**	
habituarei	habituaremos	tiver habituado	tivermos habituado
habituarás	habituareis	tiveres habituado	tiverdes habituado
habituará	habituarão	tiver habituado	tiverem habituado
Present Perfect Indicative		**Conditional**	
tenho habituado	temos habituado	habituaria	habituaríamos
tens habituado	tendes habituado	habituarias	habituaríeis
tem habituado	têm habituado	habituaria	habituariam
Past Perfect or Pluperfect Indicative		**Conditional Perfect**	
tinha habituado	tínhamos habituado	teria habituado	teríamos habituado
tinhas habituado	tínheis habituado	terias habituado	teríeis habituado
tinha habituado	tinham habituado	teria habituado	teriam habituado
Future Perfect Indicative		**Imperative**	
terei habituado	teremos habituado	habitua–habituai	
terás habituado	tereis habituado		
terá habituado	terão habituado		

Samples of verb usage.

Conseguimos **habituá-la** à ausência prolongada da família.
We were able to get her accustomed to the prolonged absence from her family.

Espero que você **se habitue** à sua nova casa.   *I hope that you get accustomed to your new home.*

Uma pessoa pode-se **habituar** a quase tudo.   *A person can get used to almost anything.*

Ela já **se tinha habituado** às regras novas.   *She had already gotten accustomed to the new rules.*

to be (impersonal); to have (auxiliary)

Personal Infinitive haver	**Present Subjunctive** haja
Present Indicative há	**Imperfect Subjunctive** houvesse
Imperfect Indicative havia	**Future Subjunctive** houver
Preterit Indicative houve	**Present Perfect Subjunctive** tenha havido
Simple Pluperfect Indicative houvera	**Past Perfect or Pluperfect Subjunctive** tivesse havido
Future Indicative haverá	**Future Perfect Subjunctive** tiver havido
Present Perfect Indicative tem havido	**Conditional** haveria
Past Perfect or Pluperfect Indicative tinha havido	**Conditional Perfect** teria havido
Future Perfect Indicative terá havido	

Samples of verb usage.

Há muita gente aqui.   *There are a lot of people here.*

Havia uma maneira (um jeito *in Brazil*) de escaparmos.   *There was a way for us to escape.*

Não **houve** outra solução.   *There was no other solution.*

Que **haja** paciência suficiente para te aguentar!   *May there be sufficient patience to put up with you!*

Eu tenho morado aqui **há** muitos anos.   *I have been living here for many years.*

For further comment on this verb see Sample Conjugations and Portuguese-English index

imaginar

to imagine

Personal Infinitive	
imaginar	imaginarmos
imaginares	imaginardes
imaginar	imaginarem

Present Indicative	
imagino	imaginamos
imaginas	imaginais
imagina	imaginam

Imperfect Indicative	
imaginava	imaginávamos
imaginavas	imagináveis
imaginava	imaginavam

Preterit Indicative	
imaginei	imaginámos
imaginaste	imaginastes
imaginou	imaginaram

Simple Pluperfect Indicative	
imaginara	imagináramos
imaginaras	imagináreis
imaginara	imaginaram

Future Indicative	
imaginarei	imaginaremos
imaginarás	imaginareis
imaginará	imaginarão

Present Perfect Indicative	
tenho imaginado	temos imaginado
tens imaginado	tendes imaginado
tem imaginado	têm imaginado

Past Perfect or Pluperfect Indicative	
tinha imaginado	tínhamos imaginado
tinhas imaginado	tínheis imaginado
tinha imaginado	tinham imaginado

Future Perfect Indicative	
terei imaginado	teremos imaginado
terás imaginado	tereis imaginado
terá imaginado	terão imaginado

Present Subjunctive	
imagine	imaginemos
imagines	imagineis
imagine	imaginem

Imperfect Subjunctive	
imaginasse	imaginássemos
imaginasses	imaginásseis
imaginasse	imaginassem

Future Subjunctive	
imaginar	imaginarmos
imaginares	imaginardes
imaginar	imaginarem

Present Perfect Subjunctive	
tenha imaginado	tenhamos imaginado
tenhas imaginado	tenhais imaginado
tenha imaginado	tenham imaginado

Past Perfect or Pluperfect Subjunctive	
tivesse imaginado	tivéssemos imaginado
tivesses imaginado	tivésseis imaginado
tivesse imaginado	tivessem imaginado

Future Perfect Subjunctive	
tiver imaginado	tivermos imaginado
tiveres imaginado	tiverdes imaginado
tiver imaginado	tiverem imaginado

Conditional	
imaginaria	imaginaríamos
imaginarias	imaginaríeis
imaginaria	imaginariam

Conditional Perfect	
teria imaginado	teríamos imaginado
terias imaginado	teríeis imaginado
teria imaginado	teriam imaginado

Imperative	
imagina–imaginai	

Samples of verb usage.

Nunca **imaginei** que seria assim.   *I never imagined it would be this way.*

Não posso **imaginar** que ela dissesse não à proposta dele.
I can't imagine that she said no to his offer of marriage.

Eu **tenho imaginado** um futuro diferente para o nosso país.
I have been imagining a different future for our country.

Ela **tinha imaginado** que ia encontrar outro tipo de festa quando chegou na casa.
She had imagined she would find a different kind of party when she arrived at the house.

to imitate, copy, mimic

Personal Infinitive
imitar	imitarmos
imitares	imitardes
imitar	imitarem

Present Indicative
imito	imitamos
imitas	imitais
imita	imitam

Imperfect Indicative
imitava	imitávamos
imitavas	imitáveis
imitava	imitavam

Preterit Indicative
imitei	imitámos
imitaste	imitastes
imitou	imitaram

Simple Pluperfect Indicative
imitara	imitáramos
imitaras	imitáreis
imitara	imitaram

Future Indicative
imitarei	imitaremos
imitarás	imitareis
imitará	imitarão

Present Perfect Indicative
tenho imitado	temos imitado
tens imitado	tendes imitado
tem imitado	têm imitado

Past Perfect or Pluperfect Indicative
tinha imitado	tínhamos imitado
tinhas imitado	tínheis imitado
tinha imitado	tinham imitado

Future Perfect Indicative
terei imitado	teremos imitado
terás imitado	tereis imitado
terá imitado	terão imitado

Present Subjunctive
imite	imitemos
imites	imiteis
imite	imitem

Imperfect Subjunctive
imitasse	imitássemos
imitasses	imitásseis
imitasse	imitassem

Future Subjunctive
imitar	imitarmos
imitares	imitardes
imitar	imitarem

Present Perfect Subjunctive
tenha imitado	tenhamos imitado
tenhas imitado	tenhais imitado
tenha imitado	tenham imitado

Past Perfect or Pluperfect Subjunctive
tivesse imitado	tivéssemos imitado
tivesses imitado	tivésseis imitado
tivesse imitado	tivessem imitado

Future Perfect Subjunctive
tiver imitado	tivermos imitado
tiveres imitado	tiverdes imitado
tiver imitado	tiverem imitado

Conditional
imitaria	imitaríamos
imitarias	imitaríeis
imitaria	imitariam

Conditional Perfect
teria imitado	teríamos imitado
terias imitado	teríeis imitado
teria imitado	teriam imitado

Imperative
imita–imitai

Samples of verb usage.

Ele sabe **imitar** um macaco muito bem.   *He knows how to imitate a monkey very well.*

Ela **imitou** o professor antes da aula.   *She imitated the professor before class.*

A companhia japonesa **tinha imitado** os nossos produtos perfeitamente.
The Japanese company had copied our products perfectly.

Não me **imita**!   *Don't mimic me!*

to imply; to implicate; (**-se com**) to tease, pick on

Personal Infinitive		*Present Subjunctive*	
implicar	implicarmos	implique	impliquemos
implicares	implicardes	impliques	impliqueis
implicar	implicarem	implique	impliquem

Present Indicative		*Imperfect Subjunctive*	
implico	implicamos	implicasse	implicássemos
implicas	implicais	implicasses	implicásseis
implica	implicam	implicasse	implicassem

Imperfect Indicative		*Future Subjunctive*	
implicava	implicávamos	implicar	implicarmos
implicavas	implicáveis	implicares	implicardes
implicava	implicavam	implicar	implicarem

Preterit Indicative		*Present Perfect Subjunctive*	
impliquei	implicámos	tenha implicado	tenhamos implicado
implicaste	implicastes	tenhas implicado	tenhais implicado
implicou	implicaram	tenha implicado	tenham implicado

Simple Pluperfect Indicative		*Past Perfect or Pluperfect Subjunctive*	
implicara	implicáramos	tivesse implicado	tivéssemos implicado
implicaras	implicáreis	tivesses implicado	tivésseis implicado
implicara	implicaram	tivesse implicado	tivessem implicado

Future Indicative		*Future Subjunctive*	
implicarei	implicaremos	tiver implicado	tivermos implicado
implicarás	implicareis	tiveres implicado	tiverdes implicado
implicará	implicarão	tiver implicado	tiverem implicado

Present Perfect Indicative		*Conditional*	
tenho implicado	temos implicado	implicaria	implicaríamos
tens implicado	tendes implicado	implicarias	implicaríeis
tem implicado	têm implicado	implicaria	implicariam

Past Perfect or Pluperfect Indicative		*Conditional Perfect*	
tinha implicado	tínhamos implicado	teria implicado	teríamos implicado
tinhas implicado	tínheis implicado	terias implicado	teríeis implicado
tinha implicado	tinham implicado	teria implicado	teriam implicado

Future Perfect Indicative		*Imperative*	
terei implicado	teremos implicado	implica–implicai	
terás implicado	tereis implicado		
terá implicado	terão implicado		

Samples of verb usage.

O descobrimento das suas impressões digitais nesta chávena (xícara *in Brazil*) **implica** que você é o culpado.
The discovery of your fingerprints on this cup implies that you are the guilty one.

Por que estás a **implicar** comigo?   *Why are you picking on (teasing) me?*

João sempre **implicava** com todos.   *John always teased (picked on) everybody.*

Ela tinha se **implicado** no crime.   *She had implicated herself in the crime.*

to matter; to import; (**-se com**) to not care about *or* mind

---

Personal Infinitive
importar	importarmos
importares	importardes
importar	importarem

Present Indicative
importo	importamos
importas	importais
importa	*importam**

Imperfect Indicative
importava	importávamos
importavas	importáveis
importava	importavam

Preterit Indicative
importei	importámos
importaste	importastes
importou	importaram

Simple Pluperfect Indicative
importara	importáramos
importaras	importáreis
importara	importaram

Future Indicative
importarei	importaremos
importarás	importareis
importará	importarão

Present Perfect Indicative
tenho importado	temos importado
tens importado	tendes importado
tem importado	têm importado

Past Perfect or Pluperfect Indicative
tinha importado	tínhamos importado
tinhas importado	tínheis importado
tinha importado	tinham importado

Future Perfect Indicative
terei importado	teremos importado
terás importado	tereis importado
terá importado	terão importado

Present Subjunctive
importe	importemos
importes	importeis
importe	*importem**

Imperfect Subjunctive
importasse	importássemos
importasses	importásseis
importasse	importassem

Future Subjunctive
importar	importarmos
importares	importardes
importar	importarem

Present Perfect Subjunctive
tenha importado	tenhamos importado
tenhas importado	tenhais importado
tenha importado	tenham importado

Past Perfect or Pluperfect Subjunctive
tivesse importado	tivéssemos importado
tivesses importado	tivésseis importado
tivesse importado	tivessem importado

Future Perfect Subjunctive
tiver importado	tivermos importado
tiveres importado	tiverdes importado
tiver importado	tiverem importado

Conditional
importaria	importaríamos
importarias	importaríeis
importaria	importariam

Conditional Perfect
teria importado	teríamos importado
terias importado	teríeis importado
teria importado	teriam importado

Imperative
*importa**–importai

Samples of verb usage.

Não **me importo** com isso.   *I don't mind (care about) that.*

Esse emprego **importa**-te tanto?   *Does that job matter so much to you?*

Esse assunto **importaria** mais ao público, se houvesse dinheiro envolvido.
That matter would be more important to the public, if there were money involved.

No ano que vem além de carros, **importaremos** tanques.   *Next year besides cars, we will import tanks.*

*NOTE: Only the radical-changing verb forms with *open* stressed vowels appear in italic type. For further explanation see Foreword.

to swell (up)

Personal Infinitive
inchar	incharmos
inchares	inchardes
inchar	incharem

Present Indicative
incho	inchamos
inchas	inchais
incha	incham

Imperfect Indicative
inchava	inchávamos
inchavas	incháveis
inchava	inchavam

Preterit Indicative
inchei	inchámos
inchaste	inchastes
inchou	incharam

Simple Pluperfect Indicative
inchara	incháramos
incharas	incháreis
inchara	incharam

Future Indicative
incharei	incharemos
incharás	inchareis
inchará	incharão

Present Perfect Indicative
tenho inchado	temos inchado
tens inchado	tendes inchado
tem inchado	têm inchado

Past Perfect or Pluperfect Indicative
tinha inchado	tínhamos inchado
tinhas inchado	tínheis inchado
tinha inchado	tinham inchado

Future Perfect Indicative
terei inchado	teremos inchado
terás inchado	tereis inchado
terá inchado	terão inchado

Present Subjunctive
inche	inchemos
inches	incheis
inche	inchem

Imperfect Subjunctive
inchasse	inchássemos
inchasses	inchásseis
inchasse	inchassem

Future Subjunctive
inchar	incharmos
inchares	inchardes
inchar	incharem

Present Perfect Subjunctive
tenha inchado	tenhamos inchado
tenhas inchado	tenhais inchado
tenha inchado	tenham inchado

Past Perfect or Pluperfect Subjunctive
tivesse inchado	tivéssemos inchado
tivesses inchado	tivésseis inchado
tivesse inchado	tivessem inchado

Future Perfect Subjunctive
tiver inchado	tivermos inchado
tiveres inchado	tiverdes inchado
tiver inchado	tiverem inchado

Conditional
incharia	incharíamos
incharias	incharíeis
incharia	inchariam

Conditional Perfect
teria inchado	teríamos inchado
terias inchado	teríeis inchado
teria inchado	teriam inchado

Imperative
incha–inchai

Samples of verb usage.

O meu pé **inchou** depois de eu receber a pancada.   *My foot swelled up after I took the hit.*

O dentista disse que o meu rosto **incharia** depois dele extrair os meus dentes do siso (juízo).
The dentist said that my face would swell up after he extracted my wisdom teeth.

O tornozelo dela **tinha inchado** depois da corrida.   *Her ankle had swollen up after the race.*

O olho dele estava **inchado**.   *His eye was swollen.*

to indicate, point out, single out

Personal Infinitive
indicar	indicarmos
indicares	indicardes
indicar	indicarem

Present Indicative
indico	indicamos
indicas	indicais
indica	indicam

Imperfect Indicative
indicava	indicávamos
indicavas	indicáveis
indicava	indicavam

Preterit Indicative
indiquei	indicámos
indicaste	indicastes
indicou	indicaram

Simple Pluperfect Indicative
indicara	indicáramos
indicaras	indicáreis
indicara	indicaram

Future Indicative
indicarei	indicaremos
indicarás	indicareis
indicará	indicarão

Present Perfect Indicative
tenho indicado	temos indicado
tens indicado	tendes indicado
tem indicado	têm indicado

Past Perfect or Pluperfect Indicative
tinha indicado	tínhamos indicado
tinhas indicado	tínheis indicado
tinha indicado	tinham indicado

Future Perfect Indicative
terei indicado	teremos indicado
terás indicado	tereis indicado
terá indicado	terão indicado

Present Subjunctive
indique	indiquemos
indiques	indiqueis
indique	indiquem

Imperfect Subjunctive
indicasse	indicássemos
indicasses	indicásseis
indicasse	indicassem

Future Subjunctive
indicar	indicarmos
indicares	indicardes
indicar	indicarem

Present Perfect Subjunctive
tenha indicado	tenhamos indicado
tenhas indicado	tenhais indicado
tenha indicado	tenham indicado

Past Perfect or Pluperfect Subjunctive
tivesse indicado	tivéssemos indicado
tivesses indicado	tivésseis indicado
tivesse indicado	tivessem indicado

Future Perfect Subjunctive
tiver indicado	tivermos indicado
tiveres indicado	tiverdes indicado
tiver indicado	tiverem indicado

Conditional
indicaria	indicaríamos
indicarias	indicaríeis
indicaria	indicariam

Conditional Perfect
teria indicado	teríamos indicado
terias indicado	teríeis indicado
teria indicado	teriam indicado

Imperative
indica–indicai

Samples of verb usage.

Indicar-vos-**á** Deus o caminho para o céu.   *God will show you the way to heaven.*

Ela **indicou** ao chefe qual era o problema.   *She indicated what the problem was to her boss.*

Ele foi **indicado** para o emprego.   *He was singled out for the job.*

O senhor pode-me **indicar** o carro que quer vender?
Could you point out to me the car that you want to sell?

insistir

to insist

Personal Infinitive		Present Subjunctive	
insistir	insistirmos	insista	insistamos
insistires	insistirdes	insistas	insistais
insistir	insistirem	insista	insistam

Present Indicative		Imperfect Subjunctive	
insisto	insistimos	insistisse	insistíssemos
insistes	insistis	insistisses	insistísseis
insiste	insistem	insistisse	insistissem

Imperfect Indicative		Future Subjunctive	
insistia	insistíamos	insistir	insistirmos
insistias	insistíeis	insistires	insistirdes
insistia	insistiam	insistir	insistirem

Preterit Indicative		Present Perfect Subjunctive	
insisti	insistimos	tenha insistido	tenhamos insistido
insististe	insististes	tenhas insistido	tenhais insistido
insistiu	insistiram	tenha insistido	tenham insistido

Simple Pluperfect Indicative		Past Perfect or Pluperfect Subjunctive	
insistira	insistíramos	tivesse insistido	tivéssemos insistido
insistiras	insistíreis	tivesses insistido	tivésseis insistido
insistira	insistiram	tivesse insistido	tivessem insistido

Future Indicative		Future Perfect Subjunctive	
insistirei	insistiremos	tiver insistido	tivermos insistido
insistirás	insistireis	tiveres insistido	tiverdes insistido
insistirá	insistirão	tiver insistido	tiverem insistido

Present Perfect Indicative		Conditional	
tenho insistido	temos insistido	insistiria	insistiríamos
tens insistido	tendes insistido	insistirias	insistiríeis
tem insistido	têm insistido	insistiria	insistiriam

Past Perfect or Pluperfect Indicative		Conditional Perfect	
tinha insistido	tínhamos insistido	teria insistido	teríamos insistido
tinhas insistido	tínheis insistido	terias insistido	teríeis insistido
tinha insistido	tinham insistido	teria insistido	teriam insistido

Future Perfect Indicative		Imperative	
terei insistido	teremos insistido	insiste–insisti	
terás insistido	tereis insistido		
terá insistido	terão insistido		

Samples of verb usage.

Eu **insisto** (em) que você vá.　*I insist that you go.*

Não **insistas** tanto.　*Don't insist so much.*

Temos insistido nesse modelo de carro desde o início.
We've been insisting on that model car from the beginning.

Ela **insistirá** até consegui-lo.　*She will insist until she gets him.*

to interest; to concern, affect

Personal Infinitive
interessar	interessarmos
interessares	interessardes
interessar	interessarem

Present Indicative
interesso	interessamos
interessas	interessais
interessa	*interessam**

Imperfect Indicative
interessava	interessávamos
interessavas	interessáveis
interessava	interessavam

Preterit Indicative
interessei	interessámos
interessaste	interessastes
interessou	interessaram

Simple Pluperfect Indicative
interessara	interessáramos
interessaras	interessáreis
interessara	interessaram

Future Indicative
interessarei	interessaremos
interessarás	interessareis
interessará	interessarão

Present Perfect Indicative
tenho interessado	temos interessado
tens interessado	tendes interessado
tem interessado	têm interessado

Past Perfect or Pluperfect Indicative
tinha interessado	tínhamos interessado
tinhas interessado	tínheis interessado
tinha interessado	tinham interessado

Future Perfect Indicative
terei interessado	teremos interessado
terás interessado	tereis interessado
terá interessado	terão interessado

Present Subjunctive
interesse	interessemos
interesses	interesseis
interesse	*interessem**

Imperfect Subjunctive
interessasse	interessássemos
interessasses	interessásseis
interessasse	interessassem

Future Subjunctive
interessar	interessarmos
interessares	interessardes
interessar	interessarem

Present Perfect Subjunctive
tenha interessado	tenhamos interessado
tenhas interessado	tenhais interessado
tenha interessado	tenham interessado

Past Perfect or Pluperfect Subjunctive
tivesse interessado	tivéssemos interessado
tivesses interessado	tivésseis interessado
tivesse interessado	tivessem interessado

Future Perfect Subjunctive
tiver interessado	tivermos interessado
tiveres interessado	tiverdes interessado
tiver interessado	tiverem interessado

Conditional
interessaria	interessaríamos
interessarias	interessaríeis
interessaria	interessariam

Conditional Perfect
teria interessado	teríamos interessado
terias interessado	teríeis interessado
teria interessado	teriam interessado

Imperative
*interessa**–interessai

Samples of verb usage.

Você **se interessaria** pela proposta?   *Would you be interested in the offer?*

Disseram-me que você estava **interessado** em comprar um carro novo?
They told me that you were interested in buying a new car?

Ela **interessou-se** pelo órfão.   *She became interested in the orphan.*

Eu **me interessaria** no seu problema, se eu gostasse dela.
I would be concerned about her problem, if I liked her.

*NOTE: Only the radical-changing verb forms with *open* stressed vowels appear in italic type. For further explanation see Foreword.

to envy

Personal Infinitive	
invejar	invejarmos
invejares	invejardes
invejar	invejarem

Present Indicative	
invejo	invejamos
invejas	invejais
inveja	*invejam**

Imperfect Indicative	
invejava	invejávamos
invejavas	invejáveis
invejava	invejavam

Preterit Indicative	
invejei	invejámos
invejaste	invejastes
invejou	invejaram

Simple Pluperfect Indicative	
invejara	invejáramos
invejaras	invejáreis
invejara	invejaram

Future Indicative	
invejarei	invejaremos
invejarás	invejareis
invejará	invejarão

Present Perfect Indicative	
tenho invejado	temos invejado
tens invejado	tendes invejado
tem invejado	têm invejado

Past Perfect or Pluperfect Indicative	
tinha invejado	tínhamos invejado
tinhas invejado	tínheis invejado
tinha invejado	tinham invejado

Future Perfect Indicative	
terei invejado	teremos invejado
terás invejado	tereis invejado
terá invejado	terão invejado

Present Subjunctive	
inveje	invejemos
invejes	invejeis
inveje	*invejem**

Imperfect Subjunctive	
invejasse	invejássemos
invejasses	invejásseis
invejasse	invejassem

Future Subjunctive	
invejar	invejarmos
invejares	invejardes
invejar	invejarem

Present Perfect Subjunctive	
tenha invejado	tenhamos invejado
tenhas invejado	tenhais invejado
tenha invejado	tenham invejado

Past Perfect or Pluperfect Subjunctive	
tivesse invejado	tivéssemos invejado
tivesses invejado	tivésseis invejado
tivesse invejado	tivessem invejado

Future Perfect Subjunctive	
tiver invejado	tivermos invejado
tiveres invejado	tiverdes invejado
tiver invejado	tiverem invejado

Conditional	
invejaria	invejaríamos
invejarias	invejaríeis
invejaria	invejariam

Conditional Perfect	
teria invejado	teríamos invejado
terias invejado	teríeis invejado
teria invejado	teriam invejado

Imperative	
*inveja**–invejai	

Samples of verb usage.

Invejo o teu talento.   *I envy your talent.*

Todos a **invejavam** pelo seu feitio tão doce.   *Everybody envied her for her very sweet personality.*

Há muitas pessoas que **invejariam** o dinheiro que ele tem.
There are a lot of people who would envy the money he has.

Eu sempre **invejei** a sua posição nesta companhia.   *I always envied your position in this company.*

*NOTE: Only the radical changing verb forms with open stressed vowels appear in italic type. For further explanation see foreword.

to invent, devise

Personal Infinitive	
inventar	inventarmos
inventares	inventardes
inventar	inventarem

Present Indicative

invento	inventamos
inventas	inventais
inventa	inventam

Imperfect Indicative

inventava	inventávamos
inventavas	inventáveis
inventava	inventavam

Preterit Indicative

inventei	inventámos
inventaste	inventastes
inventou	inventaram

Simple Pluperfect Indicative

inventara	inventáramos
inventaras	inventáreis
inventara	inventaram

Future Indicative

inventarei	inventaremos
inventarás	inventareis
inventará	inventarão

Present Perfect Indicative

tenho inventado	temos inventado
tens inventado	tendes inventado
tem inventado	têm inventado

Simple Pluperfect Indicative

tinha inventado	tínhamos inventado
tinhas inventado	tínheis inventado
tinha inventado	tinham inventado

Future Perfect Indicative

terei inventado	teremos inventado
terás inventado	tereis inventado
terá inventado	terão inventado

Present Subjunctive

invente	inventemos
inventes	inventeis
invente	inventem

Imperfect Subjunctive

inventasse	inventássemos
inventasses	inventásseis
inventasse	inventassem

Future Subjunctive

inventar	inventarmos
inventares	inventardes
inventar	inventarem

Present Perfect Subjunctive

tenha inventado	tenhamos inventado
tenhas inventado	tenhais inventado
tenha inventado	tenham inventado

Past Perfect or Pluperfect Subjunctive

tivesse inventado	tivéssemos inventado
tivesses inventado	tivésseis inventado
tivesse inventado	tivessem inventado

Future Perfect Subjunctive

tiver inventado	tivermos inventado
tiveres inventado	tiverdes inventado
tiver inventado	tiverem inventado

Conditional

inventaria	inventaríamos
inventarias	inventaríeis
inventaria	inventariam

Conditional Perfect

teria inventado	teríamos inventado
terias inventado	teríeis inventado
teria inventado	teriam inventado

Imperative

inventa–inventai

Samples of verb usage.

O cientista **inventou** mais uma maneira de voar.   *The scientist invented one more way to fly.*

O assassino **tinha inventado** várias maneiras de matar o presidente.
The assassin had devised several ways to kill the president.

Não **invente** histórias.   *Don't invent stories.*

Eu **teria inventado** o aparato, se não tivesse sido por você.
If it hadn't been for you, I would have invented the device.

to go; (**-se embora**) to go away

Personal Infinitive		*Present Subjunctive*	
ir	irmos	vá	vamos
ires	irdes	vás	vades
ir	irem	vá	vão

Present Indicative		*Imperfect Subjunctive*	
vou	vamos	fosse	fôssemos
vais	ides	fosses	fôsseis
vai	vão	fosse	fossem

Imperfect Indicative		*Future Subjunctive*	
ia	íamos	for	formos
ias	íeis	fores	fordes
ia	iam	for	forem

Preterit Indicative		*Present Perfect Subjunctive*	
fui	fomos	tenha ido	tenhamos ido
foste	fostes	tenhas ido	tenhais ido
foi	foram	tenha ido	tenham ido

Simple Pluperfect Indicative		*Past Perfect or Pluperfect Subjunctive*	
fora	fôramos	tivesse ido	tivéssemos ido
foras	fôreis	tivesses ido	tivésseis ido
fora	foram	tivesse ido	tivessem ido

Future Indicative		*Future Perfect Subjunctive*	
irei	iremos	tiver ido	tivermos ido
irás	ireis	tiveres ido	tiverdes ido
irá	irão	tiver ido	tiverem ido

Present Perfect Indicative		*Conditional*	
tenho ido	temos ido	iria	iríamos
tens ido	tendes ido	irias	iríeis
tem ido	têm ido	iria	iriam

Past Perfect or Pluperfect Indicative		*Conditional Perfect*	
tinha ido	tínhamos ido	teria ido	teríamos ido
tinhas ido	tínheis ido	terias ido	teríeis ido
tinha ido	tinham ido	teria ido	teriam ido

Future Perfect Indicative		*Imperative*	
terei ido	teremos ido	vai–ide	
terás ido	tereis ido		
terá ido	terão ido		

Samples of verb usage.

Eu **vou** almoçar quando ela **se for** embora.   *I'm going to eat lunch when she goes away.*

Fomos a Angola no ano passado.   *We went to Angola last year.*

Você **vai** ao concerto?   *Are you going to the concert?*

Temos ido à praia todos os dias.   *We have been going to the beach every day.*

to irritate, bother, annoy, pester

Personal Infinitive	
irritar	irritarmos
irritares	irritardes
irritar	irritarem

Present Indicative	
irrito	irritamos
irritas	irritais
irrita	irritam

Imperfect Indicative	
irritava	irritávamos
irritavas	irritáveis
irritava	irritavam

Preterit Indicative	
irritei	irritámos
irritaste	irritastes
irritou	irritaram

Simple Pluperfect Indicative	
irritara	irritáramos
irritaras	irritáreis
irritara	irritaram

Future Indicative	
irritarei	irritaremos
irritarás	irritareis
irritará	irritarão

Present Perfect Indicative	
tenho irritado	temos irritado
tens irritado	tendes irritado
tem irritado	têm irritado

Past Perfect or Pluperfect Indicative	
tinha irritado	tínhamos irritado
tinhas irritado	tínheis irritado
tinha irritado	tinham irritado

Future Perfect Indicative	
terei irritado	teremos irritado
terás irritado	tereis irritado
terá irritado	terão irritado

Present Subjunctive	
irrite	irritemos
irrites	irriteis
irrite	irritem

Imperfect Subjunctive	
irritasse	irritássemos
irritasses	irritásseis
irritasse	irritassem

Future Subjunctive	
irritar	irritarmos
irritares	irritardes
irritar	irritarem

Present Perfect Subjunctive	
tenha irritado	tenhamos irritado
tenhas irritado	tenhais irritado
tenha irritado	tenham irritado

Past Perfect or Pluperfect Subjunctive	
tivesse irritado	tivéssemos irritado
tivesses irritado	tivésseis irritado
tivesse irritado	tivessem irritado

Future Perfect Subjunctive	
tiver irritado	tivermos irritado
tiveres irritado	tiverdes irritado
tiver irritado	tiverem irritado

Conditional	
irritaria	irritaríamos
irritarias	irritaríeis
irritaria	irritariam

Conditional Perfect	
teria irritado	teríamos irritado
terias irritado	teríeis irritado
teria irritado	teriam irritado

Imperative	
irrita–irritai	

Samples of verb usage.

Isto **irrita**-me muito!   *This really irritates me!*

Não **irrites** o teu pai, ou vais apanhar!   *Don't pester your father, or you're going to get it!*

A urticária **irritava** o coitado do menino.   *The hives annoyed the poor little boy.*

Esse barulho da construção vai-nos **irritar** até amanhã.
That contruction noise is going to bother us until tomorrow.

to have *or* eat dinner (supper)

Personal Infinitive	
jantar	jantarmos
jantares	jantardes
jantar	jantarem

Present Indicative	
janto	jantamos
jantas	jantais
janta	jantam

Imperfect Indicative	
jantava	jantávamos
jantavas	jantáveis
jantava	jantavam

Preterit Indicative	
jantei	jantámos
jantaste	jantastes
jantou	jantaram

Simple Pluperfect Indicative	
jantara	jantáramos
jantaras	jantáreis
jantara	jantaram

Future Indicative	
jantarei	jantaremos
jantarás	jantareis
jantará	jantarão

Present Perfect Indicative	
tenho jantado	temos jantado
tens jantado	tendes jantado
tem jantado	têm jantado

Past Perfect or Pluperfect Indicative	
tinha jantado	tínhamos jantado
tinhas jantado	tínheis jantado
tinha jantado	tinham jantado

Future Perfect Indicative	
terei jantado	teremos jantado
terás jantado	tereis jantado
terá jantado	terão jantado

Present Subjunctive	
jante	jantemos
jantes	janteis
jante	jantem

Imperfect Subjunctive	
jantasse	jantássemos
jantasses	jantásseis
jantasse	jantassem

Future Subjunctive	
jantar	jantarmos
jantares	jantardes
jantar	jantarem

Present Perfect Subjunctive	
tenha jantado	tenhamos jantado
tenhas jantado	tenhais jantado
tenha jantado	tenham jantado

Past Perfect or Pluperfect Subjunctive	
tivesse jantado	tivéssemos jantado
tivesses jantado	tivésseis jantado
tivesse jantado	tivessem jantado

Future Perfect Subjunctive	
tiver jantado	tivermos jantado
tiveres jantado	tiverdes jantado
tiver jantado	tiverem jantado

Conditional	
jantaria	jantaríamos
jantarias	jantaríeis
jantaria	jantariam

Conditional Perfect	
teria jantado	teríamos jantado
terias jantado	teríeis jantado
teria jantado	teriam jantado

Imperative	
janta–jantai	

Samples of verb usage.

(Nós) **jantámos** tarde ontem. *We had dinner late yesterday.*

Você já **jantou**? *Have you had dinner yet?*

Os sócios **jantarão** num restaurante. *The (business) partners will have dinner at a restaurant.*

Os miúdos já **tinham jantado**. *The kids had already eaten dinner.*

to play (games or sports); to throw (In Brazil)

Personal Infinitive		**Present Subjunctive**	
jogar	jogarmos	*jogue*	joguemos
jogares	jogardes	*jogues*	jogueis
jogar	jogarem	*jogue*	*joguem**

Present Indicative		**Imperfect Subjunctive**	
jogo	jogamos	jogasse	jogássemos
jogas	jogais	jogasses	jogásseis
joga	*jogam**	jogasse	jogassem

Imperfect Indicative		**Future Subjunctive**	
jogava	jogávamos	jogar	jogarmos
jogavas	jogáveis	jogares	jogardes
jogava	jogavam	jogar	jogarem

Preterit Indicative		**Present Perfect Subjunctive**	
joguei	jogámos	tenha jogado	tenhamos jogado
jogaste	jogastes	tenhas jogado	tenhais jogado
jogou	jogaram	tenha jogado	tenham jogado

Simple Pluperfect Indicative		**Past Perfect or Pluperfect Subjunctive**	
jogara	jogáramos	tivesse jogado	tivéssemos jogado
jogaras	jogáreis	tivesses jogado	tivésseis jogado
jogara	jogaram	tivesse jogado	tivessem jogado

Future Indicative		**Future Perfect Subjunctive**	
jogarei	jogaremos	tiver jogado	tivermos jogado
jogarás	jogareis	tiveres jogado	tiverdes jogado
jogará	jogarão	tiver jogado	tiverem jogado

Present Perfect Indicative		**Conditional**	
tenho jogado	temos jogado	jogaria	jogaríamos
tens jogado	tendes jogado	jogarias	jogaríeis
tem jogado	têm jogado	jogaria	jogariam

Past Perfect or Pluperfect Indicative		**Conditional Perfect**	
tinha jogado	tínhamos jogado	teria jogado	teríamos jogado
tinhas jogado	tínheis jogado	terias jogado	teríeis jogado
tinha jogado	tinham jogado	teria jogado	teriam jogado

Future Perfect Indicative		**Imperative**	
terei jogado	teremos jogado	*joga**–jogai	
terás jogado	tereis jogado		
terá jogado	terão jogado		

Samples of verb usage.

O mais novo dos meus filhos sabe **jogar** futebol melhor do que os outros.
My youngest son knows how to play soccer better than the others.

A rapariga **tinha jogado** basquetebol durante doze anos.   *The girl had played basketball for twelve years.*

O árbitro **jogou** (atirou *in Portugal*) o apito ao bandeirinha.
The referee threw the whistle to the linesman.

Espero que ele **jogue** (deite *in Portugal*) fora o lixo.   *I hope he throws out the garbage.*

*NOTE: Only the radical-changing verb forms with *open* stressed vowels appear in italic type. For further explanation see Foreword.

julgar

Pres. Part. *julgando* Past Part. *julgado*

to judge; to think, believe

Personal Infinitive			*Imperfect Subjunctive*	
julgar	julgarmos		julgasse	julgássemos
julgares	julgardes		julgasses	julgásseis
julgar	julgarem		julgasse	julgassem

Present Indicative			*Future Subjunctive*	
julgo	julgamos		julgar	julgarmos
julgas	julgais		julgares	julgardes
julga	julgam		julgar	julgarem

Imperfect Indicative			*Present Perfect Subjunctive*	
julgava	julgávamos		tenha julgado	tenhamos julgado
julgavas	julgáveis		tenhas julgado	tenhais julgado
julgava	julgavam		tenha julgado	tenham julgado

Preterit Indicative			*Past Perfect or Pluperfect Subjunctive*	
julguei	julgámos		tivesse julgado	tivéssemos julgado
julgaste	julgastes		tivesses julgado	tivésseis julgado
julgou	julgaram		tivesse julgado	tivessem julgado

Simple Pluperfect Indicative			*Future Perfect Subjunctive*	
julgara	julgáramos		tiver julgado	tivermos julgado
julgaras	julgáreis		tiveres julgado	tiverdes julgado
julgara	julgaram		tiver julgado	tiverem julgado

Future Indicative			*Conditional*	
julgarei	julgaremos		julgaria	julgaríamos
julgarás	julgareis		julgarias	julgaríeis
julgará	julgarão		julgaria	julgariam

Present Perfect Indicative			*Conditional Perfect*	
tenho julgado	temos julgado		teria julgado	teríamos julgado
tens julgado	tendes julgado		terias julgado	teríeis julgado
tem julgado	têm julgado		teria julgado	teriam julgado

Past Perfect or Pluperfect Indicative			*Imperative*	
tinha julgado	tínhamos julgado		julga–julgai	
tinhas julgado	tínheis julgado			
tinha julgado	tinham julgado			

Future Perfect Indicative	
terei julgado	teremos julgado
terás julgado	tereis julgado
terá julgado	terão julgado

Present Subjunctive	
julgue	julguemos
julgues	julgueis
julgue	julguem

Samples of verb usage.

Quero que vocês, os jurados, **julguem** este homem e o condenem à morte.
I want you, the jury, to judge this man and sentence him to death.

Tu não tens o direito de me **julgar**.   *You don't have the right to judge me.*

O juiz **julgou** melhor não condená-lo.   *The judge thought it better not to sentence him.*

Julgo que a situação não mudará.   *I don't think the situation will change.*

to join, link, put *or* get together, gather

Personal Infinitive	
juntar	juntarmos
juntares	juntardes
juntar	juntarem

Present Indicative	
junto	juntamos
juntas	juntais
junta	juntam

Imperfect Indicative	
juntava	juntávamos
juntavas	juntáveis
juntava	juntavam

Preterit Indicative	
juntei	juntámos
juntaste	juntastes
juntou	juntaram

Simple Pluperfect Indicative	
juntara	juntáramos
juntaras	juntáreis
juntara	juntaram

Future Indicative	
juntarei	juntaremos
juntarás	juntareis
juntará	juntarão

Present Perfect Indicative	
tenho juntado	temos juntado
tens juntado	tendes juntado
tem juntado	têm juntado

Past Perfect or Pluperfect Indicative	
tinha juntado	tínhamos juntado
tinhas juntado	tínheis juntado
tinha juntado	tinham juntado

Future Perfect Indicative	
terei juntado	teremos juntado
terás juntado	tereis juntado
terá juntado	terão juntado

Present Subjunctive	
junte	juntemos
juntes	junteis
junte	juntem

Imperfect Subjunctive	
juntasse	juntássemos
juntasses	juntásseis
juntasse	juntassem

Future Subjunctive	
juntar	juntarmos
juntares	juntardes
juntar	juntarem

Present Perfect Subjunctive	
tenha juntado	tenhamos juntado
tenhas juntado	tenhais juntado
tenha juntado	tenham juntado

Past Perfect or Pluperfect Subjunctive	
tivesse juntado	tivéssemos juntado
tivesses juntado	tivésseis juntado
tivesse juntado	tivessem juntado

Future Perfect Subjunctive	
tiver juntado	tivermos juntado
tiveres juntado	tiverdes juntado
tiver juntado	tiverem juntado

Conditional	
juntaria	juntaríamos
juntarias	juntaríeis
juntaria	juntariam

Conditional Perfect	
teria juntado	teríamos juntado
terias juntado	teríeis juntado
teria juntado	teriam juntado

Imperative	
junta–juntai	

Samples of verb usage.

O soldado **tinha-se juntado** ao seu batalhão.   *The soldier had joined his battalion.*

O miúdo **juntava** as peças do quebra-cabeças depressa.
The boy put together the pieces of the puzzle quickly.

Juntámos quase todo o dinheiro.   *We saved almost all the money.*

As pessoas estavam-se a **juntar** (**juntando**) no local para ver o que tinha acontecido.
The people were gathering at the site to see what had happened.

to swear; to vow

Personal Infinitive		*Present Subjunctive*	
jurar	jurarmos	jure	juremos
jurares	jurardes	jures	jureis
jurar	jurarem	jure	jurem

Present Indicative		*Imperfect Subjunctive*	
juro	juramos	jurasse	jurássemos
juras	jurais	jurasses	jurásseis
jura	juram	jurasse	jurassem

Imperfect Indicative		*Future Subjunctive*	
jurava	jurávamos	jurar	jurarmos
juravas	juráveis	jurares	jurardes
jurava	juravam	jurar	jurarem

Preterit Indicative		*Present Perfect Subjunctive*	
jurei	jurámos	tenha jurado	tenhamos jurado
juraste	jurastes	tenhas jurado	tenhais jurado
jurou	juraram	tenha jurado	tenham jurado

Simple Pluperfect Indicative		*Past Perfect or Pluperfect Subjunctive*	
jurara	juráramos	tivesse jurado	tivéssemos jurado
juraras	juráreis	tivesses jurado	tivésseis jurado
jurara	juraram	tivesse jurado	tivessem jurado

Future Indicative		*Future Perfect Subjunctive*	
jurarei	juraremos	tiver jurado	tivermos jurado
jurarás	jurareis	tiveres jurado	tiverdes jurado
jurará	jurarão	tiver jurado	tiverem jurado

Present Perfect Indicative		*Conditional*	
tenho jurado	temos jurado	juraria	juraríamos
tens jurado	tendes jurado	jurarias	juraríeis
tem jurado	têm jurado	juraria	jurariam

Past Perfect or Pluperfect Indicative		*Conditional Perfect*	
tinha jurado	tínhamos jurado	teria jurado	teríamos jurado
tinhas jurado	tínheis jurado	terias jurado	teríeis jurado
tinha jurado	tinham jurado	teria jurado	teriam jurado

Future Perfect Indicative		*Imperative*	
terei jurado	teremos jurado	jura–jurai	
terás jurado	tereis jurado		
terá jurado	terão jurado		

Samples of verb usage.

Ela **jurou** não revelar o segredo.   *She swore not to reveal the secret.*

Jura que o que disseste é verdade!   *Swear that what you said is true!*

Eu **juro** que não fui eu.   *I swear it wasn't me.*

O noivo **jurará** eterna fidelidade à sua futura esposa.
The groom will vow eternal fidelity to his future wife.

to bark

Personal Infinitive		Present Subjunctive	
ladrar	ladrarmos	ladre	ladremos
ladrares	ladrardes	ladres	ladreis
ladrar	ladrarem	ladre	ladrem

Present Indicative		Imperfect Subjunctive	
ladro	ladramos	ladrasse	ladrássemos
ladras	ladrais	ladrasses	ladrásseis
ladra	ladram	ladrasse	ladrassem

Imperfect Indicative		Future Subjunctive	
ladrava	ladrávamos	ladrar	ladrarmos
ladravas	ladráveis	ladrares	ladrardes
ladrava	ladravam	ladrar	ladrarem

Preterit Indicative		Present Perfect Subjunctive	
ladrei	ladrámos	tenha ladrado	tenhamos ladrado
ladraste	ladrastes	tenhas ladrado	tenhais ladrado
ladrou	ladraram	tenha ladrado	tenham ladrado

Simple Pluperfect Indicative		Past Perfect or Pluperfect Subjunctive	
ladrara	ladráramos	tivesse ladrado	tivéssemos ladrado
ladraras	ladráreis	tivesses ladrado	tivésseis ladrado
ladrara	ladraram	tivesse ladrado	tivessem ladrado

Future Indicative		Future Perfect Subjunctive	
ladrarei	ladraremos	tiver ladrado	tivermos ladrado
ladrarás	ladrareis	tiveres ladrado	tiverdes ladrado
ladrará	ladrarão	tiver ladrado	tiverem ladrado

Present Perfect Indicative		Conditional	
tenho ladrado	temos ladrado	ladraria	ladraríamos
tens ladrado	tendes ladrado	ladrarias	ladraríeis
tem ladrado	têm ladrado	ladraria	ladrariam

Past Perfect or Pluperfect Indicative		Conditional Perfect	
tinha ladrado	tínhamos ladrado	teria ladrado	teríamos ladrado
tinhas ladrado	tínheis ladrado	terias ladrado	teríeis ladrado
tinha ladrado	tinham ladrado	teria ladrado	teriam ladrado

Future Perfect Indicative		Imperative	
terei ladrado	teremos ladrado	ladra–ladrai	
terás ladrado	tereis ladrado		
terá ladrado	terão ladrado		

Samples of verb usage.

Cão que **ladra** não morde.
His/Her bark is worse then his/her bite.   Literally: *A dog that barks doesn't bite.*

O cão do vizinho **ladrou** durante horas ontem à noite.   *The neighbor's dog barked for hours last night.*

Ele reclamava (queixava-se) tanto que parecia que **ladrava**.
He complained so much that he seemed to be barking.

O dono do restaurante estava tão zangado que **ladrava** no ouvido do garçom (empregado *in Portugal*).
The restaurant's owner was so angry that he was barking in the waiter's ear.

lamber

to lick

Personal Infinitive	
lamber	lambermos
lamberes	lamberdes
lamber	lamberem

Present Indicative	
lambo	lambemos
lambes	lambeis
lambe	lambem

Imperfect Indicative	
lambia	lambíamos
lambias	lambíeis
lambia	lambiam

Preterit Indicative	
lambi	lambemos
lambeste	lambestes
lambeu	lamberam

Simple Pluperfect Indicative	
lambera	lambêramos
lamberas	lambêreis
lambera	lamberam

Future Indicative	
lamberei	lamberemos
lamberás	lambereis
lamberá	lamberão

Present Perfect Indicative	
tenho lambido	temos lambido
tens lambido	tendes lambido
tem lambido	têm lambido

Past Perfect or Pluperfect Indicative	
tinha lambido	tínhamos lambido
tinhas lambido	tínheis lambido
tinha lambido	tinham lambido

Future Perfect Indicative	
terei lambido	teremos lambido
terás lambido	tereis lambido
terá lambido	terão lambido

Present Subjunctive	
lamba	lambamos
lambas	lambais
lamba	lambam

Imperfect Subjunctive	
lambesse	lambêssemos
lambesses	lambêsseis
lambesse	lambessem

Future Subjunctive	
lamber	lambermos
lamberes	lamberdes
lamber	lamberem

Present Perfect Subjunctive	
tenha lambido	tenhamos lambido
tenhas lambido	tenhais lambido
tenha lambido	tenham lambido

Past Perfect or Pluperfect Subjunctive	
tivesse lambido	tivéssemos lambido
tivesses lambido	tivésseis lambido
tivesse lambido	tivessem lambido

Future Perfect Subjunctive	
tiver lambido	tivermos lambido
tiveres lambido	tiverdes lambido
tiver lambido	tiverem lambido

Conditional	
lamberia	lamberíamos
lamberias	lamberíeis
lamberia	lamberiam

Conditional Perfect	
teria lambido	teríamos lambido
terias lambido	teríeis lambido
teria lambido	teriam lambido

Imperative	
lambe–lambei	

Samples of verb usage.

O cachorrinho **lambia** o rosto da menina.   *The little puppy (dog) was licking the girl's face.*

O gato já **tinha-se lambido** todo.   *The cat had already licked itself all over.*

O cão queria **lamber** a ferida do dono.   *The dog wanted to lick its owner's wound.*

Os lobos **lambiam** o sal que deixámos na floresta para eles.
The wolves were licking the salt we left for them in the forest.

to throw, hurl; to launch; to set off (fireworks)

Personal Infinitive	
lançar	lançarmos
lançares	lançardes
lançar	lançarem

Present Indicative	
lanço	lançamos
lanças	lançais
lança	lançam

Imperfect Indicative	
lançava	lançávamos
lançavas	lançáveis
lançava	lançavam

Preterit Indicative	
lancei	lançámos
lançaste	lançastes
lançou	lançaram

Simple Pluperfect Indicative	
lançara	lançáramos
lançaras	lançáreis
lançara	lançaram

Future Indicative	
lançarei	lançaremos
lançarás	lançareis
lançará	lançarão

Present Perfect Indicative	
tenho lançado	temos lançado
tens lançado	tendes lançado
tem lançado	têm lançado

Past Perfect or Pluperfect Indicative	
tinha lançado	tínhamos lançado
tinhas lançado	tínheis lançado
tinha lançado	tinham lançado

Future Perfect Indicative	
terei lançado	teremos lançado
terás lançado	tereis lançado
terá lançado	terão lançado

Present Subjunctive	
lance	lancemos
lances	lanceis
lance	lancem

Imperfect Subjunctive	
lançasse	lançássemos
lançasses	lançásseis
lançasse	lançassem

Future Subjunctive	
lançar	lançarmos
lançares	lançardes
lançar	lançarem

Present Perfect Subjunctive	
tenha lançado	tenhamos lançado
tenhas lançado	tenhais lançado
tenha lançado	tenham lançado

Past Perfect or Pluperfect Subjunctive	
tivesse lançado	tivéssemos lançado
tivesses lançado	tivésseis lançado
tivesse lançado	tivessem lançado

Future Perfect Subjunctive	
tiver lançado	tivermos lançado
tiveres lançado	tiverdes lançado
tiver lançado	tiverem lançado

Conditional	
lançaria	lançaríamos
lançarias	lançaríeis
lançaria	lançariam

Conditional Perfect	
teria lançado	teríamos lançado
terias lançado	teríeis lançado
teria lançado	teriam lançado

Imperative	
lança–lançai	

Samples of verb usage.

Lance essa jóia para cá.   *Throw that jewel over here.*

O suicida **lançou-se** pela janela.   *The suicidal man hurled himself out the window.*

O foguete foi **lançado** à meia-noite.   *The rocket was launched at midnight.*

Mais tarde **lançarei** os fogos de artifício para celebrarmos o Dia da Independência.
Later on I'll set off the fireworks for us to celebrate Independence Day.

to wash

Personal Infinitive		*Present Subjunctive*	
lavar	lavarmos	lave	lavemos
lavares	lavardes	laves	laveis
lavar	lavarem	lave	lavem

Present Indicative		*Imperfect Subjunctive*	
lavo	lavamos	lavasse	lavássemos
lavas	lavais	lavasses	lavásseis
lava	lavam	lavasse	lavassem

Imperfect Indicative		*Future Subjunctive*	
lavava	lavávamos	lavar	lavarmos
lavavas	laváveis	lavares	lavardes
lavava	lavavam	lavar	lavarem

Preterit Indicative		*Present Perfect Subjunctive*	
lavei	lavámos	tenha lavado	tenhamos lavado
lavaste	lavastes	tenhas lavado	tenhais lavado
lavou	lavaram	tenha lavado	tenham lavado

Simple Pluperfect Indicative		*Past Perfect or Pluperfect Subjunctive*	
lavara	laváramos	tivesse lavado	tivéssemos lavado
lavaras	laváreis	tivesses lavado	tivésseis lavado
lavara	lavaram	tivesse lavado	tivessem lavado

Future Indicative		*Future Perfect Subjunctive*	
lavarei	lavaremos	tiver lavado	tivermos lavado
lavarás	lavareis	tiveres lavado	tiverdes lavado
lavará	lavarão	tiver lavado	tiverem lavado

Present Perfect Indicative		*Conditional*	
tenho lavado	temos lavado	lavaria	lavaríamos
tens lavado	tendes lavado	lavarias	lavaríeis
tem lavado	têm lavado	lavaria	lavariam

Past Perfect or Pluperfect Indicative		*Conditional Perfect*	
tinha lavado	tínhamos lavado	teria lavado	teríamos lavado
tinhas lavado	tínheis lavado	terias lavado	teríeis lavado
tinha lavado	tinham lavado	teria lavado	teriam lavado

Future Perfect Indicative		*Imperative*	
terei lavado	teremos lavado	lava–lavai	
terás lavado	tereis lavado		
terá lavado	terão lavado		

Samples of verb usage.

A rapariga **lavou** as mãos antes do jantar. 　*The girl washed her hands before dinner.*

O mecânico sempre **lavava-se** antes de ir para casa.
The mechanic would always wash himself before going home.

Eu ia **lavar** os pratos depois do filme. 　*I was going to wash the dishes after the movie.*

A empregada **teria lavado** toda a roupa, se tivesse tido tempo.
The maid would have washed all the clothes, if she had had time.

to remind; (**-se**) to remember

Personal Infinitive
lembrar	lembrarmos
lembrares	lembrardes
lembrar	lembrarem

Present Indicative
lembro	lembramos
lembras	lembrais
lembra	lembram

Imperfect Indicative
lembrava	lembrávamos
lembravas	lembráveis
lembrava	lembravam

Preterit Indicative
lembrei	lembrámos
lembraste	lembrastes
lembrou	lembraram

Simple Pluperfect Indicative
lembrara	lembráramos
lembraras	lembráreis
lembrara	lembraram

Future Indicative
lembrarei	lembraremos
lembrarás	lembrareis
lembrará	lembrarão

Present Perfect Indicative
tenho lembrado	temos lembrado
tens lembrado	tendes lembrado
tem lembrado	têm lembrado

Past Perfect or Pluperfect Indicative
tinha lembrado	tínhamos lembrado
tinhas lembrado	tínheis lembrado
tinha lembrado	tinham lembrado

Future Perfect Indicative
terei lembrado	teremos lembrado
terás lembrado	tereis lembrado
terá lembrado	terão lembrado

Present Subjunctive
lembre	lembremos
lembres	lembreis
lembre	lembrem

Imperfect Subjunctive
lembrasse	lembrássemos
lembrasses	lembrásseis
lembrasse	lembrassem

Future Subjunctive
lembrar	lembrarmos
lembrares	lembrardes
lembrar	lembrarem

Present Indicative
tenha lembrado	tenhamos lembrado
tenhas lembrado	tenhais lembrado
tenha lembrado	tenham lembrado

Past Perfect or Pluperfect Subjunctive
tivesse lembrado	tivéssemos lembrado
tivesses lembrado	tivésseis lembrado
tivesse lembrado	tivessem lembrado

Future Perfect Subjunctive
tiver lembrado	tivermos lembrado
tiveres lembrado	tiverdes lembrado
tiver lembrado	tiverem lembrado

Conditional
lembraria	lembraríamos
lembrarias	lembraríeis
lembraria	lembrariam

Conditional Perfect
teria lembrado	teríamos lembrado
terias lembrado	teríeis lembrado
teria lembrado	teriam lembrado

Imperative
lembra–lembrai

Samples of verb usage.

Nós **nos lembraremos** de deixar a porta aberta.   *We will remember to leave the door open.*

Lembraste-te de visitar a tua avó?   *Did you remember to visit your grandmother?*

Lembra-me de telefonar (ligar para *in Brazil*) o teu irmão antes de sairmos.
Remind me to call your brother before we leave.

Você faz-me **lembrar** (d)o seu pai.   *You remind me of your father.*

Also see Sample Reflexive Conjugation

to read

Personal Infinitive		**Present Subjunctive**	
ler	lermos	leia	leiamos
leres	lerdes	leias	leiais
ler	lerem	leia	leiam

Present Indicative		**Imperfect Subjunctive**	
leio	lemos	lesse	lêssemos
lês	ledes	lesses	lêsseis
lê	lêem	lesse	lessem

Imperfect Indicative		**Future Subjunctive**	
lia	líamos	ler	lermos
lias	líeis	leres	lerdes
lia	liam	ler	lerem

Preterit Indicative		**Present Perfect Subjunctive**	
li	lemos	tenha lido	tenhamos lido
leste	lestes	tenhas lido	tenhais lido
leu	leram	tenha lido	tenham lido

Simple Pluperfect Indicative		**Past Perfect or Pluperfect Subjunctive**	
lera	lêramos	tivesse lido	tivéssemos lido
leras	lêreis	tivesses lido	tivésseis lido
lera	leram	tivesse lido	tivessem lido

Future Indicative		**Future Perfect Subjunctive**	
lerei	leremos	tiver lido	tivermos lido
lerás	lereis	tiveres lido	tiverdes lido
lerá	lerão	tiver lido	tiverem lido

Present Perfect Indicative		**Conditional**	
tenho lido	temos lido	leria	leríamos
tens lido	tendes lido	lerias	leríeis
tem lido	têm lido	leria	leriam

Past Perfect or Pluperfect Indicative		**Conditional Perfect**	
tinha lido	tínhamos lido	teria lido	teríamos lido
tinhas lido	tínheis lido	terias lido	teríeis lido
tinha lido	tinham lido	teria lido	teriam lido

Future Perfect Indicative		**Imperative**	
terei lido	teremos lido	lê–lede	
terás lido	tereis lido		
terá lido	terão lido		

Samples of verb usage.

Ela **lê** muito.   *She reads a lot.*

(Nós) **líamos** juntas nos sábados.   *We (females) used to read together on Saturdays.*

Espero que tu **leias** o jornal de hoje.   *I hope you read today's paper.*

Os alunos têm que **ler** dez capítulos por dia.   *The students have to read ten chapters a day.*

to lift (up); (**-se**) to get up

Personal Infinitive
levantar	levantarmos
levantares	levantardes
levantar	levantarem

Present Indicative
levanto	levantamos
levantas	levantais
levanta	levantam

Imperfect Indicative
levantava	levantávamos
levantavas	levantáveis
levantava	levantavam

Preterit Indicative
levantei	levantámos
levantaste	levantastes
levantou	levantaram

Simple Pluperfect Indicative
levantara	levantáramos
levantaras	levantáreis
levantara	levantaram

Future Indicative
levantarei	levantaremos
levantarás	levantareis
levantará	levantarão

Present Perfect Indicative
tenho levantado	temos levantado
tens levantado	tendes levantado
tem levantado	têm levantado

Past Perfect or Pluperfect Indicative
tinha levantado	tínhamos levantado
tinhas levantado	tínheis levantado
tinha levantado	tinham levantado

Future Perfect Indicative
terei levantado	teremos levantado
terás levantado	tereis levantado
terá levantado	terão levantado

Present Subjunctive
levante	levantemos
levantes	levanteis
levante	levantem

Imperfect Subjunctive
levantasse	levantássemos
levantasses	levantásseis
levantasse	levantassem

Future Subjunctive
levantar	levantarmos
levantares	levantardes
levantar	levantarem

Present Perfect Subjunctive
tenha levantado	tenhamos levantado
tenhas levantado	tenhais levantado
tenha levantado	tenham levantado

Past Perfect or Pluperfect Subjunctive
tivesse levantado	tivéssemos levantado
tivesses levantado	tivésseis levantado
tivesse levantado	tivessem levantado

Future Perfect Subjunctive
tiver levantado	tivermos levantado
tiveres levantado	tiverdes levantado
tiver levantado	tiverem levantado

Conditional
levantaria	levantaríamos
levantarias	levantaríeis
levantaria	levantariam

Conditional Perfect
teria levantado	teríamos levantado
terias levantado	teríeis levantado
teria levantado	teriam levantado

Imperative
levanta–levantai

Samples of verb usage.

O trabalhador **levantou** a caixa mais pesada sem esforço nenhum.
The worker lifted the heaviest box without any effort.

Levanta-te, já está na hora de sair.   *Get up, it is time to leave.*

Quando acordámos, a nossa mãe já **tinha-se levantado**.
When we woke up, our mother had already gotten up.

Você **se levantou** cedo hoje?   *Did you get up early today?*

to take, carry; to wear (articles of clothing)

Personal Infinitive	
levar	levarmos
levares	levardes
levar	levarem

Present Indicative	
levo	levamos
levas	levais
leva	*levam**

Imperfect Indicative	
levava	levávamos
levavas	leváveis
levava	levavam

Preterit Indicative	
levei	levámos
levaste	levastes
levou	levaram

Simple Pluperfect Indicative	
levara	leváramos
levaras	leváreis
levara	levaram

Future Indicative	
levarei	levaremos
levarás	levareis
levará	levarão

Present Perfect Indicative	
tenho levado	temos levado
tens levado	tendes levado
tem levado	têm levado

Past Perfect or Pluperfect Indicative	
tinha levado	tínhamos levado
tinhas levado	tínheis levado
tinha levado	tinham levado

Future Perfect Indicative	
terei levado	teremos levado
terás levado	tereis levado
terá levado	terão levado

Present Subjunctive	
leve	levemos
leves	leveis
leve	*levem**

Imperfect Subjunctive	
levasse	levássemos
levasses	levásseis
levasse	levassem

Future Subjunctive	
levar	levarmos
levares	levardes
levar	levarem

Present Perfect Subjunctive	
tenha levado	tenhamos levado
tenhas levado	tenhais levado
tenha levado	tenham levado

Past Perfect or Pluperfect Subjunctive	
tivesse levado	tivéssemos levado
tivesses levado	tivésseis levado
tivesse levado	tivessem levado

Future Perfect Subjunctive	
tiver levado	tivermos levado
tiveres levado	tiverdes levado
tiver levado	tiverem levado

Conditional	
levaria	levaríamos
levarias	levaríeis
levaria	levariam

Conditional Perfect	
teria levado	teríamos levado
terias levado	teríeis levado
teria levado	teriam levado

Imperative	
*leva**–levai	

Samples of verb usage.

Quero que você **leve** o seu irmão à escola.   *I want you to take your brother to school.*

Levaremos vinho à (para a) festa.   *We'll take wine to the party.*

O golpe **levará** os militares ao poder.   *The coup will carry the military into power.*

Terás que **levar um** casaco hoje, porque faz muito frio.
You'll have to wear a jacket (coat) today because it's really cold.

*NOTE: Only the radical-changing verb forms with *open* stressed vowels appear in italic type. For further explanation see Foreword.

to connect, join, tie; to phone; to pay attention to; to turn on

Personal Infinitive		*Present Subjunctive*	
ligar	ligarmos	ligue	liguemos
ligares	ligardes	ligues	ligueis
ligar	ligarem	ligue	liguem

Present Indicative		*Imperfect Subjunctive*	
ligo	ligamos	ligasse	ligássemos
ligas	ligais	ligasses	ligásseis
liga	ligam	ligasse	ligassem

Imperfect Indicative		*Future Subjunctive*	
ligava	ligávamos	ligar	ligarmos
ligavas	ligáveis	ligares	ligardes
ligava	ligavam	ligar	ligarem

Preterit Indicative		*Present Subjunctive*	
liguei	ligámos	tenha ligado	tenhamos ligado
ligaste	ligastes	tenhas ligado	tenhais ligado
ligou	ligaram	tenha ligado	tenham ligado

Simple Pluperfect Indicative		*Past Perfect or Pluperfect Subjunctive*	
ligara	ligáramos	tivesse ligado	tivéssemos ligado
ligaras	ligáreis	tivesses ligado	tivésseis ligado
ligara	ligaram	tivesse ligado	tivessem ligado

Future Indicative		*Future Perfect Subjunctive*	
ligarei	ligaremos	tiver ligado	tivermos ligado
ligarás	ligareis	tiveres ligado	tiverdes ligado
ligará	ligarão	tiver ligado	tiverem ligado

Present Perfect Indicative		*Conditional*	
tenho ligado	temos ligado	ligaria	ligaríamos
tens ligado	tendes ligado	ligarias	ligaríeis
tem ligado	têm ligado	ligaria	ligariam

Past Perfect or Pluperfect Indicative		*Conditional Perfect*	
tinha ligado	tínhamos ligado	teria ligado	teríamos ligado
tinhas ligado	tínheis ligado	terias ligado	teríeis ligado
tinha ligado	tinham ligado	teria ligado	teriam ligado

Future Perfect Indicative		*Imperative*	
terei ligado	teremos ligado	liga–ligai	
terás ligado	tereis ligado		
terá ligado	terão ligado		

Samples of verb usage.

A (auto)estrada vai **ligar** os dois estados.   *The highway (road) will connect (join) the two states.*

(Tu) nunca **ligas** quando falo.   *You never pay attention when I talk.*

Ligue para mim mais tarde. (In Brazil)   *Call me later.*

O presidente do banco **ligou** o alarme antes de sair.
The president of the bank turned on the alarm before he left.

to limit; to restrict

Personal Infinitive		*Present Perfect Subjunctive*	
limitar	limitarmos	limite	limitemos
limitares	limitardes	limites	limiteis
limitar	limitarem	limite	limitem

Present Indicative		*Imperfect Subjunctive*	
limito	limitamos	limitasse	limitássemos
limitas	limitais	limitasses	limitásseis
limita	limitam	limitasse	limitassem

Imperfect Indicative		*Future Subjunctive*	
limitava	limitávamos	limitar	limitarmos
limitavas	limitáveis	limitares	limitardes
limitava	limitavam	limitar	limitarem

Preterit Indicative		*Present Subjunctive*	
limitei	limitámos	tenha limitado	tenhamos limitado
limitaste	limitastes	tenhas limitado	tenhais limitado
limitou	limitaram	tenha limitado	tenham limitado

Simple Pluperfect Indicative		*Past Perfect or Pluperfect Subjunctive*	
limitara	limitáramos	tivesse limitado	tivéssemos limitado
limitaras	limitáreis	tivesses limitado	tivésseis limitado
limitara	limitaram	tivesse limitado	tivessem limitado

Future Indicative		*Future Perfect Subjunctive*	
limitarei	limitaremos	tiver limitado	tivermos limitado
limitarás	limitareis	tiveres limitado	tiverdes limitado
limitará	limitarão	tiver limitado	tiverem limitado

Present Perfect Indicative		*Conditional*	
tenho limitado	temos limitado	limitaria	limitaríamos
tens limitado	tendes limitado	limitarias	limitaríeis
tem limitado	têm limitado	limitaria	limitariam

Past Perfect or Pluperfect Indicative		*Conditional Perfect*	
tinha limitado	tínhamos limitado	teria limitado	teríamos limitado
tinhas limitado	tínheis limitado	terias limitado	teríeis limitado
tinha limitado	tinham limitado	teria limitado	teriam limitado

Future Perfect Indicative		*Imperative*	
terei limitado	teremos limitado	limita–limitai	
terás limitado	tereis limitado		
terá limitado	terão limitado		

Samples of verb usage.

Não **se limite** a isso.   *Don't limit yourself to that.*

As circunstâncias **limitavam** a solução do problema.
The circumstances limited the solutions to the problem.

A maneira possessiva dele **tinha limitado** o número dos seus amigos.
His possessive ways had limited the number of his friends.

Esta área é **limitada** aos (para) militares.   *This area is restricted to military personnel.*

to clean

Personal Infinitive
limpar	limparmos
limpares	limpardes
limpar	limparem

Present Indicative
limpo	limpamos
limpas	limpais
limpa	limpam

Imperfect Indicative
limpava	limpávamos
limpavas	limpáveis
limpava	limpavam

Preterit Indicative
limpei	limpámos
limpaste	limpastes
limpou	limparam

Simple Pluperfect Indicative
limpara	limpáramos
limparas	limpáreis
limpara	limparam

Future Indicative
limparei	limparemos
limparás	limpareis
limpará	limparão

Present Perfect Indicative
tenho limpado	temos limpado
tens limpado	tendes limpado
tem limpado	têm limpado

Past Perfect or Pluperfect Indicative
tinha limpado	tínhamos limpado
tinhas limpado	tínheis limpado
tinha limpado	tinham limpado

Future Perfect Indicative
terei limpado	teremos limpado
terás limpado	tereis limpado
terá limpado	terão limpado

Present Subjunctive
limpe	limpemos
limpes	limpeis
limpe	limpem

Imperfect Subjunctive
limpasse	limpássemos
limpasses	limpásseis
limpasse	limpassem

Future Subjunctive
limpar	limparmos
limpares	limpardes
limpar	limparem

Present Perfect Subjunctive
tenha limpado	tenhamos limpado
tenhas limpado	tenhais limpado
tenha limpado	tenham limpado

Past Perfect or Pluperfect Subjunctive
tivesse limpado	tivéssemos limpado
tivesses limpado	tivésseis limpado
tivesse limpado	tivessem limpado

Future Perfect Subjunctive
tiver limpado	tivermos limpado
tiveres limpado	tiverdes limpado
tiver limpado	tiverem limpado

Conditional
limparia	limparíamos
limparias	limparíeis
limparia	limpariam

Conditional Perfect
teria limpado	teríamos limpado
terias limpado	teríeis limpado
teria limpado	teriam limpado

Imperative
limpa–limpai

Samples of verb usage.

Você quer que eu **limpe** as janelas?   *Do you want me to clean the windows?*

Vocês **limparam** atrás das orelhas?   *Did you clean behind your ears?*

Eu já **tinha limpado** aí.   *I had already cleaned over there.*

Ele **tem limpado** o seu quarto muito ultimamente.   *He has been cleaning (up) his room a lot lately.*

to praise; (**-se**) to boast

Personal Infinitive		*Present Subjunctive*	
louvar	louvarmos	louve	louvemos
louvares	louvardes	louves	louveis
louvar	louvarem	louve	louvem

Present Indicative		*Imperfect Subjunctive*	
louvo	louvamos	louvasse	louvássemos
louvas	louvais	louvasses	louvásseis
louva	louvam	louvasse	louvassem

Imperfect Indicative		*Future Subjunctive*	
louvava	louvávamos	louvar	louvarmos
louvavas	louváveis	louvares	louvardes
louvava	louvavam	louvar	louvarem

Preterit Indicative		*Present Perfect Subjunctive*	
louvei	louvámos	tenha louvado	tenhamos louvado
louvaste	louvastes	tenhas louvado	tenhais louvado
louvou	louvaram	tenha louvado	tenham louvado

Simple Pluperfect Indicative		*Past Perfect or Pluperfect Subjunctive*	
louvara	louváramos	tivesse louvado	tivéssemos louvado
louvaras	louváreis	tivesses louvado	tivésseis louvado
louvara	louvaram	tivesse louvado	tivessem louvado

Future Indicative		*Future Perfect Subjunctive*	
louvarei	louvaremos	tiver louvado	tivermos louvado
louvarás	louvareis	tiveres louvado	tiverdes louvado
louvará	louvarão	tiver louvado	tiverem louvado

Present Perfect Indicative		*Conditional*	
tenho louvado	temos louvado	louvaria	louvaríamos
tens louvado	tendes louvado	louvarias	louvaríeis
tem louvado	têm louvado	louvaria	louvariam

Past Perfect or Pluperfect Indicative		*Conditional Perfect*	
tinha louvado	tínhamos louvado	teria louvado	teríamos louvado
tinhas louvado	tínheis louvado	terias louvado	teríeis louvado
tinha louvado	tinham louvado	teria louvado	teriam louvado

Future Perfect Indicative		*Imperative*	
terei louvado	teremos louvado	louva–louvai	
terás louvado	tereis louvado		
terá louvado	terão louvado		

Samples of verb usage.

Ele a **louvou** por muitas horas. *He praised her for many hours.*

O homem **se louvava** em voz alta de ter abandonado a mulher e os filhos.
The man boasted out loud about having abandoned his wife and children.

Louve-o, ele merece. *Praise him, he deserves it.*

O Primeiro Ministro **tinha louvado** muito as ideias do Presidente.
The Prime Minister had greatly praised the President's ideas.

330

to fight, struggle

Personal Infinitive

lutar	lutarmos
lutares	lutardes
lutar	lutarem

Present Indicative

luto	lutamos
lutas	lutais
luta	lutam

Imperfect Indicative

lutava	lutávamos
lutavas	lutáveis
lutava	lutavam

Preterit Indicative

lutei	lutámos
lutaste	lutastes
lutou	lutaram

Simple Pluperfect Indicative

lutara	lutáramos
lutaras	lutáreis
lutara	lutaram

Future Indicative

lutarei	lutaremos
lutarás	lutareis
lutará	lutarão

Present Perfect Indicative

tenho lutado	temos lutado
tens lutado	tendes lutado
tem lutado	têm lutado

Past Perfect or Pluperfect Indicative

tinha lutado	tínhamos lutado
tinhas lutado	tínheis lutado
tinha lutado	tinham lutado

Future Perfect Indicative

terei lutado	teremos lutado
terás lutado	tereis lutado
terá lutado	terão lutado

Present Subjunctive

lute	lutemos
lutes	luteis
lute	lutem

Imperfect Subjunctive

lutasse	lutássemos
lutasses	lutásseis
lutasse	lutassem

Future Subjunctive

lutar	lutarmos
lutares	lutardes
lutar	lutarem

Present Perfect Subjunctive

tenha lutado	tenhamos lutado
tenhas lutado	tenhais lutado
tenha lutado	tenham lutado

Past Perfect or Pluperfect Subjunctive

tivesse lutado	tivéssemos lutado
tivesses lutado	tivésseis lutado
tivesse lutado	tivessem lutado

Future Perfect Subjunctive

tiver lutado	tivermos lutado
tiveres lutado	tiverdes lutado
tiver lutado	tiverem lutado

Conditional

lutaria	lutaríamos
lutarias	lutaríeis
lutaria	lutariam

Conditional Perfect

teria lutado	teríamos lutado
terias lutado	teríeis lutado
teria lutado	teriam lutado

Imperative

luta–lutai

Samples of verb usage.

Verás como ele **lutará** com muita coragem.   *You will see how he'll fight with a lot of courage.*

Ao fim do dia **terei lutado** contra dez adversários.   *By day's end I will have fought ten adversaries.*

Você não **lutaria** pelo seu país?   *Wouldn't you fight for your country?*

As forças do bem têm sempre que **lutar** contra as do mal.
The forces of good must always struggle against those of evil.

to bruise; to crush, smash; (**-se**) to get hurt

Personal Infinitive		*Present Subjunctive*	
machucar	machucarmos	machuque	machuquemos
machucares	machucardes	machuques	machuqueis
machucar	machucarem	machuque	machuquem

Present Indicative		*Imperfect Subjunctive*	
machuco	machucamos	machucasse	machucássemos
machucas	machucais	machucasses	machucásseis
machuca	machucam	machucasse	machucassem

Imperfect Indicative		*Future Subjunctive*	
machucava	machucávamos	machucar	machucarmos
machucavas	machucáveis	machucares	machucardes
machucava	machucavam	machucar	machucarem

Preterit Indicative		*Present Perfect Subjunctive*	
machuquei	machucámos	tenha machucado	tenhamos machucado
machucaste	machucastes	tenhas machucado	tenhais machucado
machucou	machucaram	tenha machucado	tenham machucado

Simple Pluperfect Indicative		*Past Perfect or Pluperfect Subjunctive*	
machucara	machucáramos	tivesse machucado	tivéssemos machucado
machucaras	machucáreis	tivesses machucado	tivésseis machucado
machucara	machucaram	tivesse machucado	tivessem machucado

Future Indicative		*Future Perfect Subjunctive*	
machucarei	machucaremos	tiver machucado	tivermos machucado
machucarás	machucareis	tiveres machucado	tiverdes machucado
machucará	machucarão	tiver machucado	tiverem machucado

Present Perfect Indicative		*Conditional*	
tenho machucado	temos machucado	machucaria	machucaríamos
tens machucado	tendes machucado	machucarias	machucaríeis
tem machucado	têm machucado	machucaria	machucariam

Past Perfect or Pluperfect Indicative		*Conditional Perfect*	
tinha machucado	tínhamos machucado	teria machucado	teríamos machucado
tinhas machucado	tínheis machucado	terias machucado	teríeis machucado
tinha machucado	tinham machucado	teria machucado	teriam machucado

Future Perfect Indicative		*Imperative*	
terei machucado	teremos machucado	machuca–machucai	
terás machucado	tereis machucado		
terá machucado	terão machucado		

Samples of verb usage.

Não quero que você **se machuque**.   *I don't want you to bruise yourself.*

Se a **machucares**, eu te matarei.   *If you hurt her, I'll kill you.*

O meu chapéu ficou todo **machucado**.   *My hat got all smashed (crushed).*

Ele **machucou-se** brigando com o irmão.   *He got hurt fighting with his brother.*

to hurt, wound; to upset, distress

Personal Infinitive	
magoar	magoarmos
magoares	magoardes
magoar	magoarem

Present Indicative	
magoo	magoamos
magoas	magoais
magoa	magoam

Imperfect Indicative	
magoava	magoávamos
magoavas	magoáveis
magoava	magoavam

Preterit Indicative	
magoei	magoámos
magoaste	magoastes
magoou	magoaram

Simple Pluperfect Indicative	
magoara	magoáramos
magoaras	magoáreis
magoara	magoaram

Future Indicative	
magoarei	magoaremos
magoarás	magoareis
magoará	magoarão

Present Perfect Indicative	
tenho magoado	temos magoado
tens magoado	tendes magoado
tem magoado	têm magoado

Past Perfect or Pluperfect Indicative	
tinha magoado	tínhamos magoado
tinhas magoado	tínheis magoado
tinha magoado	tinham magoado

Future Perfect Indicative	
terei magoado	teremos magoado
terás magoado	tereis magoado
terá magoado	terão magoado

Present Subjunctive	
magoe	magoemos
magoes	magoeis
magoe	magoem

Imperfect Subjunctive	
magoasse	magoássemos
magoasses	magoásseis
magoasse	magoassem

Future Subjunctive	
magoar	magoarmos
magoares	magoardes
magoar	magoarem

Present Perfect Subjunctive	
tenha magoado	tenhamos magoado
tenhas magoado	tenhais magoado
tenha magoado	tenham magoado

Past Perfect or Pluperfect Subjunctive	
tivesse magoado	tivéssemos magoado
tivesses magoado	tivésseis magoado
tivesse magoado	tivessem magoado

Future Perfect Subjunctive	
tiver magoado	tivermos magoado
tiveres magoado	tiverdes magoado
tiver magoado	tiverem magoado

Conditional	
magoaria	magoaríamos
magoarias	magoaríeis
magoaria	magoariam

Conditional Perfect	
teria magoado	teríamos magoado
terias magoado	teríeis magoado
teria magoado	teriam magoado

Imperative	
magoa–magoai	

Samples of verb usage.

Pára! Estás-me a **magoar** (**magoando**-me).   *You're hurting me.*

O marido **magoou** a sua mulher (esposa) com o seu comportamento.
The husband hurt his wife with his behavior.

Ela já **tinha-se magoado** antes.   *She had already gotten hurt before.*

Se fizeres isso, vais-me **magoar.**   *If you do that, you're going to hurt me.*

manchar

to stain

Personal Infinitive		Present Subjunctive	
manchar	mancharmos	manche	manchemos
manchares	manchardes	manches	mancheis
manchar	mancharem	manche	manchem

Present Indicative		Imperfect Subjunctive	
mancho	manchamos	manchasse	manchássemos
manchas	manchais	manchasses	manchásseis
mancha	mancham	manchasse	manchassem

Imperfect Indicative		Future Subjunctive	
manchava	manchávamos	manchar	mancharmos
manchavas	mancháveis	manchares	manchardes
manchava	manchavam	manchar	mancharem

Preterit Indicative		Present Perfect Subjunctive	
manchei	manchámos	tenha manchado	tenhamos manchado
manchaste	manchastes	tenhas manchado	tenhais manchado
manchou	mancharam	tenha manchado	tenham manchado

Simple Pluperfect Indicative		Past Perfect or Pluperfect Subjunctive	
manchara	mancháramos	tivesse manchado	tivéssemos manchado
mancharas	mancháreis	tivesses manchado	tivésseis manchado
manchara	mancharam	tivesse manchado	tivessem manchado

Future Indicative		Future Perfect Subjunctive	
mancharei	mancharemos	tiver manchado	tivermos manchado
mancharás	manchareis	tiveres manchado	tiverdes manchado
manchará	mancharão	tiver manchado	tiverem manchado

Present Perfect Indicative		Conditional	
tenho manchado	temos manchado	mancharia	mancharíamos
tens manchado	tendes manchado	mancharias	mancharíeis
tem manchado	têm manchado	mancharia	manchariam

Past Perfect or Pluperfect Indicative		Conditional Perfect	
tinha manchado	tínhamos manchado	teria manchado	teríamos manchado
tinhas manchado	tínheis manchado	terias manchado	teríeis manchado
tinha manchado	tinham manchado	teria manchado	teriam manchado

Future Perfect Indicative		Imperative	
terei manchado	teremos manchado	mancha–manchai	
terás manchado	tereis manchado		
terá manchado	terão manchado		

Samples of verb usage.

A menina **manchou** a sua camisa com mustarda.   *The little girl stained her shirt with mustard.*

Ele já **tinha manchado** todas as suas roupas.   *He had already stained all of his clothes.*

Você **manchará** a minha reputação com essa mentira.   *You will stain my reputation with that lie.*

Se você **manchar** o meu vestido, pagará por um novo.   *If you stain my dress, you'll pay for a new one.*

to order, give orders; to send

Personal Infinitive		*Present Subjunctive*	
mandar	mandarmos	mande	mandemos
mandares	mandardes	mandes	mandeis
mandar	mandarem	mande	mandem

Present Indicative		*Imperfect Subjunctive*	
mando	mandamos	mandasse	mandássemos
mandas	mandais	mandasses	mandásseis
manda	mandam	mandasse	mandassem

Imperfect Indicative		*Future Subjunctive*	
mandava	mandávamos	mandar	mandarmos
mandavas	mandáveis	mandares	mandardes
mandava	mandavam	mandar	mandarem

Preterit Indicative		*Present Perfect Subjunctive*	
mandei	mandámos	tenha mandado	tenhamos mandado
mandaste	mandastes	tenhas mandado	tenhais mandado
mandou	mandaram	tenha mandado	tenham mandado

Simple Pluperfect Indicative		*Past Perfect or Pluperfect Subjunctive*	
mandara	mandáramos	tivesse mandado	tivéssemos mandado
mandaras	mandáreis	tivesses mandado	tivésseis mandado
mandara	mandaram	tivesse mandado	tivessem mandado

Future Indicative		*Future Perfect Subjunctive*	
mandarei	mandaremos	tiver mandado	tivermos mandado
mandarás	mandareis	tiveres mandado	tiverdes mandado
mandará	mandarão	tiver mandado	tiverem mandado

Present Perfect Indicative		*Conditional*	
tenho mandado	temos mandado	mandaria	mandaríamos
tens mandado	tendes mandado	mandarias	mandaríeis
tem mandado	têm mandado	mandaria	mandariam

Past Perfect or Pluperfect Indicative		*Conditional Perfect*	
tinha mandado	tínhamos mandado	teria mandado	teríamos mandado
tinhas mandado	tínheis mandado	terias mandado	teríeis mandado
tinha mandado	tinham mandado	teria mandado	teriam mandado

Future Perfect Indicative		*Imperative*	
terei mandado	teremos mandado	manda–mandai	
terás mandado	tereis mandado		
terá mandado	terão mandado		

Samples of verb usage.

Ele **tem**-me **mandado** fazer isso ultimamente.   *He has been ordering me to do that lately.*

O poderoso chefão é quem **manda** em Chicago.
The godfather is the one who gives the orders in Chicago.

Mande alguém ir buscar um jornal.   *Send someone to go pick up a newspaper.*

Quem te **mandou** aqui?   *Who sent you here?*

to chew

Personal Infinitive		**Present Subjunctive**	
mastigar	mastigarmos	mastigue	mastiguemos
mastigares	mastigardes	mastigues	mastigueis
mastigar	mastigarem	mastigue	mastiguem

Present Indicative		**Imperfect Subjunctive**	
mastigo	mastigamos	mastigasse	mastigássemos
mastigas	mastigais	mastigasses	mastigásseis
mastiga	mastigam	mastigasse	mastigassem

Imperfect Indicative		**Future Subjunctive**	
mastigava	mastigávamos	mastigar	mastigarmos
mastigavas	mastigáveis	mastigares	mastigardes
mastigava	mastigavam	mastigar	mastigarem

Preterit Indicative		**Present Perfect Subjunctive**	
mastiguei	mastigámos	tenha mastigado	tenhamos mastigado
mastigaste	mastigastes	tenhas mastigado	tenhais mastigado
mastigou	mastigaram	tenha mastigado	tenham mastigado

Simple Pluperfect Indicative		**Past Perfect or Pluperfect Subjunctive**	
mastigara	mastigáramos	tivesse mastigado	tivéssemos mastigado
mastigaras	mastigáreis	tivesses mastigado	tivésseis mastigado
mastigara	mastigaram	tivesse mastigado	tivessem mastigado

Future Indicative		**Future Perfect Subjunctive**	
mastigarei	mastigaremos	tiver mastigado	tivermos mastigado
mastigarás	mastigareis	tiveres mastigado	tiverdes mastigado
mastigará	mastigarão	tiver mastigado	tiverem mastigado

Present Perfect Indicative		**Conditional**	
tenho mastigado	temos mastigado	mastigaria	mastigaríamos
tens mastigado	tendes mastigado	mastigarias	mastigaríeis
tem mastigado	têm mastigado	mastigaria	mastigariam

Past Perfect or Pluperfect Indicative		**Conditional Perfect**	
tinha mastigado	tínhamos mastigado	teria mastigado	teríamos mastigado
tinhas mastigado	tínheis mastigado	terias mastigado	teríeis mastigado
tinha mastigado	tinham mastigado	teria mastigado	teriam mastigado

Future Perfect Indicative		**Imperative**	
terei mastigado	teremos mastigado	mastiga–mastigai	
terás mastigado	tereis mastigado		
terá mastigado	terão mastigado		

Samples of verb usage.

A mãe mandou o filho **mastigar** com calma.   *The mother told her son to chew slowly.*

Por falta de dentes, o velhinho tinha que **mastigar** com as gengivas.
Since he had no teeth, the little old man had to chew with his gums.

Mastigue a comida vinte vezes antes de engolir.   *Chew your food twenty times before swallowing.*

Se tu **mastigares** bem essa pastilha, terá efeito ainda mais rápido.
If you chew that pill thoroughly, it will take effect even faster.

to kill; to murder

Personal Infinitive		*Present Subjunctive*	
matar	matarmos	mate	matemos
matares	matardes	mates	mateis
matar	matarem	mate	matem

Present Indicative		*Imperfect Subjunctive*	
mato	matamos	matasse	matássemos
matas	matais	matasses	matásseis
mata	matam	matasse	matassem

Imperfect Indicative		*Future Subjunctive*	
matava	matávamos	matar	matarmos
matavas	matáveis	matares	matardes
matava	matavam	matar	matarem

Preterit Indicative		*Present Perfect Subjunctive*	
matei	matámos	tenha matado	tenhamos matado
mataste	matastes	tenhas matado	tenhais matado
matou	mataram	tenha matado	tenham matado

Simple Pluperfect Indicative		*Past Perfect or Pluperfect Subjunctive*	
matara	matáramos	tivesse matado	tivéssemos matado
mataras	matáreis	tivesses matado	tivésseis matado
matara	mataram	tivesse matado	tivessem matado

Future Indicative		*Future Perfect Subjunctive*	
matarei	mataremos	tiver matado	tivermos matado
matarás	matareis	tiveres matado	tiverdes matado
matará	matarão	tiver matado	tiverem matado

Present Perfect Indicative		*Conditional*	
tenho matado	temos matado	mataria	mataríamos
tens matado	tendes matado	matarias	mataríeis
tem matado	têm matado	mataria	matariam

Past Perfect or Pluperfect Indicative		*Conditional Perfect*	
tinha matado	tínhamos matado	teria matado	teríamos matado
tinhas matado	tínheis matado	terias matado	teríeis matado
tinha matado	tinham matado	teria matado	teriam matado

Future Perfect Indicative		*Imperative*	
terei matado	teremos matado	mata–matai	
terás matado	tereis matado		
terá matado	terão matado		

Samples of verb usage.

Você o **matou**!   *You killed him!*

Esse louco já **tinha matado** mais de cinquenta pessoas.
That lunatic (crazy man) had already killed over fifty people.

Tu não podias **matar** nem um inse(c)to.   *You couldn't even kill a bug.*

Ela **se mata** de (a) trabalhar.   *She's working herself to death.*

to measure

Personal Infinitive		*Present Subjunctive*	
medir	medirmos	*meça*	*meçamos*
medires	medirdes	*meças*	*meçais*
medir	medirem	*meça*	*meçam**

Present Indicative		*Imperfect Subjunctive*	
meço	medimos	medisse	medíssemos
medes	medis	medisses	medísseis
mede	*medem**	medisse	medissem

Imperfect Indicative		*Future Subjunctive*	
media	medíamos	medir	medirmos
medias	medíeis	medires	medirdes
media	mediam	medir	medirem

Preterit Indicative		*Present Perfect Subjunctive*	
medi	medimos	tenha medido	tenhamos medido
mediste	medistes	tenhas medido	tenhais medido
mediu	mediram	tenha medido	tenham medido

Simple Pluperfect Indicative		*Past Perfect or Pluperfect Subjunctive*	
medira	medíramos	tivesse medido	tivéssemos medido
mediras	medíreis	tivesses medido	tivésseis medido
medira	mediram	tivesse medido	tivessem medido

Future Indicative		*Future Perfect Subjunctive*	
medirei	mediremos	tiver medido	tivermos medido
medirás	medireis	tiveres medido	tiverdes medido
medirá	medirão	tiver medido	tiverem medido

Present Perfect Indicative		*Conditional*	
tenho medido	temos medido	mediria	mediríamos
tens medido	tendes medido	medirias	mediríeis
tem medido	têm medido	mediria	mediriam

Past Perfect or Pluperfect Indicative		*Conditional Perfect*	
tinha medido	tínhamos medido	teria medido	teríamos medido
tinhas medido	tínheis medido	terias medido	teríeis medido
tinha medido	tinham medido	teria medido	teriam medido

Future Perfect Indicative		*Imperative*	
terei medido	teremos medido	*mede**– medi	
terás medido	tereis medido		
terá medido	terão medido		

Samples of verb usage.

O aluno **mediu** a distância com a régua.   *The student measured the distance with the ruler.*

Eu **meço** tudo com muito cuidado.   *I measure everything with great care.*

Quero que **meça** aquele senhor que acaba de entrar na loja.
I want you to measure that gentleman who just came into the store.

O orador **media** as suas palavras.   *The orator measured his words.*

*NOTE: Only the radical-changing verb forms with *open* stressed vowels appear in italic type. For further explanation see Foreword.

to improve, make *or* get *or* become better

Personal Infinitive		**Present Subjunctive**	
melhorar	melhorarmos	*melhore*	melhoremos
melhorares	melhorardes	*melhores*	melhoreis
melhorar	melhorarem	*melhore*	*melhorem**

Present Indicative		**Imperfect Subjunctive**	
melhoro	melhoramos	melhorasse	melhorássemos
melhoras	melhorais	melhorasses	melhorásseis
melhora	*melhoram**	melhorasse	melhorassem

Imperfect Indicative		**Future Subjunctive**	
melhorava	melhorávamos	melhorar	melhorarmos
melhoravas	melhoráveis	melhorares	melhorardes
melhorava	melhoravam	melhorar	melhorarem

Preterit Indicative		**Present Perfect Subjunctive**	
melhorei	melhorámos	tenha melhorado	tenhamos melhorado
melhoraste	melhorastes	tenhas melhorado	tenhais melhorado
melhorou	melhoraram	tenha melhorado	tenham melhorado

Simple Pluperfect Indicative		**Past Perfect or Pluperfect Subjunctive**	
melhorara	melhoráramos	tivesse melhorado	tivéssemos melhorado
melhoraras	melhoráreis	tivesses melhorado	tivésseis melhorado
melhorara	melhoraram	tivesse melhorado	tivessem melhorado

Future Indicative		**Future Perfect Subjunctive**	
melhorarei	melhoraremos	tiver melhorado	tivermos melhorado
melhorarás	melhorareis	tiveres melhorado	tiverdes melhorado
melhorará	melhorarão	tiver melhorado	tiverem melhorado

Present Perfect Indicative		**Conditional**	
tenho melhorado	temos melhorado	melhoraria	melhoraríamos
tens melhorado	tendes melhorado	melhorarias	melhoraríeis
tem melhorado	têm melhorado	melhoraria	melhorariam

Past Perfect or Pluperfect Indicative		**Conditional Perfect**	
tinha melhorado	tínhamos melhorado	teria melhorado	teríamos melhorado
tinhas melhorado	tínheis melhorado	terias melhorado	teríeis melhorado
tinha melhorado	tinham melhorado	teria melhorado	teriam melhorado

Future Perfect Indicative		**Imperative**	
terei melhorado	teremos melhorado	*melhora**–melhorai	
terás melhorado	tereis melhorado		
terá melhorado	terão melhorado		

Samples of verb usage.

Temos que **melhorar** esta situação.   *We have to improve this situation.*

A companhia **melhorou** a qualidade dos seus produtos.
The company made the quality of its products better.

Espero que ele **melhore** logo.   *I hope he gets better soon.*

Quando eu **tiver melhorado**, viajaremos pelo mundo inteiro.
When I get better, we'll travel around the world.

*NOTE: Only the radical-changing verb forms with *open* stressed vowels appear in italic type. For further explanation see Foreword.

mencionar

to mention

Personal Infinitive

mencionar	mencionarmos
mencionares	mencionardes
mencionar	mencionarem

Present Indicative

menciono	mencionamos
mencionas	mencionais
menciona	mencionam

Imperfect Indicative

mencionava	mencionávamos
mencionavas	mencionáveis
mencionava	mencionavam

Preterit Indicative

mencionei	mencionámos
mencionaste	mencionastes
mencionou	mencionaram

Simple Pluperfect Indicative

mencionara	mencionáramos
mencionaras	mencionáreis
mencionara	mencionaram

Future Indicative

mencionarei	mencionaremos
mencionarás	mencionareis
mencionará	mencionarão

Present Perfect Indicative

tenho mencionado	temos mencionado
tens mencionado	tendes mencionado
tem mencionado	têm mencionado

Past Perfect or Pluperfect Indicative

tinha mencionado	tínhamos mencionado
tinhas mencionado	tínheis mencionado
tinha mencionado	tinham mencionado

Future Perfect Indicative

terei mencionado	teremos mencionado
terás mencionado	tereis mencionado
terá mencionado	terão mencionado

Present Subjunctive

mencione	mencionemos
menciones	mencioneis
mencione	mencionem

Imperfect Subjunctive

mencionasse	mencionássemos
mencionasses	mencionásseis
mencionasse	mencionassem

Future Subjunctive

mencionar	mencionarmos
mencionares	mencionardes
mencionar	mencionarem

Present Perfect Subjunctive

tenha mencionado	tenhamos mencionado
tenhas mencionado	tenhais mencionado
tenha mencionado	tenham mencionado

Past Perfect or Pluperfect Subjunctive

tivesse mencionado	tivéssemos mencionado
tivesses mencionado	tivésseis mencionado
tivesse mencionado	tivessem mencionado

Future Perfect Subjunctive

tiver mencionado	tivermos mencionado
tiveres mencionado	tiverdes mencionado
tiver mencionado	tiverem mencionado

Conditional

mencionaria	mencionaríamos
mencionarias	mencionaríeis
mencionaria	mencionariam

Conditional Perfect

teria mencionado	teríamos mencionado
terias mencionado	teríeis mencionado
teria mencionado	teriam mencionado

Imperative

menciona–mencionai

Samples of verb usage.

Não **mencione** o meu nome. *Don't mention my name.*

Ela **mencionará** o produto na propaganda. *She'll mention the product in the commercial.*

Você não deve **mencionar** aquele escândalo na festa. *You shouldn't mention that scandal at the party.*

Eu **menciono** os meus obje(c)tivos sempre que tenho uma oportunidade.
I mention my goals whenever I have a chance.

to lie, tell a lie

Personal Infinitive		***Imperfect Subjunctive***	
mentir	mentirmos	mentisse	mentíssemos
mentires	mentirdes	mentisses	mentísseis
mentir	mentirem	mentisse	mentissem
Present Indicative		***Future Subjunctive***	
minto	mentimos	mentir	mentirmos
mentes	mentis	mentires	mentirdes
mente	mentem	mentir	mentirem
Imperfect Indicative		***Present Perfect Subjunctive***	
mentia	mentíamos	tenha mentido	tenhamos mentido
mentias	mentíeis	tenhas mentido	tenhais mentido
mentia	mentiam	tenha mentido	tenham mentido
Preterit Indicative		***Past Perfect or Pluperfect Subjunctive***	
menti	mentimos	tivesse mentido	tivéssemos mentido
mentiste	mentistes	tivesses mentido	tivésseis mentido
mentiu	mentiram	tivesse mentido	tivessem mentido
Simple Pluperfect Indicative		***Future Perfect Subjunctive***	
mentira	mentíramos	tiver mentido	tivermos mentido
mentiras	mentíreis	tiveres mentido	tiverdes mentido
mentira	mentiram	tiver mentido	tiverem mentido
Future Indicative		***Conditional***	
mentirei	mentiremos	mentiria	mentiríamos
mentirás	mentireis	mentirias	mentiríeis
mentirá	mentirão	mentiria	mentiriam
Present Perfect Indicative		***Conditional Perfect***	
tenho mentido	temos mentido	teria mentido	teríamos mentido
tens mentido	tendes mentido	terias mentido	teríeis mentido
tem mentido	têm mentido	teria mentido	teriam mentido
Past Perfect or Pluperfect Indicative		***Imperative***	
tinha mentido	tínhamos mentido	mente–menti	
tinhas mentido	tínheis mentido		
tinha mentido	tinham mentido		
Future Perfect Indicative			
terei mentido	teremos mentido		
terás mentido	tereis mentido		
terá mentido	terão mentido		
Present Subjunctive			
minta	mintamos		
mintas	mintais		
minta	mintam		

Samples of verb usage.

Não **minta**!   *Don't lie!*

Eles sempre **mentem**.   *They always lie.*

Já me **mentiste** várias vezes.   *You've already lied to me several times.*

Ela nunca **mente** diante dos seus pais.   *She never tells lies in front of her parents.*

to deserve

Personal Infinitive
merecer	merecermos
mereceres	merecerdes
merecer	merecerem

Present Indicative
mereço	merecemos
mereces	mereceis
merece	*merecem**

Imperfect Indicative
merecia	merecíamos
merecias	merecíeis
merecia	mereciam

Preterit Indicative
mereci	merecemos
mereceste	merecestes
mereceu	mereceram

Simple Pluperfect Indicative
merecera	merecêramos
mereceras	merecêreis
merecera	mereceram

Future Indicative
merecerei	mereceremos
merecerás	merecereis
merecerá	merecerão

Present Perfect Indicative
tenho merecido	temos merecido
tens merecido	tendes merecido
tem merecido	têm merecido

Past Perfect or Pluperfect Indicative
tinha merecido	tínhamos merecido
tinhas merecido	tínheis merecido
tinha merecido	tinham merecido

Future Perfect Indicative
terei merecido	teremos merecido
terás merecido	tereis merecido
terá merecido	terão merecido

Present Subjunctive
mereça	mereçamos
mereças	mereçais
mereça	mereçam

Imperfect Subjunctive
merecesse	merecêssemos
merecesses	merecêsseis
merecesse	merecessem

Future Subjunctive
merecer	merecermos
mereceres	merecerdes
merecer	merecerem

Present Perfect Subjunctive
tenha merecido	tenhamos merecido
tenhas merecido	tenhais merecido
tenha merecido	tenham merecido

Past Perfect or Pluperfect Subjunctive
tivesse merecido	tivéssemos merecido
tivesses merecido	tivésseis merecido
tivesse merecido	tivessem merecido

Future Perfect Subjunctive
tiver merecido	tivermos merecido
tiveres merecido	tiverdes merecido
tiver merecido	tiverem merecido

Conditional
mereceria	mereceríamos
merecerias	mereceríeis
mereceria	mereceriam

Conditional Perfect
teria merecido	teríamos merecido
terias merecido	teríeis merecido
teria merecido	teriam merecido

Imperative
*merece**– merecei

Samples of verb usage.

Ela **merece** uma promoção.   *She deserves a promotion.*

Acho que o aumento do seu salário é bem **merecido**.
I think that the increase in your salary is well deserved.

Se eu **tivesse merecido** o prémio (prêmio *in Brazil*), o teria ganho.
If I had deserved the award, I would have won it.

Ele **mereceu** o que recebeu.   *He deserved everything he got.*

*NOTE: Only the radical-changing verb forms with *open* stressed vowels appear in italic type. For further explanation see Foreword.

to put *or* stick in; (**-se**) to get oneself into

Personal Infinitive

meter	metermos
meteres	meterdes
meter	meterem

Present Indicative

meto	metemos
metes	meteis
mete	*metem**

Imperfect Indicative

metia	metíamos
metias	metíeis
metia	metiam

Preterit Indicative

meti	metemos
meteste	metestes
meteu	meteram

Simple Pluperfect Indicative

metera	metêramos
meteras	metêreis
metera	meteram

Future Indicative

meterei	meteremos
meterás	metereis
meterá	meterão

Present Perfect Indicative

tenho metido	temos metido
tens metido	tendes metido
tem metido	têm metido

Past Perfect or Pluperfect Indicative

tinha metido	tínhamos metido
tinhas metido	tínheis metido
tinha metido	tinham metido

Future Perfect Indicative

terei metido	teremos metido
terás metido	tereis metido
terá metido	terão metido

Present Subjunctive

meta	metamos
metas	metais
meta	metam

Imperfect Subjunctive

metesse	metêssemos
metesses	metêsseis
metesse	metessem

Future Subjunctive

meter	metermos
meteres	meterdes
meter	meterem

Present Perfect Subjunctive

tenha metido	tenhamos metido
tenhas metido	tenhais metido
tenha metido	tenham metido

Past Perfect or Pluperfect Subjunctive

tivesse metido	tivéssemos metido
tivesses metido	tivésseis metido
tivesse metido	tivessem metido

Future Perfect Subjunctive

tiver metido	tivermos metido
tiveres metido	tiverdes metido
tiver metido	tiverem metido

Conditional

meteria	meteríamos
meterias	meteríeis
meteria	meteriam

Conditional Perfect

teria metido	teríamos metido
terias metido	teríeis metido
teria metido	teriam metido

Imperative

*mete** – metei

Samples of verb usage.

Meta essa porcaria no lixo.   *Put that filth in the garbage.*

O menino recebeu um choque por **ter metido** o dedo na tomada elé(c)trica.
The child got a shock from having stuck his finger in the electrical outlet.

Ele **meteu** a chave na fechadura, mas não conseguiu abrir a porta.
He put the key into the lock, but, didn't manage to open the door.

Vocês **se meterão** numa situação difícil.   *You are going to get yourselves into a difficult situation.*

*NOTE: Only the radical-changing verb forms with *open* stressed vowels appear in italic type. For further explanation see Foreword.

to stir mix; (**-se**) to get moving *or* going; (**mexer com**) to mess with

Personal Infinitive		Present Subjunctive	
mexer	mexermos	mexa	mexamos
mexeres	mexerdes	mexas	mexais
mexer	mexerem	mexa	mexam

Present Indiciative,		Imperfect Subjunctive	
mexo	mexemos	mexesse	mexêssemos
mexes	mexeis	mexesses	mexêsseis
mexe	*mexem**	mexesse	mexessem

Imperfect Indicative		Future Subjunctive	
mexia	mexíamos	mexer	mexermos
mexias	mexíeis	mexeres	mexerdes
mexia	mexiam	mexer	mexerem

Preterit Indicative		Present Perfect Subjunctive	
mexi	mexemos	tenha mexido	tenhamos mexido
mexeste	mexestes	tenhas mexido	tenhais mexido
mexeu	mexeram	tenha mexido	tenham mexido

Simple Pluperfect Indicative		Past Perfect or Pluperfect Subjunctive	
mexera	mexêramos	tivesse mexido	tivéssemos mexido
mexeras	mexêreis	tivesses mexido	tivésseis mexido
mexera	mexeram	tivesse mexido	tivessem mexido

Future Indicative		Future Perfect Subjunctive	
mexerei	mexeremos	tiver mexido	tivermos mexido
mexerás	mexereis	tiveres mexido	tiverdes mexido
mexerá	mexerão	tiver mexido	tiverem mexido

Present Perfect Indicative		Conditional	
tenho mexido	temos mexido	mexeria	mexeríamos
tens mexido	tendes mexido	mexerias	mexeríeis
tem mexido	têm mexido	mexeria	mexeriam

Past Perfect or Pluperfect Indicative		Conditional Perfect	
tinha mexido	tínhamos mexido	teria mexido	teríamos mexido
tinhas mexido	tínheis mexido	terias mexido	teríeis mexido
tinha mexido	tinham mexido	teria mexido	teriam mexido

Future Perfect Indicative		Imperative	
terei mexido	teremos mexido	*mexe**– mexei	
terás mexido	tereis mexido		
terá mexido	terão mexido		

Samples of verb usage.

Mexa o sumo (suco *in Brazil*) de laranja antes de servi-lo.   *Stir the orange juice before you serve it.*

O mecânico **mexeu com** o carro e não achou nenhum defeito.
The mechanic messed with the car and didn't find one thing wrong.

Mexe-te!   *Get going!*

Ela **tinha mexido** as peças do quebra-cabeças.   *She had mixed up the pieces of the puzzle.*

*NOTE: Only the radical-changing verb forms with *open* stressed vowels appear in italic type. For further explanation see Foreword.

to mix, blend, mingle

Personal Infinitive		*Present Subjunctive*	
misturar	misturarmos	misture	misturemos
misturares	misturardes	mistures	mistureis
misturar	misturarem	misture	misturem

Present Indicative		*Imperfect Subjunctive*	
misturo	misturamos	misturasse	misturássemos
misturas	misturais	misturasses	misturásseis
mistura	misturam	misturasse	misturassem

Imperfect Indicative		*Future Subjunctive*	
misturava	misturávamos	misturar	misturarmos
misturavas	misturáveis	misturares	misturardes
misturava	misturavam	misturar	misturarem

Preterit Indicative		*Present Perfect Subjunctive*	
misturei	misturámos	tenha misturado	tenhamos misturado
misturaste	misturastes	tenhas misturado	tenhais misturado
misturou	misturaram	tenha misturado	tenham misturado

Simple Pluperfect Indicative		*Past Perfect or Pluperfect Subjunctive*	
misturara	misturáramos	tivesse misturado	tivéssemos misturado
misturaras	misturáreis	tivesses misturado	tivésseis misturado
misturara	misturaram	tivesse misturado	tivessem misturado

Future Indicative		*Future Perfect Subjunctive*	
misturarei	misturaremos	tiver misturado	tivermos misturado
misturarás	misturareis	tiveres misturado	tiverdes misturado
misturará	misturarão	tiver misturado	tiverem misturado

Present Perfect Indicative		*Conditional*	
tenho misturado	temos misturado	misturaria	misturaríamos
tens misturado	tendes misturado	misturarias	misturaríeis
tem misturado	têm misturado	misturaria	misturariam

Past Perfect or Pluperfect Indicative		*Conditional Perfect*	
tinha misturado	tínhamos misturado	teria misturado	teríamos misturado
tinhas misturado	tínheis misturado	terias misturado	teríeis misturado
tinha misturado	tinham misturado	teria misturado	teriam misturado

Future Perfect Indicative		*Imperative*	
terei misturado	teremos misturado	mistura–misturai	
terás misturado	tereis misturado		
terá misturado	terão misturado		

Samples of verb usage.

Misture-o com água antes de bebê-lo.   *Mix it with water before you drink it.*

Essa rapariga nunca **misturaria** a amizade com os negócios.
The young woman would never mix friendship with business.

Não se deve **misturar** a comida doce com a salgada.   *You shouldn't combine sweet and salty foods.*

Você **se misturaria** com essa gente.   *Would you mix (mingle) with those people?*

Misturam-se vários tipos de whiskey (uísque *in Brazil*) escocês antes de exportá-los aos Estados Unidos.
They blend several types of Scotch whiskey before they export them to the United States.

345

molhar

to wet, soak; to moisten; (**-se**) to get or become wet

Personal Infinitive		**Present Subjunctive**	
molhar	molharmos	*molhe*	molhemos
molhares	molhardes	*molhes*	molheis
molhar	molharem	*molhe*	*molhem**

Present Indicative		**Imperfect Subjunctive**	
molho	molhamos	molhasse	molhássemos
molhas	molhais	molhasses	molhásseis
molha	*molham**	molhasse	molhassem

Imperfect Indicative		**Future Subjunctive**	
molhava	molhávamos	molhar	molharmos
molhavas	molháveis	molhares	molhardes
molhava	molhavam	molhar	molharem

Preterit Indicative		**Present Perfect Subjunctive**	
molhei	molhámos	tenha molhado	tenhamos molhado
molhaste	molhastes	tenhas molhado	tenhais molhado
molhou	molharam	tenha molhado	tenham molhado

Simple Pluperfect Indicative		**Past Perfect or Pluperfect Subjunctive**	
molhara	molháramos	tivesse molhado	tivéssemos molhado
molharas	molháreis	tivesses molhado	tivésseis molhado
molhara	molharam	tivesse molhado	tivessem molhado

Future Indicative		**Future Perfect Subjunctive**	
molharei	molharemos	tiver molhado	tivermos molhado
molharás	molhareis	tiveres molhado	tiverdes molhado
molhará	molharão	tiver molhado	tiverem molhado

Present Perfect Indicative		**Conditional**	
tenho molhado	temos molhado	molharia	molharíamos
tens molhado	téndes molhado	molharias	molharíeis
tem molhado	têm molhado	molharia	molhariam

Past Perfect or Pluperfect Indicative		**Conditional Perfect**	
tinha molhado	tínhamos molhado	teria molhado	teríamos molhado
tinhas molhado	tínheis molhado	terias molhado	teríeis molhado
tinha molhado	tinham molhado	teria molhado	teriam molhado

Future Perfect Indicative		**Imperative**	
terei molhado	teremos molhado	*molha**–molhai	
terás molhado	tereis molhado		
terá molhado	terão molhado		

Samples of verb usage.

Se vocês **se molharem** na chuva, ficarei muito zangado.   *If you get wet in the rain, I'll be very angry.*

Não **molhe** o seu cabelo, se tomar (um) banho, porque faz frio lá fora.
Don't wet your hair, if you take a bath, because it's cold outside.

A empregada **molhou** a roupa antes de lavá-la.   *The maid soaked the clothes before she washed them.*

O garçom (empregado *in Portugal*) **molhava** a toalha de mesa em água quente para tirar a mancha.
The waiter was moistening the tablecloth with hot water to take the stain out.

*NOTE: Only the radical-changing verb forms with *open* stressed vowels appear in italic type. For further explanation see Foreword.

to live, reside

Personal Infinitive		**Present Subjunctive**	
morar	morarmos	*more*	moremos
morares	morardes	*mores*	moreis
morar	morarem	*more*	*morem**

Present Indicative		**Imperfect Subjunctive**	
moro	moramos	morasse	morássemos
moras	morais	morasses	morásseis
mora	*moram**	morasse	morassem

Imperfect Indicative		**Future Subjunctive**	
morava	morávamos	morar	morarmos
moravas	moráveis	morares	morardes
morava	moravam	morar	morarem

Preterit Indicative		**Present Perfect Subjunctive**	
morei	morámos	tenha morado	tenhamos morado
moraste	morastes	tenhas morado	tenhais morado
morou	moraram	tenha morado	tenham morado

Simple Pluperfect Indicative		**Past Perfect or Pluperfect Subjunctive**	
morara	moráramos	tivesse morado	tivéssemos morado
moraras	moráreis	tivesses morado	tivésseis morado
morara	moraram	tivesse morado	tivessem morado

Future Indicative		**Future Perfect Subjunctive**	
morarei	moraremos	tiver morado	tivermos morado
morarás	morareis	tiveres morado	tiverdes morado
morará	morarão	tiver morado	tiverem morado

Present Perfect Indicative		**Conditional**	
tenho morado	temos morado	moraria	moraríamos
tens morado	tendes morado	morarias	moraríeis
tem morado	têm morado	moraria	morariam

Past Perfect or Pluperfect Indicative		**Conditional Perfect**	
tinha morado	tínhamos morado	teria morado	teríamos morado
tinhas morado	tínheis morado	terias morado	teríeis morado
tinha morado	tinham morado	teria morado	teriam morado

Future Perfect Indicative		**Imperative**	
terei morado	teremos morado	*mora**–morai	
terás morado	tereis morado		
terá morado	terão morado		

Samples of verb usage.

Eu **morava** no subúrbio.   *I used to live in the suburbs.*

O atleta já **tinha morado** em Espanha.   *The athlete had already lived in Spain.*

Você **moraria** numa cidade grande?   *Would you live in a big city?*

Eu **moro** num país tropical.   *I live in a tropical country.*

*NOTE: Only the radical-changing verb forms with *open* stressed vowels appear in italic type. For further explanation see Foreword.

morder

to bite

Personal Infinitive		*Present Subjunctive*	
morder	mordermos	morda	mordamos
morderes	morderdes	mordas	mordais
morder	morderem	morda	mordam

Present Indicative		*Imperfect Subjunctive*	
mordo	mordemos	mordesse	mordêssemos
mordes	mordeis	mordesses	mordêsseis
morde	*mordem**	mordesse	mordessem

Imperfect Indicative		*Future Subjunctive*	
mordia	mordíamos	morder	mordermos
mordias	mordíeis	morderes	morderdes
mordia	mordiam	morder	morderem

Preterit Indicative		*Present Perfect Subjunctive*	
mordi	mordemos	tenha mordido	tenhamos mordido
mordeste	mordestes	tenhas mordido	tenhais mordido
mordeu	morderam	tenha mordido	tenham mordido

Simple Pluperfect Indicative		*Past Perfect or Pluperfect Subjunctive*	
mordera	mordêramos	tivesse mordido	tivéssemos mordido
morderàs	mordêreis	tivesses mordido	tivésseis mordido
mordera	morderam	tivesse mordido	tivessem mordido

Future Indicative		*Future Perfect Subjunctive*	
morderei	morderemos	tiver mordido	tivermos mordido
morderás	mordereis	tiveres mordido	tiverdes mordido
morderá	morderão	tiver mordido	tiverem mordido

Present Perfect Indicative		*Conditional*	
tenho mordido	temos mordido	morderia	morderíamos
tens mordido	tendes mordido	morderias	morderíeis
tem mordido	têm mordido	morderia	morderiam

Past Perfect or Pluperfect Indicative		*Conditional Perfect*	
tinha mordido	tínhamos mordido	teria mordido	teríamos mordido
tinhas mordido	tínheis mordido	terias mordido	teríeis mordido
tinha mordido	tinham mordido	teria mordido	teriam mordido

Future Perfect Indicative		*Imperative*	
terei mordido	teremos mordido	*morde**–mordei	
terás mordido	tereis mordido		
terá mordido	terão mordido		

Samples of verb usage.

O cão **mordeu**-o.   *The dog bit him.*

Se ela **tivesse**-me **mordido**, eu a teria mordido de volta.
If she had bitten me, I would have bitten her back.

Depois de **morderem** o polícia (policial *in Brazil*), os cães foram-se embora.
After biting the policeman, the dogs left.

O leão tentava **morder** o búfalo.   *The lion tried to bite the buffalo.*

*NOTE: Only the radical-changing verb forms with *open* stressed vowels appear in italic type. For further explanation see Foreword.

to die

Personal Infinitive	
morrer	morrermos
morreres	morrerdes
morrer	morrerem

Present Subjunctive	
morra	morramos
morras	morrais
morra	morram

Present Indicative	
morro	morremos
morres	morreis
morre	*morrem**

Imperfect Subjunctive	
morresse	morrêssemos
morresses	morrêsseis
morresse	morressem

Imperfect Indicative	
morria	morríamos
morrias	morríeis
morria	morriam

Future Subjunctive	
morrer	morrermos
morreres	morrerdes
morrer	morrerem

Preterit Indicative	
morri	morremos
morreste	morrestes
morreu	morreram

Present Perfect Subjunctive	
tenha morrido	tenhamos morrido
tenhas morrido	tenhais morrido
tenha morrido	tenham morrido

Simple Pluperfect Indicative	
morrera	morrêramos
morreras	morrêreis
morrera	morreram

Past Perfect or Pluperfect Subjunctive	
tivesse morrido	tivéssemos morrido
tivesses morrido	tivésseis morrido
tivesse morrido	tivessem morrido

Future Indicative	
morrerei	morreremos
morrerás	morrereis
morrerá	morrerão

Future Perfect Subjunctive	
tiver morrido	tivermos morrido
tiveres morrido	tiverdes morrido
tiver morrido	tiverem morrido

Present Perfect Indicative	
tenho morrido	temos morrido
tens morrido	tendes morrido
tem morrido	têm morrido

Conditional	
morreria	morreríamos
morrerias	morreríeis
morreria	morreriam

Past Perfect or Pluperfect Indicative	
tinha morrido	tínhamos morrido
tinhas morrido	tínheis morrido
tinha morrido	tinham morrido

Conditional Perfect	
teria morrido	teríamos morrido
terias morrido	teríeis morrido
teria morrido	teriam morrido

Future Perfect Indicative	
terei morrido	teremos morrido
terás morrido	tereis morrido
terá morrido	terão morrido

Imperative	
*morre**–morrei	

Samples of verb usage.

Quando eu nasci, o meu pai já **tinha morrido**.   *When I was born, my father had already died.*

Ela chegou quando ele já estava **morto**.   *She arrived when he was already dead.*

(Nós) **morremos** com vontade de conhecê-la.   *We are dying to meet her.*

Foi ali onde o assassino **morreu**.   *It was over there where the murderer died.*

*NOTE: Only the radical-changing verb forms with *open* stressed vowels appear in italic type. For further explanation see Foreword.

mostrar

to show

Personal Infinitive

mostrar	mostrarmos
mostrares	mostrardes
mostrar	mostrarem

Present Indicative

mostro	mostramos
mostras	mostrais
mostra	*mostram**

Imperfect Indicative

mostrava	mostrávamos
mostravas	mostráveis
mostrava	mostravam

Preterit Indicative

mostrei	mostrámos
mostraste	mostrastes
mostrou	mostraram

Simple Pluperfect Indicative

mostrara	mostráramos
mostraras	mostráreis
mostrara	mostraram

Future Indicative

mostrarei	mostraremos
mostrarás	mostrareis
mostrará	mostrarão

Present Perfect Indicative

tenho mostrado	temos mostrado
tens mostrado	tendes mostrado
tem mostrado	têm mostrado

Past Perfect or Pluperfect Indicative

tinha mostrado	tínhamos mostrado
tinhas mostrado	tínheis mostrado
tinha mostrado	tinham mostrado

Future Perfect Indicative

terei mostrado	teremos mostrado
terás mostrado	tereis mostrado
terá mostrado	terão mostrado

Present Subjunctive

mostre	mostremos
mostres	mostreis
mostre	*mostrem**

Imperfect Subjunctive

mostrasse	mostrássemos
mostrasses	mostrásseis
mostrasse	mostrassem

Future Subjunctive

mostrar	mostrarmos
mostrares	mostrardes
mostrar	mostrarem

Present Perfect Subjunctive

tenha mostrado	tenhamos mostrado
tenhas mostrado	tenhais mostrado
tenha mostrado	tenham mostrado

Past Perfect or Pluperfect Subjunctive

tivesse mostrado	tivéssemos mostrado
tivesses mostrado	tivésseis mostrado
tivesse mostrado	tivessem mostrado

Future Perfect Subjunctive

tiver mostrado	tivermos mostrado
tiveres mostrado	tiverdes mostrado
tiver mostrado	tiverem mostrado

Conditional

mostraria	mostraríamos
mostrarias	mostraríeis
mostraria	mostrariam

Conditional Perfect

teria mostrado	teríamos mostrado
terias mostrado	teríeis mostrado
teria mostrado	teriam mostrado

Imperative

*mostra**–mostrai

Samples of verb usage.

Mostre-me o que estás a esconder.   *Show me what you are hiding.*

O vendedor **tem mostrado** o seu produto a todos.
The salesman has been showing his product to everyone.

Eu **mostro** o meu, se você **mostrar** o seu.   *I will show mine, if you show yours.*

O procurador **mostrará** que você está errado.   *The prosecutor will show that you are mistaken.*

Ele **se mostra** muito.   *He is a show off.*

*NOTE: Only the radical-changing verb forms with *open* stressed vowels appear in italic type. For further explanation see Foreword.

to move

Personal Infinitive	
mover	movermos
moveres	moverdes
mover	moverem

Present Indicative	
movo	movemos
moves	moveis
move	*movem**

Imperfect Indicative	
movia	movíamos
movias	movíeis
movia	moviam

Preterit Indicative	
movi	movemos
moveste	movestes
moveu	moveram

Simple Pluperfect Indicative	
movera	movêramos
moveras	movêreis
movera	moveram

Future Indicative	
moverei	moveremos
moverás	movereis
moverá	moverão

Present Perfect Indicative	
tenho movido	temos movido
tens movido	tendes movido
tem movido	têm movido

Past Perfect or Pluperfect Indicative	
tinha movido	tínhamos movido
tinhas movido	tínheis movido
tinha movido	tinham movido

Future Perfect Indicative	
terei movido	teremos movido
terás movido	tereis movido
terá movido	terão movido

Present Subjunctive	
mova	movamos
movas	movais
mova	movam

Imperfect Subjunctive	
movesse	movêssemos
movesses	movêsseis
movesse	movessem

Future Subjunctive	
mover	movermos
moveres	moverdes
mover	moverem

Present Perfect Subjunctive	
tenha movido	tenhamos movido
tenhas movido	tenhais movido
tenha movido	tenham movido

Past Perfect or Pluperfect Subjunctive	
tivesse movido	tivéssemos movido
tivesses movido	tivésseis movido
tivesse movido	tivessem movido

Future Perfect Subjunctive	
tiver movido	tivermos movido
tiveres movido	tiverdes movido
tiver movido	tiverem movido

Conditional	
moveria	moveríamos
moverias	moveríeis
moveria	moveriam

Conditional Perfect	
teria movido	teríamos movido
terias movido	teríeis movido
teria movido	teriam movido

Imperative
*move**–movei

Samples of verb usage.

O funcionário **tem movido** caixas o dia inteiro.   *The employee has been moving boxes all day.*

Não se preocupe, ela **moverá** isso daí.   *Don't worry, she will move that from there.*

O navio **move-se** lentamente.   *The ship moves slowly.*

O jogador **se movia** com rapidez.   *The player was moving rapidly.*

*NOTE: Only the radical-changing verb forms with *open* stressed vowels appear in italic type. For further explanation see Foreword.

mudar

to move; to change, alter

Personal Infinitive		*Present Subjunctive*	
mudar	mudarmos	mude	mudemos
mudares	mudardes	mudes	mudeis
mudar	mudarem	mude	mudem

Present Indicative		*Imperfect Subjunctive*	
mudo	mudamos	mudasse	mudássemos
mudas	mudais	mudasses	mudásseis
muda	mudam	mudasse	mudassem

Imperfect Indicative		*Future Subjunctive*	
mudava	mudávamos	mudar	mudarmos
mudavas	mudáveis	mudares	mudardes
mudava	mudavam	mudar	mudarem

Preterit Indicative		*Present Perfect Subjunctive*	
mudei	mudámos	tenha mudado	tenhamos mudado
mudaste	mudastes	tenhas mudado	tenhais mudado
mudou	mudaram	tenha mudado	tenham mudado

Simple Pluperfect Indicative		*Past Perfect or Pluperfect Subjunctive*	
mudara	mudáramos	tivesse mudado	tivéssemos mudado
mudaras	mudáreis	tivesses mudado	tivésseis mudado
mudara	mudaram	tivesse mudado	tivessem mudado

Future Indicative		*Future Perfect Subjunctive*	
mudarei	mudaremos	tiver mudado	tivermos mudado
mudarás	mudareis	tiveres mudado	tiverdes mudado
mudará	mudarão	tiver mudado	tiverem mudado

Present Perfect Indicative		*Conditional*	
tenho mudado	temos mudado	mudaria	mudaríamos
tens mudado	tendes mudado	mudarias	mudaríeis
tem mudado	têm mudado	mudaria	mudariam

Past Perfect or Pluperfect Indicative		*Conditional Perfect*	
tinha mudado	tínhamos mudado	teria mudado	teríamos mudado
tinhas mudado	tínheis mudado	terias mudado	teríeis mudado
tinha mudado	tinham mudado	teria mudado	teriam mudado

Future Perfect Indicative		*Imperative*	
terei mudado	teremos mudado	muda–mudai	
terás mudado	tereis mudado		
terá mudado	terão mudado		

Samples of verb usage.

Eles **se mudaram** a (para) outra cidade.   *They moved to another city.*

Não quero que você **mude** o seu comportamento por mim.
I don't want you to alter (change) your behavior for me.

Ela **mudou** de apartamento enquanto eu estava fora da cidade.
She changed apartments while I was out of town.

Não acho que ele **tenha mudado**.   *I don't think that he has changed.*

to fine, give a ticket *or* citation to

Personal Infinitive		*Present Subjunctive*	
multar	multarmos	multe	multemos
multares	multardes	multes	multeis
multar	multarem	multe	multem

Present Indicative		*Imperfect Subjunctive*	
multo	multamos	multasse	multássemos
multas	multais	multasses	multásseis
multa	multam	multasse	multassem

Imperfect Indicative		*Future Subjunctive*	
multava	multávamos	multar	multarmos
multavas	multáveis	multares	multardes
multava	multavam	multar	multarem

Preterit Indicative		*Present Perfect Subjunctive*	
multei	multámos	tenha multado	tenhamos multado
multaste	multastes	tenhas multado	tenhais multado
multou	multaram	tenha multado	tenham multado

Simple Pluperfect Indicative		*Past Perfect or Pluperfect Subjunctive*	
multara	multáramos	tivesse multado	tivéssemos multado
multaras	multáreis	tivesses multado	tivésseis multado
multara	multaram	tivesse multado	tivessem multado

Future Indicative		*Future Perfect Subjunctive*	
multarei	multaremos	tiver multado	tivermos multado
multarás	multareis	tiveres multado	tiverdes multado
multará	multarão	tiver multado	tiverem multado

Present Perfect Indicative		*Conditional*	
tenho multado	temos multado	multaria	multaríamos
tens multado	tendes multado	multarias	multaríeis
tem multado	têm multado	multaria	multariam

Past Perfect or Pluperfect Indicative		*Conditional Perfect*	
tinha multado	tínhamos multado	teria multado	teríamos multado
tinhas multado	tínheis multado	terias multado	teríeis multado
tinha multado	tinham multado	teria multado	teriam multado

Future Perfect Indicative		*Imperative*	
terei multado	teremos multado	multa–multai	
terás multado	tereis multado		
terá multado	terão multado		

Samples of verb usage.

O polícia (policial *in Brazil*) **multou** o motorista por excesso de velocidade.
The cop gave the driver a speeding ticket.

A companhia foi **multada** cem mil dólares pela violação.
The company was fined one hundred thousand dollars for the violation.

Sendo o seu amigo, você me **multaria**?   *Would you fine me, even though I'm your friend?*

Multe-o por insultar um juiz.   *Fine him for insulting a judge.*

to wilt, wither

Personal Infinitive		*Present Subjunctive*	
murchar	murcharmos	murche	murchemos
murchares	murchardes	murches	murcheis
murchar	murcharem	murche	murchem

Present Indicative		*Imperfect Subjunctive*	
murcho	murchamos	murchasse	murchássemos
murchas	murchais	murchasses	murchásseis
murcha	murcham	murchasse	murchassem

Imperfect Indicative		*Future Subjunctive*	
murchava	murchávamos	murchar	murcharmos
murchavas	murcháveis	murchares	murchardes
murchava	murchavam	murchar	murcharem

Preterit Indicative		*Present Perfect Subjunctive*	
murchei	murchámos	tenha murchado	tenhamos murchado
murchaste	murchastes	tenhas murchado	tenhais murchado
murchou	murcharam	tenha murchado	tenham murchado

Simple Pluperfect Indicative		*Past Perfect or Pluperfect Subjunctive*	
murchara	murcháramos	tivesse murchado	tivéssemos murchado
murcharas	murcháreis	tivesses murchado	tivésseis murchado
murchara	murcharam	tivesse murchado	tivessem murchado

Future Indicative		*Future Perfect Subjunctive*	
murcharei	murcharemos	tiver murchado	tivermos murchado
murcharás	murchareis	tiveres murchado	tiverdes murchado
murchará	murcharão	tiver murchado	tiverem murchado

Present Perfect Indicative		*Conditional*	
tenho murchado	temos murchado	murcharia	murcharíamos
tens murchado	tendes murchado	murcharias	murcharíeis
tem murchado	têm murchado	murcharia	murchariam

Past Perfect or Pluperfect Indicative		*Conditional Perfect*	
tinha murchado	tínhamos murchado	teria murchado	teríamos murchado
tinhas murchado	tínheis murchado	terias murchado	teríeis murchado
tinha murchado	tinham murchado	teria murchado	teriam murchado

Future Perfect Indicative		*Imperative*	
terei murchado	teremos murchado	murcha–murchai	
terás murchado	tereis murchado		
terá murchado	terão murchado		

Samples of verb usage.

As flores **murcharam** depois de dois dias.   *The flowers withered after two days.*

Todas estas plantas vão **murchar** por falta de água.
All these plants are going to wither for lack of water.

O seu sorriso **murchou** com a notícia.   *His smile wilted with the news.*

A beleza da minha mãe começou a **murchar** depois da morte do meu pai.
My mother's beauty began to wither after my father's death.

to swim

Personal Infinitive		**Present Subjunctive**	
nadar	nadarmos	nade	nademos
nadares	nadardes	nades	nadeis
nadar	nadarem	nade	nadem
Present Indicative		**Imperfect Subjunctive**	
nado	nadamos	nadasse	nadássemos
nadas	nadais	nadasses	nadásseis
nada	nadam	nadasse	nadassem
Imperfect Indicative		**Future Subjunctive**	
nadava	nadávamos	nadar	nadarmos
nadavas	nadáveis	nadares	nadardes
nadava	nadavam	nadar	nadarem
Preterit Indicative		**Present Perfect Subjunctive**	
nadei	nadámos	tenha nadado	tenhamos nadado
nadaste	nadastes	tenhas nadado	tenhais nadado
nadou	nadaram	tenha nadado	tenham nadado
Simple Pluperfect Indicative		**Past Perfect or Pluperfect Subjunctive**	
nadara	nadáramos	tivesse nadado	tivéssemos nadado
nadaras	nadáreis	tivesses nadado	tivésseis nadado
nadara	nadaram	tivesse nadado	tivessem nadado
Future Indicative		**Future Perfect Subjunctive**	
nadarei	nadaremos	tiver nadado	tivermos nadado
nadarás	nadareis	tiveres nadado	tiverdes nadado
nadará	nadarão	tiver nadado	tiverem nadado
Present Perfect Indicative		**Conditional**	
tenho nadado	temos nadado	nadaria	nadaríamos
tens nadado	tendes nadado	nadarias	nadaríeis
tem nadado	têm nadado	nadaria	nadariam
Past Perfect or Pluperfect Indicative		**Conditional Perfect**	
tinha nadado	tínhamos nadado	teria nadado	teríamos nadado
tinhas nadado	tínheis nadado	terias nadado	teríeis nadado
tinha nadado	tinham nadado	teria nadado	teriam nadado
Future Perfect Indicative		**Imperative**	
terei nadado	teremos nadado	nada–nadai	
terás nadado	tereis nadado		
terá nadado	terão nadado		

Samples of verb usage.

Ele **nadou** durante três horas ontem.   *He swam for three hours yesterday*

Você **nadaria** no oceano?   *Would you swim in the ocean?*

Eu **tenho nadado** todos os dias na piscina do hotel.   *I have been swimming every day in the hotel pool.*

Nadaremos da Inglaterra até a França.   *We will swim from England to France.*

to be born

Personal Infinitive		*Present Subjunctive*	
nascer	nascermos	nasça	nasçamos
nasceres	nascerdes	nasças	nasçais
nascer	nascerem	nasça	nasçam

Present Indicative		*Imperfect Subjunctive*	
nasço	nascemos	nascesse	nascêssemos
nasces	nasceis	nascesses	nascêsseis
nasce	nascem	nascesse	nascessem

Imperfect Indicative		*Future Subjunctive*	
nascia	nascíamos	nascer	nascermos
nascias	nascíeis	nasceres	nascerdes
nascia	nasciam	nascer	nascerem

Preterit Indicative		*Present Perfect Subjunctive*	
nasci	nascemos	tenha nascido	tenhamos nascido
nasceste	nascestes	tenhas nascido	tenhais nascido
nasceu	nasceram	tenha nascido	tenham nascido

Simple Pluperfect Indicative		*Past Perfect or Pluperfect Subjunctive*	
nascera	nascêramos	tivesse nascido	tivéssemos nascido
nasceras	nascêreis	tivesses nascido	tivésseis nascido
nascera	nasceram	tivesse nascido	tivessem nascido

Future Indicative		*Future Perfect Subjunctive*	
nascerei	nasceremos	tiver nascido	tivermos nascido
nascerás	nascereis	tiveres nascido	tiverdes nascido
nascerá	nascerão	tiver nascido	tiverem nascido

Present Perfect Indicative		*Conditional*	
tenho nascido	temos nascido	nasceria	nasceríamos
tens nascido	tendes nascido	nascerias	nasceríeis
tem nascido	têm nascido	nasceria	nasceriam

Past Perfect or Pluperfect Indicative		*Conditional Perfect*	
tinha nascido	tínhamos nascido	teria nascido	teríamos nascido
tinhas nascido	tínheis nascido	terias nascido	teríeis nascido
tinha nascido	tinham nascido	teria nascido	teriam nascido

Future Perfect Indicative		*Imperative*	
terei nascido	teremos nascido	nasce–nascei	
terás nascido	tereis nascido		
terá nascido	terão nascido		

Samples of verb usage.

As crianças que **nascerem** dessa mãe serão malcriadas.
Children born to that mother will be ill-mannered.

Quero que a minha filha **nasça** com saúde. *I want my daughter to be born healthy.*

Três cachorros (filhotes *in Brazil*) **nasceram** da minha cadela. *My dog (bitch) had three puppies.*

Eu **nasci** num clima quente. *I was born in a warm climate.*

to need

Personal Infinitive
necessitar	necessitarmos
necessitares	necessitardes
necessitar	necessitarem

Present Indicative
necessito	necessitamos
necessitas	necessitais
necessita	necessitam

Imperfect Indicative
necessitava	necessitávamos
necessitavas	necessitáveis
necessitava	necessitavam

Preterit Indicative
necessitei	necessitámos
necessitaste	necessitastes
necessitou	necessitaram

Simple Pluperfect Indicative
necessitara	necessitáramos
necessitaras	necessitáreis
necessitara	necessitaram

Future Indicative
necessitarei	necessitaremos
necessitarás	necessitareis
necessitará	necessitarão

Present Perfect Indicative
tenho necessitado	temos necessitado
tens necessitado	tendes necessitado
tem necessitado	têm necessitado

Past Perfect or Pluperfect Indicative
tinha necessitado	tínhamos necessitado
tinhas necessitado	tínheis necessitado
tinha necessitado	tinham necessitado

Future Perfect Indicative
terei necessitado	teremos necessitado
terás necessitado	tereis necessitado
terá necessitado	terão necessitado

Present Subjunctive
necessite	necessitemos
necessites	necessiteis
necessite	necessitem

Imperfect Subjunctive
necessitasse	necessitássemos
necessitasses	necessitásseis
necessitasse	necessitassem

Future Subjunctive
necessitar	necessitarmos
necessitares	necessitardes
necessitar	necessitarem

Present Perfect Subjunctive
tenha necessitado	tenhamos necessitado
tenhas necessitado	tenhais necessitado
tenha necessitado	tenham necessitado

Past Perfect or Pluperfect Subjunctive
tivesse necessitado	tivéssemos necessitado
tivesses necessitado	tivésseis necessitado
tivesse necessitado	tivessem necessitado

Future Perfect Subjunctive
tiver necessitado	tivermos necessitado
tiveres necessitado	tiverdes necessitado
tiver necessitado	tiverem necessitado

Conditional
necessitaria	necessitaríamos
necessitarias	necessitaríeis
necessitaria	necessitariam

Conditional Perfect
teria necessitado	teríamos necessitado
terias necessitado	teríeis necessitado
teria necessitado	teriam necessitado

Imperative
necessita–necessitai

Samples of verb usage.

Necessitas de algo? *Do you need anything?*

Eu darei tudo o que **necessitares**. *I'll give everything you need.*

Eu duvido que você **necessite** da minha ajuda. *I doubt that you'll need my help.*

Ele esperava que vocês não **necessitassem** do carro dele. *He hoped that you wouldn't need his car.*

to deny; to refuse

Personal Infinitive	
negar	negarmos
negares	negardes
negar	negarem

Present Indicative	
nego	negamos
negas	negais
nega	*negam**

Imperfect Indicative	
negava	negávamos
negavas	negáveis
negava	negavam

Preterit Indicative	
neguei	negámos
negaste	negastes
negou	negaram

Simple Pluperfect Indicative	
negara	negáramos
negaras	negáreis
negara	negaram

Future Indicative	
negarei	negaremos
negarás	negareis
negará	negarão

Present Perfect Indicative	
tenho negado	temos negado
tens negado	tendes negado
tem negado	têm negado

Past Perfect or Pluperfect Indicative	
tinha negado	tínhamos negado
tinhas negado	tínheis negado
tinha negado	tinham negado

Future Perfect Indicative	
terei negado	teremos negado
terás negado	tereis negado
terá negado	terão negado

Present Subjunctive	
negue	neguemos
negues	negueis
negue	*neguem**

Imperfect Subjunctive	
negasse	negássemos
negasses	negásseis
negasse	negassem

Future Subjunctive	
negar	negarmos
negares	negardes
negar	negarem

Present Perfect Subjunctive	
tenha negado	tenhamos negado
tenhas negado	tenhais negado
tenha negado	tenham negado

Past Perfect or Pluperfect Subjunctive	
tivesse negado	tivéssemos negado
tivesses negado	tivésseis negado
tivesse negado	tivessem negado

Future Perfect Subjunctive	
tiver negado	tivermos negado
tiveres negado	tiverdes negado
tiver negado	tiverem negado

Conditional	
negaria	negaríamos
negarias	negaríeis
negaria	negariam

Conditional Perfect	
teria negado	teríamos negado
terias negado	teríeis negado
teria negado	teriam negado

Imperative	
*nega**–negai	

Samples of verb usage.

Não **negue** os fa(c)tos.   *Don't deny the facts.*

O político **negou** o suborno.   *The politician refused the bribe.*

Ele **tem negado** este problema durante anos.   *He's been denying this problem for years.*

Embora você repita isso mil vezes, ainda o **negarei**.
Even though you repeat that a thousand times, I'll still deny it.

*NOTE: Only the radical-changing verb forms with *open* stressed vowels appear in italic type. For further explanation see Foreword.

to snow

Personal Infinitive nevar	***Present Subjunctive*** *néve**
Present Indicative *neva**	***Imperfect Subjunctive*** nevasse
Imperfect Indicative nevava	***Future Subjunctive*** nevar
Preterit Indicative nevou	***Present Perfect Subjunctive*** tenha nevado
Simple Pluperfect Indicative nevara	***Past Perfect or Pluperfect Subjunctive*** tivesse nevado
Future Indicative nevará	***Future Perfect Subjunctive*** tiver nevado
Present Perfect Indicative tem nevado	***Conditional*** nevaria
Past Perfect or Pluperfect Indicative tinha nevado	***Conditional Perfect*** teria nevado
Future Perfect Indicative terá nevado	

Samples of verb usage.

Nevou muito ontem.   *It snowed a lot yesterday.*

Notaste que **tem nevado** muito ultimamente?   *Have you noticed that it has been snowing a lot lately?*

Espero que não **neve** muito este inverno.   *I hope it doesn't snow a lot this winter.*

Sempre **neva** naquela montanha.   *It always snows on that mountain.*

*NOTE: Only the radical-changing verb forms with *open* stressed vowels appear in italic type. For further explanation see Foreword.   nevar

to nominate, appoint, name

Personal Infinitive		*Present Subjunctive*	
nomear	nomearmos	nomeie	nomeemos
nomeares	nomeardes	nomeies	nomeeis
nomear	nomearem	nomeie	nomeiem

Present Indicative		*Imperfect Subjunctive*	
nomeio	nomeamos	nomeasse	nomeássemos
nomeias	nomeais	nomeasses	nomeásseis
nomeia	nomeiam	nomeasse	nomeassem

Imperfect Indicative		*Future Subjunctive*	
nomeava	nomeávamos	nomear	nomearmos
nomeavas	nomeáveis	nomeares	nomeardes
nomeava	nomeavam	nomear	nomearem

Preterit Indicative		*Present Perfect Subjunctive*	
nomeei	nomeámos	tenha nomeado	tenhamos nomeado
nomeaste	nomeastes	tenhas nomeado	tenhais nomeado
nomeou	nomearam	tenha nomeado	tenham nomeado

Simple Pluperfect Indicative		*Past Perfect or Pluperfect Subjunctive*	
nomeara	nomeáramos	tivesse nomeado	tivéssemos nomeado
nomearas	nomeáreis	tivesses nomeado	tivésseis nomeado
nomeara	nomearam	tivesse nomeado	tivessem nomeado

Future Indicative		*Future Perfect Subjunctive*	
nomearei	nomearemos	tiver nomeado	tivermos nomeado
nomearás	nomeareis	tiveres nomeado	tiverdes nomeado
nomeará	nomearão	tiver nomeado	tiverem nomeado

Present Perfect Indicative		*Conditional*	
tenho nomeado	temos nomeado	nomearia	nomearíamos
tens nomeado	tendes nomeado	nomearias	nomearíeis
tem nomeado	têm nomeado	nomearia	nomeariam

Past Perfect or Pluperfect Indicative		*Conditional Perfect*	
tinha nomeado	tínhamos nomeado	teria nomeado	teríamos nomeado
tinhas nomeado	tínheis nomeado	terias nomeado	teríeis nomeado
tinha nomeado	tinham nomeado	teria nomeado	teriam nomeado

Future Perfect Indicative		*Imperative*	
terei nomeado	teremos nomeado	nomeia–nomeai	
terás nomeado	tereis nomeado		
terá nomeado	terão nomeado		

Samples of verb usage.

Ele **tinha sido nomeado** para presidente.   *He had been nominated for president.*

O Secretário **nomeou** mais três assistentes (ajudantes).
The Secretary named three more aids (assistants).

Nomeia quem quiseres.   *Nominate whomever you wish.*

Eu era quem **nomeava** os dire(c)tores.   *I was the one who appointed the directors.*

to note; to notice; take note (of)

Personal Infinitive	
notar	notarmos
notares	notardes
notar	notarem

Present Indicative	
noto	notamos
notas	notais
nota	*notam**

Imperfect Indicative	
notava	notávamos
notavas	notáveis
notava	notavam

Preterit Indicative	
notei	notámos
notaste	notastes
notou	notaram

Simple Pluperfect Indicative	
notara	notáramos
notaras	notáreis
notara	notaram

Future Indicative	
notarei	notaremos
notarás	notareis
notará	notarão

Present Perfect Indicative	
tenho notado	temos notado
tens notado	tendes notado
tem notado	têm notado

Past Perfect or Pluperfect Indicative	
tinha notado	tínhamos notado
tinhas notado	tínheis notado
tinha notado	tinham notado

Future Perfect Indicative	
terei notado	teremos notado
terás notado	tereis notado
terá notado	terão notado

Present Subjunctive	
note	notemos
notes	noteis
note	*notem**

Imperfect Subjunctive	
notasse	notássemos
notasses	notásseis
notasse	notassem

Future Subjunctive	
notar	notarmos
notares	notardes
notar	notarem

Present Perfect Subjunctive	
tenha notado	tenhamos notado
tenhas notado	tenhais notado
tenha notado	tenham notado

Past Perfect or Pluperfect Subjunctive	
tivesse notado	tivéssemos notado
tivesses notado	tivésseis notado
tivesse notado	tivessem notado

Future Perfect Subjunctive	
tiver notado	tivermos notado
tiveres notado	tiverdes notado
tiver notado	tiverem notado

Conditional	
notaria	notaríamos
notarias	notaríeis
notaria	notariam

Conditional Perfect	
teria notado	teríamos notado
terias notado	teríeis notado
teria notado	teriam notado

Imperative	
*nota**–notai	

Samples of verb usage.

Notaste o que ele disse?   *Did you notice what he said?*

Quero que vocês **notem** o problema.   *I want you to take note of the problem.*

A sua esposa nem **tinha notado** o seu corte de cabelo.   *His wife hadn't even noticed his haircut.*

Ele se fez **notar** durante o jantar.   *He made himself noticed during dinner.*

*NOTE: Only the radical-changing verb forms with *open* stressed vowels appear in italic type. For further explanation see Foreword.

obedecer

Pres. Part. *obedecendo*   Past Part. *obedecido*

to obey

Personal Infinitive		**Present Subjunctive**	
obedecer	obedecermos	obedeça	obedeçamos
obedeceres	obedecerdes	obedeças	obedeçais
obedecer	obedecerem	obedeça	obedeçam

Present Indicative		**Imperfect Subjunctive**	
obedeço	obedecemos	obedecesse	obedecêssemos
obedeces	obedeceis	obedecesses	obedecêsseis
obedece	*obedecem**	obedecesse	obedecessem

Imperfect Indicative		**Future Subjunctive**	
obedecia	obedecíamos	obedecer	obedecermos
obedecias	obedecíeis	obedeceres	obedecerdes
obedecia	obedeciam	obedecer	obedecerem

Preterit Indicative		**Present Perfect Subjunctive**	
obedeci	obedecemos	tenha obedecido	tenhamos obedecido
obedeceste	obedecestes	tenhas obedecido	tenhais obedecido
obedeceu	obedeceram	tenha obedecido	tenham obedecido

Simple Pluperfect Indicative		**Past Perfect or Pluperfect Subjunctive**	
obedecera	obedecêramos	tivesse obedecido	tivéssemos obedecido
obedeceras	obedecêreis	tivesses obedecido	tivésseis obedecido
obedecera	obedeceram	tivesse obedecido	tivessem obedecido

Future Indicative		**Future Perfect Subjunctive**	
obedecerei	obedeceremos	tiver obedecido	tivermos obedecido
obedecerás	obedecereis	tiveres obedecido	tiverdes obedecido
obedecerá	obedecerão	tiver obedecido	tiverem obedecido

Present Perfect Indicative		**Conditional**	
tenho obedecido	temos obedecido	obedeceria	obedeceríamos
tens obedecido	tendes obedecido	obedecerias	obedeceríeis
tem obedecido	têm obedecido	obedeceria	obedeceriam

Past Perfect or Pluperfect Indicative		**Conditional Perfect**	
tinha obedecido	tínhamos obedecido	teria obedecido	teríamos obedecido
tinhas obedecido	tínheis obedecido	terias obedecido	teríeis obedecido
tinha obedecido	tinham obedecido	teria obedecido	teriam obedecido

Future Perfect Indicative		**Imperative**	
terei obedecido	teremos obedecido	*obedece** – obedecei	
terás obedecido	tereis obedecido		
terá obedecido	terão obedecido		

Samples of verb usage.

Quero que vocês **obedeçam** às regras.   *I want you to obey the rules.*

O soldado **obedeceu** às suas ordens.   *The soldier obeyed his orders.*

Não **obedecerias** a um superior?   *Wouldn't you obey a superior?*

O jogador **tem obedecido** às regras do jogo.   *The player has been obeying the rules of the game.*

*NOTE: Only the radical-changing verb forms with *open* stressed vowels appear in italic type. For further explanation see Foreword.

to force, make, compel, oblige

Personal Infinitive		*Present Subjunctive*	
obrigar	obrigarmos	obrigue	obriguemos
obrigares	obrigardes	obrigues	obrigueis
obrigar	obrigarem	obrigue	obriguem

Present Indicative		*Imperfect Subjunctive*	
obrigo	obrigamos	obrigasse	obrigássemos
obrigas	obrigais	obrigasses	obrigásseis
obriga	obrigam	obrigasse	obrigassem

Imperfect Indicative		*Future Subjunctive*	
obrigava	obrigávamos	obrigar	obrigarmos
obrigavas	obrigáveis	obrigares	obrigardes
obrigava	obrigavam	obrigar	obrigarem

Preterit Indicative		*Present Perfect Subjunctive*	
obriguei	obrigámos	tenha obrigado	tenhamos obrigado
obrigaste	obrigastes	tenhas obrigado	tenhais obrigado
obrigou	obrigaram	tenha obrigado	tenham obrigado

Simple Pluperfect Indicative		*Past Perfect or Pluperfect Subjunctive*	
obrigara	obrigáramos	tivesse obrigado	tivéssemos obrigado
obrigaras	obrigáreis	tivesses obrigado	tivésseis obrigado
obrigara	obrigaram	tivesse obrigado	tivessem obrigado

Future Indicative		*Future Perfect Subjunctive*	
obrigarei	obrigaremos	tiver obrigado	tivermos obrigado
obrigarás	obrigareis	tiveres obrigado	tiverdes obrigado
obrigará	obrigarão	tiver obrigado	tiverem obrigado

Present Perfect Indicative		*Conditional*	
tenho obrigado	temos obrigado	obrigaria	obrigaríamos
tens obrigado	tendes obrigado	obrigarias	obrigaríeis
tem obrigado	têm obrigado	obrigaria	obrigariam

Past Perfect or Pluperfect Indicative		*Conditional Perfect*	
tinha obrigado	tínhamos obrigado	teria obrigado	teríamos obrigado
tinhas obrigado	tínheis obrigado	terias obrigado	teríeis obrigado
tinha obrigado	tinham obrigado	teria obrigado	teriam obrigado

Future Perfect Indicative		*Imperative*	
terei obrigado	teremos obrigado	obriga–obrigai	
terás obrigado	tereis obrigado		
terá obrigado	terão obrigado		

Samples of verb usage.

Você a **obrigou** a ir. *You obliged her to go.*

Ele **se obrigava** a treinar muito. *He forced himself to practice (train) a lot.*

Aquela professora **obriga** os alunos a estudar. *That teacher makes the students study.*

Obrigue-o a falar. *Force him to speak.*

363

to observe, notice

Personal Infinitive		*Present Subjunctive*	
observar	observarmos	*observe*	observemos
observares	observardes	*observes*	observeis
observar	observarem	*observe*	*observem**

Present Indicative		*Imperfect Subjunctive*	
observo	observamos	observasse	observássemos
observas	observais	observasses	observásseis
observa	*observam**	observasse	observassem

Imperfect Indicative		*Future Subjunctive*	
observava	observávamos	observar	observarmos
observavas	observáveis	observares	observardes
observava	observavam	observar	observarem

Preterit Indicative		*Present Perfect Subjunctive*	
observei	observámos	tenha observado	tenhamos observado
observaste	observastes	tenhas observado	tenhais observado
observou	observaram	tenha observado	tenham observado

Simple Pluperfect Indicative		*Past Perfect or Pluperfect Subjunctive*	
observara	observáramos	tivesse observado	tivéssemos observado
observaras	observáreis	tivesses observado	tivésseis observado
observara	observaram	tivesse observado	tivessem observado

Future Indicative		*Future Perfect Subjunctive*	
observarei	observaremos	tiver observado	tivermos observado
observarás	observareis	tiveres observado	tiverdes observado
observará	observarão	tiver observado	tiverem observado

Present Perfect Indicative		*Conditional*	
tenho observado	temos observado	observaria	observaríamos
tens observado	tendes observado	observarias	observaríeis
tem observado	têm observado	observaria	observariam

Past Perfect or Pluperfect Indicative		*Conditional Perfect*	
tinha observado	tínhamos observado	teria observado	teríamos observado
tinhas observado	tínheis observado	terias observado	teríeis observado
tinha observado	tinham observado	teria observado	teriam observado

Future Perfect Indicative		*Imperative*	
terei observado	teremos observado	*observa**–observai	
terás observado	tereis observado		
terá observado	terão observado		

Samples of verb usage.

Ela sempre **observava** as regras da casa.　*She always observed the house rules.*

Observe o que está a acontecer (acontecendo) agora.　*Notice what is happening now.*

O médico **observou** com atenção o progresso do paciente.
The doctor observed closely the patient's progress.

Tens observado o comportamento dele ultimamente?　*Have you noticed his behavior lately?*

*NOTE: Only the radical-changing verb forms with *open* stressed vowels appear in italic type. For further explanation see Foreword.

to occupy; (**-se com, de**) to take care of, handle

Personal Infinitive		*Present Subjunctive*	
ocupar	ocuparmos	ocupe	ocupemos
ocupares	ocupardes	ocupes	ocupeis
ocupar	ocuparem	ocupe	ocupem

Present Indicative		*Imperfect Subjunctive*	
ocupo	ocupamos	ocupasse	ocupássemos
ocupas	ocupais	ocupasses	ocupásseis
ocupa	ocupam	ocupasse	ocupassem

Imperfect Indicative		*Future Subjunctive*	
ocupava	ocupávamos	ocupar	ocuparmos
ocupavas	ocupáveis	ocupares	ocupardes
ocupava	ocupavam	ocupar	ocuparem

Preterit Indicative		*Present Perfect Subjunctive*	
ocupei	ocupámos	tenha ocupado	tenhamos ocupado
ocupaste	ocupastes	tenhas ocupado	tenhais ocupado
ocupou	ocuparam	tenha ocupado	tenham ocupado

Simple Pluperfect Indicative		*Past Perfect or Pluperfect Subjunctive*	
ocupara	ocupáramos	tivesse ocupado	tivéssemos ocupado
ocuparas	ocupáreis	tivesses ocupado	tivésseis ocupado
ocupara	ocuparam	tivesse ocupado	tivessem ocupado

Future Indicative		*Future Perfect Subjunctive*	
ocuparei	ocuparemos	tiver ocupado	tivermos ocupado
ocuparás	ocupareis	tiveres ocupado	tiverdes ocupado
ocupará	ocuparão	tiver ocupado	tiverem ocupado

Present Perfect Indicative		*Conditional*	
tenho ocupado	temos ocupado	ocuparia	ocuparíamos
tens ocupado	tendes ocupado	ocuparias	ocuparíeis
tem ocupado	têm ocupado	ocuparia	ocupariam

Past Perfect or Pluperfect Indicative		*Conditional Perfect*	
tinha ocupado	tínhamos ocupado	teria ocupado	teríamos ocupado
tinhas ocupado	tínheis ocupado	terias ocupado	teríeis ocupado
tinha ocupado	tinham ocupado	teria ocupado	teriam ocupado

Future Perfect Indicative		*Imperative*	
terei ocupado	teremos ocupado	ocupa–ocupai	
terás ocupado	tereis ocupado		
terá ocupado	terão ocupado		

Samples of verb usage.

O exército **ocupou** o território sem demora.   *The army occupied the territory without delay.*

Queremos que você **se ocupe** disto.   *We want you to take care of (handle) this.*

Se ela **tivesse ocupado** este escritório, não haveria problemas agora.
If she had occupied this office, there wouldn't be any problems now.

Espero que você não esteja **ocupado**.   *I hope that you are not busy (occupied).*

to hate, detest, despise

Personal Infinitive		*Present Subjunctive*	
odiar	odiarmos	odeie	odiemos
odiares	odiardes	odeies	odieis
odiar	odiarem	odeie	odeiem

Present Indicative		*Imperfect Subjunctive*	
odeio	odiamos	odiasse	odiássemos
odeias	odiais	odiasses	odiásseis
odeia	odeiam	odiasse	odiassem

Imperfect Indicative		*Future Subjunctive*	
odiava	odiávamos	odiar	odiarmos
odiavas	odiáveis	odiares	odiardes
odiava	odiavam	odiar	odiarem

Preterit Indicative		*Present Perfect Subjunctive*	
odiei	odiámos	tenha odiado	tenhamos odiado
odiaste	odiastes	tenhas odiado	tenhais odiado
odiou	odiaram	tenha odiado	tenham odiado

Simple Pluperfect Indicative		*Past Perfect or Pluperfect Subjunctive*	
odiara	odiáramos	tivesse odiado	tivéssemos odiado
odiaras	odiáreis	tivesses odiado	tivésseis odiado
odiara	odiaram	tivesse odiado	tivessem odiado

Future Indicative		*Future Perfect Subjunctive*	
odiarei	odiaremos	tiver odiado	tivermos odiado
odiarás	odiareis	tiveres odiado	tiverdes odiado
odiará	odiarão	tiver odiado	tiverem odiado

Present Perfect Indicative		*Conditional*	
tenho odiado	temos odiado	odiaria	odiaríamos
tens odiado	tendes odiado	odiarias	odiaríeis
tem odiado	têm odiado	odiaria	odiariam

Past Perfect or Pluperfect Indicative		*Conditional Perfect*	
tinha odiado	tínhamos odiado	teria odiado	teríamos odiado
tinhas odiado	tínheis odiado	terias odiado	teríeis odiado
tinha odiado	tinham odiado	teria odiado	teriam odiado

Future Perfect Indicative		*Imperative*	
terei odiado	teremos odiado	odeia–odiai	
terás odiado	tereis odiado		
terá odiado	terão odiado		

Samples of verb usage.

Odeio-te!   *I detest (despise) you!*

Ela **se odiava**.   *She hated herself.*

Eu **odiaria** imaginar isso.   *I would hate to imagine that.*

Aquele mecânico **odeia** trabalhar em camiões.   *That mechanic hates to work on trucks.*

to offend, insult

Personal Infinitive		**Present Subjunctive**	
ofender	ofendermos	ofenda	ofendamos
ofenderes	ofenderdes	ofendas	ofendais
ofender	ofenderem	ofenda	ofendam

Present Indicative		**Imperfect Subjunctive**	
ofendo	ofendemos	ofendesse	ofendêssemos
ofendes	ofendeis	ofendesses	ofendêsseis
ofende	ofendem	ofendesse	ofendessem

Imperfect Indicative		**Future Subjunctive**	
ofendia	ofendíamos	ofender	ofendermos
ofendias	ofendíeis	ofenderes	ofenderdes
ofendia	ofendiam	ofender	ofenderem

Preterit Indicative		**Present Perfect Subjunctive**	
ofendi	ofendemos	tenha ofendido	tenhamos ofendido
ofendeste	ofendestes	tenhas ofendido	tenhais ofendido
ofendeu	ofenderam	tenha ofendido	tenham ofendido

Simple Pluperfect Indicative		**Past Perfect or Pluperfect Subjunctive**	
ofendera	ofendêramos	tivesse ofendido	tivéssemos ofendido
ofenderas	ofendêreis	tivesses ofendido	tivésseis ofendido
ofendera	ofenderam	tivesse ofendido	tivessem ofendido

Future Indicative		**Future Perfect Subjunctive**	
ofenderei	ofenderemos	tiver ofendido	tivermos ofendido
ofenderás	ofendereis	tiveres ofendido	tiverdes ofendido
ofenderá	ofenderão	tiver ofendido	tiverem ofendido

Present Perfect Indicative		**Conditional**	
tenho ofendido	temos ofendido	ofenderia	ofenderíamos
tens ofendido	tendes ofendido	ofenderias	ofenderíeis
tem ofendido	têm ofendido	ofenderia	ofenderiam

Past Perfect or Pluperfect Indicative		**Conditional Perfect**	
tinha ofendido	tínhamos ofendido	teria ofendido	teríamos ofendido
tinhas ofendido	tínheis ofendido	terias ofendido	teríeis ofendido
tinha ofendido	tinham ofendido	teria ofendido	teriam ofendido

Future Perfect Indicative		**Imperative**	
terei ofendido	teremos ofendido	ofende–ofendei	
terás ofendido	tereis ofendido		
terá ofendido	terão ofendido		

Samples of verb usage.

Não queremos que ele te **ofenda**.   *We don't want him to offend you.*

Se eu te **ofendi**, foi sem querer.   *If I offended (insulted) you, I didn't mean to.*

Mesmo que ela **tenha**-te **ofendido,** não tens razão pelo que fizeste.
Even though she's insulted you, what you did was wrong.

O cheiro do seu charuto **ofendia** aos demais convidados.
The smell of his cigar offended the other guests.

oferecer

to offer; (**-se**) to volunteer

Personal Infinitive		**Present Subjunctive**	
oferecer	oferecermos	ofereça	ofereçamos
ofereceres	oferecerdes	ofereças	ofereçais
oferecer	oferecerem	ofereça	ofereçam

Present Indicative		**Imperfect Subjunctive**	
ofereço	oferecemos	oferecesse	oferecêssemos
ofereces	ofereceis	oferecesses	oferecêsseis
oferece	*oferecem**	oferecesse	oferecessem

Imperfect Indicative		**Future Subjunctive**	
oferecia	oferecíamos	oferecer	oferecermos
oferecias	oferecíeis	ofereceres	oferecerdes
oferecia	ofereciam	oferecer	oferecerem

Preterit Indicative		**Present Perfect Subjunctive**	
ofereci	oferecemos	tenha oferecido	tenhamos oferecido
ofereceste	oferecestes	tenhas oferecido	tenhais oferecido
ofereceu	ofereceram	tenha oferecido	tenham oferecido

Simple Pluperfect Indicative		**Past Perfect or Pluperfect Subjunctive**	
oferecera	oferecêramos	tivesse oferecido	tivéssemos oferecido
ofereceras	oferecêreis	tivesses oferecido	tivésseis oferecido
oferecera	ofereceram	tivesse oferecido	tivessem oferecido

Future Indicative		**Future Perfect Subjunctive**	
oferecerei	ofereceremos	tiver oferecido	tivermos oferecido
oferecerás	oferecereis	tiveres oferecido	tiverdes oferecido
oferecerá	oferecerão	tiver oferecido	tiverem oferecido

Present Perfect Indicative		**Conditional**	
tenho oferecido	temos oferecido	ofereceria	ofereceríamos
tens oferecido	tendes oferecido	oferecerias	ofereceríeis
tem oferecido	têm oferecido	ofereceria	ofereceriam

Past Perfect or Pluperfect Indicative		**Conditional Perfect**	
tinha oferecido	tínhamos oferecido	teria oferecido	teríamos oferecido
tinhas oferecido	tínheis oferecido	terias oferecido	teríeis oferecido
tinha oferecido	tinham oferecido	teria oferecido	teriam oferecido

Future Perfect Indicative		**Imperative**	
terei oferecido	teremos oferecido	*oferece**– oferecei	
terás oferecido	tereis oferecido		
terá oferecido	terão oferecido		

Samples of verb usage.

Ofereça-lhes uma bebida (a eles).   *Offer them a drink.*

O empresário **ofereceu** uma grande quantia pela companhia.
The entrepreneur offered a huge sum for the company.

Ofereço-me para esta missão perigosa.   *I volunteer for this dangerous mission.*

Eu sempre tento **oferecer** soluções a problemas.   *I always try to offer solutions to problems.*

*NOTE: Only the radical-changing verb forms with *open* stressed vowels appear in italic type. For further explanation see Foreword.

to look (at)

Personal Infinitive
olhar	olharmos
olhares	olhardes
olhar	olharem

Present Indicative
olho	olhamos
olhas	olhais
olha	*olham**

Imperfect Indicative
olhava	olhávamos
olhavas	olháveis
olhava	olhavam

Preterit Indicative
olhei	olhámos
olhaste	olhastes
olhou	olharam

Simple Pluperfect Indicative
olhara	olháramos
olharas	olháreis
olhara	olharam

Future Indicative
olharei	olharemos
olharás	olhareis
olhará	olharão

Present Perfect Indicative
tenho olhado	temos olhado
tens olhado	tendes olhado
tem olhado	têm olhado

Past Perfect or Pluperfect Indicative
tinha olhado	tínhamos olhado
tinhas olhado	tínheis olhado
tinha olhado	tinham olhado

Future Perfect Indicative
terei olhado	teremos olhado
terás olhado	tereis olhado
terá olhado	terão olhado

Present Subjunctive
olhe	olhemos
olhes	olheis
olhe	*olhem**

Imperfect Subjunctive
olhasse	olhássemos
olhasses	olhásseis
olhasse	olhassem

Future Subjunctive
olhar	olharmos
olhares	olhardes
olhar	olharem

Present Perfect Subjunctive
tenha olhado	tenhamos olhado
tenhas olhado	tenhais olhado
tenha olhado	tenham olhado

Past Perfect or Pluperfect Subjunctive
tivesse olhado	tivéssemos olhado
tivesses olhado	tivésseis olhado
tivesse olhado	tivessem olhado

Future Perfect Subjunctive
tiver olhado	tivermos olhado
tiveres olhado	tiverdes olhado
tiver olhado	tiverem olhado

Conditional
olharia	olharíamos
olharias	olharíeis
olharia	olhariam

Conditional Perfect
teria olhado	teríamos olhado
terias olhado	teríeis olhado
teria olhado	teriam olhado

Imperative
*olha**–olhai

Samples of verb usage.

Olha ali, é um palhaço.   *Look over there, it's a clown.*

Ela **olhou** para o mar.   *She looked at the sea.*

Elas sempre **olhavam** todos que passavam.   *They always looked at all who passed by.*

Eles **olharam-se** por um minuto.   *They looked at each other for a minute.*

*NOTE: Only the radical-changing verb forms with *open* stressed vowels appear in italic type. For further explanation see Foreword.

to dare

Personal Infinitive		*Present Subjunctive*	
ousar	ousarmos	ouse	ousemos
ousares	ousardes	ouses	ouseis
ousar	ousarem	ouse	ousem

Present Indicative		*Imperfect Subjunctive*	
ouso	ousamos	ousasse	ousássemos
ousas	ousais	ousasses	ousásseis
ousa	ousam	ousasse	ousassem

Imperfect Indicative		*Future Subjunctive*	
ousava	ousávamos	ousar	ousarmos
ousavas	ousáveis	ousares	ousardes
ousava	ousavam	ousar	ousarem

Preterit Indicative		*Present Perfect Subjunctive*	
ousei	ousámos	tenha ousado	tenhamos ousado
ousaste	ousastes	tenhas ousado	tenhais ousado
ousou	ousaram	tenha ousado	tenham ousado

Simple Pluperfect Indicative		*Past Perfect or Pluperfect Subjunctive*	
ousara	ousáramos	tivesse ousado	tivéssemos ousado
ousaras	ousáreis	tivesses ousado	tivésseis ousado
ousara	ousaram	tivesse ousado	tivessem ousado

Future Indicative		*Future Perfect Subjunctive*	
ousarei	ousaremos	tiver ousado	tivermos ousado
ousarás	ousareis	tiveres ousado	tiverdes ousado
ousará	ousarão	tiver ousado	tiverem ousado

Present Perfect Indicative		*Conditional*	
tenho ousado	temos ousado	ousaria	ousaríamos
tens ousado	tendes ousado	ousarias	ousaríeis
tem ousado	têm ousado	ousaria	ousariam

Past Perfect or Pluperfect Indicative		*Conditional Perfect*	
tinha ousado	tínhamos ousado	teria ousado	teríamos ousado
tinhas ousado	tínheis ousado	terias ousado	teríeis ousado
tinha ousado	tinham ousado	teria ousado	teriam ousado

Future Perfect Indicative		*Imperative*	
terei ousado	teremos ousado	ousa–ousai	
terás ousado	tereis ousado		
terá ousado	terão ousado		

Samples of verb usage.

Ela **ousou** ofendê-lo.   *She dared to insult him.*

Se **ousasses** fazer isso, alguém te mataria no processo.
If you dared to do that, someone would kill you in the process.

Ele nunca **tinha ousado** entrar naquele quarto antes.   *He had never dared to go into that room before.*

É preciso ser **ousado** para sair-se bem.   *It is necessary to be daring to succeed.*

to hear, listen

Personal Infinitive		**Present Subjunctive**	
ouvir	ouvirmos	ouça (oiça)	ouçamos (oiçamos)
ouvires	ouvirdes	ouças (oiças)	ouçais (oiçais)
ouvir	ouvirem	ouça (oiça)	ouçam (oiçam)

Present Indicative		**Imperfect Subjunctive**	
ouço (oiço)	ouvimos	ouvisse	ouvíssemos
ouves	ouvis	ouvisses	ouvísseis
ouve	ouvem	ouvisse	ouvissem

Imperfect Indicative		**Future Subjunctive**	
ouvia	ouvíamos	ouvir	ouvirmos
ouvias	ouvíeis	ouvires	ouvirdes
ouvia	ouviam	ouvir	ouvirem

Preterit Indicative		**Present Perfect Subjunctive**	
ouvi	ouvimos	tenha ouvido	tenhamos ouvido
ouviste	ouvistes	tenhas ouvido	tenhais ouvido
ouviu	ouviram	tenha ouvido	tenham ouvido

Simple Pluperfect Indicative		**Past Perfect or Pluperfect Subjunctive**	
ouvira	ouvíramos	tivesse ouvido	tivéssemos ouvido
ouviras	ouvíreis	tivesses ouvido	tivésseis ouvido
ouvira	ouviram	tivesse ouvido	tivessem ouvido

Future Indicative		**Future Perfect Subjunctive**	
ouvirei	ouviremos	tiver ouvido	tivermos ouvido
ouvirás	ouvireis	tiveres ouvido	tiverdes ouvido
ouvirá	ouvirão	tiver ouvido	tiverem ouvido

Present Perfect Indicative		**Conditional**	
tenho ouvido	temos ouvido	ouviria	ouviríamos
tens ouvido	tendes ouvido	ouvirias	ouviríeis
tem ouvido	têm ouvido	ouviria	ouviriam

Past Perfect or Pluperfect Indicative		**Conditional Perfect**	
tinha ouvido	tínhamos ouvido	teria ouvido	teríamos ouvido
tinhas ouvido	tínheis ouvido	terias ouvido	teríeis ouvido
tinha ouvido	tinham ouvido	teria ouvido	teriam ouvido

Future Perfect Indicative		**Imperative**	
terei ouvido	teremos ouvido	ouve–ouvi	
terás ouvido	tereis ouvido		
terá ouvido	terão ouvido		

Samples of verb usage.

Eu **oiço** (**ouço**) algo estranho.   *I hear something strange.*

O filho **ouviu** a sua mãe gritar.   *The son heard his mother shout.*

Oiça (**Ouça**). Um barulho.   *Listen. A noise.*

O escritor já **tinha ouvido** aquela história muitas vezes.
The writer had already heard that story many times.

NOTE: The forms in parentheses are preferred in standard Continental Portuguese.

pagar

Pres. Part. *pagando*   Past Part. *pago, pagado**

to pay

Personal Infinitive	
pagar	pagarmos
pagares	pagardes
pagar	pagarem

Present Indicative	
pago	pagamos
pagas	pagais
paga	pagam

Imperfect Indicative	
pagava	pagávamos
pagavas	pagáveis
pagava	pagavam

Preterit Indicative	
paguei	pagámos
pagaste	pagastes
pagou	pagaram

Simple Pluperfect Indicative	
pagara	pagáramos
pagaras	pagáreis
pagara	pagaram

Future Indicative	
pagarei	pagaremos
pagarás	pagareis
pagará	pagarão

Present Perfect Indicative	
tenho pago	temos pago
tens pago	tendes pago
tem pago	têm pago

Past Perfect or Pluperfect Indicative	
tinha pago	tínhamos pago
tinhas pago	tínheis pago
tinha pago	tinham pago

Future Perfect Indicative	
terei pago	teremos pago
terás pago	tereis pago
terá pago	terão pago

Present Subjunctive	
pague	paguemos
pagues	pagueis
pague	paguem

Imperfect Subjunctive	
pagasse	pagássemos
pagasses	pagásseis
pagasse	pagassem

Future Subjunctive	
pagar	pagarmos
pagares	pagardes
pagar	pagarem

Present Perfect Subjunctive	
tenha pago	tenhamos pago
tenhas pago	tenhais pago
tenha pago	tenham pago

Past Perfect or Pluperfect Subjunctive	
tivesse pago	tivéssemos pago
tivesses pago	tivésseis pago
tivesse pago	tivessem pago

Future Perfect Subjunctive	
tiver pago	tivermos pago
tiveres pago	tiverdes pago
tiver pago	tiverem pago

Conditional	
pagaria	pagaríamos
pagarias	pagaríeis
pagaria	pagariam

Conditional Perfect	
teria pago	teríamos pago
terias pago	teríeis pago
teria pago	teriam pago

Imperative	
paga–pagai	

Samples of verb usage.

Eu sempre **pago** as minhas contas.   *I always pay my bills.*

Ele nos **pagou** o que devia.   *He paid us what he owed.*

Os inquilinos já **tinham pago** a renda (o aluguer, aluguel *in Brazil*) do apartamento.
The tenants had already paid the apartment rent.

Ela sempre **pagava** as suas dívidas.   *She always paid her debts.*

*NOTE: The regular form of the past participle is now considered archaic in both Continental and Brazilian Portuguese.

to stop

Personal Infinitive	
parar	pararmos
parares	parardes
parar	pararem

Present Indicative	
paro	paramos
paras	parais
pára	param

Imperfect Indicative	
parava	parávamos
paravas	paráveis
parava	paravam

Preterit Indicative	
parei	parámos
paraste	parastes
parou	pararam

Simple Pluperfect Indicative	
parara	paráramos
pararas	paráreis
parara	pararam

Future Indicative	
pararei	pararemos
pararás	parareis
parará	pararão

Present Perfect Indicative	
tenho parado	temos parado
tens parado	tendes parado
tem parado	têm parado

Past Perfect or Pluperfect Indicative	
tinha parado	tínhamos parado
tinhas parado	tínheis parado
tinha parado	tinham parado

Future Perfect Indicative	
terei parado	teremos parado
terás parado	tereis parado
terá parado	terão parado

Present Subjunctive	
pare	paremos
pares	pareis
pare	parem

Imperfect Subjunctive	
parasse	parássemos
parasses	parásseis
parasse	parassem

Future Subjunctive	
parar	pararmos
parares	parardes
parar	pararem

Present Perfect Subjunctive	
tenha parado	tenhamos parado
tenhas parado	tenhais parado
tenha parado	tenham parado

Past Perfect or Pluperfect Subjunctive	
tivesse parado	tivéssemos parado
tivesses parado	tivésseis parado
tivesse parado	tivessem parado

Future Perfect Subjunctive	
tiver parado	tivermos parado
tiveres parado	tiverdes parado
tiver parado	tiverem parado

Conditional	
pararia	pararíamos
pararias	pararíeis
pararia	parariam

Conditional Perfect	
teria parado	teríamos parado
terias parado	teríeis parado
teria parado	teriam parado

Imperative	
pára–parai	

Samples of verb usage.

Pare aí! Não se mexa!   *Stop there! Don't move!*

Quando você **tiver parado** o carro, eu saltarei.   *When you have stopped the car, I will jump out.*

Pára de gritar.   *Stop screaming.*

O autocarro (ônibus *in Brazil*) costumava **parar** aqui aos domingos.
The bus used to stop here on Sundays.

to seem, look like, appear

Personal Infinitive	
parecer	parecermos
pareceres	parecerdes
parecer	parecerem

Present Indicative	
pareço	parecemos
pareces	pareceis
parece	*parecem**

Imperfect Indicative	
parecia	parecíamos
parecias	parecíeis
parecia	pareciam

Preterit Indicative	
pareci	parecemos
pareceste	parecestes
pareceu	pareceram

Simple Pluperfect Indicative	
parecera	parecêramos
pareceras	parecêreis
parecera	pareceram

Future Indicative	
parecerei	pareceremos
parecerás	parecereis
parecerá	parecerão

Present Perfect Indicative	
tenho parecido	temos parecido
tens parecido	tendes parecido
tem parecido	têm parecido

Past Perfect or Pluperfect Indicative	
tinha parecido	tínhamos parecido
tinhas parecido	tínheis parecido
tinha parecido	tinham parecido

Future Perfect Indicative	
terei parecido	teremos parecido
terás parecido	tereis parecido
terá parecido	terão parecido

Present Subjunctive	
pareça	pareçamos
pareças	pareçais
pareça	pareçam

Imperfect Subjunctive	
parecesse	parecêssemos
parecesses	parecêsseis
parecesse	parecessem

Future Subjunctive	
parecer	parecermos
pareceres	parecerdes
parecer	parecerem

Present Perfect Subjunctive	
tenha parecido	tenhamos parecido
tenhas parecido	tenhais parecido
tenha parecido	tenham parecido

Past Perfect or Pluperfect Subjunctive	
tivesse parecido	tivéssemos parecido
tivesses parecido	tivésseis parecido
tivesse parecido	tivessem parecido

Future Perfect Subjunctive	
tiver parecido	tivermos parecido
tiveres parecido	tiverdes parecido
tiver parecido	tiverem parecido

Conditional	
pareceria	pareceríamos
parecerias	pareceríeis
pareceria	pareceriam

Conditional Perfect	
teria parecido	teríamos parecido
terias parecido	teríeis parecido
teria parecido	teriam parecido

Imperative	
*parece** – parecei	

Samples of verb usage.

Quero que **pareça** um acidente.   *I want it to look like an accident.*

Tudo **parece** muito simples, mas não é!   *Everthing seems very simple, but it isn't!*

Ela **se parece** com o pai dela.   *She looks like her father.*

O funcionário **parecia** estar cansado.   *The employee appeared (seemed) to be tired.*

*NOTE: Only the radical-changing verb forms with *open* stressed vowels appear in italic type. For further explanation see Foreword.

to pass; (**-se**) to happen

Personal Infinitive		*Present Subjunctive*	
passar	passarmos	passe	passemos
passares	passardes	passes	passeis
passar	passarem	passe	passem

Present Indicative		*Imperfect Subjunctive*	
passo	passamos	passasse	passássemos
passas	passais	passasses	passásseis
passa	passam	passasse	passassem

Imperfect Indicative		*Future Subjunctive*	
passava	passávamos	passar	passarmos
passavas	passáveis	passares	passardes
passava	passavam	passar	passarem

Preterit Indicative		*Present Perfect Subjunctive*	
passei	passámos	tenha passado	tenhamos passado
passaste	passastes	tenhas passado	tenhais passado
passou	passaram	tenha passado	tenham passado

Simple Pluperfect Indicative		*Past Perfect or Pluperfect Subjunctive*	
passara	passáramos	tivesse passado	tivéssemos passado
passaras	passáreis	tivesses passado	tivésseis passado
passara	passaram	tivesse passado	tivessem passado

Future Indicative		*Future Perfect Subjunctive*	
passarei	passaremos	tiver passado	tivermos passado
passarás	passareis	tiveres passado	tiverdes passado
passará	passarão	tiver passado	tiverem passado

Present Perfect Indicative		*Conditional*	
tenho passado	temos passado	passaria	passaríamos
tens passado	tendes passado	passarias	passaríeis
tem passado	têm passado	passaria	passariam

Past Perfect or Pluperfect Indicative		*Conditional Perfect*	
tinha passado	tínhamos passado	teria passado	teríamos passado
tinhas passado	tínheis passado	terias passado	teríeis passado
tinha passado	tinham passado	teria passado	teriam passado

Future Perfect Indicative		*Imperative*	
terei passado	teremos passado	passa–passai	
terás passado	tereis passado		
terá passado	terão passado		

Samples of verb usage.

Passe pela loja esta tarde.   *Pass by the store this afternoon.*

Eu queria saber o que **tinha-se passado**.   *I wanted to know what had happened.*

Passámos três camiões na (auto)estrada.   *We passed three trucks on the highway (road).*

Ela **passará** pela sua casa dentro de poucos dias.   *She will pass by your house in a few days.*

to take a walk *or* stroll

Personal Infinitive		**Present Subjunctive**	
passear	passearmos	passeie	passeemos
passeares	passeardes	passeies	passeeis
passear	passearem	passeie	passeiem

Present Indicative		**Imperfect Subjunctive**	
passeio	passeamos	passeasse	passeássemos
passeias	passeais	passeasses	passeásseis
passeia	passeiam	passeasse	passeassem

Imperfect Indicative		**Future Subjunctive**	
passeava	passeávamos	passear	passearmos
passeavas	passeáveis	passeares	passeardes
passeava	passeavam	passear	passearem

Preterit Indicative		**Present Perfect Subjunctive**	
passeei	passeámos	tenha passeado	tenhamos passeado
passeaste	passeastes	tenhas passeado	tenhais passeado
passeou	passearam	tenha passeado	tenham passeado

Simple Pluperfect Indicative		**Past Perfect or Pluperfect Subjunctive**	
passeara	passeáramos	tivesse passeado	tivéssemos passeado
passearas	passeáreis	tivesses passeado	tivésseis passeado
passeara	passearam	tivesse passeado	tivessem passeado

Future Indicative		**Future Perfect Subjunctive**	
passearei	passearemos	tiver passeado	tivermos passeado
passearás	passeareis	tiveres passeado	tiverdes passeado
passeará	passearão	tiver passeado	tiverem passeado

Present Perfect Indicative		**Conditional**	
tenho passeado	temos passeado	passearia	passearíamos
tens passeado	tendes passeado	passearias	passearíeis
tem passeado	têm passeado	passearia	passeariam

Past Perfect or Pluperfect Indicative		**Conditional Perfect**	
tinha passeado	tínhamos passeado	teria passeado	teríamos passeado
tinhas passeado	tínheis passeado	terias passeado	teríeis passeado
tinha passeado	tinham passeado	teria passeado	teriam passeado

Future Perfect Indicative		**Imperative**	
terei passeado	teremos passeado	passeia–passeai	
terás passeado	tereis passeado		
terá passeado	terão passeado		

Samples of verb usage.

Ela **tinha passeado** durante horas.   *She had walked about for hours.*

A menina **passeou** pela cidade sózinha.   *The girl walked about the city all alone.*

Tu **passearias** naquele bairro de Nova Iorque?
Would you walk around in that neighborhood of New York?

Eu **passeio** pelo parque todos os fins de semana.   *I take a stroll in the park every weekend.*

to pause; to take a break; to delay

Personal Infinitive		*Present Subjunctive*	
pausar	pausarmos	pause	pausemos
pausares	pausardes	pauses	pauseis
pausar	pausarem	pause	pausem
Present Indicative		*Imperfect Subjunctive*	
pauso	pausamos	pausasse	pausássemos
pausas	pausais	pausasses	pausásseis
pausa	pausam	pausasse	pausassem
Imperfect Indicative		*Future Subjunctive*	
pausava	pausávamos	pausar	pausarmos
pausavas	pausáveis	pausares	pausardes
pausava	pausavam	pausar	pausarem
Preterit Indicative		*Present Perfect Subjunctive*	
pausei	pausámos	tenha pausado	tenhamos pausado
pausaste	pausastes	tenhas pausado	tenhais pausado
pausou	pausaram	tenha pausado	tenham pausado
Simple Pluperfect Indicative		*Past Perfect or Pluperfect Subjunctive*	
pausara	pausáramos	tivesse pausado	tivéssemos pausado
pausaras	pausáreis	tivesses pausado	tivésseis pausado
pausara	pausaram	tivesse pausado	tivessem pausado
Future Indicative		*Future Perfect Subjunctive*	
pausarei	pausaremos	tiver pausado	tivermos pausado
pausarás	pausareis	tiveres pausado	tiverdes pausado
pausará	pausarão	tiver pausado	tiverem pausado
Present Perfect Indicative		*Conditional*	
tenho pausado	temos pausado	pausaria	pausaríamos
tens pausado	tendes pausado	pausarias	pausaríeis
tem pausado	têm pausado	pausaria	pausariam
Past Perfect or Pluperfect Indicative		*Conditional Perfect*	
tinha pausado	tínhamos pausado	teria pausado	teríamos pausado
tinhas pausado	tínheis pausado	terias pausado	teríeis pausado
tinha pausado	tinham pausado	teria pausado	teriam pausado
Future Perfect Indicative		*Imperative*	
terei pausado	teremos pausado	pausa–pausai	
terás pausado	tereis pausado		
terá pausado	terão pausado		

Samples of verb usage.

O atleta **pausou** um minuto para recuperar o fôlego.   *The athlete paused a minute to catch his breath.*

Tenho pausado o meu trabalho o dia inteiro.   *I have been delaying my work all day long.*

O padre falava na morte, **pausando** entre uma palavra e outra.
The priest was speaking about the death, pausing between every word.

Se você não **tivesse pausado**, estaria cansado agora.
If you hadn't taken a break, you would be tired now.

to sin

Personal Infinitive	
pecar	pecarmos
pecares	pecardes
pecar	pecarem

Present Indicative	
peco	pecamos
pecas	pecais
peca	*pecam**

Imperfect Indicative	
pecava	pecávamos
pecavas	pecáveis
pecava	pecavam

Preterit Indicative	
pequei	pecámos
pecaste	pecastes
pecou	pecaram

Simple Pluperfect Indicative	
pecara	pecáramos
pecaras	pecáreis
pecara	pecaram

Future Indicative	
pecarei	pecaremos
pecarás	pecareis
pecará	pecarão

Present Perfect Indicative	
tenho pecado	temos pecado
tens pecado	tendes pecado
tem pecado	têm pecado

Past Perfect or Pluperfect Indicative	
tinha pecado	tínhamos pecado
tinhas pecado	tínheis pecado
tinha pecado	tinham pecado

Future Perfect Indicative	
terei pecado	teremos pecado
terás pecado	tereis pecado
terá pecado	terão pecado

Present Subjunctive	
peque	pequemos
peques	pequeis
peque	*pequem**

Imperfect Subjunctive	
pecasse	pecássemos
pecasses	pecásseis
pecasse	pecassem

Future Subjunctive	
pecar	pecarmos
pecares	pecardes
pecar	pecarem

Present Perfect Subjunctive	
tenha pecado	tenhamos pecado
tenhas pecado	tenhais pecado
tenha pecado	tenham pecado

Past Perfect or Pluperfect Subjunctive	
tivesse pecado	tivéssemos pecado
tivesses pecado	tivésseis pecado
tivesse pecado	tivessem pecado

Future Perfect Subjunctive	
tiver pecado	tivermos pecado
tiveres pecado	tiverdes pecado
tiver pecado	tiverem pecado

Conditional	
pecaria	pecaríamos
pecarias	pecaríeis
pecaria	pecariam

Conditional Perfect	
teria pecado	teríamos pecado
terias pecado	teríeis pecado
teria pecado	teriam pecado

Imperative	
*peca**–pecai	

Samples of verb usage.

Se **pecares,** não entrarás no paraíso.   *If you sin, you won't get into heaven.*

Mesmo que ela **tenha pecado,** será perdoada.   *Even if she's sinned, she'll be forgiven.*

Ele **pecava** pela falta de paciência.   *He sinned from lack of patience.*

Pecarei só para te aborrecer.   *I will sin just to upset you.*

*NOTE: Only the radical-changing verb forms with *open* stressed vowels appear in italic type. For further explanation see Foreword.

to ask for, to beg

Personal Infinitive		**Present Subjunctive**	
pedir	pedirmos	*peça*	peçamos
pedires	pedirdes	*peças*	peçais
pedir	pedirem	*peça*	*peçam**

Present Indicative		**Imperfect Subjunctive**	
peço	pedimos	pedisse	pedíssemos
pedes	pedis	pedisses	pedísseis
pede	*pedem**	pedisse	pedissem

Imperfect Indicative		**Future Subjunctive**	
pedia	pedíamos	pedir	pedirmos
pedias	pedíeis	pedires	pedirdes
pedia	pediam	pedir	pedirem

Preterit Indicative		**Present Perfect Subjunctive**	
pedi	pedimos	tenha pedido	tenhamos pedido
pediste	pedistes	tenhas pedido	tenhais pedido
pediu	pediram	tenha pedido	tenham pedido

Past Perfect or Pluperfect Indicative		**Past Perfect or Pluperfect Subjunctive**	
pedira	pedíramos	tivesse pedido	tivéssemos pedido
pediras	pedíreis	tivesses pedido	tivésseis pedido
pedira	pediram	tivesse pedido	tivessem pedido

Future Indicative		**Future Perfect Subjunctive**	
pedirei	pediremos	tiver pedido	tivermos pedido
pedirás	pedireis	tiveres pedido	tiverdes pedido
pedirá	pedirão	tiver pedido	tiverem pedido

Present Perfect Indicative		**Conditional**	
tenho pedido	temos pedido	pediria	pediríamos
tens pedido	tendes pedido	pedirias	pediríeis
tem pedido	têm pedido	pediria	pediriam

Past Perfect or Pluperfect Indicative		**Conditional Perfect**	
tinha pedido	tínhamos pedido	teria pedido	teríamos pedido
tinhas pedido	tínheis pedido	terias pedido	teríeis pedido
tinha pedido	tinham pedido	teria pedido	teriam pedido

Future Perfect Indicative		**Imperative**	
terei pedido	teremos pedido	*pede**– pedi	
terás pedido	tereis pedido		
terá pedido	terão pedido		

Samples of verb usage.

Peça a conta.   *Ask for the bill.*

Ele te **pedirá** perdão por aquilo que fez.   *He will ask you for forgiveness for what he did.*

Tenho pedido esta oportunidade durante meses.   *I have been asking for this opportunity for months.*

O advogado **pediu** aos acusados para confessarem.   *The lawyer asked the accused to confess.*

*NOTE: Only the radical-changing verb forms with *open* stressed vowels appear in italic type. For further explanation see Foreword.

to catch; to grab, pick up

Personal Infinitive	
pegar	pegarmos
pegares	pegardes
pegar	pegarem

Present Indicative	
pego	pegamos
pegas	pegais
pega	*pegam**

Imperfect Indicative	
pegava	pegávamos
pegavas	pegáveis
pegava	pegavam

Preterit Indicative	
peguei	pegámos
pegaste	pegastes
pegou	pegaram

Simple Pluperfect Indicative	
pegara	pegáramos
pegaras	pegáreis
pegara	pegaram

Future Indicative	
pegarei	pegaremos
pegarás	pegareis
pegará	pegarão

Present Perfect Indicative	
tenho pegado	temos pegado
tens pegado	tendes pegado
tem pegado	têm pegado

Past Perfect or Pluperfect Indicative	
tinha pegado	tínhamos pegado
tinhas pegado	tínheis pegado
tinha pegado	tinham pegado

Future Perfect Indicative	
terei pegado	teremos pegado
terás pegado	tereis pegado
terá pegado	terão pegado

Present Subjunctive	
pegue	peguemos
pegues	pegueis
pegue	*peguem**

Imperfect Subjunctive	
pegasse	pegássemos
pegasses	pegásseis
pegasse	pegassem

Future Subjunctive	
pegar	pegarmos
pegares	pegardes
pegar	pegarem

Present Perfect Subjunctive	
tenha pegado	tenhamos pegado
tenhas pegado	tenhais pegado
tenha pegado	tenham pegado

Past Perfect or Pluperfect Subjunctive	
tivesse pegado	tivéssemos pegado
tivesses pegado	tivésseis pegado
tivesse pegado	tivessem pegado

Future Perfect Subjunctive	
tiver pegado	tivermos pegado
tiveres pegado	tiverdes pegado
tiver pegado	tiverem pegado

Conditional	
pegaria	pegaríamos
pegarias	pegaríeis
pegaria	pegariam

Conditional Perfect	
teria pegado	teríamos pegado
terias pegado	teríeis pegado
teria pegado	teriam pegado

Imperative	
*pega**–pegai	

Samples of verb usage.

Todos (nós) **tínhamos pegado** pneumonia naquele ano. *We all caught pneumonia that year.*

Pegue a bola! *Catch the ball!*

Peguei o meu casaco e saí de casa. *I picked up my jacket and left home.*

A mãe **pegou** o filho pelo braço. *The mother grabbed her son by the arm.*

*NOTE: Only the radical-changing verb forms with *open* stressed vowels appear in italic type. For further explanation see Foreword.

to hang (up)

Personal Infinitive	
pendurar	pendurarmos
pendurares	pendurardes
pendurar	pendurarem

Present Indicative	
penduro	penduramos
penduras	pendurais
pendura	penduram

Imperfect Indicative	
pendurava	pendurávamos
penduravas	penduráveis
pendurava	penduravam

Preterit Indicative	
pendurei	pendurámos
penduraste	pendurastes
pendurou	penduraram

Simple Pluperfect Indicative	
pendurara	penduráramos
penduraras	penduráreis
pendurara	penduraram

Future Indicative	
pendurarei	penduraremos
pendurarás	pendurareis
pendurará	pendurarão

Present Perfect Indicative	
tenho pendurado	temos pendurado
tens pendurado	tendes pendurado
tem pendurado	têm pendurado

Past Perfect or Pluperfect Indicative	
tinha pendurado	tínhamos pendurado
tinhas pendurado	tínheis pendurado
tinha pendurado	tinham pendurado

Future Perfect Indicative	
terei pendurado	teremos pendurado
terás pendurado	tereis pendurado
terá pendurado	terão pendurado

Present Subjunctive	
pendure	penduremos
pendures	pendureis
pendure	pendurem

Imperfect Subjunctive	
pendurasse	pendurássemos
pendurasses	pendurásseis
pendurasse	pendurassem

Future Subjunctive	
pendurar	pendurarmos
pendurares	pendurardes
pendurar	pendurarem

Present Perfect Subjunctive	
tenha pendurado	tenhamos pendurado
tenhas pendurado	tenhais pendurado
tenha pendurado	tenham pendurado

Past Perfect or Pluperfect Subjunctive	
tivesse pendurado	tivéssemos pendurado
tivesses pendurado	tivésseis pendurado
tivesse pendurado	tivessem pendurado

Future Perfect Subjunctive	
tiver pendurado	tivermos pendurado
tiveres pendurado	tiverdes pendurado
tiver pendurado	tiverem pendurado

Conditional	
penduraria	penduraríamos
pendurarias	pendураríeis
penduraria	pendurariam

Conditional Perfect	
teria pendurado	teríamos pendurado
terias pendurado	teríeis pendurado
teria pendurado	teriam pendurado

Imperative	
pendura–pendurai	

Samples of verb usage.

Pendurei o quadro na parede.   *I hung the painting on the wall.*

O seu irmão **pendurou**-o pelo pé com a corda.   *His brother suspended him by his foot with the rope.*

Pendure isto ali para que todos vejam.   *Hang this up there for all to see.*

(Nós) **tínhamos pendurado** tudo no armário do hotel quando nos obrigaram a mudar de quarto.
We had hung up everything in the hotel closet when they made us change rooms.

to think (mental action)

Personal Infinitive	
pensar	pensarmos
pensares	pensardes
pensar	pensarem

Present Indicative	
penso	pensamos
pensas	pensais
pensa	pensam

Imperfect Indicative	
pensava	pensávamos
pensavas	pensáveis
pensava	pensavam

Preterit Indicative	
pensei	pensámos
pensaste	pensastes
pensou	pensaram

Simple Pluperfect Indicative	
pensara	pensáramos
pensaras	pensáreis
pensara	pensaram

Future Indicative	
pensarei	pensaremos
pensarás	pensareis
pensará	pensarão

Present Perfect Indicative	
tenho pensado	temos pensado
tens pensado	tendes pensado
tem pensado	têm pensado

Past Perfect or Pluperfect Indicative	
tinha pensado	tínhamos pensado
tinhas pensado	tínheis pensado
tinha pensado	tinham pensado

Future Perfect Indicative	
terei pensado	teremos pensado
terás pensado	tereis pensado
terá pensado	terão pensado

Present Subjunctive	
pense	pensemos
penses	penseis
pense	pensem

Imperfect Subjunctive	
pensasse	pensássemos
pensasses	pensásseis
pensasse	pensassem

Future Subjunctive	
pensar	pensarmos
pensares	pensardes
pensar	pensarem

Present Perfect Subjunctive	
tenha pensado	tenhamos pensado
tenhas pensado	tenhais pensado
tenha pensado	tenham pensado

Past Perfect or Pluperfect Subjunctive	
tivesse pensado	tivéssemos pensado
tivesses pensado	tivésseis pensado
tivesse pensado	tivessem pensado

Future Perfect Subjunctive	
tiver pensado	tivermos pensado
tiveres pensado	tiverdes pensado
tiver pensado	tiverem pensado

Conditional	
pensaria	pensaríamos
pensarias	pensaríeis
pensaria	pensariam

Conditional Perfect	
teria pensado	teríamos pensado
terias pensado	teríeis pensado
teria pensado	teriam pensado

Imperative	
pensa–pensai	

Samples of verb usage.

Pense o que quiser.   *Think whatever you want.*

Pensámos que vocês iam passar as férias con(n)osco.
We thought that you were going to spend the holidays with us.

Eles **têm pensado** muito nisso.   *They have been thinking a lot about that.*

Os filósofos **pensarão** numa solução.   *The philosophers will think about a solution.*

to comb

Personal Infinitive
pentear	pentearmos
penteares	penteardes
pentear	pentearem

Present Indicative
penteio	penteamos
penteias	penteais
penteia	penteiam

Imperfect Indicative
penteava	penteávamos
penteavas	penteáveis
penteava	penteavam

Preterit Indicative
penteei	penteámos
penteaste	penteastes
penteou	pentearam

Simple Pluperfect Indicative
penteara	penteáramos
pentearas	penteáreis
penteara	pentearam

Future Indicative
pentearei	pentearemos
pentearás	penteareis
penteará	pentearão

Present Perfect Indicative
tenho penteado	temos penteado
tens penteado	tendes penteado
tem penteado	têm penteado

Past Perfect or Pluperfect Indicative
tinha penteado	tínhamos penteado
tinhas penteado	tínheis penteado
tinha penteado	tinham penteado

Future Perfect Indicative
terei penteado	teremos penteado
terás penteado	tereis penteado
terá penteado	terão penteado

Present Subjunctive
penteie	penteemos
penteies	penteeis
penteie	penteiem

Imperfect Subjunctive
penteasse	penteássemos
penteasses	penteásseis
penteasse	penteassem

Future Subjunctive
pentear	pentearmos
penteares	penteardes
pentear	pentearem

Present Perfect Subjunctive
tenha penteado	tenhamos penteado
tenhas penteado	tenhais penteado
tenha penteado	tenham penteado

Past Perfect or Pluperfect Subjunctive
tivesse penteado	tivéssemos penteado
tivesses penteado	tivésseis penteado
tivesse penteado	tivessem penteado

Future Perfect Subjunctive
tiver penteado	tivermos penteado
tiveres penteado	tiverdes penteado
tiver penteado	tiverem penteado

Conditional
pentearia	pentearíamos
pentearias	pentearíeis
pentearia	penteariam

Conditional Perfect
teria penteado	teríamos penteado
terias penteado	teríeis penteado
teria penteado	teriam penteado

Imperative
penteia–penteai

Samples of verb usage.

Por que não **penteaste** o cabelo hoje?   *Why didn't you comb your hair today?*

Vai **pentear** macacos!   *Get the hell out of here!* Literally: *Go comb monkeys!*

Ela já **tinha penteado** o cabelo duas vezes.   *She had already combed her hair twice.*

O pente que **penteia** o teu cabelo deve ser incrível.   *The comb that combs your hair must be incredible.*

perceber

Pres. Part. *percebendo*   Past Part. *percebido*

to notice, perceive; to understand (*in Portugal*)

Personal Infinitive	
perceber	percebermos
perceberes	perceberdes
perceber	perceberem

Present Indicative	
percebo	percebemos
percebes	percebeis
percebe	*percebem**

Imperfect Indicative	
percebia	percebíamos
percebias	percebíeis
percebia	percebiam

Preterit Indicative	
percebi	percebemos
percebeste	percebestes
percebeu	perceberam

Simple Pluperfect Indicative	
percebera	percebêramos
perceberas	percebêreis
percebera	perceberam

Future Indicative	
perceberei	perceberemos
perceberás	percebereis
perceberá	perceberão

Present Perfect Indicative	
tenho percebido	temos percebido
tens percebido	tendes percebido
tem percebido	têm percebido

Past Perfect or Pluperfect Indicative	
tinha percebido	tínhamos percebido
tinhas percebido	tínheis percebido
tinha percebido	tinham percebido

Future Perfect Indicative	
terei percebido	teremos percebido
terás percebido	tereis percebido
terá percebido	terão percebido

Present Subjunctive	
perceba	percebamos
percebas	percebais
perceba	percebam

Imperfect Subjunctive	
percebesse	percebêssemos
percebesses	percebêsseis
percebesse	percebessem

Future Subjunctive	
perceber	percebermos
perceberes	perceberdes
perceber	perceberem

Present Perfect Subjunctive	
tenha percebido	tenhamos percebido
tenhas percebido	tenhais percebido
tenha percebido	tenham percebido

Past Perfect or Pluperfect Subjunctive	
tivesse percebido	tivéssemos percebido
tivesses percebido	tivésseis percebido
tivesse percebido	tivessem percebido

Future Perfect Subjunctive	
tiver percebido	tivermos percebido
tiveres percebido	tiverdes percebido
tiver percebido	tiverem percebido

Conditional	
perceberia	perceberíamos
perceberias	perceberíeis
perceberia	perceberiam

Conditional Perfect	
teria percebido	teríamos percebido
terias percebido	teríeis percebido
teria percebido	teriam percebido

Imperative	
*percebe**– percebei	

Samples of verb usage.

Só então o aluno **percebeu** o que ocorria.   *It was only then that the student noticed what was happening.*

Percebeste?   *Did you understand? (In Portugal)*

Perceberias, se o tivesses visto.   *You would understand, if you had seen it.*

O guarda nem **tinha percebido** o ladrão a entrar.   *The guard hadn't even noticed the thief walk in.*

*NOTE: Only the radical-changing verb forms with *open* stressed vowels appear in italic type. For further explanation see Foreword.

384

to lose

Personal Infinitive		***Present Subjunctive***	
perder	perdermos	*perca*	percamos
perderes	perderdes	*percas*	percais
perder	perderem	*perca*	*percam**
Present Indicative		***Imperfect Subjunctive***	
perco	perdemos	perdesse	perdêssemos
perdes	perdeis	perdesses	perdêsseis
perde	*perdem**	perdesse	perdessem
Imperfect Indicative		***Future Subjunctive***	
perdia	perdíamos	perder	perdermos
perdias	perdíeis	perderes	perderdes
perdia	perdiam	perder	perderem
Preterit Indicative		***Present Perfect Subjunctive***	
perdi	perdemos	tenha perdido	tenhamos perdido
perdeste	perdestes	tenhas perdido	tenhais perdido
perdeu	perderam	tenha perdido	tenham perdido
Simple Pluperfect Indicative		***Past Perfect or Pluperfect Subjunctive***	
perdera	perdêramos	tivesse perdido	tivéssemos perdido
perderas	perdêreis	tivesses perdido	tivésseis perdido
perdera	perderam	tivesse perdido	tivessem perdido
Future Indicative		***Future Perfect Subjunctive***	
perderei	perderemos	tiver perdido	tivermos perdido
perderás	perdereis	tiveres perdido	tiverdes perdido
perderá	perderão	tiver perdido	tiverem perdido
Present Perfect Indicative		***Conditional***	
tenho perdido	temos perdido	perderia	perderíamos
tens perdido	tendes perdido	perderias	perderíeis
tem perdido	têm perdido	perderia	perderiam
Past Perfect or Pluperfect Indicative		***Conditional Perfect***	
tinha perdido	tínhamos perdido	teria perdido	teríamos perdido
tinhas perdido	tínheis perdido	terias perdido	teríeis perdido
tinha perdido	tinham perdido	teria perdido	teriam perdido
Future Perfect Indicative		***Imperative***	
terei perdido	teremos perdido	*perde**– perdei	
terás perdido	tereis perdido		
terá perdido	terão perdido		

Samples of verb usage.

Eu sempre **perco-me** nas cidades grandes.   *I always get lost in big cities.*

Não **perca** esse dinheiro!   *Don't lose that money!*

A nossa equipe **perdeu** o jogo.   *Our team lost the game.*

O menino **perdeu** o seu cão.   *The little boy lost his dog.*

*NOTE: Only the radical-changing verb forms with *open* stressed vowels appear in italic type. For further explanation see Foreword.

to forgive, pardon

Personal Infinitive		*Present Subjunctive*	
perdoar	perdoarmos	perdoe	perdoemos
perdoares	perdoardes	perdoes	perdoeis
perdoar	perdoarem	perdoe	perdoem

Present Indicative		*Imperfect Subjunctive*	
perdoo	perdoamos	perdoasse	perdoássemos
perdoas	perdoais	perdoasses	perdoásseis
perdoa	perdoam	perdoasse	perdoassem

Imperfect Indicative		*Future Subjunctive*	
perdoava	perdoávamos	perdoar	perdoarmos
perdoavas	perdoáveis	perdoares	perdoardes
perdoava	perdoavam	perdoar	perdoarem

Preterit Indicative		*Present Perfect Subjunctive*	
perdoei	perdoámos	tenha perdoado	tenhamos perdoado
perdoaste	perdoastes	tenhas perdoado	tenhais perdoado
perdoou	perdoaram	tenha perdoado	tenham perdoado

Simple Pluperfect Indicative		*Past Perfect or Pluperfect Subjunctive*	
perdoara	perdoáramos	tivesse perdoado	tivéssemos perdoado
perdoaras	perdoáreis	tivesses perdoado	tivésseis perdoado
perdoara	perdoaram	tivesse perdoado	tivessem perdoado

Future Indicative		*Future Perfect Subjunctive*	
perdoarei	perdoaremos	tiver perdoado	tivermos perdoado
perdoarás	perdoareis	tiveres perdoado	tiverdes perdoado
perdoará	perdoarão	tiver perdoado	tiverem perdoado

Present Perfect Indicative		*Conditional*	
tenho perdoado	temos perdoado	perdoaria	perdoaríamos
tens perdoado	tendes perdoado	perdoarias	perdoaríeis
tem perdoado	têm perdoado	perdoaria	perdoariam

Past Perfect or Pluperfect Indicative		*Conditional Perfect*	
tinha perdoado	tínhamos perdoado	teria perdoado	teríamos perdoado
tinhas perdoado	tínheis perdoado	terias perdoado	teríeis perdoado
tinha perdoado	tinham perdoado	teria perdoado	teriam perdoado

Future Perfect Indicative		*Imperative*	
terei perdoado	teremos perdoado	perdoa–perdoai	
terás perdoado	tereis perdoado		
terá perdoado	terão perdoado		

Samples of verb usage.

Perdoe-me.   *Forgive me.*

O juiz **perdoou** o prisioneiro.   *The judge pardoned the prisoner.*

O ex-governador sempre **perdoava** os erros dos seus empregados.
The ex-governor always forgave his employees' mistakes.

Eu te **perdoo,** meu filho.   *I forgive you, my son.*

to ask (a question); (**perguntar por**) to ask about *or* for

Personal Infinitive	
perguntar	perguntarmos
perguntares	perguntardes
perguntar	perguntarem

Present Indicative	
pergunto	perguntamos
perguntas	perguntais
pergunta	perguntam

Imperfect Indicative	
perguntava	perguntávamos
perguntavas	perguntáveis
perguntava	perguntavam

Preterit Indicative	
perguntei	perguntámos
perguntaste	perguntastes
perguntou	perguntaram

Simple Pluperfect Indicative	
perguntara	perguntáramos
perguntaras	perguntáreis
perguntara	perguntaram

Future Indicative	
perguntarei	perguntaremos
perguntarás	perguntareis
perguntará	perguntarão

Present Perfect Indicative	
tenho perguntado	temos perguntado
tens perguntado	tendes perguntado
tem perguntado	têm perguntado

Past Perfect or Pluperfect Indicative	
tinha perguntado	tínhamos perguntado
tinhas perguntado	tínheis perguntado
tinha perguntado	tinham perguntado

Future Perfect Indicative	
terei perguntado	teremos perguntado
terás perguntado	tereis perguntado
terá perguntado	terão perguntado

Present Subjunctive	
pergunte	perguntemos
perguntes	pergunteis
pergunte	perguntem

Imperfect Subjunctive	
perguntasse	perguntássemos
perguntasses	perguntásseis
perguntasse	perguntassem

Future Subjunctive	
perguntar	perguntarmos
perguntares	perguntardes
perguntar	perguntarem

Present Perfect Subjunctive	
tenha perguntado	tenhamos perguntado
tenhas perguntado	tenhais perguntado
tenha perguntado	tenham perguntado

Past Perfect or Pluperfect Subjunctive	
tivesse perguntado	tivéssemos perguntado
tivesses perguntado	tivésseis perguntado
tivesse perguntado	tivessem perguntado

Future Perfect Subjunctive	
tiver perguntado	tivermos perguntado
tiveres perguntado	tiverdes perguntado
tiver perguntado	tiverem perguntado

Conditional	
perguntaria	perguntaríamos
perguntarias	perguntaríeis
perguntaria	perguntariam

Conditional Perfect	
teria perguntado	teríamos perguntado
terias perguntado	teríeis perguntado
teria perguntado	teriam perguntado

Imperative	
pergunta–perguntai	

Samples of verb usage.

Pergunte o que quiser. *Ask whatever you want.*

O aluno **perguntava** à professora o que devia fazer.
The student was asking the teacher what he should do.

Eu **perguntei** ao meu chefe quanto tempo faltava antes de podermos sair do trabalho.
I asked my boss how much time was left before we could leave work.

Nós lhe **perguntaremos** isso amanhã a ele. *We will ask that to him tomorrow.*

O homem que bateu à porta **perguntava por** ti, mas eu disse-lhe que não estavas.
The man who knocked at the door was asking for you, but I told him you weren't here.

Os teus pais **perguntaram por** mim. *Your parents asked for me.*

permitir

to permit, allow

Personal Infinitive		**Present Subjunctive**	
permitir	permitirmos	permita	permitamos
permitires	permitirdes	permitas	permitais
permitir	permitirem	permita	permitam

Present Indicative		**Imperfect Subjunctive**	
permito	permitimos	permitisse	permitíssemos
permites	permitis	permitisses	permitísseis
permite	permitem	permitisse	permitissem

Imperfect Indicative		**Future Subjunctive**	
permitia	permitíamos	permitir	permitirmos
permitias	permitíeis	permitires	permitirdes
permitia	permitiam	permitir	permitirem

Preterit Indicative		**Present Perfect Subjunctive**	
permiti	permitimos	tenha permitido	tenhamos permitido
permitiste	permitistes	tenhas permitido	tenhais permitido
permitiu	permitiram	tenha permitido	tenham permitido

Simple Pluperfect Indicative		**Past Perfect or Pluperfect Subjunctive**	
permitira	permitíramos	tivesse permitido	tivéssemos permitido
permitiras	permitíreis	tivesses permitido	tivésseis permitido
permitira	permitiram	tivesse permitido	tivessem permitido

Future Indicative		**Future Perfect Subjunctive**	
permitirei	permitiremos	tiver permitido	tivermos permitido
permitirás	permitireis	tiveres permitido	tiverdes permitido
permitirá	permitirão	tiver permitido	tiverem permitido

Present Perfect Indicative		**Conditional**	
tenho permitido	temos permitido	permitiria	permitiríamos
tens permitido	tendes permitido	permitirias	permitiríeis
tem permitido	têm permitido	permitiria	permitiriam

Past Perfect or Pluperfect Indicative		**Conditional Perfect**	
tinha permitido	tínhamos permitido	teria permitido	teríamos permitido
tinhas permitido	tínheis permitido	terias permitido	teríeis permitido
tinha permitido	tinham permitido	teria permitido	teriam permitido

Future Perfect Indicative		**Imperative**	
terei permitido	teremos permitido	permite–permiti	
terás permitido	tereis permitido		
terá permitido	terão permitido		

Samples of verb usage.

O dire(c)tor **tinha permitido** a ausência do estudante.   *The director had permitted the absence of the student.*

Permita-me fazer uma pergunta sobre isso.   *Allow me to ask a question about that.*

Permitirei sob a condição que mais alguém vá.
I will allow it under the condition, that someone else go too.

O gerente não me **permitiu** entrar no restaurante porque não tinha pago a última conta.
The manager didn't let me enter the restaurant because I hadn't paid the last bill.

to persuade

Personal Infinitive	***Present Subjunctive***
persuadir	persuadirmos	persuada	persuadamos
persuadires	persuadirdes	persuadas	persuadais
persuadir	persuadirem	persuada	persuadam

Present Indicative
persuado   persuadimos
persuades   persuadis
persuade   persuadem

Imperfect Subjunctive
persuadisse   persuadíssemos
persuadisses   persuadísseis
persuadisse   persuadissem

Imperfect Indicative
persuadia   persuadíamos
persuadias   persuadíeis
persuadia   persuadiam

Future Subjunctive
persuadir   persuadirmos
persuadires   persuadirdes
persuadir   persuadirem

Preterit Indicative
persuadi   persuadimos
persuadiste   persuadistes
persuadiu   persuadiram

Present Perfect Subjunctive
tenha persuadido   tenhamos persuadido
tenhas persuadido   tenhais persuadido
tenha persuadido   tenham persuadido

Simple Pluperfect Indicative
persuadira   persuadíramos
persuadiras   persuadíreis
persuadira   persuadiram

Past Perfect or Pluperfect Subjunctive
tivesse persuadido   tivéssemos persuadido
tivesses persuadido   tivésseis persuadido
tivesse persuadido   tivessem persuadido

Future Indicative
persuadirei   persuadiremos
persuadirás   persuadireis
persuadirá   persuadirão

Future Perfect Subjunctive
tiver persuadido   tivermos persuadido
tiveres persuadido   tiverdes persuadido
tiver persuadido   tiverem persuadido

Present Perfect Indicative
tenho persuadido   temos persuadido
tens persuadido   tendes persuadido
tem persuadido   têm persuadido

Conditional
persuadiria   persuadiríamos
persuadirias   persuadiríeis
persuadiria   persuadiriam

Past Perfect or Pluperfect Indicative
tinha persuadido   tínhamos persuadido
tinhas persuadido   tínheis persuadido
tinha persuadido   tinham persuadido

Conditional Perfect
teria persuadido   teríamos persuadido
terias persuadido   teríeis persuadido
teria persuadido   teriam persuadido

Future Perfect Indicative
terei persuadido   teremos persuadido
terás persuadido   tereis persuadido
terá persuadido   terão persuadido

Imperative
persuade–persuadi

Samples of verb usage.

Não tente **persuadir**-me.   *Don't try to persuade me.*

Persuadi a tua mãe para te deixar ir.   *I persuaded your mother to let you go.*

O candidato **tinha persuadido** a maioria dos votantes.
The candidate had persuaded the majority of the voters.

Até aó mês que vem **terei persuadido** o gerente a promover-me.
By next month I will have persuaded the manager to promote me.

to belong (to)

Personal Infinitive	
pertencer	pertencermos
pertenceres	pertencerdes
pertencer	pertencerem

Present Indicative	
pertenço	pertencemos
pertences	pertenceis
pertence	pertencem

Imperfect Indicative	
pertencia	pertencíamos
pertencias	pertencíeis
pertencia	pertenciam

Preterit Indicative	
pertenci	pertencemos
pertenceste	pertencestes
pertenceu	pertenceram

Simple Pluperfect Indicative	
pertencera	pertencêramos
pertenceras	pertencêreis
pertencera	pertenceram

Future Indicative	
pertencerei	pertenceremos
pertencerás	pertencereis
pertencerá	pertencerão

Present Perfect Indicative	
tenho pertencido	temos pertencido
tens pertencido	tendes pertencido
tem pertencido	têm pertencido

Past Perfect or Pluperfect Indicative	
tinha pertencido	tínhamos pertencido
tinhas pertencido	tínheis pertencido
tinha pertencido	tinham pertencido

Future Perfect Indicative	
terei pertencido	teremos pertencido
terás pertencido	tereis pertencido
terá pertencido	terão pertencido

Present Subjunctive	
pertença	pertençamos
pertenças	pertençais
pertença	pertençam

Imperfect Subjunctive	
pertencesse	pertencêssemos
pertencesses	pertencêsseis
pertencesse	pertencessem

Future Subjunctive	
pertencer	pertencermos
pertenceres	pertencerdes
pertencer	pertencerem

Present Perfect Subjunctive	
tenha pertencido	tenhamos pertencido
tenhas pertencido	tenhais pertencido
tenha pertencido	tenham pertencido

Past Perfect or Pluperfect Subjunctive	
tivesse pertencido	tivéssemos pertencido
tivesses pertencido	tivésseis pertencido
tivesse pertencido	tivessem pertencido

Future Perfect Subjunctive	
tiver pertencido	tivermos pertencido
tiveres pertencido	tiverdes pertencido
tiver pertencido	tiverem pertencido

Conditional	
pertenceria	pertenceríamos
pertencerias	pertenceríeis
pertenceria	pertenceriam

Conditional Perfect	
teria pertencido	teríamos pertencido
terias pertencido	teríeis pertencido
teria pertencido	teriam pertencido

Imperative
pertence– pertencei

Samples of verb usage.

Eu não **pertenço** a ninguém!   *I don't belong to anybody!*

Este livro não lhe **pertencia** (a ele).   *This book didn't belong to him.*

A minha alma jamais te **pertencerá**!   *My soul will never belong to you!*

Não **pertencemos** ao mesmo grupo.   *We do not belong to the same group.*

to weigh

Personal Infinitive		Present Subjunctive	
pesar	pesarmos	*pese*	pesemos
pesares	pesardes	*peses*	peseis
pesar	pesarem	*pese*	*pesem**

Present Indicative		Imperfect Subjunctive	
peso	pesamos	pesasse	pesássemos
pesas	pesais	pesasses	pesásseis
pesa	*pesam**	pesasse	pesassem

Imperfect Indicative		Future Subjunctive	
pesava	pesávamos	pesar	pesarmos
pesavas	pesáveis	pesares	pesardes
pesava	pesavam	pesar	pesarem

Preterit Indicative		Present Perfect Subjunctive	
pesei	pesámos	tenha pesado	tenhamos pesado
pesaste	pesastes	tenhas pesado	tenhais pesado
pesou	pesaram	tenha pesado	tenham pesado

Simple Pluperfect Indicative		Past Perfect or Pluperfect Subjunctive	
pesara	pesáramos	tivesse pesado	tivéssemos pesado
pesaras	pesáreis	tivesses pesado	tivésseis pesado
pesara	pesaram	tivesse pesado	tivessem pesado

Future Indicative		Future Perfect Subjunctive	
pesarei	pesaremos	tiver pesado	tivermos pesado
pesarás	pesareis	tiveres pesado	tiverdes pesado
pesará	pesarão	tiver pesado	tiverem pesado

Present Perfect Indicative		Conditional	
tenho pesado	temos pesado	pesaria	pesaríamos
tens pesado	tendes pesado	pesarias	pesaríeis
tem pesado	têm pesado	pesaria	pesariam

Past Perfect or Pluperfect Indicative		Conditional Perfect	
tinha pesado	tínhamos pesado	teria pesado	teríamos pesado
tinhas pesado	tínheis pesado	terias pesado	teríeis pesado
tinha pesado	tinham pesado	teria pesado	teriam pesado

Future Perfect Indicative		Imperative	
terei pesado	teremos pesado	*pesa**–pesai	
terás pesado	tereis pesado		
terá pesado	terão pesado		

Samples of verb usage.

Eu **me pesei** e fiquei desiludido.   *I weighed myself and became disillusioned.*

O funcionário já **tinha pesado** todas as malas.   *The clerk had already weighed all of the luggage.*

Pese os tomates para ver quanto nos vão custar.
Weigh the tomatos to see how much they're going to cost us.

Eu **pesarei** a carga, se tiver tempo.   *I will weigh the shipment, if I have time.*

*NOTE: Only the radical-changing verb forms with *open* stressed vowels appear in italic type. For further explanation see Foreword.

to fish, catch

Personal Infinitive		*Present Subjunctive*	
pescar	pescarmos	*pesque*	pesquemos
pescares	pescardes	*pesques*	pesqueis
pescar	pescarem	*pesque*	*pesquem**

Present Indicative		*Imperfect Subjunctive*	
pesco	pescamos	pescasse	pescássemos
pescas	pescais	pescasses	pescásseis
pesca	*pescam**	pescasse	pescassem

Imperfect Indicative		*Future Subjunctive*	
pescava	pescávamos	pescar	pescarmos
pescavas	pescáveis	pescares	pescardes
pescava	pescavam	pescar	pescarem

Preterit Indicative		*Present Perfect Subjunctive*	
pesquei	pescámos	tenha pescado	tenhamos pescado
pescaste	pescastes	tenhas pescado	tenhais pescado
pescou	pescaram	tenha pescado	tenham pescado

Simple Pluperfect Indicative		*Past Perfect or Pluperfect Subjunctive*	
pescara	pescáramos	tivesse pescado	tivéssemos pescado
pescaras	pescáreis	tivesses pescado	tivésseis pescado
pescara	pescaram	tivesse pescado	tivessem pescado

Future Indicative		*Future Perfect Subjunctive*	
pescarei	pescaremos	tiver pescado	tivermos pescado
pescarás	pescareis	tiveres pescado	tiverdes pescado
pescará	pescarão	tiver pescado	tiverem pescado

Present Perfect Indicative		*Conditional*	
tenho pescado	temos pescado	pescaria	pescaríamos
tens pescado	tendes pescado	pescarias	pescaríeis
tem pescado	têm pescado	pescaria	pescariam

Past Perfect or Pluperfect Indicative		*Conditional Perfect*	
tinha pescado	tínhamos pescado	teria pescado	teríamos pescado
tinhas pescado	tínheis pescado	terias pescado	teríeis pescado
tinha pescado	tinham pescado	teria pescado	teriam pescado

Future Perfect Indicative		*Imperative*	
terei pescado	teremos pescado	*pesca**–pescai	
terás pescado	tereis pescado		
terá pescado	terão pescado		

Samples of verb usage.

Pescámos a tarde inteira.   *We fished the whole afternoon.*

Espero que ela **pesque** por fim um marido.   *I hope she finally catches a husband.*

Pesca-se muito peixe nesta área.   *A lot of fish are caught in this area.*

Ninguém **pesca** sem rede nem vara.   *Nobody fishes without a fishing rod or a net.*

*NOTE: Only the radical-changing verb forms with *open* stressed vowels appear in italic type. For further explanation see Foreword.

to drip

Personal Infinitive		*Present Subjunctive*	
pingar	pingarmos	pingue	pinguemos
pingares	pingardes	pingues	pingueis
pingar	pingarem	pingue	pinguem

Present Indicative		*Imperfect Subjunctive*	
pingo	pingamos	pingasse	pingássemos
pingas	pingais	pingasses	pingásseis
pinga	pingam	pingasse	pingassem

Imperfect Indicative		*Future Subjunctive*	
pingava	pingávamos	pingar	pingarmos
pingavas	pingáveis	pingares	pingardes
pingava	pingavam	pingar	pingarem

Preterit Indicative		*Present Perfect Subjunctive*	
pinguei	pingámos	tenha pingado	tenhamos pingado
pingaste	pingastes	tenhas pingado	tenhais pingado
pingou	pingaram	tenha pingado	tenham pingado

Simple Pluperfect Indicative		*Past Perfect or Pluperfect Subjunctive*	
pingara	pingáramos	tivesse pingado	tivéssemos pingado
pingaras	pingáreis	tivesses pingado	tivésseis pingado
pingara	pingaram	tivesse pingado	tivessem pingado

Future Indicative		*Future Perfect Subjunctive*	
pingarei	pingaremos	tiver pingado	tivermos pingado
pingarás	pingareis	tiveres pingado	tiverdes pingado
pingará	pingarão	tiver pingado	tiverem pingado

Present Perfect Indicative		*Conditional*	
tenho pingado	temos pingado	pingaria	pingaríamos
tens pingado	tendes pingado	pingarias	pingaríeis
tem pingado	têm pingado	pingaria	pingariam

Past Perfect or Pluperfect Indicative		*Conditional Perfect*	
tinha pingado	tínhamos pingado	teria pingado	teríamos pingado
tinhas pingado	tínheis pingado	terias pingado	teríeis pingado
tinha pingado	tinham pingado	teria pingado	teriam pingado

Future Perfect Indicative		*Imperative*	
terei pingado	teremos pingado	pinga–pingai	
terás pingado	tereis pingado		
terá pingado	terão pingado		

Samples of verb usage.

As gotas de água **pingavam** do teto durante a tempestade.
Drops of water were dripping from the ceiling during the storm.

Quando a chuva **pinga** no telhado desta casa, faz muito barulho.
When the rain drips on the roof of this house, it makes a lot of noise.

A torneira da pia, apesar de fechada, **pingava**.   *The sink's faucet, although shut, was dripping.*

Quando a cachoeira secava no verão, não **pingava** nem uma gota.
When the waterfall would dry up in the summer, it wouldn't drip a single drop.

to paint; (**-se**) to use or put on makeup

Personal Infinitive			*Present Subjunctive*	
pintar	pintarmos		pinte	pintemos
pintares	pintardes		pintes	pinteis
pintar	pintarem		pinte	pintem

Present Indicative			*Imperfect Subjunctive*	
pinto	pintamos		pintasse	pintássemos
pintas	pintais		pintasses	pintásseis
pinta	pintam		pintasse	pintassem

Imperfect Indicative			*Future Subjunctive*	
pintava	pintávamos		pintar	pintarmos
pintavas	pintáveis		pintares	pintardes
pintava	pintavam		pintar	pintarem

Preterit Indicative			*Present Perfect Subjunctive*	
pintei	pintámos		tenha pintado	tenhamos pintado
pintaste	pintastes		tenhas pintado	tenhais pintado
pintou	pintaram		tenha pintado	tenham pintado

Simple Pluperfect Indicative			*Past Perfect or Pluperfect Subjunctive*	
pintara	pintáramos		tivesse pintado	tivéssemos pintado
pintaras	pintáreis		tivesses pintado	tivésseis pintado
pintara	pintaram		tivesse pintado	tivessem pintado

Future Indicative			*Future Perfect Subjunctive*	
pintarei	pintaremos		tiver pintado	tivermos pintado
pintarás	pintareis		tiveres pintado	tiverdes pintado
pintará	pintarão		tiver pintado	tiverem pintado

Present Perfect Indicative			*Conditional*	
tenho pintado	temos pintado		pintaria	pintaríamos
tens pintado	tendes pintado		pintarias	pintaríeis
tem pintado	têm pintado		pintaria	pintariam

Past Perfect or Pluperfect Indicative			*Conditional Perfect*	
tinha pintado	tínhamos pintado		teria pintado	teríamos pintado
tinhas pintado	tínheis pintado		terias pintado	teríeis pintado
tinha pintado	tinham pintado		teria pintado	teriam pintado

Future Perfect Indicative			*Imperative*	
terei pintado	teremos pintado		pinta–pintai	
terás pintado	tereis pintado			
terá pintado	terão pintado			

Samples of verb usage.

Pintámos o quarto dela ontem. *We painted her room yesterday.*

Ele já **tinha pintado** a casa toda quando cheguei.
He had already painted the whole house when I arrived.

Ela **pinta-se** demais. *She uses too much makeup.*

Ela **pintou-se** antes da festa. *She put her makeup on before the party.*

394

to worsen, get *or* become worse

Personal Infinitive		**Present Subjunctive**	
piorar	piorarmos	*piore*	pioremos
piorares	piorardes	*piores*	pioreis
piorar	piorarem	*piore*	*piorem**

Present Indicative		**Imperfect Subjunctive**	
pioro	pioramos	piorasse	piorássemos
pioras	piorais	piorasses	piorásseis
piora	*pioram**	piorasse	piorassem

Imperfect Indicative		**Future Subjunctive**	
piorava	piorávamos	piorar	piorarmos
pioravas	pioráveis	piorares	piorardes
piorava	pioravam	piorar	piorarem

Preterit Indicative		**Present Perfect Subjunctive**	
piorei	piorámos	tenha piorado	tenhamos piorado
pioraste	piorastes	tenhas piorado	tenhais piorado
piorou	pioraram	tenha piorado	tenham piorado

Simple Pluperfect Indicative		**Past Perfect or Pluperfect Subjunctive**	
piorara	pioráramos	tivesse piorado	tivéssemos piorado
pioraras	pioráreis	tivesses piorado	tivésseis piorado
piorara	pioraram	tivesse piorado	tivessem piorado

Future Indicative		**Future Perfect Subjunctive**	
piorarei	pioraremos	tiver piorado	tivermos piorado
piorarás	piorareis	tiveres piorado	tiverdes piorado
piorará	piorarão	tiver piorado	tiverem piorado

Present Perfect Indicative		**Conditional**	
tenho piorado	temos piorado	pioraria	pioraríamos
tens piorado	tendes piorado	piorarias	pioraríeis
tem piorado	têm piorado	pioraria	piorariam

Past Perfect or Pluperfect Indicative		**Conditional Perfect**	
tinha piorado	tínhamos piorado	teria piorado	teríamos piorado
tinhas piorado	tínheis piorado	terias piorado	teríeis piorado
tinha piorado	tinham piorado	teria piorado	teriam piorado

Future Perfect Indicative		**Imperative**	
terei piorado	teremos piorado	*piora**–piorai	
terás piorado	tereis piorado		
terá piorado	terão piorado		

Samples of verb usage.

As coisas só estão **piorando**.   *Things are just getting worse.*

Procura outra pessoa para te ajudar. Eu só **pioro** os problemas.

Look for someone else to help you. I just make problems worse.

A sua condição **piorava** a cada dia.   *His/Her condition was becoming worse every day.*

A situação financeira do país **tinha piorado** muito.

The country's financial situation had gotten much worse.

*NOTE: Only the radical-changing verb forms with *open* stressed vowels appear in italic type. For further explanation see Foreword.

to plant

Personal Infinitive	
plantar	plantarmos
plantares	plantardes
plantar	plantarem

Present Indicative	
planto	plantamos
plantas	plantais
planta	plantam

Imperfect Indicative	
plantava	plantávamos
plantavas	plantáveis
plantava	plantavam

Preterit Indicative	
plantei	plantámos
plantaste	plantastes
plantou	plantaram

Simple Pluperfect Indicative	
plantara	plantáramos
plantaras	plantáreis
plantara	plantaram

Future Indicative	
plantarei	plantaremos
plantarás	plantareis
plantará	plantarão

Present Perfect Indicative	
tenho plantado	temos plantado
tens plantado	tendes plantado
tem plantado	têm plantado

Past Perfect or Pluperfect Indicative	
tinha plantado	tínhamos plantado
tinhas plantado	tínheis plantado
tinha plantado	tinham plantado

Future Perfect Indicative	
terei plantado	teremos plantado
terás plantado	tereis plantado
terá plantado	terão plantado

Present Subjunctive	
plante	plantemos
plantes	planteis
plante	plantem

Imperfect Subjunctive	
plantasse	plantássemos
plantasses	plantásseis
plantasse	plantassem

Future Subjunctive	
plantar	plantarmos
plantares	plantardes
plantar	plantarem

Present Perfect Subjunctive	
tenha plantado	tenhamos plantado
tenhas plantado	tenhais plantado
tenha plantado	tenham plantado

Past Perfect or Pluperfect Subjunctive	
tivesse plantado	tivéssemos plantado
tivesses plantado	tivésseis plantado
tivesse plantado	tivessem plantado

Future Perfect Subjunctive	
tiver plantado	tivermos plantado
tiveres plantado	tiverdes plantado
tiver plantado	tiverem plantado

Conditional	
plantaria	plantaríamos
plantarias	plantaríeis
plantaria	plantariam

Conditional Perfect	
teria plantado	teríamos plantado
terias plantado	teríeis plantado
teria plantado	teriam plantado

Imperative	
planta–plantai	

Samples of verb usage.

Vamos **plantar** milho aqui.   *We are going to plant corn here.*

Ele **plantava** trinta árvores cada ano.   *He used to plant thirty trees every year.*

Espero que **tenhas plantado** as cenouras onde te pedi.
I hope you planted the carrots where I asked you to.

Temos plantado macieiras neste terreno nos últimos anos.
We have been planting apple trees on this land in the last few years.

to be able; can

Personal Infinitive	
poder	podermos
poderes	poderdes
poder	poderem
Present Indicative	
posso	podemos
podes	podeis
pode	*podem**
Imperfect Indicative	
podia	podíamos
podias	podíeis
podia	podiam
Preterit Indicative	
pude	pudemos
pudeste	pudestes
pôde	puderam
Simple Pluperfect Indicative	
pudera	pudéramos
puderas	pudéreis
pudera	puderam
Future Indicative	
poderei	poderemos
poderás	podereis
poderá	poderão
Present Perfect Indicative	
tenho podido	temos podido
tens podido	tendes podido
tem podido	têm podido
Past Perfect or Pluperfect Indicative	
tinha podido	tínhamos podido
tinhas podido	tínheis podido
tinha podido	tinham podido
Future Perfect Indicative	
terei podido	teremos podido
terás podido	tereis podido
terá podido	terão podido

Present Subjunctive	
possa	possamos
possas	possais
possa	*possam**
Imperfect Subjunctive	
pudesse	pudéssemos
pudesses	pudésseis
pudesse	pudessem
Future Subjunctive	
puder	pudermos
puderes	puderdes
puder	puderem
Present Perfect Subjunctive	
tenha podido	tenhamos podido
tenhas podido	tenhais podido
tenha podido	tenham podido
Past Perfect or Pluperfect Subjunctive	
tivesse podido	tivéssemos podido
tivesses podido	tivésseis podido
tivesse podido	tivessem podido
Future Perfect Subjunctive	
tiver podido	tivermos podido
tiveres podido	tiverdes podido
tiver podido	tiverem podido
Conditional	
poderia	poderíamos
poderias	poderíeis
poderia	poderiam
Conditional Perfect	
teria podido	teríamos podido
terias podido	teríeis podido
teria podido	teriam podido
Imperative	
*pode**–podei	

Samples of verb usage.

Eu não **posso** ir com você.   *I can't go with you.*

Acho que **poderei** ir na semana que vem.   *I think that I can go next week.*

Eu gostaria que você **pudesse** ver o filme.   *I would like you to be able to see the movie.*

Se **pudermos,** faremos o jantar na minha casa.   *If we can, we'll make dinner at my house.*

*NOTE: Only the radical-changing verb forms with *open* stressed vowels appear in italic type. For further explanation see Foreword.

to put, place, set; (**-se**) to become

Personal Infinitive	
pôr	pormos
pores	pordes
pôr	porem

Present Indicative	
ponho	pomos
pões	pondes
põe	põem

Imperfect Indicative	
punha	púnhamos
punhas	púnheis
punha	punham

Preterit Indicative	
pus	pusemos
puseste	pusestes
pôs	puseram

Simple Pluperfect Indicative	
pusera	puséramos
puseras	puséreis
pusera	puseram

Future Indicative	
porei	poremos
porás	poreis
porá	porão

Present Perfect Indicative	
tenho posto	temos posto
tens posto	tendes posto
tem posto	têm posto

Past Perfect or Pluperfect Indicative	
tinha posto	tínhamos posto
tinhas posto	tínheis posto
tinha posto	tinham posto

Future Perfect Indicative	
terei posto	teremos posto
terás posto	tereis posto
terá posto	terão posto

Present Subjunctive	
ponha	ponhamos
ponhas	ponhais
ponha	ponham

Imperfect Subjunctive	
pusesse	puséssemos
pusesses	pusésseis
pusesse	pusessem

Future Subjunctive	
puser	pusermos
puseres	puserdes
puser	puserem

Present Perfect Subjunctive	
tenha posto	tenhamos posto
tenhas posto	tenhais posto
tenha posto	tenham posto

Past Perfect or Pluperfect Subjunctive	
tivesse posto	tivéssemos posto
tivesses posto	tivésseis posto
tivesse posto	tivessem posto

Future Perfect Subjunctive	
tiver posto	tivermos posto
tiveres posto	tiverdes posto
tiver posto	tiverem posto

Conditional	
poria	poríamos
porias	poríeis
poria	poriam

Conditional Perfect	
teria posto	teríamos posto
terias posto	teríeis posto
teria posto	teriam posto

Imperative	
põe–ponde	

Samples of verb usage.

Ponha isso ali.   *Put that there.*

Ela **tinha-se posto** zangada.   *She had become angry.*

O carteiro (homen do correio) sempre **põe** o correio aqui.   *The mailman always puts the mail here.*

Você **pôs** a mesa?   *Did you set the table?*

NOTE: Verbs derived from **pôr** do not require a circumflex on the infinitive: **antepor, apor, compor, contrapor, decompor, depor, descompor, dispor, entrepor, expor, extrapor, impor, indispor, interpor, justapor, opor, pospor, predispor, prepor, pressupor, propor, recompor, reexpor, reimpor, repor, sobrepor, sobpor, supor, transpor.**

to possess, own, have

Personal Infinitive	
possuir	possuirmos
possuíres	possuirdes
possuir	possuírem

Present Indicative	
possuo	possuímos
possuis	possuís
possui	possuem

Imperfect Indicative	
possuía	possuíamos
possuías	possuíeis
possuía	possuíam

Preterit Indicative	
possuí	possuímos
possuíste	possuístes
possuiu	possuíram

Simple Pluperfect Indicative	
possuíra	possuíramos
possuíras	possuíreis
possuíra	possuíram

Future Indicative	
possuirei	possuiremos
possuirás	possuireis
possuirá	possuirão

Present Indicative	
tenho possuído	temos possuído
tens possuído	tendes possuído
tem possuído	têm possuído

Past Perfect or Pluperfect Indicative	
tinha possuído	tínhamos possuído
tinhas possuído	tínheis possuído
tinha possuído	tinham possuído

Future Perfect Indicative	
terei possuído	teremos possuído
terás possuído	tereis possuído
terá possuído	terão possuído

Present Subjunctive	
possua	possuamos
possuas	possuais
possua	possuam

Imperfect Subjunctive	
possuísse	possuíssemos
possuísses	possuísseis
possuísse	possuíssem

Future Subjunctive	
possuir	possuirmos
possuíres	possuirdes
possuir	possuírem

Present Perfect Subjunctive	
tenha possuído	tenhamos possuído
tenhas possuído	tenhais possuído
tenha possuído	tenham possuído

Past Perfect or Pluperfect Subjunctive	
tivesse possuído	tivéssemos possuído
tivesses possuído	tivésseis possuído
tivesse possuído	tivessem possuído

Future Perfect Subjunctive	
tiver possuído	tivermos possuído
tiveres possuído	tiverdes possuído
tiver possuído	tiverem possuído

Conditional	
possuiria	possuiríamos
possuirias	possuiríeis
possuiria	possuiriam

Conditional Perfect	
teria possuído	teríamos possuído
terias possuído	teríeis possuído
teria possuído	teriam possuído

Imperative	
possui–possuí	

Samples of verb usage.

O fazendeiro **possuía** muita terra.   *The rancher owned a lot of land.*

Ela **possui** o dom da fala (palavra).   *She has the gift of gab (talent for speech).*

Eu **possuo** apenas o que Deus me deu.   *I only have what God gave me.*

O gerente quer **possuir** um emprego melhor.   *The manager wants to have a better job.*

to save (up) (money); (**-se**) to spare oneself

Personal Infinitive	
poupar	pouparmos
poupares	poupardes
poupar	pouparem

Present Indicative	
poupo	poupamos
poupas	poupais
poupa	poupam

Imperfect Indicative	
poupava	poupávamos
poupavas	poupáveis
poupava	poupavam

Preterit Indicative	
poupei	poupámos
poupaste	poupastes
poupou	pouparam

Simple Pluperfect Indicative	
poupara	poupáramos
pouparas	poupáreis
poupara	pouparam

Future Indicative	
pouparei	pouparemos
pouparás	poupareis
poupará	pouparão

Present Perfect Indicative	
tenho poupado	temos poupado
tens poupado	tendes poupado
tem poupado	têm poupado

Past Perfect or Pluperfect Indicative	
tinha poupado	tínhamos poupado
tinhas poupado	tínheis poupado
tinha poupado	tinham poupado

Future Perfect Indicative	
terei poupado	teremos poupado
terás poupado	tereis poupado
terá poupado	terão poupado

Present Subjunctive	
poupe	poupemos
poupes	poupeis
poupe	poupem

Imperfect Subjunctive	
poupasse	poupássemos
poupasses	poupásseis
poupasse	poupassem

Future Subjunctive	
poupar	pouparmos
poupares	poupardes
poupar	pouparem

Present Perfect Subjunctive	
tenha poupado	tenhamos poupado
tenhas poupado	tenhais poupado
tenha poupado	tenham poupado

Past Perfect or Pluperfect Subjunctive	
tivesse poupado	tivéssemos poupado
tivesses poupado	tivésseis poupado
tivesse poupado	tivessem poupado

Future Perfect Subjunctive	
tiver poupado	tivermos poupado
tiveres poupado	tiverdes poupado
tiver poupado	tiverem poupado

Conditional	
pouparia	pouparíamos
pouparias	pouparíeis
pouparia	poupariam

Conditional Perfect	
teria poupado	teríamos poupado
terias poupado	teríeis poupado
teria poupado	teriam poupado

Imperative	
poupa–poupai	

Samples of verb usage.

Se **poupares** o dinheiro, poderás comprar o carro que quiseres.
If you save up the money, you will be able to buy whatever car you want.

Eu **poupo** um terço do que ganho.   *I save a third of what I earn.*

Eles **pouparam** para comprar a casa.   *They saved up to buy the house.*

Poupe-se do esforço.   *Spare yourself the trouble.*

to practice

Personal Infinitive
praticar	praticarmos
praticares	praticardes
praticar	praticarem

Present Indicative
pratico	praticamos
praticas	praticais
pratica	praticam

Imperfect Indicative
praticava	praticávamos
praticavas	praticáveis
praticava	praticavam

Preterit Indicative
pratiquei	praticámos
praticaste	praticastes
praticou	praticaram

Simple Pluperfect Indicative
praticara	praticáramos
praticaras	praticáreis
praticara	praticaram

Future Indicative
praticarei	praticaremos
praticarás	praticareis
praticará	praticarão

Present Perfect Indicative
tenho praticado	temos praticado
tens praticado	tendes praticado
tem praticado	têm praticado

Past Perfect or Pluperfect Indicative
tinha praticado	tínhamos praticado
tinhas praticado	tínheis praticado
tinha praticado	tinham praticado

Future Perfect Indicative
terei praticado	teremos praticado
terás praticado	tereis praticado
terá praticado	terão praticado

Present Subjunctive
pratique	pratiquemos
pratiques	pratiqueis
pratique	pratiquem

Imperfect Subjunctive
praticasse	praticássemos
praticasses	praticásseis
praticasse	praticassem

Future Subjunctive
praticar	praticarmos
praticares	praticardes
praticar	praticarem

Present Perfect Subjunctive
tenha praticado	tenhamos praticado
tenhas praticado	tenhais praticado
tenha praticado	tenham praticado

Past Perfect or Pluperfect Subjunctive
tivesse praticado	tivéssemos praticado
tivesses praticado	tivésseis praticado
tivesse praticado	tivessem praticado

Future Perfect Subjunctive
tiver praticado	tivermos praticado
tiveres praticado	tiverdes praticado
tiver praticado	tiverem praticado

Conditional
praticaria	praticaríamos
praticarias	praticaríeis
praticaria	praticariam

Conditional Perfect
teria praticado	teríamos praticado
terias praticado	teríeis praticado
teria praticado	teriam praticado

Imperative
pratica–praticai

Samples of verb usage.

Pratique a sua escrita e a aperfeiçoará. *Practice your handwriting and you will perfect it.*

Ela **pratica** o plano das lições antes de ensiná-las.
She practices her lesson plans before she teaches them.

Elas estão a **praticar** (**praticando**) conduzir (dirigir) o carro para o exame.
They (female) are practicing driving the car for the driving test.

Se eu **tivesse praticado** mais, eu teria sido aprovado. *If I had practiced more, I would have passed.*

precisar

to need

Personal Infinitive		**Present Subjunctive**	
precisar	precisarmos	precise	precisemos
precisares	precisardes	precises	preciseis
precisar	precisarem	precise	precisem
Present Indicative		**Imperfect Subjunctive**	
preciso	precisamos	precisasse	precisássemos
precisas	precisais	precisasses	precisásseis
precisa	precisam	precisasse	precisassem
Imperfect Indicative		**Future Subjunctive**	
precisava	precisávamos	precisar	precisarmos
precisavas	precisáveis	precisares	precisardes
precisava	precisavam	precisar	precisarem
Preterit Indicative		**Present Perfect Subjunctive**	
precisei	precisámos	tenha precisado	tenhamos precisado
precisaste	precisastes	tenhas precisado	tenhais precisado
precisou	precisaram	tenha precisado	tenham precisado
Simple Pluperfect Indicative		**Past Perfect or Pluperfect Subjunctive**	
precisara	precisáramos	tivesse precisado	tivéssemos precisado
precisaras	precisáreis	tivesses precisado	tivésseis precisado
precisara	precisaram	tivesse precisado	tivessem precisado
Future Indicative		**Future Perfect Subjunctive**	
precisarei	precisaremos	tiver precisado	tivermos precisado
precisarás	precisareis	tiveres precisado	tiverdes precisado
precisará	precisarão	tiver precisado	tiverem precisado
Present Perfect Indicative		**Conditional**	
tenho precisado	temos precisado	precisaria	precisaríamos
tens precisado	tendes precisado	precisarias	precisaríeis
tem precisado	têm precisado	precisaria	precisariam
Past Perfect or Pluperfect Indicative		**Conditional Perfect**	
tinha precisado	tínhamos precisado	teria precisado	teríamos precisado
tinhas precisado	tínheis precisado	terias precisado	teríeis precisado
tinha precisado	tinham precisado	teria precisado	teriam precisado
Future Perfect Indicative		**Imperative**	
terei precisado	teremos precisado	precisa–precisai	
terás precisado	tereis precisado		
terá precisado	terão precisado		

Samples of verb usage.

Precisa-se de ajuda.   *Help is needed.*

Eu **preciso** estudar mais.   *I need to study more.*

Tínhamos precisado de você ontem. Hoje já não importa mais.
We had need of you yesterday. It doesn't matter anymore today.

Não quero que você **precise** da ajuda de ninguém.   *I don't want you to need anyone's help.*

to prefer

Personal Infinitive
preferir	preferirmos
preferires	preferirdes
preferir	preferirem

Present Indicative
prefiro	preferimos
preferes	preferis
prefere	*preferem**

Imperfect Indicative
preferia	preferíamos
preferias	preferíeis
preferia	preferiam

Preterit Indicative
preferi	preferimos
preferiste	preferistes
preferiu	preferiram

Simple Pluperfect Indicative
preferira	preferíramos
preferiras	preferíreis
preferira	preferiram

Future Indicative
preferirei	preferiremos
preferirás	preferireis
preferirá	preferirão

Present Perfect Indicative
tenho preferido	temos preferido
tens preferido	tendes preferido
tem preferido	têm preferido

Past Perfect or Pluperfect Indicative
tinha preferido	tínhamos preferido
tinhas preferido	tínheis preferido
tinha preferido	tinham preferido

Future Perfect Indicative
terei preferido	teremos preferido
terás preferido	tereis preferido
terá preferido	terão preferido

Present Subjunctive
prefira	prefiramos
prefiras	prefirais
prefira	prefiram

Imperfect Subjunctive
preferisse	preferíssemos
preferisses	preferísseis
preferisse	preferissem

Future Subjunctive
preferir	preferirmos
preferires	preferirdes
preferir	preferirem

Present Perfect Subjunctive
tenha preferido	tenhamos preferido
tenhas preferido	tenhais preferido
tenha preferido	tenham preferido

Past Perfect or Pluperfect Subjunctive
tivesse preferido	tivéssemos preferido
tivesses preferido	tivésseis preferido
tivesse preferido	tivessem preferido

Future Perfect Subjunctive
tiver preferido	tivermos preferido
tiveres preferido	tiverdes preferido
tiver preferido	tiverem preferido

Conditional
preferiria	preferiríamos
preferirias	preferiríeis
preferiria	prefeririam

Conditional Perfect
teria preferido	teríamos preferido
terias preferido	teríeis preferido
teria preferido	teriam preferido

Imperative
*prefere**– preferi

Samples of verb usage.

Eu **prefiro** não falar neste momento.   *I'd prefer not to talk at this time.*

(Nós) **temos preferido** falar português ultimamente.   *We have preferred to speak Portuguese lately.*

O meu sobrinho **prefere** a carne mal passada.   *My nephew prefers his meat medium rare.*

Se vocês **preferirem**, podemos ir embora agora.   *If you'd rather, we can leave now.*

*NOTE: Only the radical-changing verb forms with *open* stressed vowels appear in italic type. For further explanation see Foreword.

to prepare; to get *or* make ready

Personal Infinitive			*Present Subjunctive*	
preparar	prepararmos		prepare	preparemos
preparares	preparardes		prepares	prepareis
preparar	prepararem		prepare	preparem

Present Indicative			*Imperfect Subjunctive*	
preparo	preparamos		preparasse	preparássemos
preparas	preparais		preparasses	preparásseis
prepara	preparam		preparasse	preparassem

Imperfect Indicative			*Future Subjunctive*	
preparava	preparávamos		preparar	prepararmos
preparavas	preparáveis		preparares	preparardes
preparava	preparavam		preparar	prepararem

Preterit Indicative			*Present Perfect Subjunctive*	
preparei	preparámos		tenha preparado	tenhamos preparado
preparaste	preparastes		tenhas preparado	tenhais preparado
preparou	prepararam		tenha preparado	tenham preparado

Simple Pluperfect Indicative			*Past Perfect or Pluperfect Subjunctive*	
preparara	preparáramos		tivesse preparado	tivéssemos preparado
prepararas	preparáreis		tivesses preparado	tivésseis preparado
preparara	prepararam		tivesse preparado	tivessem preparado

Future Indicative			*Future Perfect Subjunctive*	
prepararei	prepararemos		tiver preparado	tivermos preparado
prepararás	preparareis		tiveres preparado	tiverdes preparado
preparará	prepararão		tiver preparado	tiverem preparado

Present Perfect Indicative			*Conditional*	
tenho preparado	temos preparado		prepararia	preparariamos
tens preparado	tendes preparado		prepararias	prepararíeis
tem preparado	têm preparado		prepararia	preparariam

Past Perfect or Pluperfect Indicative			*Conditional Perfect*	
tinha preparado	tínhamos preparado		teria preparado	teríamos preparado
tinhas preparado	tínheis preparado		terias preparado	teríeis preparado
tinha preparado	tinham preparado		teria preparado	teriam preparado

Future Perfect Indicative			*Imperative*	
terei preparado	teremos preparado		prepara–preparai	
terás preparado	tereis preparado			
terá preparado	terão preparado			

Samples of verb usage.

O aniversariante não estava **preparado** para a surpresa.   *The birthday boy wasn't ready for the surprise.*

Tínhamos preparado tudo para a apresentação.   *We had prepared everything for the presentation.*

Preparei um jantar da maneira que você gosta.   *I prepared a dinner just the way you like it.*

Prepare-se para o exame oral.   *Get ready for the oral exam.*

to preserve, conserve; to protect, save

Personal Infinitive		*Present Subjunctive*	
preservar	preservarmos	*preserve*	preservemos
preservares	preservardes	*preserves*	preserveis
preservar	preservarem	*preserve*	*preservem**

Present Indicative		*Imperfect Subjunctive*	
preservo	preservamos	preservasse	preservássemos
preservas	preservais	preservasses	preservásseis
preserva	*preservam**	preservasse	preservassem

Imperfect Indicative		*Future Subjunctive*	
preservava	preservávamos	preservar	preservarmos
preservavas	preserváveis	preservares	preservardes
preservava	preservavam	preservar	preservarem

Preterit Indicative		*Present Perfect Subjunctive*	
preservei	preservámos	tenha preservado	tenhamos preservado
preservaste	preservastes	tenhas preservado	tenhais preservado
preservou	preservaram	tenha preservado	tenham preservado

Simple Pluperfect Indicative		*Past Perfect or Pluperfect Subjunctive*	
preservara	preserváramos	tivesse preservado	tivéssemos preservado
preservaras	preserváreis	tivesses preservado	tivésseis preservado
preservara	preservaram	tivesse preservado	tivessem preservado

Future Indicative		*Future Perfect Subjunctive*	
preservarei	preservaremos	tiver preservado	tivermos preservado
preservarás	preservareis	tiveres preservado	tiverdes preservado
preservará	preservarão	tiver preservado	tiverem preservado

Present Perfect Indicative		*Conditional*	
tenho preservado	temos preservado	preservaria	preservaríamos
tens preservado	tendes preservado	preservarias	preservaríeis
tem preservado	têm preservado	preservaria	preservariam

Past Perfect or Pluperfect Indicative		*Conditional Perfect*	
tinha preservado	tínhamos preservado	teria preservado	teríamos preservado
tinhas preservado	tínheis preservado	terias preservado	teríeis preservado
tinha preservado	tinham preservado	teria preservado	teriam preservado

Future Perfect Indicative		*Imperative*	
terei preservado	teremos preservado	*preserva**–preservai	
terás preservado	tereis preservado		
terá preservado	terão preservado		

Samples of verb usage.

Preserve as suas energias.   *Conserve your energy.*

Preservámos comida no frigorífico (na geladeira *in Brazil*) para você.
We saved food in the refrigerator for you.

Temos preservado a natureza deste parque com êxito.
We have been successfully protecting the nature in this park.

Ele **preservou** a vida do amigo.   *He saved his friend's life.*

*NOTE: Only the radical-changing verb forms with *open* stressed vowels appear in italic type. For further explanation see Foreword.

to look for; to try to

Personal Infinitive
procurar	procurarmos
procurares	procurardes
procurar	procurarem

Present Indicative
procuro	procuramos
procuras	procurais
procura	procuram

Imperfect Indicative
procurava	procurávamos
procuravas	procuráveis
procurava	procuravam

Preterit Indicative
procurei	procurámos
procuraste	procurastes
procurou	procuraram

Simple Pluperfect Indicative
procurara	procuráramos
procuraras	procuráreis
procurara	procuraram

Future Indicative
procurarei	procuraremos
procurarás	procurareis
procurará	procurarão

Present Perfect Indicative
tenho procurado	temos procurado
tens procurado	tendes procurado
tem procurado	têm procurado

Past Perfect or Pluperfect Indicative
tinha procurado	tínhamos procurado
tinhas procurado	tínheis procurado
tinha procurado	tinham procurado

Future Perfect Indicative
terei procurado	teremos procurado
terás procurado	tereis procurado
terá procurado	terão procurado

Present Subjunctive
procure	procuremos
procures	procureis
procure	procurem

Imperfect Subjunctive
procurasse	procurássemos
procurasses	procurásseis
procurasse	procurassem

Future Subjunctive
procurar	procurarmos
procurares	procurardes
procurar	procurarem

Present Perfect Subjunctive
tenha procurado	tenhamos procurado
tenhas procurado	tenhais procurado
tenha procurado	tenham procurado

Past Perfect or Pluperfect Subjunctive
tivesse procurado	tivéssemos procurado
tivesses procurado	tivésseis procurado
tivesse procurado	tivessem procurado

Future Perfect Subjunctive
tiver procurado	tivermos procurado
tiveres procurado	tiverdes procurado
tiver procurado	tiverem procurado

Conditional
procuraria	procuraríamos
procurarias	procuraríeis
procuraria	procurariam

Conditional Perfect
teria procurado	teríamos procurado
terias procurado	teríeis procurado
teria procurado	teriam procurado

Imperative
procura–procurai

Samples of verb usage.

Procure o seu irmão. *Look for your brother.*

Procuraram em vão o fugitivo. *They searched in vain for the fugitive.*

Quero que eles o **procurem** por todos os cantos. *I want them to look for him in every corner.*

Procura poupar o teu dinheiro. *Try to save your money.*

to produce; to manufacture

Personal Infinitive	
produzir	produzirmos
produzires	produzirdes
produzir	produzirem
Present Indicative	
produzo	produzimos
produzes	produzis
produz	produzem
Imperfect Indicative	
produzia	produzíamos
produzias	produzíeis
produzia	produziam
Preterit Indicative	
produzi	produzimos
produziste	produzistes
produziu	produziram
Simple Pluperfect Indicative	
produzira	produzíramos
produziras	produzíreis
produzira	produziram
Future Indicative	
produzirei	produziremos
produzirás	produzireis
produzirá	produzirão
Present Perfect Indicative	
tenho produzido	temos produzido
tens produzido	tendes produzido
tem produzido	têm produzido
Past Perfect or Pluperfect Indicative	
tinha produzido	tínhamos produzido
tinhas produzido	tínheis produzido
tinha produzido	tinham produzido
Future Perfect Indicative	
terei produzido	teremos produzido
terás produzido	tereis produzido
terá produzido	terão produzido

Present Subjunctive	
produza	produzamos
produzas	produzais
produza	produzam
Imperfect Subjunctive	
produzisse	produzíssemos
produzisses	produzísseis
produzisse	produzissem
Future Subjunctive	
produzir	produzirmos
produzires	produzirdes
produzir	produzirem
Present Perfect Subjunctive	
tenha produzido	tenhamos produzido
tenhas produzido	tenhais produzido
tenha produzido	tenham produzido
Past Perfect or Pluperfect Subjunctive	
tivesse produzido	tivéssemos produzido
tivesses produzido	tivésseis produzido
tivesse produzido	tivessem produzido
Future Perfect Subjunctive	
tiver produzido	tivermos produzido
tiveres produzido	tiverdes produzido
tiver produzido	tiverem produzido
Conditional	
produziria	produziríamos
produzirias	produziríeis
produziria	produziriam
Conditional Perfect	
teria produzido	teríamos produzido
terias produzido	teríeis produzido
teria produzido	teriam produzido
Imperative	
produz–produzi	

Samples of verb usage.

A nossa companhia **produziu** muito o ano passado.   *Our company produced a lot last year.*

Produziremos ainda mais no ano que vem.   *We will produce even more next year.*

Os japaneses **produziram** mais de um milhão de carros este ano.
The Japanese produced more than a million cars this year.

Esta fábrica **produz** ferramentas.   *This factory manufactures tools.*

to program; to schedule

Personal Infinitive	
programar	programarmos
programares	programardes
programar	programarem

Present Indicative	
programo	programamos
programas	programais
programa	programam

Imperfect Indicative	
programava	programávamos
programavas	programáveis
programava	programavam

Preterit Indicative	
programei	programámos
programaste	programastes
programou	programaram

Simple Pluperfect Indicative	
programara	programáramos
programaras	programáreis
programara	programaram

Future Indicative	
programarei	programaremos
programarás	programareis
programará	programarão

Present Perfect Indicative	
tenho programado	temos programado
tens programado	tendes programado
tem programado	têm programado

Past Perfect or Pluperfect Indicative	
tinha programado	tínhamos programado
tinhas programado	tínheis programado
tinha programado	tinham programado

Future Perfect Indicative	
terei programado	teremos programado
terás programado	tereis programado
terá programado	terão programado

Present Subjunctive	
programe	programemos
programes	programeis
programe	programem

Imperfect Subjunctive	
programasse	programássemos
programasses	programásseis
programasse	programassem

Future Subjunctive	
programar	programarmos
programares	programardes
programar	programarem

Present Subjunctive	
tenha programado	tenhamos programado
tenhas programado	tenhais programado
tenha programado	tenham programado

Past Perfect or Pluperfect Subjunctive	
tivesse programado	tivéssemos programado
tivesses programado	tivésseis programado
tivesse programado	tivessem programado

Future Perfect Subjunctive	
tiver programado	tivermos programado
tiveres programado	tiverdes programado
tiver programado	tiverem programado

Conditional	
programaria	programaríamos
programarias	programaríeis
programaria	programariam

Conditional Perfect	
teria programado	teríamos programado
terias programado	teríeis programado
teria programado	teriam programado

Imperative	
programa–programai	

Samples of verb usage.

Vamos **programar** uma hora para encontrarmo-nos.   *Let's schedule a time to meet.*

Ela **programa** computadores.   *She programs computers.*

(Nós) **programávamos** todos os encontros do presidente.
We used to schedule all of the president's meetings.

O agente secreto estava **programado** para matar.   *The secret agent was programmed to kill.*

to progress, proceed, advance

Personal Infinitive
progredir	progredirmos
progredires	progredirdes
progredir	progredirem

Present Indicative
progrido	progredimos
progrides	progredis
progride	progridem

Imperfect Indicative
progredia	progredíamos
progredias	progredíeis
progredia	progrediam

Preterit Indicative
progredi	progredimos
progrediste	progredistes
progrediu	progrediram

Simple Pluperfect Indicative
progredira	progredíramos
progrediras	progredíreis
progredira	progrediram

Future Indicative
progredirei	progrediremos
progredirás	progredireis
progredirá	progredirão

Present Perfect Indicative
tenho progredido	temos progredido
tens progredido	tendes progredido
tem progredido	têm progredido

Past Perfect or Pluperfect Indicative
tinha progredido	tínhamos progredido
tinhas progredido	tínheis progredido
tinha progredido	tinham progredido

Future Perfect Indicative
terei progredido	teremos progredido
terás progredido	tereis progredido
terá progredido	terão progredido

Present Perfect Subjunctive
progrida	progridamos
progridas	progridais
progrida	progridam

Imperfect Subjunctive
progredisse	progredíssemos
progredisses	progredísseis
progredisse	progredissem

Future Subjunctive
progredir	progredirmos
progredires	progredirdes
progredir	progredirem

Present Perfect Subjunctive
tenha progredido	tenhamos progredido
tenhas progredido	tenhais progredido
tenha progredido	tenham progredido

Past Perfect or Pluperfect Subjunctive
tivesse progredido	tivéssemos progredido
tivesses progredido	tivésseis progredido
tivesse progredido	tivessem progredido

Future Perfect Subjunctive
tiver progredido	tivermos progredido
tiveres progredido	tiverdes progredido
tiver progredido	tiverem progredido

Conditional
progrediria	progrediríamos
progredirias	progrediríeis
progrediria	progrediriam

Conditional Perfect
teria progredido	teríamos progredido
terias progredido	teríeis progredido
teria progredido	teriam progredido

Imperative
progride–progredi

Samples of verb usage.

A indústria não **progride** há anos. *The industry has not progressed in years.*

O carro **progrediu** lentamente pela estrada. *The car proceeded slowly on the road.*

Eu quero que esta nação **progrida**. *I want this nation to advance (progress).*

Se **progredirmos** com estas experiências, teremos um êxito incrível.
If we progress with these experiments, we'll be incredibly successful.

proibir

to prohibit, ban

Personal Infinitive
proibir	proibirmos
proibires	proibirdes
proibir	proibirem

Present Indicative
proíbo	proibimos
proíbes	proibis
proíbe	proíbem

Imperfect Indicative
proibia	proibíamos
proibias	proibíeis
proibia	proibiam

Preterit Indicative
proibi	proibimos
proibiste	proibistes
proibiu	proibiram

Simple Pluperfect Indicative
proibira	proibíramos
proibiras	proibíreis
proibira	proibiram

Future Indicative
proibirei	proibiremos
proibirás	proibireis
proibirá	proibirão

Present Perfect Indicative
tenho proibido	temos proibido
tens proibido	tendes proibido
tem proibido	têm proibido

Past Perfect or Pluperfect Indicative
tinha proibido	tínhamos proibido
tinhas proibido	tínheis proibido
tinha proibido	tinham proibido

Future Perfect Indicative
terei proibido	teremos proibido
terás proibido	tereis proibido
terá proibido	terão proibido

Present Subjunctive
proíba	proibamos
proíbas	proibais
proíba	proíbam

Imperfect Subjunctive
proibisse	proibíssemos
proibisses	proibísseis
proibisse	proibissem

Future Subjunctive
proibir	proibirmos
proibires	proibirdes
proibir	proibirem

Present Perfect Subjunctive
tenha proibido	tenhamos proibido
tenhas proibido	tenhais proibido
tenha proibido	tenham proibido

Past Perfect or Pluperfect Subjunctive
tivesse proibido	tivéssemos proibido
tivesses proibido	tivésseis proibido
tivesse proibido	tivessem proibido

Future Perfect Subjunctive
tiver proibido	tivermos proibido
tiveres proibido	tiverdes proibido
tiver proibido	tiverem proibido

Conditional
proibiria	proibiríamos
proibirias	proibiríeis
proibiria	proibiriam

Conditional Perfect
teria proibido	teríamos proibido
terias proibido	teríeis proibido
teria proibido	teriam proibido

Imperative
proíbe–proibi

Samples of verb usage.

É **proibido** fumar aqui.   *Smoking is prohibited (banned) here.*

O sargento **proibiu** os soldados sairem.   *The sergeant prohibited the soldiers to leave.*

Os meus pais **tem proibido** muitas coisas ultimamente.
My parents have been prohibiting a lot of things lately.

O dire(c)tor da escola **tinha proibido** carregar armas na aula.
The school principal had banned the carrying weapons into class.

to pronounce, enunciate

Personal Infinitive	
pronunciar	pronunciarmos
pronunciares	pronunciardes
pronunciar	pronunciarem

Present Indicative	
pronuncio	pronunciamos
pronuncias	pronunciais
pronuncia	pronunciam

Imperfect Indicative	
pronunciava	pronunciávamos
pronunciavas	pronunciáveis
pronunciava	pronunciavam

Preterit Indicative	
pronunciei	pronunciámos
pronunciaste	pronunciastes
pronunciou	pronunciaram

Simple Pluperfect Indicative	
pronunciara	pronunciáramos
pronunciaras	pronunciáreis
pronunciara	pronunciaram

Future Indicative	
pronunciarei	pronunciaremos
pronunciarás	pronunciareis
pronunciará	pronunciarão

Present Perfect Indicative	
tenho pronunciado	temos pronunciado
tens pronunciado	tendes pronunciado
tem pronunciado	têm pronunciado

Past Perfect or Pluperfect Indicative	
tinha pronunciado	tínhamos pronunciado
tinhas pronunciado	tínheis pronunciado
tinha pronunciado	tinham pronunciado

Future Perfect Indicative	
terei pronunciado	teremos pronunciado
terás pronunciado	tereis pronunciado
terá pronunciado	terão pronunciado

Present Subjunctive	
pronuncie	pronunciemos
pronuncies	pronuncieis
pronuncie	pronunciem

Imperfect Subjunctive	
pronunciasse	pronunciássemos
pronunciasses	pronunciásseis
pronunciasse	pronunciassem

Future Subjunctive	
pronunciar	pronunciarmos
pronunciares	pronunciardes
pronunciar	pronunciarem

Present Perfect Subjunctive	
tenha pronunciado	tenhamos pronunciado
tenhas pronunciado	tenhais pronunciado
tenha pronunciado	tenham pronunciado

Past Perfect or Pluperfect Subjunctive	
tivesse pronunciado	tivéssemos pronunciado
tivesses pronunciado	tivésseis pronunciado
tivesse pronunciado	tivessem pronunciado

Future Perfect Subjunctive	
tiver pronunciado	tivermos pronunciado
tiveres pronunciado	tiverdes pronunciado
tiver pronunciado	tiverem pronunciado

Conditional	
pronunciaria	pronunciaríamos
pronunciarias	pronunciaríeis
pronunciaria	pronunciariam

Conditional Perfect	
teria pronunciado	teríamos pronunciado
terias pronunciado	teríeis pronunciado
teria pronunciado	teriam pronunciado

Imperative	
pronuncia–pronunciai	

Samples of verb usage.

Agora vos **pronuncio** marido e mulher.   *Now I pronounce you man and wife.*

Ela **pronuncia** o português muito bem.   *She pronounces Portuguese very well.*

Pronuncie essa palavra mais claramente.   *Enunciate that word more clearly.*

O juiz **pronunciou** a sua decisão.   *The judge pronounced his decision.*

proteger

to protect; to shield; to defend

Personal Infinitive	
proteger	protegermos
protegeres	protegerdes
proteger	protegerem

Present Indicative	
protejo	protegemos
proteges	protegeis
protege	*protegem**

Imperfect Indicative	
protegia	protegíamos
protegias	protegíeis
protegia	protegiam

Preterit Indicative	
protegi	protegemos
protegeste	protegestes
protegeu	protegeram

Simple Pluperfect Indicative	
protegera	protegêramos
protegeras	protegêreis
protegera	protegeram

Future Indicative	
protegerei	protegeremos
protegerás	protegereis
protegerá	protegerão

Present Perfect Indicative	
tenho protegido	temos protegido
tens protegido	tendes protegido
tem protegido	têm protegido

Past Perfect or Pluperfect Indicative	
tinha protegido	tínhamos protegido
tinhas protegido	tínheis protegido
tinha protegido	tinham protegido

Future Perfect Indicative	
terei protegido	teremos protegido
terás protegido	tereis protegido
terá protegido	terão protegido

Present Subjunctive	
proteja	protejamos
protejas	protejais
proteja	protejam

Imperfect Subjunctive	
protegesse	protegêssemos
protegesses	protegêsseis
protegesse	protegessem

Future Subjunctive	
proteger	protegermos
protegeres	protegerdes
proteger	protegerem

Present Perfect Subjunctive	
tenha protegido	tenhamos protegido
tenhas protegido	tenhais protegido
tenha protegido	tenham protegido

Past Perfect or Pluperfect Subjunctive	
tivesse protegido	tivéssemos protegido
tivesses protegido	tivésseis protegido
tivesse protegido	tivessem protegido

Future Perfect Subjunctive	
tiver protegido	tivermos protegido
tiveres protegido	tiverdes protegido
tiver protegido	tiverem protegido

Conditional	
protegeria	protegeríamos
protegerias	protegeríeis
protegeria	protegeriam

Conditional Perfect	
teria protegido	teríamos protegido
terias protegido	teríeis protegido
teria protegido	teriam protegido

Imperative	
*protege**– protegei	

Samples of verb usage.

Queres que eu te **proteja**?   *Do you want me to protect you?*

Protegerei a minha família de qualquer perigo.   *I will defend my family against any danger.*

Ela **protege** os seus animais de estimação como se fossem família.
She protects her pets as if they were part of the family.

Eles **tem protegido** um criminoso durante muitos anos.
They have been shielding a criminal for many years.

*NOTE: Only the radical-changing verb forms with *open* stressed vowels appear in italic type. For further explanation see Foreword.

412

to prove; to test; to sample, try

Personal Infinitive		*Present Subjunctive*	
provar	provarmos	*prove*	provemos
provares	provardes	*proves*	proveis
provar	provarem	*prove*	*provem**

Present Indicative		*Imperfect Subjunctive*	
provo	provamos	provasse	provássemos
provas	provais	provasses	provásseis
prova	*provam**	provasse	provassem

Imperfect Indicative		*Future Subjunctive*	
provava	provávamos	provar	provarmos
provavas	prováveis	provares	provardes
provava	provavam	provar	provarem

Preterit Indicative		*Present Perfect Subjunctive*	
provei	provámos	tenha provado	tenhamos provado
provaste	provastes	tenhas provado	tenhais provado
provou	provaram	tenha provado	tenham provado

Simple Pluperfect Indicative		*Past Perfect or Pluperfect Subjunctive*	
provara	prováramos	tivesse provado	tivéssemos provado
provaras	prováreis	tivesses provado	tivésseis provado
provara	provaram	tivesse provado	tivessem provado

Future Indicative		*Future Perfect Subjunctive*	
provarei	provaremos	tiver provado	tivermos provado
provarás	provareis	tiveres provado	tiverdes provado
provará	provarão	tiver provado	tiverem provado

Present Perfect Indicative		*Conditional*	
tenho provado	temos provado	provaria	provaríamos
tens provado	tendes provado	provarias	provaríeis
tem provado	têm provado	provaria	provariam

Past Perfect or Pluperfect Indicative		*Conditional Perfect*	
tinha provado	tínhamos provado	teria provado	teríamos provado
tinhas provado	tínheis provado	terias provado	teríeis provado
tinha provado	tinham provado	teria provado	teriam provado

Future Perfect Indicative		*Imperative*	
terei provado	teremos provado	*prova**–provai	
terás provado	tereis provado		
terá provado	terão provado		

Samples of verb usage.

Eu **provarei** que este plano funcionará.   *I will prove that this plan will work.*

(Nós) **provaríamos** o bolo, se você nos deixasse.   *We would sample (try) the cake, if you'd let us.*

Você já **provou** a comida?   *Have you tried the food yet?*

Ela **prova** carros para ver se são seguros.   *She tests cars to see if they are safe.*

*NOTE: Only the radical-changing verb forms with *open* stressed vowels appear in italic type. For further explanation see Foreword.

pular

to jump, leap

Personal Infinitive

pular	pularmos
pulares	pulardes
pular	pularem

Present Indicative

pulo	pulamos
pulas	pulais
pula	pulam

Imperfect Indicative

pulava	pulávamos
pulavas	puláveis
pulava	pulavam

Preterit Indicative

pulei	pulámos
pulaste	pulastes
pulou	pularam

Simple Pluperfect Indicative

pulara	puláramos
pularas	puláreis
pulara	pularam

Future Indicative

pularei	pularemos
pularás	pulareis
pulará	pularão

Present Perfect Indicative

tenho pulado	temos pulado
tens pulado	tendes pulado
tem pulado	têm pulado

Past Perfect or Pluperfect Indicative

tinha pulado	tínhamos pulado
tinhas pulado	tínheis pulado
tinha pulado	tinham pulado

Future Perfect Indicative

terei pulado	teremos pulado
terás pulado	tereis pulado
terá pulado	terão pulado

Present Subjunctive

pule	pulemos
pules	puleis
pule	pulem

Imperfect Subjunctive

pulasse	pulássemos
pulasses	pulásseis
pulasse	pulassem

Future Subjunctive

pular	pularmos
pulares	pulardes
pular	pularem

Present Perfect Subjunctive

tenha pulado	tenhamos pulado
tenhas pulado	tenhais pulado
tenha pulado	tenham pulado

Past Perfect or Pluperfect Subjunctive

tivesse pulado	tivéssemos pulado
tivesses pulado	tivésseis pulado
tivesse pulado	tivessem pulado

Future Perfect Subjunctive

tiver pulado	tivermos pulado
tiveres pulado	tiverdes pulado
tiver pulado	tiverem pulado

Conditional

pularia	pularíamos
pularias	pularíeis
pularia	pulariam

Conditional Perfect

teria pulado	teríamos pulado
terias pulado	teríeis pulado
teria pulado	teriam pulado

Imperative

pula–pulai

Samples of verb usage.

Pule a cerca!   *Jump the fence!*

O gato **pulou** para pegar a bola.   *The cat jumped to catch the ball.*

A atleta **tinha pulado** tão alto que quebrou um record.
The athlete had leaped so high that she set a record.

O suicida **pulará** do prédio, se ninguém o impedir.
The suicidal man will leap from the building, if no one stops him.

to pull

Personal Infinitive		*Present Subjunctive*	
puxar	puxarmos	puxe	puxemos
puxares	puxardes	puxes	puxeis
puxar	puxarem	puxe	puxem

Present Indicative		*Imperfect Subjunctive*	
puxo	puxamos	puxasse	puxássemos
puxas	puxais	puxasses	puxásseis
puxa	puxam	puxasse	puxassem

Imperfect Indicative		*Future Subjunctive*	
puxava	puxávamos	puxar	puxarmos
puxavas	puxáveis	puxares	puxardes
puxava	puxavam	puxar	puxarem

Preterit Indicative		*Present Perfect Subjunctive*	
puxei	puxámos	tenha puxado	tenhamos puxado
puxaste	puxastes	tenhas puxado	tenhais puxado
puxou	puxaram	tenha puxado	tenham puxado

Simple Pluperfect Indicative		*Past Perfect or Pluperfect Subjunctive*	
puxara	puxáramos	tivesse puxado	tivéssemos puxado
puxaras	puxáreis	tivesses puxado	tivésseis puxado
puxara	puxaram	tivesse puxado	tivessem puxado

Future Indicative		*Future Perfect Subjunctive*	
puxarei	puxaremos	tiver puxado	tivermos puxado
puxarás	puxareis	tiveres puxado	tiverdes puxado
puxará	puxarão	tiver puxado	tiverem puxado

Present Perfect Indicative		*Conditional*	
tenho puxado	temos puxado	puxaria	puxaríamos
tens puxado	tendes puxado	puxarias	puxaríeis
tem puxado	têm puxado	puxaria	puxariam

Past Perfect or Pluperfect Indicative		*Conditional Perfect*	
tinha puxado	tínhamos puxado	teria puxado	teríamos puxado
tinhas puxado	tínheis puxado	terias puxado	teríeis puxado
tinha puxado	tinham puxado	teria puxado	teriam puxado

Future Perfect Indicative		*Imperative*	
terei puxado	teremos puxado	puxa–puxai	
terás puxado	tereis puxado		
terá puxado	terão puxado		

Samples of verb usage.

No meu trabalho tenho que **puxar** obje(c)tos pesados.   *At my work I have to pull heavy objects.*

Puxe a porta para fechá-la bem.   *Pull the door to shut it well.*

O salva-vidas **puxou** o rapaz para a areia.   *The lifeguard pulled the boy towards the sand.*

Se você **puxar** e depois empurrar, a porta abrirá.   *If you pull and then push, the door will open.*

to burn

Personal Infinitive		*Present Subjunctive*	
queimar	queimarmos	queime	queimemos
queimares	queimardes	queimes	queimeis
queimar	queimarem	queime	queimem

Present Indicative		*Imperfect Subjunctive*	
queimo	queimamos	queimasse	queimássemos
queimas	queimais	queimasses	queimásseis
queima	queimam	queimasse	queimassem

Imperfect Indicative		*Future Subjunctive*	
queimava	queimávamos	queimar	queimarmos
queimavas	queimáveis	queimares	queimardes
queimava	queimavam	queimar	queimarem

Preterit Indicative		*Present Perfect Subjunctive*	
queimei	queimámos	tenha queimado	tenhamos queimado
queimaste	queimastes	tenhas queimado	tenhais queimado
queimou	queimaram	tenha queimado	tenham queimado

Simple Pluperfect Indicative		*Past Perfect or Pluperfect Subjunctive*	
queimara	queimáramos	tivesse queimado	tivéssemos queimado
queimaras	queimáreis	tivesses queimado	tivésseis queimado
queimara	queimaram	tivesse queimado	tivessem queimado

Future Indicative		*Future Perfect Subjunctive*	
queimarei	queimaremos	tiver queimado	tivermos queimado
queimarás	queimareis	tiveres queimado	tiverdes queimado
queimará	queimarão	tiver queimado	tiverem queimado

Present Perfect Indicative		*Conditional*	
tenho queimado	temos queimado	queimaria	queimaríamos
tens queimado	tendes queimado	queimarias	queimaríeis
tem queimado	têm queimado	queimaria	queimariam

Past Perfect or Pluperfect Indicative		*Conditional Perfect*	
tinha queimado	tínhamos queimado	teria queimado	teríamos queimado
tinhas queimado	tínheis queimado	terias queimado	teríeis queimado
tinha queimado	tinham queimado	teria queimado	teriam queimado

Future Perfect Indicative		*Imperative*	
terei queimado	teremos queimado	queima–queimai	
terás queimado	tereis queimado		
terá queimado	terão queimado		

Samples of verb usage.

O fogo ia **queimar** tudo.   *The fire was going to burn everything.*

A floresta **queimava** noite após noite.   *The forest burned night after night.*

Você **se queimou**?   *Did you burn yourself?*

A vela **tinha queimado** até desaparecer.   *The candle had burnt until it disappeared.*

to complain

Personal Infinitive	
queixar-me	queixarmo-nos
queixares-te	queixardes-vos
queixar-se	queixarem-se

Present Indicative	
queixo-me	queixamo-nos
queixas-te	queixais-vos
queixa-se	queixam-se

Imperfect Indicative	
queixava-me	queixávamo-nos
queixavas-te	queixáveis-vos
queixava-se	queixavam-se

Preterit Indicative	
queixei-me	queixámo-nos
queixaste-te	queixastes-vos
queixou-se	queixaram-se

Simple Pluperfect Indicative	
queixara-me	queixáramo-nos
queixaras-te	queixáreis-vos
queixara-se	queixaram-se

Future Indicative	
queixar-me-ei	queixar-nos-emos
queixar-te-ás	queixar-vos-eis
queixar-se-á	queixar-se-ão

Present Perfect Indicative	
tenho-me queixado	temo-nos queixado
tens-te queixado	tendes-vos queixado
tem-se queixado	têm-se queixado

Past Perfect or Pluperfect Indicative	
tinha-me queixado	tínhamo-nos queixado
tinhas-te queixado	tínheis-vos queixado
tinha-se queixado	tinham-se queixado

Future Perfect Indicative	
ter-me-ei queixado	ter-nos-emos queixado
ter-te-ás queixado	ter-vos-eis queixado
ter-se-á queixado	ter-se-ão queixado

Present Subjunctive	
queixe-me	queixemo-nos
queixes-te	queixeis-vos
queixe-se	queixem-se

Imperfect Subjunctive	
queixasse-me	queixássemo-nos
queixasses-te	queixásseis-vos
queixasse-se	queixassem-se

Future Subjunctive	
me queixar	nos queixarmos
te queixares	vos queixardes
se queixar	se queixarem

Present Perfect Subjunctive	
tenha-me queixado	tenhamo-nos queixado
tenhas-te queixado	tenhais-vos queixado
tenha-se queixado	tenham-se queixado

Past Perfect or Pluperfect Subjunctive	
tivesse-me queixado	tivéssemo-nos queixado
tivesses-te queixado	tivésseis-vos queixado
tivesse-se queixado	tivessem-se queixado

Future Perfect Subjunctive	
me tiver queixado	nos tivermos queixado
te tiveres queixado	vos tiverdes queixado
se tiver queixado	se tiverem queixado

Conditional	
queixar-me-ia	queixar-nos-íamos
queixar-te-ias	queixar-vos-íeis
queixar-se-ia	queixar-se-iam

Conditional Perfect	
ter-me-ia queixado	ter-nos-íamos queixado
ter-te-ias queixado	ter-vos-íeis queixado
ter-se-ia queixado	ter-se-iam queixado

Imperative	
queixa-te–queixai-vos	

Samples of verb usage.

Você **se queixa** de tudo.   *You complain about everything.*

A minha avó sempre **queixava-se** de dores nas costas.
The grandmother always complained about backpains.

Nós **nos queixámos** do assalto à polícia.   *We complained about the robbery to the police.*

Na sua posição, eu **me queixaria** .   *In your position, I would complain.*

to want, wish

Personal Infinitive		*Present Subjunctive*	
querer	querermos	queira	queiramos
quereres	quererdes	queiras	queirais
querer	quererem	queira	queiram

Present Indicative		*Imperfect Subjunctive*	
quero	queremos	quisesse	quiséssemos
queres	quereis	quisesses	quisésseis
quer	*querem**	quisesse	quisessem

Imperfect Indicative		*Future Subjunctive*	
queria	queríamos	quiser	quisermos
querias	queríeis	quiseres	quiserdes
queria	queriam	quiser	quiserem

Preterit Indicative		*Present Perfect Subjunctive*	
quis	quisemos	tenha querido	tenhamos querido
quiseste	quisestes	tenhas querido	tenhais querido
quis	quiseram	tenha querido	tenham querido

Simple Pluperfect Indicative		*Past Perfect or Pluperfect Subjunctive*	
quisera	quiséramos	tivesse querido	tivéssemos querido
quiseras	quiséreis	tivesses querido	tivésseis querido
quisera	quiseram	tivesse querido	tivessem querido

Future Indicative		*Future Perfect Subjunctive*	
quererei	quereremos	tiver querido	tivermos querido
quererás	querereis	tiveres querido	tiverdes querido
quererá	quererão	tiver querido	tiverem querido

Present Perfect Indicative		*Conditional*	
tenho querido	temos querido	quereria	quereríamos
tens querido	tendes querido	quererias	quereríeis
tem querido	têm querido	quereria	quereriam

Past Perfect or Pluperfect Indicative		*Conditional Perfect*	
tinha querido	tínhamos querido	teria querido	teríamos querido
tinhas querido	tínheis querido	terias querido	teríeis querido
tinha querido	tinham querido	teria querido	teriam querido

Future Perfect Indicative		*Imperative*	
terei querido	teremos querido	*quer (quere)**–querei	
terás querido	tereis querido		
terá querido	terão querido		

Samples of verb usage.

O que (é que) você **quer**?   *What do you want?*

Se Deus **quiser**, viverei até aos noventa anos.   *If God wishes, I'll live to be ninety years old.*

Espero que **queiras** ir à festa comigo.   *I hope you want to go to the party with me.*

Eu não **quis** comer.   *I refused (didn't want) to eat.*

NOTE: **Querer** in the Preterite Indicative may mean *sought to, tried, attempted to*: **Eu quis salvá-lo mas não pude.** *I tried to save him but I couldn't.*   In the negative it may imply refusal or denial: **Os meus amigos não quiseram ajudar-me.** *My friends refused to help me.*

*NOTE: Only the radical-changing verb forms with *open* stressed vowels appear in italic type. For further explanation see Foreword.

to fear, be afraid of

Personal Infinitive
recear	recearmos
receares	receardes
recear	recearem

Present Indicative
receio	receamos
receias	receais
receia	receiam

Imperfect Indicative
receava	receávamos
receavas	receáveis
receava	receavam

Preterit Indicative
receei	receámos
receaste	receastes
receou	recearam

Simple Pluperfect Indicative
receara	receáramos
recearas	receáreis
receara	recearam

Future Indicative
recearei	recearemos
recearás	receareis
receará	recearão

Present Perfect Indicative
tenho receado	temos receado
tens receado	tendes receado
tem receado	têm receado

Past Perfect or Pluperfect Indicative
tinha receado	tínhamos receado
tinhas receado	tínheis receado
tinha receado	tinham receado

Future Perfect Indicative
terei receado	teremos receado
terás receado	tereis receado
terá receado	terão receado

Present Subjunctive
receie	receemos
receies	receeis
receie	receiem

Imperfect Subjunctive
receasse	receássemos
receasses	receásseis
receasse	receassem

Future Subjunctive
recear	recearmos
receares	receardes
recear	recearem

Present Perfect Subjunctive
tenha receado	tenhamos receado
tenhas receado	tenhais receado
tenha receado	tenham receado

Past Perfect or Pluperfect Subjunctive
tivesse receado	tivéssemos receado
tivesses receado	tivésseis receado
tivesse receado	tivessem receado

Future Perfect Subjunctive
tiver receado	tivermos receado
tiveres receado	tiverdes receado
tiver receado	tiverem receado

Conditional
recearia	recearíamos
recearias	recearíeis
recearia	receariam

Conditional Perfect
teria receado	teríamos receado
terias receado	teríeis receado
teria receado	teriam receado

Imperative
receia–receai

Samples of verb usage.

(Nós) **receávamos** as consequências.   *We feared the consequences.*

Receio o que possa acontecer.   *I'm afraid of what may happen.*

Qualquer pessoa (um) **recearia** isso.   *Anyone would be afraid of that.*

Não **receie** nada. Tudo acabará bem.   *Don't be afraid of anything. Everything will be okay.*

receber

to receive

Personal Infinitive		*Present Subjunctive*	
receber	recebermos	receba	recebamos
receberes	receberdes	recebas	recebais
receber	receberem	receba	recebam

Present Indicative		*Imperfect Subjunctive*	
recebo	recebemos	recebesse	recebêssemos
recebes	recebeis	recebesses	recebêsseis
recebe	*recebem**	recebesse	recebessem

Imperfect Indicative		*Future Subjunctive*	
recebia	recebíamos	receber	recebermos
recebias	recebíeis	receberes	receberdes
recebia	recebiam	receber	receberem

Preterit Indicative		*Present Perfect Subjunctive*	
recebi	recebemos	tenha recebido	tenhamos recebido
recebeste	recebestes	tenhas recebido	tenhais recebido
recebeu	receberam	tenha recebido	tenham recebido

Simple Pluperfect Indicative		*Past Perfect or Pluperfect Subjunctive*	
recebera	recebêramos	tivesse recebido	tivéssemos recebido
receberas	recebêreis	tivesses recebido	tivésseis recebido
recebera	receberam	tivesse recebido	tivessem recebido

Future Indicative		*Future Perfect Subjunctive*	
receberei	receberemos	tiver recebido	tivermos recebido
receberás	recebereis	tiveres recebido	tiverdes recebido
receberá	receberão	tiver recebido	tiverem recebido

Present Perfect Indicative		*Conditional*	
tenho recebido	temos recebido	receberia	receberíamos
tens recebido	tendes recebido	receberias	receberíeis
tem recebido	têm recebido	receberia	receberiam

Past Perfect or Pluperfect Indicative		*Conditional Perfect*	
tinha recebido	tínhamos recebido	teria recebido	teríamos recebido
tinhas recebido	tínheis recebido	terias recebido	teríeis recebido
tinha recebido	tinham recebido	teria recebido	teriam recebido

Future Perfect Indicative		*Imperative*	
terei recebido	teremos recebido	*recebe**– recebei	
terás recebido	tereis recebido		
terá recebido	terão recebido		

Samples of verb usage.

Você **recebeu** as instruções?   *Did you receive the instructions?*

Receberemos muito dinheiro, se fizermos isto.   *We will receive a lot of money, if we do this.*

Você me disse que ela já **tinha recebido** o presente.
You told me that she had already received the present.

Espero que ela **receba** o prémio (prêmio *in Brazil*).   *I hope she receives the prize (award).*

*NOTE: Only the radical-changing verb forms with *open* stressed vowels appear in italic type. For further explanation see Foreword.

to recuperate, recover, regain

Personal Infinitive	
recuperar	recuperarmos
recuperares	recuperardes
recuperar	recuperarem

Present Indicative	
recupero	recuperamos
recuperas	recuperais
recupera	*recuperam**

Imperfect Indicative	
recuperava	recuperávamos
recuperavas	recuperáveis
recuperava	recuperavam

Preterit Indicative	
recuperei	recuperámos
recuperaste	recuperastes
recuperou	recuperaram

Simple Pluperfect Indicative	
recuperara	recuperáramos
recuperaras	recuperáreis
recuperara	recuperaram

Future Indicative	
recuperarei	recuperaremos
recuperarás	recuperareis
recuperará	recuperarão

Present Perfect Indicative	
tenho recuperado	temos recuperado
tens recuperado	tendes recuperado
tem recuperado	têm recuperado

Past Perfect or Pluperfect Indicative	
tinha recuperado	tínhamos recuperado
tinhas recuperado	tínheis recuperado
tinha recuperado	tinham recuperado

Future Perfect Indicative	
terei recuperado	teremos recuperado
terás recuperado	tereis recuperado
terá recuperado	terão recuperado

Present Subjunctive	
recupere	recuperemos
recuperes	recupereis
recupere	*recuperem**

Imperfect Subjunctive	
recuperasse	recuperássemos
recuperasses	recuperásseis
recuperasse	recuperassem

Future Subjunctive	
recuperar	recuperarmos
recuperares	recuperardes
recuperar	recuperarem

Present Perfect Subjunctive	
tenha recuperado	tenhamos recuperado
tenhas recuperado	tenhais recuperado
tenha recuperado	tenham recuperado

Past Perfect or Pluperfect Subjunctive	
tivesse recuperado	tivéssemos recuperado
tivesses recuperado	tivésseis recuperado
tivesse recuperado	tivessem recuperado

Future Perfect Subjunctive	
tiver recuperado	tivermos recuperado
tiveres recuperado	tiverdes recuperado
tiver recuperado	tiverem recuperado

Conditional	
recuperaria	recuperaríamos
recuperarias	recuperaríeis
recuperaria	recuperariam

Conditional Perfect	
teria recuperado	teríamos recuperado
terias recuperado	teríeis recuperado
teria recuperado	teriam recuperado

Imperative	
*recupera**–recuperai	

Samples of verb usage.

Espero que ela **se recupere** da sua doença.   *I hope she recovers from her illness.*

Tardaremos anos em **recuperar** a perda!   *We'll take years to recover the loss!*

As forças armadas **recuperaram** o controle do país.   *The armed forces regained control of the country.*

Eles queriam **recuperar** o tempo perdido.   *They wanted to recuperate the lost time.*

*NOTE: Only the radical-changing verb forms with *open* stressed vowels appear in italic type. For further explanation see Foreword.

recusar

to refuse, reject

Personal Infinitive		**Present Subjunctive**	
recusar	recusarmos	recuse	recusemos
recusares	recusardes	recuses	recuseis
recusar	recusarem	recuse	recusem

Present Indicative		**Imperfect Subjunctive**	
recuso	recusamos	recusasse	recusássemos
recusas	recusais	recusasses	recusásseis
recusa	recusam	recusasse	recusassem

Imperfect Indicative		**Future Subjunctive**	
recusava	recusávamos	recusar	recusarmos
recusavas	recusáveis	recusares	recusardes
recusava	recusavam	recusar	recusarem

Preterit Indicative		**Present Perfect Subjunctive**	
recusei	recusámos	tenha recusado	tenhamos recusado
recusaste	recusastes	tenhas recusado	tenhais recusado
recusou	recusaram	tenha recusado	tenham recusado

Simple Pluperfect Indicative		**Past Perfect or Pluperfect Subjunctive**	
recusara	recusáramos	tivesse recusado	tivéssemos recusado
recusaras	recusáreis	tivesses recusado	tivésseis recusado
recusara	recusaram	tivesse recusado	tivessem recusado

Future Indicative		**Future Perfect Subjunctive**	
recusarei	recusaremos	tiver recusado	tivermos recusado
recusarás	recusareis	tiveres recusado	tiverdes recusado
recusará	recusarão	tiver recusado	tiverem recusado

Present Perfect Indicative		**Conditional**	
tenho recusado	temos recusado	recusaria	recusaríamos
tens recusado	tendes recusado	recusarias	recusaríeis
tem recusado	têm recusado	recusaria	recusariam

Past Perfect or Pluperfect Indicative		**Conditional Perfect**	
tinha recusado	tínhamos recusado	teria recusado	teríamos recusado
tinhas recusado	tínheis recusado	terias recusado	teríeis recusado
tinha recusado	tinham recusado	teria recusado	teriam recusado

Future Perfect Indicative		**Imperative**	
terei recusado	teremos recusado	recusa–recusai	
terás recusado	tereis recusado		
terá recusado	terão recusado		

Samples of verb usage.

A secretária **tinha recusado** cooperar com o criminoso.
The secretary had refused to cooperate with the criminal.

Ela **recusou** a proposta.   *She rejected the proposal.*

Por que você **tem recusado** falar com ela?   *Why have you been refusing to talk to her?*

A universidade **recusava** qualquer pessoa sem diploma.
The university rejected anyone without a diploma.

to refresh, freshen, cool (off or down)

Personal Infinitive	
refrescar	refrescarmos
refrescares	refrescardes
refrescar	refrescarem

Present Indicative	
refresco	refrescamos
refrescas	refrescais
refresca	*refrescam**

Imperfect Indicative	
refrescava	refrescávamos
refrescavas	refrescáveis
refrescava	refrescavam

Preterit Indicative	
refresquei	refrescámos
refrescaste	refrescastes
refrescou	refrescaram

Simple Pluperfect Indicative	
refrescara	refrescáramos
refrescaras	refrescáreis
refrescara	refrescaram

Future Indicative	
refrescarei	refrescaremos
refrescarás	refrescareis
refrescará	refrescarão

Present Perfect Indicative	
tenho refrescado	temos refrescado
tens refrescado	tendes refrescado
tem refrescado	têm refrescado

Past Perfect or Pluperfect Indicative	
tinha refrescado	tínhamos refrescado
tinhas refrescado	tínheis refrescado
tinha refrescado	tinham refrescado

Future Perfect Indicative	
terei refrescado	teremos refrescado
terás refrescado	tereis refrescado
terá refrescado	terão refrescado

Present Subjunctive	
refresque	refresquemos
refresques	refresqueis
refresque	*refresquem**

Imperfect Subjunctive	
refrescasse	refrescássemos
refrescasses	refrescásseis
refrescasse	refrescassem

Future Subjunctive	
refrescar	refrescarmos
refrescares	refrescardes
refrescar	refrescarem

Present Perfect Subjunctive	
tenha refrescado	tenhamos refrescado
tenhas refrescado	tenhais refrescado
tenha refrescado	tenham refrescado

Past Perfect or Pluperfect Subjunctive	
tivesse refrescado	tivéssemos refrescado
tivesses refrescado	tivésseis refrescado
tivesse refrescado	tivessem refrescado

Future Perfect Subjunctive	
tiver refrescado	tivermos refrescado
tiveres refrescado	tiverdes refrescado
tiver refrescado	tiverem refrescado

Conditional	
refrescaria	refrescaríamos
refrescarias	refrescaríeis
refrescaria	refrescariam

Conditional Perfect	
teria refrescado	teríamos refrescado
terias refrescado	teríeis refrescado
teria refrescado	teriam refrescado

Imperative	
*refresca**–refrescai	

Samples of verb usage.

O sumo (suco *in Brazil*) de laranja **refrescou** o surfista.   *The orange juice refreshed the surfer.*

A chuva **tinha refrescado** aquela tarde quente.   *The rain had cooled down that warm afternoon.*

Quero beber algo que me **refresque**.   *I want to drink something that will refresh me.*

Não te preocupes tanto. **Refresca** a cabeça!   *Don't worry so much. Cool off!*

*NOTE: Only the radical-changing verb forms with *open* stressed vowels appear in italic type. For further explanation see Foreword.

registar (*in Portugal*)
registrar (*in Brazil*)

Pres. Part. *registando*   Past Part. *registado*

to register, file

Personal Infinitive	
registar	registarmos
registares	registardes
registar	registarem

Present Indicative	
registo	registamos
registas	registais
regista	registam

Imperfect Indicative	
registava	registávamos
registavas	registáveis
registava	registavam

Preterit Indicative	
registei	registámos
registaste	registastes
registou	registaram

Simple Pluperfect Indicative	
registara	registáramos
registaras	registáreis
registara	registaram

Future Indicative	
registarei	registaremos
registarás	registareis
registará	registarão

Present Perfect Indicative	
tenho registado	temos registado
tens registado	tendes registado
tem registado	têm registado

Past Perfect or Pluperfect Indicative	
tinha registado	tínhamos registado
tinhas registado	tínheis registado
tinha registado	tinham registado

Future Perfect Indicative	
terei registado	teremos registado
terás registado	tereis registado
terá registado	terão registado

Present Subjunctive	
registe	registemos
registes	registeis
registe	registem

Imperfect Subjunctive	
registasse	registássemos
registasses	registásseis
registasse	registassem

Future Subjunctive	
registar	registarmos
registares	registardes
registar	registarem

Present Perfect Subjunctive	
tenha registado	tenhamos registado
tenhas registado	tenhais registado
tenha registado	tenham registado

Past Perfect or Pluperfect Subjunctive	
tivesse registado	tivéssemos registado
tivesses registado	tivésseis registado
tivesse registado	tivessem registado

Future Perfect Subjunctive	
tiver registado	tivermos registado
tiveres registado	tiverdes registado
tiver registado	tiverem registado

Conditional	
registaria	registaríamos
registarias	registaríeis
registaria	registariam

Conditional Perfect	
teria registado	teríamos registado
terias registado	teríeis registado
teria registado	teriam registado

Imperative	
regista–registai	

Samples of verb usage.

Quando o bebé (bebê *in Brazil*) nascer teremos que **registá**-lo.
When the baby is born we will have to register him/her.

Já era a terceira vez que ele **tinha registado** a reclamação com a polícia.
It was already the third time he had filed the complaint with the police.

Registe na faculdade antes do começo do semestre.
Register at college before the beginning of the semester.

Registámos no livro de hóspedes antes de subir ao quarto.
We registered in the guest book before going up to the room.

to reject

Personal Infinitive

rejeitar	rejeitarmos
rejeitares	rejeitardes
rejeitar	rejeitarem

Present Indicative

rejeito	rejeitamos
rejeitas	rejeitais
rejeita	rejeitam

Imperfect Indicative

rejeitava	rejeitávamos
rejeitavas	rejeitáveis
rejeitava	rejeitavam

Preterit Indicative

rejeitei	rejeitámos
rejeitaste	rejeitastes
rejeitou	rejeitaram

Simple Pluperfect Indicative

rejeitara	rejeitáramos
rejeitaras	rejeitáreis
rejeitara	rejeitaram

Future Indicative

rejeitarei	rejeitaremos
rejeitarás	rejeitareis
rejeitará	rejeitarão

Present Perfect Indicative

tenho rejeitado	temos rejeitado
tens rejeitado	tendes rejeitado
tem rejeitado	têm rejeitado

Past Perfect or Pluperfect Indicative

tinha rejeitado	tínhamos rejeitado
tinhas rejeitado	tínheis rejeitado
tinha rejeitado	tinham rejeitado

Future Perfect Indicative

terei rejeitado	teremos rejeitado
terás rejeitado	tereis rejeitado
terá rejeitado	terão rejeitado

Present Subjunctive

rejeite	rejeitemos
rejeites	rejeiteis
rejeite	rejeitem

Imperfect Subjunctive

rejeitasse	rejeitássemos
rejeitasses	rejeitásseis
rejeitasse	rejeitassem

Future Subjunctive

rejeitar	rejeitarmos
rejeitares	rejeitardes
rejeitar	rejeitarem

Present Perfect Subjunctive

tenha rejeitado	tenhamos rejeitado
tenhas rejeitado	tenhais rejeitado
tenha rejeitado	tenham rejeitado

Past Perfect or Pluperfect Subjunctive

tivesse rejeitado	tivéssemos rejeitado
tivesses rejeitado	tivésseis rejeitado
tivesse rejeitado	tivessem rejeitado

Future Perfect Subjunctive

tiver rejeitado	tivermos rejeitado
tiveres rejeitado	tiverdes rejeitado
tiver rejeitado	tiverem rejeitado

Conditional

rejeitaria	rejeitaríamos
rejeitarias	rejeitaríeis
rejeitaria	rejeitariam

Conditional Perfect

teria rejeitado	teríamos rejeitado
terias rejeitado	teríeis rejeitado
teria rejeitado	teriam rejeitado

Imperative

rejeita–rejeitai

Samples of verb usage.

Antes de **rejeitarmos** a proposta, vamos ouvir o representante.
Before we reject the proposal, let's listen to the representative.

Ele foi **rejeitado** pelo clube inteiro.   *He was rejected by the whole club.*

Quero que vocês **rejeitem** esta ideia de mudar a cidade.
I want you to reject this idea of changing the city.

Se **tivéssemos rejeitado** o menino, ele não teria tido onde morar.
If we had rejected the boy, he wouldn't have had a place to live.

relacionar

to relate, associate; to enumerate, list

Personal Infinitive	
relacionar	relacionarmos
relacionares	relacionardes
relacionar	relacionarem

Present Indicative	
relaciono	relacionamos
relacionas	relacionais
relaciona	relacionam

Imperfect Indicative	
relacionava	relacionávamos
relacionavas	relacionáveis
relacionava	relacionavam

Preterit Indicative	
relacionei	relacionámos
relacionaste	relacionastes
relacionou	relacionaram

Simple Pluperfect Indicative	
relacionara	relacionáramos
relacionaras	relacionáreis
relacionara	relacionaram

Future Indicative	
relacionarei	relacionaremos
relacionarás	relacionareis
relacionará	relacionarão

Present Perfect Indicative	
tenho relacionado	temos relacionado
tens relacionado	tendes relacionado
tem relacionado	têm relacionado

Past Perfect or Pluperfect Indicative	
tinha relacionado	tínhamos relacionado
tinhas relacionado	tínheis relacionado
tinha relacionado	tinham relacionado

Future Perfect Indicative	
terei relacionado	teremos relacionado
terás relacionado	tereis relacionado
terá relacionado	terão relacionado

Present Subjunctive	
relacione	relacionemos
relaciones	relacioneis
relacione	relacionem

Imperfect Subjunctive	
relacionasse	relacionássemos
relacionasses	relacionásseis
relacionasse	relacionassem

Future Subjunctive	
relacionar	relacionarmos
relacionares	relacionardes
relacionar	relacionarem

Present Perfect Subjunctive	
tenha relacionado	tenhamos relacionado
tenhas relacionado	tenhais relacionado
tenha relacionado	tenham relacionado

Past Perfect or Pluperfect Subjunctive	
tivesse relacionado	tivéssemos relacionado
tivesses relacionado	tivésseis relacionado
tivesse relacionado	tivessem relacionado

Future Perfect Subjunctive	
tiver relacionado	tivermos relacionado
tiveres relacionado	tiverdes relacionado
tiver relacionado	tiverem relacionado

Conditional	
relacionaria	relacionaríamos
relacionarias	relacionaríeis
relacionaria	relacionariam

Conditional Perfect	
teria relacionado	teríamos relacionado
terias relacionado	teríeis relacionado
teria relacionado	teriam relacionado

Imperative	
relaciona–relacionai	

Samples of verb usage.

Nós nos **relacionamos** bem.   *We relate well to one another.*

Ela **relacionou** todas as mudanças que queria fazer.
She listed (enumerated) all the changes she wanted to make.

Ele **se relacionaria** bem nesta firma.   *He would get along (relate) well in this firm.*

Espero que vocês aprendam a **se relacionar** melhor.   *I hope that you learn to relate better to each other.*

to renew, renovate

Personal Infinitive		Present Subjunctive	
renovar	renovarmos	*renove*	renovemos
renovares	renovardes	*renoves*	renoveis
renovar	renovarem	*renove*	*renovem**

Present Indicative		Imperfect Subjunctive	
renovo	renovamos	renovasse	renovássemos
renovas	renovais	renovasses	renovásseis
renova	*renovam**	renovasse	renovassem

Imperfect Indicative		Future Subjunctive	
renovava	renovávamos	renovar	renovarmos
renovavas	renováveis	renovares	renovardes
renovava	renovavam	renovar	renovarem

Preterit Indicative		Present Perfect Subjunctive	
renovei	renovámos	tenha renovado	tenhamos renovado
renovaste	renovastes	tenhas renovado	tenhais renovado
renovou	renovaram	tenha renovado	tenham renovado

Simple Pluperfect Indicative		Past Perfect or Pluperfect Subjunctive	
renovara	renováramos	tivesse renovado	tivéssemos renovado
renovaras	renováreis	tivesses renovado	tivésseis renovado
renovara	renovaram	tivesse renovado	tivessem renovado

Future Indicative		Future Perfect Subjunctive	
renovarei	renovaremos	tiver renovado	tivermos renovado
renovarás	renovareis	tiveres renovado	tiverdes renovado
renovará	renovarão	tiver renovado	tiverem renovado

Present Perfect Indicative		Conditional	
tenho renovado	temos renovado	renovaria	renovaríamos
tens renovado	tendes renovado	renovarias	renovaríeis
tem renovado	têm renovado	renovaria	renovariam

Past Perfect or Pluperfect Indicative		Conditional Perfect	
tinha renovado	tínhamos renovado	teria renovado	teríamos renovado
tinhas renovado	tínheis renovado	terias renovado	teríeis renovado
tinha renovado	tinham renovado	teria renovado	teriam renovado

Future Perfect Indicative		Imperative	
terei renovado	teremos renovado	*renova**–renovai	
terás renovado	tereis renovado		
terá renovado	terão renovado		

Samples of verb usage.

Os inquilinos **renovam** o contrato anualmente.   *The tenants renew their contract annually.*

O casal **renovou** os juramentos feitos no dia do casamento.
The couple renewed the vows made on their wedding day.

É importante que cada prédio **renove** o seu sistema de ele(c)tricidade cada cinquenta anos.
It is important that every building have its electrical system renewed every fifty years.

Vamos **renovar** a casa este verão.   *We are going to renovate the house this summer.*

*NOTE: Only the radical-changing verb forms with *open* stressed vowels appear in italic type. For further explanation see Foreword.

repetir

to repeat, do again *or* over

Personal Infinitive		*Present Subjunctive*	
repetir	repetirmos	repita	repitamos
repetires	repetirdes	repitas	repitais
repetir	repetirem	repita	repitam

Present Indicative		*Imperfect Subjunctive*	
repito	repetimos	repetisse	repetíssemos
repetes	repetis	repetisses	repetísseis
repete	*repetem* *	repetisse	repetissem

Imperfect Indicative		*Future Subjunctive*	
repetia	repetíamos	repetir	repetirmos
repetias	repetíeis	repetires	repetirdes
repetia	repetiam	repetir	repetirem

Preterit Indicative		*Present Perfect Subjunctive*	
repeti	repetimos	tenha repetido	tenhamos repetido
repetiste	repetistes	tenhas repetido	tenhais repetido
repetiu	repetiram	tenha repetido	tenham repetido

Simple Pluperfect Indicative		*Past Perfect or Pluperfect Subjunctive*	
repetira	repetíramos	tivesse repetido	tivéssemos repetido
repetiras	repetíreis	tivesses repetido	tivésseis repetido
repetira	repetiram	tivesse repetido	tivessem repetido

Future Indicative		*Future Perfect Subjunctive*	
repetirei	repetiremos	tiver repetido	tivermos repetido
repetirás	repetireis	tiveres repetido	tiverdes repetido
repetirá	repetirão	tiver repetido	tiverem repetido

Present Perfect Indicative		*Conditional*	
tenho repetido	temos repetido	repetiria	repetiríamos
tens repetido	tendes repetido	repetirias	repetiríeis
tem repetido	têm repetido	repetiria	repetiriam

Past Perfect or Pluperfect Indicative		*Conditional Perfect*	
tinha repetido	tínhamos repetido	teria repetido	teríamos repetido
tinhas repetido	tínheis repetido	terias repetido	teríeis repetido
tinha repetido	tinham repetido	teria repetido	teriam repetido

Future Perfect Indicative		*Imperative*	
terei repetido	teremos repetido	*repete* *– repeti	
terás repetido	tereis repetido		
terá repetido	terão repetido		

Samples of verb usage.

Repita o que você acabou de dizer!   *Repeat what you just said!*

Só estou a **repetir** (**repetindo**) o que você disse.   *I'm only repeating what you said.*

Você acha que ela **repetirá** aquela canção?   *Do you think she'll do that song again?*

(Nós) **repetiríamos** tudo de novo.   *We would do it all over again.*

*NOTE: Only the radical-changing verb forms with *open* stressed vowels appear in italic type. For further explanation see Foreword.

to respect, value

Personal Infinitive		*Present Subjunctive*	
respeitar	respeitarmos	respeite	respeitemos
respeitares	respeitardes	respeites	respeiteis
respeitar	respeitarem	respeite	respeitem

Present Indicative		*Imperfect Subjunctive*	
respeito	respeitamos	respeitasse	respeitássemos
respeitas	respeitais	respeitasses	respeitásseis
respeita	respeitam	respeitasse	respeitassem

Imperfect Indicative		*Future Subjunctive*	
respeitava	respeitávamos	respeitar	respeitarmos
respeitavas	respeitáveis	respeitares	respeitardes
respeitava	respeitavam	respeitar	respeitarem

Preterit Indicative		*Present Perfect Subjunctive*	
respeitei	respeitámos	tenha respeitado	tenhamos respeitado
respeitaste	respeitastes	tenhas respeitado	tenhais respeitado
respeitou	respeitaram	tenha respeitado	tenham respeitado

Simple Pluperfect Indicative		*Past Perfect or Pluperfect Subjunctive*	
respeitara	respeitáramos	tivesse respeitado	tivéssemos respeitado
respeitaras	respeitáreis	tivesses respeitado	tivésseis respeitado
respeitara	respeitaram	tivesse respeitado	tivessem respeitado

Future Indicative		*Future Perfect Subjunctive*	
respeitarei	respeitaremos	tiver respeitado	tivermos respeitado
respeitarás	respeitareis	tiveres respeitado	tiverdes respeitado
respeitará	respeitarão	tiver respeitado	tiverem respeitado

Present Perfect Indicative		*Conditional*	
tenho respeitado	temos respeitado	respeitaria	respeitaríamos
tens respeitado	tendes respeitado	respeitarias	respeitaríeis
tem respeitado	têm respeitado	respeitaria	respeitariam

Past Perfect or Pluperfect Indicative		*Conditional Perfect*	
tinha respeitado	tínhamos respeitado	teria respeitado	teríamos respeitado
tinhas respeitado	tínheis respeitado	terias respeitado	teríeis respeitado
tinha respeitado	tinham respeitado	teria respeitado	teriam respeitado

Future Perfect Indicative		*Imperative*	
terei respeitado	teremos respeitado	respeita–respeitai	
terás respeitado	tereis respeitado		
terá respeitado	terão respeitado		

Samples of verb usage.

Respeite a lei.   *Respect the law.*

Ela **respeitava** o compromisso dele com a sua namorada.
She respected his commitment to his girlfriend.

Ele **respeita** muito a tua opinião.   *He values (respects) your opinion a lot.*

Você não **respeitaria** uma pessoa mais velha?   Wouldn't you respect an older person?

to breathe

Personal Infinitive		Present Subjunctive	
respirar	respirarmos	respire	respiremos
respirares	respirardes	respires	respireis
respirar	respirarem	respire	respirem

Present Indicative		Imperfect Subjunctive	
respiro	respiramos	respirasse	respirássemos
respiras	respirais	respirasses	respirásseis
respira	respiram	respirasse	respirassem

Imperfect Indicative		Future Subjunctive	
respirava	respirávamos	respirar	respirarmos
respiravas	respiráveis	respirares	respirardes
respirava	respiravam	respirar	respirarem

Preterit Indicative		Present Perfect Subjunctive	
respirei	respirámos	tenha respirado	tenhamos respirado
respiraste	respirastes	tenhas respirado	tenhais respirado
respirou	respiraram	tenha respirado	tenham respirado

Simple Pluperfect Indicative		Past Perfect or Pluperfect Subjunctive	
respirara	respiráramos	tivesse respirado	tivéssemos respirado
respiraras	respiráreis	tivesses respirado	tivésseis respirado
respirara	respiraram	tivesse respirado	tivessem respirado

Future Indicative		Future Perfect Subjunctive	
respirarei	respiraremos	tiver respirado	tivermos respirado
respirarás	respirareis	tiveres respirado	tiverdes respirado
respirará	respirarão	tiver respirado	tiverem respirado

Present Perfect Indicative		Conditional	
tenho respirado	temos respirado	respiraria	respiraríamos
tens respirado	tendes respirado	respirarias	respiraríeis
tem respirado	têm respirado	respiraria	respirariam

Past Perfect or Pluperfect Indicative		Conditional Perfect	
tinha respirado	tínhamos respirado	teria respirado	teríamos respirado
tinhas respirado	tínheis respirado	terias respirado	teríeis respirado
tinha respirado	tinham respirado	teria respirado	teriam respirado

Future Perfect Indicative		Imperative	
terei respirado	teremos respirado	respira–respirai	
terás respirado	tereis respirado		
terá respirado	terão respirado		

Samples of verb usage.

Nesse momento eu só podia **respirar** com dificuldade.
At that moment I could only breathe with difficulty.

Agora podemos **respirar** livremente! *Now we can breathe freely!*

Respire devagar, e não desmaiará. *Breathe slowly, and you won't faint.*

O médico acha que agora ela poderá **respirar** sem dor.
The doctor thinks that she will be able to breathe without pain now.

to answer, respond

Personal Infinitive	
responder	respondermos
responderes	responderdes
responder	responderem

Present Indicative	
respondo	respondemos
respondes	respondeis
responde	respondem

Imperfect Indicative	
respondia	respondíamos
respondias	respondíeis
respondia	respondiam

Preterit Indicative	
respondi	respondemos
respondeste	respondestes
respondeu	responderam

Simple Pluperfect Indicative	
respondera	respondêramos
responderas	respondêreis
respondera	responderam

Future Indicative	
responderei	responderemos
responderás	respondereis
responderá	responderão

Present Perfect Indicative	
tenho respondido	temos respondido
tens respondido	tendes respondido
tem respondido	têm respondido

Past Perfect or Pluperfect Indicative	
tinha respondido	tínhamos respondido
tinhas respondido	tínheis respondido
tinha respondido	tinham respondido

Future Perfect Indicative	
terei respondido	teremos respondido
terás respondido	tereis respondido
terá respondido	terão respondido

Present Subjunctive	
responda	respondamos
respondas	respondais
responda	respondam

Imperfect Subjunctive	
respondesse	respondêssemos
respondesses	respondêsseis
respondesse	respondessem

Future Subjunctive	
responder	respondermos
responderes	responderdes
responder	responderem

Present Perfect Subjunctive	
tenha respondido	tenhamos respondido
tenhas respondido	tenhais respondido
tenha respondido	tenham respondido

Past Perfect or Pluperfect Subjunctive	
tivesse respondido	tivéssemos respondido
tivesses respondido	tivésseis respondido
tivesse respondido	tivessem respondido

Future Perfect Subjunctive	
tiver respondido	tivermos respondido
tiveres respondido	tiverdes respondido
tiver respondido	tiverem respondido

Conditional	
responderia	responderíamos
responderias	responderíeis
responderia	responderiam

Conditional Perfect	
teria respondido	teríamos respondido
terias respondido	teríeis respondido
teria respondido	teriam respondido

Imperative	
responde–respondei	

Samples of verb usage.

Responda à pergunta.   *Answer the question.*

O soldado **respondeu** imediatamente à chamada.   *The soldier responded immediately to the call.*

Os inimigos **responderam** com a sua artilharia pesada.
The enemy answered (responded) with their heavy artillery.

Responderei quando estiver pronto.   *I will answer when I am ready.*

to pray

Personal Infinitive		*Present Subjunctive*	
rezar	rezarmos	*reze*	rezemos
rezares	rezardes	*rezes*	rezeis
rezar	rezarem	*reze*	*rezem**

Present Indicative		*Imperfect Subjunctive*	
rezo	rezamos	rezasse	rezássemos
rezas	rezais	rezasses	rezásseis
reza	*rezam**	rezasse	rezassem

Imperfect Indicative		*Future Subjunctive*	
rezava	rezávamos	rezar	rezarmos
rezavas	rezáveis	rezares	rezardes
rezava	rezavam	rezar	rezarem

Preterit Indicative		*Present Perfect Subjunctive*	
rezei	rezámos	tenha rezado	tenhamos rezado
rezaste	rezastes	tenhas rezado	tenhais rezado
rezou	rezaram	tenha rezado	tenham rezado

Simple Pluperfect Indicative		*Past Perfect or Pluperfect Subjunctive*	
rezara	rezáramos	tivesse rezado	tivéssemos rezado
rezaras	rezáreis	tivesses rezado	tivésseis rezado
rezara	rezaram	tivesse rezado	tivessem rezado

Future Indicative		*Future Perfect Subjunctive*	
rezarei	rezaremos	tiver rezado	tivermos rezado
rezarás	rezareis	tiveres rezado	tiverdes rezado
rezará	rezarão	tiver rezado	tiverem rezado

Present Perfect Indicative		*Conditional*	
tenho rezado	temos rezado	rezaria	rezaríamos
tens rezado	tendes rezado	rezarias	rezaríeis
tem rezado	têm rezado	rezaria	rezariam

Past Perfect or Pluperfect Indicative		*Conditional Perfect*	
tinha rezado	tínhamos rezado	teria rezado	teríamos rezado
tinhas rezado	tínheis rezado	terias rezado	teríeis rezado
tinha rezado	tinham rezado	teria rezado	teriam rezado

Future Perfect Indicative		*Imperative*	
terei rezado	teremos rezado	*reza**–rezai	
terás rezado	tereis rezado		
terá rezado	terão rezado		

Samples of verb usage.

Rezaste hoje? *Did you pray today?*

Ele **rezou** pela alma da sua filha. *He prayed for his daughter's soul.*

Eu nunca **rezaria** por dinheiro nem por fama. *I would never pray for money or fame.*

Os padres sempre **rezavam** em Latim. *The priests always prayed in Latin.*

*NOTE: Only the radical-changing verb forms with *open* stressed vowels appear in italic type. For further explanation see Foreword.

to laugh; (**-se de**) to laugh at

Personal Infinitive		*Present Subjunctive*	
rir	rirmos	ria	riamos
rires	rirdes	rias	riais
rir	rirem	ria	riam

Present Indicative		*Imperfect Subjunctive*	
rio	rimos	risse	ríssemos
ris	ris	risses	rísseis
ri	riem	risse	rissem

Imperfect Indicative		*Future Subjunctive*	
ria	ríamos	rir	rirmos
rias	ríeis	rires	rirdes
ria	riam	rir	rirem

Preterit Indicative		*Present Perfect Subjunctive*	
ri	rimos	tenha rido	tenhamos rido
riste	ristes	tenhas rido	tenhais rido
riu	riram	tenha rido	tenham rido

Simple Pluperfect Indicative		*Past Perfect or Pluperfect Subjunctive*	
rira	ríramos	tivesse rido	tivéssemos rido
riras	ríreis	tivesses rido	tivésseis rido
rira	riram	tivesse rido	tivessem rido

Future Indicative		*Future Perfect Subjunctive*	
rirei	riremos	tiver rido	tivermos rido
rirás	rireis	tiveres rido	tiverdes rido
rirá	rirão	tiver rido	tiverem rido

Present Perfect Indicative		*Conditional*	
tenho rido	temos rido	riria	riríamos
tens rido	tendes rido	ririas	riríeis
tem rido	têm rido	riria	ririam

Past Perfect or Pluperfect Indicative		*Conditional Perfect*	
tinha rido	tínhamos rido	teria rido	teríamos rido
tinhas rido	tínheis rido	terias rido	teríeis rido
tinha rido	tinham rido	teria rido	teriam rido

Future Perfect Indicative		*Imperative*	
terei rido	teremos rido	ri–ride	
terás rido	tereis rido		
terá rido	terão rido		

Samples of verb usage.

Ríamos durante o filme.   *We laughed during the movie.*

Ele **ria** às gargalhadas.   *He laughed and laughed.*

Ela **riu-se de** mim porque eu estava descalço.   *She laughed at me because I was barefoot.*

A professora fazia os estudantes **rirem.**   *The professor (female) made the students laugh.*

to gnaw, nibble; to consume

Personal Infinitive		*Present Subjunctive*	
roer	roermos	roa	roamos
roeres	roerdes	roas	roais
roer	roerem	roa	roam

Present Indicative		*Imperfect Subjunctive*	
roo	roemos	roesse	roêssemos
róis	roeis	roesses	roêsseis
rói	roem*	roesse	roessem

Imperfect Indicative		*Future Subjunctive*	
roía	roíamos	roer	roermos
roías	roíeis	roeres	roerdes
roía	roíam	roer	roerem

Preterit Indicative		*Present Perfect Subjunctive*	
roí	roemos	tenha roído	tenhamos roído
roeste	roestes	tenhas roído	tenhais roído
roeu	roeram	tenha roído	tenham roído

Simple Pluperfect Indicative		*Past Perfect or Pluperfect Subjunctive*	
roera	roêramos	tivesse roído	tivéssemos roído
roeras	roêreis	tivesses roído	tivésseis roído
roera	roeram	tivesse roído	tivessem roído

Future Indicative		*Future Perfect Subjunctive*	
roerei	roeremos	tiver roído	tivermos roído
roerás	roereis	tiveres roído	tiverdes roído
roerá	roerão	tiver roído	tiverem roído

Present Perfect Indicative		*Conditional*	
tenho roído	temos roído	roeria	roeríamos
tens roído	tendes roído	roerias	roeríeis
tem roído	têm roído	roeria	roeriam

Past Perfect or Pluperfect Indicative		*Conditional Perfect*	
tinha roído	tínhamos roído	teria roído	teríamos roído
tinhas roído	tínheis roído	terias roído	teríeis roído
tinha roído	tinham roído	teria roído	teriam roído

Future Perfect Indicative		*Imperative*	
terei roído	teremos roído	rói–roei	
terás roído	tereis roído		
terá roído	terão roído		

Samples of verb usage.

O cão gostava de **roer** o seu osso.   *The dog liked to gnaw on his bone.*

A ideia **roía**-lhe os nervos.   *The idea was gnawing (eating) at his nerves.*

Esta obsessão está-te a **roer** (**roendo**).   *This obsession is consuming you.*

O rato **roeu** a rolha do remédio ruim.   *The mouse (or rat in Brazil) nibbled on the bad medicine's cork.*

*NOTE: Only the radical-changing verb forms with *open* stressed vowels appear in italic type. For further explanation see Foreword.

to beg, plead, implore

Personal Infinitive		*Present Subjunctive*	
rogar	rogarmos	*rogue*	roguemos
rogares	rogardes	*rogues*	rogueis
rogar	rogarem	*rogue*	*roguem**

Present Indicative		*Imperfect Subjunctive*	
rogo	rogamos	rogasse	rogássemos
rogas	rogais	rogasses	rogásseis
roga	*rogam**	rogasse	rogassem

Imperfect Indicative		*Future Subjunctive*	
rogava	rogávamos	rogar	rogarmos
rogavas	rogáveis	rogares	rogardes
rogava	rogavam	rogar	rogarem

Preterit Indicative		*Present Perfect Subjunctive*	
roguei	rogámos	tenha rogado	tenhamos rogado
rogaste	rogastes	tenhas rogado	tenhais rogado
rogou	rogaram	tenha rogado	tenham rogado

Simple Pluperfect Indicative		*Past Perfect or Pluperfect Subjunctive*	
rogara	rogáramos	tivesse rogado	tivéssemos rogado
rogaras	rogáreis	tivesses rogado	tivésseis rogado
rogara	rogaram	tivesse rogado	tivessem rogado

Future Indicative		*Future Perfect Subjunctive*	
rogarei	rogaremos	tiver rogado	tivermos rogado
rogarás	rogareis	tiveres rogado	tiverdes rogado
rogará	rogarão	tiver rogado	tiverem rogado

Present Perfect Indicative		*Conditional*	
tenho rogado	temos rogado	rogaria	rogaríamos
tens rogado	tendes rogado	rogarias	rogaríeis
tem rogado	têm rogado	rogaria	rogariam

Past Perfect or Pluperfect Indicative		*Conditional Perfect*	
tinha rogado	tínhamos rogado	teria rogado	teríamos rogado
tinhas rogado	tínheis rogado	terias rogado	teríeis rogado
tinha rogado	tinham rogado	teria rogado	teriam rogado

Future Perfect Indicative		*Imperative*	
terei rogado	teremos rogado	*roga**–rogai	
terás rogado	tereis rogado		
terá rogado	terão rogado		

Samples of verb usage.

Ele **tinha rogado** a todos os dire(c)tores para ficar com o emprego.
He had begged all of the directors to keep his job.

O acusado **rogará** misericórdia dos jurados.   *The accused will plead for mercy from the jury.*

Estou **rogando** que me perdoe.   *I am begging you to forgive me.*

Eu **rogo**-lhe que a trate bem.   *I implore you to treat her well.*

*NOTE: Only the radical-changing verb forms with *open* stressed vowels appear in italic type. For further explanation see Foreword.

to rip, tear, break (off)

Personal Infinitive		**Present Subjunctive**	
romper	rompermos	rompa	rompamos
romperes	romperdes	rompas	rompais
romper	romperem	rompa	rompam

Present Indicative		**Imperfect Subjunctive**	
rompo	rompemos	rompesse	rompêssemos
rompes	rompeis	rompesses	rompêsseis
rompe	rompem	rompesse	rompessem

Imperfect Indicative		**Future Subjunctive**	
rompia	rompíamos	romper	rompermos
rompias	rompíeis	romperes	romperdes
rompia	rompiam	romper	romperem

Preterit Indicative		**Present Perfect Subjunctive**	
rompi	rompemos	tenha rompido	tenhamos rompido
rompeste	rompestes	tenhas rompido	tenhais rompido
rompeu	romperam	tenha rompido	tenham rompido

Simple Pluperfect Indicative		**Past Perfect or Pluperfect Subjunctive**	
rompera	rompêramos	tivesse rompido	tivéssemos rompido
romperas	rompêreis	tivesses rompido	tivésseis rompido
rompera	romperam	tivesse rompido	tivessem rompido

Future Indicative		**Future Perfect Subjunctive**	
romperei	romperemos	tiver rompido	tivermos rompido
romperás	rompereis	tiveres rompido	tiverdes rompido
romperá	romperão	tiver rompido	tiverem rompido

Present Perfect Indicative		**Conditional**	
tenho rompido	temos rompido	romperia	romperíamos
tens rompido	tendes rompido	romperias	romperíeis
tem rompido	têm rompido	romperia	romperiam

Past Perfect or Pluperfect Indicative		**Conditional Perfect**	
tinha rompido	tínhamos rompido	teria rompido	teríamos rompido
tinhas rompido	tínheis rompido	terias rompido	teríeis rompido
tinha rompido	tinham rompido	teria rompido	teriam rompido

Future Perfect Indicative		**Imperative**	
terei rompido	teremos rompido	rompe–rompei	
terás rompido	tereis rompido		
terá rompido	terão rompido		

Samples of verb usage.

A miúda **rompeu** as calças enquanto corria.   *The girl tore (ripped) her pants while she was runnning.*

A noiva **rompeu** o noivado no mês antes do casamento.
The fiancee broke off the engagement the month before the wedding.

A Coreia vai **romper** relações diplomáticas com o Chile.
Korea is going to break off diplomatic relations with Chile.

O cabo **tinha rompido** durante a tempestade.   *The cable had broken during the storm.*

*NOTE: **roto** seldom used in Brazil.

to snore*

Personal Infinitive
roncar	roncarmos
roncares	roncardes
roncar	roncarem

Present Indicative
ronco	roncamos
roncas	roncais
ronca	roncam

Imperfect Indicative
roncava	roncávamos
roncavas	roncáveis
roncava	roncavam

Preterit Indicative
ronquei	roncámos
roncaste	roncastes
roncou	roncaram

Simple Pluperfect Indicative
roncara	roncáramos
roncaras	roncáreis
roncara	roncaram

Future Indicative
roncarei	roncaremos
roncarás	roncareis
roncará	roncarão

Present Perfect Indicative
tenho roncado	temos roncado
tens roncado	tendes roncado
tem roncado	têm roncado

Past Perfect or Pluperfect Indicative
tinha roncado	tínhamos roncado
tinhas roncado	tínheis roncado
tinha roncado	tinham roncado

Future Perfect Indicative
terei roncado	teremos roncado
terás roncado	tereis roncado
terá roncado	terão roncado

Present Subjunctive
ronque	ronquemos
ronques	ronqueis
ronque	ronquem

Imperfect Subjunctive
roncasse	roncássemos
roncasses	roncásseis
roncasse	roncassem

Future Subjunctive
roncar	roncarmos
roncares	roncardes
roncar	roncarem

Present Perfect Subjunctive
tenha roncado	tenhamos roncado
tenhas roncado	tenhais roncado
tenha roncado	tenham roncado

Past Perfect or Pluperfect Subjunctive
tivesse roncado	tivéssemos roncado
tivesses roncado	tivésseis roncado
tivesse roncado	tivessem roncado

Future Perfect Subjunctive
tiver roncado	tivermos roncado
tiveres roncado	tiverdes roncado
tiver roncado	tiverem roncado

Conditional
roncaria	roncaríamos
roncarias	roncaríeis
roncaria	roncariam

Conditional Perfect
teria roncado	teríamos roncado
terias roncado	teríeis roncado
teria roncado	teriam roncado

Imperative
ronca–roncai

Samples of verb usage.

O Henrique **ronca** muito.   *Henry snores a lot.*

A esposa não pôde dormir porque o marido **roncava** a noite inteira.
The wife couldn't sleep because her husband had snored the entire night.

Ele pediu-me que tentasse não **roncar** tanto.   *She asked me to try not to snore so much.*

Eu não **ronco** quando durmo de costas.   *I don't snore when I sleep on my back.*

*NOTE: In Portugal *to snore* is more commonly expressed by **ressonar**.

roubar

to steal, rob

Personal Infinitive
roubar	roubarmos
roubares	roubardes
roubar	roubarem

Present Indicative
roubo	roubamos
roubas	roubais
rouba	roubam

Imperfect Indicative
roubava	roubávamos
roubavas	roubáveis
roubava	roubavam

Preterit Indicative
roubei	roubámos
roubaste	roubastes
roubou	roubaram

Simple Pluperfect Indicative
roubara	roubáramos
roubaras	roubáreis
roubara	roubaram

Future Indicative
roubarei	roubaremos
roubarás	roubareis
roubará	roubarão

Present Perfect Indicative
tenho roubado	temos roubado
tens roubado	tendes roubado
tem roubado	têm roubado

Past Perfect or Pluperfect Indicative
tinha roubado	tínhamos roubado
tinhas roubado	tínheis roubado
tinha roubado	tinham roubado

Future Perfect Indicative
terei roubado	teremos roubado
terás roubado	tereis roubado
terá roubado	terão roubado

Present Subjunctive
roube	roubemos
roubes	roubeis
roube	roubem

Imperfect Subjunctive
roubasse	roubássemos
roubasses	roubásseis
roubasse	roubassem

Future Subjunctive
roubar	roubarmos
roubares	roubardes
roubar	roubarem

Present Perfect Subjunctive
tenha roubado	tenhamos roubado
tenhas roubado	tenhais roubado
tenha roubado	tenham roubado

Past Perfect or Pluperfect Subjunctive
tivesse roubado	tivéssemos roubado
tivesses roubado	tivésseis roubado
tivesse roubado	tivessem roubado

Future Perfect Subjunctive
tiver roubado	tivermos roubado
tiveres roubado	tiverdes roubado
tiver roubado	tiverem roubado

Conditional
roubaria	roubaríamos
roubarias	roubaríeis
roubaria	roubariam

Conditional Perfect
teria roubado	teríamos roubado
terias roubado	teríeis roubado
teria roubado	teriam roubado

Imperative
rouba–roubai

Samples of verb usage.

Não **roube** desta gente. *Don't steal from these people.*

O carro **tinha sido roubado** três vezes num mês. *The car had been stolen three times in one month.*

O ladrão **roubou** a mansão. *The thief robbed the mansion.*

Este di(c)tador **rouba** do povo. *This dictator robs from the people.*

Pres. Part. *sabendo*   Past Part. *sabido*   **saber**

to know (a fact);* (**saber** + infinitive) to know how to

Personal Infinitive
saber   sabermos
saberes   saberdes
saber   saberem

Present Indicative
sei   sabemos
sabes   sabeis
sabe   sabem

Imperfect Indicative
sabia   sabíamos
sabias   sabíeis
sabia   sabiam

Preterit Indicative
soube   soubemos
soubeste   soubestes
soube   souberam

Simple Pluperfect Indicative
soubera   soubéramos
souberas   soubéreis
soubera   souberam

Future Indicative
saberei   saberemos
saberás   sabereis
saberá   saberão

Present Perfect Indicative
tenho sabido   temos sabido
tens sabido   tendes sabido
tem sabido   têm sabido

Past Perfect or Pluperfect Indicative
tinha sabido   tínhamos sabido
tinhas sabido   tínheis sabido
tinha sabido   tinham sabido

Future Perfect Indicative
terei sabido   teremos sabido
terás sabido   tereis sabido
terá sabido   terão sabido

Present Subjunctive
saiba   saibamos
saibas   saibais
saiba   saibam

Imperfect Subjunctive
soubesse   soubéssemos
soubesses   soubésseis
soubesse   soubessem

Future Subjunctive
souber   soubermos
souberes   souberdes
souber   souberem

Present Perfect Subjunctive
tenha sabido   tenhamos sabido
tenhas sabido   tenhais sabido
tenha sabido   tenham sabido

Past Perfect or Pluperfect Subjunctive
tivesse sabido   tivéssemos sabido
tivesses sabido   tivésseis sabido
tivesse sabido   tivessem sabido

Future Perfect Subjunctive
tiver sabido   tivermos sabido
tiveres sabido   tiverdes sabido
tiver sabido   tiverem sabido

Conditional
saberia   saberíamos
saberias   saberíeis
saberia   saberiam

Conditional Perfect
teria sabido   teríamos sabido
terias sabido   teríeis sabido
teria sabido   teriam sabido

Imperative
sabe–sabei

Samples of verb usage.

O mestre **sabe** tudo.   *The master knows everything.*

Você **sabe** jogar futebol?   *Do you know how to play soccer?*

Eu **soube** do acidente.   *I learned (found out) about the accident.*

Ela **teria sabido** a resposta.   *She would have known the answer.*

*NOTE: **Saber** in the Preterite Indicative means *found out, discovered* or *learned*: **Como soubeste que te comprei um presente?** *How did you find out (learn) that I bought you a present?*

to shake, wave

Personal Infinitive
sacudir	sacudirmos
sacudires	sacudirdes
sacudir	sacudirem

Present Indicative
sacudo	sacudimos
sacodes	sacudis
sacode	*sacodem**

Imperfect Indicative
sacudia	sacudíamos
sacudias	sacudíeis
sacudia	sacudiam

Preterit Indicative
sacudi	sacudimos
sacudiste	sacudistes
sacudiu	sacudiram

Simple Pluperfect Indicative
sacudira	sacudíramos
sacudiras	sacudíreis
sacudira	sacudiram

Future Indicative
sacudirei	sacudiremos
sacudirás	sacudireis
sacudirá	sacudirão

Present Perfect Indicative
tenho sacudido	temos sacudido
tens sacudido	tendes sacudido
tem sacudido	têm sacudido

Past Perfect or Pluperfect Indicative
tinha sacudido	tínhamos sacudido
tinhas sacudido	tínheis sacudido
tinha sacudido	tinham sacudido

Future Perfect Indicative
terei sacudido	teremos sacudido
terás sacudido	tereis sacudido
terá sacudido	terão sacudido

Present Subjunctive
sacuda	sacudamos
sacudas	sacudais
sacuda	sacudam

Imperfect Subjunctive
sacudisse	sacudíssemos
sacudisses	sacudísseis
sacudisse	sacudissem

Future Subjunctive
sacudir	sacudirmos
sacudires	sacudirdes
sacudir	sacudirem

Present Perfect Subjunctive
tenha sacudido	tenhamos sacudido
tenhas sacudido	tenhais sacudido
tenha sacudido	tenham sacudido

Past Perfect or Pluperfect Subjunctive
tivesse sacudido	tivéssemos sacudido
tivesses sacudido	tivésseis sacudido
tivesse sacudido	tivessem sacudido

Future Perfect Subjunctive
tiver sacudido	tivermos sacudido
tiveres sacudido	tiverdes sacudido
tiver sacudido	tiverem sacudido

Conditional
sacudiria	sacudiríamos
sacudirias	sacudiríeis
sacudiria	sacudiriam

Conditional Perfect
teria sacudido	teríamos sacudido
terias sacudido	teríeis sacudido
teria sacudido	teriam sacudido

Imperative
sacode*– sacudi

Samples of verb usage.

A empregada sempre **sacode** os tapetes para tirar o pó.
The maid always shakes the carpets to get the dust out.

Ele está **sacudindo** uma bandeira branca.   *He is waving a white flag.*

O terremoto **sacudiu** a cidade.   *The earthquake shook the city.*

Os vizinhos **sacudiam** a cabeça, dizendo que não.   *The neighbors shook their heads, to say no.*

*NOTE: Only the radical-changing verb forms with *open* stressed vowels appear in italic type. For further explanation see Foreword.

to leave (from); to come *or* get out (of)

Personal Infinitive		**Present Subjunctive**	
sair	sairmos	saia	saiamos
saíres	sairdes	saias	saiais
sair	saírem	saia	saiam

Present Indicative		**Imperfect Subjunctive**	
saio	saímos	saísse	saíssemos
sais	saís	saísses	saísseis
sai	saem	saísse	saíssem

Imperfect Indicative		**Future Subjunctive**	
saía	saíamos	sair	sairmos
saías	saíeis	saíres	sairdes
saía	saíam	sair	saírem

Preterit Indicative		**Present Perfect Subjunctive**	
saí	saímos	tenha saído	tenhamos saído
saíste	saístes	tenhas saído	tenhais saído
saiu	saíram	tenha saído	tenham saído

Simple Pluperfect Indicative		**Past Perfect or Pluperfect Subjunctive**	
saíra	saíramos	tivesse saído	tivéssemos saído
saíras	saíreis	tivesses saído	tivésseis saído
saíra	saíram	tivesse saído	tivessem saído

Future Indicative		**Future Perfect Subjunctive**	
sairei	sairemos	tiver saído	tivermos saído
sairás	saireis	tiveres saído	tiverdes saído
sairá	sairão	tiver saído	tiverem saído

Present Perfect Indicative		**Conditional**	
tenho saído	temos saído	sairia	sairíamos
tens saído	tendes saído	sairias	sairíeis
tem saído	têm saído	sairia	sairiam

Past Perfect or Pluperfect Indicative		**Conditional Perfect**	
tinha saído	tínhamos saído	teria saído	teríamos saído
tinhas saído	tínheis saído	terias saído	teríeis saído
tinha saído	tinham saído	teria saído	teriam saído

Future Perfect Indicative		**Imperative**	
terei saído	teremos saído	sai–saí	
terás saído	tereis saído		
terá saído	terão saído		

Samples of verb usage.

Quando ele telefonou (ligou) já **tínhamos saído**.   *When he phoned we had already left.*

Eu **saio** de casa todos os dias às nove horas.   *I leave the house every day at nine o'clock.*

O médico **saiu** para falar com um paciente.   *The doctor came out to speak to a patient.*

Sairás da cadeia (prisão) este sábado?   *Will you be leaving (getting out of) jail this Saturday?*

salvar

Pres. Part. *salvando*   Past Part. *salvado*

to save, rescue

Personal Infinitive	
salvar	salvarmos
salvares	salvardes
salvar	salvarem

Present Indicative	
salvo	salvamos
salvas	salvais
salva	salvam

Imperfect Indicative	
salvava	salvávamos
salvavas	salváveis
salvava	salvavam

Preterit Indicative	
salvei	salvámos
salvaste	salvastes
salvou	salvaram

Simple Pluperfect Indicative	
salvara	salváramos
salvaras	salváreis
salvara	salvaram

Future Indicative	
salvarei	salvaremos
salvarás	salvareis
salvará	salvarão

Present Perfect Indicative	
tenho salvado	temos salvado
tens salvado	tendes salvado
tem salvado	têm salvado

Past Perfect or Pluperfect Indicative	
tinha salvado	tínhamos salvado
tinhas salvado	tínheis salvado
tinha salvado	tinham salvado

Future Perfect Indicative	
terei salvado	teremos salvado
terás salvado	tereis salvado
terá salvado	terão salvado

Present Subjunctive	
salve	salvemos
salves	salveis
salve	salvem

Imperfect Subjunctive	
salvasse	salvássemos
salvasses	salvásseis
salvasse	salvassem

Future Subjunctive	
salvar	salvarmos
salvares	salvardes
salvar	salvarem

Present Indicative	
tenha salvado	tenhamos salvado
tenhas salvado	tenhais salvado
tenha salvado	tenham salvado

Past Perfect or Pluperfect Subjunctive	
tivesse salvado	tivéssemos salvado
tivesses salvado	tivésseis salvado
tivesse salvado	tivessem salvado

Future Perfect Subjunctive	
tiver salvado	tivermos salvado
tiveres salvado	tiverdes salvado
tiver salvado	tiverem salvado

Conditional	
salvaria	salvaríamos
salvarias	salvaríeis
salvaria	salvariam

Conditional Perfect	
teria salvado	teríamos salvado
terias salvado	teríeis salvado
teria salvado	teriam salvado

Imperative	
salva–salvai	

Samples of verb usage.

Salve a menina que está-se a **afogar** (**afogando**).   *Rescue the little girl who's drowning.*

O bombeiro **salvou** a velhinha do fogo.   *The fireman rescued the old lady from the fire.*

A decisão tomada pelo general vai **salvar** milhares de vidas.
The decision made by the general is going to save thousands of lives.

Se ela não **tivesse**-me **salvado**, eu teria morrido.   *If she hadn't saved me, I would have died.*

to dry (up, out or off)

Personal Infinitive	
secar	secarmos
secares	secardes
secar	secarem

Present Indicative	
seco	secamos
secas	secais
seca	*secam**

Imperfect Indicative	
secava	secávamos
secavas	secáveis
secava	secavam

Preterit Indicative	
sequei	secámos
secaste	secastes
secou	secaram

Simple Pluperfect Indicative	
secara	secáramos
secaras	secáreis
secara	secaram

Future Indicative	
secarei	secaremos
secarás	secareis
secará	secarão

Present Perfect Indicative	
tenho secado	temos secado
tens secado	tendes secado
tem secado	têm secado

Past Perfect or Pluperfect Indicative	
tinha secado	tínhamos secado
tinhas secado	tínheis secado
tinha secado	tinham secado

Future Perfect Indicative	
terei secado	teremos secado
terás secado	tereis secado
terá secado	terão secado

Present Perfect Subjunctive	
seque	sequemos
seques	sequeis
seque	*sequem**

Imperfect Subjunctive	
secasse	secássemos
secasses	secásseis
secasse	secassem

Future Subjunctive	
secar	secarmos
secares	secardes
secar	secarem

Present Subjunctive	
tenha secado	tenhamos secado
tenhas secado	tenhais secado
tenha secado	tenham secado

Past Perfect or Pluperfect Subjunctive	
tivesse secado	tivéssemos secado
tivesses secado	tivésseis secado
tivesse secado	tivessem secado

Future Perfect Subjunctive	
tiver secado	tivermos secado
tiveres secado	tiverdes secado
tiver secado	tiverem secado

Conditional	
secaria	secaríamos
secarias	secaríeis
secaria	secariam

Conditional Perfect	
teria secado	teríamos secado
terias secado	teríeis secado
teria secado	teriam secado

Imperative	
*seca**–secai	

Samples of verb usage.

A roupa **secava** ao sol.   *The clothes were drying in the sun.*

Ela **seca** o cabelo antes de sair de casa todos os dias.
She dries her hair before she leaves the house every day.

A terra **tinha secado** com a falta de água.   *The land had dried up from the lack of water.*

Seque-se bem antes de sair. Está frio lá fora.   *Dry yourself off well before going out. It's cold out there.*

*NOTE: Only the radical-changing verb forms with *open* stressed vowels appear in italic type. For further explanation see Foreword.

to follow; to continue

Personal Infinitive	
seguir	seguirmos
seguires	seguirdes
seguir	seguirem

Present Indicative	
sigo	seguimos
segues	seguis
segue	*seguem**

Imperfect Indicative	
seguia	seguíamos
seguias	seguíeis
seguia	seguiam

Preterit Indicative	
segui	seguimos
seguiste	seguistes
seguiu	seguiram

Simple Pluperfect Indicative	
seguira	seguíramos
seguiras	seguíreis
seguira	seguiram

Future Indicative	
seguirei	seguiremos
seguirás	seguireis
seguirá	seguirão

Present Perfect Indicative	
tenho seguido	temos seguido
tens seguido	tendes seguido
tem seguido	têm seguido

Past Perfect or Pluperfect Indicative	
tinha seguido	tínhamos seguido
tinhas seguido	tínheis seguido
tinha seguido	tinham seguido

Future Perfect Indicative	
terei seguido	teremos seguido
terás seguido	tereis seguido
terá seguido	terão seguido

Present Subjunctive	
siga	sigamos
sigas	sigais
siga	sigam

Imperfect Subjunctive	
seguisse	seguíssemos
seguisses	seguísseis
seguisse	seguissem

Future Subjunctive	
seguir	seguirmos
seguires	seguirdes
seguir	seguirem

Present Perfect Subjunctive	
tenha seguido	tenhamos seguido
tenhas seguido	tenhais seguido
tenha seguido	tenham seguido

Past Perfect or Pluperfect Subjunctive	
tivesse seguido	tivéssemos seguido
tivesses seguido	tivésseis seguido
tivesse seguido	tivessem seguido

Future Perfect Subjunctive	
tiver seguido	tivermos seguido
tiveres seguido	tiverdes seguido
tiver seguido	tiverem seguido

Conditional	
seguiria	seguiríamos
seguirias	seguiríeis
seguiria	seguiriam

Conditional Perfect	
teria seguido	teríamos seguido
terias seguido	teríeis seguido
teria seguido	teriam seguido

Imperative	
segue–segui	

Samples of verb usage.

Siga as instruções.   *Follow the instructions.*

Seguirei os meus instintos.   *I will follow my instincts.*

Muitas pessoas **seguem** o Dali Lama.   *Many people follow the Dalai Lama.*

O funcionário **seguiu** trabalhando.   *The employee continued working.*

*NOTE: Only the radical-changing verb forms with *open* stressed vowels appear in italic type. For further explanation see Foreword.

to seat; (**-se**) to sit down

Personal Infinitive			*Present Subjunctive*	
sentar-me	sentarmo-nos		sente-me	sentemo-nos
sentares-te	sentardes-vos		sentes-te	senteis-vos
sentar-se	sentarem-se		sente-se	sentem-se

Present Indicative

		Imperfect Subjunctive	
sento-me	sentamo-nos	sentasse-me	sentássemo-nos
sentas-te	sentais-vos	sentasses-te	sentásseis-vos
senta-se	sentam-se	sentasse-se	sentassem-se

Imperfect Indicative

		Future Subjunctive	
sentava-me	sentávamo-nos	me sentar	nos sentarmos
sentavas-te	sentáveis-vos	te sentares	vos sentardes
sentava-se	sentavam-se	se sentar	se sentarem

Preterit Indicative

		Present Perfect Subjunctive	
sentei-me	sentámo-nos	tenha-me sentado	tenhamo-nos sentado
sentaste-te	sentastes-vos	tenhas-te sentado	tenhais-vos sentado
sentou-se	sentaram-se	tenha-se sentado	tenham-se sentado

Simple Pluperfect Indicative

		Past Perfect or Pluperfect Subjunctive	
sentara-me	sentáramo-nos	tivesse-me sentado	tivéssemo-nos sentado
sentaras-te	sentáreis-vos	tivesses-te sentado	tivésseis-vos sentado
sentara-se	sentaram-se	tivesse-se sentado	tivessem-se sentado

Future Indicative

		Future Perfect Subjunctive	
sentar-me-ei	sentar-nos-emos	me tiver sentado	nos tivermos sentado
sentar-te-ás	sentar-vos-eis	te tiveres sentado	vos tiverdes sentado
sentar-se-á	sentar-se-ão	se tiver sentado	se tiverem sentado

Present Perfect Indicative

		Conditional	
tenho-me sentado	temo-nos sentado	sentar-me-ia	sentar-nos-íamos
tens-te sentado	tendes-vos sentado	sentar-te-ias	sentar-vos-íeis
tem-se sentado	têm-se sentado	sentar-se-ia	sentar-se-iam

Past Perfect or Pluperfect Indicative

		Conditional Perfect	
tinha-me sentado	tínhamo-nos sentado	ter-me-ia sentado	ter-nos-íamos sentado
tinhas-te sentado	tínheis-vos sentado	ter-te-ias sentado	ter-vos-íeis sentado
tinha-se sentado	tinham-se sentado	ter-se-ia sentado	ter-se-iam sentado

Future Perfect Indicative

		Imperative
ter-me-ei sentado	ter-nos-emos sentado	senta-te–sentai-vos
ter-te-ás sentado	ter-vos-eis sentado	
ter-se-á sentado	ter-se-ão sentado	

Samples of verb usage.

Sente-se aqui por favor.   *Please sit down here.*

Ele sempre **sentava-se** na mesma cadeira.   *He always sat on the same chair.*

Ele os viu **sentarem-se**.   *He saw them sitting down.*

Eu já estava **sentado** quando o professor chegou.
I was already seated (sitting) when the professor arrived.

to feel; to be sorry; (**sentir saudades** or **a falta de**) to miss

Personal Infinitive		*Present Subjunctive*	
sentir	sentirmos	sinta	sintamos
sentires	sentirdes	sintas	sintais
sentir	sentirem	sinta	sintam

Present Indicative		*Imperfect Subjunctive*	
sinto	sentimos	sentisse	sentíssemos
sentes	sentis	sentisses	sentísseis
sente	sentem	sentisse	sentissem

Imperfect Indicative		*Future Subjunctive*	
sentia	sentíamos	sentir	sentirmos
sentias	sentíeis	sentires	sentirdes
sentia	sentiam	sentir	sentirem

Preterit Indicative		*Present Perfect Subjunctive*	
senti	sentimos	tenha sentido	tenhamos sentido
sentiste	sentistes	tenhas sentido	tenhais sentido
sentiu	sentiram	tenha sentido	tenham sentido

Simple Pluperfect Indicative		*Past Perfect or Pluperfect Subjunctive*	
sentira	sentíramos	tivesse sentido	tivéssemos sentido
sentiras	sentíreis	tivesses sentido	tivésseis sentido
sentira	sentiram	tivesse sentido	tivessem sentido

Future Indicative		*Future Perfect Subjunctive*	
sentirei	sentiremos	tiver sentido	tivermos sentido
sentirás	sentireis	tiveres sentido	tiverdes sentido
sentirá	sentirão	tiver sentido	tiverem sentido

Present Perfect Indicative		*Conditional*	
tenho sentido	temos sentido	sentiria	sentiríamos
tens sentido	tendes sentido	sentirias	sentiríeis
tem sentido	têm sentido	sentiria	sentiriam

Past Perfect or Pluperfect Indicative		*Conditional Perfect*	
tinha sentido	tínhamos sentido	teria sentido	teríamos sentido
tinhas sentido	tínheis sentido	terias sentido	teríeis sentido
tinha sentido	tinham sentido	teria sentido	teriam sentido

Future Perfect Indicative		*Imperative*	
terei sentido	teremos sentido	sente– senti	
terás sentido	tereis sentido		
terá sentido	terão sentido		

Samples of verb usage.

Eles **sentiram** a noite esfriar.   *They felt the night grow colder.*

Não **me sinto** muito bem.   *I don't feel very good.*

Senti muito pela sua perda.   *I was very sorry over her loss.*

Sempre **sentiremos** a falta do nosso gato perdido.   *We will always miss our lost cat.*

to be

Personal Infinitive		**Present Subjunctive**	
ser	sermos	seja	sejamos
seres	serdes	sejas	sejais
ser	serem	seja	sejam

Present Indicative		**Imperfect Subjunctive**	
sou	somos	fosse	fôssemos
és	sois	fosses	fôsseis
é	são	fosse	fossem

Imperfect Indicative		**Future Subjunctive**	
era	éramos	for	formos
eras	éreis	fores	fordes
era	eram	for	forem

Preterit Indicative		**Present Perfect Subjunctive**	
fui	fomos	tenha sido	tenhamos sido
foste	fostes	tenhas sido	tenhais sido
foi	foram	tenha sido	tenham sido

Simple Pluperfect Indicative		**Past Perfect or Pluperfect Subjunctive**	
fora	fôramos	tivesse sido	tivéssemos sido
foras	fôreis	tivesses sido	tivésseis sido
fora	foram	tivesse sido	tivessem sido

Future Indicative		**Future Perfect Subjunctive**	
serei	seremos	tiver sido	tivermos sido
serás	sereis	tiveres sido	tiverdes sido
será	serão	tiver sido	tiverem sido

Present Perfect Indicative		**Conditional**	
tenho sido	temos sido	seria	seríamos
tens sido	tendes sido	serias	seríeis
tem sido	têm sido	seria	seriam

Past Perfect or Pluperfect Indicative		**Conditional Perfect**	
tinha sido	tínhamos sido	teria sido	teríamos sido
tinhas sido	tínheis sido	terias sido	teríeis sido
tinha sido	tinham sido	teria sido	teriam sido

Future Perfect Indicative		**Imperative**	
terei sido	teremos sido	sê–sede	
terás sido	tereis sido		
terá sido	terão sido		

Samples of verb usage.

(Nós) **somos** estudantes nesta escola. Quem **é** você?   *We're students in this school. Who are you?*

Seja o que **for**, sempre **serei** teu amigo.   *Be that as it may, I will always be your friend.*

Elas nunca podiam **ter sido** amigas.   *They (female) could never have been friends.*

Já **é** tarde demais.   *It's too late.*

to serve

Personal Infinitive	
servir	servirmos
servires	servirdes
servir	servirem

Present Indicative	
sirvo	servimos
serves	servis
serve	*servem**

Imperfect Indicative	
servia	servíamos
servias	servíeis
servia	serviam

Preterit Indicative	
servi	servimos
serviste	servistes
serviu	serviram

Simple Pluperfect Indicative	
servira	servíramos
serviras	servíreis
servira	serviram

Future Indicative	
servirei	serviremos
servirás	servireis
servirá	servirão

Present Perfect Indicative	
tenho servido	temos servido
tens servido	tendes servido
tem servido	têm servido

Past Perfect or Pluperfect Indicative	
tinha servido	tínhamos servido
tinhas servido	tínheis servido
tinha servido	tinham servido

Future Perfect Indicative	
terei servido	teremos servido
terás servido	tereis servido
terá servido	terão servido

Present Subjunctive	
sirva	sirvamos
sirvas	sirvais
sirva	sirvam

Imperfect Subjunctive	
servisse	servíssemos
servisses	servísseis
servisse	servissem

Future Subjunctive	
servir	servirmos
servires	servirdes
servir	servirem

Present Perfect Subjunctive	
tenha servido	tenhamos servido
tenhas servido	tenhais servido
tenha servido	tenham servido

Past Perfect or Pluperfect Subjunctive	
tivesse servido	tivéssemos servido
tivesses servido	tivésseis servido
tivesse servido	tivessem servido

Future Perfect Subjunctive	
tiver servido	tivermos servido
tiveres servido	tiverdes servido
tiver servido	tiverem servido

Conditional	
serviria	serviríamos
servirias	serviríeis
serviria	serviriam

Conditional Perfect	
teria servido	teríamos servido
terias servido	teríeis servido
teria servido	teriam servido

Imperative	
*serve**– servi	

Samples of verb usage.

Eles **serviram-se** durante o jantar.   *They served themselves during dinner.*

Quero **servir** a minha pátria.   *I want to serve my country.*

Se eu fosse garçom (empregado de restaurante *in Portugal*), **serviria** a todos muito bem.
If I were a waiter, I would serve everyone very well.

Ele **servirá** de palhaço na festa.   *He will serve as a clown at the party.*

*NOTE: Only the radical-changing verb forms with *open* stressed vowels appear in italic type. For further explanation see Foreword.

to sound; to ring, strike (as a bell)

Personal Infinitive		*Present Subjunctive*	
soar	soarmos	soe	soemos
soares	soardes	soes	soeis
soar	soarem	soe	soem

Present Indicative		*Imperfect Subjunctive*	
soo	soamos	soasse	soássemos
soas	soais	soasses	soásseis
soa	soam	soasse	soassem

Imperfect Indicative		*Future Subjunctive*	
soava	soávamos	soar	soarmos
soavas	soáveis	soares	soardes
soava	soavam	soar	soarem

Preterit Indicative		*Present Perfect Subjunctive*	
soei	soámos	tenha soado	tenhamos soado
soaste	soastes	tenhas soado	tenhais soado
soou	soaram	tenha soado	tenham soado

Simple Pluperfect Indicative		*Past Perfect or Pluperfect Subjunctive*	
soara	soáramos	tivesse soado	tivéssemos soado
soaras	soáreis	tivesses soado	tivésseis soado
soara	soaram	tivesse soado	tivessem soado

Future Indicative		*Future Perfect Subjunctive*	
soarei	soaremos	tiver soado	tivermos soado
soarás	soareis	tiveres soado	tiverdes soado
soará	soarão	tiver soado	tiverem soado

Present Perfect Indicative		*Conditional*	
tenho soado	temos soado	soaria	soaríamos
tens soado	tendes soado	soarias	soaríeis
tem soado	têm soado	soaria	soariam

Past Perfect or Pluperfect Indicative		*Conditional Perfect*	
tinha soado	tínhamos soado	teria soado	teríamos soado
tinhas soado	tínheis soado	terias soado	teríeis soado
tinha soado	tinham soado	teria soado	teriam soado

Future Perfect Indicative		*Imperative*	
terei soado	teremos soado	soa–soai	
terás soado	tereis soado		
terá soado	terão soado		

Samples of verb usage.

O sino da igreja está a **soar** (**soando**).   *The church bell is ringing.*

Soou o relógio. Era meia-noite.   *The clock struck midnight.*

O despertador sempre **soava** à mesma hora.   *The alarm clock always rang at the same hour.*

O sino **soava** às oito e meia e a aula acabava.   *The bell would ring at eight thirty and class would end.*

to be left over; to be in excess

Personal Infinitive	
sobrar	sobrarmos
sobrares	sobrardes
sobrar	sobrarem

Present Indicative

sobro	sobramos
sobras	sobrais
sobra	*sobram**

Imperfect Indicative

sobrava	sobrávamos
sobravas	sobráveis
sobrava	sobravam

Preterit Indicative

sobrei	sobrámos
sobraste	sobrastes
sobrou	sobraram

Simple Pluperfect Indicative

sobrara	sobráramos
sobraras	sobráreis
sobrara	sobraram

Future Indicative

sobrarei	sobraremos
sobrarás	sobrareis
sobrará	sobrarão

Present Perfect Indicative

tenho sobrado	temos sobrado
tens sobrado	tendes sobrado
tem sobrado	têm sobrado

Past Perfect or Pluperfect Indicative

tinha sobrado	tínhamos sobrado
tinhas sobrado	tínheis sobrado
tinha sobrado	tinham sobrado

Future Perfect Indicative

terei sobrado	teremos sobrado
terás sobrado	tereis sobrado
terá sobrado	terão sobrado

Present Subjunctive

sobre	sobremos
sobres	sobreis
sobre	*sobrem**

Imperfect Subjunctive

sobrasse	sobrássemos
sobrasses	sobrásseis
sobrasse	sobrassem

Future Subjunctive

sobrar	sobrarmos
sobrares	sobrardes
sobrar	sobrarem

Present Perfect Subjunctive

tenha sobrado	tenhamos sobrado
tenhas sobrado	tenhais sobrado
tenha sobrado	tenham sobrado

Past Perfect or Pluperfect Subjunctive

tivesse sobrado	tivéssemos sobrado
tivesses sobrado	tivésseis sobrado
tivesse sobrado	tivessem sobrado

Future Perfect Subjunctive

tiver sobrado	tivermos sobrado
tiveres sobrado	tiverdes sobrado
tiver sobrado	tiverem sobrado

Conditional

sobraria	sobraríamos
sobrarias	sobraríeis
sobraria	sobrariam

Conditional Perfect

teria sobrado	teríamos sobrado
terias sobrado	teríeis sobrado
teria sobrado	teriam sobrado

Imperative

*sobra**–sobrai

Samples of verb usage.

Deram aos pobres da vila a comida que **sobrou** do jantar de ontem.
They gave the poor people of the village the food that was left over from the dinner yesterday.

Ela foi a uma cidade onde **sobrava** mulheres.   *She went to a city where there was an excess of women.*

O dinheiro que tenho dá e **sobra**.   *The money I have will be enough and there will still be some left over.*

Depois de comprar os bilhetes **sobraram-me** apenas uns trocados.
After buying the tickets all I had left over was some change.

*NOTE: Only the radical-changing verb forms with *open* stressed vowels appear in italic type. For further explanation see Foreword.

to suffer

Personal Infinitive		**Present Subjunctive**	
sofrer	sofrermos	sofra	soframos
sofreres	sofrerdes	sofras	sofrais
sofrer	sofrerem	sofra	sofram

Present Indicative		**Imperfect Subjunctive**	
sofro	sofremos	sofresse	sofrêssemos
sofres	sofreis	sofresses	sofrêsseis
sofre	*sofrem**	sofresse	sofressem

Imperfect Indicative		**Future Subjunctive**	
sofria	sofríamos	sofrer	sofrermos
sofrias	sofríeis	sofreres	sofrerdes
sofria	sofriam	sofrer	sofrerem

Preterit Indicative		**Present Perfect Subjunctive**	
sofri	sofremos	tenha sofrido	tenhamos sofrido
sofreste	sofrestes	tenhas sofrido	tenhais sofrido
sofreu	sofreram	tenha sofrido	tenham sofrido

Simple Pluperfect Indicative		**Past Perfect or Pluperfect Subjunctive**	
sofrera	sofrêramos	tivesse sofrido	tivéssemos sofrido
sofreras	sofrêreis	tivesses sofrido	tivésseis sofrido
sofrera	sofreram	tivesse sofrido	tivessem sofrido

Future Indicative		**Future Perfect Subjunctive**	
sofrerei	sofreremos	tiver sofrido	tivermos sofrido
sofrerás	sofrereis	tiveres sofrido	tiverdes sofrido
sofrerá	sofrerão	tiver sofrido	tiverem sofrido

Present Perfect Indicative		**Conditional**	
tenho sofrido	temos sofrido	sofreria	sofreríamos
tens sofrido	tendes sofrido	sofrerias	sofreríeis
tem sofrido	têm sofrido	sofreria	sofreriam

Past Perfect or Pluperfect Indicative		**Conditional Perfect**	
tinha sofrido	tínhamos sofrido	teria sofrido	teríamos sofrido
tinhas sofrido	tínheis sofrido	terias sofrido	teríeis sofrido
tinha sofrido	tinham sofrido	teria sofrido	teriam sofrido

Future Perfect Indicative		**Imperative**
terei sofrido	teremos sofrido	*sofre**–sofrei
terás sofrido	tereis sofrido	
terá sofrido	terão sofrido	

Samples of verb usage.

Ela **tem sofrido** muito com aquele marido que tem.
She has been suffering a lot with that husband she has.

Aquele garoto está **sofrendo** as consequências de ter comido demais.
That kid is suffering the consequences of having eaten too much.

Os alunos **sofrerão** muito para aprender o português.
The students will suffer a lot in order to learn Portuguese.

A minha irmã **sofreu** um acidente de carro.   *My sister had (suffered) a car accident.*

*NOTE: Only the radical-changing verb forms with *open* stressed vowels appear in italic type. For further explanation see Foreword.

soltar

to let go *or* loose, release, set free

Personal Infinitive	
soltar	soltarmos
soltares	soltardes
soltar	soltarem

Present Indicative	
solto	soltamos
soltas	soltais
solta	*soltam**

Imperfect Indicative	
soltava	soltávamos
soltavas	soltáveis
soltava	soltavam

Preterit Indicative	
soltei	soltámos
soltaste	soltastes
soltou	soltaram

Simple Pluperfect Indicative	
soltara	soltáramos
soltaras	soltáreis
soltara	soltaram

Future Indicative	
soltarei	soltaremos
soltarás	soltareis
soltará	soltarão

Present Perfect Indicative	
tenho soltado	temos soltado
tens soltado	tendes soltado
tem soltado	têm soltado

Past Perfect or Pluperfect Indicative	
tinha soltado	tínhamos soltado
tinhas soltado	tínheis soltado
tinha soltado	tinham soltado

Future Perfect Indicative	
terei soltado	teremos soltado
terás soltado	tereis soltado
terá soltado	terão soltado

Present Subjunctive	
solte	soltemos
soltes	solteis
solte	*soltem**

Imperfect Subjunctive	
soltasse	soltássemos
soltasses	soltásseis
soltasse	soltassem

Future Subjunctive	
soltar	soltarmos
soltares	soltardes
soltar	soltarem

Present Perfect Subjunctive	
tenha soltado	tenhamos soltado
tenhas soltado	tenhais soltado
tenha soltado	tenham soltado

Past Perfect or Pluperfect Subjunctive	
tivesse soltado	tivéssemos soltado
tivesses soltado	tivésseis soltado
tivesse soltado	tivessem soltado

Future Perfect Subjunctive	
tiver soltado	tivermos soltado
tiveres soltado	tiverdes soltado
tiver soltado	tiverem soltado

Conditional	
soltaria	soltaríamos
soltarias	soltaríeis
soltaria	soltariam

Conditional Perfect	
teria soltado	teríamos soltado
terias soltado	teríeis soltado
teria soltado	teriam soltado

Imperative	
*solta**–soltai	

Samples of verb usage.

Solta-me! *Let go of me!*

Se eles tivessem pedido, ela os **teria soltado**. *If they had asked, she would have let them go.*

Ela **soltaria** o pássaro depois que este sarasse. *She would set the bird free after it healed.*

A polícia **soltou** o rapaz depois de duas horas. *The police released the boy after two hours.*

*NOTE: Only the radical-changing verb forms with *open* stressed vowels appear in italic type. For further explanation see Foreword.

to add (up)

Personal Infinitive		*Present Subjunctive*	
somar	somarmos	*some*	somemos
somares	somardes	*somes*	someis
somar	somarem	*some*	*somem**

Present Indicative		*Imperfect Subjunctive*	
somo	somamos	somasse	somássemos
somas	somais	somasses	somásseis
soma	*somam**	somasse	somassem

Imperfect Indicative		*Future Subjunctive*	
somava	somávamos	somar	somarmos
somavas	somáveis	somares	somardes
somava	somavam	somar	somarem

Preterit Indicative		*Present Perfect Subjunctive*	
somei	somámos	tenha somado	tenhamos somado
somaste	somastes	tenhas somado	tenhais somado
somou	somaram	tenha somado	tenham somado

Simple Pluperfect Indicative		*Past Perfect or Pluperfect Subjunctive*	
somara	somáramos	tivesse somado	tivéssemos somado
somaras	somáreis	tivesses somado	tivésseis somado
somara	somaram	tivesse somado	tivessem somado

Future Indicative		*Future Perfect Subjunctive*	
somarei	somaremos	tiver somado	tivermos somado
somarás	somareis	tiveres somado	tiverdes somado
somará	somarão	tiver somado	tiverem somado

Present Perfect Indicative		*Conditional*	
tenho somado	temos somado	somaria	somaríamos
tens somado	tendes somado	somarias	somaríeis
tem somado	têm somado	somaria	somariam

Past Perfect or Pluperfect Indicative		*Conditional Perfect*	
tinha somado	tínhamos somado	teria somado	teríamos somado
tinhas somado	tínheis somado	terias somado	teríeis somado
tinha somado	tinham somado	teria somado	teriam somado

Future Perfect Indicative		*Imperative*	
terei somado	teremos somado	*soma**–somai	
terás somado	tereis somado		
terá somado	terão somado		

Samples of verb usage.

Um matemático deve saber **somar** muito bem.   *A mathematician should know how to add very well.*

Eu **tenho somado** todas as despesas desde o primeiro dia.
I have added up all of the expenses since the first day.

Somando cinco e cinco dá dez.   *Adding five and five makes ten.*

Eu não sou capaz de **somar** tantos números.   *I'm not capable of adding up so many numbers.*

*NOTE: Although this verb is radical-changing in Portugal, most Brazilian speakers do not open the stressed vowels of the italized forms.

to dream

Personal Infinitive		**Present Subjunctive**	
sonhar	sonharmos	sonhe	sonhemos
sonhares	sonhardes	sonhes	sonheis
sonhar	sonharem	sonhe	sonhem

Present Indicative		**Imperfect Subjunctive**	
sonho	sonhamos	sonhasse	sonhássemos
sonhas	sonhais	sonhasses	sonhásseis
sonha	sonham	sonhasse	sonhassem

Imperfect Indicative		**Future Subjunctive**	
sonhava	sonhávamos	sonhar	sonharmos
sonhavas	sonháveis	sonhares	sonhardes
sonhava	sonhavam	sonhar	sonharem

Preterit Indicative		**Present Perfect Subjunctive**	
sonhei	sonhámos	tenha sonhado	tenhamos sonhado
sonhaste	sonhastes	tenhas sonhado	tenhais sonhado
sonhou	sonharam	tenha sonhado	tenham sonhado

Simple Pluperfect Indicative		**Past Perfect or Pluperfect Subjunctive**	
sonhara	sonháramos	tivesse sonhado	tivéssemos sonhado
sonharas	sonháreis	tivesses sonhado	tivésseis sonhado
sonhara	sonharam	tivesse sonhado	tivessem sonhado

Future Indicative		**Future Perfect Subjunctive**	
sonharei	sonharemos	tiver sonhado	tivermos sonhado
sonharás	sonhareis	tiveres sonhado	tiverdes sonhado
sonhará	sonharão	tiver sonhado	tiverem sonhado

Present Perfect Indicative		**Conditional**	
tenho sonhado	temos sonhado	sonharia	sonharíamos
tens sonhado	tendes sonhado	sonharias	sonharíeis
tem sonhado	têm sonhado	sonharia	sonhariam

Past Perfect or Pluperfect Indicative		**Conditional Perfect**	
tinha sonhado	tínhamos sonhado	teria sonhado	teríamos sonhado
tinhas sonhado	tínheis sonhado	terias sonhado	teríeis sonhado
tinha sonhado	tinham sonhado	teria sonhado	teriam sonhado

Future Perfect Indicative		**Imperative**	
terei sonhado	teremos sonhado	sonha–sonhai	
terás sonhado	tereis sonhado		
terá sonhado	terão sonhado		

Samples of verb usage.

Ele **sonhava** muito quando era criança.   *He dreamed a lot when he was a kid.*

Os brasileiros **sonham** com a copa do mundo.   *The Brazilians dream about the World Cup.*

Hoje à noite **sonharei** com um gelado (sorvete).   *Tonight I will dream about ice cream.*

Ela **teria sonhado** com outras coisas, mas acordou.
She would have dreamt about other things, but she woke up.

to blow (out)

Personal Infinitive		*Present Subjunctive*	
soprar	soprarmos	*sopre*	sopremos
soprares	soprardes	*sopres*	sopreis
soprar	soprarem	*sopre*	*soprem**

Present Indicative		*Imperfect Subjunctive*	
sopro	sopramos	soprasse	soprássemos
sopras	soprais	soprasses	soprásseis
sopra	*sopram**	soprasse	soprassem

Imperfect Indicative		*Future Subjunctive*	
soprava	soprávamos	soprar	soprarmos
sopravas	sopráveis	soprares	soprardes
soprava	sopravam	soprar	soprarem

Preterit Indicative		*Present Perfect Subjunctive*	
soprei	soprámos	tenha soprado	tenhamos soprado
sopraste	soprastes	tenhas soprado	tenhais soprado
soprou	sopraram	tenha soprado	tenham soprado

Simple Pluperfect Indicative		*Past Perfect or Pluperfect Subjunctive*	
soprara	sopráramos	tivesse soprado	tivéssemos soprado
sopraras	sopráreis	tivesses soprado	tivésseis soprado
soprara	sopraram	tivesse soprado	tivessem soprado

Future Indicative		*Future Perfect Subjunctive*	
soprarei	sopraremos	tiver soprado	tivermos soprado
soprarás	soprareis	tiveres soprado	tiverdes soprado
soprará	soprarão	tiver soprado	tiverem soprado

Present Perfect Indicative		*Conditional*	
tenho soprado	temos soprado	sopraria	sopraríamos
tens soprado	tendes soprado	soprarias	sopraríeis
tem soprado	têm soprado	sopraria	soprariam

Past Perfect or Pluperfect Indicative		*Conditional Perfect*	
tinha soprado	tínhamos soprado	teria soprado	teríamos soprado
tinhas soprado	tínheis soprado	terias soprado	teríeis soprado
tinha soprado	tinham soprado	teria soprado	teriam soprado

Future Perfect Indicative		*Imperative*	
terei soprado	teremos soprado	*sopra**–soprai	
terás soprado	tereis soprado		
terá soprado	terão soprado		

Samples of verb usage.

A menina **soprará** as velas do seu bolo.   *The girl will blow out the candles on her cake.*

O vento **soprava** pelas árvores.   *The wind blew through the trees.*

Eu **soprei** o pó dos livros antigos.   *I blew the dust off the old books.*

A mãe **soprou** a ferida do filho.   *The mother blew on her son's scrape.*

*NOTE: Only the radical-changing verb forms with *open* stressed vowels appear in italic type. For further explanation see Foreword.

to sweat

Personal Infinitive	
suar	suarmos
suares	suardes
suar	suarem

Present Indicative	
suo	suamos
suas	suais
sua	suam

Imperfect Indicative	
suava	suávamos
suavas	suáveis
suava	suavam

Preterit Indicative	
suei	suámos
suaste	suastes
suou	suaram

Simple Pluperfect Indicative	
suara	suáramos
suaras	suáreis
suara	suaram

Future Indicative	
suarei	suaremos
suarás	suareis
suará	suarão

Present Perfect Indicative	
tenho suado	temos suado
tens suado	tendes suado
tem suado	têm suado

Past Perfect or Pluperfect Indicative	
tinha suado	tínhamos suado
tinhas suado	tínheis suado
tinha suado	tinham suado

Future Perfect Indicative	
terei suado	teremos suado
terás suado	tereis suado
terá suado	terão suado

Present Subjunctive	
sue	suemos
sues	sueis
sue	suem

Imperfect Subjunctive	
suasse	suássemos
suasses	suásseis
suasse	suassem

Future Subjunctive	
suar	suarmos
suares	suardes
suar	suarem

Present Perfect Subjunctive	
tenha suado	tenhamos suado
tenhas suado	tenhais suado
tenha suado	tenham suado

Past Perfect or Pluperfect Subjunctive	
tivesse suado	tivéssemos suado
tivesses suado	tivésseis suado
tivesse suado	tivessem suado

Future Perfect Subjunctive	
tiver suado	tivermos suado
tiveres suado	tiverdes suado
tiver suado	tiverem suado

Conditional	
suaria	suaríamos
suarias	suaríeis
suaria	suariam

Conditional Perfect	
teria suado	teríamos suado
terias suado	teríeis suado
teria suado	teriam suado

Imperative	
sua–suai	

Samples of verb usage.

O operário **sua** pelo pão. *The laborer sweats to earn his bread.*

Quando bebo cerveja no verão **suo** muito. *When I drink beer in the summer I sweat a lot.*

Os jogadores **suaram** para fazer aquele gol (golo *in Portugal*). *The players sweated to make that goal.*

A sua camisa está toda **suada**. *Your shirt is all sweaty.*

to soften; to soothe

Personal Infinitive		**Present Subjunctive**	
suavizar	suavizarmos	suavize	suavizemos
suavizares	suavizardes	suavizes	suavizeis
suavizar	suavizarem	suavize	suavizem

Present Indicative		**Imperfect Subjunctive**	
suavizo	suavizamos	suavizasse	suavizássemos
suavizas	suavizais	suavizasses	suavizásseis
suaviza	suavizam	suavizasse	suavizassem

Imperfect Indicative		**Future Subjunctive**	
suavizava	suavizávamos	suavizar	suavizarmos
suavizavas	suavizáveis	suavizares	suavizardes
suavizava	suavizavam	suavizar	suavizarem

Preterit Indicative		**Present Perfect Subjunctive**	
suavizei	suavizámos	tenha suavizado	tenhamos suavizado
suavizaste	suavizastes	tenhas suavizado	tenhais suavizado
suavizou	suavizaram	tenha suavizado	tenham suavizado

Simple Pluperfect Indicative		**Past Perfect or Pluperfect Subjunctive**	
suavizara	suavizáramos	tivesse suavizado	tivéssemos suavizado
suavizaras	suavizáreis	tivesses suavizado	tivésseis suavizado
suavizara	suavizaram	tivesse suavizado	tivessem suavizado

Future Indicative		**Future Perfect Subjunctive**	
suavizarei	suavizaremos	tiver suavizado	tivermos suavizado
suavizarás	suavizareis	tiveres suavizado	tiverdes suavizado
suavizará	suavizarão	tiver suavizado	tiverem suavizado

Present Perfect Indicative		**Conditional**	
tenho suavizado	temos suavizado	suavizaria	suavizaríamos
tens suavizado	tendes suavizado	suavizarias	suavizaríeis
tem suavizado	têm suavizado	suavizaria	suavizariam

Past Perfect or Pluperfect Indicative		**Conditional Perfect**	
tinha suavizado	tínhamos suavizado	teria suavizado	teríamos suavizado
tinhas suavizado	tínheis suavizado	terias suavizado	teríeis suavizado
tinha suavizado	tinham suavizado	teria suavizado	teriam suavizado

Future Perfect Indicative		**Imperative**	
terei suavizado	teremos suavizado	suaviza–suavizai	
terás suavizado	tereis suavizado		
terá suavizado	terão suavizado		

Samples of verb usage.

Esta pomada **suavizará** a dor.   *This ointment will soothe the pain.*

A luz das velas **suavizava** o ambiente.   *The candlelight softened the atmosphere.*

Esse cantor sabe **suavizar** o tom da sua voz.   *That singer knows how to soften the tone of his voice.*

Suavize a sua fala e ganhará respeito.   *Soften your speech and you'll earn respect.*

to go up, climb up

Personal Infinitive		*Present Subjunctive*	
subir	subirmos	suba	subamos
subires	subirdes	subas	subais
subir	subirem	suba	subam

Present Indicative		*Imperfect Subjunctive*	
subo	subimos	subisse	subíssemos
sobes	subis	subisses	subísseis
sobe	*sobem**	subisse	subissem

Imperfect Indicative		*Future Subjunctive*	
subia	subíamos	subir	subirmos
subias	subíeis	subires	subirdes
subia	subiam	subir	subirem

Preterit Indicative		*Present Perfect Subjunctive*	
subi	subimos	tenha subido	tenhamos subido
subiste	subistes	tenhas subido	tenhais subido
subiu	subiram	tenha subido	tenham subido

Simple Pluperfect Indicative		*Past Perfect or Pluperfect Subjunctive*	
subira	subíramos	tivesse subido	tivéssemos subido
subiras	subíreis	tivesses subido	tivésseis subido
subira	subiram	tivesse subido	tivessem subido

Future Indicative		*Future Perfect Subjunctive*	
subirei	subiremos	tiver subido	tivermos subido
subirás	subireis	tiveres subido	tiverdes subido
subirá	subirão	tiver subido	tiverem subido

Present Perfect Indicative		*Conditional*	
tenho subido	temos subido	subiria	subiríamos
tens subido	tendes subido	subirias	subiríeis
tem subido	têm subido	subiria	subiriam

Past Perfect or Pluperfect Indicative		*Conditional Perfect*	
tinha subido	tínhamos subido	teria subido	teríamos subido
tinhas subido	tínheis subido	terias subido	teríeis subido
tinha subido	tinham subido	teria subido	teriam subido

Future Perfect Indicative		*Imperative*	
terei subido	teremos subido	*sobe**– subi	
terás subido	tereis subido		
terá subido	terão subido		

Samples of verb usage.

Eu prefiro **subir** as escadas.   *I prefer to take the stairs.*

O avião **subirá** acima das nuvens.   *The airplane will climb over the clouds.*

O meu amigo **sobe** árvores facilmente.   *My friend climbs up trees easily.*

O mensageiro já **tinha subido** no elevador.   *The messenger had already gone up in the elevator.*

*NOTE: Only the radical-changing verb forms with *open* stressed vowels appear in italic type. For further explanation see Foreword.

to suffocate; to smother; to choke

Personal Infinitive		**Present Subjunctive**	
sufocar	sufocarmos	*sufoque*	sufoquemos
sufocares	sufocardes	*sufoques*	sufoqueis
sufocar	sufocarem	*sufoque*	*sufoquem**

Present Indicative		**Imperfect Subjunctive**	
sufoco	sufocamos	sufocasse	sufocássemos
sufocas	sufocais	sufocasses	sufocásseis
sufoca	*sufocam**	sufocasse	sufocassem

Imperfect Indicative		**Future Subjunctive**	
sufocava	sufocávamos	sufocar	sufocarmos
sufocavas	sufocáveis	sufocares	sufocardes
sufocava	sufocavam	sufocar	sufocarem

Preterit Indicative		**Present Perfect Subjunctive**	
sufoquei	sufocámos	tenha sufocado	tenhamos sufocado
sufocaste	sufocastes	tenhas sufocado	tenhais sufocado
sufocou	sufocaram	tenha sufocado	tenham sufocado

Simple Pluperfect Indicative		**Past Perfect or Pluperfect Subjunctive**	
sufocara	sufocáramos	tivesse sufocado	tivéssemos sufocado
sufocaras	sufocáreis	tivesses sufocado	tivésseis sufocado
sufocara	sufocaram	tivesse sufocado	tivessem sufocado

Future Indicative		**Future Perfect Subjunctive**	
sufocarei	sufocaremos	tiver sufocado	tivermos sufocado
sufocarás	sufocareis	tiveres sufocado	tiverdes sufocado
sufocará	sufocarão	tiver sufocado	tiverem sufocado

Present Perfect Indicative		**Conditional**	
tenho sufocado	temos sufocado	sufocaria	sufocaríamos
tens sufocado	tendes sufocado	sufocarias	sufocaríeis
tem sufocado	têm sufocado	sufocaria	sufocariam

Past Perfect or Pluperfect Indicative		**Conditional Perfect**	
tinha sufocado	tínhamos sufocado	teria sufocado	teríamos sufocado
tinhas sufocado	tínheis sufocado	terias sufocado	teríeis sufocado
tinha sufocado	tinham sufocado	teria sufocado	teriam sufocado

Future Perfect Indicative		**Imperative**	
terei sufocado	teremos sufocado	*sufoca**–sufocai	
terás sufocado	tereis sufocado		
terá sufocado	terão sufocado		

Samples of verb usage.

O calor **sufocava** os trabalhadores.   *The heat was suffocating the workers.*

As autoridades esperam **sufocar** a revolta.   *The authorities hope to smother the rebellion.*

O bebé (bebê *in Brazil*) podia **sufocar** com o cobertor.   *The baby could suffocate with the blanket.*

A asma faz-me **sufocar**.   *Asthma makes me choke.*

*NOTE: Only the radical-changing verb forms with *open* stressed vowels appear in italic type. For further explanation see Foreword.

to suggest

Personal Infinitive		*Present Subjunctive*	
sugerir	sugerirmos	sugira	sugiramos
sugerires	sugerirdes	sugiras	sugirais
sugerir	sugerirem	sugira	sugiram

Present Indicative		*Imperfect Subjunctive*	
sugiro	sugerimos	sugerisse	sugeríssemos
sugeres	sugeris	sugerisses	sugerísseis
sugere	*sugerem**	sugerisse	sugerissem

Imperfect Indicative		*Future Subjunctive*	
sugeria	sugeríamos	sugerir	sugerirmos
sugerias	sugeríeis	sugerires	sugerirdes
sugeria	sugeriam	sugerir	sugerirem

Preterit Indicative		*Present Perfect Subjunctive*	
sugeri	sugerimos	tenha sugerido	tenhamos sugerido
sugeriste	sugeristes	tenhas sugerido	tenhais sugerido
sugeriu	sugeriram	tenha sugerido	tenham sugerido

Simple Pluperfect Indicative		*Past Perfect or Pluperfect Subjunctive*	
sugerira	sugeríramos	tivesse sugerido	tivéssemos sugerido
sugeriras	sugeríreis	tivesses sugerido	tivésseis sugerido
sugerira	sugeriram	tivesse sugerido	tivessem sugerido

Future Indicative		*Future Perfect Subjunctive*	
sugerirei	sugeriremos	tiver sugerido	tivermos sugerido
sugerirás	sugerireis	tiveres sugerido	tiverdes sugerido
sugerirá	sugerirão	tiver sugerido	tiverem sugerido

Present Perfect Indicative		*Conditional*	
tenho sugerido	temos sugerido	sugeriria	sugeriríamos
tens sugerido	tendes sugerido	sugeririas	sugeriríeis
tem sugerido	têm sugerido	sugeriria	sugeririam

Past Perfect or Pluperfect Indicative		*Conditional Perfect*	
tinha sugerido	tínhamos sugerido	teria sugerido	teríamos sugerido
tinhas sugerido	tínheis sugerido	terias sugerido	teríeis sugerido
tinha sugerido	tinham sugerido	teria sugerido	teriam sugerido

Future Perfect Indicative		*Imperative*	
terei sugerido	teremos sugerido	*sugere**– sugeri	
terás sugerido	tereis sugerido		
terá sugerido	terão sugerido		

Samples of verb usage.

O senador **sugeriu** uma mudança na lei.   *The senator suggested a change in the law.*

As alunas **sugerirão** melhorias no ensino.   *The students will suggest improvements in the curriculum.*

Eu **sugiro** que jantemos juntos.   *I suggest that we have dinner together.*

Esta música **sugere** a ilusão de paraíso.   *This music suggests the illusion of paradise.*

*NOTE: Only the radical-changing verb forms with *open* stressed vowels appear in italic type. For further explanation see Foreword.

to dirty, get dirty, soil

Personal Infinitive			*Present Subjunctive*	
sujar	sujarmos		suje	sujemos
sujares	sujardes		sujes	sujeis
sujar	sujarem		suje	sujem

Present Indicative			*Imperfect Subjunctive*	
sujo	sujamos		sujasse	sujássemos
sujas	sujais		sujasses	sujásseis
suja	sujam		sujasse	sujassem

Imperfect Indicative			*Future Subjunctive*	
sujava	sujávamos		sujar	sujarmos
sujavas	sujáveis		sujares	sujardes
sujava	sujavam		sujar	sujarem

Preterit Indicative			*Present Perfect Subjunctive*	
sujei	sujámos		tenha sujado	tenhamos sujado
sujaste	sujastes		tenhas sujado	tenhais sujado
sujou	sujaram		tenha sujado	tenham sujado

Simple Pluperfect Indicative			*Past Perfect or Pluperfect Subjunctive*	
sujara	sujáramos		tivesse sujado	tivéssemos sujado
sujaras	sujáreis		tivesses sujado	tivésseis sujado
sujara	sujaram		tivesse sujado	tivessem sujado

Future Indicative			*Future Perfect Subjunctive*	
sujarei	sujaremos		tiver sujado	tivermos sujado
sujarás	sujareis		tiveres sujado	tiverdes sujado
sujará	sujarão		tiver sujado	tiverem sujado

Present Perfect Indicative			*Conditional*	
tenho sujado	temos sujado		sujaria	sujaríamos
tens sujado	tendes sujado		sujarias	sujaríeis
tem sujado	têm sujado		sujaria	sujariam

Past Perfect or Pluperfect Indicative			*Conditional Perfect*	
tinha sujado	tínhamos sujado		teria sujado	teríamos sujado
tinhas sujado	tínheis sujado		terias sujado	teríeis sujado
tinha sujado	tinham sujado		teria sujado	teriam sujado

Future Perfect Indicative			*Imperative*	
terei sujado	teremos sujado		suja–sujai	
terás sujado	tereis sujado			
terá sujado	terão sujado			

Samples of verb usage.

Sempre **me sujo** quando como chocolate.   *I always get dirty when I eat chocolate.*

Não **suje** a sua camisa nova.   *Don't soil your new shirt.*

Se brincar com lama, você **se sujará**.   *If you play with mud, you will get dirty.*

As crianças **sujaram-se** chupando chupa-chupas (pirulitos *in Brazil*).
The kids got dirty from sucking on lollipops.

to surprise

Personal Infinitive
surpreender	surpreendermos
surpreenderes	surpreenderdes
surpreender	surpreenderem

Present Indicative
surpreendo	surpreendemos
surpreendes	surpreendeis
surpreende	surpreendem

Imperfect Indicative
surpreendia	surpreendíamos
surpreendias	surpreendíeis
surpreendia	surpreendiam

Preterit Indicative
surpreendi	surpreendemos
surpreendeste	surpreendestes
surpreendeu	surpreenderam

Simple Pluperfect Indicative
surpreendera	surpreendêramos
surpreenderas	surpreendêreis
surpreendera	surpreenderam

Future Indicative
surpreenderei	surpreenderemos
surpreenderás	surpreendereis
surpreenderá	surpreenderão

Present Perfect Indicative
tenho surpreendido	temos surpreendido
tens surpreendido	tendes surpreendido
tem surpreendido	têm surpreendido

Past Perfect or Pluperfect Indicative
tinha surpreendido	tínhamos surpreendido
tinhas surpreendido	tínheis surpreendido
tinha surpreendido	tinham surpreendido

Future Perfect Indicative
terei surpreendido	teremos surpreendido
terás surpreendido	tereis surpreendido
terá surpreendido	terão surpreendido

Present Subjunctive
surpreenda	surpreendamos
surpreendas	surpreendais
surpreenda	surpreendam

Imperfect Subjunctive
surpreendesse	surpreendêssemos
surpreendesses	surpreendêsseis
surpreendesse	surpreendessem

Future Subjunctive
surpreender	surpreendermos
surpreenderes	surpreenderdes
surpreender	surpreenderem

Present Perfect Subjunctive
tenha surpreendido	tenhamos surpreendido
tenhas surpreendido	tenhais surpreendido
tenha surpreendido	tenham surpreendido

Past Perfect or Pluperfect Subjunctive
tivesse surpreendido	tivéssemos surpreendido
tivesses surpreendido	tivésseis surpreendido
tivesse surpreendido	tivessem surpreendido

Future Perfect Subjunctive
tiver surpreendido	tivermos surpreendido
tiveres surpreendido	tiverdes surpreendido
tiver surpreendido	tiverem surpreendido

Conditional
surpreenderia	surpreenderíamos
surpreenderias	surpreenderíeis
surpreenderia	surpreenderiam

Conditional Perfect
teria surpreendido	teríamos surpreendido
terias surpreendido	teríeis surpreendido
teria surpreendido	teriam surpreendido

Imperative
surpreende–surpreendei

Samples of verb usage.

Você sempre me **surpreende.**   *You always surprise me.*

As notícias **surpreenderam**-nos a todos.   *The news surprised us all.*

O nosso exército **surpreenderá** os inimigos.   *Our army will surprise the enemies.*

Surpreende-me que pudesses cometer um erro tão grave.
It surprises me that you could make such a serious error (mistake).

to delay, take long in

Personal Infinitive		**Present Subjunctive**	
tardar	tardarmos	tarde	tardemos
tardares	tardardes	tardes	tardeis
tardar	tardarem	tarde	tardem

Present Indicative		**Imperfect Subjunctive**	
tardo	tardamos	tardasse	tardássemos
tardas	tardais	tardasses	tardásseis
tarda	tardam	tardasse	tardassem

Imperfect Indicative		**Future Subjunctive**	
tardava	tardávamos	tardar	tardarmos
tardavas	tardáveis	tardares	tardardes
tardava	tardavam	tardar	tardarem

Preterit Indicative		**Present Perfect Subjunctive**	
tardei	tardámos	tenha tardado	tenhamos tardado
tardaste	tardastes	tenhas tardado	tenhais tardado
tardou	tardaram	tenha tardado	tenham tardado

Simple Pluperfect Indicative		**Past Perfect or Pluperfect Subjunctive**	
tardara	tardáramos	tivesse tardado	tivéssemos tardado
tardaras	tardáreis	tivesses tardado	tivésseis tardado
tardara	tardaram	tivesse tardado	tivessem tardado

Future Indicative		**Future Perfect Subjunctive**	
tardarei	tardaremos	tiver tardado	tivermos tardado
tardarás	tardareis	tiveres tardado	tiverdes tardado
tardará	tardarão	tiver tardado	tiverem tardado

Present Perfect Indicative		**Conditional**	
tenho tardado	temos tardado	tardaria	tardaríamos
tens tardado	tendes tardado	tardarias	tardaríeis
tem tardado	têm tardado	tardaria	tardariam

Past Perfect or Pluperfect Indicative		**Conditional Perfect**	
tinha tardado	tínhamos tardado	teria tardado	teríamos tardado
tinhas tardado	tínheis tardado	terias tardado	teríeis tardado
tinha tardado	tinham tardado	teria tardado	teriam tardado

Future Perfect Indicative		**Imperative**	
terei tardado	teremos tardado	tarda–tardai	
terás tardado	tereis tardado		
terá tardado	terão tardado		

Samples of verb usage.

Tardaram demais em chegar e perderam o concerto.
They took too long to arrive and missed the concert.

Não **tarde** em responder à minha carta.   *Don't delay in answering my letter.*

O aluno **tardou** em casa e perdeu a sua aula.   *The student delayed at home and missed his class.*

A justiça **tarda,** mas não falha.   *The wheels of justice grind slowly (take long) but surely.*

to weave

Personal Infinitive		*Present Subjunctive*	
tecer	tecermos	teça	teçamos
teceres	tecerdes	teças	teçais
tecer	tecerem	teça	teçam

Present Indicative		*Imperfect Subjunctive*	
teço	tecemos	tecesse	tecêssemos
teces	teceis	tecesses	tecêsseis
tece	*tecem**	tecesse	tecessem

Imperfect Indicative		*Future Subjunctive*	
tecia	tecíamos	tecer	tecermos
tecias	tecíeis	teceres	tecerdes
tecia	teciam	tecer	tecerem

Preterit Indicative		*Present Perfect Subjunctive*	
teci	tecemos	tenha tecido	tenhamos tecido
teceste	tecestes	tenhas tecido	tenhais tecido
teceu	teceram	tenha tecido	tenham tecido

Simple Pluperfect Indicative		*Past Perfect or Pluperfect Subjunctive*	
tecera	tecêramos	tivesse tecido	tivéssemos tecido
teceras	tecêreis	tivesses tecido	tivésseis tecido
tecera	teceram	tivesse tecido	tivessem tecido

Future Indicative		*Future Perfect Subjunctive*	
tecerei	teceremos	tiver tecido	tivermos tecido
tecerás	tecereis	tiveres tecido	tiverdes tecido
tecerá	tecerão	tiver tecido	tiverem tecido

Present Perfect Indicative		*Conditional*	
tenho tecido	temos tecido	teceria	teceríamos
tens tecido	tendes tecido	tecerias	teceríeis
tem tecido	têm tecido	teceria	teceriam

Past Perfect or Pluperfect Indicative		*Conditional Perfect*	
tinha tecido	tínhamos tecido	teria tecido	teríamos tecido
tinhas tecido	tínheis tecido	terias tecido	teríeis tecido
tinha tecido	tinham tecido	teria tecido	teriam tecido

Future Perfect Indicative		*Imperative*	
terei tecido	teremos tecido	*tece**– tecei	
terás tecido	tereis tecido		
terá tecido	terão tecido		

Samples of verb usage.

Os arqueólogos descobriram que os antigos egípcios sabiam **tecer** linho.
The archaeologists discovered that the ancient Egyptians knew how to weave linen.

A minha avó **tece** renda para se distrair. *My grandmother makes lace to pass the time.*

Eu **tecerei** uma toalha de mesa no fim de semana que vem. *I will weave a tablecloth next weekend.*

O tecelão está a **tecer** (**tecendo**) panos de algodão. *The weaver is making cotton cloth.*

*NOTE: Only the radical-changing verb forms with *open* stressed vowels appear in italic type. For further explanation see Foreword.

to telephone, phone, call*

Personal Infinitive		*Present Subjunctive*	
telefonar	telefonarmos	telefone	telefonemos
telefonares	telefonardes	telefones	telefoneis
telefonar	telefonarem	telefone	telefonem

Present Indicative		*Imperfect Subjunctive*	
telefono	telefonamos	telefonasse	telefonássemos
telefonas	telefonais	telefonasses	telefonásseis
telefona	telefonam	telefonasse	telefonassem

Imperfect Indicative		*Future Subjunctive*	
telefonava	telefonávamos	telefonar	telefonarmos
telefonavas	telefonáveis	telefonares	telefonardes
telefonava	telefonavam	telefonar	telefonarem

Preterit Indicative		*Present Perfect Subjunctive*	
telefonei	telefonámos	tenha telefonado	tenhamos telefonado
telefonaste	telefonastes	tenhas telefonado	tenhais telefonado
telefonou	telefonaram	tenha telefonado	tenham telefonado

Simple Pluperfect Indicative		*Past Perfect or Pluperfect Subjunctive*	
telefonara	telefonáramos	tivesse telefonado	tivéssemos telefonado
telefonaras	telefonáreis	tivesses telefonado	tivésseis telefonado
telefonara	telefonaram	tivesse telefonado	tivessem telefonado

Future Indicative		*Future Perfect Subjunctive*	
telefonarei	telefonaremos	tiver telefonado	tivermos telefonado
telefonarás	telefonareis	tiveres telefonado	tiverdes telefonado
telefonará	telefonarão	tiver telefonado	tiverem telefonado

Present Perfect Indicative		*Conditional*	
tenho telefonado	temos telefonado	telefonaria	telefonaríamos
tens telefonado	tendes telefonado	telefonarias	telefonaríeis
tem telefonado	têm telefonado	telefonaria	telefonariam

Past Perfect or Pluperfect Indicative		*Conditional Perfect*	
tinha telefonado	tínhamos telefonado	teria telefonado	teríamos telefonado
tinhas telefonado	tínheis telefonado	terias telefonado	teríeis telefonado
tinha telefonado	tinham telefonado	teria telefonado	teriam telefonado

Future Perfect Indicative		*Imperative*	
terei telefonado	teremos telefonado	telefona–telefonai	
terás telefonado	tereis telefonado		
terá telefonado	terão telefonado		

Samples of verb usage.

O rapaz **telefonava** todos os dias para a sua namorada.
The young man phoned (called) his girlfriend every day.

Não costumo **telefonar** sem necessidade.   *I don't usually phone unnecessarily.*

O meu pai **tinha**-me **telefonado** do escritório dele.   *My father had phoned me from his office.*

Telefonaram-me para dizer que a minha avó tinha morrido.
They phoned to tell me that my grandmother had died.

*NOTE: In Brazil **ligar** is more commonly used for *to telephone*.

tentar

to try to, attempt; to tempt

Personal Infinitive		*Present Subjunctive*	
tentar	tentarmos	tente	tentemos
tentares	tentardes	tentes	tenteis
tentar	tentarem	tente	tentem

Present Indicative		*Imperfect Subjunctive*	
tento	tentamos	tentasse	tentássemos
tentas	tentais	tentasses	tentásseis
tenta	tentam	tentasse	tentassem

Imperfect Indicative		*Future Subjunctive*	
tentava	tentávamos	tentar	tentarmos
tentavas	tentáveis	tentares	tentardes
tentava	tentavam	tentar	tentarem

Preterit Indicative		*Present Perfect Subjunctive*	
tentei	tentámos	tenha tentado	tenhamos tentado
tentaste	tentastes	tenhas tentado	tenhais tentado
tentou	tentaram	tenha tentado	tenham tentado

Simple Pluperfect Indicative		*Past Perfect or Pluperfect Subjunctive*	
tentara	tentáramos	tivesse tentado	tivéssemos tentado
tentaras	tentáreis	tivesses tentado	tivésseis tentado
tentara	tentaram	tivesse tentado	tivessem tentado

Future Indicative		*Future Perfect Subjunctive*	
tentarei	tentaremos	tiver tentado	tivermos tentado
tentarás	tentareis	tiveres tentado	tiverdes tentado
tentará	tentarão	tiver tentado	tiverem tentado

Present Perfect Indicative		*Conditional*	
tenho tentado	temos tentado	tentaria	tentaríamos
tens tentado	tendes tentado	tentarias	tentaríeis
tem tentado	têm tentado	tentaria	tentariam

Past Perfect or Pluperfect Indicative		*Conditional Perfect*	
tinha tentado	tínhamos tentado	teria tentado	teríamos tentado
tinhas tentado	tínheis tentado	terias tentado	teríeis tentado
tinha tentado	tinham tentado	teria tentado	teriam tentado

Future Perfect Indicative		*Imperative*	
terei tentado	teremos tentado	tenta–tentai	
terás tentado	tereis tentado		
terá tentado	terão tentado		

Samples of verb usage.

Eu **tentei** explicar, mas ele não quis ouvir.   *I tried to explain, but he refused to listen.*

O diabo **tentava**-me, mas eu não o segui.   *The devil was tempting me, but I did not follow him.*

A atleta **tentará** quebrar o record mundial.   *The athlete (female) will attempt to break the world record.*

Ela **tinha tentado** telefonar mas não conseguiu.   *She had tried calling but couldn't.*

to have;* (**ter que** or **de** + infinitive) to have to

Personal Infinitive		*Present Subjunctive*	
ter	termos	tenha	tenhamos
teres	terdes	tenhas	tenhais
ter	terem	tenha	tenham

Present Indicative		*Imperfect Subjunctive*	
tenho	temos	tivesse	tivéssemos
tens	tendes	tivesses	tivésseis
tem	têm	tivesse	tivessem

Imperfect Indicative		*Future Subjunctive*	
tinha	tínhamos	tiver	tivermos
tinhas	tínheis	tiveres	tiverdes
tinha	tinham	tiver	tiverem

Preterit Indicative		*Present Perfect Subjunctive*	
tive	tivemos	tenha tido	tenhamos tido
tiveste	tivestes	tenhas tido	tenhais tido
teve	tiveram	tenha tido	tenham tido

Simple Pluperfect Indicative		*Past Perfect or Pluperfect Subjunctive*	
tivera	tivéramos	tivesse tido	tivéssemos tido
tiveras	tivéreis	tivesses tido	tivésseis tido
tivera	tiveram	tivesse tido	tivessem tido

Future Indicative		*Future Perfect Subjunctive*	
terei	teremos	tiver tido	tivermos tido
terás	tereis	tiveres tido	tiverdes tido
terá	terão	tiver tido	tiverem tido

Present Perfect Indicative		*Conditional*	
tenho tido	temos tido	teria	teríamos
tens tido	tendes tido	terias	teríeis
tem tido	têm tido	teria	teriam

Past Perfect or Pluperfect Indicative		*Conditional Perfect*	
tinha tido	tínhamos tido	teria tido	teríamos tido
tinhas tido	tínheis tido	terias tido	teríeis tido
tinha tido	tinham tido	teria tido	teriam tido

Future Perfect Indicative		*Imperative*	
terei tido	teremos tido	tem–tende	
terás tido	tereis tido		
terá tido	terão tido		

Samples of verb usage.

Tenha paciência!   *Be patient!*

Ela **tinha** que ir-se embora.   *She had to leave.*

Procure-me quando você **tiver** o dinheiro para comprar o carro.
Look for me when you have the money to buy the car.

(Nós) **teríamos** posto a mesa, mas não havia pratos limpos.
We would have set the table, but there weren't any clean plates.

*NOTE: **Ter** is also used as the principal auxiliary verb in forming compound tenses. See Sample Conjugations.

to take *or* pull out *or* off

Personal Infinitive		Present Subjunctive	
tirar	tirarmos	tire	tiremos
tirares	tirardes	tires	tireis
tirar	tirarem	tire	tirem

Present Indicative		Imperfect Subjunctive	
tiro	tiramos	tirasse	tirássemos
tiras	tirais	tirasses	tirásseis
tira	tiram	tirasse	tirassem

Imperfect Indicative		Future Subjunctive	
tirava	tirávamos	tirar	tirarmos
tiravas	tiráveis	tirares	tirardes
tirava	tiravam	tirar	tirarem

Preterit Indicative		Present Perfect Subjunctive	
tirei	tirámos	tenha tirado	tenhamos tirado
tiraste	tirastes	tenhas tirado	tenhais tirado
tirou	tiraram	tenha tirado	tenham tirado

Simple Pluperfect Indicative		Past Perfect or Pluperfect Subjunctive	
tirara	tiráramos	tivesse tirado	tivéssemos tirado
tiraras	tiráreis	tivesses tirado	tivésseis tirado
tirara	tiraram	tivesse tirado	tivessem tirado

Future Indicative		Future Perfect Subjunctive	
tirarei	tiraremos	tiver tirado	tivermos tirado
tirarás	tirareis	tiveres tirado	tiverdes tirado
tirará	tirarão	tiver tirado	tiverem tirado

Present Perfect Indicative		Conditional	
tenho tirado	temos tirado	tiraria	tiraríamos
tens tirado	tendes tirado	tirarias	tiraríeis
tem tirado	têm tirado	tiraria	tirariam

Past Perfect or Pluperfect Indicative		Conditional Perfect	
tinha tirado	tínhamos tirado	teria tirado	teríamos tirado
tinhas tirado	tínheis tirado	terias tirado	teríeis tirado
tinha tirado	tinham tirado	teria tirado	teriam tirado

Future Perfect Indicative		Imperative	
terei tirado	teremos tirado	tira–tirai	
terás tirado	tereis tirado		
terá tirado	terão tirado		

Samples of verb usage.

Tire essa roupa suja.   *Take off those dirty clothes.*

A mãe **tirava** o bolo do fogão quando tocou o telefone.
The mother was taking the cake out of the oven when the phone rang.

Um cavalheiro sempre **tira** o chapéu quando uma dama entra na sala.
A genteman always removes his hat when a lady enters the room.

Um homem desconhecido **tirou** uma faca do bolso e atacou o médico.
An unknown man pulled a knife out of his pocket and attacked the doctor.

to touch; to play (an instrument or a record); to ring (as a bell)

Personal Infinitive	
tocar	tocarmos
tocares	tocardes
tocar	tocarem

Present Indicative

toco	tocamos
tocas	tocais
toca	*tocam**

Imperfect Indicative

tocava	tocávamos
tocavas	tocáveis
tocava	tocavam

Preterit Indicative

toquei	tocámos
tocaste	tocastes
tocou	tocaram

Simple Pluperfect Indicative

tocara	tocáramos
tocaras	tocáreis
tocara	tocaram

Future Indicative

tocarei	tocaremos
tocarás	tocareis
tocará	tocarão

Present Perfect Indicative

tenho tocado	temos tocado
tens tocado	tendes tocado
tem tocado	têm tocado

Past Perfect or Pluperfect Indicative

tinha tocado	tínhamos tocado
tinhas tocado	tínheis tocado
tinha tocado	tinham tocado

Future Perfect Indicative

terei tocado	teremos tocado
terás tocado	tereis tocado
terá tocado	terão tocado

Present Subjunctive

toque	toquemos
toques	toqueis
toque	*toquem**

Imperfect Subjunctive

tocasse	tocássemos
tocasses	tocásseis
tocasse	tocassem

Future Subjunctive

tocar	tocarmos
tocares	tocardes
tocar	tocarem

Present Perfect Subjunctive

tenha tocado	tenhamos tocado
tenhas tocado	tenhais tocado
tenha tocado	tenham tocado

Past Perfect or Pluperfect Subjunctive

tivesse tocado	tivéssemos tocado
tivesses tocado	tivésseis tocado
tivesse tocado	tivessem tocado

Future Perfect Subjunctive

tiver tocado	tivermos tocado
tiveres tocado	tiverdes tocado
tiver tocado	tiverem tocado

Conditional

tocaria	tocaríamos
tocarias	tocaríeis
tocaria	tocariam

Conditional Perfect

teria tocado	teríamos tocado
terias tocado	teríeis tocado
teria tocado	teriam tocado

Imperative

*toca**–tocai

Samples of verb usage.

Ela **toca** violão muito bem.   *She plays the guitar very well.*

Nós **tocávamos** discos a noite toda.   *We played records all night.*

A enfermeira **tocou** na ferida do paciente sem querer.
The nurse touched the patient's wound by accident.

Eu atendi à porta quando ouvi **tocar** a campainha.   *I answered the door when I heard the doorbell ring.*

*NOTE: Only the radical-changing verb forms with *open* stressed vowels appear in italic type. For further explanation see Foreword.

469

to tolerate, stand, take

Personal Infinitive		Present Subjunctive	
tolerar	tolerarmos	*tolere*	toleremos
tolerares	tolerardes	*toleres*	tolereis
tolerar	tolerarem	*tolere*	*tolerem**

Present Indicative		Imperfect Subjunctive	
tolero	toleramos	tolerasse	tolerássemos
toleras	tolerais	tolerasses	tolerásseis
tolera	*toleram**	tolerasse	tolerassem

Imperfect Indicative		Future Subjunctive	
tolerava	tolerávamos	tolerar	tolerarmos
toleravas	toleráveis	tolerares	tolerardes
tolerava	toleravam	tolerar	tolerarem

Preterit Indicative		Present Perfect Subjunctive	
tolerei	tolerámos	tenha tolerado	tenhamos tolerado
toleraste	tolerastes	tenhas tolerado	tenhais tolerado
tolerou	toleraram	tenha tolerado	tenham tolerado

Simple Pluperfect Indicative		Past Perfect or Pluperfect Subjunctive	
tolerara	toleráramos	tivesse tolerado	tivéssemos tolerado
toleraras	toleráreis	tivesses tolerado	tivésseis tolerado
tolerara	toleraram	tivesse tolerado	tivessem tolerado

Future Indicative		Future Perfect Subjunctive	
tolerarei	toleraremos	tiver tolerado	tivermos tolerado
tolerarás	tolerareis	tiveres tolerado	tiverdes tolerado
tolerará	tolerarão	tiver tolerado	tiverem tolerado

Present Perfect Indicative		Conditional	
tenho tolerado	temos tolerado	toleraria	toleraríamos
tens tolerado	tendes tolerado	tolerarias	toleraríeis
tem tolerado	têm tolerado	toleraria	tolerariam

Past Perfect or Pluperfect Indicative		Conditional Perfect	
tinha tolerado	tínhamos tolerado	teria tolerado	teríamos tolerado
tinhas tolerado	tínheis tolerado	terias tolerado	teríeis tolerado
tinha tolerado	tinham tolerado	teria tolerado	teriam tolerado

Future Perfect Indicative		Imperative	
terei tolerado	teremos tolerado	*tolera**–tolerai	
terás tolerado	tereis tolerado		
terá tolerado	terão tolerado		

Samples of verb usage.

Não posso **tolerar** esse barulho nem um minuto mais!
I can't stand (take) that racket for even one more minute!

O professor nunca **toleraria** alunos preguiçosos.   *The teacher would never tolerate lazy students.*

Mau comportamento não será **tolerado** nesta escola.   *Bad behavior will not be tolerated in this school.*

Não **tolerarei** este abuso da minha própria família.   *I will not take this abuse from my own family.*

*NOTE: Only the radical-changing verb forms with *open* stressed vowels appear in italic type. For further explanation see Foreword.

to take; to drink

Personal Infinitive

tomar	tomarmos
tomares	tomardes
tomar	tomarem

Present Indicative

tomo	tomamos
tomas	tomais
toma	tomam*

Imperfect Indicative

tomava	tomávamos
tomavas	tomáveis
tomava	tomavam

Preterit Indicative

tomei	tomámos
tomaste	tomastes
tomou	tomaram

Simple Pluperfect Indicative

tomara	tomáramos
tomaras	tomáreis
tomara	tomaram

Future Indicative

tomarei	tomaremos
tomarás	tomareis
tomará	tomarão

Present Perfect Indicative

tenho tomado	temos tomado
tens tomado	tendes tomado
tem tomado	têm tomado

Past Perfect or Pluperfect Indicative

tinha tomado	tínhamos tomado
tinhas tomado	tínheis tomado
tinha tomado	tinham tomado

Future Perfect Indicative

terei tomado	teremos tomado
terás tomado	tereis tomado
terá tomado	terão tomado

Present Subjunctive

tome	tomemos
tomes	tomeis
tome	tomem*

Imperfect Subjunctive

tomasse	tomássemos
tomasses	tomásseis
tomasse	tomassem

Future Subjunctive

tomar	tomarmos
tomares	tomardes
tomar	tomarem

Present Perfect Subjunctive

tenha tomado	tenhamos tomado
tenhas tomado	tenhais tomado
tenha tomado	tenham tomado

Past Perfect or Pluperfect Subjunctive

tivesse tomado	tivéssemos tomado
tivesses tomado	tivésseis tomado
tivesse tomado	tivessem tomado

Future Perfect Subjunctive

tiver tomado	tivermos tomado
tiveres tomado	tiverdes tomado
tiver tomado	tiverem tomado

Conditional

tomaria	tomaríamos
tomarias	tomaríeis
tomaria	tomariam

Conditional Perfect

teria tomado	teríamos tomado
terias tomado	teríeis tomado
teria tomado	teriam tomado

Imperative

toma–tomai

Samples of verb usage.

O ladrão **tomou** a bolsa da velhinha.   *The thief took the purse from the old lady.*

Eu **tomo** café todas as manhãs.   *I drink coffee every morning.*

A minha irmã sempre **tomava** aspirina à noite.   *My sister would always take aspirin at night.*

O estudante terá que **tomar** o exame final.   *The student will have to take the final exam.*

*NOTE: Although this verb is radical-changing in Portugal, most Brazilian speakers do not open the stressed vowels of the italized forms.

to twist, wring (out); to root *or* cheer (for); (**-se**) to writhe

Personal Infinitive		*Present Subjunctive*	
torcer	torcermos	torça	torçamos
torceres	torcerdes	torças	torçais
torcer	torcerem	torça	torçam

Present Indicative		*Imperfect Subjunctive*	
torço	torcemos	torcesse	torcêssemos
torces	torceis	torcesses	torcêsseis
torce	*torcem**	torcesse	torcessem

Imperfect Indicative		*Future Subjunctive*	
torcia	torcíamos	torcer	torcermos
torcias	torcíeis	torceres	torcerdes
torcia	torciam	torcer	torcerem

Preterit Indicative		*Present Perfect Subjunctive*	
torci	torcemos	tenha torcido	tenhamos torcido
torceste	torcestes	tenhas torcido	tenhais torcido
torceu	torceram	tenha torcido	tenham torcido

Simple Pluperfect Indicative		*Past Perfect or Pluperfect Subjunctive*	
torcera	torcêramos	tivesse torcido	tivéssemos torcido
torceras	torcêreis	tivesses torcido	tivésseis torcido
torcera	torceram	tivesse torcido	tivessem torcido

Future Indicative		*Future Perfect Subjunctive*	
torcerei	torceremos	tiver torcido	tivermos torcido
torcerás	torcereis	tiveres torcido	tiverdes torcido
torcerá	torcerão	tiver torcido	tiverem torcido

Present Perfect Indicative		*Conditional*	
tenho torcido	temos torcido	torceria	torceríamos
tens torcido	tendes torcido	torcerias	torceríeis
tem torcido	têm torcido	torceria	torceriam

Past Perfect or Pluperfect Indicative		*Conditional Perfect*	
tinha torcido	tínhamos torcido	teria torcido	teríamos torcido
tinhas torcido	tínheis torcido	terias torcido	teríeis torcido
tinha torcido	tinham torcido	teria torcido	teriam torcido

Future Perfect Indicative		*Imperative*	
terei torcido	teremos torcido	*torce**–torcei	
terás torcido	tereis torcido		
terá torcido	terão torcido		

Samples of verb usage.

O epilé(p)tico **torcia-se** no chão. *The epileptic was writhing on the floor.*

A lavadeira já **tinha torcido** toda a roupa. *The laundress had already wrung out all the clothes.*

Ele **tinha torcido** pelo Benfica durante anos. *He had rooted (cheered) for Benfica for years.*

O meu primo **torceu** o tornozelo ontem. *My cousin twisted his ankle yesterday.*

*NOTE: Only the radical-changing verb forms with *open* stressed vowels appear in italic type. For further explanation see Foreword.

to toast, roast; to scorch

Personal Infinitive
torrar	torrarmos
torrares	torrardes
torrar	torrarem

Present Indicative
torro	torramos
torras	torrais
torra	*torram**

Imperfect Indicative
torrava	torrávamos
torravas	torráveis
torrava	torravam

Preterit Indicative
torrei	torrámos
torraste	torrastes
torrou	torraram

Simple Pluperfect Indicative
torrara	torráramos
torraras	torráreis
torrara	torraram

Future Indicative
torrarei	torraremos
torrarás	torrareis
torrará	torrarão

Present Perfect Indicative
tenho torrado	temos torrado
tens torrado	tendes torrado
tem torrado	têm torrado

Past Perfect or Pluperfect Indicative
tinha torrado	tínhamos torrado
tinhas torrado	tínheis torrado
tinha torrado	tinham torrado

Future Perfect Indicative
terei torrado	teremos torrado
terás torrado	tereis torrado
terá torrado	terão torrado

Present Subjunctive
torre	torremos
torres	torreis
torre	*torrem**

Imperfect Subjunctive
torrasse	torrássemos
torrasses	torrásseis
torrasse	torrassem

Future Subjunctive
torrar	torrarmos
torrares	torrardes
torrar	torrarem

Present Perfect Subjunctive
tenha torrado	tenhamos torrado
tenhas torrado	tenhais torrado
tenha torrado	tenham torrado

Past Perfect or Pluperfect Subjunctive
tivesse torrado	tivéssemos torrado
tivesses torrado	tivésseis torrado
tivesse torrado	tivessem torrado

Future Perfect Subjunctive
tiver torrado	tivermos torrado
tiveres torrado	tiverdes torrado
tiver torrado	tiverem torrado

Conditional
torraria	torraríamos
torrarias	torraríeis
torraria	torrariam

Conditional Perfect
teria torrado	teríamos torrado
terias torrado	teríeis torrado
teria torrado	teriam torrado

Imperative
*torra**–torrai

Samples of verb usage.

A minha irmã quer **torrar** o pão na torradeira nova.   *My sister wants to toast the bread in the new toaster.*

O sol **torrou** todos na praia.   *The sun scorched everyone on the beach.*

Já **torrei** a minha pele com este sol tão forte.   *I've already roasted my skin in this strong sun.*

*NOTE: Only the radical-changing verb forms with *open* stressed vowels appear in italic type. For further explanation see Foreword.

torturar

to torture

Personal Infinitive	
torturar	torturarmos
torturares	torturardes
torturar	torturarem

Present Indicative
torturo	torturamos
torturas	torturais
tortura	torturam

Imperfect Indicative
torturava	torturávamos
torturavas	torturáveis
torturava	torturavam

Preterit Indicative
torturei	torturámos
torturaste	torturastes
torturou	torturaram

Simple Pluperfect Indicative
torturara	torturáramos
torturaras	torturáreis
torturara	torturaram

Future Indicative
torturarei	torturaremos
torturarás	torturareis
torturará	torturarão

Present Perfect Indicative
tenho torturado	temos torturado
tens torturado	tendes torturado
tem torturado	têm torturado

Past Perfect or Pluperfect Indicative
tinha torturado	tínhamos torturado
tinhas torturado	tínheis torturado
tinha torturado	tinham torturado

Future Perfect Indicative
terei torturado	teremos torturado
terás torturado	tereis torturado
terá torturado	terão torturado

Present Subjunctive
torture	torturemos
tortures	tortureis
torture	torturem

Imperfect Subjunctive
torturasse	torturássemos
torturasses	torturásseis
torturasse	torturassem

Future Subjunctive
torturar	torturarmos
torturares	torturardes
torturar	torturarem

Present Perfect Subjunctive
tenha torturado	tenhamos torturado
tenhas torturado	tenhais torturado
tenha torturado	tenham torturado

Past Perfect or Pluperfect Subjunctive
tivesse torturado	tivéssemos torturado
tivesses torturado	tivésseis torturado
tivesse torturado	tivessem torturado

Future Perfect Subjunctive
tiver torturado	tivermos torturado
tiveres torturado	tiverdes torturado
tiver torturado	tiverem torturado

Conditional
torturaria	torturaríamos
torturarias	torturaríeis
torturaria	torturariam

Conditional Perfect
teria torturado	teríamos torturado
terias torturado	teríeis torturado
teria torturado	teriam torturado

Imperative
tortura–torturai

Samples of verb usage.

A Inquisição **torturava** todos que não fossem verdadeiros cristãos.
The Inquisition used to torture all who weren't true Christians.

Não me **torture** com comida, estou de dieta.   *Don't torture me with food, I'm on a diet.*

Os terroristas **teriam torturado** os reféns, se não tivesse sido pela intervenção da Igreja.
The terrorists would have tortured the hostages, if it hadn't been for the intervention of the Church.

Se o **torturarem**, ele dirá tudo o que sabe.   *If you torture him, he'll tell everything he knows.*

to cough

Personal Infinitive		**Present Subjunctive**	
tossir	tossirmos	tussa	tussamus
tossires	tossirdes	tussas	tussais
tossir	tossirem	tussa	tussam
Present Indicative		**Imperfect Subjunctive**	
tusso	tossimos	tossisse	tossíssemos
tosses	tossis	tossisses	tossísseis
tosse	*tossem**	tossisse	tossissem
Imperfect Indicative		**Future Subjunctive**	
tossia	tossíamos	tossir	tossirmos
tossias	tossíeis	tossires	tossirdes
tossia	tossiam	tossir	tossirem
Preterit Indicative		**Present Perfect Subjunctive**	
tossi	tossimos	tenha tossido	tenhamos tossido
tossiste	tossistes	tenhas tossido	tenhais tossido
tossiu	tossiram	tenha tossido	tenham tossido
Simple Pluperfect Indicative		**Past Perfect or Pluperfect Subjunctive**	
tossira	tossíramos	tivesse tossido	tivéssemos tossido
tossiras	tossíreis	tivesses tossido	tivésseis tossido
tossira	tossiram	tivesse tossido	tivessem tossido
Future Indicative		**Future Perfect Subjunctive**	
tossirei	tossiremos	tiver tossido	tivermos tossido
tossirás	tossireis	tiveres tossido	tiverdes tossido
tossirá	tossirão	tiver tossido	tiverem tossido
Present Perfect Indicative		**Conditional**	
tenho tossido	temos tossido	tossiria	tossiríamos
tens tossido	tendes tossido	tossirias	tossiríeis
tem tossido	têm tossido	tossiria	tossiriam
Past Perfect or Pluperfect Indicative		**Conditional Perfect**	
tinha tossido	tínhamos tossido	teria tossido	teríamos tossido
tinhas tossido	tínheis tossido	terias tossido	teríeis tossido
tinha tossido	tinham tossido	teria tossido	teriam tossido
Future Perfect Indicative		**Imperative**	
terei tossido	teremos tossido	*tosse** – tossi	
terás tossido	tereis tossido		
terá tossido	terão tossido		

Samples of verb usage.

Tomo xarope para deixar de **tossir**.   *I take cough syrup to stop coughing.*

A velha **tossia** porque fumava quarenta cigarros ao dia.
The old lady coughed because she smoked forty cigarettes a day.

Se eu **tivesse tossido,** teria tapado a boca com a mão.
If I had coughed, I would have covered my mouth with my hand.

O Chopin morreu **tossindo** com tuberculose.   *Chopin died coughing from tuberculosis.*

*NOTE: Only the radical-changing verb forms with *open* stressed vowels appear in italic type. For further explanation see Foreword.

trabalhar

to work

Personal Infinitive		*Present Subjunctive*	
trabalhar	trabalharmos	trabalhe	trabalhemos
trabalhares	trabalhardes	trabalhes	trabalheis
trabalhar	trabalharem	trabalhe	trabalhem

Present Indicative		*Imperfect Subjunctive*	
trabalho	trabalhamos	trabalhasse	trabalhássemos
trabalhas	trabalhais	trabalhasses	trabalhásseis
trabalha	trabalham	trabalhasse	trabalhassem

Imperfect Indicative		*Future Subjunctive*	
trabalhava	trabalhávamos	trabalhar	trabalharmos
trabalhavas	trabalháveis	trabalhares	trabalhardes
trabalhava	trabalhavam	trabalhar	trabalharem

Preterit Indicative		*Present Perfect Subjunctive*	
trabalhei	trabalhámos	tenha trabalhado	tenhamos trabalhado
trabalhaste	trabalhastes	tenhas trabalhado	tenhais trabalhado
trabalhou	trabalharam	tenha trabalhado	tenham trabalhado

Simple Pluperfect Indicative		*Past Perfect or Pluperfect Subjunctive*	
trabalhara	trabalháramos	tivesse trabalhado	tivéssemos trabalhado
trabalharas	trabalháreis	tivesses trabalhado	tivésseis trabalhado
trabalhara	trabalharam	tivesse trabalhado	tivessem trabalhado

Future Indicative		*Future Perfect Subjunctive*	
trabalharei	trabalharemos	tiver trabalhado	tivermos trabalhado
trabalharás	trabalhareis	tiveres trabalhado	tiverdes trabalhado
trabalhará	trabalharão	tiver trabalhado	tiverem trabalhado

Present Perfect Indicative		*Conditional*	
tenho trabalhado	temos trabalhado	trabalharia	trabalharíamos
tens trabalhado	tendes trabalhado	trabalharias	trabalharíeis
tem trabalhado	têm trabalhado	trabalharia	trabalhariam

Past Perfect or Pluperfect Indicative		*Conditional Perfect*	
tinha trabalhado	tínhamos trabalhado	teria trabalhado	teríamos trabalhado
tinhas trabalhado	tínheis trabalhado	terias trabalhado	teríeis trabalhado
tinha trabalhado	tinham trabalhado	teria trabalhado	teriam trabalhado

Future Perfect Indicative		*Imperative*	
terei trabalhado	teremos trabalhado	trabalha–trabalhai	
terás trabalhado	tereis trabalhado		
terá trabalhado	terão trabalhado		

Samples of verb usage.

Ela está **trabalhando**.   *She is working.*

Elas **trabalham** todos os dias.   *They work every day.*

Vais **trabalhar** hoje ou estás doente?   *Are you going to work today or are you sick?*

Se não **tivesse trabalhado** ontem, ele se sentiria melhor hoje.
If he had worked yesterday, he would feel better today.

to devour, swallow (up or down); to take a drag of (a cigarette)

Personal Infinitive	
tragar	tragarmos
tragares	tragardes
tragar	tragarem

Present Indicative	
trago	tragamos
tragas	tragais
traga	tragam

Imperfect Indicative	
tragava	tragávamos
tragavas	tragáveis
tragava	tragavam

Preterit Indicative	
traguei	tragámos
tragaste	tragastes
tragou	tragaram

Simple Pluperfect Indicative	
tragara	tragáramos
tragaras	tragáreis
tragara	tragaram

Future Indicative	
tragarei	tragaremos
tragarás	tragareis
tragará	tragarão

Present Perfect Indicative	
tenho tragado	temos tragado
tens tragado	tendes tragado
tem tragado	têm tragado

Past Perfect or Pluperfect Indicative	
tinha tragado	tínhamos tragado
tinhas tragado	tínheis tragado
tinha tragado	tinham tragado

Future Perfect Indicative	
terei tragado	teremos tragado
terás tragado	tereis tragado
terá tragado	terão tragado

Present Subjunctive	
trague	traguemos
tragues	tragueis
trague	traguem

Imperfect Subjunctive	
tragasse	tragássemos
tragasses	tragásseis
tragasse	tragassem

Future Subjunctive	
tragar	tragarmos
tragares	tragardes
tragar	tragarem

Present Perfect Subjunctive	
tenha tragado	tenhamos tragado
tenhas tragado	tenhais tragado
tenha tragado	tenham tragado

Past Perfect or Pluperfect Subjunctive	
tivesse tragado	tivéssemos tragado
tivesses tragado	tivésseis tragado
tivesse tragado	tivessem tragado

Future Perfect Subjunctive	
tiver tragado	tivermos tragado
tiveres tragado	tiverdes tragado
tiver tragado	tiverem tragado

Conditional	
tragaria	tragaríamos
tragarias	tragaríeis
tragaria	tragariam

Conditional Perfect	
teria tragado	teríamos tragado
terias tragado	teríeis tragado
teria tragado	teriam tragado

Imperative

traga–tragai

Samples of verb usage.

As ondas do mar **tragaram** o navio.   *The ocean waves swallowed up the ship.*

O bebé (bebê *in Brazil*) tenta **tragar** tudo o que põe na boca.
The baby tries to swallow anything he puts in his mouth.

Eles já **tinham tragado** tudo o que estava na mesa.
They had already devoured everything that was on the table.

Ele **tragou** o cigarro antes de responder.   *He took a drag on his cigarette before he answered.*

trancar

to lock, bolt, bar

Personal Infinitive	
trancar	trancarmos
trancares	trancardes
trancar	trancarem

Present Indicative	
tranco	trancamos
trancas	trancais
tranca	trancam

Imperfect Indicative	
trancava	trancávamos
trancavas	trancáveis
trancava	trancavam

Preterit Indicative	
tranquei	trancámos
trancaste	trancastes
trancou	trancaram

Simple Pluperfect Indicative	
trancara	trancáramos
trancaras	trancáreis
trancara	trancaram

Future Indicative	
trancarei	trancaremos
trancarás	trancareis
trancará	trancarão

Present Perfect Indicative	
tenho trancado	temos trancado
tens trancado	tendes trancado
tem trancado	têm trancado

Past Perfect or Pluperfect Indicative	
tinha trancado	tínhamos trancado
tinhas trancado	tínheis trancado
tinha trancado	tinham trancado

Future Perfect Indicative	
terei trancado	teremos trancado
terás trancado	tereis trancado
terá trancado	terão trancado

Present Subjunctive	
tranque	tranquemos
tranques	tranqueis
tranque	tranquem

Imperfect Subjunctive	
trancasse	trancássemos
trancasses	trancásseis
trancasse	trancassem

Future Subjunctive	
trancar	trancarmos
trancares	trancardes
trancar	trancarem

Present Perfect Subjunctive	
tenha trancado	tenhamos trancado
tenhas trancado	tenhais trancado
tenha trancado	tenham trancado

Past Perfect or Pluperfect Subjunctive	
tivesse trancado	tivéssemos trancado
tivesses trancado	tivésseis trancado
tivesse trancado	tivessem trancado

Future Perfect Subjunctive	
tiver trancado	tivermos trancado
tiveres trancado	tiverdes trancado
tiver trancado	tiverem trancado

Conditional	
trancaria	trancaríamos
trancarias	trancaríeis
trancaria	trancariam

Conditional Perfect	
teria trancado	teríamos trancado
terias trancado	teríeis trancado
teria trancado	teriam trancado

Imperative	
tranca–trancai	

Samples of verb usage.

Ele sempre **trancava** o cofre antes de sair.   *He always locked the safe before he left.*

Tranque as portas antes de ir para a cama.   *Lock the doors before going to bed.*

Trancaram o carro e perderam a chave.   *They locked the car and lost the key.*

Temos trancado o portão sempre que saímos de casa.
We have been bolting (barring) the gate every time we leave the house.

to deal with; treat; to try to

Personal Infinitive

tratar	tratarmos
tratares	tratardes
tratar	tratarem

Present Indicative

trato	tratamos
tratas	tratais
trata	tratam

Imperfect Indicative

tratava	tratávamos
tratavas	tratáveis
tratava	tratavam

Preterit Indicative

tratei	tratámos
trataste	tratastes
tratou	trataram

Simple Pluperfect Indicative

tratara	tratáramos
trataras	tratáreis
tratara	trataram

Future Indicative

tratarei	trataremos
tratarás	tratareis
tratará	tratarão

Present Perfect Indicative

tenho tratado	temos tratado
tens tratado	tendes tratado
tem tratado	têm tratado

Past Perfect or Pluperfect Indicative

tinha tratado	tínhamos tratado
tinhas tratado	tínheis tratado
tinha tratado	tinham tratado

Future Perfect Indicative

terei tratado	teremos tratado
terás tratado	tereis tratado
terá tratado	terão tratado

Present Subjunctive

trate	tratemos
trates	trateis
trate	tratem

Imperfect Subjunctive

tratasse	tratássemos
tratasses	tratásseis
tratasse	tratassem

Future Subjunctive

tratar	tratarmos
tratares	tratardes
tratar	tratarem

Present Perfect Subjunctive

tenha tratado	tenhamos tratado
tenhas tratado	tenhais tratado
tenha tratado	tenham tratado

Past Perfect or Pluperfect Subjunctive

tivesse tratado	tivéssemos tratado
tivesses tratado	tivésseis tratado
tivesse tratado	tivessem tratado

Future Perfect Subjunctive

tiver tratado	tivermos tratado
tiveres tratado	tiverdes tratado
tiver tratado	tiverem tratado

Conditional

trataria	trataríamos
tratarias	trataríeis
trataria	tratariam

Conditional Perfect

teria tratado	teríamos tratado
terias tratado	teríeis tratado
teria tratado	teriam tratado

Imperative

trata–tratai

Samples of verb usage.

Trataram o padre com muito respeito.   *They treated the priest with great respect.*

Este livro **trata** de espiões internacionais.   *This book deals with international spies.*

Mães sempre **tratam** bem dos filhos.   *Mothers always treat their children well.*

Ele **tem tratado** de resolver o problema.   *He has been trying to solve the problem.*

trazer   Pres. Part. *trazendo*   Past Part. *trazido*

to bring

Personal Infinitive		**Present Subjunctive**	
trazer	trazermos	traga	tragamos
trazeres	trazerdes	tragas	tragais
trazer	trazerem	traga	tragam

Present Indicative		**Imperfect Subjunctive**	
trago	trazemos	trouxesse	trouxéssemos
trazes	trazeis	trouxesses	trouxésseis
traz	trazem	trouxesse	trouxessem

Imperfect Indicative		**Future Subjunctive**	
trazia	trazíamos	trouxer	trouxermos
trazias	trazíeis	trouxeres	trouxerdes
trazia	traziam	trouxer	trouxerem

Preterit Indicative		**Present Perfect Subjunctive**	
trouxe	trouxemos	tenha trazido	tenhamos trazido
trouxeste	trouxestes	tenhas trazido	tenhais trazido
trouxe	trouxeram	tenha trazido	tenham trazido

Simple Pluperfect Indicative		**Past Perfect or Pluperfect Subjunctive**	
trouxera	trouxéramos	tivesse trazido	tivéssemos trazido
trouxeras	trouxéreis	tivesses trazido	tivésseis trazido
trouxera	trouxeram	tivesse trazido	tivessem trazido

Future Indicative		**Future Perfect Subjunctive**	
trarei	traremos	tiver trazido	tivermos trazido
trarás	trareis	tiveres trazido	tiverdes trazido
trará	trarão	tiver trazido	tiverem trazido

Present Perfect Indicative		**Conditional**	
tenho trazido	temos trazido	traria	traríamos
tens trazido	tendes trazido	trarias	traríeis
tem trazido	têm trazido	traria	trariam

Past Perfect or Pluperfect Indicative		**Conditional Perfect**	
tinha trazido	tínhamos trazido	teria trazido	teríamos trazido
tinhas trazido	tínheis trazido	terias trazido	teríeis trazido
tinha trazido	tinham trazido	teria trazido	teriam trazido

Future Perfect Indicative		**Imperative**	
terei trazido	teremos trazido	traze–trazei	
terás trazido	tereis trazido		
terá trazido	terão trazido		

Samples of verb usage.

Você **trouxe** o meu presente?   *Did you bring my present?*

Quero que **tragas** a tua esposa à boite hoje à noite.   *I want you to bring your wife to the nightclub tonight.*

O meu pai sempre **traz** sobremesa da pastelaria à casa.
My father always brings dessert home from the pastry shop.

Gostaria que você **trouxesse** vinho à festa.   *I would like you to bring wine to the party.*

480

to train, practice; to coach

Personal Infinitive
treinar	treinarmos
treinares	treinardes
treinar	treinarem

Present Indicative
treino	treinamos
treinas	treinais
treina	treinam

Imperfect Indicative
treinava	treinávamos
treinavas	treináveis
treinava	treinavam

Preterit Indicative
treinei	treinámos
treinaste	treinastes
treinou	treinaram

Simple Pluperfect Indicative
treinara	treináramos
treinaras	treináreis
treinara	treinaram

Future Indicative
treinarei	treinaremos
treinarás	treinareis
treinará	treinarão

Present Perfect Indicative
tenho treinado	temos treinado
tens treinado	tendes treinado
tem treinado	têm treinado

Past Perfect or Pluperfect Indicative
tinha treinado	tínhamos treinado
tinhas treinado	tínheis treinado
tinha treinado	tinham treinado

Future Perfect Indicative
terei treinado	teremos treinado
terás treinado	tereis treinado
terá treinado	terão treinado

Present Subjunctive
treine	treinemos
treines	treineis
treine	treinem

Imperfect Subjunctive
treinasse	treinássemos
treinasses	treinásseis
treinasse	treinassem

Future Subjunctive
treinar	treinarmos
treinares	treinardes
treinar	treinarem

Present Perfect Subjunctive
tenha treinado	tenhamos treinado
tenhas treinado	tenhais treinado
tenha treinado	tenham treinado

Past Perfect or Pluperfect Subjunctive
tivesse treinado	tivéssemos treinado
tivesses treinado	tivésseis treinado
tivesse treinado	tivessem treinado

Future Perfect Subjunctive
tiver treinado	tivermos treinado
tiveres treinado	tiverdes treinado
tiver treinado	tiverem treinado

Conditional
treinaria	treinaríamos
treinarias	treinaríeis
treinaria	treinariam

Conditional Perfect
teria treinado	teríamos treinado
terias treinado	teríeis treinado
teria treinado	teriam treinado

Imperative
treina–treinai

Samples of verb usage.

Os atletas têm que **treinar** todos os dias.   *Athletes have to practice every day.*

Ele **tem treinado** cavalos faz dez anos.   *He has been training horses for ten years.*

Se **treinarmos** bastante, seremos os melhores soldados no exército.
If we drill (train) enough, we'll be the best soldiers in the army.

Eu **treino** cães para caça.   *I train hunting dogs.*

to shake, tremble, shiver

Personal Infinitive		Present Subjunctive	
tremer	tremermos	trema	tremamos
tremeres	tremerdes	tremas	tremais
tremer	tremerem	trema	tremam

Present Indicative		Imperfect Subjunctive	
tremo	trememos	tremesse	tremêssemos
tremes	tremeis	tremesses	tremêsseis
treme	*tremem**	tremesse	tremessem

Imperfect Indicative		Future Subjunctive	
tremia	tremíamos	tremer	tremermos
tremias	tremíeis	tremeres	tremerdes
tremia	tremiam	tremer	tremerem

Preterit Indicative		Present Perfect Subjunctive	
tremi	trememos	tenha tremido	tenhamos tremido
tremeste	tremestes	tenhas tremido	tenhais tremido
tremeu	tremeram	tenha tremido	tenham tremido

Simple Pluperfect Indicative		Past Perfect or Pluperfect Subjunctive	
tremera	tremêramos	tivesse tremido	tivéssemos tremido
tremeras	tremêreis	tivesses tremido	tivésseis tremido
tremera	tremeram	tivesse tremido	tivessem tremido

Future Indicative		Future Perfect Subjunctive	
tremerei	tremeremos	tiver tremido	tivermos tremido
tremerás	tremereis	tiveres tremido	tiverdes tremido
tremerá	tremerão	tiver tremido	tiverem tremido

Present Perfect Indicative		Conditional	
tenho tremido	temos tremido	tremeria	tremeríamos
tens tremido	tendes tremido	tremerias	tremeríeis
tem tremido	têm tremido	tremeria	tremeriam

Past Perfect or Pluperfect Indicative		Conditional Perfect	
tinha tremido	tínhamos tremido	teria tremido	teríamos tremido
tinhas tremido	tínheis tremido	terias tremido	teríeis tremido
tinha tremido	tinham tremido	teria tremido	teriam tremido

Future Perfect Indicative		Imperative	
terei tremido	teremos tremido	*treme**–tremei	
terás tremido	tereis tremido		
terá tremido	terão tremido		

Samples of verb usage.

O terremoto fazia **tremer** o chão.   *The earthquake made the ground shake.*

Não **trema** diante do perigo.   *Don't tremble in the face of danger.*

Estava tão assustada que **tremia.**   *She was so scared that she was trembling.*

O vento frio faz-me **tremer.**   *The cold wind makes me shiver.*

*NOTE: Although this verb is radical-changing in Portugal, most Brazilian speakers do not open the stressed vowels of the italicized forms.

to change, exchange; to switch, trade, swap

Personal Infinitive		**Present Subjunctive**	
trocar	trocarmos	*troque*	troquemos
trocares	trocardes	*troques*	troqueis
trocar	trocarem	*troque*	*troquem**

Present Indicative		**Imperfect Subjunctive**	
troco	trocamos	trocasse	trocássemos
trocas	trocais	trocasses	trocásseis
troca	*trocam**	trocasse	trocassem

Imperfect Indicative		**Future Subjunctive**	
trocava	trocávamos	trocar	trocarmos
trocavas	trocáveis	trocares	trocardes
trocava	trocavam	trocar	trocarem

Preterit Indicative		**Present Perfect Subjunctive**	
troquei	trocámos	tenha trocado	tenhamos trocado
trocaste	trocastes	tenhas trocado	tenhais trocado
trocou	trocaram	tenha trocado	tenham trocado

Simple Pluperfect Indicative		**Past Perfect or Pluperfect Subjunctive**	
trocara	trocáramos	tivesse trocado	tivéssemos trocado
trocaras	trocáreis	tivesses trocado	tivésseis trocado
trocara	trocaram	tivesse trocado	tivessem trocado

Future Indicative		**Future Perfect Subjunctive**	
trocarei	trocaremos	tiver trocado	tivermos trocado
trocarás	trocareis	tiveres trocado	tiverdes trocado
trocará	trocarão	tiver trocado	tiverem trocado

Present Perfect Indicative		**Conditional**	
tenho trocado	temos trocado	trocaria	trocaríamos
tens trocado	tendes trocado	trocarias	trocaríeis
tem trocado	têm trocado	trocaria	trocariam

Past Perfect or Pluperfect Indicative		**Conditional Perfect**	
tinha trocado	tínhamos trocado	teria trocado	teríamos trocado
tinhas trocado	tínheis trocado	terias trocado	teríeis trocado
tinha trocado	tinham trocado	teria trocado	teriam trocado

Future Perfect Indicative		**Imperative**	
terei trocado	teremos trocado	*troca**–trocai	
terás trocado	tereis trocado		
terá trocado	terão trocado		

Samples of verb usage.

Eu **troquei** de roupa.   *I changed clothes.*

Vamos **trocar** os nossos carros por um dia só.   *Let's trade (swap) cars for only one day.*

Quero que **troque** dez dólares, por favor.   *I want change for ten dollars, please.*

Já **tínhamos trocado** os escudos em dólares.   *We had already exchanged the escudos for dollars.*

*NOTE: Only the radical-changing verb forms with *open* stressed vowels appear in italic type. For further explanation see Foreword.   trocar

to unite, join, connect

Personal Infinitive			*Present Subjunctive*	
unir	unirmos		una	unamos
unires	unirdes		unas	unais
unir	unirem		una	unam

Present Indicative			*Imperfect Subjunctive*	
uno	unimos		unisse	uníssemos
unes	unis		unisses	unísseis
une	unem		unisse	unissem

Imperfect Indicative			*Future Subjunctive*	
unia	uníamos		unir	unirmos
unias	uníeis		unires	unirdes
unia	uniam		unir	unirem

Preterit Indicative			*Present Perfect Subjunctive*	
uni	unimos		tenha unido	tenhamos unido
uniste	unistes		tenhas unido	tenhais unido
uniu	uniram		tenha unido	tenham unido

Simple Pluperfect Indicative			*Past Perfect or Pluperfect Subjunctive*	
unira	uníramos		tivesse unido	tivéssemos unido
uniras	uníreis		tivesses unido	tivésseis unido
unira	uniram		tivesse unido	tivessem unido

Future Indicative			*Future Perfect Subjunctive*	
unirei	uniremos		tiver unido	tivermos unido
unirás	unireis		tiveres unido	tiverdes unido
unirá	unirão		tiver unido	tiverem unido

Present Perfect Indicative			*Conditional*	
tenho unido	temos unido		uniria	uniríamos
tens unido	tendes unido		unirias	uniríeis
tem unido	têm unido		uniria	uniriam

Past Perfect or Pluperfect Indicative			*Conditional Perfect*	
tinha unido	tínhamos unido		teria unido	teríamos unido
tinhas unido	tínheis unido		terias unido	teríeis unido
tinha unido	tinham unido		teria unido	teriam unido

Future Perfect Indicative			*Imperative*	
terei unido	teremos unido		une–uni	
terás unido	tereis unido			
terá unido	terão unido			

Samples of verb usage.

O governo buscava uma estratégia que **unisse** os dois países.
The government was looking for a strategy that would unite the two countries.

Unai-vos contra o ditador!   *Unite against the dictator!*

Esta guerra **uniu** os cidadãos.   *The war united the citizens.*

O ele(c)tricista tentou **unir** os dois fios e recebeu um choque tremendo.
The electrician tried to connect (join) the two wires and got a big shock.

to use

Personal Infinitive		*Present Subjunctive*	
usar	usarmos	use	usemos
usares	usardes	uses	useis
usar	usarem	use	usem

Present Indicative		*Imperfect Subjunctive*	
uso	usamos	usasse	usássemos
usas	usais	usasses	usásseis
usa	usam	usasse	usassem

Imperfect Indicative		*Future Subjunctive*	
usava	usávamos	usar	usarmos
usavas	usáveis	usares	usardes
usava	usavam	usar	usarem

Preterit Indicative		*Present Perfect Subjunctive*	
usei	usámos	tenha usado	tenhamos usado
usaste	usastes	tenhas usado	tenhais usado
usou	usaram	tenha usado	tenham usado

Simple Pluperfect Indicative		*Past Perfect or Pluperfect Subjunctive*	
usara	usáramos	tivesse usado	tivéssemos usado
usaras	usáreis	tivesses usado	tivésseis usado
usara	usaram	tivesse usado	tivessem usado

Future Indicative		*Future Perfect Subjunctive*	
usarei	usaremos	tiver usado	tivermos usado
usarás	usareis	tiveres usado	tiverdes usado
usará	usarão	tiver usado	tiverem usado

Present Perfect Indicative		*Conditional*	
tenho usado	temos usado	usaria	usaríamos
tens usado	tendes usado	usarias	usaríeis
tem usado	têm usado	usaria	usariam

Past Perfect or Pluperfect Indicative		*Conditional Perfect*	
tinha usado	tínhamos usado	teria usado	teríamos usado
tinhas usado	tínheis usado	terias usado	teríeis usado
tinha usado	tinham usado	teria usado	teriam usado

Future Perfect Indicative		*Imperative*	
terei usado	teremos usado	usa–usai	
terás usado	tereis usado		
terá usado	terão usado		

Samples of verb usage.

O mecânico **usa** quase todas as suas ferramentas quando arranja motores.
The mechanic uses almost all his tools when he fixes motors.

Se ela lutasse, não **usaria** as unhas.   *If she were to fight, she wouldn't use her nails.*

Você pode **usá**-lo, mas não deve abusá-lo.   *You can use it, but you shouldn't abuse it.*

Eu **usei** quase todos os teus discos na festa.   *I used almost all of your records at the party.*

to be worth

Personal Infinitive		*Present Subjunctive*	
valer	valermos	valha	valhamos
valeres	valerdes	valhas	valhais
valer	valerem	valha	valham

Present Indicative		*Imperfect Subjunctive*	
valho	valemos	valesse	valêssemos
vales	valeis	valesses	valêsseis
vale	valem	valesse	valessem

Imperfect Indicative		*Future Subjunctive*	
valia	valíamos	valer	valermos
valias	valíeis	valeres	valerdes
valia	valiam	valer	valerem

Preterit Indicative		*Present Perfect Subjunctive*	
vali	valemos	tenha valido	tenhamos valido
valeste	valestes	tenhas valido	tenhais valido
valeu	valeram	tenha valido	tenham valido

Simple Pluperfect Indicative		*Past Perfect or Pluperfect Subjunctive*	
valera	valêramos	tivesse valido	tivéssemos valido
valeras	valêreis	tivesses valido	tivésseis valido
valera	valeram	tivesse valido	tivessem valido

Future Indicative		*Future Perfect Subjunctive*	
valerei	valeremos	tiver valido	tivermos valido
valerás	valereis	tiveres valido	tiverdes valido
valerá	valerão	tiver valido	tiverem valido

Present Perfect Indicative		*Conditional*	
tenho valido	temos valido	valeria	valeríamos
tens valido	tendes valido	valerias	valeríeis
tem valido	têm valido	valeria	valeriam

Past Perfect or Pluperfect Indicative		*Conditional Perfect*	
tinha valido	tínhamos valido	teria valido	teríamos valido
tinhas valido	tínheis valido	terias valido	teríeis valido
tinha valido	tinham valido	teria valido	teriam valido

Future Perfect Indicative		*Imperative*	
terei valido	teremos valido	vale–valei	
terás valido	tereis valido		
terá valido	terão valido		

Samples of verb usage.

Esse filme **vale** a pena ver de novo.   *That film is worth seeing again.*

Um cruzeiro **valia** um dólar antigamente.   *One cruzeiro used to be worth a dollar in the old days.*

Espero que este quadro **valha** muito.   *I hope this painting is worth a lot.*

Esta moeda romana **valerá** muito de aqui a cinquenta anos.
This Roman coin will be worth a lot fifty years from now.

to sweep

Personal Infinitive
varrer	varrermos
varreres	varrerdes
varrer	varrerem

Present Indicative
varro	varremos
varres	varreis
varre	varrem

Imperfect Indicative
varria	varríamos
varrias	varríeis
varria	varriam

Preterit Indicative
varri	varremos
varreste	varrestes
varreu	varreram

Simple Pluperfect Indicative
varrera	varrêramos
varreras	varrêreis
varrera	varreram

Future Indicative
varrerei	varreremos
varrerás	varrereis
varrerá	varrerão

Present Perfect Indicative
tenho varrido	temos varrido
tens varrido	tendes varrido
tem varrido	têm varrido

Past Perfect or Pluperfect Indicative
tinha varrido	tínhamos varrido
tinhas varrido	tínheis varrido
tinha varrido	tinham varrido

Future Perfect Indicative
terei varrido	teremos varrido
terás varrido	tereis varrido
terá varrido	terão varrido

Present Subjunctive
varra	varramos
varras	varrais
varra	varram

Imperfect Subjunctive
varresse	varrêssemos
varresses	varrêsseis
varresse	varressem

Future Subjunctive
varrer	varrermos
varreres	varrerdes
varrer	varrerem

Present Perfect Subjunctive
tenha varrido	tenhamos varrido
tenhas varrido	tenhais varrido
tenha varrido	tenham varrido

Past Perfect or Pluperfect Subjunctive
tivesse varrido	tivéssemos varrido
tivesses varrido	tivésseis varrido
tivesse varrido	tivessem varrido

Future Perfect Subjunctive
tiver varrido	tivermos varrido
tiveres varrido	tiverdes varrido
tiver varrido	tiverem varrido

Conditional
varreria	varreríamos
varrerias	varreríeis
varreria	varreriam

Conditional Perfect
teria varrido	teríamos varrido
terias varrido	teríeis varrido
teria varrido	teriam varrido

Imperative
varre–varrei

Samples of verb usage.

Os homens **varrem** as ruas de noite.   *The men sweep the streets at night.*

O padeiro **varreu** a loja.   *The baker swept his shop.*

Varre o chão por mim e te pagarei duzentos escudos.
Sweep the floor for me and I'll pay you two hundred escudos.

O empregado já **tinha varrido** três andares quando o chefe dele chegou à loja.
The employee had already swept three floors when his boss got to the store.

to defeat; to overcome; to win; to expire (as a deadline)

Personal Infinitive		*Present Subjunctive*	
vencer	vencermos	vença	vençamos
venceres	vencerdes	venças	vençais
vencer	vencerem	vença	vençam

Present Indicative		*Imperfect Subjunctive*	
venço	vencemos	vencesse	vencêssemos
vences	venceis	vencesses	vencêsseis
vence	vencem	vencesse	vencessem

Imperfect Indicative		*Future Subjunctive*	
vencia	vencíamos	vencer	vencermos
vencias	vencíeis	venceres	vencerdes
vencia	venciam	vencer	vencerem

Preterit Indicative		*Present Perfect Subjunctive*	
venci	vencemos	tenha vencido	tenhamos vencido
venceste	vencestes	tenhas vencido	tenhais vencido
venceu	venceram	tenha vencido	tenham vencido

Simple Pluperfect Indicative		*Past Perfect or Pluperfect Subjunctive*	
vencera	vencêramos	tivesse vencido	tivéssemos vencido
venceras	vencêreis	tivesses vencido	tivésseis vencido
vencera	venceram	tivesse vencido	tivessem vencido

Future Indicative		*Future Perfect Subjunctive*	
vencerei	venceremos	tiver vencido	tivermos vencido
vencerás	vencereis	tiveres vencido	tiverdes vencido
vencerá	vencerão	tiver vencido	tiverem vencido

Present Perfect Indicative		*Conditional*	
tenho vencido	temos vencido	venceria	venceríamos
tens vencido	tendes vencido	vencerias	venceríeis
tem vencido	têm vencido	venceria	venceriam

Past Perfect or Pluperfect Indicative		*Conditional Perfect*	
tinha vencido	tínhamos vencido	teria vencido	teríamos vencido
tinhas vencido	tínheis vencido	terias vencido	teríeis vencido
tinha vencido	tinham vencido	teria vencido	teriam vencido

Future Perfect Indicative		*Imperative*	
terei vencido	teremos vencido	vence– vencei	
terás vencido	tereis vencido		
terá vencido	terão vencido		

Samples of verb usage.

Os franceses não puderam **vencer** os russos na batalha de Waterloo.
The French couldn't defeat the Russians at the battle of Waterloo.

Embora ele **nascesse** numa favela, pôde vencer todos os obstáculos.
Even though he was born in a slum, he was able to overcome all obstacles.

Que **vença** a melhor equipe (o melhor time *in Brazil*).   *May the better team win.*

A nossa assinatura **venceu** no dia quinze.   *Our subscription expired on the fifteenth.*

to sell

Personal Infinitive		*Present Subjunctive*	
vender	vendermos	venda	vendamos
venderes	venderdes	vendas	vendais
vender	venderem	venda	vendam

Present Indicative		*Imperfect Subjunctive*	
vendo	vendemos	vendesse	vendêssemos
vendes	vendeis	vendesses	vendêsseis
vende	vendem	vendesse	vendessem

Imperfect Indicative		*Future Subjunctive*	
vendia	vendíamos	vender	vendermos
vendias	vendíeis	venderes	venderdes
vendia	vendiam	vender	venderem

Preterit Indicative		*Present Perfect Subjunctive*	
vendi	vendemos	tenha vendido	tenhamos vendido
vendeste	vendestes	tenhas vendido	tenhais vendido
vendeu	venderam	tenha vendido	tenham vendido

Simple Pluperfect Indicative		*Past Perfect or Pluperfect Subjunctive*	
vendera	vendêramos	tivesse vendido	tivéssemos vendido
venderas	vendêreis	tivesses vendido	tivésseis vendido
vendera	venderam	tivesse vendido	tivessem vendido

Future Indicative		*Future Perfect Subjunctive*	
venderei	venderemos	tiver vendido	tivermos vendido
venderás	vendereis	tiveres vendido	tiverdes vendido
venderá	venderão	tiver vendido	tiverem vendido

Present Perfect Indicative		*Conditional*	
tenho vendido	temos vendido	venderia	venderíamos
tens vendido	tendes vendido	venderias	venderíeis
tem vendido	têm vendido	venderia	venderiam

Past Perfect or Pluperfect Indicative		*Conditional Perfect*	
tinha vendido	tínhamos vendido	teria vendido	teríamos vendido
tinhas vendido	tínheis vendido	terias vendido	teríeis vendido
tinha vendido	tinham vendido	teria vendido	teriam vendido

Future Perfect Indicative		*Imperative*	
terei vendido	teremos vendido	vende–vendei	
terás vendido	tereis vendido		
terá vendido	terão vendido		

Samples of verb usage.

O erudito **vendeu** todos os seus livros.   *The scholar sold all of his books.*

Quanto mais **vendermos**, mais dinheiro faremos.   *The more we sell, the more money we'll make.*

O arquiteto podia **vender** um proje(c)to atrás do outro.
The architect was able to sell one project after another.

Ele não **teria vendido** a casa, se não tivesse sido preciso.
He would not have sold the house, if it hadn't been necessary.

to see

Personal Infinitive		*Present Subjunctive*	
ver	vermos	veja	vejamos
veres	verdes	vejas	vejais
ver	verem	veja	vejam

Present Indicative		*Imperfect Subjunctive*	
vejo	vemos	visse	víssemos
vês	vedes	visses	vísseis
vê	vêem	visse	vissem

Imperfect Indicative		*Future Subjunctive*	
via	víamos	vir	virmos
vias	víeis	vires	virdes
via	viam	vir	virem

Preterit Indicative		*Present Perfect Subjunctive*	
vi	vimos	tenha visto	tenhamos visto
viste	vistes	tenhas visto	tenhais visto
viu	viram	tenha visto	tenham visto

Simple Pluperfect Indicative		*Past Perfect or Pluperfect Subjunctive*	
vira	víramos	tivesse visto	tivéssemos visto
viras	víreis	tivesses visto	tivésseis visto
vira	viram	tivesse visto	tivessem visto

Future Indicative		*Future Perfect Subjunctive*	
verei	veremos	tiver visto	tivermos visto
verás	vereis	tiveres visto	tiverdes visto
verá	verão	tiver visto	tiverem visto

Present Perfect Indicative		*Conditional*	
tenho visto	temos visto	veria	veríamos
tens visto	tendes visto	verias	veríeis
tem visto	têm visto	veria	veriam

Past Perfect or Pluperfect Indicative		*Conditional Perfect*	
tinha visto	tínhamos visto	teria visto	teríamos visto
tinhas visto	tínheis visto	terias visto	teríeis visto
tinha visto	tinham visto	teria visto	teriam visto

Future Perfect Indicative		*Imperative*	
terei visto	teremos visto	vê–vede	
terás visto	tereis visto		
terá visto	terão visto		

Samples of verb usage.

Veja quanta comida sobrou do jantar!   *Look how much food was left over from dinner!*

O médico já **tinha visto** o paciente quando este morreu de repente.
The doctor had already seen the patient when he died suddenly.

Depois de eu **ver** o acidente, fui buscar ajuda.   *After I saw the accident, I went to get help.*

Quando ela **vir** os resultados, ficará muito decepcionada.
When she sees the results, she'll be very disappointed.

to dress, wear, put on; (**-se**) to get dressed

Personal Infinitive		*Present Subjunctive*	
vestir	vestirmos	vista	vistamos
vestires	vestirdes	vistas	vistais
vestir	vestirem	vista	vistam

Present Indicative		*Imperfect Subjunctive*	
visto	vestimos	vestisse	vestíssemos
vestes	vestis	vestisses	vestísseis
veste	*vestem**	vestisse	vestissem

Imperfect Indicative		*Future Subjunctive*	
vestia	vestíamos	vestir	vestirmos
vestias	vestíeis	vestires	vestirdes
vestia	vestiam	vestir	vestirem

Preterit Indicative		*Present Perfect Subjunctive*	
vesti	vestimos	tenha vestido	tenhamos vestido
vestiste	vestistes	tenhas vestido	tenhais vestido
vestiu	vestiram	tenha vestido	tenham vestido

Simple Pluperfect Indicative		*Past Perfect or Pluperfect Subjunctive*	
vestira	vestíramos	tivesse vestido	tivéssemos vestido
vestiras	vestíreis	tivesses vestido	tivésseis vestido
vestira	vestiram	tivesse vestido	tivessem vestido

Future Indicative		*Future Perfect Subjunctive*	
vestirei	vestiremos	tiver vestido	tivermos vestido
vestirás	vestireis	tiveres vestido	tiverdes vestido
vestirá	vestirão	tiver vestido	tiverem vestido

Present Perfect Indicative		*Conditional*	
tenho vestido	temos vestido	vestiria	vestiríamos
tens vestido	tendes vestido	vestirias	vestiríeis
tem vestido	têm vestido	vestiria	vestiriam

Past Perfect or Pluperfect Indicative		*Conditional Perfect*	
tinha vestido	tínhamos vestido	teria vestido	teríamos vestido
tinhas vestido	tínheis vestido	terias vestido	teríeis vestido
tinha vestido	tinham vestido	teria vestido	teriam vestido

Future Perfect Indicative		*Imperative*	
terei vestido	teremos vestido	*veste**– vesti	
terás vestido	tereis vestido		
terá vestido	terão vestido		

Samples of verb usage.

As enfermeiras têm que **vestir** roupas especiais.   *Nurses have to wear special clothes.*

O Roberto era o que **se** podia **vestir** mais rápido.
Robert was the one who could get dressed the quickest.

Vista-se agora!   *Get dressed now!*

O que (é que) você quer que eu **vista** quando formos à praia?
What would you like me to put on (wear) when we go to the beach?

*NOTE: Only the radical-changing verb forms with *open* stressed vowels appear in italic type. For further explanation see Foreword.

viajar

to travel

Personal Infinitive		Present Subjunctive	
viajar	viajarmos	viaje	viajemos
viajares	viajardes	viajes	viajeis
viajar	viajarem	viaje	viajem

Present Indicative		Imperfect Subjunctive	
viajo	viajamos	viajasse	viajássemos
viajas	viajais	viajasses	viajásseis
viaja	viajam	viajasse	viajassem

Imperfect Indicative		Future Subjunctive	
viajava	viajávamos	viajar	viajarmos
viajavas	viajáveis	viajares	viajardes
viajava	viajavam	viajar	viajarem

Preterit Indicative		Present Perfect Subjunctive	
viajei	viajámos	tenha viajado	tenhamos viajado
viajaste	viajastes	tenhas viajado	tenhais viajado
viajou	viajaram	tenha viajado	tenham viajado

Simple Pluperfect Indicative		Past Perfect or Pluperfect Subjunctive	
viajara	viajáramos	tivesse viajado	tivéssemos viajado
viajaras	viajáreis	tivesses viajado	tivésseis viajado
viajara	viajaram	tivesse viajado	tivessem viajado

Future Indicative		Future Perfect Subjunctive	
viajarei	viajaremos	tiver viajado	tivermos viajado
viajarás	viajareis	tiveres viajado	tiverdes viajado
viajará	viajarão	tiver viajado	tiverem viajado

Present Perfect Indicative		Conditional	
tenho viajado	temos viajado	viajaria	viajaríamos
tens viajado	tendes viajado	viajarias	viajaríeis
tem viajado	têm viajado	viajaria	viajariam

Past Perfect or Pluperfect Indicative		Conditional Perfect	
tinha viajado	tínhamos viajado	teria viajado	teríamos viajado
tinhas viajado	tínheis viajado	terias viajado	teríeis viajado
tinha viajado	tinham viajado	teria viajado	teriam viajado

Future Perfect Indicative		Imperative	
terei viajado	teremos viajado	viaja–viajai	
terás viajado	tereis viajado		
terá viajado	terão viajado		

Samples of verb usage.

Os portugueses **viajaram** pelo mundo em caravelas.
The Portuguese traveled all around the world in caravels.

O presidente pensa **viajar** a vários países da América do Sul este ano.
The president plans to travel to several South American countries this year.

Quando **viajarmos** à Africa, quero ir a Johannesburg.
When we travel to Africa, I want to go to Johannesburg.

Viaje agora, enquanto puder.   *Travel now, while you can.*

to avenge, revenge; (**-se**) to take or get revenge

Personal Infinitive	
vingar	vingarmos
vingares	vingardes
vingar	vingarem

Present Indicative	
vingo	vingamos
vingas	vingais
vinga	vingam

Imperfect Indicative	
vingava	vingávamos
vingavas	vingáveis
vingava	vingavam

Preterit Indicative	
vinguei	vingámos
vingaste	vingastes
vingou	vingaram

Simple Pluperfect Indicative	
vingara	vingáramos
vingaras	vingáreis
vingara	vingaram

Future Indicative	
vingarei	vingaremos
vingarás	vingareis
vingará	vingarão

Present Perfect Indicative	
tenho vingado	temos vingado
tens vingado	tendes vingado
tem vingado	têm vingado

Past Perfect or Pluperfect Indicative	
tinha vingado	tínhamos vingado
tinhas vingado	tínheis vingado
tinha vingado	tinham vingado

Future Perfect Indicative	
terei vingado	teremos vingado
terás vingado	tereis vingado
terá vingado	terão vingado

Present Subjunctive	
vingue	vinguemos
vingues	vingueis
vingue	vinguem

Imperfect Subjunctive	
vingasse	vingássemos
vingasses	vingásseis
vingasse	vingassem

Future Subjunctive	
vingar	vingarmos
vingares	vingardes
vingar	vingarem

Present Perfect Subjunctive	
tenha vingado	tenhamos vingado
tenhas vingado	tenhais vingado
tenha vingado	tenham vingado

Past Perfect or Pluperfect Subjunctive	
tivesse vingado	tivéssemos vingado
tivesses vingado	tivésseis vingado
tivesse vingado	tivessem vingado

Future Perfect Subjunctive	
tiver vingado	tivermos vingado
tiveres vingado	tiverdes vingado
tiver vingado	tiverem vingado

Conditional	
vingaria	vingaríamos
vingarias	vingaríeis
vingaria	vingariam

Conditional Perfect	
teria vingado	teríamos vingado
terias vingado	teríeis vingado
teria vingado	teriam vingado

Imperative
vinga–vingai

Samples of verb usage.

A vitória de hoje nos **vingou** da derrota do ano passado.
Today's victory avenged us for last year's defeat.

Ela **se vingará** da morte do seu pai.   *She will avenge her father's death.*

Espero que você **se vingue** desta desgraça.   *I hope you avenge yourself of this disgrace.*

Vingar-se às vezes é doce.   *Getting revenge is sometimes sweet.*

to come

Personal Infinitive		*Present Subjunctive*	
vir	virmos	venha	venhamos
vires	virdes	venhas	venhais
vir	virem	venha	venham

Present Indicative		*Imperfect Subjunctive*	
venho	vimos	viesse	viéssemos
vens	vindes	viesses	viésseis
vem	vêm	viesse	viessem

Imperfect Indicative		*Future Subjunctive*	
vinha	vínhamos	vier	viermos
vinhas	vínheis	vieres	vierdes
vinha	vinham	vier	vierem

Preterit Indicative		*Present Perfect Subjunctive*	
vim	viemos	tenha vindo	tenhamos vindo
vieste	viestes	tenhas vindo	tenhais vindo
veio	vieram	tenha vindo	tenham vindo

Simple Pluperfect Indicative		*Past Perfect or Pluperfect Subjunctive*	
viera	viéramos	tivesse vindo	tivéssemos vindo
vieras	viéreis	tivesses vindo	tivésseis vindo
viera	vieram	tivesse vindo	tivessem vindo

Future Indicative		*Future Perfect Subjunctive*	
virei	viremos	tiver vindo	tivermos vindo
virás	vireis	tiveres vindo	tiverdes vindo
virá	virão	tiver vindo	tiverem vindo

Present Perfect Indicative		*Conditional*	
tenho vindo	temos vindo	viria	viríamos
tens vindo	tendes vindo	virias	viríeis
tem vindo	têm vindo	viria	viriam

Past Perfect or Pluperfect Indicative		*Conditional Perfect*	
tinha vindo	tínhamos vindo	teria vindo	teríamos vindo
tinhas vindo	tínheis vindo	terias vindo	teríeis vindo
tinha vindo	tinham vindo	teria vindo	teriam vindo

Future Perfect Indicative		*Imperative*	
terei vindo	teremos vindo	vem–vinde	
terás vindo	tereis vindo		
terá vindo	terão vindo		

Samples of verb usage.

Ele **veio** de Portugal há três anos.   *He came from Portugal three years ago.*

Eu **venho** aqui todos os dias.   *I come here every day.*

Se você a tivesse convidado, ela **teria vindo.**   *If you had invited her, she would have come.*

Venha o que **vier,** ele te amará para sempre.   *Come what may, he'll love you forever.*

NOTE: Verbs derived from **vir** are conjugated in the same way, except that for reasons of stress the second and third persons singular of the Present Indicative and the Imperative singular of such verbs require a written acute accent. E.g., **provir: provéns, provém, provém.**

to turn (over or upside down or inside out)

Personal Infinitive		***Present Subjunctive***	
virar	virarmos	vire	viremos
virares	virardes	vires	vireis
virar	virarem	vire	virem
Present Indicative		***Imperfect Subjunctive***	
viro	viramos	virasse	virássemos
viras	virais	virasses	virásseis
vira	viram	virasse	virassem
Imperfect Indicative		***Future Subjunctive***	
virava	virávamos	virar	virarmos
viravas	viráveis	virares	virardes
virava	viravam	virar	virarem
Preterit Indicative		***Present Perfect Subjunctive***	
virei	virámos	tenha virado	tenhamos virado
viraste	virastes	tenhas virado	tenhais virado
virou	viraram	tenha virado	tenham virado
Simple Pluperfect Indicative		***Past Perfect or Pluperfect Subjunctive***	
virara	viráramos	tivesse virado	tivéssemos virado
viraras	viráreis	tivesses virado	tivésseis virado
virara	viraram	tivesse virado	tivessem virado
Future Indicative		***Future Perfect Subjunctive***	
virarei	viraremos	tiver virado	tivermos virado
virarás	virareis	tiveres virado	tiverdes virado
virará	virarão	tiver virado	tiverem virado
Present Perfect Indicative		***Conditional***	
tenho virado	temos virado	viraria	viraríamos
tens virado	tendes virado	virarias	viraríeis
tem virado	têm virado	viraria	virariam
Past Perfect or Pluperfect Indicative		***Conditional Perfect***	
tinha virado	tínhamos virado	teria virado	teríamos virado
tinhas virado	tínheis virado	terias virado	teríeis virado
tinha virado	tinham virado	teria virado	teriam virado
Future Perfect Indicative		***Imperative***	
terei virado	teremos virado	vira–virai	
terás virado	tereis virado		
terá virado	terão virado		

Samples of verb usage.

Viro as páginas deste livro com prazer.   *I turn the pages of this book with pleasure.*

Antes de lavar esta camisa tens que **virá**-la.   *Before washing this shirt you've got to turn it inside out.*

O carro fez a curva tão rápido que **virou** na rua.
The car took the curve so fast that it turned over in the street.

Os empregados se **virarão** contra o chefe.   *The employees will turn against the boss.*

visitar

Pres. Part. *visitando*   **Past Part.** *visitado*

to visit

Personal Infinitive		**Present Subjunctive**	
visitar	visitarmos	visite	visitemos
visitares	visitardes	visites	visiteis
visitar	visitarem	visite	visitem

Present Indicative		**Imperfect Subjunctive**	
visito	visitamos	visitasse	visitássemos
visitas	visitais	visitasses	visitásseis
visita	visitam	visitasse	visitassem

Imperfect Indicative		**Future Subjunctive**	
visitava	visitávamos	visitar	visitarmos
visitavas	visitáveis	visitares	visitardes
visitava	visitavam	visitar	visitarem

Preterit Indicative		**Present Perfect Subjunctive**	
visitei	visitámos	tenha visitado	tenhamos visitado
visitaste	visitastes	tenhas visitado	tenhais visitado
visitou	visitaram	tenha visitado	tenham visitado

Simple Pluperfect Indicative		**Past Perfect or Pluperfect Subjunctive**	
visitara	visitáramos	tivesse visitado	tivéssemos visitado
visitaras	visitáreis	tivesses visitado	tivésseis visitado
visitara	visitaram	tivesse visitado	tivessem visitado

Future Indicative		**Future Perfect Subjunctive**	
visitarei	visitaremos	tiver visitado	tivermos visitado
visitarás	visitareis	tiveres visitado	tiverdes visitado
visitará	visitarão	tiver visitado	tiverem visitado

Present Perfect Indicative		**Conditional**	
tenho visitado	temos visitado	visitaria	visitaríamos
tens visitado	tendes visitado	visitarias	visitaríeis
tem visitado	têm visitado	visitaria	visitariam

Past Perfect or Pluperfect Indicative		**Conditional Perfect**	
tinha visitado	tínhamos visitado	teria visitado	teríamos visitado
tinhas visitado	tínheis visitado	terias visitado	teríeis visitado
tinha visitado	tinham visitado	teria visitado	teriam visitado

Future Perfect Indicative		**Imperative**	
terei visitado	teremos visitado	visita–visitai	
terás visitado	tereis visitado		
terá visitado	terão visitado		

Samples of verb usage.

Visitaremos Paris no verão.   *We'll visit Paris in the summer.*

Vocês devem **visitar** os seus avós.   *You should visit your grandparents.*

Visitaste os nossos parentes em Portugal?   *Did you visit our relatives in Portugal?*

Eu não tenho o menor interesse em **visitar** o Paquistão.
I don't have the slightest interest in visiting Pakistan.

to live

Personal Infinitive
viver	vivermos
viveres	viverdes
viver	viverem

Present Indicative
vivo	vivemos
vives	viveis
vive	vivem

Imperfect Indicative
vivia	vivíamos
vivias	vivíeis
vivia	viviam

Preterit Indicative
vivi	vivemos
viveste	vivestes
viveu	viveram

Simple Pluperfect Indicative
vivera	vivêramos
viveras	vivêreis
vivera	viveram

Future Indicative
viverei	viveremos
viverás	vivereis
viverá	viverão

Present Perfect Indicative
tenho vivido	temos vivido
tens vivido	tendes vivido
tem vivido	têm vivido

Past Perfect or Pluperfect Indicative
tinha vivido	tínhamos vivido
tinhas vivido	tínheis vivido
tinha vivido	tinham vivido

Future Perfect Indicative
terei vivido	teremos vivido
terás vivido	tereis vivido
terá vivido	terão vivido

Present Subjunctive
viva	vivamos
vivas	vivais
viva	vivam

Imperfect Subjunctive
vivesse	vivêssemos
vivesses	vivêsseis
vivesse	vivessem

Future Subjunctive
viver	vivermos
viveres	viverdes
viver	viverem

Present Perfect Subjunctive
tenha vivido	tenhamos vivido
tenhas vivido	tenhais vivido
tenha vivido	tenham vivido

Past Perfect or Pluperfect Subjunctive
tivesse vivido	tivéssemos vivido
tivesses vivido	tivésseis vivido
tivesse vivido	tivessem vivido

Future Perfect Subjunctive
tiver vivido	tivermos vivido
tiveres vivido	tiverdes vivido
tiver vivido	tiverem vivido

Conditional
viveria	viveríamos
viverias	viveríeis
viveria	viveriam

Conditional Perfect
teria vivido	teríamos vivido
terias vivido	teríeis vivido
teria vivido	teriam vivido

Imperative
vive–vivei

Samples of verb usage.

Viva a democracia!   *Long live democracy!*

Fernando Pessoa **viveu** aqui.   *Fernando Pessoa lived here.*

Viva a vida com paixão.   *Live life with passion.*

Ela espera **viver** uma vida confortável.   *She hopes (expects) to live a comfortable life.*

voar

to fly

Personal Infinitive		Present Subjunctive	
voar	voarmos	voe	voemos
voares	voardes	voes	voeis
voar	voarem	voe	voem

Present Indicative		Imperfect Subjunctive	
voo	voamos	voasse	voássemos
voas	voais	voasses	voásseis
voa	voam	voasse	voassem

Imperfect Indicative		Future Subjunctive	
voava	voávamos	voar	voarmos
voavas	voáveis	voares	voardes
voava	voavam	voar	voarem

Preterit Indicative		Present Perfect Subjunctive	
voei	voámos	tenha voado	tenhamos voado
voaste	voastes	tenhas voado	tenhais voado
voou	voaram	tenha voado	tenham voado

Simple Pluperfect Indicative		Past Perfect or Pluperfect Subjunctive	
voara	voáramos	tivesse voado	tivéssemos voado
voaras	voáreis	tivesses voado	tivésseis voado
voara	voaram	tivesse voado	tivessem voado

Future Indicative		Future Perfect Subjunctive	
voarei	voaremos	tiver voado	tivermos voado
voarás	voareis	tiveres voado	tiverdes voado
voará	voarão	tiver voado	tiverem voado

Present Perfect Indicative		Conditional	
tenho voado	temos voado	voaria	voaríamos
tens voado	tendes voado	voarias	voaríeis
tem voado	têm voado	voaria	voariam

Past Perfect or Pluperfect Indicative		Conditional Perfect	
tinha voado	tínhamos voado	teria voado	teríamos voado
tinhas voado	tínheis voado	terias voado	teríeis voado
tinha voado	tinham voado	teria voado	teriam voado

Future Perfect Indicative		Imperative	
terei voado	teremos voado	voa–voai	
terás voado	tereis voado		
terá voado	terão voado		

Samples of verb usage.

O nosso piloto já **tem voado** por vários anos.   *Our pilot has already been flying for several years.*

Ela **voou** aos (para os) Estados Unidos ontem.   *She flew to the United States yesterday.*

Eu **voaria** contigo, mas tenho medo.   *I would fly with you, but I am afraid.*

Esses pássaros não podem **voar**.   *Those birds can't fly.*

to return, go *or* come back; to turn (as to change direction); (**voltar a** + infinitive) to start something again

Personal Infinitive		*Present Subjunctive*	
voltar	voltarmos	*volte*	voltemos
voltares	voltardes	*voltes*	volteis
voltar	voltarem	*volte*	*voltem**

Present Indicative		*Imperfect Subjunctive*	
volto	voltamos	voltasse	voltássemos
voltas	voltais	voltasses	voltásseis
volta	*voltam**	voltasse	voltassem

Imperfect Indicative		*Future Subjunctive*	
voltava	voltávamos	voltar	voltarmos
voltavas	voltáveis	voltares	voltardes
voltava	voltavam	voltar	voltarem

Preterit Indicative		*Present Perfect Subjunctive*	
voltei	voltámos	tenha voltado	tenhamos voltado
voltaste	voltastes	tenhas voltado	tenhais voltado
voltou	voltaram	tenha voltado	tenham voltado

Simple Pluperfect Indicative		*Past Perfect or Pluperfect Subjunctive*	
voltara	voltáramos	tivesse voltado	tivéssemos voltado
voltaras	voltáreis	tivesses voltado	tivésseis voltado
voltara	voltaram	tivesse voltado	tivessem voltado

Future Indicative		*Future Perfect Subjunctive*	
voltarei	voltaremos	tiver voltado	tivermos voltado
voltarás	voltareis	tiveres voltado	tiverdes voltado
voltará	voltarão	tiver voltado	tiverem voltado

Present Perfect Indicative		*Conditional*	
tenho voltado	temos voltado	voltaria	voltaríamos
tens voltado	tendes voltado	voltarias	voltaríeis
tem voltado	têm voltado	voltaria	voltariam

Past Perfect or Pluperfect Indicative		*Conditional Perfect*	
tinha voltado	tínhamos voltado	teria voltado	teríamos voltado
tinhas voltado	tínheis voltado	terias voltado	teríeis voltado
tinha voltado	tinham voltado	teria voltado	teriam voltado

Future Perfect Indicative		*Imperative*	
terei voltado	teremos voltado	*volta**–voltai	
terás voltado	tereis voltado		
terá voltado	terão voltado		

Samples of verb usage.

Depois de alguns anos ela **voltará** para casa.   *After a few years she will return (come back) home.*

O rapaz **voltou** o rosto para a rapariga que passava.
The young man turned his face toward the girl who was walking by.

O navio vai **voltar** a Lisboa.   *The ship is going to return to Lisbon.*

Depois de dois anos ela **voltou** a fumar.   *After two years she started smoking again.*

*NOTE: Only the radical-changing verb forms with *open* stressed vowels appear in italic type. For further explanation see Foreword.

to vote

Personal Infinitive		**Present Subjunctive**	
votar	votarmos	*vote*	votemos
votares	votardes	*votes*	voteis
votar	votarem	*vote*	*votem**

Present Indicative		**Imperfect Subjunctive**	
voto	votamos	votasse	votássemos
votas	votais	votasses	votásseis
vota	*votam**	votasse	votassem

Imperfect Indicative		**Future Subjunctive**	
votava	votávamos	votar	votarmos
votavas	votáveis	votares	votardes
votava	votavam	votar	votarem

Preterit Indicative		**Present Perfect Subjunctive**	
votei	votámos	tenha votado	tenhamos votado
votaste	votastes	tenhas votado	tenhais votado
votou	votaram	tenha votado	tenham votado

Simple Pluperfect Indicative		**Past Perfect or Pluperfect Subjunctive**	
votara	votáramos	tivesse votado	tivéssemos votado
votaras	votáreis	tivesses votado	tivésseis votado
votara	votaram	tivesse votado	tivessem votado

Future Indicative		**Future Perfect Subjunctive**	
votarei	votaremos	tiver votado	tivermos votado
votarás	votareis	tiveres votado	tiverdes votado
votará	votarão	tiver votado	tiverem votado

Present Perfect Indicative		**Conditional**	
tenho votado	temos votado	votaria	votaríamos
tens votado	tendes votado	votarias	votaríeis
tem votado	têm votado	votaria	votariam

Past Perfect or Pluperfect Indicative		**Conditional Perfect**	
tinha votado	tínhamos votado	teria votado	teríamos votado
tinhas votado	tínheis votado	terias votado	teríeis votado
tinha votado	tinham votado	teria votado	teriam votado

Future Perfect Indicative		**Imperative**	
terei votado	teremos votado	*vota**–votai	
terás votado	tereis votado		
terá votado	terão votado		

Samples of verb usage.

Vote na próxima eleição.   *Vote in the next election.*

O senado **votou** contra a proposta.   *The Senate voted against the bill.*

Eu **tenho votado** desde 1982.   *I have been voting since 1982.*

Todo cidadão numa democracia tem o direito e a obrigação de **votar.**
Every citizen in a democracy has the right and the obligation to vote.

*NOTE: Only the radical-changing verb forms with *open* stressed vowels appear in italic type. For further explanation see Foreword.

to anger; (**-se**) to get *or* become angry *or* mad

Personal Infinitive		*Present Subjunctive*	
zangar	zangarmos	zangue	zanguemos
zangares	zangardes	zangues	zangueis
zangar	zangarem	zangue	zanguem

Present Indicative		*Imperfect Subjunctive*	
zango	zangamos	zangasse	zangássemos
zangas	zangais	zangasses	zangásseis
zanga	zangam	zangasse	zangassem

Imperfect Indicative		*Future Subjunctive*	
zangava	zangávamos	zangar	zangarmos
zangavas	zangáveis	zangares	zangardes
zangava	zangavam	zangar	zangarem

Preterit Indicative		*Present Perfect Subjunctive*	
zanguei	zangámos	tenha zangado	tenhamos zangado
zangaste	zangastes	tenhas zangado	tenhais zangado
zangou	zangaram	tenha zangado	tenham zangado

Simple Pluperfect Indicative		*Past Perfect or Pluperfect Subjunctive*	
zangara	zangáramos	tivesse zangado	tivéssemos zangado
zangaras	zangáreis	tivesses zangado	tivésseis zangado
zangara	zangaram	tivesse zangado	tivessem zangado

Future Indicative		*Future Perfect Subjunctive*	
zangarei	zangaremos	tiver zangado	tivermos zangado
zangarás	zangareis	tiveres zangado	tiverdes zangado
zangará	zangarão	tiver zangado	tiverem zangado

Present Perfect Indicative		*Conditional*	
tenho zangado	temos zangado	zangaria	zangaríamos
tens zangado	tendes zangado	zangarias	zangaríeis
tem zangado	têm zangado	zangaria	zangariam

Past Perfect or Pluperfect Indicative		*Conditional Perfect*	
tinha zangado	tínhamos zangado	teria zangado	teríamos zangado
tinhas zangado	tínheis zangado	terias zangado	teríeis zangado
tinha zangado	tinham zangado	teria zangado	teriam zangado

Future Perfect Indicative		*Imperative*	
terei zangado	teremos zangado	zanga–zangai	
terás zangado	tereis zangado		
terá zangado	terão zangado		

Samples of verb usage.

Fui-me embora antes de eles **se zangarem** comigo.   *I left before they got angry at me.*

Ela **zanga-se** pelo menor motivo.   *She gets mad for the slightest reason.*

O menino **zangou** o seu pai.   *The boy angered his father.*

O meu antigo advogado sempre **zangava-se** com aquele juiz.
My old lawyer always used to get mad at that judge.

ENGLISH-PORTUGUESE INDEX

NOTE: When the English meaning is rendered by more than one Portuguese verb, the most common equivalent is listed first.

A

abandon **abandonar**
able, be **poder**
abound **abundar**
absent, be **faltar**
absorb **absorver**
abstain from **abster-se de**
abstract **abstrair**
accept **aceitar, consentir**
accommodate **acomodar**
accompany **acompanhar**
accrue **acumular**
accumulate **acumular**
accustom **habituar**
accustomed to, get or be **acostumar-se (a)**
ache **doer**
achieve **atingir**
acknowledge **admitir, reconhecer**
acquainted with, be **conhecer**
acquire **adquirir**
act (as to behave) **comportar-se**
add to **acrescentar**
add (up) **somar**
adduce **aduzir**
admire **apreciar**
admit **admitir**
adore **adorar**
adorn **enfeitar**
advance **progredir**
advantage of, take **aproveitar-se (de)**
advise **aconselhar**
affect **afe(c)tar, interessar**
afraid of, be **ter medo (de), recear**
age **envelhecer**
agree (on) **concordar, estar de acordo, combinar, convir**
aid **ajudar**
aim at **apontar**
allege **aduzir**
allot **dividir**
allow **deixar, permitir, consentir**
alter **alterar, mudar**
amass **acumular, juntar, ajuntar**
amaze **assombrar**
amends for, make **reparar**
amuse **divertir**
analyze **analisar**

anger **zangar**
angry, get or become **zangar-se**
annihilate **aniquilar**
announce **anunciar**
annoy **chatear, aborrecer, irritar**
answer (as a door or telephone) **atender (a)**
answer (as to respond) **responder**
appeal to **apetecer**
appear **aparecer, parecer** (as to seem)
appear at (e.g., a window) **assomar**
appetizing, be **apetecer**
applaud **aplaudir**
apply **aplicar**
appoint **nomear**
appose **apor**
appraise **estimar**
appreciate **apreciar**
apprehend **apreender**
approach **aproximar-se (de)**
approve **aprovar**
argue **discutir, brigar** (as to quarrel)
arouse **excitar**
aroused, get or become **excitar-se**
arrange **arranjar, arrumar, combinar**
arrive (at) **chegar, atingir**
ascribe **atribuir**
ashamed, be **envergonhar-se**
ask (a question) **perguntar**
ask about **perguntar por**
ask for **perguntar por** (as to inquire about), **pedir**
assail **agredir**
assassinate **assassinar**
assault **assaltar, agredir, acometer**
assemble **juntar, ajuntar**
assent **assentir**
assign (as to attribute) **atribuir**
assist **ajudar** (as to help), **atender** (as to wait on)
associate **associar, relacionar**
astonish **assombrar, surpreender**
attach to **ligar, apegar**
attack **atacar, agredir, acometer**
attain **atingir, alcançar**
attempt **tentar**
attend **assistir (a)**
attract **atrair**
attribute **atribuir**

avenge **vingar**
avoid **evitar**
await **aguardar**

B

balance **balançar**
ban **proibir**
banish **deportar**
bar (*as to lock*) **trancar**
bark **ladrar**
barter **trocar**
bath, take a **banhar-se**
bathe **banhar**
be **ser, estar, haver, existir, ficar**
beat **bater** (*as to hit someone*), **ganhar** (*as to win*)
become **ficar, fazer-se, pôr-se**
bed, go to **deitar-se**
bed, put to **deitar**
beg **implorar, suplicar, rogar**
begin **começar**
behave **comportar-se**
behoove **convir**
belch **arrotar**
believe (*as to have an opinion*) **achar que, crer, julgar**
believe (in) **acreditar (em), crer (em)**
believe, make **fingir**
belong to **pertencer (a)**
bend **dobrar**
bend over **abaixar-se**
benefit someone (*as to do good*) **bem-fazer**
bet **apostar**
better, get *or* become **melhorar**
better, make **melhorar**
bind **atar** (*as to tie*), **comprometer** (*as to commit, engage*)
bite **morder**
blame **culpar**
blend **misturar**
bless **abençoar, bem-dizer**
blind **cegar**
blow (out) **soprar** (*as to breathe out*)
blow one's nose **assoar-se**
boast **louvar-se**
boil **ferver**
bolt (*as to lock*) **trancar**
boot (out) **expulsar, botar**
bore **aborrecer**
born, be **nascer**
bother **chatear, irritar, aborrecer**

bow (*as to bend*) **dobrar**
brawl **brigar**
break (*for solids*) **partir, quebrar** (*mainly in Brazil*)
break off (*as a relationship*) **romper com**
break oneself of a habit **deixar de, desacostumar-se de**
break out **arrebentar, irromper**
breathe (in) **respirar, aspirar**
bring **trazer**
bring forward **aduzir**
bring near **aproximar (-se de), aconchegar**
bring up (*as to raise, nurture*) **criar, educar**
brood (*as to hatch*) **chocar**
bruise **machucar**
build **construir, fabricar**
burn **queimar**
burp **arrotar**
burst **arrebentar**
burst out **arrebentar, irromper**
bury **enterrar**
button **abotoar**
buy **comprar**

C

calculate **calcular, computar**
call **chamar**
call (up) (*as to phone*) **telefonar** (**ligar** *is more commonly used in Brazil*)
called, be **chamar-se**
calm, become **acalmar-se**
calm (down) **acalmar, acalmar-se**
can (*as to be able to*) **poder**
cancel **cancelar**
candidate, be a **concorrer**
capture **capturar**
care (of), take **cuidar (de)**
care about (*as to be concerned with*) **importar-se (com)**
careful, be **ter cuidado, cuidar (de)**
caress **acariciar**
carry **carregar, levar**
cast out (*evil spirits*) **conjurar**
catch **apanhar, capturar** (*as to capture*), **pegar, pescar** (*as fish*)
cause **causar**
caution **advertir**
celebrate **celebrar, festejar**
censor **censurar**
censure **censurar**
center **centrar**

challenge **desafiar**

change **mudar** (*as to alter*), **trocar** (*as to exchange, swap*)

charge **cobrar, atacar** (*as to attack*)

cheer **aplaudir**

cheer (for) **torcer**

cheer up **animar**

chew **mastigar**

choke **sufocar**

choose **escolher**

circumscribe **circunscrever**

cite **aduzir, citar**

clap **aplaudir, bater palmas**

clean (up) **arrumar** (*as to tidy up*), **limpar**

climb up **subir**

close **fechar**

close to, come *or* get **aproximar-se (de)**

coach **treinar**

coexist **coexistir**

coincide **coincidir, corresponder**

cojoin **conjuntar**

cold, get *or* become **esfriar-se**

collaborate **colaborar**

collect **cobrar** (*as to bill*), **juntar, recolher** (*as to gather*)

collide **colidir, chocar-se**

comb **pentear**

combat **combater**

combine **combinar, conjugar**

come **vir**

come apart **desfazer (-se)**

come back **voltar**

come down **descer**

come in haste **acorrer**

come near (to) **aproximar-se (de), chegar-se (a)**

come to an understanding (with) **entender-se (com), avir-se (com)**

comfort **confortar, acomodar**

command **comandar, dominar** (*as a talent or a skill*)

commit **cometer**

compare **comparar**

compel **forçar, obrigar**

compensate **compensar**

compete **competir, concorrer**

complain **queixar-se (de), reclamar**

complete **completar, acabar, terminar**

complicate **complicar**

complicated, get *or* become **complicar-se**

compose **compor**

comprehend **compreender, entender**

compromise **comprometer**

compute **computar**

conceal **esconder**

concede **admitir, deferir**

concentrate **concentrar**

concern **interessar, importar**

concur **concorrer**

condemn **condenar**

conduct **conduzir, dirigir**

confer **conferir**

confess **confessar**

confide to *or* in **confiar (em)**

confidence in, have **confiar (em)**

confirm **confirmar, comprovar**

congratulate **felicitar, parabenizar**

conjugate **conjugar**

conjure **conjurar**

connect **conectar, ligar, unir**

conquer **conquistar**

consent **consentir, assentir**

conserve **conservar, preservar**

consider **considerar**

consist (in, of) **consistir (em)**

console **consolar, confortar**

consonant, be **consoar**

conspire **conspirar**

construct **construir**

consult **consultar**

consume (*as to use up*) **consumir, gastar, roer**

contain **conter**

contemplate **contemplar**

contend **contender**

content **contentar**

content with, be **contentar (-se com)**

contest **contender**

continue **continuar, seguir**

contract (*as a debt, sickness, or as to shrink*) **contrair**

contradict **contradizer, desmentir**

contravene **contravir**

control **controlar**

converse **conversar**

convert **converter**

convey **transportar**

convict **condenar**

convince **convencer**

cook **cozinhar**

cool (down) **esfriar, arrefecer, resfriar**

cool, get *or* become **esfriar-se**

cool (off *or* down) **esfriar, arrefecer, refrescar**

cooperate **cooperar, colaborar**
coproduce **co-produzir**
copy **copiar, imitar, reproduzir, transcrever**
correct **corrigir**
correspond **corresponder**
corroborate **comprovar, verificar**
corrode **corroer**
corrupt **corromper, perverter**
cost **custar**
cough **tossir**
count **contar**
count again **recontar**
counterfeit **falsificar, alterar, contrafazer**
countermand (*an order*) **contramandar, desmandar**
counterproduce **contraproduzir**
counter-proposal, make a **contrapropor**
counterprove **contraprovar**
cover **cobrir, encobrir**
crash (into) **colidir, chocar-se (com), embater**
crash together **entrechocar-se**
crave **apetecer**
create **criar**
credit **dar crédito, creditar**
criticize **criticar**
cross **atravessar** (*as to traverse*)
cross out (off) **cancelar, riscar**
crush **esmagar, machucar**
cry **chorar**
cry out **gritar**
cry out against **reclamar**
cuddle **aconchegar**
cultivate **cultivar**
cure **curar**
curse **amaldiçoar, maldizer**
cut **cortar**
cut out **recortar**

D

damage **danar, estragar**
damn **amaldiçoar, maldizer, danar**
dance **dançar**
dare **ousar**
dark, get, become *or* grow **anoitecer**
dash at **arremeter**
daydream **entresonhar**
deal with **tratar**
debate **debater, discutir**
decay **apodrecer, decair** (*as to decline*)
deceive **enganar**
decide **decidir**

declare **declarar**
decline (*as to decay*) **decair**
decompose **decompor, apodrecer**
decorate (*as to adorn*) **enfeitar**
decrease **diminuir, decrescer**
deduce **deduzir**
defeat **derrotar, conquistar, vencer**
defend **defender, proteger**
defer **adiar**
define **definir**
deflect **desviar**
defy **desafiar**
delay **demorar, pausar, tardar**
deliver **entregar**
demand **demandar, exigir**
demonstrate **demonstrar, demostrar**
denote **significar**
deny **negar, denegar, desmentir**
denounce **denunciar**
depart **ir (-se) embora, sair, afastar-se**
depend (on) **depender (de)**
depict **descrever**
deport **deportar**
depose **depor**
deposit **depositar**
depress **deprimir, abater, desanimar**
descend **descer**
descend from (*as to come from*) **provir**
describe **descrever**
desert **abandonar**
deserve **merecer**
design **desenhar**
desire **desejar**
desist (from) **desistir (de)**
despair **desesperar-se**
dessicate **dessecar**
destroy **destruir**
detach **separar, despegar**
detain **deter**
detract (from) **detrair (de)**
develop **desenvolver**
devise **inventar**
devour **devorar, tragar**
die **morrer**
differ (*as to disagree*) **discordar, distinguir-se (de)**
different from, be **distinguir-se (de)**
differentiate **diferenciar, distinguir**
dig **cavar**
diligent, be **aplicar-se**
diminish **diminuir, reduzir**
dinner (supper), eat *or* have **jantar**

direct **dirigir**
dirty **sujar**
dirty, get *or* become **sujar-se**
disabuse **desenganar**
disagree **discordar, dissentir, desacordar**
disallow **desconsentir**
disappear **desaparecer, sumir**
disappoint **desapontar, desiludir**
disapprove **desaprovar**
disarrange **desarranjar**
disbelieve **descrer**
discharge (*as to dismiss, fire from a job*)
    demitir, disparar (*as a weapon*)
discern **discernir**
disclose **expor**
discompose **descompor**
disconnect **desligar, desconectar**
discontent **descontentar**
discontinue **descontinuar**
discount **descontar**
discourage **desanimar**
discover **descobrir, achar, encontrar**
discredit **desacreditar**
discriminate **discriminar, discernir**
discuss **discutir**
disenchant **desencantar, desiludir**
disencumber **desimpedir**
disengage **desprender**
disguise **disfarçar**
disillusion **desiludir, desencantar**
disinter **desenterrar**
disjoin **desunir**
disjoint **desconjuntar**
dislocate **deslocar, desconjuntar**
dismiss **demitir, despedir**
disobey **desobedecer**
disoccupy **desocupar**
disparage **desapreciar**
dispatch **despachar, expedir**
dispense **dispensar**
displease **desagradar, aborrecer, desgostar**
dispose **dispor**
dispute **disputar, contender, debater**
disregard **desconsiderar, desatender,**
    descuidar
dissatisfy **desagradar, descontentar**
dissemble **disfarçar**
dissent from **dissentir**
dissociate **desassociar**
dissuade **dissuadir, desaconselhar,**
    desconvencer, despersuadir
distend **distender**

distract **distrair**
distress **afligir, magoar, desconfortar**
distressed, get *or* become **afligir-se**
distribute **distribuir (entre), repartir (por),**
    dividir
distinguish **distinguir**
distrust **desconfiar, suspeitar**
disturb **incomodar**
disunite **desunir, desconjuntar, separar**
divide **dividir, partir** (*as to separate*),
    compartir (*into equal parts*)
divert **desviar, distrair** (*especially the*
    attention)
divorce **divorciar**
divorced, get *or* become **divorciar-se**
do **fazer**
do again *or* over **refazer, repetir**
do good (*as to benefit someone*) **bem-fazer**
dominate **dominar**
double **dobrar**
doubt **duvidar**
down, get *or* go **descer**
drain **chupar** (*as to suck* or *draw out*),
    escorrer (*as to run off*)
draw **atrair** (*as to draw near to*), **desenhar**
    (*as to sketch*)
draw (out) **extrair (de)**
draw back (in) **retrair**
dream **sonhar**
drench **remolhar**
dress **vestir**
dress again **revestir**
dressed, get **vestir-se**
dress up **enfeitar-se**
drink **beber, tomar**
drip **pingar**
drive **dirigir, conduzir**
drizzle **chuviscar**
drop (*as to let fall*) **deixar cair**
drown **afogar**
dry (up, out *or* off) **secar**
dry again **ressecar**
dry, make **secar, dessecar**
dry out **ressecar**
duck (*as to bend over*) **abaixar-se**
duplicate **dobrar**
dye **tingir**

E

earn **ganhar**
eat **comer**

educate **educar**
elapse (*said of time*) **decorrer, transcorrer**
elevate **elevar**
eliminate **eliminar**
embarass **envergonhar**
embarassed, be **envergonhar-se**
embellish **enfeitar**
embrace **abraçar**
embroiled in, get **embrulhar-se**
employ **empregar**
empty **esvaziar, desencher**
enamor **enamorar**
enchant **encantar**
encourage **animar**
end **acabar, terminar**
endanger **arriscar**
endeavor **tentar, intentar**
endure **aguentar, suportar**
enforce **impor**
engage (*as to commit, bind*) **comprometer**
engrave **inscrever**
enjoy **gozar (de)**
enjoy oneself **divertir-se**
enlarge **ampliar**
enliven **reanimar**
enough, be **bastar**
enrich **enriquecer**
enroll **inscrever**
enroll again **reinscrever**
enter (into) **entrar (em)**
entertain **entreter, divertir**
entrust **confiar (a), encarregar**
enunciate **pronunciar**
envelop **envolver**
envy **invejar**
enwrap **embrulhar, revestir**
erase **apagar**
erode **corroer**
err **errar**
escape **fugir**
establish **estabelecer**
esteem **estimar**
estimate **estimar**
evade **evitar**
evoke **evocar**
evolve **desenvolver**
exaggerate **exagerar**
exalt **glorificar**
examine **examinar**
exceed **ultrapassar**
excess, be in **sobrar**
exchange **trocar**

exchange looks **entreolhar-se**
excite **excitar, provocar**
excited, get *or* become **excitar-se**
exclaim **exclamar**
excuse **desculpar**
exempt **desobrigar**
exhaust **esgotar**
exhausted, be **esgotar**
exhume **desenterrar**
exist **existir, ser, subsistir**
exorcise **conjurar**
expect **aguardar, esperar**
expel **expulsar**
experience **experimentar**
experiment **experimentar**
expire (*as a deadline*) **vencer**
explain **explicar**
explain again **reexplicar, reexpor**
explode **arrebentar**
export **exportar**
expose **expor**
extend **estirar**
extend **estender**, (the hand) **tender (a mão)**
exterminate **exterminar, aniquilar**
extol **glorificar**
extract (from) **extrair (de)**

F

fail (*as an examination*) **reprovar**
faint **desmaiar**
fall **cair (de)**
fall again **recair**
fall apart **desfazer (-se)**
fall asleep **adormecer**
fall in love with **apaixonar-se por**
falling out with, have a **desavir-se com**
falsify **falsificar, alterar, contrafazer**
familiar with, be **conhecer**
fasten **abotoar** (*as to button*), **prender**
fat, get **engordar**
fatten **engordar**
fear **ter medo (de), recear**
feed **alimentar**
feel **sentir, dessentir**
feel like (*doing something*) **apetecer, ter vontade de**
feel remorse **remorder (-se)**
fight **brigar, lutar, combater, contender**
file **registar, registrar** (*in Brazil*)
fill **encher**
fill out *or* in (*as a form*) **preencher**

find **achar, encontrar, descobrir**
fine **multar**
finish **acabar, completar, terminar**
fire (*as to dismiss from a job*) **demitir, despedir, despachar, disparar** (*as a weapon*)
fish **pescar**
fit (in) **caber (em)**
fitting, be **convir**
fix **arranjar, concertar, reparar**
flow **correr, escorrer**
fly **voar**
fly around **circunvoar**
fly over **sobrevoar**
fold **dobrar**
fold again **redobrar**
follow **seguir**
follow along (*as to accompany*) **acompanhar**
fool **enganar**
force **forçar, obrigar**
foresee **prever, antever, pressentir**
foretell **predizer, antedizer**
forge (*as to counterfeit*) **alterar, falsificar, contrafazer**
forget (about) **esquecer-se de**
forgive **perdoar**
form **formar**
fortify **fortificar**
free, set **livrar, soltar**
freeze **congelar**
freshen **refrescar**
frighten **assustar, espantar, aterrorizar**
frolic **brincar**
frustrate **frustrar**
frustrated, get *or* become **frustrar-se**
fry **fritar**
fulfill **cumprir**
fun, have **divertir-se**
fun of, make **gozar (de)**
furnish **fornecer**

G

gather **colher** (*as to harvest*), **juntar** (*as to amass*), **recolher**
generate **gerar**
get **conseguir, obter**
get along with (someone) **entender-se com**
get back **recobrar** (*as to regain*), **reganhar**
get going **despachar-se**
get involved (*embroiled*) in **embrulhar-se**
get married (to) **casar-se (com)**

get moving *or* going **mexer-se**
get oneself into **meter-se (em)**
get out of step **descompassar-se**
get rid of **despachar**
get scared **assustar-se**
get together (*as to assemble, amass*) **juntar**
get up **levantar-se**
get used to **acostumar-se, habituar-se**
give **dar, aplicar** (*as to apply*), **prestar**
give a party (for) **festejar**
give orders **mandar, comandar**
give preference to **preferir, antepor**
glide **escorregar**
glorify **glorificar**
gnaw **roer**
go **ir**
go, let **soltar**
go away **ir-se embora, afastar-se**
go broke **arruinar-se**
go down **descer, abaixar**
go get **ir buscar**
go beyond **ultrapassar**
go out again **ressair**
go to the aid *or* help of **acudir**
go up **subir**
going, get **despachar-se**
good-bye (to), say **despedir-se (de)**
govern **governar**
govern badly **malgovernar**
grab (from) **agarrar, pegar, arroubar**
graduate (*from school*) **formar-se**
grant **deferir, outorgar**
grasp **agarrar**
greet **cumprimentar**
grind **afiar** (*as to sharpen*), **moer**
grow **cultivar** (*plants*), **crescer, desenvolver** (*as to develop*)
grow again **recrescer**
guarantee **garantir**
guard **guardar**
guess **adivinhar**
guide **guiar**
gulp down **engolir**

H

half-live **semiviver**
hand in *or* over **entregar**
handle **ocupar-se (com, de)**
hang (from) **suspender (de)**
hang (up) **pendurar, desligar** (*as a phone*)
hang on to **agarrar-se (a)**

happen **acontecer, passar-se, ocorrer**
happen before **antepassar**
happy (about), be **alegrar-se (com)**
harm **danar**
harmful, be **danar**
harmonize **concordar, condizer**
harvest **colher, recolher**
hatch (*as to brood*) **chocar**
hate **odiar**
haunt **assombrar**
have **possuir, ter** (*principal auxiliary verb in compound tenses*), **haver** (*literary auxiliary verb in compound tenses*)
have just **acabar de** + infinitive
have much *or* many **abundar**
have to **ter que** *or* **de** + infinitive, **haver de** + infinitive
heal **curar, sarar**
hear **ouvir**
hear faintly **entreouvir**
heat (up) **aquecer**
help **ajudar**
hide **esconder**
hire **empregar**
hit **atingir, bater**
hug **abraçar**
hold **conter** (*as to contain*), **reter**
hold back **reservar**
hold on to **agarrar-se (a)**
hold up (*as to support*) **apoiar, amparar, suster**
hold up (*as to rob*) **assaltar**
hope **esperar**
hope, lose all **desesperar-se**
house (*as to put up*) **acomodar**
humiliate **humilhar, abater**
hunt **caçar**
hurl **atirar, lançar**
hurry (up) **apressar-se, despachar-se**
hurt (*as to feel pain, but not as to inflict it*) **doer,** (*as to inflict pain* or *suffering*) **machucar, magoar**

I

identify **identificar**
ignore **ignorar, desconsiderar, desatender**
ill, get *or* become **adoecer**
illustrate (*as to demonstrate*) **demostrar**
imagine **imaginar**
imbibe **embeber**

imitate **imitar, reproduzir**
impassion **apaixonar**
impede **impedir**
implicate **implicar**
implied, take as **subentender**
implore **implorar, rogar, suplicar**
imply **implicar**
import **importar**
impose **impor**
improve **melhorar**
inconvenient, be **desconvir**
increase **aumentar, acrescentar**
incur **incorrer**
indicate **indicar, apontar**
indispose **indispor**
induce **induzir**
infer **inferir, deduzir**
inferred, take as **subentender**
inform (about; that) **informar (de, sobre; de que)**
inform on *or* against **denunciar**
infringe **transgredir**
injure **danar**
inscribe **inscrever**
insist **insistir (em)**
insult **ofender**
inter **enterrar**
interchange **transpor**
interdepend **interdepender**
interdict **interdizer**
interest **interessar**
interfere **interferir**
intermix **entremisturar**
interpose **entrepor, entremeter, intermeter**
interrupt **interromper, suspender, descontinuar, entrecortar**
intersect **entrecortar**
intervene **intervir**
interview **entrevistar**
interview with, have an **ter uma entrevista com**
introduce **introduzir**
introduce (to) **apresentar (a)**
intrude **intrometer**
involve **envolver**
invent **inventar**
invest **investir**
invite **convidar**
involved in, get **envolver-se, embrulhar-se**
irritate **irritar**
iron **engomar** (*normally used in Lisbon Portuguese*), **passar o ferro, passar a roupa** (*preferred form in Brazil*)

J

jerk **repuxar**
jerk out, up *or* off **arrancar**
jeopardize **comprometer**
join (*as to bring together*) **juntar, ligar, unir, reunir**
joke **brincar**
judge **julgar**
jump **pular**
justify **justificar**
juxtapose **justapor**

K

keep **ficar com** (*as to retain*), **conservar, cumprir** (*as a promise*), **guardar** (*as to put away*), **reservar**
keep in step **compassar-se**
keep time **compassar-se**
kick (out) **expulsar, botar**
kid **brincar**
kill **matar**
kiss **beijar**
kiss again **rebeijar**
kneel **ajoelhar-se**
knock (at) **bater (a)**
know (*as to be acquainted with*) **conhecer**
know (*a fact*) **saber** (**saber** *in the Preterite Indicative means* found out, discovered *or* learned)
know how to **saber** + infinitive
know slightly **entreconhecer**

L

lack **faltar**
laugh **rir**
laugh at **rir-se de**
launch **lançar**
lay down **deitar, prescrever** (*as the rules, the law*)
lead **guiar, conduzir**
leap **pular**
learn **aprender, educar-se**
learn again **reaprender**
leave behind **abandonar, deixar**
leave from **partir (de), sair (de)**
lecture **conferir**
left over, be **sobrar**
lend **emprestar**
lessen **diminuir, reduzir**

let **deixar, permitir**
let fall (*as to drop*) **deixar cair**
lick **lamber**
lie (*tell an untruth*) **mentir**
lie down **deitar-se**
lift (up) **levantar, elevar**
like **gostar (de)**
limit **limitar, circunscrever** (*as to confine*)
light **acender, ligar**
link **ligar, unir, juntar**
liquefy **liquefazer**
list **relacionar**
listen **escutar, ouvir**
live **viver**
live (at) **morar (em)**
live together **conviver**
load **carregar**
loaded with, be **abundar**
loan **emprestar**
lock **trancar**
lodge **acomodar**
look (at) **olhar (a, para)**
look at each other **entreolhar-se**
look for **procurar, buscar**
look like **parecer, semelhar**
look upon with contempt **sobreolhar**
loose, let **soltar, livrar**
lose **perder**
lose all hope **desesperar-se**
lose self-control **desmedir-se**
lose value **desvaler**
lose weight **emagrecer**
love **amar, gostar muito de, adorar, bem-querer**
love with, fall in **apaixonar-se por**
lower **abaixar**
lunch, have **almoçar**

M

make **fazer, fabricar, obrigar**
make amends for **reparar**
make believe **fingir**
make better **melhorar**
make dry **secar, dessecar**
make fun of **gozar (de)**
make old **envelhecer**
make use of **usar, empregar**
maintain **manter**
manufacture **manufaturar, fabricar, produzir**
married (to), get **casar-se (com)**

marry (*off* or *officiate at the ceremony*) **casar**
match **condizer**
matter **importar**
mean **querer dizer, significar**
measure **medir**
meddle **entremeter**
meet **conhecer** (*as to make the acquaintance
   of*), **encontrar** (*as to encounter*)
meet again **reencontrar**
melt **derreter, descongelar, liquefazer**
mention **mencionar**
merge **conjugar**
mess with **mexer com**
mimic **imitar**
mind **importar-se (com)**
mingle **misturar**
misdirect **desencaminhar**
mislead **enganar, desencaminhar**
miss **sentir saudades** *or* **a falta de, perder**
   (*as a train, bus, etc.*)
missing, be **faltar**
mistaken, be (*wrong*) **errar, enganar-se**
mistreat **maltratar**
misuse **desaproveitar**
mix **misturar, mexer, revolver**
modify **modificar, alterar**
moisten **molhar**
move **mudar** (*as to change residences*),
   mover (*as to shift the location of*)
move (*emotionally*) **comover**
move away **afastar**
moving *or* going, get **mexer-se**
multiply **multiplicar, propagar**
murder **assassinar, matar**
must **dever**

notify **notificar**
nourish **alimentar**

O

obey **obedecer**
object to **opor (-se a)**
oblige **obrigar**
observe **observar**
obstruct **impedir**
obtain **obter, adquirir, conseguir**
occupy **ocupar**
occur **ocorrer, acontecer**
offend **ofender**
offer **oferecer, propor** (*as to propose*)
old, get *or* become **envelhecer-se**
old, make **envelhecer**
omit **omitir**
open **abrir**
open partially **entreabrir**
opinion, have an **achar que**
oppose **opor (-se a), resistir** (*as to resist*),
   contrapor (*as to place opposite* or *against*)
order **mandar, comandar**
ought **dever, haver de** + infinitive
out of print, be **esgotar**
overcome **vencer**
overdo **exagerar**
overestimate **sobrestimar**
overexcite **sobreexcitar**
overload **sobrecarregar, sobrepesar**
overlook **omitir**
overstate **exagerar**
owe **dever**
own **possuir**

N

name **chamar, nomear** (*as to appoint*)
named, be **chamar-se**
nausea, relieve of **desenjoar**
nauseate **enjoar**
nauseated, get *or* become **enjoar-se**
near to, come *or* get **aproximar-se (de)**
need **necessitar (de), precisar de** (*normally
   used and less emphatic than* **necessitar**)
neglect **descuidar, omitir, desatender**
nibble **roer**
nominate **nomear**
note **notar**
notice **notar, observar, perceber**

P

paint **pintar, retratar** (*as a portrait*)
pardon **perdoar, desculpar**
park **estacionar**
part **partir**
part in, take **compartilhar**
pass **passar, decorrer** (*said only of time*)
pass (*as a student, exam, etc.*) **aprovar**
pass (by) **transcorrer**
pass on *or* along **transmitir**
pass out **desmaiar**
pause **pausar**
pay **pagar, compensar**
pay attention to **ligar, prestar atenção**
pay back **repagar, retribuir**

pay in advance **antepagar**
perceive **perceber**
perfume **perfumar**
perjure **perjurar**
permit **permitir, deixar**
persecute **perseguir**
persist (in) **persistir (em)**
persuade **persuadir**
pervert **perverter**
pester **chatear, irritar**
pet **acariciar**
phone **telefonar (ligar** *is more commonly used in Brazil*)
pick **escolher**
pick up **ir buscar** (*as to go and get*), **pegar (em)** (*as to take hold of*)
pick on **implicar com**
picture **retratar**
pinch **beliscar**
pity **condoer-se**
place (*as to put*) **pôr, botar** (*in Brazil*), **colocar**
place ahead **antepor**
place between **interpor**
place in **depositar, meter**
place near to each other *or* side by side **apor**
plant **plantar**
play (*as to frolic*) **brincar**
play (*as games* or *sports*) **jogar**
play (*an instrument* or *a record*) **tocar**
plead **suplicar, implorar, rogar**
point (at, out) **apontar, indicar**
ponder **considerar, sobrepesar**
pop **arrebentar**
portray **descrever, retratar**
pose (*as to present*) **apresentar**
possess **possuir**
postpone **adiar, prorrogar, pospor**
pour out **despejar, verter**
practice **praticar, ensaiar, treinar**
praise **louvar, bem-dizer**
pray **rezar**
predefine **predefinir**
predict **predizer, adivinhar, prever**
predispose **predispor**
predominate **predominar**
preestablish **preestabelecer**
preexist **preexistir**
prefer **preferir**
premonition, have a **pressentir**
preoccupy **preocupar**
prepare **preparar**
prescribe **receitar** (*as a remedy*), **prescrever**

present **apresentar**
preserve **preservar, conservar, resguardar**
press (*as a button*) **apertar**
presume **supor**
presuppose **pressupor**
pretend **pretender** (*as to claim*), **fingir** (*as to make believe*)
prevail **predominar**
proceed **progredir**
proceed from **provir** (*as to come from*)
procure **adquirir**
produce **produzir, fabricar**
produce in cooperation with **co-produzir**
program **programar**
progress **progredir**
prohibit **proibir**
promise **prometer**
promote **promover**
pronounce **pronunciar**
prophesy **predizer**
propogate **propagar**
propose **propor**
protect **proteger, preservar, resguardar**
protection, deny *or* deprive of **desproteger**
protest **protestar, reclamar**
protract **protrair**
prove **provar**
prove to be true **verificar**
provide **fornecer**
provoke **provocar**
pull **puxar**
pull **arrancar** (*out, up, off*), **extrair** (*out*), **tirar** (**de**) (*out, off*)
punish **castigar**
pursue **perseguir**
push **empurrar, apertar** (*a button*)
push away **afastar**
put (*as to place*) **pôr, botar** (*in Brazil*), **colocar**
put after **pospor**
put away **guardar**
put before **antepor, prepor**
put down **deitar, depor** (*as to depose*)
put in **depositar, meter** (**em**)
put off **adiar**
put on **vestir** (*as clothing*), **pintar-se** (*makeup*), **engordar** (*weight*)
put under **subpor**
put out (*as fire*) **apagar**
put together (*as to assemble*) **juntar**
put up (*as to lodge*) **acomodar**
putrefy **putrefazer**

Q

quarrel   **brigar, desavir-se com**
quit   **deixar de**
quiver   **tremer**

R

rain   **chover**
raise   **criar** (*as to bring up, nurture*), **cultivar**
  (*plants*)
raise (up)   **elevar**
reabsorb   **reabsorver**
reach   **chegar** (*as to arrive*), **atingir, alcançar**
  (*as to attain*)
reacquire   **readquirir**
reactivate   **reacender**
read   **ler**
readmit   **readmitir**
ready, get *or* make   **preparar**
reanimate   **reanimar**
reappear   **reaparecer**
rebel against   **revoltar-se**
rebind   **reatar**
reborn   **renascer**
rebuild   **reformar, reconstruir**
rebuke   **reprovar**
recall   **recordar**
recapture   **reconquistar**
receive   **receber, acolher** (*as to welcome*)
receive unkindly   **desacolher**
recognize   **reconhecer**
recombine   **recombinar**
recompense   **recompensar, gratificar**
recompose   **recompor**
reconcentrate   **reconcentrar**
reconcile   **concordar**
reconquer   **reconquistar**
reconsider   **reconsiderar, repensar**
reconstruct   **reconstruir**
recount   **recontar**
recourse to   **recorrer**
recover   **recobrir, recobrar** (*as to regain*)
recreate   **recriar**
recultivate   **recultivar**
recuperate   **recuperar**
rediscover   **redescobrir**
redistribute   **redistribuir**
redo   **refazer**
redouble   **redobrar**
reduce   **reduzir**
reemploy   **reempregar**

reenter   **reentrar**
reestablish   **restabelecer**
reexamine   **reexaminar, repesar**
reexhibit   **reexpor**
reexport   **reexportar**
refer (to)   **referir-se (a)**
refill   **reencher**
reform   **reformar**
refortify   **refortificar**
refresh   **refrescar, reviver**
refuse   **recusar, negar**
refute   **contradizer**
regain   **readquirir, recobrar, reganhar**
register   **registar, registrar** (*in Brazil*)
rehearse   **ensaiar**
rehearse again   **reensaiar**
rehire   **reempregar**
reimplant   **reimplantar**
reimport   **reimportar**
reimpose   **reimpor**
reinforce   **reforçar**
reinscribe   **reinscrever**
reintroduce   **reintroduzir**
reject   **rejeitar, recusar, desaceitar**
rejoice   **celebrar**
rejoin   **reunir**
relate   **relacionar**
release   **soltar, desprender**
release from obligation   **dispensar,**
  desobrigar
relent (*as to soften one's position*)   **amolecer**
relieve of concern *or* worry   **despreocupar**
relight   **reacender**
reload   **recarregar**
remain   **ficar**
remake   **refazer**
remember   **lembrar-se (de), recordar**
remind   **lembrar, relembrar**
remit   **remeter**
remodel   **remodelar, refazer, reformar**
remove   **remover**
remunerate   **gratificar**
render   **prestar**
renovate (*renew*)   **renovar**
rent   **alugar** (*in Portugal* **arrendar** *is*
  normally used for expressing the renting of
  some form of lodging, such as a house or an
  apartment)
reoccupy   **reocupar**
reopen   **reabrir**
repaint   **repintar**
repair   **concertar, compor, reparar**

repay **repagar, repor**
repeal **desmandar**
repeat **repetir**
replace **repor**
replant **replantar**
report **contar**
reprehend **repreender**
reprimand **repreender, censurar**
reproduce **reproduzir**
reprove **repreender**
repurchase **recomprar**
request **requerer**
reread **reler**
rescue **salvar, socorrer**
resell **revender**
resent **ressentir**
reserve **reservar**
resew **recoser**
reshape **reformar**
reship **reexpedir**
resist **resistir**
resound **ressoar**
reside (at) **morar (em)**
respond **responder**
respect **respeitar**
rest **descansar**
rest (on) **apoiar** (*as to support*)
restore **reparar, restabelecer**
restrict **limitar**
restudy **reestudar**
resume **recomeçar, retomar**
retain **reter**
retell **redizer**
rethink **repensar**
retie **reatar**
retire **aposentar** (*as from a job*), **retirar** (*as to withdraw*)
retort **contravir**
retouch **retocar**
retrace **recorrer**
retranslate **retraduzir**
return **devolver, reenviar** (*as to send or give back*), **voltar** (*as to go back*)
reunify **reunificar**
reunite **reunir**
revenge **vingar**
revenge, take *or* get **vingar-se**
reverberate **ressoar**
review **repassar**
revive **reanimar, reviver**
revoke **revocar, desmandar**
revolt **revoltar, sublevar**

reward **recompensar, gratificar**
reweigh **repesar**
rewrite **reescrever**
rhyme **rimar, consoar**
rich, get *or* become **enriquecer-se**
rid of, get **despachar**
ring (*a bell*) **tocar, soar**
rip **romper, rasgar**
rip up (*as a garment*) **desmanchar, rasgar**
rise above **sobrelevar**
rise up (*as to revolt*) **sublevar**
risk **arriscar**
roast **assar** (*as food*), **torrar**
rob **roubar**
root (for) **torcer**
rot **apodrecer, putrefazer**
rotten, get **apodrecer**
ruin **arruinar, estragar**
rule **dominar**
rummage **revolver**
run **correr**
run (*said of liquids*) **escorrer**
run away **fugir**
run for (*as for office*) **concorrer**
run over **atropelar**
rush **apressar-se**
rush to the aid *or* help of **acudir**
rush violently at **arremeter**

S

sad, get *or* become **entristecer-se**
sadden **entristecer**
sample **provar**
satisfy **satisfazer, contentar**
satisfied with, be **contentar-se (com)**
save **salvar** (*as to rescue*), **preservar**
save (up) (*money*) **poupar**
say **dizer, falar** (*in Brazil*)
say again **redizer**
scare **assustar, espantar** (*as off or away*)
scared, get **assustar-se**
schedule **programar**
scorch **queimar, torrar, requeimar**
scratch **coçar**
scratch (out) **riscar**
search again *or* insistently **rebuscar**
seat **assentar** (*as to set down*), **sentar** (*someone*)
seduce **seduzir, conquistar**
see **ver**
see again **rever**

seem (*as to appear*) **parecer**
seize **abraçar**
select **escolher**
self-control, lose **desmedir-se**
sell **vender**
send **enviar, mandar, transmitir**
send (off) **despachar**
send again **reenviar**
send back **reenviar**
sentence (*as to convict*) **condenar**
separate **separar** (*all senses*), **apartar, desassociar**
serve **servir**
set (*as a table*) **pôr**, **botar** (*in Brazil*)
set aside **apartar**
set in order **compor**
set off (*as fireworks, a rocket, etc.*) **lançar**
set out for **encaminhar-se (para)**
set up **estabelecer**
sew **coser**
shake **sacudir, tremer**
shake (*as a hand*) **apertar** (*a mão*)
shame **envergonhar**
shape **formar**
share **compartilhar, compartir**
sharpen **afiar** (*as an edge*), **apontar** (*to a point*)
shave **barbear, fazer a barba**
shelter, deprive *or* deny **desproteger**
shield (under) **abrigar (sob), proteger, resguardar**
shine through **transparecer**
ship **expedir**
shock **chocar, assombrar**
shoo **espantar**
shoot (*a weapon*) **atirar, disparar**
shoot (at) **dar (um) tiro em**
should **dever**
shout **exclamar, gritar**
shout out **exclamar**
shove **empurrar**
show **mostrar**
show slightly **assomar, entremostrar**
shrink **encolher**
sick, get *or* become **adoecer**
sick to one's stomach **enjoar-se** (get *or* become), **enjoar** (make)
similar, be **semelhar**
sin **pecar**
sign **assinar**
sign again **reassinar**
signify **significar**

sign up *or* in **inscrever**
sign up *or* in again **reinscrever**
sing **cantar**
sing again **recantar**
sit down **sentar-se**
sketch **desenhar**
skinny, get *or* become **emagrecer**
slander **desacreditar**
slash **recortar**
slaughter (*as cattle*) **abater**
sleep **dormir**
slide **escorregar**
slight **desconsiderar**
slip **escorregar**
smash **machucar**
smell (of *or* like) **cheirar (a)**
smoke (*tobacco*) **fumar**
smother **sufocar**
snatch (from) **arroubar**
sneeze **espirrar**
snore **roncar**
snow **nevar**
soak **molhar, embeber**
soften **amolecer, suavizar**
soil **sujar**
sold out, be **esgotar**
solicit **solicitar, requerer**
solidify **solidificar, congelar**
soothe **suavizar, acomodar**
sorry, be **sentir**
sound **soar**
spare oneself **poupar-se**
speak **falar**
speak ill of **maldizer**
speak to *or* with **conversar (com)**
spend **gastar**
spill out **entornar, verter**
spit (out) **cuspir**
spoil **estragar**
spread (*as to extend*) **estender**
sprinkle **chuviscar**
squeeze **apertar**
squander **malgastar**
squirm **estorcer (-se)**
squirt **espirrar**
stain **manchar**
stand (*as to tolerate*) **suportar, tolerar**
stand out **sobressair**
starch (*clothes*) **engomar**
start **começar**
start (*something*) again **voltar a** + infinitive, **tornar a** + infinitive

stay **ficar**
steal **roubar**
stick in **meter (em)**
stir **mexer, remexer, revolver**
stitch **coser**
stop **deixar de, parar** (*as to halt, detain* or *arrest*), **descontinuar, deter**
strengthen **reforçar, fortificar, esforçar**
stretch **estirar, repuxar**
stretch out (*as to unfold*) **estender, estirar-se, desencolher**
strike **bater, soar** (*as a bell*)
strike again **rebater**
stroke **acariciar**
stroll **passear**
struggle **combater, lutar**
study **estudar**
stupefy **estupeficar**
subdivide **subdividir**
subscribe **assinar**
subdue **submeter**
subject **submeter**
submit **submeter**
subsist **subsistir**
subtract **subtrair**
subvert **subverter**
succeed in (*doing something*) **conseguir**
succor **socorrer**
suck **chupar**
sue at law **demandar**
suffer **sofrer**
suffice **bastar**
sufficient, be **bastar**
suffocate **sufocar**
suggest **sugerir**
suit **convir**
superabound **superabundar**
superimpose **sobrepor**
superintend **superintender**
superpose **sobrepor, superpor**
superscribe **sobrescrever**
supervise **superintender**
supply **fornecer**
support **apoiar, sustentar, amparar, manter, suportar, suster**
support (for), deny *or* withdraw **desamparar, desapoiar**
suppose **supor**
surpass **ultrapassar, sobrelevar**
surprise **surpreender, assombrar**
survive **sobreviver**
suspect **suspeitar, desconfiar**

suspend **suspender**
sustain **suster, amparar**
swallow **engolir**
swallow (up *or* down) **tragar**
swap **trocar**
sway **balançar**
swear **jurar**
sweat **suar**
sweat (freely, a lot) **ressuar**
sweep **varrer**
swell **inchar**
swim **nadar**
swing **balançar**
switch (*as to exchange*) **trocar**

T

take **tomar, apanhar** (*as a cab*), **levar, tolerar** (*as to tolerate*)
take a break **pausar**
take a drag of (*a cigarette*) **tragar**
take a walk **passear**
take away (*as to subtract*) **subtrair**
take back **retomar**
take care of (*as to deal with, handle*) **ocupar-se (com, de)**
take for granted **pressupor**
take hold of **prender**
take from (*as to snatch*) **arroubar**
take long in **demorar, tardar**
take note (of) **notar**
take out *or* off **tirar (de)**
take place **acontecer**
take time **demorar**
talk **falar**
talk to *or* with **falar, conversar (com)**
teach **ensinar**
tear **romper**
tear out, up *or* off **arrancar**
tease **brincar** (*as to kid*), **implicar-se com**
telephone **telefonar (ligar** *is more commonly used in Brazil*)
tell **contar** (*as to report*), **dizer**
tell a lie **mentir**
tempt **tentar**
tend **tender**
test **provar**
testify **depor**
terrify **aterrorizar**
thank **agradecer**
thaw **descongelar**
thin, get *or* become **emagrecer**

think (*as to have an opinion*)   **achar que, crer, julgar**
think (*mental action*)   **pensar**
think over (carefully)   **sobrepensar**
threaten   **ameaçar**
through, go *or* pass   **atravessar**
throw   **atirar, deitar, jogar** (*in Brazil*), **lançar** (*as to hurl*)
throw away   **jogar fora** (*used mostly in Brazil*), **deitar fora**
tidy up   **arrumar**
tie   **atar**
tighten   **apertar**
tint   **tingir**
tire   **cansar**
tired (of), get   **cansar-se** (**de**)
toast (*as bread*)   **torrar**
together, get (*as to assemble*)   **juntar**
tolerate   **tolerar**
torture   **torturar**
touch   **tocar**
trade   **trocar**
train   **treinar**
trample   **atropelar**
transcribe   **transcrever**
transfer   **transferir**
transform   **transformar**
transgress   **transgredir**
translate (to)   **traduzir** (**em, para**)
transmit   **transmitir** (*all senses*), **apegar** (*a disease*)
transplant   **transplantar**
transport   **transportar**
transpose   **transpor**
travel   **viajar**
treat   **tratar**
tremble   **tremer**
trespass   **traspassar**
trim   **recortar**
trip up   **atropelar**
trust in   **confiar**
try out (*as to rehearse*)   **ensaiar**
try out (*as to sample*)   **experimentar, provar**
try to   **tentar, procurar, tratar** (**de**)
tug   **repuxar**
turn   **virar, revirar, voltar** (*as to change directions*)
turn (*something*) back to a former position   **desvirar**
turn aside   **desviar**
turn down (*as to lower*)   **abaixar**
turn in (*as to hand in* or *over*)   **entregar** (**a**)

turn inside out   **virar**
turn off   **apagar, desligar**
turn on (*as to impassion*)   **apaixonar, excitar,** (*as to switch on*) **acender, ligar**
turn over (*as upside down*)   **virar**
turn upside down   **virar**
twist   **torcer, retorcer, estorcer** (**-se**), **revirar**

U

unbutton   **desabotoar**
uncouple   **desligar**
uncover   **descobrir, desencobrir**
undeceive   **desenganar**
understand   **compreender, entender-se** (**com**), **perceber** (*in Portugal*)
undo   **desfazer** (**-se**)
undress   **despir, desvestir**
undressed, get   **despir-se, desvestir-se**
unfasten   **desprender, desabotoar**
unfold   **desdobrar, desenvolver** (*as to develop*)
unhang   **despendurar**
unhitch   **despegar**
unhook   **despendurar**
unite   **unir**
unload   **descarregar**
unlock   **destrancar, desfechar**
unmake   **desfazer** (**-se**)
unmarry   **descasar**
unpile   **desacumular**
unstitch   **descoser**
unstop   **desimpedir**
unturn   **desvirar**
up to, be   **depender**
upset   **aborrecer, magoar**
use   **usar**
use of, make   **usar, empregar**
use makeup   **pintar-se**
use of, not make   **desusar**
used, not be   **desusar**
used to, get *or* be   **acostumar-se** (**a**), **habituar-se** (**a**)

V

value   **valorizar, apreciar, estimar, respeitar**
vanish   **desaparecer, sumir**
venture (*as to risk*)   **arriscar**
verify   **verificar**
vindicate   **justificar**
visit   **visitar**

volunteer **oferecer-se**

vote **votar**

vow **jurar**

W

wager **apostar**

wait for **aguardar, esperar**

wait on **atender (a)**

wake up **acordar**

walk **andar, caminhar**

wander **errar**

want **querer, desejar**

warm (up) **aquecer**

warn **avisar, advertir**

wash **lavar**

waste **desperdiçar, desaproveitar, malgastar**

watch **assistir**

wave **balançar, sacudir**

way to, make one's **encaminhar-se (para)**

weak, get or become **enfraquecer-se**

weaken **enfraquecer**

wear (*clothing*) **vestir, levar**

wear out (*as to deteriorate*) **gastar, desgastar**

weave **tecer**

weep **chorar**

weigh **pesar**, (*as to ponder*) **sobrepesar, considerar**

welcome **acolher, cumprimentar**

wet **molhar**

wet again **remolhar**

wet, get or become **molhar-se**

whistle **assobiar**

whiten **embranquecer**

wilt **murchar**

win **conquistar** (*as to conquer*), **ganhar, vencer**

wipe **limpar**

wipe one's nose **assoar-se**

wipe out (*as to annihilate*) **aniquilar**

wish **desejar, querer**

wish ill to **malquerer**

wish one well **bem-querer**

withdraw **retirar, afastar-se, apartar-se, retrair**

wither **murchar**

withstand **resistir**

work **trabalhar**

worried, get or become **afligir**

worry **preocupar, afligir**

worse, get or become **piorar**

worsen **piorar**

worship **adorar**

worth, be **valer**

wound **ferir, magoar**

wound badly **malferir**

wrap (up) **embrulhar, envolver**

wring (out) **torcer, retorcer**

writhe **torcer-se**

write **escrever**

wrong **malfazer**

wrong, be **estar enganado, estar errado, enganar-se, errar**

Y

yank out, up or off **arrancar**

yawn **bocejar**

yell **gritar**

A

abaixar to lower, go down; to turn down (*as to lower*); (**-se**) to bend over; to duck

abandonar to abandon, leave; to desert

abater to depress; to humiliate; to slaughter (*cattle*) (*like* **bater**)

abençoar to bless (*like* **voar**)

aborrecer to upset, displease, annoy, bother; to bore

abotoar to button, fasten

abraçar to hug, embrace, seize

abrigar (sob) to shelter, shield (under) (*like* **brigar**)

abrir to open

absorver to absorb

abster-se de to abstain from (*like* **ter**)

abstrair to abstract (*like* **atrair**)

abundar to abound; to have much *or* many, be loaded with

acabar to finish, complete; to end; (**acabar de** + infinitive) to have just

acalmar to calm (down); (**-se**) to become calm, calm down

acariciar to caress, pet, stroke

aceitar to accept

acender to turn on; to light

achar to find, discover; (**achar que**) to believe, think (*as to have an opinion*)

acolher to welcome, receive (*like* **escolher**)

acometer to attack, assault (*like* **meter**)

acomodar to accommodate; to soothe, comfort; to lodge, house, put up

acompanhar to accompany; to follow (along)

aconchegar to bring near; to cuddle (*like* **chegar**)

aconselhar to advise

acontecer to happen, take place, occur

acordar to wake up

acorrer to come in haste (*like* **correr**)

acostumar-se (a) to get *or* be used *or* accustomed to

acreditar (em) to believe (in)

acrescentar to add to; to increase

acudir to go *or* rush to the aid *or* help of

acumular to accumulate; to accrue; to amass

adiar to postpone, defer, put off

adivinhar to guess; to predict

admitir to admit, concede, grant, acknowledge (*like* **permitir**)

adoecer to get *or* become sick *or* ill

adorar to adore, love; to worship

adormecer to fall asleep

adquirir to acquire, obtain, procure

aduzir to adduce, bring forward, cite, allege (*like* **produzir**)

advertir to warn, caution

afastar to move *or* push away; (**-se**) to go away, depart

afectar to affect (*like* **completar**)

afetar (*in Brazil*) to affect (*like* **completar**)

afiar to sharpen, grind (*like* **confiar**)

afligir to worry, distress; (**-se**) to get *or* become worried *or* distressed

afogar to drown

agarrar to grab, grasp; (**-se a**) to hang *or* hold on to

agradar to please (*like* **nadar**)

agradecer to thank

agredir to attack, assail, assault (*like* **progredir**)

aguardar to await, wait for; to expect (*like* **guardar**)

aguentar to endure (*like* **tentar**)

ajoelhar-se to kneel

ajudar to help, aid; to assist

ajuntar to assemble, amass (*reg. past part. only*) (*like* **juntar**)

alcançar to attain, reach (*like* **abraçar**)

alegrar-se (com) to be happy (about)

alimentar to feed, nourish

almoçar to have lunch

alterar to alter, modify; to falsify, counterfeit

alugar to rent (*in Portugal* **arrendar** *is normally used for expressing the renting of some form of lodging, such as a house or an apartment*)

amaldiçoar to curse, damn (*like* **voar**)

amar to love

ameaçar to threaten

amolecer to soften; to relent

amparar to support, sustain, uphold (*like* **parar**)

ampliar to enlarge

analisar to analyze

andar to walk

animar to cheer up; to encourage

aniquilar to annihilate, exterminate, wipe out

anoitecer to get, become *or* grow dark

antedizer to foretell (*like* **dizer**)

antepagar to pay in advance (reg. past part. only) (*like* **pagar**)

antepassar to precede, happen before (*like* **passar**)

antepor to put before, place ahead; to give preference to (*like* **pôr**)

antever to foresee (*like* **ver**)

anunciar to announce

apagar to turn off; to put out (*as fire*); to erase

apaixonar to turn on, impassion; (**-se por**) to fall in love with

apanhar to catch, take

aparecer to appear, show up (*like* **parecer**)

apegar to attach to; to transmit (*a disease*) (*like* **pegar**)

apertar to squeeze; to shake a hand; to tighten; to press *or* push (*a button*)

apetecer to be appetizing *or* appeal to; to feel like (*doing something*); to be hungry for; to crave

aplicar to apply, give; (**-se**) to be diligent

apodrecer to rot, get rotten, decay, decompose

apoiar to support, rest

apontar to aim *or* point at; to point out, indicate; to sharpen (*to a point*)

apor to appose, place (*things*) near to each other *or* side by side (*like* **pôr**)

aposentar to retire (*like* **sentar**)

apostar to bet, wager

apreciar to appreciate, admire, value

apreender apprehend (*like* **compreender**)

aprender to learn

apresentar (**a**) to introduce (to); to present, pose

apressar-se to hurry, rush

aprovar to approve; to pass (*a pupil*) (*like* **provar**)

aproveitar-se (**de**) to take advantage of

aproximar-se (**de**) to approach, bring *or* come *or* get near *or* close to

aquecer to heat *or* warm up

arrancar to pull, jerk, yank, tear out, up *or* off

arranjar to fix; to arrange

arrebentar to burst, break; to explode, pop

arrefecer to cool

arremeter to dash at, rush violently at (*like* **meter**)

arriscar to risk, venture; to endanger

arrotar to burp, belch

arruinar to ruin; (**-se**) to go broke

arrumar to arrange; to tidy *or* clean up

arroubar to take from, grab, snatch (*like* **roubar**)

aspirar to breathe in (*like* **respirar**)

assaltar to assault; to hold up (*as to rob*)

assar to roast (*like* **falar**)

assassinar to murder; to assassinate

assentar to seat; to set down (*like* **sentar**)

assentir to assent, consent (*like* **sentir**)

assinar to sign; to subscribe

assistir (**a**) to attend; to watch

assoar-se to blow *or* wipe one's nose (*like* **soar**)

assobiar to whistle

associar to associate

assomar to show slightly; to appear at (*e.g., a window*) (*like* **somar**)

assombrar to astonish, amaze; to shock, surprise; to haunt

assustar to frighten, scare; (**-se**) to get scared

atacar to attack

atar to tie, bind

atender (**a**) to answer (*a door or telephone*); assist (*to wait on*)

aterrorizar to terrify, frighten

atingir to hit, reach, arrive at; to attain, achieve

atirar to throw, hurl; to shoot (*a weapon*)

atrair to attract, draw

atravessar to cross; to go *or* pass through

atribuir to attribute, assign, ascribe (*like* **contribuir**)

atropelar to run over; to trample; to trip up

avir-se (**com**) to come to an understanding (with) (*like* **vir**, *except that for reasons of stress the second and third persons singular of the Present Indicative and the Imperative singular require a written acute accent, i.e.,* **avéns, avém, avém**)

avisar to warn (*like* **analisar**)

B

balançar to sway, swing, wave; to balance

banhar to bathe; (**-se**) to take a bath

barbear to shave

bastar to be enough *or* sufficient, suffice

bater (**a**) to knock; to hit, beat; **bater palmas** to clap

beber to drink (*see sample conjugations*)

beijar to kiss

beliscar to pinch

bem-dizer to praise; to bless (*like* **dizer**)

bem-fazer   to benefit (*someone*) (*like* **fazer**)

bem-querer   to love, wish one well (*past part.* **benquerido, benquisto**) (*like* **querer**)

bocejar   to yawn

botar   to put, place; to kick *or* boot (out)

brigar   to fight, brawl; to argue, quarrel

brincar (com)   to play (*as to frolic*); to joke; to kid, tease

buscar   to look for; (**ir buscar**) to go get *or* pick up

C

caber (em)   to fit (in)

caçar   to hunt

cair (de)   to fall; (**deixar cair**) to drop, let fall

calcular   to calculate (*like* **acumular**)

caminhar   to walk

cancelar   to cancel; to cross out

cansar   to tire; (**-se de**) to get tired (of)

cantar   to sing

capturar   to capture, catch; to comprehend

carregar   to carry; to load

casar   to marry (*off* or *officiate at the ceremony*); (**-se com**) to get married (to)

castigar   to punish

causar   to cause

cavar   to dig

cegar   to blind

celebrar   to celebrate; to rejoice

censurar   to censor; to reprimand, censure

centrar   to center (*like* **concentrar**)

chamar   to call; to name; (**-se**) to be called *or* named

chatear   to bother, annoy, pester

chegar   to arrive, reach; to come near (to)

cheirar (a)   to smell (of *or* like)

chocar   to shock; to hatch, brood; (**-se**) to crash, collide

chorar   to cry, weep

chover   to rain

chupar   to suck; to drain

chuviscar   to drizzle, sprinkle

circunscrever   to circumscribe, confine, limit (*like* **escrever**)

circunvoar   to fly around (*like* **voar**)

citar   to cite (*like* **felicitar**)

cobrar   to charge; to collect

cobrir   to cover

coçar   to scratch

coexistir   to coexist (*like* **existir**)

coincidir   to coincide (*like* **decidir**)

colaborar   to collaborate; to cooperate

colher   to harvest; to gather (*like* **escolher**)

colidir   to collide, crash (into) (*like* **decidir**)

colocar   to put, place (*like* **tocar**)

comandar   to command; to order (*like* **mandar**)

combater   to fight, combat; to struggle (*like* **bater**)

combinar   to combine; to agree (on), arrange

começar   to begin, start

comer   to eat

cometer   to commit (*like* **meter**)

comover   to move (*as to arouse the passions of*) (*like* **mover**)

comparar (com, a)   to compare (with, to) (*like* **parar**)

compartilhar   to share; to take part in

compartir   to share; to divide into equal parts (*like* **partir**)

compassar-se   to keep time, keep in step (*like* **passar**)

compensar   to compensate; to pay (*like* **pensar**)

competir (com)   to compete (with) (*like* **repetir**)

completar   to complete, finish

complicar   to complicate; (**-se**) to get *or* become complicated

compor   to compose; to repair, set in order (*like* **pôr**)

comportar-se   to behave, act (*like* **importar**)

comprar   to buy

compreender   to understand, comprehend

comprometer   to compromise; to engage, bind; to jeopardize (*like* **meter**)

comprovar   to confirm; to corroborate (*like* **provar**)

computar   to compute, calculate

concentrar   to concentrate

concertar   to fix, arrange, repair

concordar   to reconcile, harmonize (*like* **acordar**)

concorrer   to concur; to compete; to be a candidate, run for (*like* **correr**)

condenar   to condemn; to convict; to sentence

condizer   to match; to harmonize (*like* **dizer**)

condoer-se (*like* **doer**, *but not defective*)   to pity

conduzir   to conduct, lead; to drive (*like* **produzir**)

conectar   to connect (*like* **completar**)

conferir   to confer; to lecture (*like* **preferir**)

confessar   to confess

confiar   to trust, have confidence in; to confide to *or* in

confirmar   to confirm (*like* **acreditar**)

confortar   to comfort, console

congelar   to freeze; to solidify

conhecer   to know (*as to be acquainted* or *familiar with*); to meet

conjugar   to conjugate; to combine, merge

conjuntar   to cojoin (*like* **juntar**)

conjurar   to conjure, exorcise, cast out (*evil spirits*) (*like* **jurar**)

conquistar   to conquer, defeat, win; to seduce

conseguir   to get, obtain; to succeed in (*doing something*) (*like* **seguir**)

consentir   to consent; to accept, allow (*like* **sentir**)

conservar   to conserve, preserve, keep

considerar   to consider, ponder

consistir (em)   to consist (in, of) (*like* **assistir**)

consoar   to be consonant; to rhyme (*like* **soar**)

consolar   to console (*like* **controlar**)

conspirar   conspire (*like* **respirar**)

construir   to build, construct

consultar   to consult

consumir   to consume (*like* **subir**)

contar   to count; to tell, report

contemplar   to contemplate, consider

contender   to contend, fight; to contest, dispute (*like* **atender**)

contentar (-se com)   to content, satisfy; to be content with (*like* **tentar**)

conter   to contain, hold (*like* **ter**)

continuar   to continue

contradizer   to contradict; to refute (*like* **dizer**)

contrafazer   to counterfeit; to forge (*like* **fazer**)

contrair   to contract (*like* **atrair**)

contramandar   to countermand (*an order*) (*like* **mandar**)

contrapor   to place opposite *or* against; to oppose (*like* **pôr**)

contraproduzir   to counterproduce (*like* **produzir**)

contrapropor   to make a counter-proposal (*like* **pôr**)

contraprovar   to counterprove (*like* **provar**)

contravir   to contravene; to retort (*like* **vir**, *except that for reasons of stress the second and third persons singular of the Present Indicative and the Imperative singular require a written acute accent, i.e.,* **contravéns, contravém, contravém**)

contribuir   to contribute

controlar   to control

convencer   to convince (*like* **vencer**)

convir   to suit, be fitting; to behoove; to agree (*like* **vir**, *except that for reasons of stress the second and third persons singular of the Present Indicative and the Imperative singular require a written acute accent, i.e.,* **convéns, convém, convém**)

conversar   to talk *or* speak to *or* with, converse

converter   to convert

convidar   to invite

conviver   to live together (*like* **viver**)

cooperar   to cooperate (*like* **esperar**)

copiar   to copy

co-produzir   to coproduce, produce in cooperation with (*like* **produzir**)

correr   to run

corresponder   to correspond; to coincide (*like* **responder**)

corrigir   to correct

corroer   to corrode; erode (*like* **roer**)

corromper   to corrupt (*only reg. past part.* **corrompido**) (*like* **romper**)

cortar   to cut

coser   to sew, stitch

cozinhar   to cook

creditar   to credit (*like* **acreditar**)

crer   to believe, think

crescer   to grow

criar   to create; to raise, bring up (*children* or *animals*)

criticar   to criticize

cuidar (de)   to take care (of); to be careful

culpar   to blame

cultivar   to cultivate; to grow, raise (*plants*)

cumprimentar   to greet, welcome

cumprir   to fulfill, keep (*as a promise*)

curar   to cure, heal

cuspir   to spit (out)

custar   to cost

D

danar   to damage, injure, harm; to be harmful; to damn

dançar   to dance

dar   to give

debater to debate, dispute (*like* **bater**)

decair to decay, decline (*like* **cair**)

decidir to decide

declarar to declare

decompor to decompose (*like* **pôr**)

decorrer (*impersonal verb*) to elapse, pass (*like* **correr**)

decrescer to decrease (*like* **crescer**)

deduzir to deduce, infer (*like* **produzir**)

defender to defend

deferir to grant, concede (*like* **preferir**)

definir to define

deitar to lay *or* put (down); to put to bed; to throw; (**-se**) to go to bed, lie down

deixar to let, allow, permit; to leave (*behind*); (**deixar de** + *infinitive*) to quit, stop, break oneself of a habit

demandar to demand; to sue at law (*like* **mandar**)

demitir to discharge, dismiss, fire (*from a job*) (*like* **permitir**)

demonstrar to demonstrate, illustrate (*like* **mostrar**)

demorar to delay; to take time (*like* **morar**)

demostrar to demonstrate, illustrate (*like* **mostrar**)

denegar to deny (*like* **negar**)

denunciar to denounce, inform against (*like* **anunciar**)

depender to depend (on), be up to

depor to put down; to depose; to testify (*like* **pôr**)

deportar to deport, banish (*like* **importar**)

depositar to deposit, put *or* place in

deprimir to depress (*like* **decidir**)

derreter to melt (*like* **meter**)

derrotar to defeat (*like* **arrotar**)

desabotoar to unbutton (*like* **abotoar**)

desaceitar to reject (*past part.* **desaceitado, desaceito**) (*like* **aceitar**)

desacolher to receive unkindly (*like* **escolher**)

desaconselhar to dissuade (*like* **aconselhar**)

desacordar to disagree (*like* **acordar**)

desacostumar-se (de) to break oneself of a habit (*like* **acostumar**)

desacreditar to discredit, slander (*like* **acreditar**)

desacumular to unpile (*like* **acumular**)

desafiar to challenge, defy (*like* **confiar**)

desagradar to displease, dissatisfy (*like* **nadar**)

desamparar to deny *or* withdraw support *or* help (*like* **parar**)

desanimar to discourage, depress (*like* **animar**)

desaparecer to disappear, vanish (*like* **parecer**)

desapoiar to deny *or* withdraw support *or* help (*like* **apoiar**)

desapontar to disappoint (*like* **apontar**)

desapreciar to disparage (*like* **apreciar**)

desaprovar to disapprove (*like* **provar**)

desaproveitar to misuse, waste (*like* **aproveitar**)

desarranjar to disarrange (*like* **arranjar**)

desassociar to dissociate, separate (*like* **associar**)

desassustar to allay the fright of (*like* **assustar**)

desatender to disregard, neglect, ignore (*like* **atender**)

desavir-se com to quarrel, have a falling out with (*like* **vir**, *except that for reasons of stress the second and third persons singular of the Present Indicative and the Imperative singular require a written acute accent, i.e.,* **desavéns-te, desavém-se, desavém-te**)

descansar to rest (*like* **cansar**)

descarregar to unload, discharge (*like* **carregar**)

descasar to unmarry (*like* **casar**)

descer to go, get *or* come down, descend

descobrir to discover, find; to uncover (*like* **cobrir**)

descompassar-se to get out of step (*like* **passar**)

descompor to discompose (*like* **pôr**)

desconectar to disconnect (*like* **conectar**)

desconfiar to distrust, suspect (*like* **confiar**)

desconfortar to distress (*like* **confortar**)

descongelar to thaw, melt (*like* **gelar**)

desconhecer to be unaware *or* ignorant of (*like* **conhecer**)

desconjuntar to dislocate, disjoint; to disunite (*like* **juntar**)

desconsentir to disallow (*like* **sentir**)

desconsiderar to disregard, slight, ignore (*like* **considerar**)

descontar to discount (*like* **contar**)

descontentar to discontent, dissatisfy (*like* **tentar**)

descontinuar to discontinue, stop, interrupt (*like* **continuar**)

desconvencer to dissuade (*like* **vencer**)

desconvir to be inconvenient (*like* **vir**, *except that for reasons of stress the second and third persons singular of the Present Indicative and the Imperative singular require a written acute accent, i.e.,* **desconvéns, desconvém, desconvém**)

descoser to unstitch, unsew (*like* **coser**)

descrer to disbelieve, not believe (*like* **crer**)

descrever to describe, portray, depict (*like* **escrever**)

descuidar to neglect, disregard (*like* **cuidar**)

desculpar to excuse, pardon (*like* **culpar**)

descumprir to not comply with (*like* **cumprir**)

desdizer to contradict (*like* **dizer**)

desdobrar to unfold (*like* **dobrar**)

desejar to wish, want; to desire

desencaminhar to mislead, misdirect (*like* **caminhar**)

desencantar to disenchant, disillusion (*like* **cantar**)

desencher to empty (*like* **encher**)

desencobrir to uncover (*like* **cobrir**)

desencolher to stretch out (*like* **escolher**)

desenfeitar to strip of ornaments (*like* **enfeitar**)

desenganar to undeceive, disabuse (*like* **enganar**)

desenhar to design; to sketch, draw

desenjoar to relieve of nausea (*like* **enjoar**)

desenterrar to disinter, exhume (*like* **enterrar**)

desentristecer-se to cheer up (*like* **entristecer**)

desenvolver to develop; to grow (into)

desesperar-se to despair, lose all hope (*like* **esperar**)

desfazer (-se) to undo, to unmake; to fall *or* come apart (*like* **fazer**)

desfechar to unlock (*like* **fechar**)

desgastar to wear out (*only reg. past part.* **desgastado**) (*like* **gastar**)

desgostar to displease, annoy (*like* **gostar**)

desiludir to disappoint, disenchant, disillusion (*like* **acudir**)

desimpedir to unstop; to disencumber (*like* **pedir**)

desistir (de) to desist, cease (from) (*like* **insistir**)

desligar to disconnect, turn off, uncouple (*like* **ligar**)

deslocar to dislocate (*like* **tocar**)

desmaiar to faint, pass out

desmanchar to rip up (*as a garment*) (*like* **manchar**)

desmandar to countermand, repeal, revoke (*like* **mandar**)

desmedir-se to lose self-control (*like* **medir**)

desmentir to contradict; to deny (*like* **mentir**)

desobedecer to disobey (*like* **obedecer**)

desobrigar to exempt, release from obligation (*like* **obrigar**)

desocupar to disoccupy (*like* **ocupar**)

despachar to send (off), dispatch; to fire, get rid of; (**-se**) to hurry (up), get going

despedir to fire, dismiss; (**-se de**) to say goodbye (to)

despegar to detach, unhitch (*like* **pegar**)

despendurar to unhook, unhang (*like* **pendurar**)

desperceber to not perceive (*like* **perceber**)

desperdiçar to waste (*like* **abraçar**)

despersuadir to dissuade (*like* **persuadir**)

despir to undress; (**-se**) to get undressed

despontar to blunt (*like* **apontar**)

desprender to unfasten; to disengage, release (*like* **aprender**) (*only reg. past part.* **desprendido**)

despreocupar to relieve of concern *or* worry (*like* **ocupar**)

desproteger to deprive of *or* deny protection *or* shelter (*like* **proteger**)

dessecar to dessicate, make dry (*like* **secar**)

dessentir to not feel (*like* **sentir**)

desservir to disserve (*like* **servir**)

destrancar to unlock (*like* **trancar**)

destruir to destroy

desunir to disunite, disjoin (*like* **unir**)

desusar to discontinue the use of (*like* **usar**)

desvaler to lose value (*like* **valer**)

desvestir to undress (*like* **vestir**)

desviar to divert, deflect, turn aside (*like* **enviar**)

desvirar to unturn *or* turn (*something*) back to a former position (*like* **virar**)

deter to detain; to stop; to arrest (*like* **ter**)

detrair (de) to detract (from) (*like* **atrair**)

dever to owe; ought, should, must

devolver to give back, restore (*like* **desenvolver**)

devorar to devour (*like* **demorar**)

diferir to defer, postpone; to differ (*like* **preferir**)

diferenciar to differentiate (*like* **anunciar**)

diminuir   to decrease, diminish, lessen (*like* **atribuir**)

dirigir   to direct; to drive

discernir   to discern, distinguish

discordar   to disagree, differ (*like* **acordar**)

discriminar   to discriminate; to perceive (*a difference*)

discutir   to argue; to discuss; to debate

disfarçar   to disguise; to conceal

disparar   to discharge, shoot, fire (*a weapon*) (*like* **parar**)

dispensar   to dispense; to release from obligation (*like* **pensar**)

dispor   to dispose (*like* **pôr**)

disputar   to dispute (*like* **computar**)

dissentir   to dissent from, disagree with (*like* **sentir**)

dissociar   to dissociate (*like* **associar**)

dissuadir   to dissuade (*like* **persuadir**)

distender   to distend (*like* **atender**)

distinguir   to distinguish, differentiate, tell (*the difference*); (**-se de**) to be different from

distrair   to distract, divert (*especially the attention*) (*like* **atrair**)

distribuir (entre, por)   to distribute (among) (*like* **contribuir**)

divertir   to entertain, amuse; (**-se**) to have fun, enjoy oneself

dividir   to divide; to distribute, share

divorciar   to divorce; (**-se**) to get divorced

dizer   to say, tell (*the meanings of* **dizer** *in Brazil may also be conveyed by the verb* **falar**)

dobrar   to fold; to bend; to double; to turn (*as a corner*)

doer   to hurt, ache

dominar   to dominate, rule; to command (*as talent or skill*)

dormir   to sleep

duvidar   to doubt

E

educar   to educate; to bring up; (**-se**) to learn

elevar   to elevate, raise *or* lift (up) (*like* **levar**)

eliminar   to eliminate

emagrecer   to get *or* become thin *or* skinny; to lose weight

embater   to collide, crash into (*like* **bater**)

embeber   to soak, imbibe (*like* **beber**)

embranquecer   to bleach, whiten (*like* **aquecer**)

embrulhar   to wrap (up), enwrap; (**-se**) to get involved *or* embroiled in

empregar   to employ, hire; to make use of

emprestar   to lend, loan

empurrar   to push; to shove

enamorar   to enamor, charm (*like* **namorar**)

encaminhar-se (para)   to set out for, make one's way to (*like* **caminhar**)

encantar   to enchant (*like* **cantar**)

encarregar   to entrust (*like* **carregar**)

encher   to fill

encobrir   to cover, conceal (*like* **cobrir**)

encolher   to shrink, contract (*like* **escolher**)

encontrar   to meet; to find, discover

enfeitar   to adorn, decorate, embellish; (**-se**) to dress up

enfraquecer   to weaken; (**-se**) to get *or* become weak

enganar   to deceive, fool, mislead; (**-se**) to be mistaken *or* wrong

engolir   to swallow; to gulp down

engomar   to starch *and/or* iron (*clothes*) (*in Lisbon Portuguese* **engomar** *normally means* to iron *not* to starch)

engordar   to fatten, get fat; to put on weight

enjoar   to nauseate *or* make sick to one's stomach; (**-se**) to get *or* become nauseated *or* sick to one's stomach

enriquecer   to enrich; (**-se**) to become rich

ensaiar   to rehearse, practice; to try out

ensinar   to teach

entender (-se com)   to comprehend, understand, come to an understanding (with); to get along with (*someone*) (*like* **atender**)

enterrar   to bury, inter

entornar   to spill out (*like* **adorar**)

entrar (em)   to enter (into)

entreabrir   to open partially (*like* **abrir**)

entrebater-se   to clash (*like* **bater**)

entrechocar-se   to collide with, crash together (*like* **chocar**)

entreconhecer   to know *or* be acquainted with slightly (*like* **conhecer**)

entrecortar   to intersect; to interrupt (*like* **cortar**)

entrefechar   to close slightly (*like* **fechar**)

entregar (a)   to deliver; to turn *or* hand in *or* over

entremeter   to interpose; to meddle (*like* **meter**)

entremisturar   to intermix (*like* **misturar**)

entremostrar to show slightly (*like* **mostrar**)

entreolhar-se to look at each other, exchange looks (*like* **olhar**)

entreouvir to hear faintly (*like* **ouvir**)

entrepor to interpose (*like* **pôr**)

entresonhar to daydream (*like* **sonhar**)

entreter to entertain, amuse (*like* **ter**)

entrever to catch sight of (*like* **ver**)

entrevistar to interview

envolver to involve, envelop, wrap (up) (*like* **desenvolver**)

entristecer to sadden; (**-se**) to get *or* become sad

envelhecer to make old, age; (**-se**) to get *or* become old

envergonhar to embarass, shame; (**-se**) to be embarassed *or* ashamed

enviar to send

errar to be wrong *or* mistaken, err; to wander

escolher to choose, select, pick

esconder to hide, conceal

escorregar to slip, slide, glide

escorrer to drain, flow, run (*said of liquids*) (*like* **correr**)

escrever to write

escutar to listen

esforçar to strengthen (*like* **forçar**)

esfriar to cool (down *or* off); (**-se**) to get *or* become cold *or* cool

esgotar to exhaust *or* be exhausted; to be out of print *or* sold out

esmagar to crush (*like* **estragar**)

espantar to frighten, scare (off *or* away), shoo

esperar to expect; to wait for; to hope

espirrar to sneeze; to squirt

esquecer to forget; (**-se de**) to forget (about)

estabelecer to establish, set up

estacionar to park

estar to be

estender to extend, stretch out; to spread (*like* **atender**)

estimar to estimate, appraise; to esteem, value

estirar to stretch, extend; (**-se**) to stretch out

estorcer to twist; (**-se**) to squirm (*like* **torcer**)

estragar to spoil, ruin, damage

estudar to study

estupefazer = estupeficar (*like* **fazer**)

estupeficar to stupefy (*like* **ficar**)

esvaziar to empty (*like* **enviar**)

evitar to avoid; to evade

evocar to evoke, call forth (*like* **convocar**)

exagerar to exaggerate; to overstate; to overdo

examinar to examine

excitar to excite; to arouse, turn on; (**-se**) to get *or* become excited *or* aroused

exclamar to exclaim; to shout (out)

exigir to demand (*like* **dirigir**)

existir to exist, be

expedir to ship; to dispatch (*like* **pedir**)

experimentar to experiment; to experience; to try

explicar to explain

expor to expose; to disclose (*like* **pôr**)

exportar to export (*like* **importar**)

expulsar to boot *or* kick (out), expel (*like* **usar**)

extrair (de) to extract (from), draw out, pull out (*like* **atrair**)

exterminar to exterminate (*like* **terminar**)

F

fabricar to manufacture, produce, make, build

falar to speak, talk (*see sample conjugations*)

faltar to lack; to be missing *or* absent

falsificar to falsify; to forge, counterfeit (*like* **ficar**)

fazer to do, make; (**-se**) to become

fechar to close

felicitar to congratulate

ferir to wound

ferver to boil

festejar to give a party (for); to celebrate

ficar to remain, stay; to be *or* become

fingir to pretend, make believe

forçar to force, compel

formar to form, shape; (**-se**) to graduate (*from school*)

fornecer to furnish, supply, provide

fortificar to fortify, strengthen (*like* **ficar**)

fritar to fry

frustrar to frustrate; (**-se**) to get *or* become frustrated

fugir to run away, escape

fumar to smoke (*tobacco*)

G

ganhar to earn; to win; to beat

garantir to guarantee

gastar to spend; to wear out, consume
gerar to generate
glorificar to glorify, extol, exalt (*like* **ficar**)
gostar (de) to like; **gostar muito (de)** to love
governar to govern
gozar (de) to enjoy; to make fun of
gratificar to reward, remunerate, recompense (*like* **ficar**)
gritar to shout, yell, cry out
guardar to keep, put away; to guard
guiar to guide, lead

H

habituar to accustom; to get used to
haver to be; to have (*auxiliary verb used with past participles to form literary compound tenses*); **haver de** + *infinitive* ought to. *Third person singular forms of* **haver** *express both the corresponding singular and plural English forms such as* there is *and* there are *(***há***) in the appropriate tense. Examples:* **havia** *there was, there were;* **haverá** *there will be; etc. In conversational Brazilian Portuguese* ter *is more commonly used for this impersonal construction.*
humilhar to humiliate

I

identificar to identify (*like* **ficar**)
ignorar to ignore
imaginar to imagine
imitar to imitate, copy, mimic
impedir to impede; to obstruct (*like* **pedir**)
implantar to implant, insert
implicar to imply; to implicate; **(-se com)** to tease, pick on
implorar to implore, beg (*like* **chorar**)
impor to impose; to enforce (*like* **pôr**)
importar to matter, concern; to import; **(-se com)** to care about *or* mind
inchar to swell
incomodar to annoy, disturb (*like* **acomodar**)
incorrer to incur (*irreg. past part.* **incurso** *not used with* **ser**) (*like* **correr**)
indicar to indicate, point out
indispor to indispose (*like* **pôr**)
induzir to induce (*like* **produzir**)
inferir to infer, imply (*like* **preferir**)
informar (de, sobre; de que) to inform (about; that) (*like* **formar**)

inscrever to inscribe, engrave; **(-se)** to enroll, sign in *or* up (*like* **escrever**)
insistir (em) to insist
intentar to endeavor (*like* **tentar**)
interdepender to interdepend (*like* **depender**)
interdizer to interdict (*like* **dizer**)
interessar to interest; to concern, affect
interferir to interfere (*like* **preferir**)
intermeter to interpose (*like* **meter**)
intermisturar = entremisturar
interpor to place between (*like* **pôr**)
interromper to interrupt (*only reg. past part.* **interrompido**) (*like* **romper**)
intervir to intervene (*like* **vir**, *except that for reasons of stress the second and third persons singular of the Present Indicative and the Imperative singular require a written acute accent, i.e.,* **intervéns, intervém, intervém**)
introduzir to introduce (*like* **produzir**)
intrometer to intrude, butt in (*like* **meter**)
invejar to envy
inventar to invent, devise
investir to invest; to attack (*like* **vestir**)
ir to go; **(-se) embora** to go away, depart, leave
irritar to irritate, bother, annoy, pester
irromper to burst forth; to break out (*only reg. past part.* **interrompido**) (*like* **romper**)

J

jantar to have *or* eat dinner (supper)
jogar to play (*games* or *sports*); to throw, throw out (*in Brazil*)
julgar to judge; to think, believe
juntar to join, link, put *or* get together, gather, collect
jurar to swear; to vow
justapor to juxtapose (*like* **pôr**)
justificar to justify, vindicate (*like* **ficar**)

L

ladrar to bark
lamber to lick
lançar to throw, hurl; to launch; to set off (*fireworks*)
lavar to wash
lembrar to remind; **(-se)** to remember
ler to read

levantar   to lift (up); **(-se)** to get up

levar   to take, carry; to wear (*articles of clothing*)

ligar   to connect, join, tie, attach; to phone; to pay attention to; to turn on

limitar   to limit, restrict

limpar   to clean

liquefazer   to liquefy; to melt (*like* **fazer**)

livrar   to set free, let loose (*like* **ladrar**)

louvar   to praise; **(-se)** to boast

lutar   to fight, struggle

M

machucar   to bruise; to crush, smash; **(-se)** to get hurt

magoar   to hurt, wound; to upset, distress

maldizer   to curse, damn; to speak ill of (*like* **dizer**)

malfazer   to do wrong (*like* **fazer**)

malferir   to wound badly (*like* **preferir**)

malgastar   to squander, waste (*like* **gastar**)

malgovernar   to govern badly (*like* **governar**)

malquerer   to wish ill to (*past part.* **malquerido, malquisto**) (*like* **querer**)

maltratar   to mistreat (*like* **tratar**)

manchar   to stain

mandar   to order, give orders; to send

manter   to maintain; to support (*like* **ter**)

mastigar   to chew

matar   to kill; to murder

medir   to measure

melhorar   to improve, make *or* get *or* become better

mencionar   to mention

mentir   to lie, tell a lie

merecer   to deserve

meter (em)   to put *or* stick in; **(-se)** to get oneself into

mexer   to stir, mix; **(-se)** to get moving *or* going; **(mexer com)** to mess with

misturar   to mix, blend, mingle

modificar   to modify, change, alter (*like* **ficar**)

moer   to grind (*like* **roer**)

molhar   to wet, soak; to moisten; **(-se)** to get *or* become wet

morar (em)   to live, reside

morder   to bite

morrer   to die

mostrar   to show

mover   to move

mudar   to move; to change, alter

multar   to fine, ticket

multiplicar   to multiply (*like* **aplicar**)

murchar   to wilt, wither

N

nadar   to swim

nascer   to be born

necessitar (de)   to need

negar   to deny; to refuse

nevar   to snow

noitecer = anoitecer

nomear   to nominate, appoint, name

notar   to note; to notice; to take note (of)

notificar   to notify (*like* **ficar**)

O

obedecer   to obey

obrigar   to force, make, compel, oblige

observar   to observe, notice

obter   to obtain, acquire (*like* **ter**)

ocorrer   to occur, happen; to come to one's mind (*like* **correr**)

ocupar   to occupy; **(-se com, de)** to take care of, handle

odiar   to hate

ofender   to offend, insult

oferecer   to offer; **(-se)** to volunteer

olhar (a, para)   to look (at)

omitir   to omit, neglect, overlook (*like* **permitir**)

opor (-se a) to oppose; to object to (*like* **pôr**)

ousar   to dare

outorgar   to grant (*like* **rogar**)

ouvir   to hear, listen

P

pagar   to pay

parabenizar   to congratulate (*like* **suavizar**)

parar   to stop

parecer (-se com) to seem, look like, appear

partir   to leave; to divide; to break (solids) (*preferred over* **quebrar** *in Portugal*) (*see sample conjugations*)

passar   to pass; **(-se)** to happen

passear   to take a walk *or* stroll

pausar   to pause; to take a break; to delay

pecar   to sin

pedir to ask for
pegar to catch; to grab, pick up
pendurar to hang (up)
pensar to think (*mental action*)
pentear to comb
perceber to notice, perceive; to understand (*in Portugal*)
perder to lose
perdoar to forgive, pardon
perfumar to perfume (*like* **fumar**)
perguntar to ask (*a question*); (**perguntar por**) to ask about *or* for
perjurar to perjure (*like* **jurar**)
permitir to permit, allow, let
perseguir to pursue; to persecute (*like* **seguir**)
persistir (em) to persist (in) (*like* **assistir**)
persuadir to persuade
pertencer (a) to belong to
perverter to pervert, corrupt (*like* **converter**)
pesar to weigh
pescar to fish, catch
pingar to drip
pintar to paint; (**-se**) to use *or* put on makeup
piorar to worsen, get *or* become worse
plantar to plant
poder to be able; can
pôr to put, place, set; (**-se**) to become
portar-se to behave, conduct oneself (*like* **importar**)
pospor to put after; to postpone (*like* **pôr**)
possuir to possess, own, have
poupar to save (up) (*money*); (**-se**) to spare oneself
practicar to practice
precisar (de) to need
predefinir to predefine (*like* **definir**)
predispor to predispose (*like* **pôr**)
predizer to predict; to prophesy (*like* **dizer**)
predominar to predominate, prevail (*like* **dominar**)
preencher to fill out *or* in (*only reg. past part.* **preenchido**) (*like* **encher**)
preestabelecer to preestablish (*like* **estabelecer**)
preexistir to preexist (*like* **existir**)
preferir to prefer
prender to fasten; to take hold of; to catch (*like* **aprender**)
preocupar to worry; to preoccupy (*like* **ocupar**)
preparar to prepare; to get *or* make ready

prepor to put before (*like* **pôr**)
prescrever to prescribe, lay down (*authoritatively*) (*like* **escrever**)
preservar to preserve, conserve; to protect, save
pressentir to have a premonition, foresee (*like* **sentir**)
pressupor to presuppose, take for granted (*like* **pôr**)
prestar to render, give (*like* **emprestar**)
pretender to pretend, claim (*like* **atender**)
prever to foresee (*like* **ver**)
procurar to look for; to try to
produzir to produce; to manufacture
programar to program; to schedule
progredir to progress, proceed, advance
proibir to prohibit, ban
prometer to promise (*like* **meter**)
promover to promote (*like* **mover**)
pronunciar to pronounce, enunciate
propagar to propogate, multiply (*like* **pagar**)
propor to propose, offer (*like* **pôr**)
prorrogar to postpone (*like* **rogar**)
prorromper to break *or* burst out (*like* **romper**)
proteger to protect; to shield; to defend
protestar to protest (*like* **emprestar**)
protrair to protract, prolong (*like* **atrair**)
provar to prove; to test; to sample, try
provir to proceed *or* descend from (*like* **vir**, *except that for reasons of stress the second and third persons singular of the Present Indicative and the Imperative singular require a written acute accent, i.e.,* **provéns, provém, provém**)
provocar to provoke, excite (*like* **convocar**)
pular to jump, leap
putrefazer to putrefy, rot (*like* **fazer**)
puxar to pull

Q

queimar to burn
queixar-se (de) to complain
querer to want, wish

R

rasgar to rip, rip up (*like* **estragar**)
reabrir to reopen (*like* **abrir**)
reabsorver to reabsorb (*like* **absorver**)

reacender to relight; to reactivate (*past part.* **reacendido, reaceso**) (*like* **acender**)

readmitir to readmit (*like* **permitir**)

readquirir to reacquire, regain (*like* **adquirir**)

reanimar to reanimate, revive, enliven (*like* **animar**)

reaparecer to reappear (*like* **parecer**)

reaprender to learn again (*like* **aprender**)

reassinar to sign again (*like* **assinar**)

reatar to retie, rebind (*like* **atar**)

rebater to strike again (*like* **bater**)

rebeijar to kiss again (*like* **beijar**)

rebentar to burst (*open*); to blow up (*like* **arrebentar**)

rebuscar to search again (*like* **buscar**)

recair to fall again (*like* **cair**)

recantar to sing again (*like* **cantar**)

recarregar to reload (*like* **carregar**)

recear to fear, be afraid of

receber to receive

receitar to prescribe (*a remedy*) (*like* **aceitar**)

reclamar to protest, cry out against, complain of *or* about (*like* **exclamar**)

recobrar to recover, regain, get back (*like* **cobrar**)

recobrir to recover (*like* **cobrir**)

recolher to gather, collect; to harvest (*like* **escolher**)

recombinar to recombine (*like* **combinar**)

recomeçar to resume; to begin again (*like* **começar**)

recompensar to recompense, reward (*like* **pensar**)

recompor to recompose (*like* **pôr**)

recomprar to repurchase (*like* **comprar**)

reconcentrar to reconcentrate (*like* **concentrar**)

reconfessar to confess again (*like* **confesar**)

reconhecer to recognize (*all senses*), ackowledge (*like* **conhecer**)

reconquistar to reconquer, recapture (*like* **conquistar**)

reconsiderar to reconsider (*like* **considerar**)

reconstruir to rebuild, reconstruct (*like* **construir**)

recontar to recount, count again (*like* **contar**)

recordar to recall, remember (*like* **acordar**)

recorrer to retrace; to have recourse to (*like* **correr**)

recortar to slash; to cut out; to trim (*like* **cortar**)

recoser to resew (*like* **coser**)

recrescer to grow again (*like* **crescer**)

recriar to recreate (*like* **criar**)

recultivar to recultivate (*like* **cultivar**)

recuperar to recuperate, recover, regain

recusar to refuse, reject

redescobrir to rediscover (*like* **cobrir**)

redistribuir to redistribute (*like* **contribuir**)

redizer to say again; to retell (*like* **dizer**)

redobrar to redouble; to fold again (*like* **dobrar**)

reduzir to reduce, diminish, lessen (*like* **produzir**)

reempregar to reemploy, rehire (*like* **empregar**)

reencher to refill (*only reg. past part.* **reenchido**) (*like* **encher**)

reencontrar to meet again (*like* **encontrar**)

reensaiar to rehearse again (*like* **ensaiar**)

reentrar to reenter (*like* **entrar**)

reenviar to send again; to return, send back (*like* **enviar**)

reescrever to rewrite (*like* **escrever**)

reestudar to restudy (*like* **estudar**)

reexaminar to reexamine (*like* **examinar**)

reexpedir to reship (*like* **pedir**)

reexplicar to explain again (*like* **explicar**)

reexpor to reexhibit; to explain again (*like* **pôr**)

reexportar to reexport (*like* **importar**)

refazer to remake, redo; to remodel (*like* **fazer**)

referir (-se a) to refer (to) (*like* **preferir**)

reforçar to reinforce, strengthen (*like* **forçar**)

reformar to reform, reshape, rebuild, remodel (*like* **formar**)

refortificar to refortify (*like* **ficar**)

refrescar to refresh, freshen, cool (off *or* down)

reganhar to regain, get back (*like* **ganhar**)

registar to register, file

registrar (*in Brazil*) to register, file

reimplantar to reimplant (*like* **plantar**)

reimpor to reimpose (*like* **pôr**)

reimportar to reimport (*like* **importar**)

reinscrever to reinscribe; to enroll again, sign in *or* up again (*like* **escrever**)

reintroduzir to reintroduce (*like* **produzir**)

rejeitar to reject

relacionar to relate, associate; to enumerate, list

relembrar to remind (*like* **lembrar**)

reler to reread (*like* **ler**)
remeter to remit (*like* **meter**)
remexer to stir, agitate (*like* **mexer**)
remolhar to wet again, drench (*like* **molhar**)
remorder to bite again; to cause remorse; (**-se**) to feel remorse (*like* **morder**)
remover to remove (*like* **mover**)
renascer to be reborn (*only reg. past part.* **renascido**) (*like* **nascer**)
renovar to renew, renovate
reocupar to reoccupy (*like* **ocupar**)
repagar to repay (*like* **pagar**)
reparar to repair, fix, restore; to make amends for (*like* **parar**)
repartir to allot, distribute (*like* **partir**)
repassar to review (*like* **passar**)
repensar to reconsider, rethink (*like* **pensar**)
repesar to reweigh; to reexamine (*like* **pesar**)
repetir to repeat, do again *or* over
repintar to repaint (*like* **pintar**)
replantar to replant (*like* **plantar**)
repor to replace; to repay (*like* **pôr**)
repreender to reprehend, reprimand, reprove (*like* **compreender**)
reproduzir to reproduce; to copy, imitate (*like* **produzir**)
reprovar to rebuke; to fail (*as an examination*) (*like* **provar**)
repuxar to stretch; to jerk, tug (*like* **puxar**)
requeimar to scorch (*like* **queimar**)
requerer to request, solicit (*like* **querer**)
rescrever to rewrite (*like* **escrever**)
reservar to reserve; to keep *or* hold back (*like* **conservar**)
resfriar to cool, chill (*like* **esfriar**)
resguardar to preserve, protect, shelter (*like* **guardar**)
resistir to resist, oppose, withstand (*like* **assistir**)
respeitar to respect, value
respirar to breathe
responder to answer, respond
ressair to go out again (*like* **sair**)
ressecar to dry again; to dry out (*like* **secar**)
ressentir to resent (*like* **sentir**)
ressoar to resound, reverberate (*like* **soar**)
ressoprar to blow again (*like* **soprar**)
ressuar to sweat freely (*like* **suar**)
restabelecer to reestablish, restore (*like* **estabelecer**)
reter to retain, hold (*like* **ter**)
retirar to withdraw; to retire (*like* **tirar**)

retocar to retouch (*like* **tocar**)
retomar to resume; to take back (*like* **tomar**)
retorcer to twist again, wring (out) (*like* **torcer**)
retraduzir to retranslate (*like* **produzir**)
retrair to withdraw, draw back, in *or* away (*like* **atrair**)
retratar to picture, paint, portray (*like* **tratar**)
retreinar to retrain (*like* **treinar**)
retribuir to pay back (*like* **contribuir**)
reunificar to reunify (*like* **ficar**)
reunir to reunite, rejoin (*like* **unir**)
revender to resell (*like* **vender**)
rever to see again (*like* **ver**)
revestir to dress again; to enwrap (*like* **vestir**)
revir to come back (*like* **vir**, *except that for reasons of stress the second and third persons singular of the Present Indicative and the Imperative singular require a written acute accent, i.e.,* **revéns, revém, revém**)
revirar to turn, twist, bend around (*like* **virar**)
reviver to revive; to refresh (*like* **viver**)
revocar to call back; to revoke (*like* **convocar**)
revoltar to revolt, rebel against (*like* **voltar**)
revolver to stir, mix; to rummage (*like* **desenvolver**)
rezar to pray
rimar to rhyme (*like* **animar**)
rir to laugh; (**-se de**) to laugh at
riscar to scratch (out), cross out (off) (*like* **arriscar**)
roer to gnaw, nibble; to consume
rogar to beg, plead, implore
romper to rip, tear, break (off)
roncar to snore
roubar to steal, rob

S

saber to know (*a fact*); (**saber** + infinitive) to know how to; (**saber** *in the Preterite Indicative means* found out, discovered *or* learned)
sacudir to shake, wave
sair (de) to leave (from); to come out (of)
salvar to save, rescue

sarar to heal (*like* **falar**)
satisfazer to satisfy (*like* **fazer**)
secar to dry (up, out *or* off), make dry
seduzir to seduce, lead astray (*like* **produzir**)
seguir to follow; to continue
semelhar to resemble, look like, be similar to
semiviver to half-live (*like* **viver**)
sentar-se to seat; (**-se**) to sit down
sentir to feel; to be sorry; (**sentir saudades** or **a falta de**) to miss
separar to separate (*all senses*), detach, desunite (*like* **parar**)
ser to be
servir to serve
significar to signify, mean, denote (*like* **ficar**)
soar to sound; to ring, strike (*as a bell*)
sobrar to be left over; to be in excess
sobreabundar to superabound (*like* **abundar**)
sobrecarregar to overload (*like* **carregar**)
sobreexcitar to overexcite (*like* **excitar**)
sobrelevar to rise above; to surpass (*like* **levar**)
sobreolhar to look upon with contempt (*like* **olhar**)
sobrepensar to think over carefully (*like* **pensar**)
sobrepesar to overload; to weigh, ponder (*like* **pesar**)
sobrepor to superpose, superimpose (*like* **pôr**)
sobrescrever to superscribe; to address (*a letter, etc.*) (*like* **escrever**)
sobressair to stand out (*like* **sair**)
sobrestimar to overestimate (*like* **estimar**)
sobreviver to survive (*like* **viver**)
sobrevoar to fly over (*like* **voar**)
socorrer to rescue; to succor (*like* **correr**)
sofrer to suffer
solicitar to solicit (*like* **felicitar**)
soltar to let go *or* loose, release, set free
somar to add (up)
sonhar to dream
soprar to blow (out)
sorrir to smile (*like* **rir**)
suar to sweat
suavizar to soften; to soothe
subdividir to subdivide (*like* **dividir**)
subentender to understand *or* take as inferred *or* implied (*like* **atender**)
subir to go up, climb up
sublevar to revolt, rise up (*like* **levar**)

submeter to subject, subdue; to submit (*like* **meter**)
subpor to put under (*like* **pôr**)
subsistir to subsist, exist (*like* **assistir**)
subtrair to subtract, take away (*like* **atrair**)
subverter to subvert (*like* **converter**)
sufocar to suffocate; to smother; to choke
sugerir to suggest
sujar to dirty, soil; (**-se**) get *or* become dirty
sumir to disappear, vanish (*like* **dormir**)
superabundar = **sobreabundar**
superexcitar = **sobreexcitar**
superintender to superintend, supervise (*like* **atender**)
superpor = **sobrepor**
suplicar to beg (*like* **aplicar**)
supor to suppose, presume (*like* **pôr**)
suportar to support; to bear, endure (*like* **importar**)
surpreender to surprise, astonish
suspeitar to suspect, distrust; to conjecture (*like* **respeitar**)
suspender (de) to hang (from); to suspend, interrupt (*like* **depender**)
sustentar to support, prop up; to maintain (*like* **tentar**)
suster to sustain, support (*like* **ter**)

T

tardar to delay, take long in
tecer to weave
telefonar to telephone, phone, call (*In Brazil the verb* **ligar** *is more commonly used for* to telephone)
tender (a mão) to extend (*the hand*); to tend (*like* **atender**)
tentar to try to, attempt, endeavor; to tempt
ter to have; (*principal auxiliary verb in forming compound tenses*); **ter que** *or* **de** + *infinitive* to have to
ter cuidado to be careful
ter medo (de) to be afraid
terminar to finish, complete, end
terrorizar = **aterrorizar**
tingir to dye, tint (*like* **atingir**)
tirar (de) to take *or* pull out *or* off
tocar to touch; to play (*an instrument or a record*); to ring (*a bell*)
tolerar to tolerate, stand, take
tomar to take; to drink

torcer to twist, wring (out); to root *or* cheer (for); **(-se)** to writhe

tornar a to return (*like* **adorar**)

torrar to toast, roast; to scorch

torturar to torture

tossir to cough

trabalhar to work

traduzir (em; para; de) to translate (into; to; from) (*like* **produzir**)

tragar to devour, swallow (up *or* down); to take a drag of (*a cigarette*)

trair to betray (*like* **atrair**)

trancar to lock, bolt, bar

transcorrer to pass, pass by; to elapse (time) (*like* **correr**)

transcrever to transcribe, copy (*like* **escrever**)

transferir to transfer (*like* **preferir**)

transformar to transform (*like* **formar**)

transgredir to transgress, infringe (*like* **progredir**)

transmitir to transmit, send, pass on *or* along (*like* **permitir**)

transparecer to appear *or* shine through (*like* **parecer**)

transpassar = traspassar

transplantar to transplant (*like* **plantar**)

transpor to transpose, interchange (*like* **pôr**)

transportar to transport, convey (*like* **importar**)

traspassar to trespass; to pass over (*like* **passar**)

tratar to deal with, treat; to try to

trazer to bring

treinar to train, coach, practice

tremer to shake, tremble, shiver, quiver

trespassar = traspassar

trocar to change, exchange; to switch, trade

U

ultrapassar to go beyond, surpass, exceed (*like* **passar**)

unir to unite, join, connect

usar to use, make use of

V

valer to be worth

varrer to sweep

vencer to defeat; to overcome; to win; to expire (*as a deadline*)

vender to sell

ver to see

verificar to verify, prove to be true, corroborate (*like* **ficar**)

verter to spill *or* pour out (*like* **converter**)

vestir to dress, wear, put on; **(-se)** to get dressed

viajar to travel

vingar to avenge, revenge; **(-se)** to take *or* get revenge

vir to come

virar to turn (over *or* upside down *or* inside out)

visitar to visit

viver to live

voar to fly

voltar to return, go *or* come back; to turn (*as to change directions*); **voltar a** + *infinitive* to start again

votar to vote

Z

zangar to anger; **(-se)** to get *or* become angry